Dietrich Fischer-Dieskau

Töne sprechen, Worte klingen

Dietrich Fischer-Dieskau
Töne sprechen, Worte klingen

Zur Geschichte

und Interpretation

des Gesangs

Deutsche Verlags-Anstalt/Piper

Inhalt

Gesang oratorisch

Gesang ohne Sänger

Gesang und Theater

Gesang in der Werkstatt

Von alten Widersprüchen

>»Wer versteht irgendeine Erscheinung,
wenn er sich von dem Gang
des Herankommens nicht penetriert?«

Goethe an Zelter, 3. Juni 1830

Von solistischer Gesangsmusik soll in diesem Buche die Rede sein, von ihrer Rolle in der neuzeitlichen Musik, aber auch von den Rivalitäten und Widersprüchen, die sich in ihr verbergen. Künstlerisches Singen, etwa von der Mitte des 16. Jahrhunderts ab, schuf für die Nachfolgenden Gegebenheiten, die zuvor schon eine lange Entwicklung geformt hatte. Aus der Quelle, wie immer sie beschaffen gewesen sein mag, ging eine Kunstform hervor, um deren Wesen es im folgenden geht.

Modulierter Laut, als eine unter vielen Möglichkeiten der Mitteilung, stand am Beginn. Die jeweils zeitbedingte Singart bedeutete der Urmelodie gegenüber nur vergängliche Einkleidung dessen, wie sich menschliches Empfinden sinnlich übertragen ließ. Aber der Kern des Mitgeteilten spottete jeder Zeit. Ohne ihn könnten wir das aus der Vergangenheit Überkommene gar nicht nachvollziehen.

Überzeugend führten dies einst die venezianischen Gondoliere vor, als sie noch Texte von Tasso oder Ariost zu eigener Melodie sangen, um sie dann auf Bestellung im Repertoire zu haben. Goethe beschreibt das in einem Tagebuchblatt an Charlotte von Stein am 7. Oktober 1786:»Wie sich die Melodie gemacht hat, will ich nicht untersuchen, genug, sie paßt trefflich für einen müsigen Menschen, der sich etwas vormodulirt und Gedichte, die er auswendig kann, diesem Gesange unterschiebt. Mit einer durchdringenden Stimme (das Volk schätzt Stärcke vor allem) sitzt er am Ufer einer Insel, eines Canals, auf einer Banck, und läßt sein Lied schallen soweit er kann. Über den stillen Spiegel verbreitet sichs weit. In der Ferne vernimmts ein andrer, der die Melodie kennt, die Worte versteht und antwortet mit dem folgenden Verse, der erste diesem wieder, und so ist einer immer das Echo des andern, und der Gesang währt Nächte durch, ohne sie zu ermüden.« Und von den Frauen erzählt Goethe im ersten Band seiner »Italienischen Reise«, »sie sängen den Tasso auch auf diese und ähnliche Melodien ... wie menschlich und wahr wird der Begriff des Gesangs. Wie lebendig wird mir nun diese Melodie, über deren Todten Buchstaben wir uns so oft den Kopf zerbrochen haben.«

Hat man dies gelesen, so schwächt sich die Befürchtung ab, ob denn in der Musik Sprache nicht eher ablenkend wirke. Wo Sprache gar selbst zum künstlerisch-musikalischen Gegenstand wird, beansprucht sie, selbständig zu wirken: ästhetisch, magisch, motorisch oder sensorisch. Gemeinsam mit der Musik betrifft sie indessen immer nur ein Teilgebiet, das die angestrebte Einheit von Sprache und Gesang um einen wesentlichen Aspekt verkürzt.

Wir dürfen noch weiter gehen und behaupten, daß Instrumentalmusik, die völlig vom Gesang absieht, wie dies erst in der Spätphase unserer Kultur möglich wurde, im Grunde ebenso aus der einmal gewesenen Einheit von Musik und Sprache abstrahiert. Der ursprüngliche Gesang, ob nun in China, Assyrien, Griechenland oder Rom, ließ konkrete und abstrakte Symbolik zusammenfallen.

Suchen wir nach dem Verhältnis von Sprache und Musik im abendländischen Kunstgesang, so werden wir von unterschiedlichen Facetten irritiert und stoßen allerorten auf Widersprüche. Jene kleinsten Lauteinheiten der Sprache, in der Linguistik Phoneme genannt, die erst möglich machen, Wörter zu unterscheiden, spielen in der traditionellen Musik seit der Renaissance nicht die Hauptrolle. Sie konstituieren zwar die Sprache, müssen aber als Lautfolgen in komponierter Musik keine sinnschaffende Sprachfolge bilden. Was in der Sprache als unteilbare Einheit zu begreifen ist, muß musikalisch erst zueinander in Proportion gebracht werden. In solchem Widerspruch spiegelt sich, was an dem Miteinanderwirken von Gesang und Sprache zum Nachdenken zwingt.

Unser Problem teilt sich in eine kompositorische und eine sängerische Hälfte. Für die Komponisten öffneten sich während der hier zu Debatte stehenden Jahrhunderte des Kunstgesanges immer neue Wege, um Melodieverläufe der Form des zu vertonenden Textes anzupassen oder ihr zu widersprechen, die Melodik nach Vorder- oder Nachsatz unterschiedlich zu gliedern oder solche Werte zu leugnen, der rhythmischen Deklamation des Textes zu gehorchen oder sich gegen sie zu stellen, harmonische Funktionalität im Dienst zeitlicher Abfolge und beziehungsreich deutend walten zu lassen oder sie zu negieren, schließlich Melodieteile der Form des gesungenen Textes anzugleichen und somit den Aufbau der Dichtung nachzuvollziehen – oder eben nicht.

Für Sänger ging es immer wieder darum, mit der vom Komponisten vorgegebenen Wertigkeit »parole – musica« fertigzuwerden und abzuwägen, ob Wort oder Ton Vorrang zu geben ist. Der Musik mußte Gerechtigkeit gesichert, vor allem aber die individuelle Charakteristik der Stimme und des sängerischen Naturells in die Selektion der künstlerischen Gestaltungsmittel einbezogen werden.

Es gibt Sänger mit vorwiegend kantabler oder solche mit deklamatorischer Stimmveranlagung. Das Zusammenwirken dieser Naturen läuft häufig der Vereinigung des pythagoräischen mit dem »musischen« Prinzip parallel (ein Ausdruck, den H. H. Eggebrecht in seinem Essay »Musik als Tonsprache« in AfMw 1961 gebrauchte). Um den Blick für diese Problematik zu schärfen, ist es angebracht, von den Entwicklungsstadien der Musikauffassung zu sprechen, die sich in der neuzeitlichen Historie geäußerten Tones manifestieren.

Gesang und Poesie

Frühe Einstimmigkeit

Das gemeinsame Auftreten von Dichtung und Musik in der Renaissance etablierte Regeln, die keineswegs unvorbereitet entstanden und auch nicht lediglich auf den etwas brüchig gewordenen Schultern der Antike ruhten. Salopp formuliert lauteten von nun an die Voraussetzungen musikalischer Lyrik so: Im Anfang schuf der Poet den Vers, dann kam ein Komponist, las das Gedicht und fühlte sich von ihm zu Musik inspiriert. Das Gedicht allein hätte auf den Interpreten verzichten können, die Musik aber brauchte ihn, um den musikalischen Text zu dechiffrieren und ein vom Komponisten immerhin verwandeltes, überhöhtes, verklärtes, vielleicht auch entstelltes Gedicht wiederzufinden, das in die Substanz der Musik integriert wurde.

Das Erscheinen und das heutige Altwerden des Kunstliedes haben in musikalischer Hinsicht frappant symmetrische Charakterzüge. In ältesten Traditionen der Völker wurzelnd, nahm das Lied während der Entwicklung der italienisch-deutschen Oper des 18. Jahrhunderts erst wirklich künstlerische Form an. Das Gewicht des dichterischen Worts konstituierte seine Originalität. Dichtung und Musik leben aus einer gemeinsamen Grundsphäre. So bezeichnet Augustinus nicht anders als Luther die Metrik, also den Betonungsrhythmus der Sprache, als »Musik« der Lyrik (Kretzschmar, »Luther und die Musik«, JbP Leipzig 1917). Der Kreis um Stefan George am Anfang unseres Jahrhunderts faßte im gleichen Sinne Homers Dichtung als »Musik«, womit freilich zunächst nur die rhythmisch-sprachmelodische Gestalt gemeint war, während die Forschung in der Folge erkannte, daß es sich schon in der Antike um gesungene Verse handelte.

Die Forderung an den Tonsetzer bleibt hoch. Er soll das Ur-
element wiederfinden, aus dem die Verse geboren wurden, er muß
sich in die Länge und Kürze der Silben fügen, um prosodisch richtig
betont zu deklamieren, er muß die logikalischen Unterteilungen der
Rede berücksichtigen, den oratorischen Akzent der Empfindung
gemäß setzen, und er muß doch das Eigentümliche seiner spezifischen Kunst des Musikers bewahren und zur Autonomie führen,
aller Wortbedürftigkeit der musikalischen Gattung zum Trotz.

Erneuerung auf allen Gebieten des geistigen und öffentlichen
Lebens ist es, die als ein Geschenk des italienischen Geistes der
Spätrenaissance an Europa gesehen werden muß. Wo gab es das in
der Weltgeschichte sonst, daß innerhalb einer so kurzen Zeitspanne
in einem kleinen Volk derart starke Begabungen in allen Bereichen
erstanden wie hier in Italien? Ohne Zweifel: Die hellenische Antike
und die Neubesinnung auf deren Literatur und Philosophie rief die
Blüte hervor. Die neuen Herren Scaliger und Visconti in Verona und
die Sforza in Mailand, Fürstenhäupter mit kulturpolitischer Ambi-
tion, förderten solche Entwicklung. Architektur und bildende Kunst
wurden ebenso in das Interesse einbezogen wie die klassische Literatur Italiens. Petrarcas Werk rückte in den Mittelpunkt der Begeisterung. Den »canzoniere« trug der kultivierte Italiener bei sich,
und die Verse, Metaphern oder Zeilenanfänge des Dichters wurden
hundertfach durch Hofdichter wie Laien nachgeahmt. Eine poetische Welle, die Höfe, Bürgerhäuser und Akademien erfaßte, ließ
neue Ansprüche an den Höfling laut werden, den »cortigiano«,
nach denen er praktizierender Musiker, Sänger, Improvisator und
Rezitator zu eigenem Spiel der Viole sein mußte. Unter dem Einfluß
der Herrschenden formte sich eine neue Aristokratie, die sich die
Verfeinerung der Lebenskultur angelegen sein ließ. In ihr spielte die
Frau, ganz wie bei den provençalischen Rittern, eine entscheidende
Rolle: Sie symbolisierte Kunst und Geist, für die sich die Gesellschaft vornehmlich interessierte.

Dantes »dolce stile nuovo« und Petrarcas schwärmerische
Sonette haben viel mit der neu entstehenden Musik zu tun. Ballata,
Madrigal und Caccia verarbeiten satirische, lyrische oder politische
Texte. Was sich schon bald als Belcanto herausbildete, hatte seinen
Ursprung in mancherlei Ansätzen zu einstimmiger Gesangskunst
aus früheren Epochen, etwa bei dem Meister der mehrstimmigen
Caccia, Francesco Landini (gest. 1397), zugleich Philosoph, Dichter

und Musiker. Die Sätze des früh Erblindeten bilden jene monodische Sanglichkeit vor, aus der sich der typisch italienische Belcanto entwickeln konnte.

Eine andere frühe Blüte einstimmiger Liedkunst ermöglichten die Dichtungen des heiligen Franziscus von Assisi (1182–1226), die überall gesungen und mit den ihnen nachfolgenden verschiedenen Weisen aufgezeichnet wurden. Das Sprachempfinden dieser Epoche spiegelt sich in der Deklamationsweise ihrer Lieder schon ebenso wider, wie es sich in der Spätrenaissance dem Klangerlebnis der Menschen des 16. Jahrhunderts anverwandelte.

Aus der Zeit der späten Gregorianik und früher Mehrstimmigkeit ist eine Profankunst erhalten, die vom Vorbild der Sakralmusik beeinflußt war. Aber ihr Schwerpunkt lag in der sprachlichen Dimension; es handelt sich um Dichter, die *auch* singen, *auch* musizierten. Oft wurden zu vorhandenem Melodiegut neue Texte erfunden. Es kam zur Ausbildung einer eigenen, spezifischen Formenwelt aus den Gesetzen der Sprache heraus. Barform und Formtypen wie Ballade und Virelai sind Eigentypen solcher Profankunst. Die Herkunft der Ballade ist vielfältig. Im Norden schlug der Barde oder Skalde schon in vorchristlicher Zeit die Harfe zu den von Urvätern überkommenen Götter- und Heldenepen. In Italien oder in Frankreich dagegen präzisierte sich die Bezeichnung »ballata« als Herleitung vom Tanz (ballo). Aus Tanzgesängen entwickelte sich eine musikalische Balladenform, vom Vorsänger angestimmt und vom Refrain des Chores nach jeder Strophe bestätigt. Volksnähe und nationale Eigentümlichkeit bildeten den Hintergrund. Nachahmung, aber ebenso Variation und Erweiterung brachten dann die Balladendichter Schottlands, deren Weisen nicht etwa nur in ihrer Heimat erklangen. Durch Herders Sammlung der alten Volkslieder und die Dichtung Goethes und Schillers rückte das epische Kunstwerk Ballade schließlich in den Mittelpunkt neuerlichen Interesses, ja schwärmerischer Begeisterung. Schillers Zeilen »Es soll der Sänger mit dem König gehn, sie beide wohnen auf der Menschheit Höhn« bezogen sich auf solche neuen Barden.

Einst beanspruchten Balladensänger in Gallien, Irland oder Schottland bis in das 18. Jahrhundert hinein erbliche Ehrenplätze an fürstlicher Tafel. Ihnen war es, als einer höheren Gesellschaftsschicht zugehörig, gestattet, Königsgewänder zu tragen, in sieben Farben zu prangen wie sonst nur die Königin, also eine Ausnahme in der allgemeinen Wertschätzung darzustellen (König, »Die Ballade in der Musik«, BfHK 8, Leipzig 1904).

In den Liedern und Sagas spiegelt sich die nordwestliche Musikkultur. Um das Jahr 1000 ehrten Fürsten und Könige in Germanien die Musik, indem sie den Sänger mit der Harfe heiligten, ihn sich zum Gefährten machten und den Thul, Skald, Skop oder Barden zum Wettsingen herausforderten, denn auch die Fürsten selbst oder die Helden der Kämpfe sangen und spielten. Volker aus dem »Nibelungenlied« kommt uns dabei in den Sinn, der dort ein selbstgedichtetes Abschiedslied singt. Dichtung übrigens wurde in ihrer älteren Gestalt im 12. Jahrhundert auf wiederkehrende Rezitationstöne gesungen (meist f und c). Im Frankenland erklangen Epen in der Art des Rolandsliedes. Kurze, sich wie in der Litanei wiederholende Melodieteile bildeten das »Chançon de geste«, das Heldenlied, nur in einem spät (zwischen 1283 und 1286) aufgezeichnetem Beispiel erhalten: dem »Jeu de Robin et Marion« des Adam de la Halle (um 1237–1287). Der Dichter-Musiker legte die Gesänge dieses mittelalterlichen Singspieles als »Doppelversikel« an, wie sie von den »Sequenzen« her bekannt waren: Ein Melodieabschnitt wird genau wiederholt, dann folgt ein neuer Versikel, ebenfalls wiederholt – und so fort. Liedgestaltung in früher Form. Zu denken wäre hier auch an die bedeutende Rolle der Musik im Zusammenhang mit Gottfried von Straßburgs »Tristan«-Epos (um 1200), der als kundiger Virtuose bewundert wurde, ob er nun sang, das Horn blies oder die Harfe spielte. Wenn sich im 12. Jahrhundert die Stellung der Heldensänger dann änderte und nur ihr Repertoire, mitunter als Heiligenlegende verbrämt, standhielt, so sangen es Spielleute und Vaganten weiter.

Die Unterscheidung des profanen vom geistlichen Gesang manifestierte sich vor allem im Text, der bisher durch tausend Jahre gleich geblieben war. Er hatte ein Gerüst geboten, an dem sich die Musik hinauffranken konnte, um da und dort Blüten zu tragen. Lateinisch abgefaßt, in einer der Menge unverständlichen Sprache, waren die Worte lediglich dazu geeignet, Vorstellungen zu erwekken, Ahnungen unbestimmter, geheimnisvoller Art, die freilich den Vorzug hatten, sich der Individualstimmung jedes einzelnen unterzuordnen.

Jetzt sagte und sang es profan nurmehr von Liebe, Wein und Küssen, von Rosenlippen und Lilienbusen. Das Lächeln der Geliebten wurde wichtiger als die Vergebung der Sünden. Und es entsprach

allen Traditionen über die Farbe des Himmels, daß Liebchens blaue
Augen nun zum Wohnsitz der Glückseligkeit wurden. Weil aber das
weltliche Lied diese Inhalte bevorzugte, zu denen noch Kampf,
Spott und Frivolität traten, wie sie im ersten Jahrtausend unserer
Zeitrechnung beliebt waren, kann kein Zweifel darüber bestehen,
daß das profane Lied schon lange vorher existierte, wenn auch in
Ermangelung heutiger Aufzeichnungsmöglichkeit für uns verloren.
Überall auf der Erde hoben sich Begabte aus der Menge heraus und
übernahmen die Funktionen des Solisten oder Vorsängers im Kehr-
reim-Lied.

Das Lied wird sich wohl hauptsächlich unter griechischem Einfluß im ganzen jetzigen Italien, in Alexandrien, Hispanien und dem
südlichen Gallien verbreitet haben. Denn kein größerer Ort am
adriatischen und am Mittelmeer ist zu finden, der nicht die Ruinen
einer Arena oder eines Theaters aufweist.

Die Theater zeigten nicht mehr Tragödien, die schon fast einem
Gottesdienst gleichgekommen waren, sondern vorzugsweise Pos-
sen mit mutwilligen, anstößigen Liedern. Schon die ältesten Kir-
chenväter Alexandrinus, Cyprian, Lacteans, Chrysostomos und
Augustinus mußten sich herausgefordert fühlen, gegen diese »Wohnungen der Pest« und »Schalen der Üppigkeit« zu polemisieren.

Es fand sich dennoch bald ein weiterer Platz zur Befriedigung
der Schaulust. Wer unter den »histriones«, »ioculatores« und »gla-
diatores« brotlos geworden war, machte sich auf, mit seinen Künsten über Land zu ziehen und sich den Unterhalt zu erwerben.
Nichtstuer folgten ihnen beim Überwandern der Alpen, begleitet
von leichten Frauenzimmern, Komödianten, Taschenspielern, Bän-
kelsängern und Wahrsagerinnen. Es gehörte zum Handwerk, Lieder zu erfinden, die sie im Laufe der Zeit immer häufiger mit Instrumenten begleiteten. Fahrendes Volk erschien mit Zither, Fiedel,
Viola, Leier und Sackpfeife (cornemuse) auf allen Märkten, ließ
sich neben der Kirche und in den Schenken hören und sehen. Sie
tanzten, sie überschlugen sich, sprangen durch Reifen, fingen kleine
Äpfel mit zwei Messern auf, ahmten den Gesang der Vögel nach,
liefen und sprangen auf hochgespanntem Seil und kitzelten das Joh-
len der Menge hervor.

Der »Sachsenspiegel« zählt diese Art von Vaganten auf: »Phefer,
Puker, Videler, Singer, Springer, Kukeler, Lezer, Scherer, Bader und
alle gehrende Luete, Herolde und Schreier«. Bald schlossen sich

geistvollere Elemente dem fahrenden Volk an; es war hohes Verdienst der Stifte und Klöster, unentgeltlich Unterricht zu erteilen und so Bildung und Sitte im Volk zu festigen. Viel weiter reichte freilich der gute Wille nicht, und Hunderte von Schülern sahen sich nach dem Abschluß ihrer Studien ohne Broterwerb. Viele von ihnen reizte es, sich den Vaganten anzuschließen, unter ihnen just die witzigsten. Wo eine Schenke war, traten sie ein und sangen für ein Stück Brot fremde oder selbstgemachte Lieder: formgewandte übermütige Studentenpoesie. Nicht ohne Genialität zeigt sich hier der Archepoeta, ein gewisser Walter (von 1162 bis 1165 im Dienst des Kölner Erzbischofs Rainald von Dassel). Sein Lied »Meum est propositum in taberna mori« hat später Gottfried August Bürger übertragen: »Ich will einst bei Ja und Nein bei dem Zapfen sterben«. Das Strophenlied herrschte noch nicht vor. Es handelte sich um Rufe, archaisches Rezitativ, melismatisches Singen auf wenige Worte oder Lautsilben. Aber die strophische Liedgestalt drängte schon bald andere Arten des Gesanges beiseite.

Als Vorläufer künstlerischen Sologesanges sehen wir die einstimmigen Gesänge, die Lieder, Canzonen und hirtenliedartigen »pastourelles« der Troubadours, auch die kurzen, tanzähnlichen Gesangseinlagen zu fürstlicher Gesellschaftsmusik, in denen übrigens bereits um 1450 weibliche Solisten mitwirkten. Nach 1200 setzte die Blüte mittelalterlichen Minnesangs in Europa ein, ausgehend von der Provence. Vorausgegangen war die Festigung französischen Königtums im 12. Jahrhundert im Verein mit einer verfeinerten höfischen Kultur und – vor allem – der Marienverehrung, wie sie etwa in Saint-Victor de Paris gepflegt wurde.

Die Frau und Herrin stand im Mittelpunkt. Wohl richtete sich die Liebeslyrik an sie, aber nicht im Sinne einer Liebeserklärung des Dichters, sondern vielfach allegorisch und um sich der Gemahlin des Brotherrn zu Füßen zu werfen. Als man die Lieder endlich im 14. Jahrhundert aufzeichnete, waren die Sänger dazu fast alle schon verstummt. Sie hatten ihren Gesang mit den begleitenden Spielleuten als freie Improvisation vorgetragen und sie mündlicher Überlieferung anvertraut.

Die Volkssänger der Provence, dort »jongleurs« genannt, waren zugleich Musiker, Gaukler, Seiltänzer, Fabulierer, Improvisatoren und infolge ihrer schauspielerischen Liebenswürdigkeit Günstlinge bei Volk und Adligen. Natürlich versicherten sich die hohen Herren ihrer Kunst im Versemachen und Musizieren zu eigener Erheiterung. Später nannte man sie »ménéstriels« oder »ménéstiers«, als Diminuitiv von Minister, Diener. Außer eigenen Gedichten mußten sie beliebte »lais« (sequenzartig durchkomponierte kleine Liebeslieder), »fabliaux« (Märchen) und Rundgesänge im Repertoire haben, dann aber, und dies war schon schwieriger, auch umfangreiche Gedichte vortragen können. Das verlorengegangene »Rolandslied« hatte an die 10 000 Verse, andere, wie der »Roman de la Rose«, gar bis zu 23 000. Von diesen »Chançons de geste«, wie man die elegischen Poesien nannte, mußte ein guter Ménéstriel einige im Kopf haben und auf Wunsch des Hausherren oder der Gäste passende Episoden daraus, wie Jagd oder Hochzeit, Kampf oder Liebeswerbung, vorzutragen wissen.

Der Beifall, den die Jongleurs damit ernteten, reizte die Ritter der Provence, es ihnen gleichzutun. Auch sie suchten Gedichte und dazugehörige Melodien zu »finden«, weshalb sie sich denn »troubadours« nannten von »trouver« oder »trobar«. Diejenigen unter ihnen, denen das Geschick fehlte, sich mit der damals vornehmlich beliebten Viole oder Harfe selbst zu begleiten, hielten sich zu diesem Zweck einen Ministrel. Ein in der Romantik immer wieder besungenes Beispiel (Schumann!) bietet der königliche Troubadour Richards I. von England (König 1189–1199), der auf der Rückkehr vom Kreuzzug durch den Herzog Leopold IV. von Österreich, den er in Palästina beleidigt hatte, gefangen und auf Schloß Dürnstein festgehalten wurde. Richards treuer Ministrel Blondel (Blandiaux de Nesles, geb. ca. 1160) forschte durch seinen Gesang die Burg aus, in der jener festgehalten wurde, und konnte den Gefangenen befreien.

Zu den Sängern zählten auch verarmte Ritter, die entweder an den kleinen Fürstenhöfen der Provence seßhaft wurden oder mit ihren Minne- und Dienstliedern (serventes) von Burg zu Burg zogen. Sie besangen häufig nicht die Dame des Hauses, sondern den Herren. Überall hieß man sie willkommen. Das Leben muß eintönig gewesen sein und die edlen Damen derart gelangweilt, daß man einen Troubadour, der auch von Abenteuern zu erzählen wußte, als »contaire« begierig aufnahm. Und trafen auf einem Schloß zufällig ihrer mehrere zusammen, dann wurden auch wohl Wettsingen mit »tenzonen«, mit geteilten Spielen (jeux partis), abgehalten. Damit nahmen auch Spitzfindigkeiten und Künsteleien zu und führten schließlich im 14. Jahrhundert zum Verfall dieses Liedstils.

Der talentierteste unter den »trouvères«, der auch auf die französische Literatur formend einwirkte, war der uns schon bekannte Adam de la Halle aus Arras. Seine erhaltenen Chansons und mehrstimmigen Stücke sind literarisch ebenso relevant wie die Tatsache, daß er der erste war, der dramatische Musikstücke profanen Inhalts schrieb. Das Liederspiel »Li Gieus de Robin et de Marion« mit eingestreuten 28 Gesängen präsentiert sich als »pastourelle« (Schäferspiel) und weist auf die französische Opéra comique des 19. Jahrhunderts voraus, also auf Auber, Boïeldieu, Adam, Offenbach, Lecocq, Hervé oder Planquette.

Entstand diese neuartige Kunst unversehens, aus dem Nichts? Der Einfluß arabischer Gesänge aus dem benachbarten Spanien auf sie ist nachgewiesen. Die Trouvères verkündeten in ihren symbolträchtigen Liedern geistlich-mystische Botschaften, sprachen aber zugleich eine neue Sprache sinnlicher Weltfreude. So markiert der von den Troubadours mit Wort und Ton begrüßte Frauenkult in christlicher Zeit dichterisch wie musikalisch die eigentliche Loslösung von der sakralen Kunst.

Was die Trouvères hinterließen, ist die erste in musikalischen Zeugnissen erhaltene Kunstäußerung eines weltlichen Standes. Nach dem Niedergang im 13. Jahrhundert führte die Linie des Wiederauflebens zu den deutschen Minnesängern und zu den bürgerlichen Meistersingern. In Italien standen später Dichter wie Dante und Petrarca noch immer unter dem Einfluß der Troubadours.

Als sich vom 11. bis zum 13. Jahrhundert Nordfrankreich und Südengland zusammenschlossen, zogen die »minstrels« denn auch nicht nach Italien, sondern nach Südengland. Den dort vorgefundenen angelsächsischen Gleeman oder Harfner drängten sie in das Landesinnere ab. Doch gelang es den Fürsten aus dem kunstfreundlichen Hause Plantagenet, die Gegensätze auszugleichen und die verschiedenen Sangesweisen in der sich bildenden minstrelsy zu vereinigen. Bald schon gedieh selbst in den Klöstern Musik viel besser als Gottesfurcht. Longland, ein Dichter des 14. Jahrhunderts, erzählt von seinem »friar«, daß er weit besser mit den Romanzen von Robin Hood und Randal vertraut sei als mit dem Paternoster. Als Königin Eleonore 1290 ihre Tochter Margaret an Johann, den Herzogssohn aus Brabant vermählte, wurden zu den Festlichkeiten 446 englische und ausländische Minstrels eingeladen, was einen Begriff von der Massenmusikpflege in Britannien vermitteln kann.

Bildung und Geist deutscher Ritter stand hinter der Gesittung ihrer romanischen und angelsächsischen Standesgenossen weit zurück. Es scheint, als habe die Kultur alter Zeiten der Wassernähe nicht entraten können. Meeresküste war Verbreitungsgebiet, Binnenländer dagegen unzugänglich. Erst nach mißglückten Kreuzzügen bevölkerten sich die Burgen wieder. Mitgebrachter Gewinn war, daß sich Poesie und Minnesang weiterentwickelten. Neben dem Eifer, das Grab des Erlösers aus den Händen der Ungläubigen zu reißen und Jerusalem zur Hauptstadt eines christlichen Reiches zu deklarieren, bewegten doch auch privatere Gefühle das Herz der Weitreisenden, die in Liedern ihren Ausdruck suchten. Im Austausch mit den Franzosen lernten sie neuen Versbau und kunstvolle Formen kennen und füllten in die fremde Hülle den ihnen eigenen Ernst.

Zwar ist die Art dieser Minnelieder dreifach: Frouwendienst, Herendienst und Gottesdienst. Der letztere aber ging bei den Katholiken unversehens in Mariendienst über; dieser wiederum verschmolz mit dem Frauendienst und so überwogen schließlich bei weitem die Liebeslieder. Die Vergötterung der Frau war der ganzen mittelalterlichen Poesie, und nicht nur der deutschen, eigen. Doch deckte sie sich kaum mit der Wirklichkeit, die an Roheit gegen das zarte Geschlecht oft Unglaubliches zeitigte. Das Lied aber erhob die Frau zur Lichtgestalt – kein Minnesänger ohne seine Dame, deren Farben er trug, die er mit allen Vorzügen bedachte und deren Fiktion in seinen Liedern besang. Unwahrheit und Überschwang trieben immerhin schöne Blüten und begründeten recht eigentlich die musikalisch-dichterische Poesie.

Viele Codices und Liederhandschriften vermitteln die Kenntnis des Minnegesangs. Zwei aus Benediktbeuern und Jena enthalten als abgeschlossene Einzelwerke einerseits lateinisch geschriebene Trink- und Ulklieder, in unserer Zeit durch Carl Orff zu neuem Leben erweckt, andererseits bereits einen Übergang zum Meistergesang. Die Codices stellen Sammelhandschriften aus Liederbüchern von Spielleuten dar, die mit solchem Repertoire ihr Brot singend verdienten (v. d. Hagen, »Minnesinger«, Leipzig 1838).

Des Lesens und Schreibens waren die Minnesänger zumeist unkundig. Selbst Wolfram hat seinen »Parzival«, die Titurel-Lieder und den »Willehalm« diktiert. Die Sänger behielten ihre Lieder im Gedächtnis und trugen sie auswendig vor. Wahrscheinlich erwuchs der Minnegesang aus vorhandener Volkspoesie. Es existiert eine Reihe anonymer kurzer einstrophiger Lieder, offenbar aus Bayern und Österreich, die keinerlei französischen Einfluß verraten und die ganze Natürlichkeit der Volkspoesie ausstrahlen. Manche sind von Frauen verfaßt, die durch ihren Umgang mit Geistlichen das Geschick zum Versemachen ausgebildet hatten. Hier wird mit großer Offenheit von der sinnlichen Liebe gesprochen, was später, im eigentlichen Minnesang, nicht mehr denkbar war.

Vorbereitet war der deutsche Minnesang unter französischem Einfluß am Rhein. 1184 lud Kaiser Friedrich Barbarossa die Ritter des Reichs nach Mainz, wo seine Söhne Heinrich und Friedrich zu Rittern geschlagen werden sollten. Während der Becher bei den Abendgelagen unter den 70 000 die Runde machte, erklang zur Kurzweil manches Lied. Am meisten jedoch scheinen die des jungen Heinrich von Veldecke gefallen zu haben. Die für ihn günstige Stimmung ausnutzend, proklamierte er, was er schon lange mit sich herumgetragen: statt der bisherigen Assonanz das Gesetz vom »reinen Reim« aufzustellen, ein Vorschlag, der mit Beifall aufgenommen wurde.

Zu jener Zeit rückte die sagenumwobene Wartburg ins Blickfeld der Musikgeschichte. Sie war von Ludwig dem Springer auf einem nach allen Seiten abfallenden Bergrücken am Nordwestrand des Thüringerlandes erbaut worden. Den Schauplatz des Sängerkrieges bildete der Festsaal im dritten Stockwerk. Der kunstliebende Landgraf Hermann I. machte die Burg zu seinem Herrensitz, wo er die Sänger des ganzen Reiches versammelte. Ein jeder, der dichten zu können glaubte, und auch mancher, der nicht dazu gehörte, drängte sich heran, so daß Walther von der Vogelweide die Gäste einmal mit den Worten begrüßte: »Guoten tag, ir bösen und guoten.«

Die Konvention des Minnesangs begründete zu Ende des 12. Jahrhunderts Friedrich von Hausen, aus dem Gefolge Kaiser Friedrichs I., auf dessen Kreuzzug er starb. Von ihm sind 55 Strophenlieder erhalten, zwar formvollendet und inhaltlich gelungen, aber ohne viel Wärme. Und diese Weise imitierte eine ganze Schule. Bis heute lebendig blieb das Lebenswerk des Gottfried von Straßburg, das Elemente der »Tristan«-Sage in fast 20 000 Versen zu zwei Dritteln dem Französischen des Thomas von Britannien nacherzählte, nach seinem Tode von Ulrich von Türheim und Heinrich von Freiberg vollendet. Das Werk verbindet glühenden mit frivolem Ton. Der Blüte höfischer Lyrik im Minnesang entsprach kein gleich hoher Rang musikalischer Gestaltung. So sind denn auch viele berühmte Dichternamen überliefert wie Heinrich von Morungen, Reinmar von Hagenau und unzählige andere, aber von den Namen geschulter Komponisten wissen wir nichts mehr. Und die Minnesänger »Dichterkomponisten« zu nennen, ist nur mit Vorsicht berechtigt. So war Walther von der Vogelweide nicht etwa Komponist im Wortsinn. Er improvisierte im »Ton« oder »modus« als einem Kontext fester Formeln.

Es läßt sich heute erkennen, daß die mittelalterliche Liedkunst überwiegend formaler Natur war. Die Worte durch die Melodie individuell sinndeutend auszulegen, war zumeist nur in einem allgemeinen Sinne möglich, etwa so wie die »authentischen« Kirchentöne (1., 3., 5. und 7. Ton) von Theoretikern zu Vertretern der vier Temperamente erklärt wurden.

Die Kreuzzüge des 11. und 12. Jahrhunderts hatten in die deutschsprachige Bildung neben dem Lateinischen auch die Sprache des westlichen Europa und deren sittliche wie poetische Maximen als neuen Bestand eingebracht. So entwickelte sich über der lateinischen Mönchspoesie in eigentümlicher Exklusivität Epik und Lyrik höfischer Dichter. Neben dieser Kunstpoesie lebte das Volkslied in mannigfaltigen Weisen weiter, aus ihnen kristallisierte sich zu wesentlichen Teilen der Liedgesang.

Dem Spätmittelalter gehören die meisten jener Lieder an, in denen Vorgänge des Ritterlebens, das Verhältnis von Grundbesitz zum Leibeigenen oder Bräuche innerhalb des Reiches zur Sprache kamen. Nach den Kreuzzügen und dem Untergang der Staufer zerfielen das deutsche Reich, der Adel und das Ritterwesen. So verwirrt waren die Zeitläufe, in denen Städte und Fürsten sich ständig befehdeten und Raubritter ihr Wesen trieben, daß ein idealer Zug aus vergangenen Jahrhunderten verblaßte und das Minnelied allmählich verstummte.

An seine Stelle trat der Meistergesang, gepflegt von dem zur Selbständigkeit gereiften Bürgerstand. Freilich: Was die ehrsamen Handwerksmeister von Nürnberg, Straßburg, Colmar, Ulm oder Augsburg, eine regelrechte Tabulatur vor Augen, die gestrengen Merker zur Seite, in löblichem Eifer hervorbrachten, enthielt von

Poesie nur wenig. Das Volk fand in diesen Reimen nicht wirklich seine Sprache wieder und nicht den Ausdruck für das, was ihm das Herz erhob. Der Meistergesang ist also in die Randgebiete der Liedgeschichte zu verweisen, auch deshalb, weil er in Form und Inhalt wenig liedhaft ist. Es gibt freilich Ausnahmen, wie die »Silberweise« von Hans Sachs, der ja auch als Poet über die Begrenztheit des Meistergesangs hinausfand. Wagner stellte es auch in diesem Sinne zutreffend auf der Bühne dar.

Aber je weniger die meisterliche Regelschematik den Bedürfnissen entgegenkam, desto mehr traten wiederum unbefangene, neue Laute hervor, und so gab es schon im 14. Jahrhundert nach Chronikberichten Lieder, die man »sange und pfiffe in allen diesen Landen«. Das 15. und 16. Jahrhundert gebar eine Volkslyrik, die sich am Aufstieg des Bürgerstandes entzündete. Das Volk nahm sich seinen Anteil am Kulturleben, so daß sich höfische Poesie und Volksdichtung vermischten und ergänzten. Viel trugen fahrende Leute dazu bei, das mittelalterliche Volkslied zu erhalten und zu verbreiten. Eine eigene, von den Vornehmen verachtete und von der Kirche verfolgte Klasse von Sängern etablierte sich.

Die bis hierher skizzenhaft behandelte Entwicklung der gesungenen Deklamation wird unter dem Begriff »ars antiqua« subsumiert. Wie erwähnt, brachte Frankreich gegen Ende des 13. Jahrhunderts eine neue Kunst, die »ars nova«, in Bewegung. Der Name stammt aus einer Schrift des Philippe de Vitry (1291–1361), der weithin Ruhm genoß und mit Petrarca befreundet war. Sein dichterisches Werk kennen wir zwar nicht, aber einige seiner Motetten offenbaren in Rhythmik und Aufbau das Neue des Stils. Hochliegende Oberstimmen, meist von Knaben gesungen, werden von Instrumenten begleitet. Die Texte widmen sich politischen Ereignissen, Festlichkeiten, Tagesproblemen, ob nun die belagerte Stadt Reims (1356), Ludwig x. oder die Jungfrau Maria – alles scheint hier musikalischer Beschreibung zugänglich.

Teilung der Notenwerte und komplizierte Notation mit weißschwarzer Notenschrift, auch die aufkommenden Taktstriche – noch ohne rhythmische Bedeutung – bezeichnen neben der Technik des Aufbaus die Erneuerung der Rhythmik. Nicht mehr nur Dreiteiligkeit mit drei Zeiten für allen Takt wie bisher, sondern Aufspaltung der Wertfolge in zwei oder drei Teile, die Perfekten und die Imperfekten, waren nun möglich. Die »modi« der Ars antiqua mit ihren sechs den Alten nachgebildeten Versfüßen erfuhren mit den jetzt etablierten Notenwerten eine Erweiterung.

Am bedeutendsten erscheinen die Schöpfungen des Dichters und Musikers Guilleaume de Machault (um 1300–1377), der Ballade, Motette und Virelai neu formte. Die »ballades notées« haben feststehende Form nach dem Schema der »talea«, mit wiederholten Phrasen, die nicht die gleichen Worte, dafür aber gleiche Notenwerte benutzen. Solche »Isorhythmika« muten uns konstruiert und eher mathematisch errechnet an, aber bis zur zweiten niederländischen Musikergeneration, die strophische Form mit raffinierterer Mehrstimmigkeit verband, sind es nicht Affekt und Gefühlsausdruck, sondern ratio und numerus, die die ästhetische Basis einer Komposition abgeben. Und doch steht in Machaults formaler Kunst hinter der Zahlenmagie bereits Erlebnis und subjektive Haltung der Kunst gegenüber, gar nicht unähnlich der Italienischen, wenn auch noch ohne jede Beeinflussung ihrerseits.

In einigen Sprachen existiert der Glücksfall, daß ihre gültige Formulierung durch den Mund musikalisch-poetischer Genies geschah. So legte Martin Luther (1483–1546) die Wurzeln zur hochdeutschen Schriftsprache und war doch zugleich ein musikalisches Genie, schlagendster Eingebung auch auf diesem Gebiet fähig, wenn ihm auch das meiste der auf uns gekommenen und ihm zugeschriebenen Musik von der Wissenschaft streitig gemacht wird.

Ähnlich verhält es sich im Italienischen, in dem zunächst Petrarca mit seinen Sonetten Sprache und Musik zugleich ans Licht hob, eine latente Musik, die Liszt später in großartiger Identifikation wieder hervorholte. Reiche, klingende Sprache schuf auch Dante, sie geht melodisch so »ins Ohr«, daß es vielen Menschen leicht fiel, lange Strecken seiner Dichtung im Gedächtnis zu behalten.

Luthers Sprache ist in ihrer Bildhaftigkeit und Kraft musikalisch gedacht. Ihre Abläufe, Höhepunkte und Ausklänge lassen es nicht wundernehmen, daß so viele Komponisten in Deutschland auf sie zurückgriffen und nur selten auf eine der Nachfolgeübersetzungen der Bibel. Ob nun in Bachs Rezitative oder Choräle eingegangen oder in Brahms »Vier ernste Gesänge« oder in Aribert Reimanns Requiem mit Texten aus dem Buch Hiob; immer läßt sich leicht ein organisches Zusammenwirken von Musik und Sprache beobachten, angeregt durch den Wortmusiker Luther.

Sein Glaube, sein Gotteserlebnis, sein Bekenntnis zur Erlösung durch die Gnade bestimmten den »unerhörten« Ton, in dem er diesen seinen Gott pries. Und wenn seine spezifische Religiosität jenes Postulat der römischen Kirche bestritt, zur Glaubensbeziehung zwischen Gott und Mensch sei der Priester als Mittler unerläßlich, so ist damit bereits die Bedeutung umrissen, die dem Gemeindegesang in deutscher Sprache, dem Gottesdienst in der Landessprache zukam. Sicher war Luther nicht der Gründer und Initiator des deutschen Kirchengesanges, aber seine musikalische Natur und sein Interesse hatten entscheidende Bedeutung für die Entwicklung des evangelischen Chorals. Was er unter Singen verstand, erläuterte er in seinen »Tischreden« (Kritsche Gesamtausgabe, Weimar 1908): »Singen ist die beste Kunst und Übung. Es hat nichts zu tun mit der Welt, ist nicht für Gericht noch in Hadersachen. Sänger sind auch nicht sorgfältig, sondern fröhlich und schlagen die Sorgen aus und hinweg.«

Luther demokratisierte den Glauben, gab die Bibel aus der Hand des Geistlichen in die Hand des einzelnen. Gott und nicht mehr dem Priester wurde gebeichtet. Was Wunder, daß auch der Kirchengesang der Gemeinde zuerteilt wurde. Luther hinterließ 37 Kirchenlieder, die in ihrer Verbreitung volksliednahen Charakter bekamen. Andere Komponisten wie Speratus, Decius, Gramann, Alberus folgten seinem Beispiel. Durch ihre volkstümliche Sprache, die in anschaulichen Bildern redet, wirken diese Lieder der ersten Zeit frisch und glaubensfreudig. Zunächst wehrte sich Luther keineswegs gegen die Beibehaltung lateinischer Texte, und die kunstvolle Mehrstimmigkeit blieb so erhalten. Erst der Umstand, daß die Gemeinde anfing mitzusingen, gestaltete die gottesdienstliche Musik um und verdrängte auch die kunstvollen, mehrstimmigen a-cappella-Figuralmusiken. Die neue Kirche führte den Choral zu einer Dominanz, die in den Werken Bachs gipfeln sollte.

Weil das Lied auch im Kirchengesang Verse vertonte, wurde bereits im Metrum Bedeutung berücksichtigt. Sollte die kirchliche Gemeinde deutsche liturgische Texte vortragen, so lag die Verwendung von Liedern in Versen nahe, denn die musikalische Deutung von Prosa hätte eine deklamatorische Fähigkeit und Interpretation vorausgesetzt, die den Sinngehalt bewußt unterstrich. Damit wäre aber die Liturgie bereits verlassen worden.

Die Zeit bis zum Ende des Dreißigjährigen Krieges sieht die

Masse des Volks bei dem tragischen Versuch, zwar von neuem Idealismus ergriffen, aber in oft stürmischer Unrast, neue Inhalte geistigen Lebens in die Tat umzusetzen und sich dabei bis zur Erschöpfung aufzureiben. Im Kampf um die Interessen der Menschheit mag das Gemüt höhere Reizbarkeit, aber auch reicheren Inhalt und – mit dem Bewußtsein des Gegensatzes zur umgebenden Welt – ein erhöhtes Selbstgefühl gewonnen zu haben. Aus solchem Boden trieb das Lied neue Keime. Waren vordem hauptsächlich die Spielleute Träger der Poesie, so sang nun überall schon das Kind Jubel, Leid oder Spott in Versen und Melodien. Entscheidend half dabei die neue Buchdruckkunst, die die Stoffe auf fliegenden Blättern festhielt und sie unter die Leute brachte.

Johannes Gutenbergs (um 1400–1468) Erfindung ließ die Kirchenlieder in bis dahin undenkbarer Weise verbreiten und trug damit zum Erfolg der Reformation bei. Vom Ende des 15. Jahrhunderts an gelangten die Lieder in Büchersammlungen, unter denen die ältesten, das »Lochamer Liederbuch«, mit der Jahreszahl 1460 noch erhalten ist. Bald folgten das »Münchener Liederbuch« und das »Berliner Liederbuch«, im Jahre 1512 die Sammlung von Oeglin, 1534 die von Ott, 1536 die von Heinrich Finck und viele andere Editionen, die das Volkslied bereits mehrstimmig wiedergaben und somit Bearbeitungen darstellten. Sie führten zum sogenannten Gesellschaftslied, von dem noch zu sprechen sein wird.

Die Mehrstimmigkeit kann uns hier, so wichtig sie für die Entwicklung des Liedes war, nur am Rande interessieren. Orlando di Lasso und die meisten seiner Zeitgenossen führten alle Stimmen eines Satzes frei und formten sie nur selten liedhaft. Es gibt keine Hauptstimme, vielmehr sind alle als Ensemble am Satz beteiligt. Das Lied wandelt sich in Richtung auf das Madrigal und die Motette.

Bemerkenswert ablehnend verhielt sich die Reformation zum Volkslied. So wünschte sich Luther, daß »man die Buhllieder und fleischlichen Gesänge loswürde«. Joachim Aberlin eiferte gegen die Geschichten vom Herzog Ernst, vom Hörnernen Siegfried und andere »unnütze, langwierige und heillose Lieder und Meistergesang, damit man nicht allein die Zeit übel angelegt, sondern auch dick bis zu den blutigen Köpfen wider einander gesungen hat«. Andere duldeten Lieder nur als kleineres Übel, da durch das Singen viel unnützes Geschwätz und andere Laster verhindert würden.

So bewahrte der Choral in harten Zeiten fast das ganze deutsche Liedwesen, auch das weltliche, im kleinsten Rahmen sinnbildlich und dauerhaft verhärtet. Luther hatte in den Jahren 1523 und 1526 dem Gottesdienst, der Messe und Kommunion, seine neue liturgische Gestalt gegeben, die, anfangs noch ganz in den Händen des Liturgen und des Chores, unter dem Reformator selbst der Gemeinde zunehmend beteiligte. Eine der merkwürdigsten weltlichen Anregungen waren die Psalmenlieder der calvinistischen Gemeinde, von Claude Goudimel vierstimmig nach französischen Chansonmelodien bearbeitet und durch die Übersetzung des Königsberger Professors Ambrosius Lobwasser 1573 dem deutschen Gemeindegesang gewonnen.

Die Sammlung »Venusgärtlein« von 1613 enthält das fünfstimmige Lied »Mein Gmüt ist mir verwirret, das macht eine jungfrau zart«, das bereits kurz nach dem Erscheinen seine Melodie für Paul Gerhardts »O Haupt voll Blut und Wunden« hergeben sollte, eine den Text tauschende »Kontrafaktur«, wie sie das deutsche Lied des 16. Jahrhunderts kennzeichnet.

Das 17. Jahrhundert, vor den Kriegen des 20. Jahrhunderts wohl die trübste und schwerste Zeit europäischer Geschichte, ließ den Gesang unter den Völkern des Nordens kaum aufkommen. In Friedenszeiten wurde es lange nicht besser. Italien hatte inzwischen die Musik neu geformt. In Deutschland etwa schätzten die Gebildeten allenfalls künstlichste Poesie. Der Sinn für das Hervorholen alter Schätze sollte hier erst wieder in der Romantik wach werden, als die »Revolution nach innen« ihren Halt wiederum im Rückblick auf vergangene Jahrhunderte zu finden suchte, diesmal um die Stickluft der Restauration zu überwinden.

Hier sei an die musikalische Seite bisheriger Entwicklung erinnert: Anfangs schien der Gesang melodisch und rhythmisch an kirchliche Formen gebunden. Die Lieder der Minnesänger bedurften kunstvoll ausgestalteten Gesanges nicht. Harmonie und Rhythmus fungierten als Träger noch nicht selbständigen musikalischen Ausdrucks. Dieser ging nicht über das Prinzip des Wortakzents hinaus, als eines Vortrags, bei dem die Textworte wie beim Sprechen metrisch streng oder frei, volltönend oder tonlos interpretiert wurden. Statt der Silben setzte der Gesang Töne, statt dichterischer Verszeilen Tonreihen. Mit den Meistersingern begann sich dann die Melodie vom Sprachrhythmus zu emanzipieren, die Tonreihe überdeckte das Wort, und erst in späterer Entwicklung nahm das Lied prägnante Gestalt an. Die Melodie erhielt geschlossene Form; und dieser Geschlossenheit hat das Lied seine Verbreitung zu verdanken.

Anfänge des künstlerischen Sololiedes

Weil sich die Herkunftslinien des Gesangs aus dem Mittelalter von diversen Strömungen her zentrierten, ist die Gattung Sololied in der Frühzeit nicht leicht abzugrenzen. Aufführungspraktisch müßten nicht nur die »Rondeaux« des Guillaume Dufay (um 1400–1474) und des Gilles Binchois (um 1400–1460) oder die Madrigale des Trecento, sondern auch die Gesänge der Troubadours in die Betrachtung einbezogen werden. Denn in Mittelalter und Frührenaissance wurde von einer polyphonen Komposition häufig nur eine Stimme gesungen, zu der Instrumentalisten eine Begleitung improvisierten.

Dennoch geht es sicher nicht an, die Aufführungspraxis als alleiniges Kriterium gelten zu lassen, da die Berichte über sie historisch selten völlige Gewißheit bieten. Vielmehr gibt die Notation, in unserem Fall das ausdrücklich für ein Akkord-Instrument notierte Akkompagnement, den Ausschlag. So gesehen nimmt also die Geschichte des begleiteten Sololiedes in den ersten Jahrzehnten des 16. Jahrhunderts ihren Anfang.

Älteste Liedkompositionen hatten noch polyphone Gestalt. Für eine Solostimme bearbeitet und in der Mensuralnotation fixiert, faßte man die restlichen Stimmen in einer Lautentabulatur zusammen. So konnte mit Hilfe dieser Begleitung selbst dann ein Lied vorgetragen werden, wenn keine weiteren Sänger oder Sängerinnen zur Verfügung standen. Dürfte diese Praxis auch schon im Lauf des 15. Jahrhunderts geübt worden sein, so stammt das älteste dokumentierte Stück dieser Art aus dem Jahr 1509. In diesem Jahr publizierte Ottaviano Petrucci (1466–1539) in Venedig eine Sammlung »frottole«, die von Franciscus Possinensis für nur eine Singstimme (den ursprünglichen »superius«) und Laute bearbeitet waren.

Als Gattung war die »frottola« zunächst überwiegend dreistimmig, aber ihre solistische Bearbeitung wurde schon bald auch in Frankreich und in den Niederlanden angewendet, wenn auch nicht ganz in der gleichen Art. Denn in den Sammlungen von Attaignant (1529) und Phalèse (1553) sind alle Stimmen, mit Ausnahme der Oberstimme, des superius, in die Begleit-Notation aufgenommen. Es bildeten sich zu jener Zeit deutliche nationale Stilmerkmale. Italienisch und französisch, niederländisch, spanisch und englisch, das bedeutete zugleich unterschiedliche Formen, die sich kaum unter dem gemeinsamen Nenner »Renaissance« vereinen lassen. Dafür ist nicht unbedingt die Verschiedenheit der vertonten Sprachen verantwortlich. Wendet etwa Claudin de Sermisy (um 1490–1562), der »Chantre élère« der Privatkapelle Ludwigs xii., in seinen Chansons eine andere Technik an, eine Melodie aus wenigen Tönen zu entwickeln, als dies Clemens non Papa (um 1510–1556) tat, der viel großzügiger mit dem Tonmaterial umging, so erklärt sich das lediglich aus dem Unterschied nationaler Eigenart. Ebenso erlebte das Sololied in den folgenden Jahrhunderten immer gerade dort Blütezeiten, wo es national geprägt war.

Messe und Motette als Hauptform der Musik Europas mußten eine Annäherung an weltliche Formen dulden, deren Protagonist das Madrigal wurde. Aus ihm entwickelten die Komponisten ein veritables Vokabular ausdeutender musikalischer Formeln, die sogenannten »Madrigalismen«. Nun »malten« sie etwa freudige oder traurige Stimmungen mit einem schnellen oder langsamen Tempo, mit Zweier- oder Dreiertakt, mit gezieltem Einsatz von Dur- und Moll-Akkorden, Erregung und Ruhe durch große oder kleine Intervalle. (Unter den Deutungen des Namens über die Herkunft von Mandriale, dem Herden- oder Hirtengesang, der Pastorale, von Cantus Matricalis, scheint uns diejenige von Cantus materialis nicht so abwegig wie vielen Wissenschaftlern, die eine solche Herleitung von »Bastardgedicht«, also aus Musik und Dichtung, unbefriedigend finden. Denn schließlich war es Petrarca, der den Willaert und viele andere dazu brachte, Gedichtformen wie Canzone, Sestinen und Sonette in Musik zu setzen.)

Allen divergierenden Tendenzen ist eines gemeinsam. Mit Josquin des Prés (um 1450–1521), Heinrich Isaac (um 1450–1517) und Ludwig Senfl (um 1490–1543) waren die Forderung des Affekt-Ausdrucks und das folgende Kausalitätsgesetz endgültig formuliert: Musik müsse durch Harmonie und Rhetorik mit dem Gegenstand, Inhalt und Versmaß der Dichtung zusammenstimmen und so dem Stoff angemessen sein. Wie einst in Platons Schule prangerte die theoretische Wissenschaft leere musikalische Nur-Schönheit an. Die Meister hatten mit Geschick und Kunst stets die Natur der Rede nachzuahmen, wiewohl sich die polyphonen Sätze von Heinrich Finck (um 1445–1527) oder Ludwig Senfl unbedeutender Gedichte bedienten, die in der Literaturgeschichte ohne wesentliche Beachtung blieben.

Was die Tonkunst immer mehr zu psychologischer Deutung tendieren ließ, was sie von der spekulativen und mathematischen Auffassung des Mittelalters deutlich abrückte, ergab sich aus der von der Renaissance beförderten Emanzipation des selbstbewußten Individuums. Gedanklichen Ausdruck, poetischen Gehalt strebte der Gesang an. Daß die Komponisten einfach und durchsichtig schreiben wollten, ließ sie sich der Homophonie zuwenden. So sind die ersten deutschen Liederbücher Früchte des Willens, schlicht zu sein, populär zu wirken. Monodie kündigte sich in der erwähnten Technik des Vortrages polyphoner Stücke an, in denen ein Sänger den kontrapunktisch gedachten, für sich allein nicht organischen Part sang, während die übrigen Stimmen mit Instrumenten dargestellt wurden. Der Kampf gegen den Kontrapunkt begünstigte naturgemäß den Sologesang. Gioseffo Zarlino (1517–1590) und sein Schüler Vincenzo Galilei (um 1520–1591) verkörpern in der Berührung zweier Generationen die Gegenpole, wobei der Schüler ins Lager der florentinischen Monodisten überging und den Lehrer dann fanatisch und – wie immer – ungerecht befehdete. Die Jungen dachten, mit ausdrücklicher Berufung auf das Griechentum, an eine Renaissance der Antike. Damals veröffentlichte Vincenzo Galilei, Vater des Physikers, wiedergefundene Gesänge des Mesomedes, deren Entzifferung aber erst dem 19. Jahrhundert möglich werden sollte. Dennoch bewogen diese Hymnen Galilei dazu, Gesänge zu entwerfen, die seiner Vorstellung von altgriechischer Musik entsprachen.

Wie wir sahen, ist die Spät-Renaissance, während der sich die Geburt des Kunstgesangs heutiger Prägung vollzog, nicht, wie häufig angenommen, völlig dem Gesetz des Epigonentums verfallen. Zwar bedeutete die Nachahmung der Antike für die Entwicklung der Künste in gleichem Maß Segen wie Fluch. Aber sklavische Wiederholung kennt die Geschichte nun einmal nicht. Herder hat zwei Jahrhunderte später gezeigt, wie jede geistige Produktivität landschaftsgebunden ist, sich aus der Besonderheit der jeweiligen

Kultur ergibt. Die Kunstästhetik im Abendland ging eigenständige Wege, so sehr sie auch immer von neuem das Altertum im Blick hatte.

Galilei beriet seine Freunde als Ästhetiker. Zur gleichen Camerata gehörten die Fachmusiker Jacopo Peri (1561–1633) und Giulio Romano Caccini (um 1550–1610). Im Hause des Grafen Bardi versammelte sich die Schar der Freunde zu geistreicher Geselligkeit, unter ihnen die besten Poeten und Philosophen. Vor allem wurde über Musik diskutiert, und auf Galileis Anregung ließ Bardi Bücher und Instrumente aus ganz Europa herbeiholen. Es herrschte Einigkeit über die Ablehnung des Kontrapunkts, nämlich darüber, daß er mit den wahren, von Platon gelehrten Grundsätzen über die Musik unvereinbar sei. Die Gesänge des Giulio Caccini, eines Sängers im Dienste des Mediceer-Hofes, fanden starken Beifall und bereiteten dem neuen Stil den Boden. In Deutschland nannte Michael Praetorius (1571–1621) im »Syntagma« Caccini den vorzüglichsten Musiker seiner Zeit.

In einem Sendschreiben formulierte Conte Bardi einige der vermeintlich wiedergefundenen, in Wahrheit neugewonnenen Grundsätze: »Musik ist nach dem dritten Buche von Platons Republik (Comune) eine Verbindung von Wort, Harmonie und Rhythmus«. Und an anderer Stelle: »Die Musik ist nichts anderes als die Art und Kunst, den Worten ihr richtiges Zeitmaß zu geben, indem solche nach Länge und Kürze, schnell und langsam gesungen werden; und praktische Musik ist eine Anordnung der vom Dichter verschiedener Maße nach Länge und Kürze zusammengestellten Worte, daß sie, gesungen von der Menschenstimme, sich jetzt rasch und jetzt langsam, jetzt in tiefen, jetzt in hohen und jetzt in mittleren Tönen bewegen, wobei der Gesang entweder der menschlichen Stimme allein anvertraut ist oder aber von einem Instrumente akkompagniert wird, welches selbst wieder die Worte mit langen und kurzen, in rascher oder langsamer Bewegung, mit tiefen, mittleren oder hohen Tönen begleitet – dies ist Platons Definition, mit welcher auch Aristoteles und andere Weise zusammenstimmen« (Ambros, »Geschichte der Musik«, Leipzig 1909). Es hieß also vornehmlich, der Poesie ihr Recht zu verschaffen, das durch die kunstvoll polyphone Art zu komponieren beschnitten schien. Wieder einmal stand die Forderung nach gleichwertigem Verständnis von Musik und Wort am Anfang einer neuen Entwicklung.

Gläubig zählte Bardi die Berichte von der Wunderwirkung des Gesanges bei den Griechen auf, von der Heilung Kranker durch den süßen Gesang des Thales von Milet oder davon, daß Pythagoras Betrunkene, Empedokles Tollwütige genesen ließ.»Unsere Musik aber scheidet sich heutzutage in zwei große Teile; die eine gehört dem sogenannten Kontrapunkt, die andere soll bei uns heißen: Die Kunst gut zu singen.« Und am Anfang des neuen Kunstgesanges stand der Grundsatz, den Vers nicht zu verderben (di non guastare il verso).»Wenn ihr Ehre beim Singen einlegen wollt, so laßt das Wort ja gut verständlich werden, das ist bei unserem Gesang die Hauptsache, – seid ihr doch bei vornehmen und trefflichen Personen (persone nobili e virtuose) in Florenz erzogen, wo man gut zu reden weiß und die Aussprache vortrefflich ist.« Indem er Petrarca und Dante zitiert, die wiederholt vom süßen Gesange sprechen, schließt Bardi mit dem Aufruf zur Süßigkeit (suavità) (nach Ambros, a. a. O.).

In der Vorrede zu seinem »Nuove Musiche« wiederholt der Adressat Caccini getreulich die Thesen seines Mentors, was in dem Ausspruch kulminiert: »Musik sei nichts als Sprache und Rhythmus und erst zuletzt der Ton, und nicht umgekehrt, solle sie anders bei anderen Verständnis finden und jene Wunderwirkungen hervorrufen, welche die Schriftsteller bewundern.« Von einem Vorherrschen des sprachlichen Elementes also ist die Rede, zu dem fortan immer wieder gefunden wurde. Daß man sich aber damals über die Qualität der griechischen Musik offensichtlich täuschte, belegen die Behauptungen Donis, nach denen ausgerechnet die Tonkunst das Herrlichste war, was die Griechen je hervorbrachten.

Vincenzo Galilei experimentierte auf dem neuen Wege, indem er Dantes Klage des Grafen Ugolino und die Lamentationen des Jeremias für Solostimmen mit Violenbegleitung setzte und sang, also hochexpressive, nach stärksten Emotionen verlangende Textvorwürfe, wie sie den »stile recitativo« nicht besser verdeutlichen könnten. Diesen (leider verlorenen) Sprechgesängen standen die professionelleren, aber glatteren Schöngesänge des Caccini gegenüber, den man als den eigentlichen Begründer des Belcanto anzusehen hat. Aber auch er komponierte singende Rezitationen, »die den Worten eindringliche Kraft verliehen« (Lettere dell'abbate Angelo Grillo, Venedig 1609).

Was uns noch als ein dürftiger erster Schritt erscheint, setzte

Europa damals in Erstaunen und Begeisterung. Sologesang als ein Gegengewicht gegen die rein gedankliche Kunst der Kontrapunktisten, gegen die strenge Nur-Intelligenz – dies hat sich als eine Einschränkung gegenüber allem Sängerischen bis heute erhalten, selbst noch im späten Bild des Kunstgesangs von heute. Und dies, obwohl schon bald nach den florentinischen Anfängen autonome musikalische Erweiterung des bisher Errungenen gesucht wurde.

Aber zunächst einmal ging es darum, das Individuum zu emanzipieren. Nicht mehr zusammensingende Körperschaft, auch da, wo sie höchst subjektiv etwa ein Liebeslied vortrug, sondern Flucht des einzelnen aus dem Chor singender »Brüderschaftler«. Der Sänger detailliert von nun an, er nuanciert, sein Gesang tendiert zur individuellen Gefühlssprache. Die Rezitation darf beschleunigen oder zurückhalten (Caccinis »nobile sprezzatura del canto«) und die Rede nachahmen. Damit befand sich die Musik auf dem Weg zum Drama. Die Epoche dachte sich alle Künste dramatisch. So mußte sich die Plastik aus der antiken Ruhe zu Berninis Komödienspiel bequemen und genau jene Szenen bildnerisch vorführen, die mit Engeln, Dämonen und Allegorien auf der damaligen Opernbühne agierten, sangen und tanzten.

Die Florentiner Monodisten besonders bewältigten die Aufgabe, einen Inhalt gesanglich darzustellen, durch mutige Verbindung antiker Ausdruckslehre, rhetorischer Musikausübung seit Damon und Aristoteles, mit dem empirischen Kunststreben ihrer abendländischen Gegenwart. Es handelte sich nicht länger darum, gelehrt zu sein und alte Denkarten weiterzugeben, sondern sich an der Gegenwart auszurichten. Wir werden der Monodie später weitere Aufmerksamkeit widmen.

Die mathematisch-symbolische Auffassung von Musik im Mittelalter starb eines allmählichen Todes und machte der Ästhetik des Inhalts Raum, die um die Mitte des 18. Jahrhunderts zu ihrem Höhepunkt gelangen sollte, zu einer Reife, die jeder anderen Theorie entraten konnte. Renaissance- und Barockkunst spiegeln sich auch in der Literatur: Vorliebe für Übersteigerung deckt sich mit dem Überquellen barocken Dekors. Petrarcas zarte Liebestränen kommen bei Carlo Marini (Ende 17. Jh.) aus der Heftigkeit innerer Bewegung. Von der »imitatio«, der Nachahmung klassischer Vorbilder gingen die Poeten des Barock zur »meraviglia« über, zur Wirkung, die nun schwerer wiegt als Faßbarkeit und Tiefe.

Wie in Bardis Haus Caccini die neuerischen Ideen zu künstlerischer Geltung brachte, so setzte Jacopo Peri im Hause des Grafen Corsi dessen Philosophien über das Wesen musikalischer Dramatik in die Tat um. Dazu mußte ihm freilich erst der Dichter Ottaviano Rinuccini (1562–1621) begegnen, dessen für Musik konzipierte Dramen »Dafne«, »Euridice«, »Aretusa« und »Arianna« Fundamente zur Kulturgeschichte der Oper legten. In Florenz wurde in der Tat demonstriert, was Michael Praetorius unter dem Eindruck Caccinischer Musik in seinem »Syntagma musicum III« postuliert hatte: »Also ist eines Musicanten nicht allein singen, besondern künstlich und anmutig singen: Damit das Hertz der Zuhörer gerühret vnd die affectus beweget werden, vnd also der Gesang seine Endschafft dazu er gemacht vnd dahin er gerichtet, erreichen möge.«

»Stile rappresentativo« nannte man jene Art von Melodie, die sich der theatralischen Szene, jeder beliebigen Gattung dramatischer Aktion anglich, was auch immer musikalisch reproduziert werden sollte. Dazu gehörte als Unterart der »stile narrativo«, die lange Erzählung im Sinne etwa des Berichts der Dafne vom Tode der Euridice, später durch Richard Wagner als Element seiner Musikdramen aufgegriffen. Monodie und Generalbaß gingen in die Oper ein. Und wenn es sich auch zunächst um simple Schäferspiele auf mythologischer Basis handelte, so waren ihre Schöpfer doch noch immer der Meinung, sie könnten die Eigentümlichkeit antiker Musik mit ihr wieder aufleben lassen. Aber Winckelmanns »Edle Einfalt, stille Größe« der Hellenen hätte die Schaulust der Großen jener Zeit und besonders die der Italiener kaum befriedigt.

Das Gedicht formte das Zentrum, um das alles andere kreiste. Solistisches Singen und die Tatsache, daß sich Musik und Drama verknüpften, waren allerdings nicht so neu, wie Caccinis Vorworte seiner Musikdrucke weismachen. Langes Experimentieren war vorausgegangen, wenn auch nicht schriftlich fixiert. Der Wechsel von der vokalen Polyphonie zum begleiteten Sologesang vollzog sich kontinuierlich, bis es möglich wurde, der reifen und bewährten Polyphonie zuleibe zu rücken. Die Erneuerung bezog sich zunächst auf das Akkompagnement, das nunmehr eine ausschließlich stützende Funktion bekam gegenüber dem mehrstimmigen Satz der Vergangenheit, der vielfach auf schon bestehender polyphoner Komposition fußte. Die Notation beschränkte sich auf ein Mini-

mum, indem sie den »basso continuo«, der ursprünglich ein Hilfsmittel für den Organisten war, kirchliche Chorwerke zu begleiten,
nur einstimmig anmerkte. Dies symbolisiert zugleich die untergeordnete Stellung der Begleitung. Cembalo, Harfe, Theorbe (Laute)
und Orgel wurden als Continuo-Instrumente eingesetzt.

Damit bekam die Singstimme eine fast unbeschränkte Souveränität, und sie vermochte nun den Text subtil auszudeuten, ohne von
der Bindung an andere Stimmen behindert zu sein. Dies offenbarte
sich am klarsten im stile recitativo der Florentiner Camerata.
Aus der »sprezzatura«, einem Gesang »senza mensura«, schreibt
Caccini die Improvisation affektiver Verzierungen vor, die sogenannte »gorgia«. Solcherlei Ornamentik ist weniger um der De-
skription oder des stimmlichen Glanzes willen vorhanden, als um
den Text expressiv zu unterstreichen.

In den »Nuove Musiche« unternimmt der Komponist eine Trennung zwischen durchkomponierten Gesängen im stile recitativo
(das sind meistens die Madrigale) und den Strophenliedern, aus
denen sich dann die Arie entwickelt. Diese Lieder sind kürzer und
syllabisch notiert. Sie stützten sich zusätzlich auf einen, der Statik
durch harmonische Fortschreitung wehrenden Basso continuo. Ihre
Abstammung von den mehrstimmigen Villanelle, Canzonetti und
Balletti ist nicht zu verkennen. Unter den monodischen Solokantaten sind die von Claudio Monteverdi (1567–1643) ohne Zweifel die
bedeutendsten (»Lettera amorosa«, »Partenza amorosa«), jedoch
bleiben sie zahlenmäßig gegenüber seinen Opernwerken, auf die
wir noch eingehen werden, weit zurück.

Zwischen Monteverdis »prima« und »seconda prattica«, die sich
im Grunde beide gegen die Strömungen der Zeit stellten, fand der
Kampf gegen die kontrapunktische Satzweise als angenommenem
Feind des Textes statt. Was im strengen Kontrapunkt als Ausdruck
erlaubt war, schien der Ausdeutung des Inhalts nicht mehr angemessen. Der praktizierende Musiker lehnte sich gegen den theore-
tisierenden Literaten auf, denn er wollte nicht gelehrt sein, sondern
unterhalten. Und wurde der Monteverdi der Seconda prattica angegriffen, weil er in seinen Spätwerken zu wenig Kontrapunktik
anwandte, so handelte es sich eigentlich um die Frage, inwieweit
Vokalmusik, die Wort und Klänge verbindet, einen Spezialstatus
gegenüber kontrapunktischen Regeln einnehmen dürfe. Eines ist
sicher: Von Caccini an wurde der Interpret gebraucht.

Grandi (gest. 1630) verwendete als erster den Namen Kantate, unter welchen Begriff zunächst auch Sololieder gefaßt wurden. In zahlreichen Publikationen fanden sich Sammlungen von Laienkomponisten, und eigentlich zeigen gerade sie sich in harmonischer Hinsicht am fortschrittlichsten. Im Laufe des 17. Jahrhunderts trat das Solo-Madrigal wie auch das italienische Strophenlied immer mehr zurück. Beide wurden in die Kantate integriert, wo sie als Rezitativ und Arie weiterlebten.

Der die fremde Pflanze in Deutschland heimisch machte, war Hans Leo Haßler (1564–1612), wenn er auch nicht als erster an der Quelle schöpfte. Die Art, wie er in seinen »Neuen teutschen Liedlein« von 1591 die italienische Canzonetta aus einem frech rationalistischen, parodistischen Gebilde zum gemütvollen und anmutigen Lied umwandelte, ist für die Einstellung deutschen Musikertums zum fremden bezeichnend. So gesehen, ist Haßler Vorläufer von Heinrich Schütz, Händel und Mozart.

Außerhalb Italiens findet man auch in früherer Zeit Beispiele des pseudo-monodischen Liedtyps. So gibt es bei dem flandrischen Dichter-Komponisten Hukaert (15. Jh.) einen halb lyrischen, halb dramatischen Stil, der französischen Einfluß verrät, besonders in einer Anzahl Airs mit Continuo-Begleitung.

In Spanien äußerte sich im 16. Jahrhundert solistisches Singen anders. Die »romances villancicos« von Luis Milàn (um 1500 – um 1561) sind Originalkompositionen für eine Solostimme und ein Instrument, meist für die Vihuela, eine Vorläuferin der Gitarre in der Stimmung der Laute. Die älteren spanischen Komponisten erwekken den Eindruck, als stammten ihre Lieder eher aus instrumentaler als vokaler Praxis. Die Singstimme bewegt sich in großen Notenwerten und erfüllt etwa die Aufgabe eines cantus firmus oder einer im Idiom beweglichen Vihuela-Stimme unter anderen. Hier ist das Akkompagnement noch keineswegs untergeordnet, und so dürfen die spanischen Lieder nicht als Monodie im florentinischen Sinne der Einstimmigkeit aufgefaßt werden. Vielmehr scheint es, als bilde der cantus firmus die Begleitung zu einer virtuosen Vihuela-Stimme.

Die Briten fanden erst verhältnismäßig spät zum eigentlichen Sololied. Von den Madrigalen Luca Marenzios (1550–1599) ausgehend, regte die englische Madrigalkunst wiederum das Komponieren einstimmiger Lieder mit Lautenbegleitung an. Während der

beiden ersten Jahrzehnte des 17. Jahrhunderts erschien die Mehrzahl der »Books of Songs or Ayres«, von denen die wichtigsten John
Dowland (1562–1625 oder 1626), Thomas Morley (1557–1603) und
Thomas Campion (1567–1620) schrieben. Die elisabethanische
Zeit spiegelt den italienischen Einfluß auf die englische Musik deutlich im Repertoire wider, besonders in der Ausdruckschromatik
eines William Byrd (1543–1623). Stilistisch knüpfen manche seiner
mehrstimmigen »lute-songs« an das Madrigal an, auch an das
eigene. Andere zeigen sich von der Canzonetta beeinflußt, wohl
auch von dem französischen Chanson. Die Continuo-Lieder von
William (1582–1645) und Henry (1595–1662) Lawes und manchen
anderen zeigen neben italienischen Spuren die nationale Vorliebe
für dialogischen Charakter. Zwar gelingt es diesen Komponisten
nicht, die blühende Melodik der Florentiner und Venetianer vollständig mit den englischen Texten zu verbinden, doch wird dies
durch eine höchst individuelle Rhythmik kompensiert. Synkopie-
rende, sprachlich gebundene Motive waren von alters her charakteristisch für das schottische Volkslied und für die englische Prosodie
überhaupt, deren typische Originalität später die beiden größten
Meister des ausgehenden 17. Jahrhunderts, John Blow (1649–1708)
und sein Schüler Henry Purcell (um 1659–1695), in ihren Sololiedern vorführten. Hier verwandelten sich kontinentale Einflüsse
zum ganz persönlichen Idiom.

Noch später als die Briten ersetzten die Komponisten in Frankreich die Lautentabulatur durch das Continuo. So datieren die ältesten rein monodischen Lieder erst etwa 1645, die zunächst in hand-
schriftlichen Quellen auftauchen und später in Publikationen von
Ballard. Weil in vielen Airs nicht nur die Oberstimme, sondern auch
der Continuo-Baß mit Texten unterlegt sind, kann angenommen
werden, daß dieser weniger nebensächlich war als in der italienischen Monodie. Die Franzosen distanzierten sich aber auch
in anderer Hinsicht vom italienischen Stil, dessen pathetische
Melodik, kühne Dissonanzen, affektive Wortwiederholung und
ungebundene Form dem französischen Geschmack nicht entsprachen.

Noch lange pflegten die Franzosen zwei Versionen der Chansons, die vier- oder fünfstimmige oder die einstimmige, vor-mono-
dische. Es gab Meister in der Bearbeitung polyphoner Gesänge mit
gezierter vokaler Ornamentik, die nach England nicht übernom-

men wurden, wohl weil sie dem dortigen Geschmack nicht entsprachen.

Neben dem Air enthalten die französischen Sammlungen auch das Récit. Es liegt nahe, hier Einflüsse der florentinischen Monodie als Urheberin des »stile recitativo« zu vermuten, denn ihre Vorkämpfer, der Komponist Giulio Caccini und der Dichter Rinuccini, lebten geraume Zeit in Paris. Sowohl im Récit als auch im Air de Cour begegnet uns Ornamentik, die eher schmückend als ausdrucksgebunden wirkt, so daß Textworte selten wiederholt werden.

Im Air durfte nur Gemäßigtes, Verfeinertes wiedergegeben werden. Bei den Verzierungen gab es mehr Freizügigkeit. Hier wirkte erst Jean-Baptiste Lully (1632–1687) purifizierend, indem er vokale Ornamentik äußerst sparsam einsetzte und dies auf seine Zeitgenossen und Nachfolger übertrug [so auf André Campra (1660–1744), Louis Nicolas Clérambault (1676–1749), François Couperin (1668–1733)]. Hier beeindrucken die »Leçons tenèbres« Couperins besonders, da er es als Nicht-Jude wie keiner vor ihm verstanden hat, Alttestamentarisches überzeugend in die Tonsprache seiner Zeit zu übertragen.

Neben den »Airs sérieux« und den »Airs tendres«, die einen pompösen oder einen fein lyrischen Stil verkörpern, gab es eine dritte Gattung, das »Air à boire«, auch »Chanson à boire« genannt, das volkstümliche Trinklied also, wie es überall erklang. In Frankreich nahm es alsbald den Charakter eines Kunstliedes an, wohl auch deshalb, weil Trinklieder zumeist zweistimmig gesungen wurden. Der beherrschende Einfluß von Oper und Kantate degradierte das Lied jedoch zu minderer Bedeutung. Es rückte der Arie nahe oder wurde durch sie ersetzt. In der Sammlung »Harmonische Freude« (1697) verband Phil. Heinrich Erlebach Elemente aus beiden (Friedländer, 1902). Eine solche »mélange« erhielt den Namen »Deutsche Arie«, deren es bei Händel einige zu bewundern gibt.

Die Praxis des Continuo, die der Singstimme zuerst die Freiheit melodischen Ausdrucks gegeben hatte, verzögerte um die Mitte des 18. Jahrhunderts die weitere Liedentwicklung. Erst der vollständig ausgeschriebene Klavierpart konnte dem vorromantischen Lied Gestalt geben. Aber es sollte doch lange dauern, ehe das Klavierlied beispielsweise in Frankreich die Romance mit Basso continuo verdrängte. Die neue »Mélodie« konnte sich erst während der großen

Revolution entfalten, und die Aktualität ließ eine pastorale Illusionswelt verblassen, die durch Jahrhunderte das Lied erfüllt hatte. Zur Zeit des Empire endlich begann sich der Geist des alten »Air tendre« wieder durchzusetzen. Zwischen 1789 und 1815 etwa entstanden in Frankreich zwei Liedtypen: Von Deutschland her das expressive Lied mit ziemlich bedeutendem Klavierpart, wie es in Frankreich Etienne Nicolas Méhul praktizierte; und auf der anderen Seite die salonhafte Romance mit einer gleichsam abstrahierenden, aber graziösen Melodie, neben der die Begleitung eher untergeordnet erscheint.

Die deutsche Sprache förderte die Entwicklung im Liedbereich schon viel früher als die französische. Man denke an Valentin Rathgeber (1682–1750), der – meist in zweiteiliger Liedform – die Melodie einer Strophe durch eine Zäsur in der Mitte deutlich unterteilte (A+B). Indem das Wort als Träger sprachlichen Sinns alle Ornamentik ablegt, kann es zusammen mit einer Musik ähnlichen Geistes auch die Darstellung des Menschen adäquater verwirklichen.

Für den expressiven Liedtyp ist der deutsche Einfluß aber nicht nur in der Textwahl charakteristisch, sondern auch bei der Rolle des Klavierparts. Das läßt sich auch an der Aufnahme deutscher Einflüsse in Frankreich verfolgen. So kehrt etwa in »La mort de Werther« von Louis Emanuel Jadin (1768–1853) jede Einzelheit des Textes in der Art des deutschen Komponisten Johann Rudolf Zumsteeg (1760–1802) musikalisch als Schilderung wieder. Bei Luigi Cherubini (1760–1842), Méhul und Jean François Lesueur (1760–1837) stellt sich dagegen der anakreontische Oden-Stil in der Art eines Klopstock wieder ein und zeigt damit Parallelen zum Klassizismus der französischen Malerei bei David und Ingres.

Lied und Oper sind ohne die vorbereitende Wirkung der Affektenlehre des 17. und 18. Jahrhunderts nicht zu denken. Jener Giacomo Carissimi (1605–1674) war es, der die magische Suggestion von Affekten durch wechselnde musikalische Ingredienzien erzielt haben soll, der Johann Kuhnau (1661–1722) als Vorbild für den lächerlichen Affektenmusiker in seinem satirischen Roman über die damals neue Lehre diente. Auch die Rhapsodie nordischer Frühzeit, die Affekte virtuos erzeugten, wirkten als Vorbild. Wir werden darauf im Zusammenhang mit Oratorium und Drama noch eingehen.

Affekte wurden regelhaft – etwa im Sinne eines Johann Mattheson (1681–1764) – als Rezeptbestandteil eingesetzt, und so hatte um 1750 die Empfindsamkeit der Mannheimer »Seufzer« noch unter einer gewissen Gedankenlosigkeit der Anwendung zu leiden. Aber schon Karl Friedrich Zelter (1758–1832) räumte mit solcher Routine auf. Er gab den seit dem Barock immer wieder »fälligen« Ausdrucksmelismen ihren Sinn, freilich dabei gestützt durch das Wort Goethes. Auch ist Zelters beißende Kritik an solchen Komponisten imponierend, die den Text »als bloße Unterlage, als eine Art Lerchenspieß für irgendeine Melodie« ansahen. Er suchte etwas, das zum Wesensmerkmal des Klavierliedes werden sollte: die »Totalempfindung«, in jedem Vers das »Hauptwort«, »wohin die Melodie geführt werden muß, wenn das Gedicht bleiben soll, was es ist« (Briefwechsel Goethe–Zelter, Leipzig 1913).

Die Komposition von Texten, vornehmlich der Liedkomposition seit dem ausgehenden 18. Jahrhundert, erfaßt nur scheinbar einen Ausschnitt aus dem Gebiet der möglichen Sprachlaute. Was in Töne und Melodieabläufe von ihnen übertragen wurde, scheint lediglich dem Bereich der Vokale entnommen. Aber das musikalische Idiom, wie es in der zweiten Hälfte des 18. Jahrhunderts formuliert worden war, bietet im Grunde die Voraussetzung dafür, nicht bloß den Vokal, sondern auch den Konsonanten zu melodisieren. Um so mehr, als sich alle diese Musik syntaktisch und grammatikalisch sprachähnlich, mit herauszuhörender Bedeutung, versteht.

Konsonanten wie Vokale werden nach dem vorgegebenen Text umgesetzt und der Sinn des Wortes, ob er sich nun als lautmalerische oder als metaphorische Komponente im Sprachlaut niederschlägt, ins Musikalische übertragen. Dabei nimmt der Vokal den Platz des Tonträgers ein, während der Konsonant als Brücke zur Sinngebung zwischen den Vokalen vermittelt, häufig auch bei der Tonbildung hilft. Vornehmlich im Lied tritt die Sprachähnlichkeit des musikalischen Idioms als Vorbedingung für eine solche Transformation zutage. In Liedkompositionen häufen sich die Möglichkeiten der Sprachlaut-Aneignung durch die Musik.

Nicht von ungefähr erinnern wir hier an ein Schema, das Goethe 1815, in Wandkartenart um einen Stab gewickelt, an den Schelling-Schüler Christian Heinrich Schlosser sandte. Diese seine Tonlehre gab Goethe erst 1826, also bereits zur Hochblüte des Schubert-Liedes, an Zelter weiter und fügte hinzu, er sei auf dem Weg gewesen,

»in diesem Sinne die sämtlichen Kapitel der Physik zu schemati-
sieren«. Zelter, der als Fachmann gegen die Tabelle »nichts zu erinnern« hatte, schickte sie 1829 dem Verfasser zurück; heute hängt sie
im Sterbezimmer des Dichters. Das Dokument ist im Briefwechsel
mit Zelter wiederzufinden und bezieht sich im ersten Drittel »organisch (subjektiv)« auf den physio-psychologischen Bereich der
Musikwissenschaft. Die Tonwelt erregte auf dem Weg von der
Stimme zum Ohr »eine sinnlich-sittliche Begeisterung«. Stichwort-
artig wird die Stimmlehre behandelt und nimmt besonderes Interesse an Pubertät, Mutation, Kastrierung. Das Ohr scheint Goethe,
verglichen mit dem Auge, als »stummer Sinn«, doch sei wichtig die
»Gegenwirkung und Forderung« des Gehörs. Hier sind nun Erfahrungen hervorgehoben, die der Dichter gerade beim Umgang mit
der Liedlyrik gewonnen hatte und die fernerhin Bedeutung erlan-
gen sollten.

Das strophische Lied

Einen mitdenkenden Dialog mit den Sprachgebilden zu führen,
verband sich das Klavierlied mit der Lyrik. In der Bezeichnung
»Lied« – Streitobjekt der Definition seit langem – tönt Folklore und
musikalischer Urquell an, ihr ist als ähnlich archetypisch höchstens
der Begriff »Tanz« an die Seite zu stellen. Nicht selten finden Menschen den Zugang zur Kunstmusik über das Klavierlied. Dessen Gebundenheit an den Text, eine im Frühstadium unkomplizierte Form
und vor allem die menschliche Stimme als Medium lassen es in wei-
ten Teilen der Erde immer wieder als eine Hoffnung erscheinen, mit
seiner Hilfe die Verbindung zum Urgrund gemeinsamen Kunstver-
langens herzustellen.

Minnesang, höfische Weisen und Meistergesang waren verblüht.
Für mehr als anderthalb Jahrhunderte (1600–1750) verlor das Volkslied, dem wir später noch Raum geben, fast völlig seine Bedeutung.
Sänger der Poesie versammelten sich nunmehr um das Cembalo,
dessen lautschwache Bässe häufig durch die Gambe oder das Vio-
loncello verstärkt wurden. Mit der Verbreitung des Generalbaßlie-
des à la Caccini wuchs die Tendenz deutschen Sologesangs (vornehmlich in Hamburg und Dresden), mit Koloraturen auszu-
schmücken und die Musik kantatenhaft zu reihen. Heinrich Schütz,

der zunächst mit italienischem Espressivo-Madrigal geglänzt hatte, versuchte in Ensemblesätzen mannigfacher vokaler Zusammensetzung (den »Symphoniae sacrae«, den »Kleinen geistlichen Konzerten«), Strophe und Halbstrophe des Liedes in die Kantate hinüberzuretten, behielt aber den spezifischen Liedcharakter nur in Gelegenheitsarbeiten bei. Eher fand sein Freund Johann Hermann Schein (1586–1630), Thomaskantor und für das Sololied folgenreicher Lehrer, einen Platz für dem Lied Verwandtes neben seinen pseudo-polyphonen, durchkomponierten Ensemble-Sätzen, etwa den »Diletti pastorali«.

Solistische Besetzung drängte naturgemäß den chorischen und Ensemble-Gesang zurück. Die individualistische Tendenz äußerte sich als Abschied von der Vorherrschaft des kantoralen Konservatismus und als Hinwendung zum Orgel-Solisten, zur Solosonate und Solo-Arie.

Zur neuen, eindringlichen Wirkung des Wortgesangs hatte es einer Befreiung von mythologischem Ballast im Text bedurft; mindestens ebenso kräftig entfaltete sich strophische Monodie und die eingängige Melodik etwa eines Adam Krieger (1634–1666) mit seinen Trink- und Liebesliedern. Wichtigster Meister der Liedkunst des 17. Jahrhunderts war Heinrich Albert (1604–1651), ein Vetter von Heinrich Schütz, der in Königsberg mit seinen »Arien« vielgesungene Lieder auf den Weg schickte, die nicht eigentlich Arien waren, sondern Prototypen einfachen Strophenliedes. In seiner Komposition des Gedichtes von Simon Dach »Der Mensch hat nichts so eigen« von 1640, das Freundschaft und Treue preist, besingt die Schlußstrophe Menschheitsliebe und Brüderlichkeit, noch fern jenem Pathos, das 150 Jahre danach mit dem gleichen Inhalt einhergehen sollte. Alberts Gesang bewegt sich hier in der Singstimme rein diatonisch und ähnlich schlicht wie in seinem »Ännchen von Tharau«, ebenfalls aus der Feder Simon Dachs.

Eine große Rolle für das Lied spielte der Einfluß französischer Liedschöpfungen des 18. Jahrhunderts, wie er sich in der Sammlung von Weckerlin (1894) »Bergerettes, romances et chansons du XVIII siècle« mit Auszügen aus den »Nouvelles parodies Bachiques« (1700) oder der »Anthologie françoise« (1765) nachvollziehen läßt. Aber in all diesen Gesängen spricht sich noch nicht im Gedicht gebundene Empfindung aus, was später in vielen Ländern unter dem Begriff »Lied« verstanden werden sollte. Noch die Berliner Liederschule um Carl Friedrich Fasch (1736–1800) und Johann Abraham Peter Schulz (1747–1800) mühte sich, den Belcanto italienischer Prägung in der deutschen Hausmusik zu überwinden und erreichte ihr Ziel auf dem Umweg über das Vaudeville-nahe Couplet der Franzosen, wie es noch in den Klavierbüchern von Nannerl und Wolfgang Amadé Mozart sein Wesen trieb.

Neben und nach Adam Krieger machte sich überall in Deutschland eine leidige Liederchen-Singerei breit, die denn auch bewirkte, daß das Strophenlied, Kern allen Liedgesangs, verachtet wurde. Und noch platter wurde das Lied mit der am Ende des Jahrhunderts aufkommenden Neigung, Texte an fertige Tanz- und Instrumentalmelodien, meist modischer französischer Herkunft, anzupassen. Die Arie, die Kantate erdrückte das Lied. Nur das geistliche Lied, dem in Paul Gerhardt ein starker Sänger wiedererstanden war, brachte immer noch Gehaltvolles hervor.

Gleichsam zur Überbrückung einer an Lied-Neuerscheinungen armen Periode um 1700 machte sich der schlesische Rechtspraktikant Schultze unter dem Pseudonym Sperontes (1705–1750) daran, Klaviermusik aus dem Leipziger Umkreis Bachs mit Gedichten von Johann Christian Günther zu unterlegen. Diese skurrilen Parodien mit schnörkelhafter Stimmführung zeitigten Folgen: Sie animierten einerseits Georg Philipp Telemann (1681–1767) zu seinen moralischen und zugleich sanglicheren Liedern anakreontischen Charakters. Andererseits erwuchs daraus eine Sammlung von Original-Kompositionen auf Texte der Madame Gottsched und Marianne von Ziegler, die auch für Bach reimten. Telemann war in erster Linie um den Absatz bei solchen Sängern besorgt, die keinen großen stimmtechnischen Schwierigkeiten gewachsen waren.

So mancher zerbrach sich seither den Kopf darüber, ob diese Liedchen Kunst oder Folklore-Produkte seien. Sicher ist, daß die einfachen Lieder vor 1800 bewußt am Kontrapunkt vorbeigingen, daß die Beschränkung der Mittel kunstvolle Formen im Lied ausschloß, weil sie dem Wesen der Gattung nicht zu entsprechen schien. Ein weiter Kreis von Laien oder Liebhabern war zu erreichen, sozialpolitische Ideen weiterzugeben, die Forderung nach jenem guten Menschen zu vermitteln, der zufrieden und heiter, gesellig und gesittet sein sollte. Die dienende Rolle der Musik wahrte dabei zugleich die anscheinende »Reinheit« der Gattung.

»Beym Clavier zu singen«

Die sogenannte erste Berliner Liederschule bediente sich einer antibelcantistischen Technik. Johann Abraham Peter Schulz raffte Strophenlied-Weisen zu extremer Kürze, ließ sie auf sechs oder gar vier Takte schrumpfen. Damit knüpfte er an den kurzen Zwei- und Dreizeiler des alten Volksgesangs an. Oft begegnen uns dünnstimmige oder unbegleitet einstimmige Passagen, die wie eine Entlastung von zuvor geübter harmonischer Beschwerung wirken, hin zu neuen Ufern des sängerischen Ausdrucks. Dies brachte auch melodische Bewegung innerhalb eines Dreiklangs mit sich, so als würde einfach ein Akkord zerlegt. Volkstümlichkeit und Wärme des Gefühls, emphatische Humanität also, machen den Ton dieser Lieder aus, dessen Geist sich am schönsten in Schulzens Weise zu Matthias Claudius' »Der Mond ist aufgegangen« ausspricht.

Die Strophen im Vortrag dem Text anzugleichen blieb ganz dem Sänger vorbehalten, das Gedicht sollte durch die Melodie nur beschwingt und verschönert werden. War es gar erzieherischen Inhalts, so schrumpfte die Musik zum Zusatz – weshalb Schulz bemüht war, vokale Ornamentik oder Instrumentales zu profilieren, es aber während oder nach dem Gesang zu unterdrücken.

Die ästhetischen Regeln dieses strophischen Liedes nach 1752 in Berlin stellte Christian Gottfried Krause (1719–1770) bereit, nicht ohne prompt mit Vertonungen von Gleims »Lieder eines preußischen Grenadiers« Lokalpatriotisches mitzuliefern. In Anlehnung an die Ariette aus Frankreich wollte er nicht eigentlich witzig, aber auch nicht schmachtend (etwa nach dem Muster der Vorhalt-Seligkeit seiner komponierenden Landsleute) erscheinen. Mit seinen Thesen regte er auch Carl Philipp Emanuel Bach (1714–1788) zu geistlichen Liedern und Oden an, die den Ausdrucksstil kommender Generationen bestimmen sollten. Aber er beschwor damit auch eine massenhafte Oden-Produktion herauf, deren Stereotypie lähmend wirkte. Carl Philipp Emanuel Bachs Behandlung der Strophe ging da noch individuelle Wege, wenn etwa in »Gott, deine Güte reicht so weit der Himmel ist« das ostinate Festhalten an der Note D in der Singstimme sich nicht nur dem ersten Vers »Herr, meine Burg, mein Fels« anschmiegt, sondern ebenso leicht dem vierten, welcher lautet: »In deiner Hand steht meine Zeit«.

Nahe dem Volkslied bewegt sich auch die Kunst der schwäbischen Liederschule um 1780 mit Christian Friedrich Daniel Schubart (1739–1791) und dem Freund Schillers, Johann Rudolf Zumsteeg. Des letzteren Balladenkompositionen brachten Schuberts erste erzählende Schiller-Vertonungen (etwa »Der Taucher«) auf den Weg, wenn der Jüngere sie auch mitsamt ihrer »am Text entlang« sprudelnden Gesprächigkeit schnell hinter sich ließ. Mehr als bisher bekannt, machte sich Schubert übrigens melodisches Material von Vorbildern zu eigen und bildete sie produktiv um, ganz wie Volkssänger von einst, in deren Mund überlieferte Melodien unmerklich weiterkomponiert wurden. Hier hängen vor allem die Melodienanfänge genetisch zusammen, zumal wenn ein Anklang im Text mitspielt.

Die Begleitung durch das Hammerklavier (anstelle des nicht singenden und schwächeren Cembalos) strebte kräftigeren Ausdruck an, der sich nicht mehr auf Melodie und Fundament beschränkte. Das Instrument gab der Stimme mehr als nur kargen Halt, es begleitete und führte sie; zugleich rief es aber die Problematik einer wechselnden Kräfteverteilung und Rivalität um den Vorrang auf den Plan.

Nachdem spätbarocke Künstelei überwunden war, läuterte sich also das Klavierlied im Schaffen seiner Wegbereiter und dann seiner ersten Großmeister Joseph Haydn (1732–1809), Wolfgang Amadeus Mozart (1756–1791) und Ludwig van Beethoven (1770–1827) zur Kunstform. Diese letzteren vor allem gaben dem intimen Gebilde, das immer wieder gewandelt in der Geschichte figurierte, subjektiv künstlerische Gestalt. Und nach erstaunlich kurzem Anlauf stellte sich in Franz Schubert (1797–1828) jener Angelpunkt der Entwicklung her, an dessen Melodieschöpfungen, die sich mit dem Wort vermählen konnten, seither gemessen wurde, was sich Kunstlied nannte.

Die drei zuerst Genannten sind auch Exponenten der Sonate als einer neuen Beherrscherin der instrumentalen Musik. Mit ihr vollzieht sich der epochale Wechsel von den Fürstenhöfen ins Bürgerliche. Und weil diese Meister sich der volkstümlichen Melodik nicht verschlossen, bekamen Folklore und Lied wiederum die Möglichkeit, einzuwirken und bis ins 19. Jahrhundert zu überdauern. Die Gattung lebte davon, daß sie dem Ideal der Natürlichkeit entsprach, das im Lied gefunden schien und vor allem bei Mozart und Schubert homophone Sanglichkeit annahm, eine Sanglichkeit freilich, die sich in Richtung auf eine konkrete, zugleich bezeichnende wie überhöhende Aussagewirklichkeit hin bewegte.

Ein schönes Beispiel dafür, wie spezifisch deutsch der Ursprung des Klavierliedes zu sehen ist, bietet (abgesehen von dem Einfluß auf das französische Lied) Christoph Willibald Gluck (1714–1787), der auf dem Felde der Oper vielen Sprachen, nur nicht der deutschen im Wortsinn »gedient« hatte, dafür aber in seinen wenigen Klavierliedern deutsche Textvorlagen wählte. Fast wäre des Komponisten Begegnung mit Klopstock zu einem wahren Glücksfall für die deutsche Oper geworden, denn dessen »Hermannsschlacht« war musikalisch bereits so weit konzipiert, daß Gluck sie dem Komponistenkollegen Johann Friedrich Reichardt (1752–1814) frei phantasierend vorspielen konnte. Dieser berichtete, das neue Werk zeige sich »fast ganz deklamatorisch, selten melodisch«. In jedem Fall wäre wohl ein typisch deutsches Opus daraus geworden, was man bei den gesanglichen Klopstock-Oden Glucks nur in Grenzen behaupten kann. (Wieland und Herder schlugen Gluck ebenfalls Opernstoffe vor, die nicht zur Ausführung kamen.)

Gegen Glucks Klopstock-Oden fanden die Weimarer um Goethe nichts einzuwenden. Handelte es sich doch um schlichte, aber gehaltvolle Liedweisen, wie sie jene Zeit auch hervorbringen konnte. »Die Sommernacht«, reimlos und in freien Rhythmen nach antikem Muster, ist durchsichtig gesetzt und rein diatonisch, bis auf ein kurzes, chromatisierendes Nachspiel. Ein gegebener Rhythmus wechselt zwischen Singstimme und Klavier und ermöglicht so ebenmäßiges Fließen.

Der größere Anteil des Liedschaffens etwa von Haydn ab zählt nun zur Kammermusik, die sich von der Wirkung sakraler Kunst, auch in kleinster Besetzung, ebenso scharf abhebt wie von der viel verbreiteteren Ausstrahlung solistischer Virtuosen oder des symphonischen Orchesters. Es gelten hier folglich auch die gleichen Forderungen, die an Kammermusik-Interpreten zu stellen sind, die ja bedeuten: Einordnung, Zurücktreten, Verzicht auf jegliches Sich-Aufspielen. Denn nur in einem Zusammenwirken wie dem von Johann Michael Vogl und Franz Schubert lag und liegt die Möglichkeit, einen Wirklichkeitsgehalt jenseits der Begrenzungen durch das bloße Malen mit Tönen zu vermitteln.

Nun ist es irritierend, wenn der 70jährige Joseph Haydn an Krüger (Briefe, Zürich 1960) schrieb: »Oft, wenn ich mit Hindernissen aller Art rang, die sich meinen Arbeiten entgegen stämmten, wenn oft die Kräfte meines Geistes und Körpers sanken und es mir schwer ward, in der eingetretenen Laufbahn auszuharren, – da flüsterte mir ein geheimes Gefühl zu: Es gibt hienieden so Wenige der frohen und zufriedenen Menschen, überall verfolgt sie Kummer und Sorge, vielleicht wird deine Arbeit bisweilen eine Quelle, aus welcher der Sorgenvolle oder der von Geschäften lastende Mann auf einige Augenblicke seine Ruhe und seine Erhollung schöpfet. Dieß war dann ein mächtiger Beweggrund vorwärts zu streben...« Eine solche Auffassung scheint uneingeschränktes Bekennen des Persönlichen in der Musik als der Erbauung feindlich auszuschließen. Aber gerade Haydns Liedschaffen bietet – der landläufigen Meinung entgegen – Darstellungen der Leidenschaft, die mitunter geradezu monumental anmuten, wie etwa im Vorspiel zu Shakespeares »She never told her love« und all dem, was das Stück dann daraus zieht. Hier kann die Gattungsbezeichnung Lied kaum genügen, ähnlich wie in anderen Fällen, für die wir den unterscheidenden Namen nicht haben. Denken wir auch an die ganz vom Ausdruck bestimmten Atempausen (suspirationes) bei Haydn, die der gedankliche Ausgangspunkt in »O tuneful Voice« gewesen sein mögen: Sie geben dem mit »Un poco Adagio« trotz »Alla breve« bezeichneten Stück seinen erregten Charakter und machen es in ihrer deklamatorischen Scharfzeichnung zu einer der wichtigsten Vokalszenen des Meisters, die freilich bereits in hohem Alter geschrieben wurde.

Die Zeitgenossen hielten Haydn vor, unter der allzu kunstvollen Führung der Gesangsstimme leide die Klarheit des Vokalen, seine reiche Klavierbegleitung überflute das Dichterwort. Dies sind Vorwürfe, die sich Haydns Gefährten im revolutionären Geiste immer dann wieder gefallen lassen mußten, wenn dem Absterben einer Musikform etwas entgegengesetzt werden sollte. Reichardt meinte, Haydns Gesänge seien überhaupt »keine Lieder, so angenehm sie auch von einer künstlich-gebildeten Stimme vorgetragen und von einem geschickten Klavierspieler begleitet, einem durch bizarren und gezierten Charaktergesang verwöhnten Ohre ... klingen mögen« (Reichardt, »Musikalischer Almanach«, Berlin 1796, Bd. II). Reichardt, den Anschauungen seiner Zeit verpflichtet, konnte gar nicht würdigen, daß sich Haydn den italienischen Ziergesang als

Mittel des Ausdrucks anverwandelt hatte und daß er schon auf dem Wege zu Schubert und über Beethoven hinaus aus der Klavierbegleitung eine mitgestaltende Partnerschaft machte. Aus der einfachen Notation auf zwei Systemen für die üblichen Lieder »Beym Clavier zu singen« sind bei Haydn die drei Systeme des Solos und seines begleitenden Instruments geworden.

Um Lieder, wie sie damals verstanden wurden, handelte es sich kaum noch: Die besten dieser Werke Haydns, darunter die Canzonetten nach englischen Dichtungen, ähneln Szenen oder Monologen mit einer Farbigkeit, die höchstens in den profiliertesten Opernarien der Zeit zu finden sind, seltsamerweise nicht in denen Haydns. Aber Erfahrungen des Opernkomponisten Haydn gingen in sie ein und natürlich die Beschäftigung mit Händel und Carl Philipp Emanuel Bach, dessen ungestüme Darstellungsart Haydn in die Melodik seiner Heimatlandschaft, die ja der italienischen nahesteht, einzubringen wußte. Solcherlei Einflüsse dürfen in der Wiedergabe durchaus spürbar werden.

In seinen »Biographischen Nachrichten von Joseph Haydn« (Dies, 1810) bemerkt der Autor anläßlich des 13. Besuches: »Haydns Vorzweck (soviel ergibt sich aus seinen Kompositionen für Gesang) war immer, zuerst den Sinn durch eine rhythmisch richtige und reizende Melodie zu gewinnen. Dadurch führt er den Zuhörer auf eine verborgene Art zu dem Hauptzweck: das Herz auf mancherlei Weise zu rühren und endlich, wenn die Rührung längst vorbei ist und der Verstand, selbst nach Jahrhunderten, das Kunstwerk kritisch zergliedern will, dem selben reichen Stoff zur Befriedigung zu überliefern ...« Haydn erfand also seine Melodie aus der Kantilene *und* der Deklamation heraus und bereitete so Schubert den Weg, was auch für die Interpretation Folgen haben sollte: Zwischen recitare und cantare ist nicht immer forciert zu unterscheiden, aber der Deklamation muß mehr ihr Recht werden, als es gewöhnlich gewagt wird.

Haydns Weg veranschaulicht den faszinierenden Vorgang der Lösung aus der »Empfindsamkeit« in Richtung auf die bekenntnishafte Äußerung der sogenannten »Klassik«. Im empfindsamen Lied faßte man noch musikalische Darstellung von Tonfällen des Sprechens als eine Imitation der Natur auf, als Spiegelung einer Natürlichkeit, die nicht etwa der modernen gesprochenen Sprache glich, sondern einer hypothetischen »Ursprache«. Sie tönte aus den

Resten von Melodie, die deshalb als »natürlich« angesehen wurden, weil sie das Herz zu rühren vermochten. Diese musikalische Sprache schien der verlorenen Natur des Menschen mehr zu entsprechen als die Gebrauchsformen des Augenblicks. Zu Seufzer und Jubel in »schöner« Stilisierung bekannten sich Rousseau und Herder und leiteten damit eine neue Autonomie der Melodie ein.

Aber in Haydns die Epochen umgreifendem Werk ist auch jene neue Dehnung der Strophe zu finden, die das erweiterte Strophenlied vorbereitete. So sind in »Eine sehr gewöhnliche Geschichte« nach einem Gedicht von Christian Felix Weiße die vokalen von instrumentalen Abschnitten umgeben. Es gibt ein Vor-, Zwischen- und Nachspiel. Die Repetitionen betreffen nur die Worte und nicht die Musik, die Haydn mit einer längeren dynamischen Steigerung versah; ein crescendo, eine Modulation (von G- nach D-Dur) und schließlich die Umwandlung der akkordischen Begleitung in Sechzehntelschläge kennzeichnen allein die erste Liedhälfte. Daß Haydn natürlich sonst auch vielfach der galanten Mode gehorchte, versteht sich von selbst. Die primäre Funktion des galanten Liedes, wie es sich auch bei Mozart findet, ist es, Stimmung einzufangen und allenfalls die Bedeutungsaura der Worte zu verstärken. Freilich ging Mozart in einigen Fällen zur musikalischen Autonomie über, nicht ohne damit Anstoß zu erregen.

Mozarts Gestaltung seines »Veilchen« mißfiel Goethe, obwohl er doch für des Komponisten Wesen und Musik eine so ausgeprägte Vorliebe hatte. Der Dichter faßte sein Urteil so zusammen: »Da hat ja Mozart ein Drama aus dem Gedicht gemacht« – und traf damit den Kern. Denn Mozart erweitert hier ein ausgesprochenes Strophen-Gedicht um zwei Zeilen: »Das arme Veilchen! Es war ein herzigs Veilchen.« Dies stellt bei ihm keinen Einzelfall dar, sondern nur das berühmteste Beispiel. So mannigfaltig das Lied auch ist, das fast in jedem Takt etwas Neues bringt, die Einheitlichkeit bleibt doch gewahrt. Mozarts Art des szenischen Liedes nimmt sich anders aus als die der Liedschöpfer des 19. Jahrhunderts. Er steht der Ballade Goethes ähnlich gegenüber wie einem Arientext erzählender Art, etwa der ersten Arie der Königin der Nacht aus der »Zauberflöte«. Arie und Lied vermengen sich, wobei Einbußen der Form in Kauf zu nehmen sind. Mozart berücksichtigt Goethes Strophenprinzip nicht, er läßt die übereinstimmenden zweitletzten Verse jeder Strophe nicht mehr korrespondieren. Beim Vergleich mit Reichardts Fassung desselben Gedichts wird deutlich, weshalb der Dichter Mozarts Lied verkannte. Er vollzog Mozarts Betrachtungsweise nicht nach, der es sonst durchaus genügen konnte, irgendein versifiziertes Produkt als Textunterlage zu benutzen. Arien, die stilistisch und atmosphärisch mit dem »Veilchen« in den Hauptkriterien konvergieren, hat Mozart ja viele geschrieben. Vom spezifisch poetischen Zauber eines Gedichts wurde er noch nicht motiviert – die schönsten unter seinen übrigen Liedern sind immer die, in denen unmittelbare Beziehungen zum eigenen Wesen deutlich werden (»Als Luise die Briefe ihres Liebhabers verbrannte«).

Mußte nun aber Mozart die Strophenform aufgeben, um seine »dramatische« Auffassung zu untermauern? Selbst dem vielseitigsten Strophenlied-Komponisten Schubert wäre bei einem so individuellen formalen Plan nicht eingefallen, bei der bloßen Variierung der Strophenmelodie stehenzubleiben. Sofern spätere Komponisten den Einzelheiten eines Gedichts gerecht werden wollten, folgten sie Mozart. Den Schlußstein dazu setzte Hugo Wolf, der das Strophenlied-Prinzip verwarf (berühmte Ausnahme: Mörikes »Um Mitternacht«).

Die Stellung des neueren Liedes zum Strophenlied hat etwas Tragisches. Denn wer an der Strophenform festhielt, obwohl im Gedicht Mannigfaches sich abspielte, mußte mit Andeutungen vorlieb nehmen, die ihn kaum befriedigen konnten. Goethe dagegen sprach die Befürchtungen all jener aus, die sich vom »durchkomponierten« Lied irritiert fühlten, wenn er am 14. März 1803 an Wilhelm von Humboldt schrieb: »Er (Zelter) trifft den Charakter eines solchen, in gleichen Strophen, wiederkehrenden Ganzen trefflich, so daß es in jedem einzelnen Teile wieder gefühlet wird, da wo andere, durch ein sogenanntes Durchkomponieren, den Eindruck des Ganzen durch vordringende Einzelheiten zerstören.« Diese Details betrafen auch den Zuwachs an sprachlicher Vielfalt, an deklamatorischer Zuspitzung, an Verlassen der Kantilene zu Gunsten eines imaginären Dauer-Rezitativs.

Mozart gab aber die strophische Form im »Veilchen« nicht ganz auf, als Schema schimmert sie durch die Musik. So profilieren sich die Einschnitte zwischen den drei Strophen, die Pausen und die instrumentalen Zwischenspiele; auch die Untergliederungen in Halbstrophen und Verszeilen bleiben gewahrt. Und was sich im strophischen Gedicht entspricht, korrespondiert auch mit der Musik, ob nun als analoger Rhythmus oder melodischer Anklang. Wieder einmal wird deutlich, daß Oper und Lied sich seit Monteverdi als Gegensätze dennoch nicht völlig ausschließen. Singspiele und Schauspiele enthalten Lieder (»Das Veilchen« stammt aus »Erwin und Elmire«), und überwiegend zeigen sie dramatischen Charakter. Durch das Aufkommen des Klavierliedes machte die musikalische Darstellung von Empfindung im 18. Jahrhundert einen Wandel durch. Wurden Affekte bisher gleichsam »von außen her« durch instrumentale Nachahmung der Geste oder Lautsymbole als »Affekt«-Schilderung sinnfällig gemacht, so trat nun das schöpferische Individuum und mit ihm sein Interpret in das Recht ein, musikalisch »die Seele auszuhauchen«. So drückte es der Dichter Schubart, selbst profilierter Komponist und Musikschriftsteller, aus und meinte damit eine Subjektivität, die nicht ohne weiteres auch schon Psychologisierung in sich schloß, wie wir sie von heute her gern in die Wortmusik jener Zeit projizieren.

Angeregt durch gemeinsames, intensives Studium des Volksliedes mit Herder, näherten sich in Goethes Lyrik Sprache und Musik derart einander an, daß wichtigste Elemente zusammenwirkten. Hier wurde eine Inspiration des Musikers durch das Gedicht maßgebend, die nicht ohne Folgen für die Interpretation bleiben konnte. Im Unterschied zu den viel komplizierteren Rhythmen romanischer Dichtung sind im Deutschen einfachste Proportionen erreichbar, schlichte Verszeilen mit gleicher Versfußzahl ohne die unmäßige Häufung unbetonter Silben. Hier macht das Gedicht fast selbst schon seine Musik, so daß dem Komponisten häufig nur aufgegeben ist, die latenten Tonfälle der Sprache aufzuspüren.

Es war nicht Mozart allein, der, indem er das Strophenlied verließ, die Geburt des durchkomponierten Liedes begünstigte. Auch der stets von Goethe als Autorität angesehene Zelter bewegte sich, etwa in seinen »Harfner«-Gesängen, weit in die Richtung Schuberts, eine Tatsache, die den Interpreten seiner Lieder zu denken geben sollte, über Zierrat und Imitation älterer Singart hinaus.

Als Organisator der Kammermusik Friedrichs d. Gr. hatte der Advokat Krause die Koketterie der französischen Vaudeville-Ariette zum Rezept für eine massenhafte Produktion von Oden herangezogen, die alle dem reinen Strophenschema huldigten. Über diese Schule führte nun mit kühnem Schritt eine »Zweite Berliner Schule« hinaus, der Johann Friedrich Reichardt und Karl Friedrich

Zelter ihr Gepräge gaben. Sie offenbarten, daß das Geheimnis der Liedvertonung darin beruht, sich vom Dichterwort unmittelbar stimulieren zu lassen. Kein Wunder also, wenn diese Komponistengruppe die witzige Anakreontik von einst durch die unerhörte Lyrik Goethes, dann auch die der anderen Weimarer Meister Herder und Schiller ersetzte. Denn einzig von bedeutsamen Gedichten her konnte der Liedlyrik neues Leben zugeführt werden.

Reichardt setzte sich kühn über die Schablonen von Strophenlied und Singspiel-Ariette hinweg, und Goethe fand in den Rezitativen »An Linda« oder der »Harzreise im Winter« nacherschaffen, was er an bis dahin nicht Verstandenem und folglich den Musikern Verschlossenem gedichtet hatte.

Auf seine freizügige und originelle Weise knüpfte Reichardt bei den Akkompagnato-Monologen von Carl Heinrich Graun (1701–1759) oder Christoph Willibald Gluck an, deren neuartige dramatische Deklamation er in die Singlyrik herübernahm, um dem Wortschöpfer ganz die Führung zu überlassen. Solche Vorstöße in freie Phantasien, ins formal Ungreifbare hatten – erstaunlich bei der Abneigung des Olympiers gegen das Verlassen des Strophenliedes – auch zur Folge, daß Goethe mit ihm eine Ossian-Oper, also eigentlich einen Rückgriff auf die »Sturm und Drang«-Sphäre des »Werther« plante, aus der aber nichts wurde. Dafür überraschte ein Jahr später der schnell und unbeirrbar schreibende Komponist den Dichter mit seiner Partitur zu »Erwin und Elmire« (mit einer weiteren Fassung des »Veilchen«); bald folgten die Vertonungen aller anderen Singspieltexte Goethes, den es nicht wenig verwunderte, was alles Reichardt für Musik geeignet schien, – so die »Euphrosyne« oder die »Venezianischen Epigramme«. Reichardt machte für viele Musiker, die nach ihm kamen, klar, was in Goethes Werk an musikalischen Möglichkeiten steckte.

Er schuf auch eine Abart des Singspiels, das sogenannte »Liederspiel«, das von Robert Schumann (1810–1856) in erweiterter Form wieder aufgegriffen wurde. Er beeinflußte die Gedanken von Heinrich Wackenroder und Ludwig Tieck (Wackenroder, Werke und Briefe, ed. v. Fr. v. d. Leyen, Jena 1910). Nicht nur dichtete Tieck auf Reichardts Wunsch den romantischen Operntext »Das Ungeheuer und der verzauberte Wald« (1798), der Musiker veröffentlichte auch Wackenroders Essays in seinem Journal »Deutschland« und nahm damit Einfluß auf ihre Fortsetzung und musikalische Einkleidung.

Die Bedeutung dieses Berliner oppositionellen Kreises um Tieck, der die romantische Anschauung formulierte, ist leider noch immer nicht genügend bekannt.

In Reichardts reinen Strophenliedern, die zahlenmäßig weit überwiegen, kann die Musik noch kaum am Ausdruck des Inhaltes mitwirken. Zu kurz und zu schlicht nimmt sie sich neben der reicheren Anwendung von Tonmalerei und Klangsymbolik aus, die auch in Reichardts erweiterten Liedformen bereits geläufig sind. Wo er noch dem Prinzip von Schulz folgte, extrem simpel schrieb und fern von der »Deklamation« eigener Prägung blieb, gab er dem Gedicht lediglich eine klangliche Folie. Nicht vom Komponisten wurde in den meisten Strophenlied-Weisen jener Zeit der Text interpretiert, sondern vom Sänger. Zwischen völliger Neutralität dem Text gegenüber und gänzlicher Bestimmtheit durch den Komponisten gab und gibt es freilich eine differenzierte Reihe von Abstufungen, die die Endpole fast außer Sichtweite rückt.

Reichardts Gesänge huldigen einem sehr neuartigen »Schönheits«-Begriff. Des Komponisten ostpreußischer Landsmann und Freund Immanuel Kant hatte in seiner »Kritik der Urteilskraft« (1790) eine Philosophie des Schönen entworfen, nach der die Kunst weder als auf das Schöne noch Schönes als auf die Kunst beschränkt gesehen wird. Das »Ästhetische Moment« als Thema des Buches faßt Kunstwerke nicht so auf, als entzögen sie sich ethischen oder logischen Kategorien. Aber es umschließt die Erkenntnis, daß das Erlebnis des Schönen unabhängig von dem des Wahren und Guten möglich ist. Kants Theorie des Schönen läßt nicht allein das Nur-Schöne gelten. In der Natur wie in der Kunst ist die Erfahrung des Schönen von der Bedeutung, die es für die Kultur hat, der »Kulturbedeutung«, unbedingt zu trennen. Und dafür kann vorab nicht die Schönheit, die in Kunst gefaßt ist, sondern erst die Technik, die sie hervorbrachte, Kunst wirklich zu Kunst machen. Insofern begleiten die Gedankengänge des Philosophen auch die Entwicklung der Machart eines so neuen Gebildes wie der des Klavierliedes durchaus bezeichnend und zeitkritisch.

In der Tat gilt nun mehr als bisher, daß weder das Schöne immer künstlerisch noch Kunst immer schön sein muß. Die bis dahin (und natürlich noch weit später) geläufige Haltung, komplex gestaltete Musik könne den Naturlaut des Gefühls nicht wiedergeben, hielt sich noch lange hartnäckig. Eine Musik, die den Verstand in Anspruch nimmt, so meinte eine moralisierende Ideologie, muß unnatürlich sein. Sie kann den Anspruch auf Wahrheit deshalb nicht erheben, weil ihr die Unmittelbarkeit fehlt. Kant hingegen hatte es nicht schwer, mit seinen scheinbar unzeitgemäßen Äußerungen Goethes Mißtrauen zu erregen, dessen musikalisches Urteil noch ganz der galanten Zeit verhaftet war.

Carl Friedrich Zelter, der Maurerssohn vom Schwielowsee in der Mark Brandenburg, trat 1795 in Goethes Bewußtsein. Er hatte spät, nach abgeschlossener Meisterprüfung als Maurer, bei Carl Friedrich Fasch das musikalische Handwerk gelernt und wurde schließlich dessen Nachfolger als Leiter der Berliner Singakademie. Sowenig Zelter als Intrumentalkomponist dilettantische Grenzen überschritt, so sehr beflügelte die Bindung an Gedichte in Klavierliedern und Chorgesängen seine kompositorische Phantasie. Was Goethe 1822 in den »Schriften zur Literatur« über die Lieder in Zelters »Neuer Sammlung« von 1821 sagt, läßt sich auf alle seit ihrer Bekanntschaft erschienenen Hefte beziehen: »Sie zeugen von der Wechselwirkung zweier Freunde, die seit mehreren Jahren einander kein Rätsel sind; daher es denn dem Komponisten natürlich ward, sich mit dem Dichter zu identifizieren, so daß dieser sein Inneres aufgefrischt und belebt, seine Intentionen ganz aufs Neue wieder hervorgebracht fühlen mag und dabei warten darf, daß diese Anklänge in Ohr und Gemüt so manches Wohlwollenden noch lange widerzutönen geeignet sind.« Wenn nun Zelter immer wieder zum Gegenstand der Kritik wurde, besonders weil zweimal Liedsendungen Franz Schuberts an Goethe unbeantwortet blieben, aber auch, weil er sich deklamatorisch und im übertriebenen Gebrauch malender Koloraturen gelegentlich Monstrositäten leistete, so neigen wir heute eher dazu, Zelters Fähigkeit zu bewundern, sich in das zu vertonende Gedicht einzuleben. Sein Bekenntnis an Eckermann lehrt: »Wenn ich ein Gedicht komponieren will, so suche ich zuvor in den Wortverstand einzudringen und mir die Situation lebendig zu machen. Ich lese es mir dann laut vor, bis ich es auswendig weiß, und so, indem ich es mir immer wieder einmal rezitiere, kommt die Melodie von selber« (zit. n. Joh. Fasch: »C. F. Zelter«, Berlin 1831). Auch Hugo Wolf rezitierte ein Gedicht so lange, bis sich die Musik »einfand«.

Zelter gehörte übrigens zu denen, die im Verlauf ihres Schaffens eine bereits erwähnte umwälzende Neuerung mitvollzogen, daß nämlich vom Generalbaß-Lied zu einem durchgeformten, die Stimmung tragenden Klavier-Begleitpart fortgeschritten wurde.

Nach Zelters Tod 1832 beschrieb sein und Goethes gemeinsamer Freund Friedrich Rochlitz in seiner »Allgemeinen Musikalischen Zeitung« kennzeichnend den ersten Klavierlied-Typus so: »Zelter in seinen Liedern wollte gar nichts als das (an und für Musik) wahrhaft bedeutende und schöne Gedicht im Mittelpunkt des in ihm waltenden Gefühls auffassen und in Tönen ausdrücken; dabei aber zugleich die Form, worin der Dichter sich ausgesprochen, möglichst nachbilden oder doch bemerklich bleiben lassen; dies wollte er aber auch einsichtsvoll, ernstlich, und ließ nicht ab, bis er es erreicht hatte« (»Über K. F. Zelter«, AMZ 1832).

Wie Zelter verbanden sich nun fast alle Musiker mit Goethes Lyrik, wofür sicherlich nicht allein das Ausmaß von Goethes Gedichtproduktion verantwortlich ist. Ferdinand Hiller hat es so formuliert: »Sind je *Lieder* gedichtet worden, die im gleichen Grad wie die Goetheschen als *gesungen* zu bezeichnen wären?« (»Goethes musikalisches Leben«, Köln 1883). Die den Versen innewohnende Melodie, die gleichsam mittönende Musik, hatten die Musiker nur zu aktivieren, was einen Anspruch der Kongenialität erhob, der freilich nur selten erfüllt wurde.

Wir wissen, wie sehr Goethe das reine Strophenlied liebte. Anders als im künftigen durchkomponierten Lied, in dem der Komponist die Färbungen des Ausdrucks, die wechselnde Interpretation der Gedichtstrophen mehr oder weniger vorschreibt, rief das Strophenlied den Sänger noch zu eigenschöpferischer Deutung des Textes auf. Der Reiz der Aufgabe, einer jeden Strophe den ihr vom Geschehen her zugehörigen Charakter mitzugeben, setzt zwar Selbständigkeit und Einfühlungsvermögen voraus, sollte aber von Geschmack und Maß-Empfinden geleitet sein, die einzig vor Übertreibung schützen. Outrieren ebenso wie Langeweile offenbaren sich gleicherweise als Feinde des Strophenliedes. »Die Forelle« oder »Das Wandern« von Schubert verdeutlichen unter vielen anderen, was es heißt, die lyrische Grundhaltung des Dichters zu respektieren und sich doch nicht mit einem bloßen Hübsch-Singen der Noten zu bescheiden. Der Melodie-Typus des Wanderliedes beim Müllerburschen mit seinem Rhythmus hurtigen Gehens, dazu die durchlaufende Sechzehntelbewegung des Klavierbasses korrespondieren mit dem Gedichtinhalt. Aber wie Wörter einer Sprache

»multivalent« sein können und mit dem Kontext diverse Bedeutung bekommen, so sind die beschriebenen musikalischen Motiv-Qualitäten mehrdeutig, in stärkerem Maße und viel unbestimmter. Je nach Text oder Titel des Liedes nehmen sie eine andere Ausdrucksfarbe an, die der Sänger herauszuspüren hat.

Oft zitiert (so bei Wichmann, »Vom Vortrag des Rezitativs«, Leipzig 1965) wurde der Bericht des Schauspielers Genast über sein Vorsingen bei Goethe. »Ich sang ihm zuerst ›Jägers Abendlied‹ von Reichardt komponiert. Gegen Ende des Liedes sprang er auf und rief: ›Das Lied singst du schlecht! Der erste Vers so wie der dritte müssen markig, mit einer Art Wildheit vorgetragen werden, der zweite und vierte weicher, denn da tritt eine andere Empfindung ein ...‹ Ich wußte nun, was er wollte und auf sein Verlangen wiederholte ich das Lied. Er war zufrieden und sagte: ›So ist es besser, nach und nach wird es dir schon klar werden, wie man solche Strophenlieder zu singen hat.‹« Diese Kunst des strophischen Variierens scheint heute vernachlässigt, obwohl gerade die auskomponierten Beispiele (»erweiterte« Strophenlieder wie »Wohin?« von Schubert) ahnen lassen, wie es gemacht werden sollte.

Eine gewisse Tempoangleichung an die Aussage einer jeden Strophe ist selbstverständlich. Häufig aber fühlten sich die Komponisten auch zur Melodie-Umbildung bewogen, wie es Zelter in »Nähe des Geliebten« und »Um Mitternacht« tat. Die Klavierbegleitung bleibt in den Liederstrophen identisch. In »Nähe des Geliebten« wird die zweite, in »Um Mitternacht« die zweite und dritte Strophe dem Text entsprechend in der Singstimme verändert. Von hier zu des Sängers Vogl »Embellissements« Schubertscher Strophenlieder geht ein stilistisch und durch die damalige Praxis eindeutiger Weg. Schubert selbst bietet entsprechende Beispiele: So beim Vergleich der ersten und zweiten Strophe von »Gute Nacht« aus der »Winterreise« mit der Änderung am Beginn der dritten Strophe. Sollte hier etwa keine Vortragsänderung gefordert sein? Schubert hat »Gute Nacht« nicht durchkomponiert, sondern dem Interpreten für das Erzählen dieser »Ballade«, die im Zyklus – gleichsam als Introduktion – isoliert steht, freien Raum gelassen. Auch bei den Varianten in der Singstimme von »Irrlicht« und »Rast« sind Hinweise auf rhythmische Veränderungen enthalten, wie sie der Praxis der Schubert-Zeit entsprachen.

Goethe hat mitten in der Hochblüte des Strophenliedes seine

Forderungen an die Ästhetik des Liedes mehrfach formuliert, so
wenn er vom Schauspieler und Sänger Ehlers in den »Tag- und Jah-
resheften von 1801« schreibt: »Er war unermüdet im Studieren des
eigentlichsten Ausdrucks, der darin besteht, daß der Sänger nach
einer Melodie die verschiedenste Bedeutung der einzelnen Strophen hervorzuheben und so die Pflicht des Lyrikers und Epikers zugleich zu erfüllen weiß.«

Das erweiterte Strophenlied

Zwar übertrugen die Dichter den Begriff »Lied« auf das Gedicht
und bereiteten, indem einige von ihnen Sprache als sinnlich-musi-
kalisch auffaßten, den Boden für das Klavierlied um Schubert. Zugleich aber formten sie Dichtung häufig so, daß sie auf Musik verzichten konnte. So schrieb Clemens Brentano Verse, deren Wort-
melodie nicht des Gesanges bedurfte, und so wurden seine Gedichte nur selten vertont; komponierte sie aber ein Richard Strauss,
dann zielte die Musik nicht in erster Linie auf Melodisches.
  Die grundlegende Vorherrschaft des einfachen Strophenliedes
hatte sich zwei Jahrhunderte, von 1600 bis 1800 behauptet. Von
Albert bis Reichardt bestand anscheinend kein Bedürfnis, den Stan-
dard der Gattung zu erweitern, etwa indem kontrapunktisch oder
nicht-strophisch vorgegangen worden wäre. Verzichtete einmal ein
Musiker auf das Modell, so wandte er sich anderen Gattungen zu,
wie der Arie oder der Solokantate und beider Zwischenformen,
nicht ohne auch dort häufig ins Strophische zurückzukehren.
  Bei der allmählichen Aufgabe des Strophenliedes spielte mit,
daß Musik danach suchte, anspruchsvoll zu sein. Vom Ablauf her
soll jedes Detail seinen Sinn erhalten, das Ganze wiederum wird nur
sinnvoll durch das Leben der Einzelheiten, die sich entweder widersprechen oder sich fortsetzen, sich vermischen oder auch wiederkehren.
  Das durchkomponierte Lied lehnt das Diktat der Gedichtform
als zu abstrakt ab. Mit ihm existiert das Invariable, vom Komponisten vorformulierte als Problem (Beethovens »Neue Liebe, neues
Leben«, »Der Wachtelschlag«). Es mündete hundert Jahre später in
die absurde Unproblematik, mit der die leichte Musik, der Schlager,

der Hit heute wie ehedem nach dem gleichen Muster arbeitete. »Neue Liebe, neues Leben« erweiterte und problematisierte zugleich. Der Anstoß dazu ist im Wesen des Strophenliedes selbst zu finden. Daß Ton und Wort nicht genau zusammengehen, sobald die Strophen in Inhalt und Rhythmus voneinander abweichen, daß aber auch musikalische Autonomie lockte, trieb die Entwicklung weiter. Sie wurde auch dadurch gefördert, daß das Lied in gehobene Haus- oder Chormusik aufrückte (siehe etwa Goethes Singkreis in Weimar), später in das aufblühende Konzertwesen mit seinen professionellen Ansprüchen. Die Anwendung kunstvollerer Gestaltung kam einem Prozeß der Individuation zuhilfe, der die Komponisten nach schwieriger auszuführenden Werken verlangen ließ. Mit Beethoven und Schubert gewann die Idee an Substanz, durch die Komposition von Gedichten über die Andeutung einer Grundstimmung hinaus differenzierte Interpretation der Inhalte zu geben. Dazu konnten die musikalischen Mittel des Strophenliedes nicht mehr in jedem Fall genügen.

Beethoven und Schubert gingen in ihren Liedern oft noch über die Absicht des Dichters hinaus. Die alte Vormacht der Musik aus der Zeit erster Polyphonie trat wieder in ihre Rechte. Ihr wollte das Dichterwort viel mehr bedeuten als nur einen Kraftstoff, ein Rohmaterial. Seit Beethoven bekommt es ein so starkes musikalisches Übergewicht, daß – abgesehen von den verhältnismäßig wenigen Ausnahmen der Übereinstimmung schon von der Intention her – nur selten gleich starke Eigenarten zusammenwirken. Daran ändert unsere Gewöhnung an die Hilfe der Dichtung bei der Entstehung von Tönen wenig, denn wir haben uns mit dem Reiz solcher Anomalie angefreundet.

Der Musiker war aus der strengen Zucht, in die ihn die Maximen aufklärerischer Musikästhetik genommen hatten, innerhalb kurzer Frist entlassen. Es ging im Liede nicht mehr lediglich um Verdeutlichung und größere Eindringlichkeit mit Hilfe der Musik, schon gar nicht darum, routinierte ornamentale Affektsymbole vorzuführen, sondern um ein selbständiges Nachschaffen. Nicht mehr anmutig und empfindsam wie im Rokoko hatte die Musik den Text aufzubereiten, und sie verfolgte nicht mehr die Nebenabsicht, das Memorieren der Gedichte zu erleichtern oder der Geselligkeit zu dienen. Naturgemäß schwankten die Grenzen zwischen Strophenlied und durchkomponiertem Lied je nach dem Naturell des Tonsetzers und der Gedichteigenart. Wo der eine noch streng strophisch konzipierte, erschien es dem anderen einzig in frei durchkomponierter Weise und in ganz subjektiver Annäherung möglich, die Dichtung zu erleben und musikalisch zu gestalten.

Eigentlich wird im Strophenlied nur eine Strophe vertont. Stimmt die Musik auch zu den übrigen, so ist dies der Disziplin des Dichters oder dem Einfühlungsvermögen des Komponisten zuzuschreiben. Im »durchkomponierten« Lied dagegen, sind alle Strophen neu komponiert, da sie inhaltlich differieren. Schubert und Loewe formten so Goethes »Erlkönig« und Mozart »Das Veilchen«. Die Erweiterung vermehrt das musikalische Material erheblich, und die von ihm beanspruchte Zeitstrecke verlängert sich. Harmonik, Modulation und Dynamik sind zu reicherer Entfaltung als im Strophenlied frei und aufgefordert, was zur Folge hat, daß mannigfachere Formelemente und mehr Farben als »Lied« verstanden werden. Der Aufbau – geweitet und verlängert – fügt größere Abschnitte zusammen als Zeilen oder Sätze innerhalb der Strophe. Dies wiederum ließ das Lied an anderen Formen und Baugesetzen gestalteter Zeit teilhaben, wie sie Variationenreihen, Rondo, Durchführung oder Reprise darstellen.

Solche Erweiterungen kritisierte Goethe scharf. Friedlaender (1896) zitiert folgenden Brief von 1799: »Ich kann nicht begreifen, wie Beethoven und Spohr das Lied (»Kennst du das Land«) gänzlich mißverstehen konnten, als sie es durchcomponierten; die in jeder Strophe auf derselben Stelle vorkommenden gleichen Unterscheidungszeichen wären, sollte ich glauben, für den Tondichter hinreichend, ihm anzuzeigen, daß ich von ihm bloß ein Lied erwarte. Mignon kann wohl ihrem Wesen nach ein Lied, aber keine Arie singen.«

Dem Wechselspiel zwischen großer und kleiner Form folgte nun mit Beethovens bekenntnishafter Liedlyrik immer wieder die Forderung, der Interpret solle nicht als Eigenpersönlichkeit in das Kunstwerk eintreten. Er dürfe nicht verfälschen, nicht einmal durchleuchten. Ein bloßer Konsumenten-Standpunkt wollte solche »Eigenmächtigkeit« nicht dulden. Würde der Hörer wirklich miterleben, müßte er sich verwandeln, ja sein Leben ändern. Er geriete in die Lage, alle Dinge in bisher unbekanntem Licht zu sehen, sie neu zu beurteilen. Wir finden, es lohne sich, gegen die fatale Konsumparole anzugehen: Besser nicht intelligent sein und nicht gefordert werden! Es handelt sich um ein typisch deutsches Mißverständnis, ein Kunstwerk könne nur mit dem Gefühl erfaßt werden. Denn dieses stellt ebenso geistige wie sinnliche Herausforderung dar. Jede Begegnung mit ihm ist auch eine Begegnung mit dem Geist. Wie sollten denn Beethovens späte Gesangswerke (»Resignation«!) begriffen werden, wenn sie nicht auch geistiges Erlebnis auslösten, das sich in der Interpretation mit sinnlichen Mitteln spiegelt? Eine nur diffuse, ungefaßte Wirkung von »Tiefe«, »Gewalt« oder »Ungeheurem« ist keinem Kunstwerk zu wünschen.

Zu einer Vielfalt von Ausdrucksmöglichkeiten, die ihm die Musik der Zeit bereitstellte, tastete sich schon der junge Beethoven vor, zuvörderst mit dem Lied »Schilderung eines Mädchens« auf Gottfried August Bürgers Text. Es erschien durch Vermittlung des Lehrers Neefe 1783 im Druck. In diesem Jahre Cembalist und Vizekapellmeister der Bonner Hofkapelle geworden, zeigt sich Beethoven hier von der französischen Opéra comique beeinflußt. Nicht lange danach folgte das »Gesellschaftslied« mit Chor-Refrain »Urians Reise um die Welt«, dann eine Singspiel-Einlage des Savoyarden mit seinem Murmeltier, »La marmotte« nach Goethe. 1795 schließlich wirkte sich italienischer Einfluß durch den Lehrer Antonio Salieri in Wien mit der »Adelaide« und ihrer ariennahen Zweiteilung aus.

Nach der Jahrhundertwende vertiefte sich Beethovens Liedstil durch die Bekanntschaft mit Carl Philipp Emanuel Bachs Gellert-Oden. Eine Vorstudie, das »Opferlied« nach Matthisson, bereitete den sechs geistlichen Liedern nach Gellert (1803) den Weg. Auch Händel klingt hier nach, vor allem in »Die Himmel rühmen« und »Gott ist mein Lied!«. Die Idee der italienischen Arie wurde (außer in der orchesterbegleiteten Arie »Ah perfido«) nur im originalen Idiom an Metastasios Text aus dem zweiten Akt von dessen »Adriano« (Che fa il mio bene) in zweifacher Färbung, als »Arietta buffa« und »Arietta seriosa«, von Beethoven durchdacht.

Beethoven konnte (im Gegensatz zu Schillers Meinung) von Goethe sagen, »es lasse sich keiner so gut komponieren wie er«. Nur mit der Ballade kam er nicht zurecht, der »Erlkönig« blieb unvollendet. Bleibt noch als Vorbereitung zum »Fidelio« die Ausbildung der deutschen, subjektiv-pathetischen Arie in der Zweitfassung von Tiedges »An die Hoffnung« zu rühmen, die die entscheidende Frage »Ob ein Gott sei?« in die rezitativische Einleitung der gewaltig ausgebauten drei Strophen einwebt. In der zyklischen Form gipfelt Beethovens Liedschaffen. »An die ferne Geliebte« nach drittklassigen Texten von Alois Jeitteles bietet keine Reihung von Einzelgesängen, sondern eine zyklische Einheit – durch Zwischenspiele, motivische Verschlingung und Wiederkehr der Anfangsmelodie am Schluß, eine geschlossene Form.

Nicht nur in der Oper, im »Fidelio« oder der gemeinsam mit Grillparzer versuchten »Melusine«, stellt sich der Text für Beethoven als erschwerendes, im schlimmsten Fall den musikalischen Plan vereitelndes Element heraus. Goethe machte da eine, wenn auch mühevoll bewältigte Ausnahme. Beethoven gestand: »Ich werde gestimmt und aufgeregt zum Komponieren durch diese Sprache, die wie durch Geister zu höherer Ordnung sich aufbaut und das Geheimnis der Harmonien schon in sich trägt« (zit. nach Massin, »Beethoven«, München 1967). Begeisterung war zu suchen und zu finden, aus deren Brennpunkt ihm die Melodie erwachsen konnte. Denn sie bedeutete ihm das sinnliche Leben der Poesie. Durch die Melodie wurde der geistige Inhalt eines Gedichts zum »sinnlichen Gefühl«.

Wie wichtig es sein kann, die Fixierung auf den Text auch einmal hinter die Erforschung rein musikalischer Ausdruckstypen zurückzustellen, demonstriert Beethovens Liedschaffen. Interpreten sollten an die kompositorischen Gesten des Widerspenstigen, des Unterbrochenen, des gegen die guten, tradierten Sitten Verstoßenden denken. Wo bleiben in einer »normalen« Wiedergabe die Sforzati, die Stauungen der Lautstärke, die plötzlichen Piani nach Crescendo-Steigerungen? Wir sind hier mit Bestandteilen einer Musiksprache konfrontiert, deren materiale Ausdrucksformen nicht nur bei Beethoven genauer Erforschung noch harren und mit denen auch verborgenste Regungen einer Musik erschlossen werden könnten. Diese sind weder mit rein Biographischem noch mit Betrachtungen aufzuspüren, die sich lediglich bei der Machart aufhalten. Hier kann auch Stimmschönheit allein nur wenig ausrichten, will sie nicht zerklüftete, reibungsvolle Erscheinungsformen der Musik mit der Tünche des Stimmigen überdecken, anstatt die Gegensätze hörbar, nachvollziehbar zu machen.

Von der Oper her schon vertrauter, aber im Lied sonst selten genug anzutreffen, erscheint Beethovens staccato, bei dem nicht nur Silben deutlich ausgesprochen und in klarer Tonhöhe gesungen werden, sondern auch die Silbenlängen bewußt in Relation zu den Pausenlängen stehen sollen. Wie genau das leicht hingesprochene (und nicht etwa gestoßene) Anfangs-staccato von »Leichte Segler in den Höhen« aus »An die ferne Geliebte« dem Silbenabheben eines Rezitators entspricht, offenbart, wie bewußt der Experimentator Beethoven allem Sprachlichen zugewandt war. Um hier trotz der kurzen Töne klingend zu bleiben, muß sich der Sänger von der Vorstellung eines Streicher-pizzicato freimachen. Denn auch eine solche Phrase muß ihre Linie bekommen. Im Verlauf des Stückes begegnen dann weitere Varianten des sprachbetonten Singens, die allesamt genau befolgt sein wollen.

»Wo die Berge so blau ... möchte ich sein« läßt die Melodie in der zweiten Strophe in tieferer Tonart vom Klavier übernehmen, während die Stimme auf einem Ton rezitiert. (Dies entspricht etwa der Methode Reichardts, den »Erlkönig« in seinen jeweiligen Reden halb sprechen zu lassen.) Dissonanzen und harte Sforzati unterbrechen die Achtelbewegung, wo den Worten »innere Pein« nachdrücklicher Ausdruck gegeben werden soll.

Merkwürdig, wie wenige Komponisten die thematisch gerundete, geschlossene Folge von Beethovens Liederkreis nachvollzogen haben, denn nur sie entspräche dem ursprünglichen Wortsinn »Zyklus«. So sehr sich einzelne Komponisten wie Peter Cornelius (1824–1874), Richard Strauss (1864–1949) oder Othmar Schoeck (1886–1957) um zusammenhaltende Ideen für kleinere oder größere Liederkreise bemühten, eine Parallele zur zyklischen Form der Sonate ist dabei nicht entstanden. Dem Text und den poetischen Zusammenhängen wurde der Vorrang gelassen; nur selten kehren musikalische Themen identisch oder variiert wieder, wie es Schumann in seiner »Dichterliebe« zum Prinzip machte.

Thayer stellt in seiner Beethoven-Biographie (begonnen 1866, erschienen in Leipzig 1901–1911) Beethoven »in der Freiheit der Textinterpretation ... völlig ebenbürtig neben Schubert«. Das ist so unrichtig nicht, wie es im ersten Augenblick erscheinen mag. Beethoven lernte bei Neefe eine Unterart strophischer Variation in das Lied einzuführen. Dabei fiel gewissermaßen die Moll-Dur-Charakterisierung des Gedichtinhalts ab, die dann für Schubert so charakteristisch werden sollte. Beethoven, Meister aller Variationsarten, hielt sich in Goethes »Sehnsucht« an den Volkston und behielt die Melodie wie im volkstümlichen Strophenlied bei. Aber nach den ersten vier Strophen in Moll folgt in der letzten ein Dur. Und obwohl die Melodie sich außer dem Tongeschlechts-Wechsel gleich bleibt, modifiziert Beethoven die Begleitung in jeder Strophe. Da ist das Flattern zu den Worten »Nun wiegt sich der Raben geselliger Flug«, und da oszilliert mit dem Blinken des Sterns das Klavier in hoher Lage. Die Komposition reiht nicht mehr nur Variationen, sondern gestaltet die emotionale, überraschende Kurve zur letzten Strophe hin nach, um ein Gegenstück zur Bewegung von Form und Inhalt auf den krönenden Schluß hin abzugeben, wie er in vielen der Instrumentalwerke Beethovens vorherrscht.

Jene beiden gesanglichen Prinzipien, die sich dialektisch immer von neuem konstituierten, treten in Beethovens Werk als Rivalen auf: *cantabile* und *declamato*. Es ist hier nicht der Ort, über die Bildung des Beethoven eigenen Stils nachzudenken. Gewiß ist, daß sich der Stil aus dem Gemeinschaftlichen bildet, aus gemeinsamen Interessen und Notwendigkeiten entstehen gemeinschaftliche Antworten. Und obwohl Stil mehr Zeit zu seiner Bildung braucht als die Kritik an ihm, »kritisierte« Beethoven mit seiner Haltung dem vokalen Instrument gegenüber eine lange Entwicklung vor ihm. Je älter die Kultur geworden, je höher die Intellektualität entwickelt war, um so häufiger mußte sich die Kunst Stilwenden unterwerfen.

Aber Verwunderung, Zweifel und das Gefühl des Verlorenseins im Geschichtsgang sind dennoch für die gegenwärtige Gesangskultur nicht erschöpfend. Denn es gilt noch immer die Bedingung der Kommunikation, die nicht nur Verstand und Geist betrifft, sondern die ganze Existenz. Hierzu hat auch ein so umstürzlerisches Werk wie das Beethovens beigetragen. »Häßliches« und Pathologisches gehörte nun – weniger um das Gewissen zu beunruhigen als um den Reiz neuer und unbekannter Farben auszukosten – in einen Stil des gesanglichen Beschreibens. Das Gedankliche, Sagende stand – wie stets an der Wende zu einer neuen Epoche – dem Aussingen gegenüber. Und die Stilwenden folgten einander seither in immer kürzeren Abständen. Bald galt es schon als authentisch, das Neue um seiner selbst willen ästhetisch gelten zu lassen.

In seinem Kommentar zur Radierung »Der Schlaf der Vernunft bringt Ungeheuer hervor« bezieht Francisco de Goya sein Bild auf die Kunst als Vermittlerin zwischen Phantasie, Sinnenhaftigkeit und Vernunft: »Phantasie, die von der Vernunft verlassen ist, bringt unglaubliche Monster hervor; verbunden mit ihr ist sie die Mutter

der Künste und Quelle aller ihrer Wunder« (zit. nach Jutta Held,
»Goya«, Hamburg 1980). So etwas hätte ohne die Aufklärung wohl
nie ausgesprochen werden können. Und es stellt keinen Zufall dar,
daß in diesem Zeitraum – der Wende vom 18. zum 19. Jahrhundert –
Poesie und Musik inniger als je zueinander strebten. Vielleicht liegt
hier das Grundmotiv des Bedürfnisses, aus dem heraus Musik nach
Gesang und folglich nach Dichtung verlangte, das Bedürfnis nach
höherem Sinn. Im Verlauf des 19. Jahrhunderts beanspruchten die
Musiker gleiche didaktische Wirkungsmöglichkeiten für ihre Töne
wie die Dichter für ihre Sprache.

Neue Wirkungen

Die Romantik erfand – zunächst schwärmerisch-mystisch bejahend, dann müde resignierend und mit aufkeimendem wissen-
schaftlichem Bedauern – unendliche und, daraus folgernd, unbe-
stimmbare musikalische Wirkungen. Heute muß die Musik – etwa
auch gegen Wagners Auffassung – ihr Wesen und ihren Inhalt
klar und eindeutig wie die Sprache den ihren ausdrücken. Und der
Interpret hat sich bei der Wiedergabe des romantischen Liedes dieser – erst nachträglich – gefundenen Klarstellung zu unterwerfen.
Es gibt einen immer deutlicheren Zusammenhang zwischen Absicht und Wirkung der Töne, den sich der Laie nur selten bewußt
macht.

Wahrscheinlich gilt, daß für die Romantiker die Macht der Wortwirkung nicht in der Berührung des Ichs mit der Außenwelt frei
wurde. Das Wort drückt für sich das innere Leben aus. Musikalisch
fungiert das Wort nicht verdinglichend, sondern äußert Empfindungen. Gefühle oder Stimmungen, die der Text auslöst, werden in
Musik umgesetzt.

Romantisches Verhältnis zur Welt offenbart sich bei den verschiedenen Künsten unterschiedlich. Dabei bildet Musik, die die
menschliche Stimme, die Erweiterung des Sprachlichen zum Gesungenen voraussetzt, eine Kunstform, wie sie sich spät, nämlich in
ihrer romantischen Ausprägung, vollendete. Es muß erst die Fülle
des Phänomens hergestellt sein, um anderes, das weniger als die
Fülle war, als es selbst zu begreifen. So müssen wir, wollen wir das

Verhältnis von Musik und Sprache auf höchstem Niveau verstehen, das letzte Jahrhundert mit Schubert, Schumann, Brahms und Hugo Wolf in die Betrachtung einbeziehen.

Auch in den Kunsttheorien jenes Säkulums finden wir die weitgreifendste Durchdringung dessen, was ästhetische Praxis sein kann. Deren theoretische Dimension ist uns sowohl zu großen Teilen über die bloße Konstatierung hinaus nicht mehr selbstverständlich. In Schuberts Tagen hatte der Komponist wie nur noch selten heute, dann aber freilich bisweilen großartig (Benjamin Britten, Aribert Reimann), ein unmittelbares Verhältnis zum Singenden, ja er sang und spielte in der Regel selbst. Dazu kam noch das Faszinosum des unmittelbaren Kontakts schöpferischer Musiker zu denen, die musikalisches Geschehen theoretisch durchdrangen.

Die Vorstellung von der Kunst als einer Gefühlssprache stammt nicht aus der Romantik. Sie hat eine lange und verwickelte Vorgeschichte, die wir bis zurück zum Glauben an die Wirkung magischer Riten und Beschwörungen verfolgten. Angriffe und Zweifel sind der Romantik auch heute noch auf den Fersen, insbesondere von den Befürwortern einer formalistischen Ästhetik. Dennoch übt Romantik ihren Einfluß in ungeminderter Intensität aus, ja man könnte sie in der Musik als fester etabliert denn je bezeichnen.

Den erhellendsten Beitrag zur Sprache des Gefühls hat sicherlich das Kunstlied geleistet. Denn hier wird ein natürliches System von Korrespondenzen begreifbar gemacht. Stimmung, Gefühlseindrücke, Vorstellungen visueller Art und akustische Eindrücke stehen in einem System natürlicher Entsprechungen. Farbe, Klang und Sprachform haben ihren Gefühlston. Tempo, Lautstärke und Tonhöhe bilden einen Code, der etwa langsam, leise oder tief als dunkel, traurig oder tragisch aufdeckt, ebenso wie er schnell, laut und hoch für freudig, erregt oder triumphierend setzt.

Natürlich verfügt unsere abendländische Musik über weit mehr Dimensionen – aber seit dem Beginn des vorigen Jahrhunderts sind ihre Grundlagen fester vorformuliert als zuvor, trotz jenes entscheidenden Zusatzes, den die Romantik uns bescherte und der Spannung durch Entfernung von der Tonika und Lösung durch Rückkehr zu ihr definiert. Eine unbegrenzte Vermehrung der Grunddimensionen seither hat nicht unbedingt einen Gewinn für die Art der »Sprache« in einem Lied bedeutet. Der Moment kam, in dem die Botschaft an Unklarheit litt, weil allzu vielen Signalen gleichzeitig

Aufmerksamkeit geschenkt werden sollte. Es ist nicht mehr deutlich, »welches Signal dazu bestimmt ist, welches andere Signal zu modifizieren« (Gombrich, »Variationen über ein Steckenpferd«, Wien 1963). So bedrohte Unklarheit den Begriff Lied.

Schubert

Die Kunstanschauung der Romantik muß in unmittelbarer Berührung mit dem praktischen Musikleben des 19. Jahrhunderts gesehen werden. An Schubert wird ganz deutlich, wie sie die Schaffenden bildete, an ihm, dem die gewöhnliche Vorstellung naives Schwärmen zuschreibt. Ottenwalt, ein Zeitgenosse und Gedichtelieferant, sah ihn mit »Erstaunen über diesen Geist, dem man nachsagte, seine Kunstleistung sei so unbewußt, ihm selbst oft kaum offenbar und verständlich« (Deutsch, »Schubert, Dokumente seines Lebens«, München 1914). Gedichte, Tagebücher und Briefe machen Schuberts nicht bloß angeeignete Weltanschauung deutlich.

Daß sich in seinem Lied Wort und Ton durchdrangen, ermöglichte das Wunder der Entwicklung von Schubert bis Wolf und einen Zweig der Gesangsmusik, der nie zuvor mit gleicher Kraft aufgeblüht war. Nicht mehr die Regeln musikalischen Handwerks bestimmten vornehmlich die Form, sondern die Poesie. Von der »Weltseele« des Novalis bis zur nationalen Verengung der Schulen im ausgehenden 19. Jahrhundert durchlief die Entwicklung eine heute als fatal zu erkennende Kurve. Zunächst jedoch handelte es sich für die Musiker in durch die Restauration eingeengten Völkern um eine Revolution nach innen, eine Befreiung, eine Auffindung des Selbst.

In diesem Sinne hätte die letzte Fassung des Entwurfs für eine Grab-Inschrift am besten getaugt, die Grillparzer über Schubert so formulierte: »Er ließ die Dichtkunst tönen und reden die Musik ...«. Aber statt dessen stand etwas über »Begraben von Hoffnungen« mißverständlich auf dem Stein. Niemand wird leugnen, daß Schubert sich seit langem mit dem Tod befreundet hatte. Wer sonst besang ihn so oft und intensiv? Er wählte seinen Text nicht willkürlich, und jenes »Fremd bin ich eingezogen, fremd zieh' ich wieder aus« komponierte ein düster und angegriffen wirkender Kranker. Ob er nun Wilhelm Müllers Texte gezielt oder vom Instinkt geleitet wählte – sie verhalfen ihm dazu, sein »Gastsein auf dieser Erde« musikalisch zu gestalten. Gewiß ging Schubert nicht literarisch selektierend vor, aber seine Dichter-Wahl zeugte von poetischem Geschmack. Gefälligkeit, Neugier, spontanes Kompositionsbedürfnis ließen Namen wie Aloys Schreiber, Carl Lappe, Franz Schober oder Matthäus von Collin zur Unsterblichkeit kommen. Aber Goethe mit 73, Schiller mit 42, Hölty mit 23, Claudius mit 10, Novalis mit 7, Heine mit 6 oder Rückert mit 5 Vertonungen (Klopstock, Platen und Uhland kommen auch zu Wort) zeugen von einem hohen Stand überschauender Kenntnis.

Am Beispiel Schubert werden in der neueren Musikgeschichte drei Arten der Vertonung von Dichtung offenbar. Mit dem Text kann sich zunächst ein ganz und gar selbständiger melodischer Gedanke verbinden, wobei jeder der Partner sich vorbehält, alles Wesentliche zu sagen, was die Gefahr nicht ausschließt, daß das Gedicht Schaden nimmt. Falsche Hebungen und ungenügende Einbindung in das Strophische konnten hier stören, aber ebenso unangebrachte Koloraturen und Zierrat (Lully, Johann Adolf Hasse, Meyerbeer als Beispiel). – Anders jene Vertonung, die ins Zentrum der Poesie trifft. Sie läßt den Musiker sich von einem besonderen Gedicht anregen, so daß jede melodische oder rhythmische Wendung bei aller musikalischen Eigengesetzlichkeit dem Wort verbunden bleibt. Wenn auch im Spiel der Kräfte um das Gleichgewicht jeder der Partner seine Eigenart behält, so wirken doch die naturgegebenen Unterschiede wohltätig. Und weil sie sich miteinander verbinden, verdoppeln sie ihre Energien. – Im dritten Fall bleibt die Dichtung vorherrschend. Die Musik gehorcht ohne Willen dem Sprachtonfall, sie nutzt den Stimmungsgehalt aus dem dichterischen Werk lediglich nachvollziehend, höchstens vertieft sie mit ihrer Ausdeutung der poetischen Vorlage die Psychologie der vorgestellten singenden Figur (Monteverdi, Gluck, Wagner). Es kann kaum überraschen, wenn gerade in der Lyrik die dritte Version zum durchkomponierten, ja zum symphonisch konzipierten Stimmungslied führte. Ein Verfahren, bei dem das Klavier ausmalt, was der Sänger deklamiert, mußte beim rezitierten Lied enden, wie es sich bei Hugo Wolf, in überspitzter Form beim Melodram (Schumann, Liszt, Strauss) findet.

Häufig ist nun unter »durchkomponiert« nur partielle Veränderung zu verstehen, die zwar strophischer Vertonung nahebleibt, sie aber gelegentlich verläßt. Vor allem in den Anfängen des »Durchkomponierens« entstand eine Vielzahl von Abarten. Nach Bürgers Wiederbelebung der Balladen-Dichtung formten sich erste Kompositionen mehr gereiht als gestaltet. Seit dem »Erlkönig« Schuberts fühlten sich viele Komponisten dazu ermutigt, durch Gruppierungen eine lange Strophenfolge formal übersichtlich zu machen. Oft auch wurde nur die Begleitung variiert, während die Liedweise in fast allen Strophen gleichlautend blieb.

Ob nun im Strophenlied oder in der erweiterten Strophenkomposition – keine Regung der Seele läßt sich vorstellen, der Schubert nicht adäquaten Ausdruck gegeben hätte. Dennoch scheint manchen Zeitgenossen suspekt, sich eindeutig, das heißt auch sinngemäß, zu den Werken Schuberts zu verhalten. Sie verwechseln Plastik der Werkrealisation mit gemütvollen Bildern auf Schallplattenhüllen, wie sie trennende Pseudo-Kunst im Verein mit dem Kommerz so gerne in den Vordergrund schiebt, mit den tränentreibenden Fernsehverfilmungen Schubertscher Zyklen, in denen seppelbehoste Wanderburschen durchs Gelände stapfen.

Da glaubt denn ein Mauricio Kagel in seiner »Lieder-Oper« »Aus Deutschland«, Verfremdungen seien dazu geeignet, den »geläufigen« Liedern mit einer neuen dramatischen Spannung aufzuhelfen, lyrischen Gebilden müßten exzessive, ja groteske Fremdelemente angehängt werden, eine Bedeutungsschwere, die ihnen nicht inhärent ist und die sie nicht brauchen. Weder Expressionismus noch dadaistische Elemente noch Slapstick-Komik werden der Allegorie des Todes im Deutschland der Romantik gerecht. Sie können allenfalls Mischgebilde äußerst jetziger Herkunft erzeugen, die denn auch wohl nur so lange ihr Krüppeldasein fristen werden, wie es den Geist dieser Zeit noch gibt.

Und wenn es dem »Komponisten« Kagel ist, als müßten die Texte aus dem 19. Jahrhundert mit seiner dünnen Musik gekoppelt werden, um neue Ohren zu finden, da unsere Luft ja von historischer Musik übermäßig verunreinigt erscheint, dann hätte seine »Analyse« den lauen Mittelweg besser vermieden, sich in des Nachfragens kaum würdiger Interpretation von Geniewerken zu ergehen. Trick und angestrebte Radikalität vertragen sich nämlich nicht. Und Kagels Interpretation der Romantik gibt Unwissen und

Vorurteil zusätzlich Stützen für ihr eingebildetes Selbstverständnis. Kagel scheint der Meinung anzuhängen, Schuberts Einssein mit den Texten seiner Lieder sei heute nicht mehr einzusehen. Schuberts Weltflucht sei nicht nachzuempfinden, und folglich müsse sich die Wirkung der »Winterreise« heute auf ästhetische Reize zurückziehen. Kennte er die tatsächlichen Wirkungsspuren und schlösse nicht von sich auf andere, so ginge ihm sein Irrtum wohl auf. »Gesang als Fahrzeug zur Rückkehr in säuglingshafte Zufriedenheit«, wie es Klüppelholz im Programmheft zu Kagels Lieder-Oper »Aus Deutschland« formulierte, sei bei der musikalischen Versinnlichung von Lyrik in Konventionen eingezwängt, in das Regelwerk rationalisierter Tonleitern. Der Autor meint, daraus auf die zutiefst bürgerliche, sprich überholte, Natur des romantischen Liedes schließen zu müssen.

Bezieht sich der Kritiker hier auf das Zusammenpassen und den Zusammenhalt innerhalb eines Liedes, dann trifft dies höchstens auf Miniaturen wie das »Heidenröslein« zu. Die Melodie, die Schubert selbst – verdächtig genug – »lieblich« nannte, balanciert den Anstieg der Spannung im Gleichgewichtsstreben dreigliedrig aus, die schönen Bögen gleiten auf- und abwärts, die Gleichgewichtsverteilung ist überall gewahrt bis in die Sechzehntelnoten des Nachsatzes »Hei-den«. Geht Kagels »Parodie« über Leichtfaßlichkeit, Singbarkeit für Laien hinaus, so scheitert sie, indem sie sich nicht mit dem Wesen, sondern mit dadaistischer Zufallsreihung zufrieden gibt.

Die neue kunstvolle Spezies »Lied« bedurfte einer ästhetischen Enklave, weil sie in Veranstaltungen erklang, die für Musik prädestiniert waren, in Konzerten gehobener Hausmusik. Dorthin gehörten Lieder jeder Provenienz nach Inhalt und Brauch, und es unterschied sich nur in der ästhetischen Qualität, was etwa Arbeiterlied, Frühlingsgedicht, Brauchtums- oder Gelegenheitslied, Kirchen- oder Reiselied war. Dies Zugehörigsein aus gemeinsamer Zweckrichtung, die das Volkslied geprägt hatte, schied aus dem Kunstprodukt aus. Das Kunstlied hatte sich nach Hegel »vor jedem außerhalb der Kunst und des reinen Kunstgenusses fallenden Zweck zu bewahren« (Hegel, »Ästhetik«, Berlin 1955). So singen Wilhelm Müller und Schubert in der »Schönen Müllerin« nicht mehr »zum«, sondern »vom« Wandern. Es entstehen poetische Abbilder von Gesangsarten, die einst im realen Dasein beheimatet waren: Von Wiegenliedern, Ständchen, Gebeten, Trinkliedern, Soldatenversen, Abschiedsliedern und anderen mehr. Aber »Du bist die Ruh« oder »Du liebst mich nicht« oder »Prometheus« sprengen einen solchen Rahmen vollständig. Sie rufen den Gestalter auf dem Podium zur Beschwörung eines durchaus fühlbaren Gegenübers auf. Und wie steht es um die Versenkung des Monologs, um den Ausdruck des Mit-sich-Seins, die Kontemplation des Einsamen – auch in der irreführenden Anredeform »Warte nur« (»Wanderers Nachtlied«) oder »Könnt ich klagen?« (»Im Abendroth«), die sich natürlich nicht an die Welt, sondern an das entrückte Ich wendet, dem sich vor dem Publikum restlos anzuvertrauen eine schier übermächtige Forderung an den Künstler einschließt? Aber auch das behagliche Selbstgespräch des »Einsamen« gehört hierher. Dann begegnen übergreifende Hymnen, die den Gesang in Fernen führen, die kein Gegenüber mehr kennen – »Die Allmacht«, »Dem Unendlichen«, »Grenzen der Menschheit«. In wohltuendem Gegensatz dazu, aber keineswegs im Gebrauchslied, begegnet Unterhaltung mit den Hörern: die direkte Ansprache, die sich entweder dramatisch wie in »Des Sängers Habe« gibt, als Auseinandersetzung des Künstlers mit der Umwelt, oder sich mit einem »Ade« in »Abschied« bescheidet. Es sollte nicht übersehen werden, daß die Liedermacher von heute den historischen Faden dieses Liedgesangs – unterschiedlich motiviert und oft zu unkünstlerischer Musik primitiviert – wieder aufzunehmen suchen.

Schuberts Balladen führen dem Hörer gleich eine ganze Reihe von Gestalten vor. Die balladesken Zwischenformen aus früher Zeit in »Bürgschaft« oder »Taucher« verlangen psychologisches Einfühlungsvermögen ebenso wie die Zwiegesänge, die wie »Der Tod und das Mädchen«, je nachdem sie von einem Mann oder einer Frau gesungen werden, in Vor- und Nachspiel von anderem Hören und Nacherleben bestimmt sein sollten.

Wollen wir Thrasybulos Georgiades folgen, so hat nun Franz Schubert und niemand vor oder nach ihm den Sinn des Liedes musikalisch ganz verwirklicht. Und Oscar Bie datierte den Geburtstag des deutschen Liedes auf den 16. Oktober 1814, an dem »Gretchen am Spinnrade« entstand (»Das Deutsche Lied«, Berlin 1926). Sowenig solche Feststellungen die Mannigfaltigkeit der Gattung in jener Zeit berücksichtigen, um so mehr entsprechen sie heutiger Rückschau, die nur das Beste gelten lassen will.

Daß er die Gattung wie kein anderer erfüllte, ist sogar von dem Strophenlied-Komponisten Schubert zu sagen, der mit seiner musikalischen Wiederholung bis dahin nicht gekannte Freiräume für die Entfaltung des Gedichtes erschloß. Daß ihm dabei in emphatischen Schlußteilen seine Melismen auch Wortwiederholungen diktieren, hat nur wenig zu bedeuten (etwa »Ewig, ewig« im Refrain von »Ungeduld«). Die Wirkung eines Liedes besteht von nun an darin, daß es den Hörer unmittelbar in seine Stimmung hineinzieht. Es enthält sich einer Begründung dafür. Umschließt es Sinistres, so will dies als solches wiedergegeben und bewahrt sein. Emil Staiger geht so weit zu sagen (1956), das Lied könne geistlos sein, aber es sei von dem erfüllt, was man emphatisch Seele nennt. Wir wollen die Einseitigkeit scheuen, lediglich den irrationalen Charakter des Liedes festhalten, ja einen Gegensatz zwischen Singen und Denken behaupten. Goethe hob aus eigener Anschauung und kritischer Stellungnahme alogisches wie gedankliches Recht für das Lied hervor und meinte, Lyrisches müsse im ganzen sehr vernünftig und im Detail ein bißchen unvernünftig sein.

Schuberts Lieder haben bis zum Überdruß darunter leiden müssen, daß sie »so melodiös« sind und deshalb schwache Texte mitleidsvoll übersehen werden dürfen. Des Komponisten Bereitwilligkeit, auf ihm vorgeschlagene Texte kompositorisch einzugehen, verweist in vielen Fällen, in denen die Vorschlagenden Freunde oder gar die Autoren der Gedichte waren, auf ein Austauschbedürfnis, das Schubert auf seine musikalische Mitteilungsweise zu befriedigen suchte. Man könnte sagen, daß alles, was Schubert komponierte, sich auf den Freundeskreis bezieht, durch ihn ausgelöst wurde – mit der Ausnahme vielleicht der letzten Jahre. Allerdings sollte der Versuch, Details der Formbehandlung und des musikalischen Duktus mit der Sphäre von Schuberts Leben in Verbindung zu bringen, nicht etwa dabei stehenbleiben, entsprechende Liedtexte als Vorinterpretation zu deuten. Umgekehrt mag erst der Umgang mit dem musikalischen Material, das noch frei von inhaltlichen Analogien ist, Auskunft auch über psychische Verhaltensweisen der »Unöffentlichkeit« (Gülke) geben.

Wagnerianer und Wolf-Enthusiasten fühlen sich bemüßigt, Schubert deklamatorische Fehler anzukreiden. Es handelt sich eigentlich um *Un*betonungen, die hier in Frage kommen (»Das

*Was*ser rauscht, das *Was*ser schwoll« als berühmtestes Beispiel), die durch den Sänger nicht korrigiert, sondern mit Überzeugung nachvollzogen werden sollten. Oder traut man Schubert keine andere, »richtigere« Deklamation zu? Schließlich war es die »Selbstherrlichkeit« gerade seiner Musik, die das Lied nun nicht mehr als »linke Hand« im Schaffen eines Komponisten unterschätzte, sondern auf die Höhe seiner Bedeutungskraft führte.

Gerade in Schuberts Liedern kann die Frage nach der Priorität Dichtung oder Gesang wenig ausrichten. Georgiades (»Schubert – Musik und Lyrik«, Göttingen 1967) formulierte so: »Bei Schubert wird das Gedicht gleichsam getilgt und als musikalische Struktur neu geschaffen; die Musik erhält Verbindlichkeit dadurch, daß das Wesentliche nur als Musik realisiert wird.« So kann es bei Schubert begegnen, daß eine stimmige Melodie einiges vom Text verschlingt, dafür aber die Dichtung interpretierende, überhöhende Musik eintauscht (»An Schwager Kronos«). Dies läßt erkennen, daß das bloße Aufspüren des Rezitativischen und des Melodischen bereits die verständnisvolle Anwendung des cantabile und des declamando nach sich zieht, aber eben fast ausschließlich bei diesem Komponisten.

Mit dem Niveau der Dichtung wuchs der Anspruch an die Komposition. Schuberts eruptive Expressivität durchbrach an vielen Stellen das Gewohnte und verwirrte mit ausdrucksgebundener »Prosa« den sonst tragenden und kennzeichnenden Rhythmus (»An Schwager Kronos« oder »Prometheus«). Immer war die hergebrachte Kantabilität damit zugleich auch in Gefahr. Ästhetische Konvention, wie sie sich – etwa in Goethes oder in Zelters Augen – zur Selbstverständlichkeit gefestigt hatte, wurde im Schubert-Lied immer wieder auch in Frage gestellt. Und die Grenzen, die bis dahin dem Liedstil gezogen schienen, übertrat eine Melodik, die vor unverstelltem Gefühlsausdruck keine Hemmung zeigte.

Damit soll nicht geleugnet werden, daß Schuberts Liedkomposition überwiegend vom Melodischen geprägt ist. Wir übersehen auch nicht, daß er ein äußerst sorgfältiger Textgestalter war, besonders bei drittklassigen Gedichten. Ihn führte ein Instinkt, den der Interpret nur mit Ergriffenheit nachvollziehen wird. Ohne in den Chorus derer einzustimmen, die dem »Schwammerl« ein unbewußtes Torkeln durch die Möglichkeiten seiner schöpferischen Begnadung nachzusagen suchen, möchten wir doch an jene Bedeutung des Wortes »Instinkt« erinnern, die unbewußtes Verhalten auf den beabsichtigten Zweck hin zum Inhalt hat.

Gerade am Beispiel Schuberts nun ist an das systematische Wachhalten des Instinkts für den Klang auch beim Interpreten zu erinnern, das für den Schauspieler oder den Operndarsteller wie für den Liedgestalter von Irritationen ferngehalten werden muß. Soviel der Künstler auch von seiner Kunst weiß, sowenig darf dieses Wissen ihn spalten, die Einheit des Werkes zerstören. Vorherrschende und zwanghaft zergrübelnde Bewußtheit im Gesang kann zur Unnatur führen. Eine aus dem Unterbewußtsein gekommene Welt gilt es immer wieder von neuem in ihr Recht einzusetzen, Kunst muß zuletzt immer wieder Natur werden, »unwillkürlich«, wie Wagner seine Forderung an die Wiedergabe präzisierte.

Es ist vorgekommen, daß eine Abfolge von Schubert-Liedern sich dem Vorwurf des zu Düsteren aussetzte. Die Hörer sahen in der Musik nur eine Freudensklavin und bemerkten nicht, wie weit die spät entwickelte Kunstmusik vom reinen, unerreichbar gewordenen Ausdruck der Freude (in diesem Fall wohl eher des Frohsinns) entfernt liegt. Es war just (der vom »Dreimäderlhaus« her verkannte) Schubert, der die Frage stellte, ob es überhaupt eine fröhliche Musik geben könne. Wessen Klänge hier so natürlich »vor sich hin« singen, so denken Schubert-Konsumenten, der müsse doch vergnügt sein. Aber in seinen Tönen drückt sich zugleich immer auch Todessehnsucht aus, die sich durch den Klang erlöst. Schuberts so natürlich scheinende Musik ist unzerstörbar intellekt-bestimmt. Sie läßt sich selbst auf der leichtest faßlichen Stufe nicht ausschließlich sinnlich genießen.

Gesungene Musik wird zum Reservat geklärten Fühlens, deutlich gewordenen Wollens. Gesang bietet Anhaltspunkte für das Weiterkommen der Erkenntnis, weil er versinnlicht, was jeweils in der Sprache umschrieben wurde, Erinnerung, Bewahrung, Fortschreiten, aber beileibe nichts Konkretes, versteht sich. Denn Musik schließt Erkenntnis in gedanklichem oder philosophischem Sinne aus. Ganz allgemein schärft Musik Erinnerung an Werte, die unter Menschen angesprochen werden können, weil sie nicht zerstörbar sind und durch die Töne stets aufs Neue beschworen werden. Auf der antipodischen Seite steht die Unterhaltungsmusik, besonders wenn sie zum Schlager tendiert, denn sie verlangt das Geringste vom Hörer und transportiert ein Minimum an Wert. Hier ist in

Umkehrung des vorhin gebrauchten Terminus von verunklartem Fühlen zu sprechen, obwohl Schlager-Hörer subjektiv durchaus empfinden, daß da Werte wie »Liebe«, oder »Frieden« feilgeboten werden.

Wenn Schubert in »Die Nebensonnen« zu dem nur textlich erfahrbaren Begriff »Drei Sonnen« (die Augen des Mädchens und die reale Sonne) Musik komponiert, so muß er sich allgemeiner musikalischer Kategorien bedienen und gibt dem Lied damit generelle Bedeutung. Er verwendet eine Dreierbewegung im Takt, die das Gedicht in Vers und Strophenform eigentlich nicht aufweist. Ein Klaviersatz, der einen Bläsersatz imitiert, deutet das im Text Gesagte in eine erfahrbare Welt für jeden um, der zu hören versteht, indem er den Ausdruck »stier« versinnlicht, ohne doch ein solches Wort faktisch erläutern zu können. Wenn also Schubert die Musik vom sprachvollen zum sprachlosen Denken zurückführt, erreicht er das Entscheidende der Erfahrung. Alle Versuche, Musik in Sprache zu imitieren oder umzusetzen (Lautgedichte, sinnfreie Prosa), zeigten, daß es sich Sprache gar nicht leisten kann, hier in ernsthaften Wettbewerb zu treten.

Wie war es nun mit der Dichtung beschaffen, die Schubert zu einer die letzten Kräfte verzehrenden Leistung anregte? Müllers Verse heute losgelöst von der Musik zu betrachten, ist fast unvorstellbar. Der durch die Kenntnis des Zyklus vorgeformten Meinung des Hörers entspricht schon der Mensch Wilhelm Müller nicht. Bis zu seiner frühen Erkrankung war er vom Glück begünstigt, genoß sein Leben in Unbefangenheit und richtete sich nach einer problemlosen Jugend in Bürgerlichkeit ein. Als Dichter genoß er rasch Popularität, aber auch Wertschätzung durch Schwab, Fouqué und Heine, der in der »Romantischen Schule« ehrenvolle Worte für ihn fand. Aber wer wollte deshalb Müller heute neben Heine oder auch nur Uhland stellen? Es findet sich in seinen Gedichten nichts Unmittelbares, das in der spätromantischen Lyrik sonst sprachliche Mängel zu vertuschen imstande wäre, andererseits auch kein Hauch jener Artistik, die bei Müllers Zeitgenossen, etwa Rückert oder Platen, den Mangel an persönlich geformter Empfindung wettmacht. Müllers menschliche Sorglosigkeit erstreckte sich auch auf das Dichten. Was mochte dann aber die Wahl eines so finsteren Themas wie der »Winterreise« bewirkt haben?

In ihr steckt viel vom modischen Zeitgeist. Nach seinen Griechenliedern von 1821 verschrieb sich Müller nun einer Stimmung, die Byron ungleich großzügiger zu vermitteln gewußt hatte, die Nikolaus Lenaus Element war und die sich – nach dem Tod Napoleons – epidemisch ausweitete, dem Weltschmerz. Schubert scheint das Kleinbürgerliche an den Liebesnöten Müllers nicht im geringsten gestört zu haben. Es liegt vielmehr am Tage, daß sich seine musikalische Phantasie gerade durch jene Reihe von sinnlichen Wortmotiven, die auf den ersten Blick zur Illustration verleiten, motivisch inspirieren ließ. Das Knarren der Wetterfahne, das Knurren der Hunde, ihre Ketten, der Sturmwind, das Irrlicht in den Felsengründen – sie sind Wahrnehmungsmomente, auf die nicht erst hingewiesen werden muß – jeder erkennt sie. Kann aber in der »Winterreise« wirklich von Tonmalerei in gewöhnlichem Sinne gesprochen werden? Ist Schuberts Verfahren dem Haydns in der »Schöpfung« zu vergleichen, wo Löwen brüllen, Vögel zwitschern, Leviathan sich über die Erde wälzt und Schnee und Regen naiv abgebildet werden? Schwerlich.

»Zu düster« – das fanden schon die Freunde, als ihnen Schubert 1828 seinen eben geschaffenen »Kranz schauerlicher Lieder« spielte und sang. Er wußte, daß sein Zyklus später verstanden werden würde. Dennoch mutet die ungeheure Popularität der »Winterreise« heute noch erstaunlich an, bedenkt man den Anspruch, mit dem sich der Hörer konfrontiert findet, und nicht weniger die Ausführenden. Nur herbe Zurückhaltung, Wahrhaftigkeit des Ausdrucks und zugleich charaktervolle Vergegenwärtigung verlebendigt den Reichtum dieses Meisterwerkes. Und zugleich zeigt es, auf jeder Station dieses ununterbrochenen Leidensweges, was die Menschen dahingäben, wollten sie sich in allgemeiner Ablehnung alles Romantischen erschöpfen. Es gehört eine Anspannung aller geistigen Kräfte dazu, bei größter Intensität nie süßlich zu werden, falsch »gefühlvoll« zu interpretieren, nie in die Ekstase der Billigkeit zu verfallen, will der Sänger – genau wie jeder Instrumentalist – peinlichen Anachronismus meiden.

Übrigens verstummt vor der »Winterreise« die Frage, ob der Vox humana nur gehobene Rezitation zuzubilligen sei – wie etwa bei Hugo Wolf – oder ob sie, wenn auch auf Kosten der Worte, nur Melodien zu singen habe. Aus dem Intonieren gesteigerten Sprechens entwickelt Schubert oft genug eine Melodie, die sich dann selbst genug ist. Aber die Betroffenheit sollte sich dem Formbewußtsein Schuberts, seiner Künstlerschaft zuliebe in heutiger Interpretation doch immer wieder einstellen. So gesehen bedeutet Franz Schuberts »Winterreise« die größte Herausforderung, vor die sich ein Liedsänger gestellt sehen kann. Der Gegensatz zwischen Jungsein und einer Resignation, die eigentlich dem Alter zugehört, von emotionaler Kraft des Gefühls und einem Sich-Aufgeben vor dem Ausweglosen, ist in Müllers Gedichte – so wenig sie große Lyrik zeigen mögen – genauso eingegangen wie in Schuberts Musik.

Je bewußter ein Sänger zur Interpretation ansetzt, desto stärker wird er sich an solcher Gegensätzlichkeit reiben. Er wird das problematische Spannungsverhältnis zwischen Deklamieren des Textes und Eigenanspruch musikalischer Phrase an sich selbst erleben, vielleicht hörbar werden lassen. Dies kann ihm zwar den Vorwurf des Raffinements eintragen, aber er darf sich mit dem Komponisten, der bei den Freunden – gerade wegen seiner Schattierungen des »Düsteren« – auf Unverständnis stieß, einig wissen. Zu den Unverständigen gehörte Leopold von Sonnleithner, der einmal die vielzitierte Passage geschrieben hat: »Über die Art, wie Schuberts Lieder vorgetragen werden sollten, bestehen heutzutage sonderbare Ansichten. Da wird möglichst viel deklamiert, bald gelispelt, bald leidenschaftlich aufgeschrien … Schubert selbst erlaubte nie heftigen Ausdruck im Vortrage …« Hier ist von Willkür die Rede, von Übertreibung, die der Musik Schaden antut. Aber der Hoftheater-Intendant Baron Sonnleithner gehörte nicht zu jenen engen Freunden, die wirklich Einblick in die Werkstatt des Komponisten hatten. Und als er nach Schuberts Tod seine Bemerkung niederschrieb, meinte er nicht die Handvoll Sänger, die Schubert interpretierten, als dieser noch lebte, sondern eine Generation, deren aufführungspraktische Erfahrung beim Vortrag vor größerem Publikum noch sehr jung war und die sich erst einmal mit den neuen Dimensionen der Konzerträume auseinanderzusetzen begann. Zweifellos hatte Sonnleithners Kritik noch als Zweckbehauptung mit persönlicher Animosität gegen den altgewordenen Schubert-Sänger Vogl zu tun, den er am liebsten aus dem Verband der Oper entfernt gesehen hätte. Klarheit der Artikulation muß nicht, wie sicher im Falle Vogls, etwas mit Vergewaltigung der Musik gemein haben.

Wohl aber sollte uns hier die Sprachbehandlung durch den Kom-

ponisten interessieren. Bei Schubert fällt die Frage der unregel-
mäßigen Punktierung seiner Deklamation bei gleichbleibender
Melodie (»Der Einsame«) ins Gewicht. Das Unbehagen der Sänger
beim Auswendiglernen all der scheinbaren Willkür mag sich etwas
dämpfen, wenn gesagt wird, daß der Komponist oft aus augenblick-
lichem Empfinden heraus abfallende Silben punktierte oder legato-
Achtel hinsetzte. Wer sinngemäß ausspricht, wird die meisten
Punktierungen wie von selbst ausführen. Bei guter Deklamation,
die den Sinn der gesamten Phrase erfaßt, kann aber ein Irrtum
durchaus erträglich werden und dem Gesamtausdruck keinen
Abbruch tun.

Anders verhält es sich bei Schubert mit der Behandlung des
Akzents. Nicht nur, daß er dem Wissenschaftler mit seinen zwar
ähnlich geschriebenen, aber in unterschiedlichem Sinn gedruckten
$<$ $<$, Nüsse zu knacken aufgibt, ob es sich um eine Ausdrucksbetonung oder um eine scharfe Akzentuierung handelt, – viel
relevanter und aufführungspraktisch erst wieder zu erarbeiten ist
die Reihe von Zwischenwerten, die seine Sforzati erfahren. Eine
ganze Gradskala von Betonungen, wie sie erstmals Elmar Budde
(Musica 1980) zusammengestellt hat, wäre von Sängern und Beglei-
tern in präzisen dynamischen Zusammenhang innerhalb eines Lie-
des zu bringen. Budde zählt *fp* – *ffp* – *fzp* – *ffzp* – *fz* und *fz* als eine Steigerung von verstärktem Nachdruck bis zum kräftigen Akzent auf.
Hier ist es also mit gleichmäßig lautendem Akzent nicht getan, sondern es müssen mit viel Spürsinn all jene Zwischenwerte des Nach-
drucks gefunden werden, wie sie zur Gestaltung einer Komposition
im Urteil des 19. Jahrhunderts nun einmal gehörte, zum Spiel von
Licht und Schatten, zur Farbigkeit und der Kunst der Übergänge.

Zum Beleg dafür, wie genau Schubert der sprachlichen Gestaltung eines Gedichts folgte, greifen wir willkürlich aus der Fülle von
Möglichkeiten Matthissons Verse »An Laura (Als sie Klopstocks
Auferstehungslied sang)« heraus, wobei die dynamischen Zeichen
sämtlich der Klavierstimme entnommen sind, da sich der Komponist nur selten dazu verstand, dem Sänger Ausdrucksvorschriften in
seinen Part zu schreiben:

Herzen, die gen Himmel sich erheben,
f > *p*   *cresc.*   *f* > *p*
Tränen, die dem Auge still entbeben,
f > *p*   *pp*   <   >
Seufzer, die den Lippen leis' entfliehen,
fp   *pp*
Wangen, die mit Andachtsglut sich malen,
f >   *cresc.*   *f* > *p*
Trunk'ne Blicke, die Entzückung strahlen,
f   *p*
Danken dir, o Heilverkünderin!
ffp   *p*   *fz*   *fz*

Laura! Laura! horchend diesen Engelstönen,
pp
Müssen Engelseelen sich verschönen,
sfp   *sfp*   >
Heilige den Himmel offen sehn,
sfp   *sfp*   *sfp* >
Schwermutsvolle Zweifler sanfter klagen,
pp   *cresc.*
Kalte Frevler an die Brust sich schlagen
f   >   *sfp*
Und wie Seraph Abbadona flehn!
          <   *f* > *P*

Mit den Tönen des Triumphgesanges
pp
Trank ich Vorgefühl des Überganges
sfp   *sfp*   >
Von der Grabnacht zum Verklärungsglanz!
sfp   *sfp*   >
Als vernähm' ich Engelsmelodien,
pp >   *cresc.*
Wähnt' ich dir, o Erde, zu entfliehen,
f   > *p*   *sfp*
Sah schon unter mir der Sterne Tanz!
          cresc.   *f* >   *p*

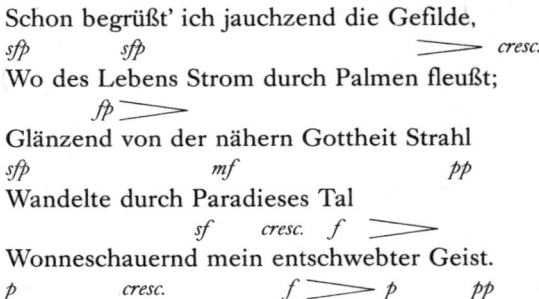

Schon umatmete mich des Himmels Milde,

Schon begrüßt' ich jauchzend die Gefilde,
sfp   *sfp*   *cresc.*
Wo des Lebens Strom durch Palmen fleußt;
    fp
Glänzend von der nähern Gottheit Strahl
sfp   *mf*   *pp*
Wandelte durch Paradieses Tal
      sf   *cresc.*   *f*
Wonneschauernd mein entschwebter Geist.
p   *cresc.*   *f*   *p*   *pp*

Wort und Ton geben durch solche Deklamationsvorschriften im Gesang Eigenschaften auf, die sie je für sich besitzen, und gewinnen andere hinzu. »An den Mond« in Schuberts zweiter Komposition läßt bei sehr belcantistischem Gesang den dichterischen Gedankengang weniger deutlich werden als beim Lesen oder Rezitieren, während die Stimmung den Hörer der Musik ungleich intensiver ergreift. Wird ein solches Gedicht aber gelesen, ohne das Gesungene im Ohr zu haben, so kann eine unvollständige, ja unzutreffende Vorstellung von ihm entstehen.

Das Anrufende, Beschwörende in Schuberts vokaler Lyrik mag dadurch intensiviert sein, daß hier weit mehr als bei den anderen großen Liedschöpfern Kontakt mit der Gebrauchsmusik der Zeit zu spüren ist. So scheint Schubert auch von daher Exponent eines offiziell nicht zur Kenntnis genommenen intellektuellen Untergrunds. Er macht seinen Anspruch auf musikalische Unmittelbarkeit gegenüber den abstrakten »klassischen« Formen geltend, etwa wenn bei ihm (und nach ihm) rezitativische Stellen in ausgesprochene Lieder einbezogen sind, oder wenn er die selbständige Mitwirkung des Begleitinstruments entscheidend vermehrt, ohne damit die Grenzen der Gattung zu überschreiten.

Lieder im Sinne von »laudes«, also dem Preis der Helden und Frauen (durchaus auch in Sinne von »laut«) hatten ihren ursprünglichen Sinn bei Schubert längst eingebüßt. Das so kräftige, kurze Wort dieser Bezeichnung war durch seine Anwendung auf verschiedene Arten von Gesang oder Dichtung vieldeutig geworden. Das Hohelied Salomos war ebenso Lied wie dasjenige der Nachtigall oder Goethes Lied-Gedichte, die »Liederhandschriften«, die »Liederbücher«, »Chansons de geste«, Sequenz, Minnesang, Meistersang, Chanson oder Madrigal. Auch der Begriff »Beym Clavier zu singen« war indessen stark erweitert und dem Begriff des Klavierliedes gewichen. Schubert bietet hier zu allen möglichen Formen Beispiele:

Einfaches Strophenlied mit Varianten
Strophendehnung
Zusatz rein instrumentaler Teile
Elemente nicht liedhaften Singens
Polyphone Ausgestaltung
Reihende Durchkomposition (Kantate)
Überstrophische Gestaltung
Liederzyklus.

Für die »Kantate« gab Beethoven mit seiner »Adelaide« das Zeichen, auch wenn er sie später Lied nannte. Schubert bevorzugte kantatenartige Reihung in der Frühzeit, als er mit dem Ausbau des erweiterten Strophenliedes noch formal zu kämpfen hatte, so in Schillers »Elysium«.

Ganz allgemein wurde es schwierig, neue Formen vokaler Solomusik adäquat zu bezeichnen, die weder als Erweiterung des Strophenliedes gelten konnten noch als Mischform. Da wurde denn schon früh das »Gedicht für Singstimme und Klavier« zur Ausflucht, wie es sich später – mit mehr Berechtigung – bei Wolf oder Debussy wiederfinden sollte. Meist aber hießen solche Stücke einfach »Gesang« in gehobener Wortbedeutung, entlehnt aus der Dichtung Klopstocks oder ähnlicher Hymnik, wie sie Goethes »Gesang der Geister über den Wassern« (bei Schubert für Männerchor und tiefere Streicher) bereitstellte.

Einige der gar nicht liedhaften Gedichte Schillers setzte Schubert unbeirrt in Musik. Dabei verleugnete er in »Gruppe aus dem Tartarus« sogar die Gliederung Schillers, indem er den dritten Teil der Dichtung musikalisch erst bei »Ewigkeit« beginnen läßt, um die vorangegangene Chromatik zu wiederholtem Text noch in die Steigerung bis zu dem Wort »Qual« zu integrieren. Auch nimmt der Komponist hier auf die Reime des Dichters keinerlei Rücksicht.

Eine solche Sinnteilung zwischen Dichter und Komponist findet beim Zusammentreffen mit Goethe nicht statt. Wie Schubert in Goethes »Über allen Gipfeln ist Ruh« jede metrische Verschiebung als Gewichtsverlagerung bewußt macht, indem er sie komponiert, muß Staunen und Bewunderung wecken. Es ist keineswegs sicher, daß heute ein Germanist Goethes Gedicht treffender zu analysieren verstünde, als es Schubert mit den Mitteln der Komposition tat. Im Vergleich dazu hebt Franz Liszt bei demselben Gedicht das Gefüge schon auf, so getreulich er auch um die Wiedergabe von Details bemüht ist.

In seiner Brahms-Biographie (Bd. 1, S. 220) erwähnt Max Kalbeck, Brahms habe 1887 in Thun zu Geheimrat Wendt geäußert: »Der wahre Nachfolger Beethovens ist nicht Mendelssohn, auch nicht Schumann, sondern ... Schubert. Es ist unglaublich, was für Musik in dessen Liedern steckt. Kein Komponist versteht wie er, richtig zu deklamieren. Bei ihm kommt aber immer das Beste so selbstverständlich heraus, als könnte es nicht anders sein. So z. B. der Anfang der Winterreise: ›Fremd bin ich eingezogen‹. Unsereinem macht die zweite betonte Silbe zu schaffen –, bei Schubert fließt das aufs Schönste dahin. Wie hat er sich nicht aller, auch der damals neuesten Poesie, der von Platen, Rückert, Heine, bemächtigt! Dann hat er mit Recht in manchem Gedicht von Schlegel einen für Komponisten besonders wertvollen Gehalt gefunden. Entzückend ist, wie er eine Platensche Ghasele behandelt hat. Wir haben das ja auch versucht, aber gegen Schubert ist alles Stümperei ...«

Bezieht man diesen Satz auf die Ausgewogenheit von Text und Musik, so ist Brahms unbedingt Recht zu geben. In anderen Arten der Gedichtvertonung wie dem Chor- oder Orchesterlied konnte sich seit Brahms dieses Verhältnis etwas verschieben, um die angestrebte Vorherrschaft des rein Musikalischen zu erreichen. So sind Probleme der Stimmführung oder der Satztechnik im Chor oder solche der Instrumentierung im Orchesterlied (Brahms' Bearbeitung von Schubert-Liedern!) im Grunde nur mittelbar auf den Text bezogen.

So unbegreiflich auch die Produktivität Schuberts ist, sie mag etwas verständlicher werden, wenn der Traditionsanteil und seine Reproduktion beim Entstehen neuer Werke in die Überlegung einbezogen wird. Nicht umsonst hatte sich Schubert schon als Kind mit einer Fülle mündlicher und schriftlicher Überlieferungen bekannt gemacht. Wie andere Komponisten wertete er Charakter und Geste des Volksliedes für sich aus und gewann ihnen im Rahmen romantischer Weltschau neuen Sinn ab.

Bei Schubert kann einerseits das rationale Erkennen der Struktur eines Gedichtes deutlich werden. Andererseits kann Assoziatives und Emotionales in der Vertonung dominieren. In diesem Falle fungieren Sprache und Gedichtform lediglich als äußeres Erscheinungsbild des Inhalts. Solche Rezeptionsansätze bedingen sich wechselseitig und durchdringen sich in vielen Fällen.

In den letzten Liedern von Schubert, die den wohl ergreifendsten Gedichten Heines folgen, umschließt die musikalische Interpretation des Textes auch unvermittelte Ausbrüche (obwohl im Falle des »Doppelgänger« durch accelerando und Steigerung vorbereitet), die alle im Sinne einer Anklage geschrieben scheinen. Der »Doppelgänger« entwickelt sich dabei zu einer Lautstärke, die die Grenzen des allgemein noch als »schön« Empfundenen, der hergebrachten Ästhetik-Schwelle des Noch-Ertragbaren mit *fff* überschreitet. »Die Stadt« sieht schroffes forte vor, wo der Verlust der Liebe herausgeschrien wird. Und das Ende der Musik zu »Ihr Bild« bricht die verhaltenen, eher einsilbig wirkenden beiden Ebenen der bisherigen Komposition auf. Nach den Worten »Und ach! ich kann es nicht glauben, daß ich dich verloren hab'!« schafft sich ein profundes forte in tiefer Lage Gehör, das wenig mit dem vorangegangenen Monolog gemein zu haben scheint. Wer wollte sich da an eingrenzende Vorstellungen von verhaltenem Liedgesang halten wollen. Schubert hätte sich um sie nicht gekümmert; er war auch mit der Verwendung von Mischformen aus Lied und Arie (siehe »Die Allmacht«) nicht zimperlich.

Nur selten entspricht eine erweiterte strophische Gestaltung dem Aufbau des Gedichtes ganz und gar. Meist stimmen Ton und Wort nicht völlig in Gliederung und Verteilung der Gewichte zusammen. Ein Komponist vertont ein Gedicht nicht deshalb nach dem Schema A – B – A oder der Rondo-Form (etwa A – B – A – C – A), weil auch im Gedicht Strophen unverändert wiederkehren. Dennoch kann eine solche musikalische Form, auch wenn nicht Note für Note wiederkehrt und die Spannungskurve des Textes mit anderen als formalen Mitteln nachgezeichnet wird, dem Gedicht gerecht werden. Schubert läßt das Bild von Heines »Die Stadt« am Abendhorizont mit starrem Motiv aus punktierten Rhythmen in der ersten Strophe entstehen, um dann die ins Wasser tauchenden Ruder des Betrachtenden im Kahn aus dem Vorspiel in die zweite Strophe als Begleitung zu übernehmen. In der dritten Strophe kehrt

die Musik der ersten wieder, aber die Abweichungen im Klavierpart und Stimme (größere Intervalle als Beschwörung der noch
einmal leuchtenden Sonne und des Schmerzes) steigern die Intensität.

Mit dem Aufkommen des Liedersingens im Konzertsaal, gleichsam im Schatten der Arien, die zwischen Symphonischem auf dem
Programm zu stehen pflegten, erhob sich die Frage: Soll man Lieder
für sich singen oder sie vor Publikum vortragen? Für das Kunstlied
bevorzugte seither noch jeder Komponist den Konzertsaal. Und in
der Tat bleibt der Hörer im Sinne Staigers (1956, S. 48, 50, 52) zwar
für sich allein mit dem Lied, aber Liedgesang schließt nach vielfacher Erfahrung alle einzelnen Hörer »wie eine Symphonie zusammen«. Und es entspricht keineswegs den Tatsachen, daß hauptsächliches Merkmal musikalischer Lyrik (nach Georgiades) das
»Für-sich-Singen« sei. Die Lieder Schuberts sind zum allergrößten
Teil, genau wie die von Haydn, Mozart oder Beethoven zum »Vorsingen« gemacht.

Als das Liedkonzert aufkam, bekämpften die Philosophen neuerlich eine reflexive Trennung von Leib hier und Seele dort. Eine
solche Denktrennung scheint in der Tat das Wesentliche auszulas-
sen. Gesangsmusik ist das Abbild einer Einheit von Gefühl und Vernunft – sie ist nicht durch Emotion hie und Logik da getrennt zu
begreifen. Gerade im Blick auf den Gesang könnte vielmehr gesagt
werden: Die logische und die emotionale Seite seiner Ästhetik sind
die durch den Verstand getrennten Elemente einer ursprünglichen
Einheit musikalisch-künstlerischen Ausdrucks. So gesehen ist die
Kommunikation auch unabdingbares Wesen des Kunstgesangs.
Und Strawinskys oft angeführtes Bonmot, Musik drücke niemals
etwas aus, richtet sich ja lediglich gegen die These, es ließe sich alles
mit Musik ausdrücken. Zugleich denkend und empfindend hat
Franz Schubert in seinen Liedern zu einer schon rätselvoll zu nen-
nenden Einheit gefunden.

Poetisierte Musik

Robert Schumanns Musik verbindet sich auch dort, wo sie keinen Gesangsinterpreten fordert, inniger mit der Wortdichtung als die irgendeines Meisters vor ihm. Der Klavierpoet dichtet auch als Liedkomponist. Deshalb beginnt mit Robert Schumann auch eine Ansiedlung in der Musik im Bedeutungsbereich der Sprache, wie es sie vorher nicht gab. Sein sprechähnliches Tongefüge erlaubt es dem Musikablauf, den Sinngehalt der Sprache nachzuzeichnen. Dies geschieht – später dann in gleichem Sinne, aber überbewußt, bei Hugo Wolf – über die sinnvolle und dem Verständnis des Gedichts hilfreiche Deklamation hinaus, indem mittels der Musik Aphoristisches und Kommentar als Spiegelung der Sprache eingeführt werden. Wenn auch beileibe nicht im tonmalenden Sinn wird die Gedichtzeile über ihre Funktion als Melodieunterlage hinausgehoben und so als eigenständiges Sprachgebilde präsent. In diesem Prozeß des Verstehbarmachens liegt das eigentliche Ziel der »Vertonung« traditioneller Prägung, die zugleich auch immer wieder solche Hilfe für den Hörer überwinden will, was freilich eher in den utopischen Bereich gehört.

Es steht eine Sehnsucht dahinter, dem Ideal des Klaren und Deutlichen nahezukommen. Mit einem solchen Anspruch auf Apodiktisches reicht die Affektenlehre Matthesons in nur scheinbarer Paradoxie über das romantische Jahrhundert hinweg der Ästhetik des 20. Jahrhunderts die Hand.

Eigenartig, wie selten der Musikschriftsteller Schumann sich zusammenhängend über das Problem, wie sich Wort und Ton zueinander verhalten, geäußert hat! Abgesehen von dem Jugendaufsatz: »Über die innige Verwandtschaft der Poesie und Tonkunst« (Gesammelte Schriften Bd. 2) scheinen Gedanken zu diesem Problem kurz und meist aphoristisch vor allem in Rezensionen anderer Komponisten auf. Im Jugendaufsatz heißt es: »... ich will nicht sagen, daß einer von euch beiden der Vorrang gebührt, ich will keine von den himmlischen Mächten beleidigen: aber jene Worte unseres großen Schiller will ich wiederholen: Großes wirket ihr Streit, größeres wirket ihr Bund: – Ja, größeres wirket ihr Bund: Größeres und schöneres, wenn der einfache Ton durch die geflügelte Silbe, oder das schwebende Wort durch die melodische Woge des Klanges erhöht wurde, wenn der leichte Rhythmus des Verses mit dem geordneten Maße des Taktes sanft sich vereint und lieblich abwechselt ... Aber nicht nur diese Vereinigung des Wohlklangs fesselt beide aneinander, nein, sie werden noch durch andere und zartere Banden zusammengekettet, und diese sind, daß beide gleichen Ursprung, beide gleiche Wirkung haben.«

Ein Dezennium später schlug sich diese Erkenntnis bei Schumann in den Liedern nieder. Es ist bekannt, daß Schumann noch lange über seine Gymnasialzeit hinaus zwischen der Berufung zum Dichter oder zum Musiker schwankte. Von dem Gedanken einer Hierarchie der Künste: »...die schönen Künste, die Malerei und Bildhauerei, ständen dicht unter den sprechenden Künsten,' wie Musik, Poesie, Schauspiel ...« (zit. n. W. Boetticher, »Robert Schumann, Einführung in Persönlichkeit und Werk«, Berlin 1941) kommt Schumann später im »Denk- und Dichtbüchlein« zu dem Resultat: »Die Ästhetik der einen Kunst ist die der anderen: nur das Material ist verschieden« (»Gesammelte Schriften«, Bd. 1).

Schumann lehnte eine reine Gedankenlyrik für die Musik ab. Am 27. November 1849 schrieb er dem Dirigenten Carl Wettig: »Zum Gesangsstück ›Das Auge der Liebe‹ gefällt mir das Gedicht nicht. Viel zu reflektiert und gelehrt ...« (»Briefe, Neue Folge«, ed. Jansen, Leipzig 1886). Andererseits hat der Musiker nicht etwa nur Rhythmisches und Melodisches mit dem Dichter gemein. Lyriker und Liedkomponisten treffen sich in der Gedichtform, können sich aber auch widersprechen, wie es die Anlage des strophischen Aufbaus bei Eichendorff gegenüber einer Anzahl von Gedichtstrophen in Schumanns Liederkreis op. 39 offenbart.

Schumann betrachtet ein Gedicht als Einheit in Form und Inhalt. Er komponierte nie zeilenweise oder von einem zum nächsten Gedankengang, sondern ging vom zentralen Gedanken der Dichtung aus. Keine Vertonung von Sprache also, sondern Interpretation des Gedichts durch Musik. So wählte Schumann (wie Eckart Busse 1975 in der »Aurora«-Buchreihe 11 nachwies) aus Eichendorffs Werk ausschließlich solche Gedichte, in denen hinter dem Sprachsinn emotionales Erleben steht. Mit Rückert und Eichendorff »entstand jene kunstvollere und tiefsinnigere Art des Liedes, von der natürlich die Früheren nichts wissen konnten, denn es war nur der neue Dichtergeist, der sich in der Musik widerspiegelte ...« (Schumann, »Gesammelte Schriften«, Bd. 2).

Vor der Komposition steht für Schumann die Textauswahl, wie dies seine Briefe an Clara dartun, in denen er um Übersendung neuer Gedichte bittet. Dann aber rückt sehr bald der Instrumentalpart in den Vordergrund des Interesses, denn das Instrument wird zum eigentlichen Träger der Stimmung. Die Singstimme kann im Kunstlied nicht alles wirken. Die feinsten Züge des Gedichts sollen sich musikalisch spiegeln, ohne daß der Gesang darunter leidet. Dies unterstreicht die zunächst marottenhaft anmutende Häufung von Stellen, in denen bei Schumann das Klavier die Stimme unisono mitspielen läßt (bei Max Reger noch aufdringlicher), etwa in dem Duett »Und schläfst du, mein Mädchen« op. 74. Auch ohne Gesang soll die Komposition für sich bestehen können, ihren Eigenwert behalten. Daraus nun freilich zu folgern, man müsse Schumann-Lieder lediglich zum Klavier sprechen, um sie erschöpfend darstellen zu können, wie dies einmal versucht wurde, ist deshalb unsinnig, weil zum einen das belebt gesungene Wort Schumanns Intention einzig kundtut, weil zum anderen die vielen Stellen lückenhaft bleiben müssen, an denen die Stimme selbständig geführt ist.

Daran ändert auch die Funktion der Vor- und Nachspiele als Vorausnahme und Rückerinnerung nichts. Die Musik benennt nur wortlyrische Inhalte, wo etwas in Worte nicht mehr zu fassen ist (Nachspiel zur »Dichterliebe«). Dieses Unfaßliche ist in Schumanns Hinwendung zum Intimen, zur Stille aufgesucht, die auch als seine Art der Resignation vor einer musikalischen Entwicklung zum Pompösen gesehen werden muß. Schumann konnte das Heraufkommen von Wagners »unendlicher Melodie« nicht aufhalten. Die Technik der Romantik, Satz- und Zeilenperioden diskret gegeneinander abzusetzen, sie nur unzulänglich miteinander zu verknüpfen, auch die Bereitschaft, selbst die Sonate dem Vorbild des Liedes anzunähern, hatte um die Mitte des Jahrhunderts bereits endgültig an Boden verloren.

Ganz in neuerischem Licht dagegen ist Schumanns Erfindung zu sehen, die sich bei Hugo Wolf gesteigert wiederfindet. Verschiebungen des rhythmischen Gefüges mit dem Ziel einer synkopischen Deklamation (so in »Morgens steh' ich auf und frage« op. 24) helfen zu verdeutlichen und hervorzuheben, aber auch dem Interpreten, synchrone Emotionen zu erfassen. Brahms verzichtete weitgehend auf diese Stilmittel, so sehr er sich sonst Schumann verpflichtet wußte. Er näherte sich aber dem gleichen oder ähnlichen Ziel auf

dem Wege der rhythmischen Entlastung gerader Taktteile, indem
er Perioden in den ungeraden anfangen oder enden ließ. Schumanns romantischer Stil kann als Aufbruch und im Blick auf seine
Zeit als neutönerisch empfunden werden – während Brahms als
mehr bestätigend und den Stil ausbauend wieder zu einer Gerad-
heit des Rhythmischen tendiert, die wiederum all seiner Verleug-
nung des Taktstrichs Hohn spricht, die der Eins nur selten Höhepunkte der Phrasen zubilligt. Analog zum Sänger der Lieder sind es
auch unter den Dirigenten zwei verschiedene Prototypen, die der
Symphonik der Freunde Schumann und Brahms am meisten gerecht werden. Der Schumann-Interpret wird eine Sprache finden
müssen, die sich in freiem rhythmischem Raum auf kurzen Strecken
mit äußerster klanglicher Phantasie durch viele ritardandi, durch
geschriebene oder auch nicht notierte »a tempi« hindurchzuformu-
lieren hat. Brahms benötigt längeren Atem und weniger klangliche
Flexibilität in der Sprache.

Schumann, der große Schweiger im Leben, war auch ein Meister
der Zäsur, des Innehaltens, des wortlosen Ausdrucks, der Steigerung
durch – wenn auch oft nur momentweise auftretende – Lautlosig-
keit. Die Freiheit zur Zäsur, wie sie einem Schauspieler für vibrie-
rende Augenblicke des Schweigens gegeben ist, wird dem Sänger
höchstens in Kadenzen alter Prägung zugestanden. Weder auf der
Bühne noch im Konzertsaal kann er sich jemals solche Eigen-Initia-
tive erträumen, selbst im secco-Rezitativ nicht, wo übermäßige
Pausendehnungen, wie sie heute häufig der Opern-Regie zuliebe
stattfinden, dem Harmonieablauf widerstreben. Tempo und Rhythmus beherrschen den Gesang, sie bestimmen weitgehend auch den
Ausdruck. Dennoch muß sich der Sänger über das Wesen der Zäsur
klar werden (lateinisch caesura = Einschnitt). Er muß lernen, daß
das Atmen einen Einschnitt besonderer Art mit sich bringt, der
nicht unterbrechen darf und möglichst wenig bemerkt werden soll,
auch wenn er bei Schumann (»Die Lotosblume«) gelegentlich allzu
bewußt kompositorisch einbezogen wird. Atemzäsuren haben
nicht immer etwas mit Bedeutung oder Sinn des Gesungenen zu
tun, sie können sich durch dilettantische Atemtechnik oder rhythmische Ungenauigkeit zu unerwünschten Scheinzäsuren auswach-
sen. Die echte Zäsur entspricht immer einem psychologischen Vorgang. Sie ist in der Musik vom Komponisten vorbestimmt, ihre Notwendigkeit ist meistens von Harmoniewendungen, Wechsel des

Motivs, Anfang oder Ende musikalischer Themen oder Phrasen her
gegeben. Mit einem Innehalten gedanklich oder gefühlsmäßig die
Logik innerer Vorgänge, das Wechseln von einem zum anderen Ge-
danken zu erläutern, gehört zu den Wesenszügen Schumannscher
Musik. Häufung von Einschnitten müßte jedoch das Bild der
Gesamtheit zerstückeln. Aber so wenig solche Übertreibung zu er-
streben ist, so ist Nichtbeachtung der Zäsuren unkünstlerisch. Es
kann einen Mangel an Empfinden für psychologische Vorgänge im
Gedicht, es kann das Überspringen von Details bedeuten, die für die
Darstellung unabdingbar sind. Freilich wird durch sie auch der
Hörer aus seiner genießerischen Ruhe aufgestört.

Viele Komponisten zogen das unterstreichende Mittel der Textwiederholung heran, so auch Schumann. Schon Palestrina wurde
von den Musikern des »stile nuovo« als Barbar hingestellt, weil er
Wortwiederholungen duldete. Der camerata fiorentina erschienen
Textwiederholungen als das Non plus ultra des Unsinns und der
äußersten Verkehrtheit. Schumann, der freizügiger als irgendein
Komponist vor ihm mit seinen Gedichtvorlagen verfuhr, um sie
dem thematischen Material anzupassen, bringt uns wieder auf dieses Thema. Er änderte das zweistrophige »In der Fremde« nach
Eichendorff in eine dreiteilige Form, vernachlässigte den Reim,
»... und über mir« – »kennt mich mehr hier«, kostete das Wort »die
schöne Waldeinsamkeit« wiederholend aus und setzte sich, indem
er das Wort »auch« in »und keiner kennt mich auch hier« durch
»mehr« austauschte in Gegensatz zum Aufbau des Gedichts. Und
doch oder gerade deswegen ist eines der innigsten und bewegend-
sten Lieder aus Schumanns Feder daraus geworden. Schon Zelter
mußte sich vorwerfen lassen, Goethes Gedichtüberschriften geändert, besonders aber neben Wiederholungen sich kleine Erweiterungen erlaubt zu haben, wenn etwa aus »wer bringt jene holde Zeit
zurück« »wer bringt die holde, süße Zeit zurück« wurde. Aber »Ge-
schmacklosigkeit« und »Entgleisung« sind denn doch zu hochge-
griffene Tadelworte. Bei Reichardt finden wir in Goethes »Wonne
der Wehmut« Tränen zunächst der »heiligen«, dann der »ewigen«
Liebe. Fügen wir die mancherlei Umbildungen durch Schumann
hinzu, so lernen wir etwas über das Verhältnis des Tonsetzers zum
Gedichtvorwurf daraus, das damals ein anderes als heute war. Wir
sind mitgeprägt durch die literarisierende, deklamatorisch genaue
Einstellung eines Hugo Wolf.

Schafft der Komponist Neubildungen, absichtlich erzwungene
Satzgebilde, breitet er Einzelheiten des Textes musikalischem Diktat folgend aus, das von der Dichtung absieht, so kann er durchaus
schaden, da er ja verändert. Aber ebenso kann die Dichtung durch
solche Veränderungen gewinnen. Wort- und Satzwiederholungen
können für die musikalische Gestaltung sogar absolut notwendig
werden, eine Bedeutungsverdichtung bewirken, die ohne das Hinzutreten musikalischer Dimension lächerlich wirken müßte (zweimal »Du holde Kunst, ich danke dir!« in Schuberts »An die Musik«).
Was zulässig ist, wird hier durch Überzeugungskraft bestimmt, wie
es am schönsten Alban Berg in der Bearbeitung seiner Operntext-
Vorlagen exemplifiziert hat. Schumanns Gesangskunstwerk macht
auf einer anderen als der begrifflichen Ebene deutlich, was im Gedicht bereits angelegt erscheint. Er läßt den Gesang Rätsel auflösen,
die in der Sprache unauflösbar sind. Viele von ihm komponierte
Gedichte verlangten geradezu danach, einer solchen begriffsfreien
Klärung anvertraut zu werden, für die Wiedergabe nicht weniger als
für die Rezeption.

Wir besitzen im Kunstlied einige Beispiele solcher rätsellos gewordenen Tiefe: Schuberts »Im Abendroth« oder sein »Nacht und
Träume«, Schumanns »Mondnacht«, Brahms' »Feldeinsamkeit«.
Sie gehören zu jener totalen Vermittlung von Sinn, von der es drei
Arten gibt, die alle einer Anleihe in benachbarten Gebieten nicht
bedürfen: die künstlerische, die gelungene philosophische und die
ethisch-praktische. Je dichter aber die gehörte Musik ist, desto
mehr ist sie der Philosophie überlegen, der vermutlich noch kein
System vollständig gelang. Die Vernunft kennt nichts, was nicht
über sich hinauswiese und nach einem Mehr forderte. Wer zu denken anfängt, der kann nicht einhalten, bevor nicht ein Begriff von
der Wirklichkeit entstanden ist.

Wie steht nun der Interpret vor dieser Wirklichkeit des Kunstwerks? Einerseits kann sich Originalität eines wirklichen Nachschöpferischen nur im Abweichenden, vielleicht auch Irrtümlichen
erweisen. Flach sinnliche Einseitigkeit, schöne Töne um ihrer
selbst willen, sie sind einer Nivellierung gleichzusetzen, die künstlerischer Tiefe entbehrt. Auf Mehrdeutigkeit um jeden Preis kommt
es aber auch nicht an. Eine Interpretation jedoch, die das Schillern
des Kunstwerks wiedergibt, wird seiner Einheit gerecht, gerade weil
sie ungezählte verschiedene Aspekte und Einzelfaktoren in sich

birgt. An die Stelle des Begriffs Eindeutigkeit wäre also besser Deutlichkeit zu setzen. Schumanns aphoristische, neue, zusätzliche Gedanken einbringende Weise, das Klavier zu behandeln, läßt die Musik das, was in Worten ausgesagt ist, in eine musikalische Wahrnehmungszone transponieren. Er ändert das in Worten Eindeutige zur Vielfalt und macht Vieldeutiges gültig. Man vergleiche nur die Wiedervertonung der »Mondnacht« durch Brahms mit ihrer Vorläuferin, um Schumanns selbstverständliche Gestaltung zu erkennen.

Schumanns Musik ist »geistreich« in einem Sinn, mit dem kein älterer Komponist charakterisiert werden könnte. Schumann spielt mit Namen, setzt Buchstabenfolgen als Tonreihen ein oder zitiert in den Überschriften romantische Dichter. Für den Liedersänger ist eine neuerische Haltung besonders bedeutsam, die ganzen Liedheften den Charakter der Dichterpersönlichkeit zu geben sucht. Bei aller Mannigfaltigkeit bleibt eine einheitliche Stimmung hier beschworen: Der Eichendorff-Liederkreis mit Farbgebungen aller Nuancen, »Frauenliebe und -leben« mit verhaltener Innigkeit, Heine mit durchaus nicht verhohlener Frivolität und Süße und schließlich Kerner mit seiner Melancholie, die auch in glücklichen Stunden von der Vergänglichkeit alles Irdischen weiß. Ein Oszillieren der Stimmung wie in »Stille Tränen« zwischen Wonne und Wehmut, ambivalente, hochgespannte Musik zu ungeschickt hingeworfenen Versen, sie rufen neben aller Stimmstärke und Stimmschönheit nach einem künstlerischen Verständnis, das keinesfalls häufig ist.

Die wenigen Epigonen im Umkreis Schumanns (wie Louis Ehlert, Wilhelm Taubert, Martin Blumer) zeugen vor allem von einem analogen Dichterverständnis, von einer verwandten Auswahl und Rezeption der Sprache. Es gehört zur Tragik der schöpferischen Idee nicht nur in der neuzeitlichen Kulturgeschichte, daß sie unwiederholbar, zugleich aber auch unvollendet bleiben muß. So wurde Schuberts Höhe weder von der Phantasie des erweiterten Klaviersatzes bei Schumann, noch vom Hinstreben zu kammermusikalisch-instrumentalen Elementen bei Brahms, selbst nicht von der deklamatorischen Meisterschaft eines Hugo Wolf überboten, und das, obwohl bei keinem dieser Komponisten die Fäden zu Schubert gänzlich abrissen. Für eine solche Tendenz zur Degenerierung mag bestimmend gewesen sein, daß seit Beethovens Bekenntnis zum dichterischen, persönlichen Stil immer dringender nach subjektiver Gestaltung des Kunstliedes verlangt wurde. Die Programme der Neudeutschen, voran Wagners Ruf:»Kinder, schafft Neues!«, setzten dafür die Zeichen. Zunehmend sahen sich auch Zartheit und intime Wirkung des Liedes von den Einflüssen des Musikdramas bedrängt, von seinen verführerischen Überrumpelungsmöglichkeiten. Was die Besonderheit von Schuberts Lyrik-Prägung ausmachte, geriet in Gefahr, vom orchestralen Klang und eher szenischer Wirkungssucht überdeckt zu werden. Zwar regten sich immer Ansätze, zur Einfachheit zurückzuführen, aber nur noch wenige – wie Hans Pfitzner, Gustav Mahler oder Othmar Schoeck – verstanden es später, ihre Hörer bei komplizierterer Tonsprache so unmittelbar anzusprechen, wie das vordem ganz selbstverständlich erschienen war.

Erzählendes Lied

Die Verführung zum Dramatischen fing bereits bei der Ballade an. Zum romantischen oder vorromantischen Balladenton trug die alte Volksmelodie bei. Der Beginn von Schuberts »Erlkönig« klingt an Reichardts Vertonung des gleichen Gedichts an. Dieser verwendet unüberhörbar Einleitungsformeln alter Volksballaden. Es bedeutet einen Aufruhr im Umkreis der Kompositionen aus der Goethe-Zeit, die ja den Stoff einer Ballade vornehmlich in strophisch-strenger Form aufgriff, daß Zumsteeg, Christian Gottlob Neefe (1748–1798) und der frühe Schubert zu neuen dramatischen Deutungen, meist in freier Gestaltung, kamen.

Ein berufener Sänger der Balladen erstand schließlich in Carl Loewe (1796–1869), der seine ganz auf Wirkung hin konzipierten Kompositionen mit beweglichem Tenor-Bariton einst selbst vortrug. Was ihn heute so zeitfern erscheinen läßt, ist weniger sein Vielschreibertum und die daraus resultierende gelegentliche Oberflächlichkeit, weniger seine schöpferischen Anleihen bei den Zeitgenossen als vielmehr das Treuherzige, das er im Hörer anspricht. Ihm ist es nicht gegeben, mit der lapidaren Ursprünglichkeit eines Dichters wie Johann Peter Hebel oder Jeremias Gotthelf zu wetteifern. Wird Loewe heute sentimental vorgetragen, kommt unweigerlich Kitsch zustande.

Und doch: Loewes Technik der Steigerung, seine originelle Charakterisierungskunst, die immer auf einen erfahrenen Bühnenpraktiker schließen läßt, seine Kraft in guten Momenten (Fontanes »Archibald Douglas«) verhindern bis heute, daß er gänzlich zu den Altmodischen, Vergessenen, Überholten abgeschoben wird. Freilich: In den historisch gefärbten Balladen (sieht man einmal von »Prinz Eugen« und dem »Fridericus Rex« ab, die sich an ein der nationalen Erhebung gewärtiges Volk wenden) läßt er heute kalt, und es finden sich auch kaum noch Sänger, die hier neues Leben aus den Ruinen zaubern könnten. Fern sind die Tage der Spezialisten für die Ballade, denn Namen wie Eugen und Hermann Gura oder Paul Bender sagen nur den historisch Interessierten etwas. Es würde aber späteren Sängergenerationen vieles an Schulung der Gestaltung, des psychologischen Einfühlungsvermögens, ganz allgemein der Lebendigkeit des Vortrages vorenthalten, verbannte man die Ballade endgültig in die musikalische Rumpelkammer.

Die Ballade hat ebenso wie die große dramatische Szene die Zäsur vonnöten. Auf den Anruf des Grafen in »Archibald Douglas« erfolgt, ehe der König die Antwort gibt (»Ich sehe dich nicht, Graf Archibald, ich höre deine Stimme nicht!«), eine Spannungspause, die mehrere Empfindungen in einem Augenblick zusammenfaßt: Die Erwartung des Fragenden, die Erschütterung und den Entschluß des Königs.

Derart erzählende Lyrik hat Beethoven nicht komponiert, ebensowenig Mozart. Schubert sind nur einige Stücke dieser Art gelungen, und die qualitätvollen späteren Stücke von Brahms (»Verrat«), Martin Plüddemann (1854–1897), Hans Hermann (1870–1931) sind wenige und praktisch vergessen. So kommt es, daß Balladen-Sänger und Loewe-Interpret fast zum Synonym wurde. In dieser Spezies vermißten die Hörer merkwürdigerweise fehlende Stimmschönheit kaum, lyrische Belcanto-Bögen wie im »Nöck« haben bei Loewe auch Seltenheitswert. Ja, ausgesprochener Klangreiz der Stimme schien der Sachlichkeit der Erzählung sogar hinderlich, ebenso dramatischer Heldentenorklang. Der Tenor-Bariton schien für Loewe am angemessensten, zumal ihn der Komponist selbst besaß.

Loewe, der Schüler Reichardts, ist über seinen volkstümlich gewordenen »Balladen-Schlagern« etwas um die Anerkennung betrogen worden, die ihm eigentlich zukommt. Schon früh faszinierte ihn nämlich die dichterische Kraft Goethes. Dichterisch Herausragendes erkannte er und vertrat es überzeugend, so die Gedichte Mörikes, denen freilich Hugo Wolf erst voll gerecht wurde; denn Loewe ließ Gesangsmusik tun, was ihr ganz allgemein nicht gut ansteht. Sie sollte nicht, statt musikalisch eigenständig zu sein, das dichterische Werk nur handgreiflich direkt oder fleißig erläutern. Denn eine solche musikalische Dienerschaft befördert musikalisch, wie wir aus der Zeit vor Haydn wissen, zu wenig. Kann solch ein reines Dekor dem Komponisten wie den Ausführenden zwar spielerisches Vergnügen machen, so wird doch meist nicht mehr erreicht als ambitionierte Unterhaltung. Der Einsatz dekorativer Elemente wird erst dann sinnvoll, wenn aus dem Zusammenwirken ästhetischer Reize eine einheitliche Wirkung entsteht. Das gelang Loewe nur in einigen Höhepunkten, so in »Edward«, »Kleiner Haushalt«, »Lied des Türmers aus Faust II«. Nun mag es zunächst verblüffen, Carl Loewe in kreativer Verbindung zu Goethe zu bringen. Viel eher assoziiert der Balladen-Liebhaber die Werke des Hallenser Meisters mit zeitgebundenen Dichtern wie Willibald Alexis oder Ferdinand Freiligrath. Beschäftigt der Hörer sich aber intensiv mit Loewes Werk, dem man immer wieder das Beiwort »groß« abzusprechen geneigt war, so wird er entdecken, daß Loewes musikalische Gestaltung im Empfinden für Deklamation und Ausdruck an Schubert erinnert. Eine ungewöhnliche formale Begabung läßt ihn auch bei langen, vielstrophischen Gedichten, in denen sich refrainartig wiederkehrende und kontrastierende Episoden verbinden, zu einer dem Rondo ähnelnden, äußerst plastischen Liedgestaltung gelangen. Ein extremes Beispiel ist wohl »Die erste Walpurgisnacht« nach Goethe, die die Ausführenden und die Zuhörer etwa eine halbe Stunde lang anstrengt. Aber auch Formen des Liedes, wie wir sie bei Schubert finden, begegnen uns in seinem Werk, wie etwa italienisierende Koloraturen in den beiden Canzonetten aus den Jahren 1835 und 1836. Sie schöpfen aus der gleichen Quelle – nämlich dem Werk Gioacchino Rossinis – wie die nicht lange vorher entstandenen arienhaften Lieder Schuberts.

Es ist gerade deshalb reizvoll und höchst notwendig, den Liederkomponisten Loewe zu studieren, weil er hoch über dem Niveau der zahllosen Gedicht-Vertoner seiner Zeit steht. In der Komposition kürzerer Texte unterläuft ihm seltener jene versierte Schnellschreiberei, die seine ausgedehnten Erzählgebilde häufig nur noch klaviertechnisch oder deklamatorisch, aber nicht mehr musikalisch interessant macht. Rühmliche Ausnahmen bilden hier etwa das pseudo-polyphone »Gutmann und Gutweib« oder die furiose, den Text raffende Schnellsprechtechnik in »Der Zauberlehrling«, beide nach Goethe.

Loewe hatte mehr Glück in der Wertschätzung durch den Dichter als sein Fast-Zeitgenosse Schubert, der auf die Einsendung wichtiger Lieder ohne Antwort Goethes blieb. Loewe drang bei einem Besuch in Jena immerhin bis zum Meister vor und konnte ihm seine ganz persönliche Auffassung von der Balladenvertonung vortragen. Allerdings ermangelte es der Begegnung an praktischer Demonstrationsmöglichkeit, denn in des Dichters Haus stand kein Klavier. Später ehrte Goethe den Komponisten, indem er ihm seinen Enkel zur musikalischen Erziehung anvertraute.

Das frühe 19. Jahrhundert tendierte dazu, mehr Analogien als die Differenzen zwischen Kantate und Ballade zu betonen. Die Theorie der Gattung orientierte sich an literarischen Kriterien, die durch Goethes Definition in »Kunst und Altertum« (1821) bestimmt schienen: Lyrisches, Episches und Dramatisches seien in wechselnder Akzentuierung an der Ballade beteiligt. Dies bewirkte, daß die Ballade über ihren ursprünglichen Charakter als erzählendes Lied hinaus zu einer ästhetischen Mischgattung erklärt wurde, was auch Konsequenzen für ihre Interpretation nach sich zog.

Brahms hielt, ebenso wie der zu seinem »Rivalen« hochstilisierte Wagner, besonders viel von Loewes »Persischen Liedern«, sah aber auch deren Schwächen; er fand, man überschätze »Loewe in Wien, wo er ja neben Schubert gestellt wurde ... Und vergißt, dass was bei dem einen Genie, bei dem anderen oft nur ganz talentvolle Mache, mitunter sogar höchst mittelmäßig ist« (Henschel, Kalbeck III).

Am Beispiel Heine und Eichendorff

Schuberts »Erlkönig«, von Johann Michael Vogl interpretiert, verhalf seinem Schöpfer zum einzigen großen Konzerterfolg bei Lebzeiten. Das Balladeske hatte es früher einmal beim Publikum leichter als die musikalische Miniatur des Liedes. Und so nimmt es nicht wunder, daß der lyrische, feinsinnig organisierte, dafür aber weniger an der Breitenwirkung orientierte Robert Franz (1815–1892) in

Loewes Schatten blieb und bis heute darin verharren mußte. Schumann bewunderte und förderte den eigenbrödlerischen Hallenser, wohl auch, weil Franz seine Vergangenheit als Kirchenmusiker mit seiner Art, polyphon zu begleiten, nicht leugnete, sondern weiterhin praktizierte.

Eine Reihe von Liedern nach solchen Gedichten Heinrich Heines, die Schubert vertont hatte oder Schumann gerade eben komponierte, stammt aus der Feder von Robert Franz. Wie sehr es Mode war, Heine zu komponieren, zeigt, daß selbst ein so ausgeprägter Opernkomponist wie Giacomo Meyerbeer nicht ganz an diesem Poeten vorbeigehen konnte. Viel umfangreicher freilich ist bei ihm die Reihe von »mélodies« auf Texte von Béranger und solche seines Bruders Michael Beer. Zu sehr war Meyerbeer dem Theater verbunden, als daß er wirklich zum eigenen Lied-Stil hätte finden können, der die ariosen oder couplethaften Kabinettstückchen zu überhöhen imstande gewesen wäre, die wir von ihm besitzen. Aber gerade die Heine-Vertonungen machten mit bis dahin ungenützten, chansonähnlichen Wirkungsmöglichkeiten bekannt. Heinrich Heines Freundschaft zu Meyerbeer war wechselvoll. Wer konnte es dem Komponisten auch verdenken, daß er es nur schwer ertrug, wenn der Dichter des Freundes künstlerische Arbeit (und nicht nur die Werke!) in der Presse schmähte. Heine selbst war nicht musikalisch gebildet, aber seine Dichtungen und seine journalistischen Essays weisen von der Sprachmelodie her und in visuellen oder begrifflichen Vergleichen eindeutig auf einen musikalischen Nerv. So ist Heines Bedeutung für die Musik nicht unmittelbar, sondern in der Wirkung seiner Dichtung zu sehen. Vornehmlich der Gedicht-Zyklus »Die Heimkehr« aus dem »Buch der Lieder« regte immer wieder Vertonungen an, so daß gesagt werden kann, Heine habe einen wichtigen Platz in der Liedgeschichte, den er sich allenfalls mit Goethe teilen muß.

Ein Komponieren mit leichter Hand wie das von Meyerbeer warf, seiner momentanen Wirkung wegen, kaum Geschmacksfragen auf. Und dagegen läßt sich auch wenig einwenden, denn es wurde ja Unterhaltung gesucht. Die Lieder und Duette für die bürgerliche gute Stube lassen auch bei Felix Mendelssohn-Bartholdy (1809–1847) die Rhythmik häufig so problemlos erscheinen, daß der Interpret Mühe hat, ihr individuelle Kontur zu geben. Kraft, Originalität oder Kompliziertheit sind nicht spezifische Kennzeichen der Lieder. Und die Schablonen gleichmäßigen Sechsachtel-Flusses in Barcarolen oder punktierter Rhythmen, gleichmäßiger Viertel nicht nur bei ruhiger Seelenlage – sie bieten einer Interpretation wenig Anhalt, fordern zum Nur-Schönklang geradezu heraus. Und wenn ringsum progressive Harmonik zum Gradmesser des Romantischen wurde, so ist Mendelssohn auch hierin der simplen Konvention näher. Das Interesse »bahnbrechender Neuerung« fehlt. Kontraste und Stufen der Ausdrucksintensität gibt es wenige. Aber es fand eine erste Übereinstimmung mit einem befreundeten Dichter statt: Aus Heine filterte Mendelssohn die Welt der Naturgeister heraus, die beide faszinierte. Im Lied »Gruß« manifestierte sich das Verbindende an ihrem Hang, schlicht und volksliedhaft zu stilisieren. Die Impulsivität beider kommt in »Reiselied« zum Vorschein. Aber leider hat eine dem Anschein nach ideale Kombination zweier Künstler doch nur wenig Musik nach sich gezogen.

Was Goethe für Schubert, das sollte Heine für Schumann bedeuten, auch wenn sich beide nur einmal in frühen Jahren begegneten. Karl Kraus hat in seinem Essay »Heine und die Folgen« (1910) festgestellt: »Diese Lyrik ist Melodie, so sehr, daß sie es notwendig hat, in Musik gesetzt zu werden.« So eindeutig eine solche These auf Goethe und große Teile seiner Lyrik angewendet werden dürfte, so prekär und vieldeutig erscheint sie im Blick auf Heines Verhältnis zur Musik. Der junge Schumann besuchte den Dichter schwärmerisch verehrend, wurde freundlich empfangen und bald vergessen. Und als der Komponist dem Dichter ein Liederheft nach Paris schickte, bekam er keine Antwort. Sicher gingen Heines Vorstellungen von einer Liedvertonung in eine völlig andere Richtung.

Folgen wir einem Aufsatz Heines über »Das deutsche Lied« aus dem »Gesellschafter«, erschienen 1823, in dem Albert Methfessel (1785–1869), der Hamburger Commersbuch-Herausgeber und Männerchor-Komponist, besonders gelobt wird, so dürften vornehmlich volkstümliche Weisen Heines Zustimmung gefunden haben. »Wahrlich, man kann jene Componisten nicht genug ehren, welche uns Lieder-Melodien geben, die von der Art sind, daß sie sich Eingang bei dem Volke verschaffen und echte Lebenslust und wahren Frohsinn verbreiten.« Mendelssohns »Leise zieht durch mein Gemüt« wird hier nicht weniger reüssiert haben als Silchers »Loreley«, weil ihre Melodien so sehr dem »Volksmund« zu entstammen scheinen, daß sogar die Nationalsozialisten in ihren Lie-

derbüchern die Dichternamen einfach verschweigen und Text und
Melodie als Volkslied deklarieren konnten.

Für Schumann war es aber gerade die Zwiespältigkeit der Lieder
Heines, die seinem Daseinsgefühl und seiner Lebenssituation entgegenkam. Und er verwandelte – ähnlich wie es der späte Schubert
tat – Wehleidigkeit und Sentiment, die uns ja auch bei Heine
begegnen, in Schwermut und Ahnung des Abgrunds. So beginnt
Schumanns Heine-Zyklus »Dichterliebe« mit »Im wunderschönen
Monat Mai« nicht als Aufschwung oder schwärmerisch, wie es der
Text suggerieren könnte (und bei Robert Franz' Vertonung des gleichen Gedichts auch bewirkt), sondern bleibt intim verhalten.

Auf den ersten Blick müßte die künstlerische Verbindung solcher
Kontrastcharaktere wie Heinrich Heine und Robert Franz nicht
einleuchten, aber Franz komponierte eine umfangreiche Sammlung (68 Lieder) des Dichters. Der Hauptanteil an Heine-Liedern
liegt allerdings bei dem Gelegenheitskomponisten Johann Vesque
von Püttlingen (1803–1883), der unter dem Pseudonym Hoven als
Diplomat im vormärzlichen Wien 119 Heine-Gedichte mit ausgesprochener Lust an ironischer Unterstreichung komponierte und
veröffentlichte.

Im ausgehenden 19. Jahrhundert ließ das Interesse der Musiker
an Heines Dichtung merklich nach. Liedton und vierzeilige
Strophe im Volksliedcharakter, die der Dichter pflegte, wollten zur
Deklamation und psychologisierenden Erläuterungsweise jener
Komponisten nicht passen, die Wagner nachfolgten.

Das beginnt schon bei Liszt, dessen »orchestrierende« Ausdehnung eines Textes wie dem der »Loreley« die Verskunst Heines
überfremdete. Nur sechsmal, dann aber in voller Intensität, nahm
sich Brahms das »Buch der Lieder« zur Vorlage. Was er wählte und
wie er es ausführte, läßt vermuten, daß es Brahms um klingenden
Ausdruck von Erlebnis und Stimmung ging, stilistisch auf Seiten
Schuberts und Mendelssohns. Er bevorzugt variierte Strophenform,
läßt die Singstimme ebenmäßig fließen, verselbständigt den Kla-
vierbaß mit eigenen Motiven. Daß er Heine so selten vertonte, liegt
wohl auch daran, daß sich Brahms nur ungern einem Dichter intensiv verschrieb (Daumer noch am meisten). Es lag aber vor allem an
der Gegensätzlichkeit zu Heines künstlerischer Haltung. Als Lie-
derpoet ging es Brahms darum, Realität und Illusion miteinander zu
versöhnen, so daß er sich in den Gesängen der Spätzeit gern

schwermütig erinnerte und in den »Heimweh«-Liedern (Storm und Groth) sich nach dem verlorenen »Kinderland« sehnte, er, der mit Kindern so fabelhaft umgehen konnte und immer gern dort weilte, wo Kinder wohnten. Brahms sang einer für ihn »heilen« bürgerlichen Kultur das Grablied. »Leidenschaften gehören nicht zum Menschen als etwas Natürliches. Sie sind immer Ausnahme oder Auswüchse«, schrieb er an Clara Schumann (»Briefwechsel«, Leipzig 1927) und umriß damit eine stilistische Grundhaltung – jedoch nicht die seines Temperaments, das sehr wohl heftig werden konnte. Es lag Brahms nicht, artifiziell mit der Sprache umzugehen, wie es die »fortschrittlichen« Dichter taten, deren lyrisches Ich sich von der Fähigkeit zur unmittelbaren Ergriffenheit abzusondern schien. Er hielt es lieber mit Paul Heyse oder Theodor Storm, den »klassischen« Novellisten der Zeit und »Tunnel«-Freunden aus Berliner Jugendjahren. Sie verstanden um 1870 Lyrik immer noch als sangbares Lied und filterten den Ausdruck des Gefühls nicht durch schürfende Reflexion.

Nach Goethe und Heine wurde die Lyrik des Freiherrn von Eichendorff in der Blütezeit des deutschsprachigen Klavierliedes am häufigsten vertont. Viele schrieben dies dem Umstand zu, daß dieser Dichter nach allgemeiner Einschätzung noch einmal die Romantik schlechthin verkörperte, während sich um ihn her bereits literarisches Biedermeier ausbreitete. Schwer erscheint uns jedoch die überzeitliche Gültigkeit zu wiegen, die in den Worten des Dichters liegt. Unerklärbar, aber niemals unklar sprechen die Gedichte heute wieder wie vordem zum Leser. Als sie wahrhaft volksliedähnlich in Mendelssohns Liedern und Chören zuerst von Mund zu Mund gingen, wußten vom Dichter noch wenige. Unmittelbar nach den Befreiungskriegen, an denen Eichendorff teilnahm, breitete sich in der Literatur ein Gefühl des Nachläufertums drückend aus. Auf Eichendorff traf dies jedoch nicht zu. Wenn Heine von der »kristallhaften Klarheit« der lyrischen Gebilde Eichendorffs sprach, so meinte er damit auch des Dichters Beschränkung auf die sparsamsten Wortbereiche gegenüber einer bewußten Vielfalt der Worte bei den Zeitgenossen.

Eichendorff ließ, als er 38 Jahre alt war, seinem Roman »Ahnung und Gegenwart« die erste Sammlung seiner »Lieder« folgen. Aber schon 1819 hatte er in seiner Novelle »Das Marmorbild« das Hauptmotiv des Konflikts zwischen Sinnlichkeit und Frömmigkeit mit

Stimmungs- und Farbenreiz angereichert und bezog die italienische Landschaft schildernd mit ein. Auf die Wunder Italiens weist
auch »Aus dem Leben eines Taugenichts«. Letztlich aber spiegelt
seine gesamte Lyrik die Schönheit wider, die ihn in der Jugend um-
gab, das Leben auf dem Schloß Lubowitz bei Ratibor in Oberschle-
sien, wo Eichendorff 1788 geboren wurde. Wenn auch heute auf
Eichendorffs wissenschaftlichen Arbeiten einiger Staub liegt, so
blieben seine »Lieder« davon doch unberührt. Es mögen Claudius
und Goethe, mehr noch die Volkslied-Nachdichtungen aus »Des
Knaben Wunderhorn« als Vorbilder angeführt werden, eigentlich
angeregt wurde er jedoch von den heimatlichen Wäldern und Bergen.

Ist Eichendorffs Sprache schon in sich Musik, so macht sie doch
den Musiker nicht etwa unnötig. Sie regt ihn vielmehr dazu an, aus
der Wortmusik reichere Klanggestalt zu gewinnen, und das bis in
unsere Tage. Eichendorff findet für das Beglänzte, an den Traum
Verlorene, das Schweifende eine Melodie und ein Maß. Er macht
sich den »frommen Ernst im reichen Leben« zueigen und mit ihm
die Freudigkeit. Oft drängt sich ihm Akustisches statt des näherlie-
genden Optischen bezeichnend auf (»Über'm Garten ... hört' ich
Wandervögel zieh'n«). Er wählt eine Reihe allegorischer Übertra-
gungen in musikalisches Gebiet (»Von den Bergen sacht hernieder,
weckend die uralten Lieder, steigt die wunderbare Nacht«). Bei
Eichendorff singt und klingt es allenthalben, sein Orchester ist viel-
farbig besetzt. An der Spitze steht das Waldhorn der Romantik,
nicht wie im Barock als Standeszeichen fürstlicher Jäger, sondern
als klanggewordener Waldesatem, wie in Webers »Freischütz« oder
wie ihn Schubert in einigen Chorliedern für die Musik erschlossen
hatte. Gelegentlich tritt an die Stelle des Horns das Posthorn, die
Laute ist ihm Inbegriff der Poesie des Abends (»Du liebe, treue
Laute«). Faszinierend wirkt auf ihn der Glockenton, dessen Ober-
tonreichtum die genauen Tonhöhen schwer feststellen läßt (»Von
fern nur schlagen die Glocken über die Wälder herein«). Der Tür-
mer in Danzig gehört gleichsam dazu und singt »wie vor Jahren«
»ein uraltes Lied«. Ungewisses Tönen der Natur wird dem Dichter
zu sichtbaren Gestalten (»Die schönen Waldfrauen sitzen und singen im Wind ihr Lied«). Den Musikantenstand versetzt Eichendorff
gern in ideales Licht, er beschwört den alten Vaganten, unstet und
der Seßhaftigkeit abhold. Er läßt ihn zu der Heiratslüsternen sagen:

»Wenn wir zwei zusammen wären, möcht' mein Singen mir ver-
gehn«. Meist spricht der wandernde Musikant in der Ich-Rede:
»Ging ich mit der Mandoline durch die überglänzte Au«. Im übrigen verdanken die Komponisten Eichendorff ein Schlüsselwort:
»Schläft ein Lied in allen Dingen, die da träumen fort und fort, und
die Welt hebt an zu singen, triffst du nur das Zauberwort.«

Drei Komponisten ragen als künstlerische Exponenten aus der
schier unübersehbaren Zahl von Eichendorff-Vertonern heraus. Sie
sollen uns folglich auch hier in der Hauptsache interessieren:
Robert Schumann, Hugo Wolf und Hans Pfitzner. Daß etwa Johannes Brahms und Felix Mendelssohn–Bartholdy nur am Rande erscheinen, liegt daran, daß beide ihre Eichendorff-Interpretation an
Schumann orientierten oder doch in ihren Varianten des Typus
nicht weit vom Vorbild abwichen. Sehr in die Nähe Hugo Wolfs
wiederum gerieten wenig bekannte, aber doch ernstzunehmende
Komponisten wie Peter Cornelius oder Wilhelm Kienzl (1857–
1941), die, musikgeschichtlich oder liedtypologisch gesehen, im
Grunde Varianten der Wolfschen Vertonungsart schufen, der eine
vorausschauend, der andere imitierend.

Werden alle vokalen Gebiete einbezogen, so lassen sich ohne
Schwierigkeiten für die letzten beiden Drittel des 19. Jahrhunderts
mehr als 5000 Eichendorff-Vertonungen aufzeigen. Eine solche
Fülle des Materials zwingt zur Beschränkung, die ein Umstand begünstigt: Mehr als im Chor- oder Orchesterlied ist im einstimmigen,
klavierbegleiteten Lied eine Synthese von Sprache und Musik erreichbar.

Bemerkenswert, wie selten sich Dichter und Komponisten ganz
allgemein zu einer Zusammenarbeit fanden. Auch im Falle Eichendorffs können keinerlei Zeugnisse der Korrespondenz Auskunft
über die Genese der Werke geben. Erst nahezu sieben Jahre nach
der Entstehung des »Liederkreises« op. 39 begegnen sich Schumann und Eichendorff zweimal in Wien, am 2. und 9. Januar 1847.
Aber zu mehr als einem Austausch höflicher Floskeln kam es nicht.
Eine kurze Begegnung mit Peter Cornelius sollte vor Eichendorffs
Tod 1857 noch folgen.

Schumann wählte ausschließlich Gedichte, die vorherrschend
durch Stimmung geprägt sind, was bei Eichendorff so gut wie identisch mit dem Erleben der Welt des Raumes genannt werden kann.
Das Außen wird in das seelische Innen projiziert, oder es wird um-

gekehrt vom Ich in die Natur übertragen. Atmosphäre als ein Ergebnis des untrennbaren Zusammengehörens von außen und innen
rief jene Klangsymbole in der Lyrik Eichendorffs hervor, die für die
Überwindung von Entfernung stehen. So hört der Dichter Nachtigall, Lerche, Glocke, Horn oder Waldesrauschen, ohne sie zu sehen.
Durch solchen Klang wird ein Gefühl der Weite unmittelbar angesprochen. In dieser Weise gefühlsbestimmt sind denn auch alle in
Schumanns »Liederkreis« versammelten Gedichte. Immer geht es
um die innere und äußere Beziehung zu einem Gegenüber, sei es
personifiziert oder nicht.

Es ist hier nicht der Ort, auf die seelischen Belastungen näher
einzugehen, denen Schumann im Entstehungsmonat, dem Mai
1840, ausgesetzt war. Die Eheschließung mit Clara Wieck sollte
durch gerichtlichen Entscheid ermöglicht werden, und erbitterte
Fehden mit Friedrich Wieck ließen Schumann am 22. Mai an seine
Braut schreiben: »Der Eichendorffsche Zyklus ist wohl mein Aller-
romantischstes und es steht viel von Dir drin ... Heute war ich schon
recht froh und trübe ... sonst ist alles still und schlicht in diesen
Tagen hingeschlichen – das Wetter abscheulich und ich sitze den
ganzen Tag in meiner Klause. Gibt es denn noch Worte für die
bestialische Frechheit (Schumann meint diejenigen Wiecks). In
meinen Eichendorffschen Zyklus paßt das schlecht. Ich hatte den
Skandal auch eine Weile vergessen, manchmal packt es mich auch
zum Niederwerfen.«

Unter Schumanns Eichendorff-Vorlagen finden sich keine, die
der Dichter später als 1837 schrieb. Dies gilt auch für die im »Liederkreis« nicht enthaltenen letzten vier Vertonungen von Schumann.
Eichendorff gliederte – vielleicht etwas zu eng gefaßt – sein lyrisches Werk in acht Themenkreise: Wanderlieder, Sängerleben,
Zeitlieder, Frühling und Liebe, Totenopfer, Geistliche Gedichte,
Romanzen und »Aus dem Spanischen«. Das Spanische und das
Zeitlied ausgenommen, wählte Schumann Gedichte aus allen diesen Gebieten. Nach des strenggläubig katholischen Dichters Auffassung kann Dichtung von der Religion nicht getrennt werden, und
er leitete seine Arbeit »Geschichte des Dramas« mit dem Satz ein:
»Alle Poesie wurzelt ursprünglich in dem religiösen Gefühl der Völker.« Dichter wie Heinrich Heine wies er an einer anderen Stelle
des Buches zurecht: »Verkennt und verschmäht also die Kunst nicht,
weil jene sie zu teuer mit ihrer Seele erkauft und mißbraucht

haben.« Und später: »Unabweisbare Aufgabe der Poesie ist überall die Darstellung des Ewigen und Schönen im Irdischen.« Schumann war religiös, freilich ohne Konfession, nicht dogmatisch gebunden und auch nicht mystisch introvertiert. Aber ein Satz, wie er in seinem »Tagebuch III« steht, kann verbindende Wesenszüge zu Eichendorff andeuten: »Der Künstler soll ins Leben, – in der Stube wachsen die Ideen selten.«

Zu musikalischen Schaffensproblemen äußert sich Eichendorff in seinen theoretischen Schriften nicht. Als Klavier- und Gitarrenspieler blieb er emsiger Dilettant. Aber er verstand auch die Welt als Klang anders als im vernehmbaren Sinn. Und in einer solchen Ästhetik, im Vorherrschen des Unbewußten und der Phantasie, begegnen sich Dichter und Komponist erst recht. Es könnte also, auch ohne eine nachgewiesene Zusammenarbeit, bei beiden doch ein übereinstimmendes Realitätsverständnis vermutet werden, gemeinsame ästhetische Maximen, die nicht unbedingt als Frucht individueller Entwicklung zu sehen sind, die vielmehr aus der Tradition der Romantik kommen und bei beiden ihren Niederschlag fanden.

Schumann vertonte 1840 fünfzehn Eichendorff-Gedichte als klavierbegleitete Sololieder. Von den nicht in den zwölf des »Liederkreises« enthaltenen Stücken stammen noch drei aus dem Jahre 1840: »Der Schatzgräber«, »Frühlingsfahrt« und »Der frohe Wandersmann«. »Der Einsiedler« (»Komm, Trost der Welt, du stille Nacht«) folgte erst 1850. In seinem op. 39 griff Schumann nicht etwa einen vorgegebenen Gedichtzyklus auf und komponierte ihn nach, sondern er traf eine spezielle Auswahl und fügte so hinsichtlich der poetischen Aussage eine neue Dimension des Begriffs »Zyklus« hinzu, die nicht mit motivischem Zusammenhalt, allenfalls mit einer Tonarten-Abfolge gewonnen wird. Schumanns Verhältnis zur Dichtung Eichendorffs wird ganz durch subjektives Nacherleben gekennzeichnet, das die Wirklichkeit des Gedichts nicht etwa erklären will, das sich nicht in rationaler Argumentation niederschlägt. Musikalische Subjektivität ist durch das Gedicht sensibilisiert und antwortet auf die Subjektivität des Dichters.

Hierin steht Schumanns Rezeption für eine ganze Reihe von Komponisten, auch für einige Meister vor ihm. Dabei ergeben sich bei der Textwahl bemerkenswerte Übereinstimmungen: Robert Franz oder Adolf Jensen (1837–1879) zeigen sich nicht nur musikalisch Schumann verpflichtet, sie konzentrieren sich wie er auf emotional geprägte Gedichte, auf die eben erläuterte Stimmungslyrik. Im Liedschaffen von Brahms und Mendelssohn stehen, wie erwähnt, Eichendorffs Gedichte nicht im Zentrum. Von Mendelssohns rund 80 Sololiedern gehen lediglich fünf auf den Dichter zurück. Das »Nachtlied« ist wahrscheinlich seine letzte Komposition. Textliche Affinität zu Schumann zeigt Mendelssohns Berücksichtigung des Gedichts »Der Kühne«, in dem wie in Schumanns »Waldesgespräch« eine dämonische Verführerin die ihr verfallenen Männer vernichtet. Der Text zu »Die Stille« von 1843 ist mit Schumanns op. 39,4 identisch. »Nachtlied« weist Parallelen zu Schumanns »Einsiedler« auf, wenn auch Mendelssohn die so wesentliche dritte Strophe fortläßt.

Brahms wiederum beschränkt sich in seinen über 200 Sololiedern auf nur sechs Eichendorff-Gedichttexte, wobei das Verhältnis des Jüngers zum Meister Schumann deutlich wird. Zweimal versucht sich Brahms – übrigens eigenständig – an den gleichen Gedichten wie Schumann (»In der Fremde« und »Mondnacht«). Ein Blick auf die Parallel-Vertonungen von »In der Fremde« lehrt, daß Brahms die mehrfachen Textveränderungen Schumanns getreulich übernahm. Beeinflußten Mendelssohn und Brahms ihrerseits auch andere Musiker, so entsprach das zumeist der Wirkung Schumanns auf sie selbst. Denn Komponisten wie Friedrich Kiel (1821–1885) oder Alexis Holländer (1840–1924) bevorzugten ebenso Stimmungslyrik. Schumanns Einfluß wird bei Heinrich von Herzogenberg (1843–1900), dessen Schaffen bereits textgleiche Vertonungen zu Hugo Wolf aufweist, nur noch mittelbar wirksam.

Die Begründung für Wolfs so ganz anders geartete Eichendorff-Rezeption ist nicht nur in seiner Individualität zu suchen. Sie beruht auf dem historischen und kulturellen Abstand zu Eichendorff und zur Romantik. Und doch ist es wohl kaum zu bestreiten, daß sich Hugo Wolf in der Hauptsache an Robert Schumann orientierte und in den frühen Liedern auch dessen direkten stilistischen Einfluß nicht verleugnet.

Sechs seiner vollständig erhaltenen Eichendorff-Vertonungen gab Wolf nicht zur Veröffentlichung frei. Diese Lieder heben sich deutlich von den 1888 entstandenen und in einem Band zusammengefaßten »Gedichten von Joseph von Eichendorff« ab. Weder musikalische noch inhaltliche Einheit verbindet sie. Resignation steht im »Nachruf« neben Liebeslyrik in den drei Titeln »In der Fremde« (i,ii,iii) oder Sensualistischem in »Die Kleine«. Alle gehören der zuvor definierten Gefühlslyrik an. Die noch vom Komponisten veröffentlichten Vertonungen dagegen haben mit der Textauswahl seiner Zeitgenossen wenig gemeinsam.

Der Standpunkt der Wolf-Biographen Decsey und Walker, die Eichendorff-Lieder Wolfs »ergänzten« Schumanns »Liederkreis«, bedarf der Korrektur. Betont Hugo Wolf doch in einem Brief an Engelbert Humperdinck, daß das romantische Element in den Eichendorff-Liedern fast ganz zurücktritt, hingegen »der Komponist mit Vorliebe der keck humoristischen, derb-sinnlichen Seite des Dichters Züge ablauscht, als welche so ziemlich unbekannt, sich zuwendet und ihr einige gelungene Züge ablauscht. Beispiel: Schrekkenberger, Glücksritter, Unfall, Scholar, Soldat i, Seemanns Abschied«. In der Tat kontrastieren Wolfs Vertonungen scharf zu den von Robert Schumann gewählten Gedichten. Bei Hugo Wolf schlüpft der Sänger in immer neue Rollen, monologische Ich-Rede wird durch eine szenische imaginable Person vermittelt. Episch erzählen »Der Soldat i«, »Der Scholar« und »Unfall«. Dialogisch oder gedanklich bestimmte Texte bevorzugt Wolf in »Der Musikant«, »Das Ständchen«, »Die Zigeunerin«, »Der Schreckenberger« oder »Der Glücksritter«. Dramatisch gesteigert präsentieren sich »Der Freund«, »Lieber alles«, »Der verzweifelte Liebhaber«, »Liebesglück«, »Der Soldat ii« oder »Seemanns Abschied«. Ihrer kontrastierenden Thematik zum Trotz eint alle diese Lieder ein formales Element: Zwei- oder Viertaktgruppen entsprechen bei Wolf dem zumeist in einer Zeile gefaßten Sinnzusammenhang der Worte durch den Dichter. Wolf stellt nicht beziehungslos eine Gruppe von Takten neben eine andere, sondern läßt den musikalischen Zusammenhang aus dem Text entstehen. Im Klavierpart führt er die Einheit entweder durch die Wiederholung eines Parts herbei, das dem Text folgend variiert wird, oder sie resultiert in anderen Fällen, etwa wenn Dialogform vorherrscht, aus Motivgruppen, die gegenübergestellt und miteinander verbunden werden. Die Melodie bemüht sich lediglich, dem natürlichen Sprechton zu folgen. Hierbei half die Auswahl rhythmisch bewegter Sprechvorlagen. Häufig streiten Vers- und Sinnakzent miteinander. Sinnzusammenhänge müssen beschleunigt oder retardierend als Sprechgesang behandelt werden. Nicht nur das Vers-Metrum war in der Vertonung wiederzuge-

ben, sondern auch der durch den jeweiligen Sinnzusammenhang
bedingte Sprachrhythmus.

Der Wolfsche Liedstil hatte Vorläufer: Komponisten wie Alexander Ritter (1833–1896) – ein Freund von Wagner und Richard
Strauss –, Peter Cornelius oder Joachim Raff (1822–1882) vertonten
Eichendorff vor 1888 bereits im Sinne der Typologie, die Wolfs
Textwahl kennzeichnet. Beispielhaft steht hier die Romanze »Vor-
über ist der blut'ge Strauß« von Cornelius als dialogische Ballade
mit abgeschlossener Handlung, mit Strophen von nur zwei Zeilen,
deren jede einen Sinn für sich ergibt (es handelt sich übrigens um
das letzte Sololied des Komponisten).

Hans Pfitzner vertonte innerhalb von 43 Jahren, zwischen 1888
und 1931, neunzehn Eichendorff-Gedichte. Man kann sagen, sie bilden den Kern seines Liedschaffens. Pfitzners Interpretation von
Dichtung setzt sich von Schumann ebenso wie von Wolf ab, denn
sein Selbstverständnis beruht kompositionsästhetisch auf der Autonomie des musikalischen Einfalls. Dies muß nicht in jedem Fall eine
Priorität des Einfalls vor der Kenntnis des Gedichts bedeuten, erklärt aber die thematische Vielfarbigkeit der ausgewählten Texte,
die keine Bevorzugung eines einheitlichen Gedichttypus erkennen
lassen. Wir finden da Stimmungs-, Erlebnis-, Liebesgedichte, geistliche und balladeske Lieder. Bis etwa op. 9,5 bestehen thematische
oder motivische Beziehungen zu Schumann (z. B. in den Liedern
»Der Bote« und »Intermezzo«), in denen die Trennung der Liebenden symbolisch durch die Macht der Musik überwunden wird.

Allen von Pfitzner vertonten Eichendorff-Gedichten ist gemeinsam, daß sie das dichterische Mittel der Steigerung nutzen, mit ein-
oder zweiteiliger Sentenz als Schlußwendung, in der die Aussage
des Gedichts komprimiert erscheint. Symbole und Bilder lassen
sich gleichsam vom Ende her interpretieren. Man könnte sagen, für
Pfitzner sei die Wahl eindeutiger Aussage des Inhalts in sprachlicher Prägnanz am Gedichtschluß typisch gewesen. Eine im Kon-
junktiv sprechende Unwirklichkeit, wie sie so oft von Eichendorff
entworfen wurde, im Sinn der »Mondnacht« bei Schumann (»Es
war, als hätt'«), tritt nur ein einziges Mal bei Pfitzner in Erscheinung, wenn nämlich gleich zu Beginn von »Die Einsame« mit den
Worten »Wär's dunkel, ich läg im Walde« das Irreale der Situation
gekennzeichnet wird. Im Verlauf von Pfitzners Schaffen gewinnt
der »Einfall« immer stärker an Bedeutung. Aus ihm geht die musi-

kalische »Architektonik« hervor. Diesem Gesetz folgt die häufig angewandte variierte Strophenform, die den »Ureinfall« des Anfangs weiterspinnt. In einem solchen Vorgehen müßte die Form also der thematischen Reihung, etwa nach dem Schema A-B-C, widersprechen. Sie ist denn auch in keinem Fall nachzuweisen. Eine Reihung neuer Motive liefe dem Primat der musikalischen Idee zuwider und würde die angestrebte musikalische Geschlossenheit verhindern. Anders als Hugo Wolf verfährt Pfitzner auch in bezug auf die Melodik. Mit einer ganzen Reihe von Komponisten setzt sich Pfitzner von jener Technik ab, die »sprachgetreue« Deklamation zum Prinzip erhob und in letzter Konsequenz die gesangliche Melodie dem zur Musik gesprochenen Wort opfert. In Pfitzners »Gesammelten Schriften« findet sich die Stelle: »Kein Mensch ist so verschroben, daß er nicht, wenn er vom Schaffen eines großen Komponisten spricht, die musikalische Idee als Ausgangspunkt, die Hauptsache, das Lebensprinzip, das Alpha und Omega empfände.« Pfitzner sieht den musikalischen Einfall als melodisches Gebilde. Für ihn sind Einheit und Melodie Synonyma. Was Wunder, daß nach Pfitzner die Vertonung Eichendorffscher Gedichte selten wurde.

In welcher Weise sich Gustav Mahler dem Dichter genähert hätte, wäre sein Ausdruckswille nicht in so ganz andere Richtung gegangen, läßt sich am Beispiel dreier früher Eichendorff-Lieder des Dirigenten Bruno Walter (1876–1962) erahnen, der ganz im Sinne seines Meisters komponierte. Es ist zu bedauern, daß der Ruhm des Pult-Stars dem Komponisten Walter im Wege stand.

Zwei lebende Meister seien schließlich erwähnt, die Eichendorff auf unterschiedliche Weise ihre Reverenz erwiesen. Reinhard Schwarz-Schilling (geb. 1904) lichtet Pfitzners dicken Klang auf musikantisch wendige Weise auf, ohne dabei sein Nachempfinden der tiefen Religiosität Eichendorffs zu leugnen. Zwischen verspielter Deklamatorik, strömender Melodik, die sich an kein Pfitznersches Modell des »Ureinfalls« hält, und geistvoll-polyphoner Stimmführung vermitteln diese Gesänge aus einer frühen Schaffensphase des Komponisten, immer im Dienste des Durchleuchtens dessen, was hinter dem Gedicht und seiner Aussage steht.

Wohl der einzige, dem es den Versuch wert war, die Erfahrungen und Erkenntnisse der Neuen Wiener Schule auch in den Dienst Eichendorffscher Lyrik zu stellen, ist in seinem »Nachtstück« Aribert Reimann. Es muß freilich angenommen werden, daß dieser

Kompositionsversuch (übrigens für den Bariton Barry McDaniel geschrieben) ein Einzelfall bleiben wird, auch im Œuvre Reimanns. Eher gedanklich orientiert sind die vom Komponisten ausgewählten Verse, aus denen zwei als Rahmen für andere, inhaltlich verwandte Gedichte stehen, gleichsam als Umklammerung von Nacht und Tag, von der Erweiterung der Nacht bis zur Furcht vor dem Anfang des Tags. Vergänglichkeit ist das Thema, zu dem das Klavier nicht etwa Stimmung malt, sondern eher Angstvibrationen vor dem Leben versinnbildlicht. Zwölf Jahre danach folgt ein weiterer Eichendorff-Zyklus von Reimann, noch ganz unter dem Eindruck der Komposition seiner Oper »Lear«, in dem ein starker Kontrast zwischen Klavier und Stimme überrascht (deren Zeitwerte wie in der Oper nur noch annähernd notiert wurden). So vielfach verkannt Eichendorffs Werk in heutigen Einschätzungen erscheint, so viel hätte es uns zu sagen. Aber wir müssen befürchten, daß das Kapitel der Eichendorff-Vertonungen wohl ebenso abgeschlossen ist wie die Forschung über des Dichters Werk, das sich über die Zeiten erhebt.

Brahms

In der musikalischen Bindung an die Literatur, ob mit oder ohne Text, sollten die Noten weder untermalen noch dramatisieren, also niemals »vertonen«, wie das unschöne Wort nun einmal heißt. Das Lied kann sich lediglich dem Charakter der Verse durch Tonhöhen, dynamische Funktionen oder Tempomodifikationen anpassen. Das Musikalische wird stets vorrangig sein müssen. Denn es stellt sich heraus: Der Wert eines durchdachten Tonsatzes kann selbst durch schwache Verse nicht geschmälert werden, während umgekehrt die meisterliche Dichtung eine einfallslose Musik nicht rettet.

Schon Schumann begann in seiner Spätphase damit, typischen Inhalten romantischen Ausdruckswillens wie Liebe und Haß, Leid und Freude, die programmatisch als Liedelemente fungierten, Valet zu sagen. Er tat es, weil es von seelischen Deklarationen bis zur realen Situations-Schilderung nur ein kleiner Schritt war. Er mied den allzu direkten, zwangsläufigen Weg in naturalistische Detailmalerei und Gefühlsseligkeit, der von der musikalischen Autonomie wegführte. Robert Franz, Schumann verehrungsvoll ergeben, führte gar zu einer strophischen Schlichtheit zurück, von der Ambros (1872) sagen konnte: »Es ist ganz erstaunlich, wie dieselbe Musik sich dem verschiedenen Text der einzelnen Strophen so bezeichnend anschmiegt (z. B. »Es hat die Rose sich *beklagt*« und »Da hab ich ihr zum Trost *gesagt*«). Auf Wiederholung als Verstärkung und Vertiefung, aber auch als Unterspielen der logischen Gedankenführung wird hier noch einmal zurückgegriffen. Mag doch der Singende selbst manchmal nicht recht wissen, wovon im Text die Rede ist. »Liebe – Tod – Wasser, irgend ein holdes Ungefähr genügt ihm« (Staiger, »Musik und Dichtung«, 1956).

Johannes Brahms zeigte als Liederkomponist bis zu seinem op. 7 noch wenig künstlerische Individualität. Was er geschrieben hatte, legte er grundsätzlich Schumann mit der Bitte um kritische Stellungnahme vor. Dieser allerdings äußerte sich schon zu den sechs Liedern op. 3 geradezu enthusiastisch. Spätestens seit den Detmolder Jahren (1857–59) ging Brahms eigene Wege, die sowohl im ästhetischen Ansatz wie in der kompositorischen Auswirkung im Ideal der Volksliednähe gipfelten.

Christiane Jacobsen (Hamburg 1975) hat ausgeführt, daß Brahms kein selbstherrlicher, unbekümmerter Neuerer war. »Führt er eine besondere Nuance ein, vergewissert er sich, ob er bei früheren Meistern Belege findet. Wieder der Zug evolutionär-konservativen Denkens und der Bescheidenheit. Für die Anwendung der dynamischen Vorzeichen gilt allgemein: er hält nicht viel von ihnen, er weiß nur, daß er gern bescheiden, aber möglichst genau bezeichnet.« Damit ist freilich unterstrichen, wie bedeutsam die wenigen hingeschriebenen Anweisungen sind, ebenso wie die Aufwertung des Interpreten, auf dessen Musikalität selbstverständlich vertraut wird.

Zur Zeit von Brahms' Eintritt in das musikalische Geschehen, also um die Mitte des vorigen Jahrhunderts, vollzog sich ein grundlegender Wandel in der Gattung »Kunstlied«. Zwar reichen die Anfänge einer Spaltungstendenz noch weiter zurück, bis ans Ende des 18. Jahrhunderts. Aber die scheinbare Unvereinbarkeit gegensätzlicher Ansichten wurde erst durch die »Erklärung« gegen die neudeutsche Schule vom März 1860 manifest, der auch Brahms seine Unterschrift nicht versagte und die gegen Richard Wagner und dessen Anhänger gerichtet war. Die »konservative«, »klassische« Richtung um Brahms gründete auf Schumann und wandte sich gegen die

»Neudeutschen« um Wagner, Franz Liszt und dann Hugo Wolf. Gemeinsam war den streitenden Parteien der Gedanke, die musikalische Komponente habe im Mittelpunkt des Interesses zu stehen. Ein Streitpunkt war eher, ob für das Lied das Vorherrschen der Strophe noch gelten solle. Das Instrument wollten die Konservativen über eine »begleitende« Funktion nicht hinaus gelangen lassen. Das Lied sollte mehr von musikalischen Gesetzen geprägt werden. Die Neudeutschen stellten dagegen das Wort in den Vordergrund und gingen unter strengster Anwendung des deklamatorischen Prinzips, auch mit Chromatik und Alteration der Harmonik über die im Gedicht vorgegebene Form hinweg.

Brahms hatte keine Vorurteile, was die verschiedenen Stile der neueren deutschen Literatur betraf. Er war in Goethes Werk ebenso wie in dem Tiecks bewandert. Die Schlichtheit des Volksliedes liebte er ebenso wie den Formalismus des heute vergessenen Hermann von Lingg. Platens Verse, zumeist als populäre Balladendichtung verkannt, stellten dem Komponisten eine Sonderaufgabe. Nach Goethes und der Romantiker Unmittelbarkeit gab es hier einen abstrakten, sprachlichen Wohllaut nachzuformen, der seinen Zenit im Werk der französichen Symbolisten erreichte. Und Brahms mied ja in der Tat das Wirkliche, den realistischen Ausdruck zugunsten einer musikalisch geformten Schönheit, die wie in einer Zone des Unantastbaren verharrte. Hier liegt vielleicht auch die Quelle für ihre Melancholie, die sich wohl auch darüber eingestellt haben könnte, daß Brahms in Wahrheit von der so verehrten Klassik fernrückte, obwohl der Traditionalist bewundernd neben Beethoven und Schubert gestellt wurde.

Angesichts von Platens Klage »Ich schleich umher betrübt und stumm« in Brahms' Musik verliert die alte Frage an Bedeutung, ob sich die Musik dem Wort oder das Wort der Musik zu fügen habe. Die Töne genügen sich selber und bedürfen keiner anderen Rechtfertigung. Und doch ergibt sich die Melodie aus der Rezitation, als könne bei langsamem Vorlesen auch keine andere Tonfolge entstehen. Das Pathos von »Wie rafft' ich mich auf« wird eben deshalb zum Zeugnis der immer wiederkehrenden Vergänglichkeitsempfindung aller Kunst, weil jeder Takt vom Bewußtsein des Verlorenen spricht.

An solchen Liedertexten wie an vielen anderen ist denn zu demonstrieren, daß sie überlebten, weil ein Brahms sie vertonte.

Denn zur Zeit ihrer Komposition bewegte sich die romantische Lyrik bereits in einer abgeschwächten Tradition, die von neueren Tendenzen verdrängt wurde. Wie erstaunlich es ist, daß einer solchen Zeitverschiebung zum Trotz die Musik ihre qualitativ gleichrangige Rolle spielen konnte, wird häufig übersehen.

Aus den verschiedenen Äußerungen von Brahms über das Poetische läßt sich ableiten, daß er eine klassifizierende Ästhetik zugrunde legt. Er leitet die Begriffe Lyrisch-Episch-Dramatisch vornehmlich von der äußeren Gestalt ab, worin vermutlich einer der Gründe liegt, weshalb Brahms die Bezeichnung »Gesänge« für die umfangreichen »Magelonen«-Einschübe wählte, die sich ja wie Instrumentalsätze ohne Rücksicht auf vokale Grenzen ausnehmen. Daß sich für ihn das Volkslied überwiegend strophisch darstellte, hat er oft geäußert. »Guten Abend, mein Schatz« von 1881 basiert auf einem rheinischen Volkslied und ist in entsprechendem Ton gehalten. Aber die zweite Strophe bringt Varianten, und die dritte versucht, dem Text in Moll zu entsprechen. Steht nun die letzte Strophe wieder in Dur, so gestaltet sie sich durch die neue Tempobezeichnung lebhafter und beginnt nicht mehr im unisono zweier Stimmen, sondern mit vollen Akkorden. – Viel stärker gestaltete Brahms »Die Mainacht« (op. 43,2) durch. Zwar beginnt die zweite von Höltys drei Strophen ähnlich der ersten, unterscheidet sich aber in Tonart, höherer Stimmlage und in synkopischer Bewegtheit durchaus. Die dritte Strophe bringt eine Synthese des Vorausgegangenen.

Es ist dem großen Publikum häufig nicht bewußt und soll es auch gar nicht werden, wie intensiv ein gestaltender Sänger der Sprache und ihren Lauten nachhören muß, wie er sie zum gedanklichen und technischen Kern seiner Interpretation machen kann. Gerade bei Brahms und seinem voll klingenden Klaviersatz liegt ihre Vernachlässigung nahe. Häufig antizipieren Komponisten bereits eine solche deklamatorische Arbeit. Nicht unähnlich Hugo Wolf deklamierte Brahms das Gedicht vom »Herrn von Falkenstein« auf Waldspaziergängen, lange bevor er die Komposition niederschrieb (Kalbeck 1, S. 313). So dürfte es auch nicht selbstverständlich sein, daß der Sänger sich beim Studium des Brahms-Liedes »Wie Melodien zieht es mir« den Unterschied zwischen erstem und zweitem Teil dieses durchkomponierten Strophenliedes klarmacht. Weiche Konsonanten, legato-Singen, Vokalherrschaft bei »Wie Melodien«

– sie werden in der zweiten Strophe abgelöst von plastischer Silbengebung und Wortdominanz, denn hier heißt es: »Doch kommt das Wort und faßt es und führt es vor das Aug – wie Nebelgrau erblaßt es«. So drängen sich Vortragsindikationen, die nicht etwa in den Noten, sondern in den Gedichtworten stehen, vor. Es geht auch um das Aufspüren feinster Zwischenwerte, wie etwa der dreifach verschiedenen Formung des »t«-Lautes in der »Sapphischen Ode« bei »Tauten die Tränen«: 1) weicher Anlaut in Normallänge, 2) Absilbeneinleitung ohne Einführung des weichmachenden h nach dem t, schließlich 3) ein th in etwa doppelter Länge, das das Feuchte der Tränen mitmalt. Aber auch hier ist mit Schematik oder Erforschung der Sprechfunktionen allein natürlich nichts ausgerichtet. Nur Abstecken stilistischer Grenzen und geschmackliche Sicherheit können weiterhelfen.

So sehr er die an der Sprache orientierten Vorbilder verehrte, so wenig brachte Johannes Brahms wesentliche Neuerungen in die deklamatorische Rhythmik gegenüber Schubert oder Schumann ein – sieht man einmal von seiner spezifischen Idiomatik ab, den Taktstrich zu vernachlässigen, zu verschleiern oder ihn zu entlasten. Hierzu korrespondiert eine Vorstellung der Melodiekurve nicht allein vom Notenbild her, sondern daß sich die Stimme im Raum der Töne bewege. Wie der Komponist vorging, gleicht einem equilibristischen Spiel, einem Schwingen um den Ruheton mit Hilfe der Terz, Quarte oder Quinte darüber (siehe etwa die Anfangszeile der »Sapphischen Ode«).

Den Sängern aller vier Stimmgattungen hat Brahms eine Fülle herrlichster Lieder geschrieben, was besonders die Tenöre zu wenig beachten. Wann hört man schon »Silbermond mit bleichen Strahlen« oder »Ihr wunderschönen Augenblicke« von ihnen? Für Bariton schrieb Brahms sehr viele Originalstücke, für Baß den »Verrat« und besonders die »Vier ernsten Gesänge«, vielleicht das wichtigste »geistliche« Gesangsstück des letzten Jahrhunderts.

Welchen Anteil die Sänger an Brahms Liedarbeit hatten, geht aus vielen biographischen Details deutlich hervor. So schreibt Brahms 1873 an seinen Freund, den Bariton Julius Stockhausen (J.Wirth, Frankfurt 1927): »Ich habe Lieder, die Dir und Deiner Stimme vortrefflich passen.« Stockhausen war es auch, der ihn zur Herausgabe seiner Komposition von Schenkendorffs »Schale der Vergessenheit« überredete, die Brahms anfänglich »zu wüst« im

Text fand und deshalb nicht veröffentlichen wollte. (Der Zyklus von
Einlagen zu Tiecks Novelle von der »Schönen Magelone« ist Stockhausen gewidmet.)

Ausstrahlung in Nachbarländer

Die nationalen Strömungen des 19. Jahrhunderts wirkten sich auch
auf die Musik aus und befruchteten sie. Brahms war daran beteiligt;
er pflegte mit Antonin Dvořák fruchtbaren Austausch. In dieser
Entwicklung spielte, der Natur der Sache entsprechend, das Lied
eine bedeutende Rolle.

Zwei Jahrhunderte Oper und Kantate hatten die Italiener dieser
Gattung entfremdet. Gesänge, die Bellini, Donizetti, Rossini und
Verdi als »Romanza«, »Melodia« oder »Arietta« komponierten,
standen mehr im Banne des Theaters, sie glichen dramatischen
Szenen mit orchestral gefärbtem Klavierpart oder waren virtuose
Gesangsstücke mehr oder weniger abstrakten Inhalts. Am hübsche-
sten noch die mokanten Parodien, die der alte Rossini sich auch in
mehrstimmigen Ensembles gönnte. Schönheit des Belcanto und
nicht so sehr der Gedanke an die Dichtung inspirierte die Komponisten Italiens, auch wenn sie sich, wie Verdi in seinen »Faust«-Aus-
schnitten für Sopran und Klavier, bewußt in einen Wettbewerb zu
nördlichen Meistern stellten.

In Böhmen manifestierte sich die neue Tendenz stärker in der
Oper (Smetana) oder in der Kammermusik (Dvořák). Aber Edvard
Grieg (1843–1907) brachte das nordische Lied zur Blüte, wie denn
gesagt werden kann, daß sich die musikalische Persönlichkeit dieses
Schumannianers im Lied am reinsten ausspricht. Harmonisches
Raffinement der Klavierbegleitung beleuchtet die Melodik effekt-
voll, die meist folkloristisch nordisch gefärbt ist. Die angestrebte
Einfachheit ergibt sich aus klarer und schematischer Struktur. Be-
merkenswert die vielen deutschen Gedichte (Uhland, Heine, Chamisso) in Griegs Liedschöpfungen.

Die Landessprache wirkte inspirierend auf die Entwicklung
nationaler typischer Musik. Dvořáks Gesänge sind durch Übersetz-
zungen ins Ausland verbreitet worden, die mit falscher Betonung
und Rhythmus-Veränderungen das musikalische Bild entstellen.
Aber auch Leoš Janáček (1854–1928) oder Béla Bartók (1881–

1945), eigentlich alle osteuropäischen Meister, sind nur im Original-
wortlaut voll zu realisieren und zu beurteilen.

Es ist fast unbegreiflich, daß Großbritanniens Beitrag zum Solo-
Lied im 19. Jahrhundert, sieht man einmal von einigen Kleinmei-
stern ab, die liebevoll im Lande noch immer gepflegt werden, unbedeutend blieb – und dies in einer Zeit, in der die britische Lyrik in
Hochblüte stand. Selbst die etwa 50 Lieder des Edward Elgar (1857–
1934) erreichen nicht annähernd die Bedeutung seiner Instrumentalwerke. Jedoch hemmte die kommerzielle und von Etikette bestimmte Atmosphäre der viktorianischen Gesellschaft wohl die
Entfaltung der Musik weit mehr, als dies bei der Dichtkunst der Fall
war, die offensichtlich weniger von sozialen Faktoren abhing. Dennoch, »Lied« bezeichnet keineswegs international den Gattungsbe-
griff, wie ein hierzulande verbreiteter Denkfehler es wahrhaben
möchte. Im Französischen und Englischen wird das Wort »Lied« als
Fremdwort für das deutsche Lied gebraucht. Was ihm in anderen
Ländern nachfolgte, nennen wir »song« und »chanson«.

Der Pole Frédéric Chopin (1810–1849) und der Ungar Franz Liszt
(1811–1886) bereiteten ein eigenständiges französisches Liedschaffen vor. Liszt, der Mann mit ungarischem Stammbaum und französischer Erziehung, sah in der Verbindung von Dichtung und Musik
eine »poetisch« verstandene Instrumentalmusik, wie er sie in der
Symphonischen Dichtung praktizierte, als eine Verknüpfung von
Instrumentalmusik mit den Gestalten und Ideen großer Literatur.
Die von Liszt gesehene »Notwendigkeit eines näheren Anschlusses
der Musik im allgemeinen und der reinen Instrumental-Musik insbesondere an Poesie und Literatur« manifestierte sich in seinem
geistlichen wie weltlichen Chorwerk, Orchesterliedern, Melodramen, Opern und natürlich dem Lied. Ohne Zweifel hat auch Liszt
den Mikrokosmos der Vertonung eines Gedichts (er hat über 70
Klavierlieder geschrieben) für die Suche nach spezifischen Ausdrucksmöglichkeiten genutzt.

Von mehr als einem Drittel dieser Kompositionen gibt es mehrere Versionen, geringfügige Revisionen oder gänzliche Neukom-
positionen. Rund ein Drittel existiert auch als reines Klavierstück,
das häufig berühmter als das zitierte Lied wurde, es vielleicht auch
werden sollte unter Liszts eigenen Händen oder denen der Schüler.
Transkriptionen nach Liedern Schuberts, Beethovens oder Mendelssohns fallen bezeichnenderweise in die Zeit nach dem Zusam-

mentreffen mit Robert Schumann 1840, der in jenem Jahr ganz in der Liedkomposition aufging, was Liszt nicht verborgen blieb. Liszt vertonte Gedichte in fünf Sprachen, 57 deutsche, elf französische und fünf italienische, drei ungarische und ein englisches und ein russisches Lied, in Sprachen also, die er keineswegs alle beherrschte.

Man sollte seine Klavierlieder nicht als bloßes Nebenwerk abtun. Im Gegenteil: Häufig genug enthalten die Miniaturen wesentliche Gedanken für Klavier- oder Orchesterwerke. Und von hier gingen auch entscheidende Impulse hinüber zu seinem Freund Wagner, so wenn im Lied »Ich möchte hingehn!« von 1845 das Hauptthema von »Tristan und Isolde« pur und in gleicher Harmonisation zur Weiterverwendung in einen Überleitungstakt hingesetzt ist. Ebenso bietet »Über allen Gipfeln ist Ruh« in seinen drei ersten Klavierakkorden das Grundelement zum Gralsmotiv im »Parsifal«. Aber nicht bloß entwicklungsgeschichtlich interessieren Liszts Lieder. Der Zug der zeitgenössischen Kunst in die große Geste äußert sich darin, daß der Komponist sich allmählich vom rein Klavieristischen, zum Teil Virtuosen der Begleitung löst, zu orchesterfarbenen Ersatz-Auszügen hin. Von den Sologesängen sind später 26 auch mit Orchester erschienen, der Richtung folgend, in die Berlioz als Bearbeiter Schuberts und seiner eigenen Schöpfung gewiesen hatte. Liszt ging von Männerchor-Erstlingen aus, die zwischen 1841 und 1848 das vokale Schaffen beherrschten und damit dem Zeitgeschmack huldigten. Die Sololieder, mit prachtvollen Beispielen auch schon in diese Zeit zurückreichend, haben viel von den Eindrücken verarbeitet, die Liszt in der französischen Kultursphäre gewann. So sind denn auch Béranger, Madame de Girardin, Victor Hugo, die Duchesse Hélène d'Orléans oder Alexandre Dumas seine Autoren. Später aber bevorzugte er Goethe und Heine. Hier ist vor allem auf die zweite Fassung von »Wer nie sein Brot mit Tränen aß« hinzuweisen, die das Neuerische in Liszts Liedern versinnbildlicht. Modulationen häufen sich, der Roman-Zusammenhang wird berücksichtigt, gespanntester Affekt läßt Hugo Wolf ahnen. Neben französischen und deutschen Stilelementen kommt bei Liszt auch erstmalig das Ungarische zu Wort. Liszts am häufigsten gesungenes Vokalstück, »Die drei Zigeuner« nach Lenau, verfehlte seine Wirkung kaum je. Daß Liszt in den »Wartburgliedern« nach Victor von Scheffel, geschrieben auf Wunsch des Großherzogs von Weimar für ein Festspiel, in ungeschickter und von Wagners »Tannhäuser« verstellter Art die Minnesänger einzubeziehen trachtete, griff zu kurz. Bevorzugtes Stilelement der Spätwerke ist zögerndes und ausgespartes Intonieren des Klaviers, das der Singstimme viel Raum zu unbegleiteter Deklamation läßt, wie in »Was Liebe sei« der Charlotte von Hagn. Bereits zum klanglichen »Impressionismus« tendiert »Ihr Glocken von Marling« nach Emil Kuh von 1874. Ähnliches gilt für »Blume und Duft« nach Hebbel, in dem Liszt den übermäßigen Dreiklang a-cis-eis verwendet, um Energetik des Suchens anzudeuten, so wie der Alterationsdrang sie im Akkord darstellt.

Der Hang zur »offenen« Form, zu Halbschlüssen, war durch Schumann vorbereitet, und Liszt hatte deshalb ebenso wie dieser unter dem Vorurteil zu leiden, er treibe Geistreichelei. Aber von hier griff ein wesentlicher Impuls zu den Dichtern der zweiten Jahrhunderthälfte hinüber, die als Lyriker im ungewissen, durch Gedankenstriche bezeichnetem Verhallen endeten, wie etwa Schlaf, Makkay oder Mombert. Musikalisch entsprechen dem die ersten Liedversuche des jungen Alban Berg.

Die Individualität Liszts ist noch immer kaum in das Blickfeld einer Gesamtschau gerückt worden. Was Wagner an seinem großen Freunde vermißte, dem er »alles verdankte«, das Verdichten des aus der Fülle Strömenden, was Liszt selber das »Zusammenspannen« nannte, ist im Lied bei ihm noch am überzeugendsten zustande gekommen. Liszt drückte es am Beispiel Chopin aus, als er das Wort von der künstlerischen Individualität prägte, die eine feiner verzweigte Klassifizierung bedinge, »weil ihre Werke den Stempel einer Originalität tragen, wie sie die Verschiedenheit der Rasse, des Klimas und der Sitten in jedem Lande hervorbringt« (Liszt, »Chopin«, Kassel 1855). Hier beschrieb Liszt zugleich den Zug der Zeit und exemplarisch das eigene Wesen.

In den Liedern spiegelt sich naturgemäß die »große Idee« Liszts am deutlichsten: Die Leistung des schaffenden wie des nachschaffenden Künstlers wurzelt in der Erneuerung der Musik durch ihre innige Verbindung mit der Poesie. Davon erhoffte sich der Komponist eine freiere Entwicklung der Kunst, die dem Geist der Zeit mehr entsprach als die sonst übliche Nachahmung Mendelssohns. Daß Liszt bei aller Bemühung, die Dichtung an die Musik heranzurücken, nun gerade als Musiker unabhängiger bleiben konnte als seine Zeitgenossen, formt die künftige Auffassung vom Künstlertum vor. Wagner noch erkannte die Vorherrschaft der Dichtung an, natürlich auch, weil es sich um *seine* Dichtung zu *seiner* Musik handelte. Liszt scheute sich nicht, mitunter dem Wort Gewalt anzutun, um für die musikalische Gestaltung keine Grenzen anerkennen zu müssen. Der junge Liszt kämpfte hart mit dem Wort, der reifere dagegen versuchte, dem Dichter gerecht zu werden, und der abgeklärte erreichte das, ohne dem musikalischen Gedanken Fesseln anzulegen, was am Beispiel der drei Fassungen von »Der du von dem Himmel bist« aus drei verschiedenen Lebensaltern deutlich wird. Freilich: Auch Liszt ist der Schwäche dieser Zeit nicht entronnen, die wie jede Übergangsperiode echtes Feuer allzu leicht in Pathos oder Schmachten abgleiten ließ.

Wenn in den meisten europäischen Ländern das »nationale« Lied nur von einigen isoliert dastehenden Komponisten geprägt wurde, so erreichte die französische Schule dagegen Kontinuität. Um 1830 war die »romance« zu einem gleichsam industriellen Produkt verkommen, bei dem Qualität hinter Quantität zurückstand. Die Besserung ließ allerdings nicht auf sich warten. Die »mélodie«, deren Name auf die Gedichte des in Frankreich äußerst beliebten Thomas Moore (»Irish melodies«) zurückgeht, lehnte sich in der Form weniger an das Strophenlied an, als man vermuten mag. Die Anregung zu »durchkomponierten« Gesängen verdanken die Franzosen den Liedern Schuberts, die zwischen 1835 und 1845 in großer Menge mit französischer Übersetzung veröffentlicht und durch Sänger wie Luigi Lablache oder Adolphe Nourrit vorgetragen wurden.

Bei Berlioz zeigt sich deutscher Einfluß in den »mélodies« nicht; sein Liedschaffen erscheint eher heterogen. Für die typische Sphäre dieses Genres brachte Berlioz nur bedingtes Verständnis auf. Eine bemerkenswerte Ausnahme machen die »Nuits d'été«. Zu französischem Liedgut gehören auch einige von Liszts Liedern nach Victor Hugo, aber Paris strafte diese mit gänzlicher Nichtachtung.

Charles Gounod (1818–1893) blieb es vorbehalten, die »mélodie« vom theatralen Pathos zu befreien und ihr eine typisch französische Physiognomie zu geben. Jean d'Udine (»L'art du Lied et les Mélodies de Massenet«, 1931), der wie viele andere den Charme der Lieder von Jules Massenet (1842–1912) hervorhebt, stellt fest, daß seit Gounod alle französischen Komponisten sich akribisch »richtiger« Prosodie befleißigten. Das trifft jedoch auf Massenet nicht immer zu. So liegen bei ihm viele unbetonte Worte auf starken Taktzeichen (Artikel, Pronomina, Hilfsverben etc.). Massenet musikalisierte den Text nicht ausschließlich syllabisch, sondern bisweilen ausgesprochen melismatisch (»Crépuscule« 1874, »Dors, ami«). Ein rhythmisches Muster wird konsequent beibehalten (»Élégie«) und nur in »À la trépassée« und »Sonnet païen« bedient sich Massenet der bei Debussy dann geradezu epidemisch verwendeten Triole. Der Klavierpart bleibt seiner »begleitenden« Funktion treu, er hätte ohne die Gesangsstimme keine Bedeutung. Die üblichen Muster sind arpeggierte Akkorde, Tarantella- oder Ständchenrhythmen. Reprisen- oder Strophenform in achttaktigen Perioden herrschen unumschränkt.

Interessanter die Eigenart der heimischen Prosodie bei Gounod, aus der seine geschmeidige Melodik herauswächst, die auch auffallend fließende Synkopen verwendet. Die Blütezeit des französischen Liedes beginnt um 1870 mit Henri Duparc (1848–1933) und Gabriel Fauré. Während Massenet, Léo Delibes (1836–1891) und Bizet ihre Lieder noch im Wirkmuster Gounods belassen, eröffnet Duparc neue Ausdrucksbereiche. Seine zwischen 1865 und 1884 komponierten 17 Gesangsstücke formen annähernd das gesamte Werk des Komponisten, der später geistiger Umnachtung verfiel. Ausgehend von der harmonisch-chromatischen Schreibweise seines Lehrers César Franck (1822–1890), dessen Lieder nicht auf dem Niveau seiner übrigen Musik stehen, erhob Duparc das Lied zu einer hervorragenden Musikgattung in Frankreich. Unverkennbar ist der Einfluß Wagners, der aber sehr persönlich verarbeitet wird, am schönsten in den Vertonungen Baudelaires.

Die Auswirkung Wagners auf die formal freie Komposition des »Gedichtes für Stimme« scheute sich Liszt vorerst noch wirksam werden zu lassen. Dabei hatte Wagner die Entwicklung dieser Gattung mit seinen »5 Gedichten für eine Frauenstimme« initiiert. Er vermied die Bezeichnung »Lied« ganz bewußt und ging über die Textvorlagen der Mathilde Wesendonck insofern hinaus, als er Reime und liedhafte Formelemente musikalisch ignorierte. Ausdrucksvolle Deklamation im Verein mit raffinierter Harmonie gründen bei ihm nicht in der Tradition des Liedes, sondern im Stil des Musikdramas. Ein Vorgehen, das die direkte Übernahme musikalischen Materials aus »Träume« und »Im Treibhaus« in die »Tristan«-Partitur ermöglichte. Claude Debussy knüpfte hier an.

Im Französischen dürfte die »mélodie« das Gegenstück zum deutschen Klavierlied sein; ihr epochaler Meister war Gabriel Fauré. Vornehme Zurückhaltung, Mäßigung des Gefühls und Sinn für zarte Farbgebung charakterisieren diesen Ästhetiker, dessen Musik für viele die französischste aller Zeiten ist. Sie verleugnet nicht, daß sie von Gounod herkommt, aber sie reichert ihn stilistisch ungemein an. Faurés reservierte, fast objektive Musikalisierung der Texte steht im Gegensatz zu den melancholischen »Fin de Siècle«-Vertonungen der Komponisten aus der Schule César Francks, etwa der von Ernest Chausson (1855–1899) oder Guy Ropartz (1864–1924). Als ein Spezialist für humoristische Züge sollte hier auch Emanuel Chabrier (1841–1894) genannt werden.

Aristokratische und bürgerliche Gesellschaft der Salons würdigten das Neue, das ihnen Fauré zu bieten hatte, als eine willkommene Ablösung jener mondänen Romanzen, die bis dahin unter Bohemiens oder in den Salons geläufig waren. Zwar zielten Liszt und Chopin auf qualitätvolle Komposition und Darbietung, hatten sich damit aber keineswegs durchgesetzt. Fauré und Debussy forderten nun ein völlig gewandeltes Sensorium bei Interpreten und Hörern. War die »romance« häufig in der Strophen-Form und daraus resultierender, vielfach fehlerhafter Prosodie gescheitert, so gestattete es die durchkomponierte »mélodie«, den Text ins Zentrum zu rücken. Das ging bis zu bemerkenswerter Umorientierung der Titelei: Fauré fand in Verlaines Bezeichnung »La Bonne Chanson« für seinen Zyklus eine angemessene Überschrift, Debussy folgte mit seinen »Ariettes oubliées« ebenfalls dem Sammlungstitel Verlaines, eine Übernahme, die auf die musikalischen Qualitäten der Gedichte weist. Schließlich bekam die Dichtung durch Debussys Überschriften »Cinq Poèmes de Baudelaire« oder »Trois Poèmes de Stéphane Mallarmé« einen einzigartigen Vorrang vor dem Musiker, was sich bis zu Aribert Reimanns »Fünf Gedichte von Paul Celan« fortsetzen sollte.

Verlaine und Baudelaire als die großen Erscheinungen der Lyrik in Frankreich brachten die Dichtung zum Klingen und fanden in Fauré ihren Meister. Das war in seiner Jugend anders. In den siebziger Jahren verkehrte Fauré noch im Baden-Badener Salon der Sängerin Pauline Viardot-Garcia und verdankte ihr vielseitige Anregung, Ermutigung zum Komponieren und Ratschläge hinsichtlich der Stimmbehandlung. Um den Text freilich kümmerten sich Fau-

rés Lieder jener Zeit noch wenig. Sie verarbeiteten weder den Inhalt noch die vorliegende Deklamatorik des Gedichts. Erst nachdem ihm 1887 Robert de Montesquiou mit Verlaines damals noch
wenig bekannten Gedichten konfrontiert hatte, fand Fauré seinen
zurückhaltenden Stil, seine Vorliebe für Unbestimmtes, Geheimnis-
volles, die doch des eingehenden Verständnisses für den adäquaten
Sinnlaut nicht entbehrte.

Welch eine Innovation des Stils sich hier vollzog, läßt sich aus
dem Rückblick auf die französische Musikgeschichte ermessen:
Rousseau hatte, als die Formung des barocken Rezitativs vor sich
ging, immer wieder betont, es sei unmöglich, »gute Musik mit der
französischen Sprache zu machen«. Er verlangte, sie müsse sich »in
sehr kleinen Intervallen bewegen«, die Stimme dürfe sich »weder
stark heben noch senken«, »wenige Töne, niemals heftige Ausbrüche, noch gar Schreie; vor allem nichts, was dem Gesang ähnelt;
kaum Unregelmäßigkeiten in der Dauer, oder im Wert der Noten
noch in ihrer Graduierung« (»Nouveaux Signes«, Zweibrücken
1782). Diese Auffassung ist dem Emotionalen in der italienischen
Sprache entgegengesetzt, in der alles Gesang wird. Gluck etwa
wußte sehr wohl, warum er sich, bevor er für Paris schrieb, gerade
mit Rousseau in Verbindung setzte.

Fauré bietet eine späte Parallele zur deutschen Romantik im
Lied, wenn auch die Probleme, die die Musik nun einmal mit der
französischen Sprache hat, wieder auftauchen. Willkürlichkeit des
Umgangs mit den Endsilben, ähnlich wie bei Debussy, läßt den Ausländer meist vergeblich danach fragen, ob sie nun ausgesprochen
werden sollen oder stumm bleiben. [Maurice Ravel (1875–1937) hat
als erster in »Histoires naturelles« ausdrücklich Endsilben stimmlos
notiert und ihnen keine gesungenen Noten gegönnt.]

Rousseaus Anweisungen, finden sie nicht ihre Entsprechung im
»Pelléas« des Debussy? Weniger bei Ravel, der freier mit dem melodischen Duktus umging, der den Schrei (den des Pfaus etwa) sehr
wohl zuließ, der die eigentliche Revolution der französischen Gesangsmusik aus der Herrschaft des Rezitativischen überhaupt erst
vollzog.

Wie sie Maurice de Guérin und Charles Baudelaire in ihren
»Poèmes en prose« schufen, hatte auf Claude Debussys Musik
Dichtung in Prosa überredende Wirkung. Intensivierend beein-
flußte vor allem Richard Wagner solchen deklamatorischen Ge-

sang, der liedhafte Gestaltung mehr und mehr verdrängte. Seine Anschauungen von der neuen »Opern-Lyrik« und die Theorie seiner Musikdramen wurden zum mitunter tragisch mißverstandenen Vorbild.

Debussy führte die Geschichte des neueren französischen Liedes über Fauré hinaus. Beide bevorzugten Verlaines Gedichte, was Gelegenheit zu stilistischen Vergleichen bietet. Debussys Singstimmenbehandlung neigt im allgemeinen mehr zum Rezitativ, die Klavierbegleitung ist farbiger als die des älteren Meisters. Aber im harmonischen Raffinement stehen beide trotz aller Unterschiede einander nicht nach. Im Hause Stéphane Mallarmés hörte Debussy die Dichtung Verlaines und Louys' aus dem Munde der Autoren und hörte von Baudelaire und Paul Bourget. Unter solchen Einflüssen ließ er sich dazu verführen, ein wenig selbst den Poeten zu spielen, und seine vier »Proses lyriques«, 1892 vertont, zeigen, daß sein Talent auch in dieser Richtung keineswegs unbedeutend war. »Proses lyriques«, der Titel meint »Proses« nicht nur als gebräuchlichen Plural von »Prosa« im üblichen Sinne, er benutzt das Wort als Synonym für Sequenz im Sinne der lateinischen Hymnendichtung aus dem Mittelalter, der wir in den Melismen des »Jubilus« schon begegneten. Schönheit und Geheimnis werden im Sinne der Abgrenzung vom Alltäglichen besungen. So spielen Debussys Gedichte auch auf Sakrales an, obwohl sie in rhythmischer Prosa geschrieben sind. Kurzzeilen von einem oder zwei Worten stehen längeren gegenüber. Verlaines Liebe zur Nuance ist hier in jeder Silbe bestätigt.

In den besten seiner Lieder formte die reine Schönheit der französischen Sprache allein, das Heben und Fallen des Wortrhythmus, der subtile Bogen lyrischer Sprache die Musik. Debussys ideales Beieinander von Worten und Musik gibt den Tönen auf das erste Hören hin mitunter einen sehr zurückhaltenden, mehr grundierenden Charakter, zumal wenn es im Licht des romantischen deutschösterreichischen Repertoires gesehen wird. Tatsächlich aber scheint hier lediglich eine Balance wiederhergestellt. In seinem Buch über Debussy (Berlin 1950) stimmt Werner Danckert in den Chorus derer ein, die »den Charakter des Verwaschenen, das Fehlen des scharf gezeichneten Umrisses, das Amorphe, Gestaltlose« in aller impressionistischen Musik entdecken wollen. Jedem eingehenden Betrachter wird bald offenbar, daß die intensive Art Debussys, sich mit einem Gedicht zu beschäftigen, eben das Amorphe eigentlich ausschließt. »Rondel« und »Pantoum« verlangen mit festliegendem Versbau-Schema nach angemessener musikalischer Form. Konnte die Komposition eines derart scharf gekennzeichneten Umrisses das Gegenteil bewirken und das Gedicht so entstellen, daß seine ursprüngliche Form nicht mehr wahrzunehmen war?

Nun ist es beliebt, zwischen den Prinzipien der symbolistischen Dichter und denen der impressionistischen Maler und Musiker Vergleiche anzustellen, die deshalb bei Debussy hinken, weil strenggenommen nur ein einziger symbolistischer Dichter in seinem Liedwerk erscheint, nämlich Stéphane Mallarmé mit vier Gedichten. Daß sich Debussy auch mit der »Pleïade«, dem »Cenacle«, den französischen Romantikern und »Parnassiens«, dem Psychologisten Bourget, schließlich mit dem für ihn bedeutsamen Dichter Paul Verlaine beschäftigt, das ließen die Beurteiler außer acht.

Debussy hält sich bei der formalen Konstruktion eng an die Textvorlage. Traditionelle Liedformen wie Strophenlieder, dreiteilige Reprisen-, Refrain- und Rondoformen werden mit individuellen Mitteln umgestaltet, wobei das Prinzip der »repetierenden Taktmotivik« für den gesamten formalen Komplex maßgeblich wird. Aneinandergereihte Zweitakt-Gruppen schließen sich im Klavierpart zu Scheinperioden zusammen. Debussy vertrat die Meinung, in sich vollkommene Gedichte bedürften keiner Komposition, da sie ein rhythmisches und »innendynamisches Eigenleben« besäßen (»Correspondence de Claude Debussy et Pierre Louys«, Paris 1945). Allerdings hat sich der Komponist weder vor noch nach dieser Feststellung nach ihr gerichtet. Denn den Villon-, Musset-, Banville-, Baudelaire-, Verlaine- oder Mallarmé-Gedichten, nach denen seine Lieder entstanden, kann starke, eigene Musikalität nicht abgesprochen werden. Und sein Satz »Laissons des grands poètes tranquils« läßt sich nicht so interpretieren, als hielte er die von ihm für seine Musik Erwählten nicht für große Dichter. Eher dachte er hier wohl an die klassischen Poeten Racine, Corneille oder Voltaire. Kein anderer Liedschöpfer hat wie Debussy so ausschließlich Texte von Landsleuten vertont und damit sein Kognomen »Musicien français« gerechtfertigt.

Wie die von ihm gewählten Texte ist Debussys Musik immer zart andeutend, farbwechselnd in den Nuancen und darum auch delikat in den Harmonien, sensibel noch im fortissimo, das es durchaus gibt. Er selbst sah sein Ziel in der Magie zurückhaltender Beschwörung, weniger in überrumpelnder Gewalt. »Der Dichter, der meinen Wünschen am meisten entspricht, läßt die Dinge halb gesagt und erlaubt mir, meine Träume auf die seinigen zu pflanzen«, so ließ Debussy verlauten (Panzéra, »50 französische Lieder«, Brüssel-Paris 1964). Und dies war es auch, was dann schließlich von der anfänglichen Befolgung Wagnerscher Deklamationsprinzipien übrigblieb.

Den Ausdruck »Gedicht...« übernahm auch Hugo Wolf und meinte damit Lieder und nicht liedhafte Stücke, denn ihm wurde die Auseinandersetzung mit dem Lied und dem deklamatorischen Gesang, der allen sprachlichen Bedeutungspartikeln der Dichtung nachging, zum Kernproblem.

Es scheint, als habe Debussy seine Gedichte nicht nach dem Gesichtspunkt »signature célèbres« (Emmanuel), sondern lediglich danach ausgesucht, daß sie Natur schilderten oder den Menschen in Beziehung zu ihr. Schon das erste gedruckte Lied, »Nuit d'étoiles«, enthält alle charakteristischen Wortwendungen, die dann in fast jedem Lied wieder vorkommen. Begriffe aus dem Traumhaften, der Sinneswahrnehmungen, der Geräusche, der Stimmungen. Godet (1918) wies auf die häufige Schilderung des Wassers und des Meeres bei Debussy hin, und in der Tat ist sehr oft vom »mer profond« die Rede, von »jet d'eau« und »pluie«, von »vagues« und »ondes«, »reflets« und »gouttes«. Und daß dem bleichen Mondschein schon seit dem unvollendet gebliebenen Schülerlied »Ballade à la lune« besonderes Interesse galt, bekunden die vielen Lieder, in denen später vom »clair de lune« gesungen wird.

Debussys Hinwendung zu Charles d'Orléans und Tristan l'Hermit in den Jahren 1904–1910 entspricht weniger einer spontan aufflammenden Liebe zu mittelalterlicher Dichtung als dem Wunsch, Naturschilderung weit zurückliegender Zeiten kennenzulernen und sie mit seinen musikalischen Vorstellungen zu vereinen. Die großen Ausnahmen sind die drei Balladen nach François Villon. Wie alle autobiographischen Vaganten-Lieder des Dichters entbehren sie der Naturschilderung. Das gemeinsame Band ist wohl die Liebe zu Frankreich, zu Paris besonders. Die von Debussy gewählten Titel zu Villon-Gedichten, »Trois chansons de France«, »Ode à la France«, »Noël des enfants«, »Les femmes de Paris«, klingen patriotisch-bekennerisch.

Wird in Debussys Textvorlagen symbolisch deutend die jeweilige seelische Verfassung des Menschen, besonders des Liebenden, auf eine entsprechende Naturstimmung bezogen, so fügen sich Debussys Gedicht-Vorlagen zu einer Einheit zusammen, deren unveränderliches Zentrum von unzähligen Punkten der Peripherie her beleuchtet wird. Die Lieder zeigen fünf Gruppen von Formtypen: Strophenlieder, zweiteilige Form, dreiteilige Form, Rondo, freie Passacaglia. Jeder Versuch einer chronologischen Periodik des Kompositionstypus würde den Gegebenheiten nicht voll gerecht.

Debussy distanzierte sich deutlich von einer klanglichen Imitation Wagners, wenn er seinem Lehrer Ernest Guiraud 1889 schrieb: »Ich fühle mich nicht versucht, das nachzuahmen, was ich an Wagner bewundere ... Die Musik beginnt dort, wo der Ausdruck des Wortes am Ende ist: die Musik ist für das Unaussprechliche gemacht; ich möchte, daß sie den Anschein hat, aus dem Schatten zu treten, und daß sie zeitweise dorthin zurückkehrte; daß sie immer diskret wäre.« (Emmanuel, »Pelléas et Mélisande de Debussy«, Paris o.J.)

Im »Deklamationslied« und deklamierenden Gesang akzentuierte der Komponist nach dem Vorbild ausdrucksvollen Sprechens. Dabei fiel dem begleitenden Instrument die gesamte Thematik, ja Melodie zu, was mehr als bloße Vertauschung von Figur und Grundierung bedeutete; eher spalteten sich Melodie und Sprache auf und streiften die Grenzen des Liedes. Wenn Hugo Wolf Chromatik und Modulation in die gleiche Richtung führte – bis hin an die Schwelle zur »Neuen Wiener Schule« –, so scheute sich Debussy, Enharmonik und Alteration, das »maschinelle Modulieren«, wie er es nannte, gleich weit zu treiben. Er ging konsequent der funktionsfreien Harmonik nach. Freilich: Mit der wachsenden Schwierigkeit des Gesangs- und Klavierparts blieb das Lied spezialisierten Professionellen vorbestimmt. Von hier zum Lied für Singstimme mit Orchester (Debussy, Ravel, aber auch Liszt, Wolf oder Mahler) führte ein direkter Weg.

Raymond Bonheur (Revue musicale, Mai 1926) und Paul Dukas (1865–1935) haben beschrieben, wie der junge Debussy (nach rudimentärer Schulbildung) auf Lesestoff aus war und wie er mit sicherem Instinkt die Lyriker Banville und Verlaine für sich entdeckte. Später waren es vor allem Baudelaire und Poe, Mallarmé und Laforgue, die ihn inspirierten. Mit seiner musikalischen Entwicklung ging eine Eroberung des bis dahin Unzugänglichen vor sich, die

Debussy dazu befähigte, sich in Worten auszusprechen, denen Farben und Klänge entsprachen.

Auf den rezitativischen Charakter bei ihm und die Abwesenheit von Melodie ist immer wieder hingewiesen worden (Fabian, 64; Setaccioli, Debussy, 1911; Kölsch, 49/50). Allgemein sind solche als Einwand zu verstehenden Feststellungen nicht gerechtfertigt. Es ist wahr, daß sich in der französischen Musik feste Grenzen zwischen Melodie und Rezitativ kaum noch ziehen lassen. Dies wird uns bei der Oper und den Äußerungen zahlreicher Theoretiker des 18. Jahrhunderts noch beschäftigen. Es lassen sich jedoch Argumente vorbringen, die eine Charakterisierung der Gesangsstimme als Rezitativ ausschließen. Syllabisch vertonter Text, fehlende Textwiederholung, kleine Intervalle und Notenwerte sind Kennzeichen nicht der Rezitative, sondern auch vieler Melodien. Unterschiede zeigen sich in der rhythmischen Korrespondenz zwischen Abschnitten der Gesangsstimme, ebenso in der Abhängigkeit von der Taktmotivik des Klavierparts. Debussys Gesangsstimme läßt sich daher weder als »récitatif mesuré« noch als »récitatif non mesuré« festlegen. Zum ersteren fehlen die periodische Gliederung der Begleitung in korrespondierende Teile wie Vorder- und Nachsatz und deren rhythmische Entsprechungen. Zum zweiten gehört keine derart enge Verknüpfung von Gesangsstimme und Begleitung, wie sie Debussys Lieder doch aufweisen.

Ihre Art der Melodiebildung trifft am ehesten ein Begriff, den Heinrich Besseler (»Singstil und Instrumentalstil in der europäischen Musik«, 1953) aus der Vokalpolyphonie des 15. und 16. Jahrhunderts entwickelte: Die »Prosamelodik«. Aneinandergereiht erbringen die Abschnitte »stets Neues«, und es entsteht eine »unendliche Melodie«, die nicht allein für Debussys Werk von Bedeutung war. Dabei ist sehr wohl ein Zug zur großen Melodielinie zu erkennen, wenn die Klangfolgen gleichsam aus weitem Abstand überblickt werden. Mit anderen Worten: Die unendliche Melodie, mit der Wagner die Trennung in Rezitativ und Arie aufhob, ist hier auf das Lied angewendet in weit konsequenterer Weise als bei Hugo Wolf. Die Ursache für die Ansicht, die Debussysche Gesangsstimme weise keine selbständige Melodieführung auf, ist letztlich in der französischen Prosodie zu suchen. Vergleicht man die Mallarmé-Gedichte, die sowohl Debussy wie Ravel komponierten, so läßt sich erkennen, daß neben häufiger rhythmischer Übereinstimmung der Prosodie sehr wohl auch abweichende Rhythmisierungen möglich sind.

In den vier Jahren 1881 bis 1884, in denen Debussy unter dem Einfluß der Madame Vasnier stand, tritt ein virtuoser Gesangsstil hervor, in dem hohe Stimmlage bevorzugt wird, große Intervallsprünge, Koloraturen und Vokalisen vorkommen. Schon in »Jane«, »Caprice« und »Zéphir«, den frühesten Gesängen für Madame Vasnier, bewegt sich die Stimme in der oberen zweigestrichenen Oktave.

Ein Wiedererwachen der kleinen Arie, der Ariette, der französischen Bergerettes, die den Schäferstückchen des Rokoko Anmut verliehen hatten, beschert uns Debussy mit den Ergebnissen des zweijährigen Rom-Aufenthaltes 1885/86. Die Prosodie wird wieder wesentlich korrekter, falsche Akzente entstehen allenfalls durch Strophenwiederholungen, so daß Nebensilben akzentuiert werden. Verstöße sucht der Komponist durch Akzentzeichen oder dynamische Zeichen auszugleichen. 1889 bis 1891 löst sich Debussy von Wagners Einfluß und tut erste Schritte hin zu einem Stil, wie er im »Pelléas« dann voll entwickelt ist (Parlando, zunehmende Tonrepetitionen auf gleicher Höhe, besonders in »Les Angélus«). Bis zu diesem Zeitpunkt hatte sich Debussy (wie vor ihm Fauré) zunutze gemacht, daß es im französischen Vers weder Quantitäten noch regelmäßige Wechsel von betonten und unbetonten Silben (wie im Deutschen) gibt, sondern allein die Silbenzahl das Maß bestimmt und also innerhalb eines Verses viele Zwischenwerte möglich sind. Betonungen wie *che*veux, *ver*sez, *de*mandez, *re*gardez werden in bestimmten Fällen möglich.

Auf ähnliche, durchaus vergleichbare Weise hatte es in Rußland bereits in den fünfziger Jahren des vorigen Jahrhunderts Probleme mit der »Melodielosigkeit« gegeben: bei Modest Mussorgsky (1839–1881). Das Lied in Rußland vor Mussorgsky wurde zwar zumeist in russischer Sprache gesungen, gehörte aber völlig der französischen Tradition des 18. und 19. Jahrhunderts an. Eine für die höhere Tochter leicht singbare Melodie, oft banalen Charakters, streng strophisch, mit höchstens zaghafter Veränderung im Klavierpart, so stellt sich das Gros viertaktig und im Gleichmaß gehaltenen Romanzenwerks bei Michail Glinka (1804–1857), Alexander Dargomyschsky (1813–1869) oder Milij Balakirew (1837–1910) dar, das schon zu seiner Entstehungszeit vom Reiz des Vergangenen, des Morbiden zehrte. Die Romanze fiel aus den Bestrebungen der

»nationalen Schule« heraus, sie gehörte der bekämpften Fremd-
kultur an, und der Januskopf russischer Musikbestrebungen trägt bis
heute die Züge des Kampfes zwischen Abstoßen und Vereinnahmen westlicher Traditionen. Nach einem Brief vom 21. August 1881,
den Frau von Meck an Peter Tschaikowsky (1840–1893) schrieb,
galt ihr Balakirew als der bedeutendste Komponist des »Mächtigen
Häufleins« der »Fünf«, dem Borodin, Rimsky-Korsakow, Mussorgsky, Balakirew und Cui angehörten. Balakirew schrieb zwischen 1858 und 1861 zwanzig Romanzen, je weitere zehn 1895 und
1904, und eine Sammlung russischer Volkslieder erschien 1866.
Debussy hörte als Hauspianist bei Frau von Meck Balakirews Lieder, und Heinrich Strobel vermutet sicher mit Recht (»Claude
Debussy«, Zürich 1940), daß sein Einfluß auf den Franzosen den
von Alexander Borodin (1833–1887) und Mussorgsky noch übertrifft
(Balakirew besonders in der symphonischen Dichtung »Tamara«).

Weit ausschwingende Melodien in der Gesangsstimme sind bei
Balakirew stets in regelmäßige, oft rhythmisch gleichförmige, liedhafte Perioden gegliedert. Einzelne Phrasen beginnen auftaktig.
Der Text ist jeweils syllabisch komponiert, abgesehen von den
hispanisierenden Melismen des Bolero-Liedes nach Puschkin, dem
einzigen Lied, wo repetierende Taktmotivik im Gesang und im
Klavier wie später bei Debussy begegnet (Ravel fand hier seine
Hauptanregung zum »Bolero«). Harmonische Grundlage ist die
diatonische Leiter, bisweilen durch chromatische Nebentöne kolo-
riert. Strophen- und Refrainlieder stehen neben freieren oder balladesken Formen. In der letzten Liedgruppe von 1904 klingen Schumanns Lieder an, die ja das »Mächtige Häuflein« sehr schätzte.

In diese Außenseiterstellung des Liedes beim Kampf um nationale Selbstbesinnung brachen 1857 Mussorgskys erste Liedwerke
ein. In dem Heft »Junge Jahre« steht jenes »Wo bist du, Sternelein?«,
ein Geschwister der großrussischen Volksweisen, so idiomatisch im
Klang, daß man ihm seinen Volksliedursprung immer wieder, aber
vergeblich, hat nachweisen wollen. Natürlich huldigte auch Mussorgsky mit Romanzen deutschen Dichternamen wie Goethe,
Heine, Rückert. (Auch Anton Rubinstein [1829–1894], Alexander
Borodin und Sergej Rachmaninoff [1873–1943] komponierten
deutsche Texte.) Mussorgsky, der deutsch und französisch fließend
sprach, übersetzte Flaubert für sich. Byron übernahm er in vorhandener Übersetzung. Mit der »entsetzlichen« englischen Sprache

hatte er nämlich nur ungern zu tun. Parodistisches und Satirisches gelangten durch ihn auf das russische Podium. »Der Ziegenbock«, »Der Klassiker« und »Der Schaukasten« (1870) benutzen collagehaft abgegriffene Musikfloskeln zur Verspottung des borniertten Musikkritikers Famizyn, der die fünf Mitglieder der Komponistengruppe »Mächtiges Häuflein« aufs Korn genommen hatte. Vornehmlich aber in den »seriösen« Liedern spielt die russische Sprache die Hauptrolle: Intonation und Tonfall stellen den Hörern leidende Individuen vor. Das Lied berührt den Opernstil, wie dann auch bei Tschaikowsky und Rachmaninoff, und so lag der Gedanke der Orchestrierung nahe, eine Absicht, die Mussorgsky selbst freilich nur in drei Fällen umsetzte. Eindringliche Deklamation und plastische Schilderung im Klavierpart machen aus dem Zuhörer einen Mitfühlenden, und das, obwohl aus diesen Liedern selten ein Ich spricht, einzig in »Ohne Sonne«, mit starrer Deklamation. Wie klein der Schritt von der Not des Lebens bis zu seinem Ende ist, beschreibt der einsame Melancholiker am Thema Tod in den »Liedern und Tänzen des Todes« nach Golemischtschew-Kutusow; Schrecken und Ausweglosigkeit werden hier zu Musik, zu vier der bedeutendsten Liedern des Jahrhunderts.

Wie russische Kinder sprechen, sich bewegen, lachen und weinen, das kann nicht realistischer und zugleich künstlerisch gefaßter sein, als in »Kinderstube«. Hier liegt eine Prosa zugrunde, die – wie die der Kinder – von Verssprache durchsetzt ist, da ein Reim, dort eine wortrhythmische Wiederholung, ein anredender Ruf hier, ein spontaner Anruf dort – sie alle musikalisch fixiert und andere Musiker zur Nachahmung reizend. So konnte Debussy, der wahrscheinlich durch Mussorgsky zur Eigenständigkeit Erweckte, über den Zyklus schreiben: »Niemand hat so zart und tief das Beste in uns angerührt; seine absichtslose, von verknöcherten Formen freie Kunst ist einzigartig und wird es bleiben« (Monsieur Croche, Musikalische Schriften, Stuttgart 1974).

Noch nach Jahrzehnten war der Einfluß der Russen vor allem in Frankreich zu spüren. Sprachtonfälle, die – ähnlich wie bei Janáček – gleichsam von der Straße aufgegriffen erscheinen, werden einer neuartigen »realistischen« Operndiktion einverleibt, sie sind in Richtung auf eine Allgemeingültigkeit hin stilisiert und nicht als eine Expression persönlicher Prägung aufzufassen. Es erklingt eine Prosa des »einfachen Lebens«.

Bei Nikolai Rimsky-Korsakow (1844–1908) geht es nicht ganz ohne verknöcherte Routine ab, vor allem wenn der Klavierpart nur als »Begleitung« gesehen ist, mit gebrochenen Akkorden, rhythmisch gleichförmigen Taktmotiven oder häufigem Tremolo in einer Hand. Von Chopin und Liszt kommt eine Begleitfigur, die im Duolen- oder Triolen-Rhythmus alternierende Intervalle wechselnder Vier-Töne-Akkorde eine oder beide Hände wiederholen läßt. Erscheint sie nur in einer Hand, so setzt ihr der Komponist in der anderen meist eine einstimmige Melodielinie entgegen, eine Formel, die seit Rimsky (op. 7, 1867), Borodin (1868) und Mussorgsky (1874, »Ohne Sonne«) häufig als Begleitung für Lieder ohne dramatische Handlung genutzt wurde, denen eine ruhige, ausgeglichene, auch elegische Stimmung zugrunde lag.

Und der bei uns populärste Russe, Peter Iljitsch Tschaikowsky? Seine Lieder sind bis auf ganz wenige Bravourstücke völlig vernachlässigt, trotz aller Gastspiele russischer Sänger in den vergangenen Jahren. Seine kompositorischen Ideen kümmern sich zumeist recht wenig um die Einzelheiten der Sprachmelodie, und vielleicht deshalb qualifizierten ihn die Anhänger der Neudeutschen auch als Liedschöpfer ab. Immer wieder hat Tschaikowsky betont, ihm sei die wahrheitsgemäße Wiedergabe seelischer und geistiger Verfassung das wichtigste in der Vokalmusik. Die Linie der Melodie und die Struktur der Musik müßten darunter leiden, wenn sie sich Einzelheiten des Sprachduktus zu unterwerfen hätten. Die reale Wahrheit habe wenig mit der künstlerischen Wahrheit zu tun. Und wenn sich eine Phrase einmal wiederhole, so sei das doch nichts anderes, als wenn ein Mensch unter seelischer Belastung dieselben Worte oft wieder spräche.

Dieses wohlbegründete und von Kritikern wie Eduard Hanslick überschwenglich begrüßte Selbstvertrauen ließ sich auch in literarischen Geschmacksfragen nicht irritieren, und alle Liebe zur Melodie und musikalischen Autonomie hinderte Tschaikowsky nicht, erlesene Gedichte zum Anlaß seiner Musik zu machen, unter denen die von Mickiewicz, Afanasij Fet, Alexej Tolstoi (dem vier Zyklen gewidmet sind) und dem Slavophilen Chomjakow hervorragen. Opernhaften Tönen, die besonders in der Zeit, als der »Onegin« entstand, etwas vordergründig glänzen, gibt der Komponist in einer späten Lermontow-Vertonung und einigen kostbaren Nachzüglern bereits keinen Raum mehr.

Hugo Wolf

Im deutschsprachigen Raum verleugneten die »Neudeutschen« um Liszt das Erbe der im eigentlichen Sinne romantischen Musik, wollten es bewußt überwinden. Immer aber – auch bei sehr deklamatorischer Ausrichtung – griffen die Musiker doch auf solche Texte zurück, die, um es mit Hugo Wolf auszudrücken, einen »musikalischen Untergrund« bereitstellten, also die Möglichkeit thematischer Verarbeitung des Sprachlauts. Nicht Traditionsbewußtsein oder Ehrfurcht vor den Werken der Vergangenheit ließen die Neudeutschen auf Dichter wie Goethe, Eichendorff, Heine, Chamisso zurückgreifen. Vielmehr vermißten sie bei ihren Zeitgenossen, was sie für die Liedkomposition als essentiell ansahen: die dem Wort immanente Musik.

Hugo Wolf hatte sich – nach zum Teil erstaunlichen Frühversuchen mit Liedern nach Hoffmann von Fallersleben, Heine oder Lenau – durch seine symphonische Dichtung »Penthesilea« nach Kleist einem Dichter auch orchestral zu nähern gesucht. Pathos und Tasten nach eigenständiger Form wandelten sich mit seinen 51 Mörike-Gesängen zu unverwechselbarer Musikgestaltung. Auch daß Wolf mit Eichendorff phantasieren und träumen konnte, half ihm, Lyrik mit Klavier neu zu hören.

Als ein sehr eigenständiger Außenseiter schrieb Hugo Wolf 1888 die meisten seiner Eichendorff-Lieder und auch die nach Mörike und Goethe nieder. Gerade erlebte der literarische »Realismus«, daß er zum Naturalistischen und Materialistischen hin verflachte. Metaphysisches als intellektuelle oder religiöse Bindung sollte keine wesentliche Rolle spielen, von einer klassisch-idealistischen und romantisch-unendlichen Weltsicht hieß es sich loszumachen, das Bild der Welt den Erkenntnissen der Wissenschaften nachzugestalten. So dokumentierte sich schroff ein geistiger Wandel. Was Hugo Wolf von einem Gedicht erhoffte, fand er deshalb bei den zeitgenössischen Lyrikern kaum. Am weitesten noch reichte das Wirken Gottfried Kellers in seine Zeit hinein, und einige wenige Verse dieses Dichters vertonte er gültig (»Alte Weisen«).

Wollte der Komponist dienend zurücktreten, mußte die Dichtung schon selbst Musik enthalten und ihre Dominanz als »eigentliche Urheberin meiner musikalischen Sprache« (1890 an Engelbert

Humperdinck; Decsey, »Hugo Wolf« Bd. II) mit voller Berechtigung ausüben. Ganz im Sinne seines Vorbildes Richard Wagner sollte der Text durch die Vertonung andere, höhere, neue Qualität bekommen, in seiner Art intensiv zu sein, die der Sprache allein nicht zu Gebote stand.

Hugo Wolfs Verhältnis zu Wagner hatte, was Deklamationsdetails und die harmonische Ausdrucksbindung betraf, die Natur einer Gefolgschaft. Wolfs Einstellung zum Wort erhellt daraus, wie er die Gedichte eines Poeten in zeitweiliger absoluter Hingabe zu umfassenden, eigengesetzlichen Liederbänden überhöhte, zugleich Kosmen aus Mosaiksteinen zusammengesetzten, »musikalischen« Seelendramen. Mehr als die dichterische wandelte sich dabei die musikalische Komponente des Liedes in Form und Inhalt. (Walther von der Vogelweide unterscheidet sich von Eduard Mörike vergleichsweise weniger als Walthers Kompositionen von Wolfs Liedern. Es gibt in der Dichtung nichts, was der tiefgreifenden Wandlung etwa durch den mehrstimmigen Liedsatz oder später durch das akkordisch begleitende Tasteninstrument entspräche.)

Auch ist bei Wolf die Melodiebildung viel enger mit einer rhythmischen Qualität gekoppelt, der sprachliche Kriterien zugrunde liegen. So modifiziert sich die melodische Linie wie der Rhythmus unter dem Postulat poetischer Notwendigkeit. Nicht eine einzige deklamatorische Wendung treffen wir an, die nicht aus dem Geist der Sprache geboren wäre. Dies führt zu Mißverständnissen bei der Beurteilung von Interpretationen. Und eben dies hat Wolfs Musik bei manchen Nur-Musikern in Verruf gebracht, denn sie vermissen die Autonomie des musikalischen Gedankens. Wer im »Feuerreiter« die Anweisungen genau befolgt, muß das akustische Bild einer die Notenwerte überrumpelnden Heftigkeit entstehen lassen, obwohl doch Noten, Pausen und angegebene Farbwerte (etwa »wild«!) sängerisch präzis wiederzugeben sind.

Modifikationen, die dem vorgegebenen Zusammenhang des Sinnes folgen, können bei Wolf durchaus auch unabhängig im Klavierpart »zu Wort« kommen. In »Der verzweifelte Liebhaber« nach Eichendorff etwa behält die Singstimme den Grundrhythmus bei, um das Klavier den Sinn des Textes widerspiegeln zu lassen. Harmonisch bezieht Wolf einerseits verschiedene Sinnzusammenhänge in traditioneller Weise auf die Verbindungen und Verwandtschaften einer Grundtonart. Daneben aber übernahm es die

Harmonik, zu gliedern und aufzufächern. Der Impuls dazu kam weniger von dem mit sprachlichen Mitteln nicht darzustellenden lyrischen Gehalt als aus der sinnlichen Wahrnehmung der Sprache selbst.

So las Wolf sich das zu komponierende Gedicht immer wieder laut vor und stellte die Rezitation vor kleinerem Kreis einer musikalischen Wiedergabe voran, um so die Hörer aufzufordern, den »urheberischen« Charakter der Sprachkomposition zur Kenntnis zu nehmen. Noch zwischen 1875 und 1880 hatte Wolf auch solche Gedichte herangezogen, wie sie üblicherweise bis dahin nicht komponiert worden waren. Er veröffentlichte sie jedoch nicht. Erst das, was er dann selbst noch publizierte, zeigt deutlich formale wie inhaltliche Distanz zu den Vorgängern.

Eigentlich neuartig gegenüber etwa Schumann war das kompositorische Verfahren, Folgen von zwei oder vier Takten nicht als Feststellung oder Frage mit dazugehöriger Antwort zu begreifen, sondern sie als musikalische Abschnitte »additiv«, als in sich geschlossen zu betrachten. Äußerst selten begegnet die rein musikalische Strophenform (wie in »Verschwiegene Liebe« oder »Um Mitternacht«), und dies entspricht dem, was Wolf immer wieder betonte, daß nämlich die musikalische Form zwingend vom Inhalt der dichterischen Vorlage abhängig zu sein habe.

Nun trägt die Gesangsstimme zwar den Text, aber ihr kommt erst in zweiter Linie formprägender Einfluß zu. Wolf folgte Wagner in der Auffassung, die Musik werde von der Dichtung evoziert und habe diese als Dienerin im Erklingen zu intensivieren. Wie Melodie sich formt, ist also vom Text abhängig. Und so ließe sich – nachträglich – auch für die meisten Lieder Wolfs schon vom Gedicht her ohne Kenntnis der daraus resultierenden Musik sagen, ob Kantabilität oder rezitativische Deklamation bei der Komposition bestimmend wurde. Minutiös beachtet treten die Akzente des Sinnes nach vorn als melodische Deklamation dessen, was im Gedicht als Versakzent vorgegeben ist. Wortbetonung kann also über ihre Funktion als Sinnerhellung hinaus zur Trägerin der formalen Hauptlast werden. Die Aufgabenbereiche sind häufig nicht exakt voneinander zu trennen.

So erscheint oft ein Lied bei Wolf überwiegend »absolut« musikalisch entwickelt. Es verbindet ihn mit Schubert, daß er sich an eine Grundstimmung hält, die den Anfang ausmacht oder im Verlauf des Textes aufkommt, die musikalisch umgesetzt und zum Kontrapunkt der Gesamtstimmung weitergesponnen wird.

Der Literaturkenner Wolf entdeckte Mörike nicht nur für sich, sondern auch für eine Leserschaft, die den Dichter bis dahin ignoriert hatte, einmal von wenigen Lied-Beispielen bei Loewe und Schumann abgesehen. Die Sprache entdeckte ihre Musik, die Musik ihre Poesie, freilich verbunden mit einer Präzisierung des Ausdrucks, der nichts ferner lag, als unbestimmt zu bleiben. Frank Wedekind sagte einmal von der Porträtmalerei, die Bilder ähnelten oft dem Maler mehr als dem Modell, ihnen läge also in solchem Fall ein Ausdruck wider Willen zugrunde, obwohl das Wollen des Malers sich dem Wesensausdruck des zu Malenden zuwandte. Diese Problematik umgreift alle Künste, betroffen ist hier auch der Konzertsänger. Denn ihm ist kein mitverantwortlicher Regisseur an die Seite gegeben. Nirgends muß der Eigenwuchs des Ausdrucks so gepflegt, erkämpft und schließlich kontrolliert werden wie in der Darbietung des Liedes, einer hohen Schule gesanglichen Ausdrucks, in der nicht nur immer wieder das stereotype Bild des Sängers, sondern das Bild des Liedes vorgeführt werden soll. Denn daß Ausdruck an sich vorhanden ist, kann zur Darstellung noch nicht genügen; sie muß sich vielmehr der Eigenart des Komponisten fügen.

Wie soll von einem Sänger, der nichts als sich selbst kennt und will, erwartet werden, daß er etwa den Wesensunterschied zwischen Brahms und Wolf zeichnet? Des letzteren Wortintensität, seine Vorliebe für Kapriziöses, für schillernden Wechsel der Virtuosität zwischen Begleitung und Singstimme, für schelmischen Unterton des Innigen, für sein Bestreben, den Schleier seiner Geständnisse durchsichtig zu halten, die Nervenenden der Verzweiflung bloßzulegen. Sie alle widersprechen dem Nur-Gefühlvollen oder der Stimmstärke per se. Ausdruck fordert zuchtvolle Gestaltung, ohne sie ist der Liedgesang tot. Ein solcher moralischer Anspruch bedeutet aber, durch das Künstlertum überhaupt erst zum empfindsamen Menschen zu werden.

Diktion hieß im Falle Wolf nicht nur für den Sänger, sondern gerade auch für den Komponisten, von der Dynamik innerhalb des Satzes auszugehen und wie in der natürlichen Rede Worte und Silben um den Kern des Satzes zu gruppieren. Wer hatte mehr als Hugo Wolf das Gefühl für Kernpunkte der Diktion, das Hervorheben des Wichtigen gegenüber dem Bedeutungslosen? Immer wieder faszinierte es die Zuhörer, wenn Wolf las und wie sehr die Komposition dann die Musik der Worte nachvollzog. Genauso sollte der Sänger zu singen versuchen, so, als sei er selbst der Komponist im Augenblick konzentriertester Inspiration.

Nun soll es ja sängerische Interpreten geben, vor allem in der Oper, die den Unterschied zwischen laut und leise, anders als andere Sterbliche, nicht kennen. Den Sinn gerade für die Tonstärke auszubilden und zu sensibilisieren, ist wohl kein Gesangswerk geeigneter als das von Hugo Wolf. Es lehrt – über die minutiöse Befolgung des Notentextes hinaus – das Wissen um die Verhältnismäßigkeit der Tonstärken. Jeder Lehrer sollte – nicht anders als im Stimmtechnischen – bei jeder Gestaltung, besonders aber der Liedgestaltung, das piano einer dramatischen Stimme anders behandeln als das einer kleineren. Auch bedeutet das forte eines ausgesprochen dramatischen Liedes (wie etwa im »Prometheus«) ein anderes forte als in einem zurückgenommenen Lied wie »Peregrina II«. Beide, forte und piano, können sich aktiv und passiv verhalten. Das wird gerade jener Sänger nachempfinden, der nicht erst mit seinen Anfangstönen in der Komposition zu leben beginnt, sondern seinen ganzen Körper schon beim ersten Anschlagen des Klaviers unwillkürlich und unverkrampft auf das Nachfolgende einstellt. So sind einerseits die Stärkegrade, die der Komponist angibt, unbedingt zu befolgen. Vor der Antwort auf die allererste Forderung musikalischer und sprachlicher Stimmigkeit (deshalb das Beispiel Wolf) muß aber andererseits die Frage des Interpreten stehen: »Was ist hier unter laut und leise zu verstehen?« Gerade bei Wolf, wie bei anderen Komponisten auch, finden sich wenige Bezeichnungen in der Gesangsstimme, dafür um so mehr in der Klavierbegleitung. Das heißt beileibe nicht, die Stärkegrade seien selbstherrlicher Bestimmung des Sängers anheimgegeben. Erst aus der Komplexität des gesamten Notenbildes liest er heraus, welches piano heimlich und welches zärtlich klingen muß. Das Klavier spricht gleichsam mit der gleichen Zunge wie der Sänger, aus ihrem Miteinander ergibt sich erst der Sinn von laut und leise.

Häufig wird gesangliche Gestaltung mit dem Farbenreichtum der Palette des Malers verglichen, und auch wir sind ja nicht ohne diesen Vergleich ausgekommen. Was könnte die Fülle der Möglichkeiten besser beschreiben, die dem Ausdruck zur Verfügung stehen soll? Hugo Wolf macht anschaulich, wie sehr dieser Farbenreichtum vorzugsweise durch sprachliche Gestaltung erreicht werden kann. Wenn Brahms als überwiegend dunkelfarben beschrieben wird, so umreißt dies unterschwellig zugleich eine weniger wortbezogene Haltung des Komponisten. Wie unterschiedlich dagegen können sich bei Wolf selbst innerhalb einer einzigen, geschickt zusammengestellten Gruppe die Lieder voneinander abheben. Dies ist vor allem der deklamatorischen Virtuosität Wolfs zu danken, die die Farben in ein und derselben Stimme aufleuchten läßt. Flach geführte Stimmen, auf Helligkeit beschränkte »weiße« Stimmen, sie werden es mit Wolf schwerhaben, sie dürften die »Farbwerte«, die einen Stimmklang durch bewußt gestaltete Vokale und Konsonanten hinzugefügt werden können, vernachlässigen, weil Licht und Schatten aus ihrer Interpretation ausgeklammert sind.

Dies erhält besondere Bedeutung vor dem Hintergrund einer neuartigen Behandlung der Metrik und damit zugleich des deklamatorischen Gefüges in Wolfs Liedern. In der traditionellen Musik verlaufen fast immer die Zählzeiten der Takte identisch mit den metrischen Versfüßen der Gedichte. In der Musik des ausgehenden 19. Jahrhunderts nun verwischen sich Versfuß und Zählzeit, um flexiblerer Textgestaltung Platz zu machen. Wolf macht sich auch Transpositionen in andere Tonarten innerhalb eines Liedes oder Übernahme der Singweise durch das Klavier zu deklamatorischen Helfern. Zu den fünf Strophen des doch miniaturhaften Liedes »Begegnung« nach Mörike, das in knapp anderthalb Minuten vorbei rauscht, gehören vier Tonarten: as-moll, Es-Dur, B-Dur, c-moll, Es-Dur. In der zweiten und fünften Strophe übernimmt das Klavier die Melodie, um freiere Rezitation der Stimme zu ermöglichen.

Der Vorrat neudeutscher Illustrationsmittel lockte Wolf hier und da zu übermütigster Verwendung, so wenn er im »Feuerreiter« nervöse Raserei darstellt, 50 Jahre nachdem der Komponist Louis Hetsch (1806–1872) den gleichen Text nur mit Taktwechsel, Modulation, Tremoli und chromatischen Anrollern darzustellen gesucht hatte.

Unter den Lieblingsdichtern der deutschen Komponisten – allen voran Heinrich Heine – schlendert Eduard Mörike erst an vierzehnter Stelle (Schoecks »Das holde Bescheiden« op. 62 immerhin mit 40 Liedern und Gesängen), wie Lutz Lesle es in »Mörike im Lied« (Hamburg 1974) nachgewiesen hat. Wodurch ist das bedingt? Heines Gedichte sind wie durchgeformte Musikstücke, sie verraten höchst kunstvollen Klangsinn, viel mehr als nur den üblichen Liedton.

Fünfzig von Mörikes Gedichten beziehen sich im Text auf Musik, und es wimmelt auch sonst von akustischen Sinnzeichen. Aber was bei Eichendorff noch der Komposition förderlich schien, bei Mörike stellt es sich ihr eher entgegen. Clemens Heinen wies 1958 nach, welche lautlichen und rhythmischen Mittel Mörike im Refrain, Binnenreim, Alliteration und Assonanz, klanglichem Ausweichen im unreinen Reim, variiertem Kehrreim, dem Metrum entgegenlaufenden Rhythmus und eingestreuter Prosa einer Musikalisierung hindernd entgegensetzte. Die Gedichte passen sich der Musik nicht an, weil es sich um musikalische Kunstwerke der Sprache handelt, die Elemente der Musik unmittelbar ausschalten, weil sie selbst schon Musik sind. Klanglichkeit und Bildlichkeit verschränken sich ineinander. Wie bewußt Mörike die musikalische Durchformung der Sprache betrieb, beweist der ursprüngliche Untertitel des Gedichts »Die Geister vom Mummelsee«, der »Wechselgesang« hieß und den Gegensatz zwischen der unergründlichen Tiefe des Mummelsees und den schwirrenden Lichtgestalten der Geistererscheinung dunkel gleichklingend, hell vokalisierend musikalisch verformt (Mir klingen die Lieder … Drunten schon summen … Unten zur Ruh). Wolf macht in vielen Fällen das scheinbar Unerreichbare möglich: Er ließ des Dichters Sprache leuchten, ohne doch die eigene Musik deshalb im Schatten zu halten.

Bei einem Vergleich der Mörike-Lieder mit den Gesängen aus dem Goethe-Band von Hugo Wolf könnte der Hörer den Eindruck gewinnen, zwischen diesen beiden so unterschiedlichen Werksammlungen zeichne sich die spannungsreiche Entwicklung eines langen Komponistenlebens ab. In Wahrheit trennt nur eine kurze Pause, 1888 und 1889, Abschluß und Beginn der beiden Anthologien. Um so mehr müssen wir die Fähigkeit Wolfs bewundern, sich der Welt des jeweils neu in Arbeit genommenen Dichterwerks anzuverwandeln. Ein solches Aufgehen in einer spontan erlebten Dichtung und in der Persönlichkeit ihres Autors setzte ebenso intuitive wie bewußte Gestaltungsfähigkeit voraus. Daß der Komponist seine Aufgabe mit kritischem Anspruch ins Auge faßte, zeigt schon seine Auswahl der Gedichte. Bei Goethe ging es ja nicht wie bei Mörike darum, einen bis dahin vernachlässigten, fast unbekannten Dichter in seiner Gesamtheit zu rehabilitieren und mit den Deutungsmitteln der Musik vorzustellen. Goethe war der Welt ein Begriff, und zahllose Musiker, allen voran Schubert, hatten sich kompositorisch überzeugend mit ihm beschäftigt. So verzichtete Wolf denn auch weitgehend auf die populären Gedichte und schaute sich in abgelegeneren, musikalisch noch nicht erschlossenen Bezirken des Goethe-Werkes um.

Dort, wo er mit Schubert wetteiferte, wie in den Gesängen aus »Wilhelm Meister« oder den als mythisches Triptychon zusammengefaßten »Prometheus«, »Ganymed« und »Grenzen der Menschheit«, ist Wolfs Überzeugung zu spüren, er sei mit den durch Wagner erworbenen darstellerischen Mitteln in der Lage, den Ausdruck wahrer und die Charakteristik schärfer zu treffen. Vor allem aber wollte er die Gestalt des Dichters neu und ungewohnt beleuchten, ihn aus der scheinbar unverletzlichen Harmonie des vom Bildungsbürger angehimmelten Olympiers herausrücken und in allen seinen Gegensätzlichkeiten vorstellen. So stehen die Schatten des Tragischen hart gegen die Lichter skurrilen Humors. Aber nicht nur in den Gesängen aus dem »West-östlichen Divan« gibt es Beispiele unbeschwerter Heiterkeit.

Es ist ein hastig durchmessener Weg der Selbsterziehung, den Wolf von den Anfängen her, schwankend zwischen Einflüssen mannigfacher Art, bis zur Transparenz des Klavierparts der großen Goethe-Gesänge zurücklegte. Was Schubert, von der Tradition her gefestigt, mit fast nachtwandlerischer Sicherheit hingeschrieben hatte, war Wolf in den Schwankungen und Endstimmungen seiner Zeit nicht ohne Not und Überwindung gegeben. Aber bereits als Achtundzwanzigjähriger erklomm der verbissen Kämpfende die Höhen der Vollendung seines eigenen Stils. In drei Monaten des Winters 1888/89 erschloß er den Reichtum der Goethe-Lieder in ähnlich rauschartiger Spannung wie seine anderen Liedersammlungen. Künstlerisch leistete Hugo Wolf, was die dichterische Produktion jener Jahrzehnte aus heutiger Sicht weit hinter sich läßt. Die Goethe-Lieder bezeugen das Phänomen, wie hilfreich ein Genie wie das Hugo Wolfs sich anschickte, mit Wachheit das Bild des Dichters für kommende Generationen vorzuformulieren.

Wolfs Darstellungsmittel sind ungemein schwer zu beschreiben, man kann sie besser lesend erschließen. Wie anders als Gottfried Kellers Gedichte formte er Michelangelos Sonette! Daß Wolf Lieder eines Bandes zur Einheit zusammenfaßte, sollte die Sänger auch dazu anregen, nicht willkürlich Blütenlese in unkontrollierter Mischung als Programm anzubieten.

Wolfs musikalische Ausdruckswelt besitzt auch für sich genommen Originalität, die sich von jener des Wortes durchaus lösen kann, ohne dadurch verfälschend zu wirken. Gleichzeitig im Ablauf von Musik und Gedicht kann sowohl der Sprachlaut paraphrasiert, wie über die Sprachlosigkeit hinausgegangen werden. Eine überzeugendere Form, die Diktion des Gedichtes gleichwertig neben die gedankliche Eigenwelt der Musik zu stellen, als in »Um Mitternacht« oder »Anakreons Grab« hat kaum einer gefunden. Andererseits gibt es bei Wolf Fälle, in denen ein Lied so sehr sprachlicher Gebärde verpflichtet ist, daß die Musik kaum noch ins Gewicht fällt. Wenn Sprache zu Bestimmtheit und Klarheit drängt, stehen ihr mitunter keine inhaltfreien Zeichen der Musik gegenüber. Beide sollten sich im Gesang eindeutig zu einem Begriffssinn treffen. Da nämlich erweist sich die Verbindung von Gesang und Sprache dem vieldeutigen Bedeutungsschweben der Worte als überlegen.

Will einer seine musikalische Sprache lediglich an ihrer sinngemäßen Deklamation festmachen, dann fühlt er sich dazu aufgerufen, eine gleichsam sinnliche Folie des Lautbildes herzustellen. In Worten bleibt ja ein Rest von Rätsel, auch als gesprochener Klang genügen sie nicht, und musikalische Paraphrase allein kann nicht völlig klarstellen. Welche Rolle spielt hier der Gesang? So gleichgültig einzelne Worte in einer gesungenen Phrase erscheinen können, so sehr leuchtet im Zusammenhang der Sinn auf. Andererseits können Worte, sind sie musikalisch betont und herausgehoben, hinreißen. Auf Symbole wie »komm«, »lebe wohl«, »fanget an« oder »ewig« reagiert der Hörer mit Leidenschaft. Was aber ein Wort an geschichtlicher Tiefe in sich birgt, daran kann doch wohl nur abgekürzt im einzelnen erinnert werden. Hinter den erwähnten Signalworten stehen also viele Urworte geschichtlichen Sinns, die innerhalb eines musikalischen Kontextes der Hilfe des »Tonbildners« bedürfen, um ihr volles Recht zu erhalten, möglicherweise einer ungeschickten Komposition zum Trotz.

In ein musikalisches »Lebewohl« wie das von Mörike und Wolf läßt sich eine ganze Biographie hineinsingen, in das gesprochene Gedicht kaum. Der Sinn der Urworte mag durch die Musik in einer ursprünglichen Weise wieder erinnert werden. Hier wird eine Dimension hörbar, die der sprachlichen Ebene verlorengegangen ist und die es jungen Sängern aufs neue ins Bewußtsein zu rücken gilt. Aber auch in der Annäherung durch die Praxis ist diese Dimension bewußt zu machen, nicht durch Philosophie, Begriffsgeschichte oder andere Anstrengung.

Bedient sich Musik eines Wortes, so erinnert sie an mehr als nur eine Erfahrung, ähnlich wie im Gedicht ein Wort aus der Umgangssprache erweiterte Erinnerung erfahren kann. Mit der Vox humana klingt immer noch Hinzutretendes an, eine innere Vorgeschichte. Dies wirkt sich bei Hugo Wolf bestimmend auf die stilistische Einheit der einzelnen Liederbände aus, was nicht bedeutet, daß sich der Komponist von vornherein auf bestimmte Stimmcharaktere zur Beibehaltung einer besonderen Grundfarbe festlegte. So steht im »Italienischen Liederbuch« dem stockenden Sprechgesang »Wir haben beide lange Zeit geschwiegen«, in dem die eigentliche Kantilene dem Klavier überlassen ist, das jugendlich dramatische Sopranstück »Man sagt mir, deine Mutter wollt' es nicht« gegenüber. Jedem Einzelstück verlieh Wolf jene stimmliche »Besetzung« in spezifischem Klangvolumen als Ausdrucksvariante, die es nach dem Tonfall des zugrunde liegenden Gedichtes verdiente. Die stärkste Leistung der Einheitlichkeit liegt beim »Italienischen Liederbuch« darin, daß nach einer Pause von vier Jahren und drei Monaten kein Stilbruch bei der Fortsetzung der Komposition zu spüren ist – vergleichbar nur Wagner, der den zweiten »Siegfried«-Akt zugunsten anderer Aufgaben jahrelang liegenließ.

Wolf wollte nicht lediglich reproduzieren, was der Text enthält, nicht Übersetzer des Inhalts von einer Sprache in die andere sein. Wie oft unterstrich der Kritiker Wolf den Eigenwert der Musik gegenüber der Dichtung: »Was helfen Euch die schönsten Operntexte, wenn Ihr sie nicht in Musik setzen könnt! Musik! vor allem Musik! Dann aber auch musikalischen Verstand und womöglich poetisches Empfindungsvermögen …« (»Musikalische Kritiken«). Aber – könnte man fragen – selbst ein Durchschnittsleser spürt beim Vergleich des vertonten mit dem unvertonten Mörike, daß etwas von der Subtilität geopfert wird, wenn Sänger und Pianist das Gedicht vortragen.

Wie sehr diese Musik vorgeformter Vortrag ist, deuten die Vortragsbezeichnungen an. Sie bestimmen den Charakter von Bewegung und Gefühl, sie halten fest, was der Komponist zur Ausführung braucht. Zahlreich, differenziert und mitunter eigentümlich gehen die Bemerkungen des Komponisten über allgemein Übliches hinaus. Mimik und Stimmfarbe des Sängers haben den Regieanweisungen »höhnisch«, »wie im Traum«, »zitternd«, »mit hohler, heiserer Stimme« zu folgen, will man dem Wolfschen Kunstprodukt nicht Gewalt antun. Viele Beckmesser kreiden dies dem genauen Interpreten an, nur weil sie die Vortragsanweisungen nicht im Kopf haben. Und natürlich: So mancher Musiker erschrickt noch heute vor so viel außermusikalischen Zutaten – in Verkennung von Hugo Wolfs persönlichem Stil.

In der Kunst des Synkopen-Singens kann Hugo Wolf Lehrmeister sein. Hierzu verhilft vor allem seine Technik, mit Synkopierungen alle Ausdrucksschattierungen wie mit leichter Schraffur, ähnlich der Radierung eines Rembrandt, wiederzugeben. Vorausnahme des Taktakzents einer betonten Zählzeit auf der unbetonten, Dehnen der Note über die »schwere« Zählzeit hinaus, solche Techniken erfahren bei Wolf ungeahnte Variationsmöglichkeiten, ob nun ein decrescendo fallengelassen wird oder ein crescendo vorwärts strebt. Die Synkopen der ersten Zeilen von Mörikes »An die Geliebte« etwa können bei durchlebter Darstellung völlig neues Licht auf das Gedicht werfen.

Als einmal Joseph Marx eigene Orchestrationen einzelner Wolf-Lieder erläuterte, rief er aus: »Was da alles symphonisch im Keim schlummert!« (mitgeteilt durch Erik Werba in »Österreichische Musikzeitschrift« 10/1970). Dem ist hinzuzufügen, daß es die Sensibilität der Wort-Melodie bei Wolf kennzeichnet, wie wenig sie durch harmonische Lust an der Deutung in der Begleitung gefährdet ist.

Jahrhundertwende

Daß Wolf keine Dichter seiner Zeit berücksichtigte, zeigt, wie sehr die »Klassiker« zum festen Erbe geworden waren, denen sich Wolf keineswegs als Konservator oder Reaktionär zuwandte. Allerdings ging er auch an seinem Freund Liliencron vorbei, der ihn in einem hymnischen Gedicht rühmte, ihm auch eine Gedichtsammlung zur Vertonung schickte. Was Liliencrons Gedichten abzugewinnen war, bewies Hans Pfitzner, der mit »Sehnsucht« und »Müde« zwei seiner originellsten Lieder diesem Reformer der Lyrik verdankte.

Hugo Wolfs musikalisches Deklamationsprinzip ließ (auf gleicher Ebene) kaum eine Entwicklung mehr zu, und so herrschte vielfach die Meinung, Hans Pfitzner sei gewissermaßen zur Umkehr gezwungen gewesen, »wollte man nicht die schließenden Mauern durchbrechen« (Walter Abendroth). Dies könnte ja eigentlich nur Priorität der Musik vor dem Text bedeuten, eine Rückkehr zum melodiegeprägten Liedstil. Es trifft aber nur auf einige der hymnischen Lieder Pfitzners zu. In seinem expressionistisch gefärbten presto-Liedern (»Ich aber weiß« nach Jacobowski oder »Stimme der Sehnsucht« nach Busse) gibt es zwar den bindenden musikalischen »Einfall«, aber ebenso eine Sprachbehandlung, die alle Möglichkeiten Wagnerschen Sprechgesangs nutzt. Vielleicht darf behauptet werden, es käme der Pfitznersche musikalische Einfall nicht so sehr aus der sinnlich wahrnehmbaren Sprache, aus dem Deklamationslaut als vielmehr aus dem Unbewußten, aus der Phantasie, die durch Stimmungsgrund und Aussageinhalt des Gedichts angeregt wird.

Die autonomen Elemente Motiv und Gedichtinhalt treffen in der Konzeption Pfitzners zusammen. Aus der Verbindung von Sprache und Gesang resultiert auch deren Synthese, wobei Pfitzners Anmerkung (»Gesammelte Schriften« Bd. II) zu beachten bleibt: »Etwas Außermusikalisches kann nie etwas Musikalisches ersetzen.« Robert Schumann hatte das Gedicht immer derart als Ganzheit aufgefaßt, daß er forderte, das Schwergewicht jeweils auf die musikalische Interpretation des Gedichtinhalts zu legen, obwohl die Textstruktur ja kompositorisch bereits mit berücksichtigt war. Eine solche Interpretation entsprach seiner Vorstellung, Poesie und Musik hätten identischen Ursprung. Pfitzner aber lehnte diese Vereinigung entgegengesetzter Pole bei aller Verehrung Schumanns ab.

Warum komponierte er dann Gedichte? Berechtigung und Sinn einer Verbindung von Sprache und Musik fand Pfitzner darin, im Inhalt eines Sprachkunstwerks, der sich nur in einer Abfolge erschließen kann, einen »Ureinfall« zu suchen und zu finden, ihn »architektonisch« auszugestalten und dann ständig zu zitieren oder variiert wieder wahrnehmbar werden zu lassen. Die Form resultiert aus rein musikalischen Voraussetzungen und nicht aus dem Inhalt der dichterischen Vorlage. Es wird nicht ein additiver Formaufbau angestrebt, sondern der Text bekommt erst in zweiter Linie formgebende Kraft. So symbolisiert der musikalische Einfall in Eichendorffs »Zorn« op. 15,2 mit kräftigen Akkordschlägen des Klaviers die »positive« alte Zeit und setzt rhythmisch differenziert und polyphon dissonant das »dekadente Neue« dagegen. Ein solcher Kontrast läuft zwar parallel zu den im Text angedeuteten Gegensätzen, entspringt aber nur mittelbar dem Wortlaut.

In seinem unbedingt geforderten Primat des Musikalischen setzte sich Pfitzner auch von den Exponenten der »Zweiten Wiener Schule« ab. Mit Alban Berg trug er eine Fehde über Schumanns »Träumerei« und die »Qualität der Melodie« aus. Sie lief auf Pfitzners Versuch hinaus, mit recht irrationalen Argumenten nach einer Zeit musikalischen Umbruchs auf der Grundlage klassisch-romantischer Musik seine künstlerische Individualität zu behaupten.

Musikalisch ist Pfitzner dies etwa in den frühen Heine-Gesängen gelungen. Er wandte sich danach dem Dichter im Sog deutschnationaler Bewußtseins-Verirrungen nie wieder zu. Auch im Liedschaffen von Richard Strauss ist Heine nur ein Platz am Rande eingeräumt. Aber an der »Waldesfahrt« von 1918 lassen sich einige Wesensgrundzüge von Strauss ablesen. An Liszts und Wagners Partituren geschult ist die Fertigkeit des Illustrierens. Alles was sich im Inhalt bildsam zeigt, pinselt der Tonmaler Strauss in detaillierten Strichen aus, und eine solche Szene des Klangs ist denn auch nicht frei von Schematik, so wenn mit dem Wort »hüpfen« stereotyp Intervalle abenteuerlichster Art einherspringen. Nicht immer, aber in solchem Kontext, bildet die Summe aller Einzelteile denn auch ein Ganzes. Zwar kann der Text nicht präziser deklamiert werden, wohl aber poetischer, wie es Schumann in seiner Version des gleichen Heine-Gedichts auch gezeigt hat. Schumann wiederholt nicht, trägt die Worte im parlando-Ton vor, markiert den gelinden Schrecken des Träumers mit typischen Stockungen und läßt den langsam zuckelnden Wagen mit taktweise absteigender Figur Idee und Bewegung des Liedes ausmachen.

Es ist nicht völlig zutreffend, wenn behauptet wird, der Weg des Bühnenkünstlers zum Opernstil bei Richard Strauss könne wohl nicht über seine Liedkompositionen nachvollzogen werden. Zu sehr sind die »Schlager« reiner Klangsinnlichkeit ins allgemeine Bewußtsein gedrungen. Daneben gibt es höchst originelle, deklamatorisch inspirierte Stücke, die die ariose Hymnik mancher Lieder kompositorisch hinter sich lassen. »O wärst du mein« nach Lenau etwa oder Arnims »Himmelsboten« lassen klangliche Äußerlichkeit

fort und erfüllen die Forderung eines Liedkunstwerks, indem sie
Melos und Deklamation in sinnvolle Übereinstimmung bringen.
Was bei der Sprache als Verkürzung um die Dimension des Musikalischen empfunden wird, kann beim Wiederhereinholen der musikalischen Komponente als Bedeutung schillernd hinzutreten.

Strauss hat die Erbschaft eines frühen Überbrettl-Stils fruchtbar
gemacht. Darin klingt alles gut, und oft jubelt es in dieser Musik mit
köstlicher Ungeniertheit (»Herr Lenz«). Schmiß kann sich auch
zum kontrastierenden Humor steigern (»Krämerspiegel« etwa) und
zugleich einen außerordentlich verfeinerten Klaviersatz nach sich
ziehen. Aber was im Grunde ausgenützt wird, sind Nervenge-
schenke der Zeit, denen vielfach kein rechtes Zentrum gegeben ist.

Straussens Vertonung des Klopstock-Gedichtes »Das Rosen-
band«, ein Musterbeispiel für die Freude der Zeit an Zopf-Pasticcio,
macht das Phänomen von Vertonungen aus verschiedenen Zeiten
deutlich. Hat ein Gedicht in sich selbst schon einen bedeutenden
künstlerischen Gehalt, so entstehen beim Zusammentreffen mit
unterschiedlichsten Musiksprache-Charakteren neue Übereinstimmungen. In den Verwandlungen des Gedichts bei Gluck, der noch
eine strenge Ode austauschbaren Klangkleides aus dem »Rosen-
band« macht, und bei Schubert, dem ein abgewandeltes Strophenlied daraus wird, erscheint die Musik so strukturiert, daß sie die
rhythmisch-klangliche Seite des Textes auffängt, jedenfalls klar erkennbar wiedergibt. Eine solche Selbstverständlichkeit liegt bei
Richard Strauss nicht mehr im Zentrum des Interesses – die Musik
und ihre Lautgebärde drängt sich so sehr in den Vordergrund, daß
der originale Rhythmus nur noch beim Lesen wiederzuerkennen
ist. Ein absichtsloses Befolgen der Konvention läßt das Gedicht dagegen meist unangetastet. Schubert mag seine genaue Kenntnis der
Poetik vor jedem Verstoß gegen die Eigengesetze des zu vertonenden Gedichts geschützt haben.

Nun gehört das Liedwerk von Strauss durchaus noch zu jener
respektablen Nachblüte, die der Hochblüte von Schubert und Wolf
folgt. Sehr persönliche Stilelemente aber unterscheiden Strauss,
Max Reger (1873–1916), Schoeck, Hermann Reutter (geb. 1900)
voneinander. Strauss kultivierte den großen Gesangston, was eine
Reduktion des Vor- und Nachspiels im Klavier wie selbstverständlich mit sich brachte (auch bei Othmar Schoeck, trotz seiner mehr
sprachgesanglichen Führung der Singstimme). Strauss' weitge-

schwungene Melodiebögen entfalten unerhörten Klangreiz und bevorzugen weite Intervalle. So kompliziert im technischen Detail die Strausssche Musik ist, so wird sie auch außerhalb des Liedes durch eine musikalische Terminologie eingeschränkt, wie sie sich ein handwerklich besonders gewandter Könner – vielleicht unbewußt – zuzulegen geneigt ist. Jeder Sinn, den Terminologisches der Sprache gegenüber haben darf, gilt nicht automatisch auch für die Musik. Terminologie hat lediglich Berechtigung beim Erlernen des Handwerklichen. Hätte übrigens Richard Strauss durchgeführt, was er scherzhaft ankündigte, nämlich selbst aus der Komposition des Telefonbuchs noch etwas zu machen, so wäre daraus eine psychologische Studie ersten Ranges über ihn selber geworden. Er hätte sich dann wohl nie mehr von den Assoziationen lösen können, die er mit bestimmten Namen oder Ziffern musikalisch verband.

Kompliziertes im Detail, besonders in der Bezeichnungsmanier, kennzeichnet auch die Lieder von Max Reger. In seinen geistlichen Gesängen mit Orgelbegleitung greift er dennoch auf das einfache Strophenlied zurück, das zwar mit einer dichten Folge chromatischer Gesänge und dissonanter Akkorde, mit ständigen Modulationen, expressiven Überzeichnungen und Nuancen aufwartet, aber dennoch die typischen Merkmale der Gattung keineswegs unterdrückt.

Jedem der rund vierzig Lieder von Gustav Mahler (1860–1911) den entsprechenden eigenen Tonfall zu geben ist nicht gerade eine leichte Aufgabe. Hier wird ungültig, was bei früheren Komponisten selbstverständliche Voraussetzung war, nämlich die Fähigkeit, »zwischen den Noten zu lesen«. Im Falle Mahler dürfte das unweigerlich zu Manierismen führen. Gerade umgekehrt müssen wir bei ihm erst einmal alles gelesen haben, was dasteht. Zumeist wird vernachlässigt, was aus der Notation abzulesen ist. Da hieß es dann, selbst bei so genauigkeitsfanatischen Musikern wie George Szell, Mahler habe überzeichnet, und eine sklavische Befolgung seiner exaltierten Vorschriften sei verfehlt... Richtig ist, daß nur bei genauester Beobachtung seiner Anweisungen Mahlers Kunst ganz hervortritt. Es gilt, die Singstimme ihrem Sinn nachgehen zu lassen und sie dennoch in den rein musikalischen Ablauf zu integrieren. Über solche Bemühungen um Integration geben auch die Veränderungen Auskunft, die Mahler am gegebenen Text vornahm. Sie lassen sich stets auf musikalische Motivation zurückführen und unterstreichen damit das für Mahler charakteristische dialektische Verhältnis von Semantik und Musik. Es handelt sich um ein Wechselverhältnis, das von der Dominanz des Musikalischen geprägt ist und das aufzuspüren Aufgabe der Interpretation ist. Von der distinkten Melodik gelangt der Sänger zur sprachlichen Expression und findet so den jedem einzelnen Lied eigentümlichen Tonfall. Solches Vorgehen verlangt freilich, daß auch der Pianist den gleichen Weg einschlägt.

Mahlers symphonisches Verfahren, gleichsam mittels einer Collage-Technik zu koordinieren, was auseinanderstrebt, überspielte die ästhetische Dissonanz zum angestrebten »Naturlaut«, indem er Klangsymbole wie Trommelwirbel, Vogelruf oder Trompetensignal einsprengte, die einen neuen Zusammenhang herstellten. Zwar weisen die Lieder gegenüber der komplizierten Faktur von Mahlers Orchestersprache größere Einfachheit auf, aber das Natürliche, Volksliedhafte war in ihnen keineswegs gleich vorhanden. Erst in der symphonischen Umgebung konnten sie lyrisch mitteilen, was ihnen aufgetragen war.

Mahler holte sich für seine Liedkompositionen die Vorlagen hauptsächlich aus zwei Bereichen: aus »Des Knaben Wunderhorn«, dessen Umkreis ja bereits die »Lieder eines fahrenden Gesellen« (zum Teil von Mahler selbst textiert) zugehören und zu dem auch das »Klagende Lied« mindestens atmosphärische Verwandtschaft nicht leugnet, und aus der Lyrik Friedrich Rückerts. Von den rund zwei Dutzend Wunderhorn-Liedern bilden neun zwischen 1888 und 1891 die erste Gruppe, sie werden zusammen mit einigen anderen heute als »Lieder und Gesänge aus der Jugendzeit« bezeichnet. Die zweite Gruppe umfaßt zehn Lieder zwischen 1892 und 1896, zu denen noch zwei traten, die zunächst mit fünf Rückert-Gesängen »Aus letzter Zeit« zusammengefaßt wurden (»Revelge« von 1899 und »Der Tamboursg'sell« von 1901), in der Aufführungspraxis aber meist der zweiten Gruppe zugeschlagen werden. Hinzu treten noch die drei Wunderhorn-Lieder, die als Vokalteile in die 2., 3. und 4. Symphonie aufgenommen wurden.

Solche Beschränkung in der Textwahl muß besonders dann als ungewöhnlich empfunden werden, wenn sie mit der Liedproduktion der Zeit verglichen wird. Die Fülle der Kunstlieder der achtziger und neunziger Jahre bevorzugt zeitgenössische Autoren, besonders Bierbaum, Flaischlen, Falke und Hartleben werden in staunenswerter Menge von bedeutenden und weniger bedeutenden Musikern vertont. Johannes Brahms stellt so unterschiedliche dichterische Potenzen wie Keller, Daumer, Rückert, Allmers, Heine, Groth, Liliencron, Lingg oder Alexis in bunter Folge nebeneinander. Richard Strauss verschreibt sich mit Hingabe den Epigonen Hermann von Gilm und Graf Schack, auch meisterlichen Gedichten von Dehmel und Mackay. Selbst Hugo Wolf, von allen Komponisten der geschmackvollste in der Wahl seiner Autoren, läßt sich neben Michelangelo, Goethe oder Mörike zu Victor von Scheffel herab. Es ist der »Volkston«, dem die Zeit nachzuspüren sucht.

So nimmt sich Wolf der Bearbeitung Paul Heyses im »Italienischen Liederbuch« an, die in ihrer deutschen Fassung, so eigenständig sie dichterisch anmutet, nicht viel von ihrer toskanischen Besonderheit behalten hat. Dafür gewinnt ihnen Wolf, wie auch Emanuel Geibels Fassung spanischer Lieder, Klein-Dramen ab. Brahms hat sich an serbischen und ungarischen Texten versucht, von ihrer »Volkstümlichkeit« ist bei genauerem Hinsehen kaum etwas geblieben.

Vertonungen aus dem »Wunderhorn« bilden zweifellos die Ausnahme. Strauss und Eugen d'Albert (1864–1932) bieten einzelne Glanzlichter, vor allem aber schrieb Theodor Streicher (1874–1930) als einziger neben Mahler eine größere »Wunderhorn«-Gruppe. In Alma Mahlers Erinnerungen werden wir Zeuge jener peinlichen Szene, in der Streicher als nachbarlicher Gast während der Sommerferien seine »Wunderhorn«-Lieder vorspielt und Mahler höflich nicht tadelt, aber auch kein Lob hervorbringt. Von Ausnahmen wie dieser abgesehen, scheint es den Komponisten lieber gewesen zu sein, sich den »altdeutschen« Ton aus Bearbeitungen minderer Qualität zu holen.

Mahler wußte, daß er ausnahmehaft handelte, denn er schrieb an Ludwig Karpath: »Meines Wissens sind die Wunderhorn-Lieder nur vereinzelt komponiert worden. Also ein kleiner Unterschied ist es schon, wenn ich bis zum 40. Lebensjahr meine Texte, sofern ich sie nicht selbst verfaßte (und auch dann gehören sie in gewissem Sinn dazu) ausschließlich aus dieser Sammlung gewählt habe« (»Briefe«, Wien–Hamburg 1982).

Schon in einem seiner frühen Lieder, »Zu Straßburg auf der Schanz«, schlägt Mahler jenen Ton an, der die orchesterbegleiteten »Wunderhorn«-Vertonungen bestimmen wird. Es besteht kaum ein

Abstand zwischen dem hier geschilderten, todgeweihten Deserteur und den Visionen von Schlachtfeld und Richtplatz, die »Revelge« und den »Tamboursg'sell« bestimmen. Die Erniedrigten und Gestoßenen des »Wunderhorns« sind es, denen sich Mahler zuwendet; »Das irdische Leben« gehört unmittelbar dazu, wenn es in Kontrast zu den »himmlichen Freuden« des Sopran-Solos aus der 4. Symphonie vom Hungersterben eines Kindes mit fast strophischer Strenge erzählt. Hinter solcher Textwahl steht Mahlers Lieblingssatz bei Dostojewski: »Wie kann man glücklich sein, wenn *ein* Geschöpf auf Erden noch leidet!« (nach Alma Mahler-Werfel). Hierher gehört auch die bei einem Hofopern-Direktor damals schockierende Stimmabgabe für den sozialistischen Kandidaten Viktor Adler bei den Wahlen von 1901. Dem Leid der Sprachlosen hat Mahler künstlerisch Stimme gegeben, den geschundenen Soldaten zum Kern der Aussage gemacht. Alban Berg sollte im »Wozzeck« seine Züge nachzeichnen.

Dem entspricht auf kompositionstechnischer Ebene ein volkstümlich lapidares Element, das sich gegen die bürgerliche Musiktradition stellt und den traurigen Überrest des ihr von der Kultur überlassenen Abfalls gleichsam verstümmelt und entstellt. Es erklingt ein Volkston, der sich erst durch Reflexion bilden konnte, »Musik über Musik«, wie es Dahlhaus (München 1982) ausdrückte. Zugleich aber dichtet und singt Mahler am Volkslied weiter, als ein einzelner nachvollziehend, was ehedem viele einzelne in einer Kette von Deklamationen getan hatten und so die Distanz zur Liedpraxis der vielen Zeitgenossen dokumentierten.

Ist also das Ergebnis genauer Befolgung der Vortragsanweisungen bei Gustav Mahler ein keineswegs nur naives oder volksliedhaftes, so findet dies seine Begründung in der Schwierigkeit, den Quellen von neuem sich zu nähern – und sich diese Pein einzugestehen.

Neurose und Angst des armen Juden setzten Mahler seit dem letzten Lied »eines fahrenden Gesellen« in den Stand, nicht nachzuahmen, sondern alles, was seit dem »stile rappresentativo« fingiert wiederkehrt, zu übersteigern, vielleicht gerade, weil er fehlende Unmittelbarkeit, mangelnde Geschicklichkeit des routinierten Tonsetzers, nicht vorhandene Virtuosität in den Prozeß des Komponierens einbrachte.

»Zu Straßburg auf der Schanz« ist vielleicht das bezeichnendste der Jugendlieder Mahlers. Immer hielt es seine Musik mit denen, die sich dem Kollektiv nicht einfügen und deshalb zugrunde gehen. Die Darstellung des Unfreien, das – richtig interpretiert – doch die Hörer in Bann schlägt, macht Mahlers Musik aus, eine Erweckung im Sinne des »Wunderhorn«-Titels aus dem Heft »Lieder aus letzter Zeit«: »Revelge«!

Daß Mahler neben dem »Wunderhorn« vornehmlich Rückert-Texte vertonte, hat die Exegeten seines Werks immer wieder verlegen gemacht. Hans Mayer nennt Rückerts Gedichte »fragwürdige Lyrik«, Adorno begründet die »eigensinnige« Bevorzugung Rückerts durch den Mahler der mittleren Schaffensperiode mit einer »Begierde des Rettens«, die er mit derjenigen Karl Kraus' vergleicht. Vor allem sollte hier nicht vergessen werden, welche unaufdringliche, aber stetige Tradition das 19. Jahrhundert für Vertonungen von Gedichten Rückerts gebildet hatte. Mahler erkannte im Gedicht die umweglose Übertragung gedanklichen Inhalts in das Leben der Sprache, sei es gefühlt, gedacht, betrachtet oder reflektiert. Für ihn konnte auch das Wort von einst, wenn es dem Quell der Sprache nur nahe genug war, durch die Musik wie neu geschaffen wirken. »Wunderhorn« und Rückert, so fern sie sich auf den ersten Blick zu stehen scheinen, haben gemeinsam, daß sie beide im Volk gewonnene Formen, den Reichtum der Welt des Inneren vor uns ausbreiten und dem literarischen Wert mancher Gedichte spotten. Die Verwandtschaft zum volksliedhaften Element war es, die Mahler faszinierte. Auch der Griff nach den Chinoiserien des Lyrikers und Anthologisten Hans Bethge, nach dem Band mit Nachdichtungen von Gedichten aus China »Die chinesische Flöte«, für sein »Lied von der Erde« hat Mahler – zumeist geboren aus unverhülltem Antisemitismus – den Vorwurf eingetragen, er schreibe »Kapellmeistermusik«. So sehr sich Hugo Wolf in seinem »Italienischen Liederbuch« italienischen Kolorits enthielt, so wenig benutzt Mahler jene aufdringlich pentatonischen Reminiszenzen, die die Opern jener Zeit mit fernöstlichem Sujet gelber als gelb färben. Die letzten Zeilen des »Abschied«

> »Die liebe Erde allüberall
> Blüht auf im Lenz und grünt aufs neu!
> Allüberall und ewig blauen licht die Fernen!
> Ewig … Ewig …«

stammen von Mahler selbst. Die Gewalt seiner Musik überrannte die Vorwürfe des Epigonentums, auch wo sie seine Gedichtwahl betraf. Was an rein literarischem Maßstab gemessen und nur nachempfunden erscheint, wandelt sich unter der Hand des Genies zum kraftvollen Bekenntnis. Die Psychologie des Expressionismus ist noch nicht geschrieben. Mahlers »Lied von der Erde« bereitet auf sie vor.

Das Lied mit Orchester erweiterte folgerichtig pianistische Begleitungen, die nach Art der Klavierauszüge wucherten. Im »Lied von der Erde« ist Mahler in einem gewissen Sinn wieder zur Form der Frühzeit zurückgekehrt; zumindest offenbart er sich hier als eines inneren Bruchs tragisch bewußt. Andererseits sind diese symphonischen Lieder so homogen angelegt, wie er das früher wohl nicht bewältigt hätte. Einfall und Stil stimmen überein. Abschied, Resignation, das Erkennen der Begrenzung und das Sich-Bescheiden, nicht allein im menschlichen, sondern im Blick auf das schöpferische Wollen, die melancholische Weisheit der altchinesischen Gedichte, nicht weniger weltumspannend als die vorhergegangenen symphonischen Entwürfe – eine dionysische Klage ist daraus geworden. Das »Lied von der Erde«, willkommenes Vorbild für subjektive Ausdrucksmusiker vom Schlage eines Alexander Zemlinsky (»Lyrische Symphonie«), sprengt die Objektivation zur Symphonie und schafft den Liederzyklus mit Orchester. Sein Stichwort heißt Einsamkeit in der Welt und hat vielleicht gerade damit die höchste Popularität erreicht, aller durchgestalteten Faktur zum Trotz.

Idiosynkrasie liegt – gerade in diesem Zyklus – bei jenen Rhythmen Mahlers, die einzelne Töne, auch begleitende Floskeln, plötzlich stehen lassen, sie rubatisierend ungewiß zu machen scheinen. Nicht Kraft wird hier gestaut wie in den überdehnten Obertönen oder bei gehaltenen Akzenttönen Beethovens oder Schuberts, auch wird nicht bloß momentweise innegehalten, sondern etwa »Von der Schönheit« sieht in vielen Takten eine Weigerung vor, sich symphonisch weiter drängend zu gebärden. Hier zutreffend zu interpretieren, nicht nur vordergründig Spannung zu erzeugen, sondern den Sinn der Verzögerung im symphonischen Ablauf darzustellen, gehört zu den schwierigsten Interpretationsaufgaben bei Mahler.

Für Tenor und Bariton entworfen, dann zur Altstimme gewandelt, bietet das »Lied« auch beträchtliche technische Probleme, große Tessitura, dem Tenor zwiefaches Timbre abfordernd, näm-

lich das des Heldentenors und das des Liedersängers, schnell Gesprochenes in tiefer Lage zu dicker Begleitung: Dinge, die der überwältigenden Wirkung dieses opus summum nicht schaden konnten.
Mahler machte das Verlorensein des modernen Menschen dem Ele-
mentaren gegenüber zum geistigen Mittelpunkt seines Schaffens.
Jenes »Ich bin der Welt abhanden gekommen« nach Rückert zieht
sich wie ein Motto durch sein ganzes Werk. Die fünf Auszüge aus
dem dicken Band Rückerts mit »Kindertotenliedern« nehmen darüber hinaus eigenes, leidvolles Erleben vorweg.

Spätestens seitdem Gustav Mahler das Lied in den symphonischen Ablauf einbezog, veränderte sich die ästhetische Rezeption
der Gattung. Kurze Klavierlieder, die wie »Ablösung im Sommer«,
in einer Symphonie (hier der zweiten) thematisches Material für
einen langen Symphonie-Satz bereithielten, übten nun eine andere
Wirkung als zuvor. Sätze, die wie das »Urlicht« aus der 2. Symphonie einzeln in ein Konzertprogramm rückten, mußten sich dort in
der Erscheinung vergrößern.

So ging es auch schon den »Liedern eines fahrendes Gesellen«,
die manches von ihrem dem Kitsch gefährlich nahen Ton verloren,
als sie in der 1. Symphonie wiedertönten. Gefühlvoll, aber nicht einfach konstruiert, sondern von einer geradezu vertrackten Künstlichkeit zeigen sich diese (aber auch die anderen) dem Volkston nachempfundenen Lieder Mahlers. Die Stimme hat die Wahl, ob sie mit
Brunst und sentimentalem Vibrato die Kitsch-Wirkung unterstreichen will oder lieber Mahlers Anweisung »Nicht sentimental« folgt
und gestalterisch durchdringend an der künstlerischen Wirkung
mitarbeitet. Das Volkslied pflegte dauernde Sinngehalte auszuprä-
gen (Liebes-, Abschieds-, Vaterlands- oder Gesellschaftslied), und
von daher liebte Mahler bestimmte, immer wiederkehrende und
über lange Zeiten hinweg verständliche musikalische Grundsym-
bole. In den späteren Rückert-Liedern überwand Mahler die Gefahr
der Gefühlsseligkeit und offenbarte eine Melodie-Gabe auch bei
komplizierter formaler Anlage, die das neue Jahrhundert zu nutzen
suchte, aber nirgendwo mehr in der gleichen Intensität erreicht.
Mahler ging es bei seinem Volkston nicht um Popularität wie so
manchem Komponisten seiner Zeit. Es lohnt sich, einmal einen
Blick auf die Mühen mit dem »Natürlichen«, d.h. dem Volkston, zu
werfen, die die Geschichte des Kunstgesangs bis dahin durchlaufen
hatte.

Exkurs: Von der Mühe mit dem »Volkstümlichen«

Eine der wichtigsten Grundlagen des neuzeitlichen Volksliedes bildete das »Geistliche Gesangbüchlein« von 1551, verfaßt von Luthers engstem Weggenossen Johannes Walter (1490–1570), der die Kirchen- und Schulmusik auf lutherischer Grundlage erneuerte. Neben den Choralmotetten, die auf einem cantus firmus beruhen, gibt es hier einen homophonen Liedtyp. Die begleitenden Stimmen kennen keine Gegenbewegung, eine Kompositonsweise, die mit Isaac und Senfl in einer Reihe des Ringens um Volkstümlichkeit steht.

Kaum merklich hatte sich die reformatorische Bewegung in der Musik bereits hundert Jahre zuvor in Oberitalien angekündigt. Es ging ihr darum, die Poesie aus den Fesseln des Kontrapunkts zu befreien, wobei zunächst Stücke ohne Text (Aer de Sonetto, Aer Capitoli) als musikalische Hülle dienten, in die beliebig Terzinen oder Sonett-Dichtung eingefügt werden konnte. Solcherlei »frottole« wurden vom neuerlichen Ansturm niederländischer Einflüsse beiseite gedrängt, der sich dann allerdings in spezifisch italienischer Proportion zum Madrigal, zu liedhaften Gebilden läuterte. Hier wären die »Villanellen« zu nennen, die schon durch ihre Herkunft vom Volkslied keine kunstvolle Konstruktion zuließen.

In Frankreich sang man sehr anders. Die Chansons zeigen sich zierlich und gewandt, sind eigentlich schon Kunstprodukte, und ihre Autoren waren allgemein bekannt und beliebt. Die Madrigale, Villanelle und Frottole der Italiener, durch die »cantori a liuto« unter das Volk gebracht, können auch nicht eigentlich als Volkslieder gelten. Dagegen hatte Britannien einen echten Volksgesang, in dem auch mehrstimmiges Singen schon früh vorherrschte und erst von dort nach Deutschland gelangte.

Was wir heute noch von den alten Volksliedern wissen, umschließt nur einen kleinen Teil des Singens jener Jahrhunderte – alles Minderwertige schied Läuterung aus –, das Volk selbst ließ weniger Gelungenes fallen und bewahrte nur eine Auswahl des Besten.

Diese Lieder sind von sowohl literarhistorischem wie musikgeschichtlichem Interesse, das Unbeholfene ihrer Sprache, das Gewaltsame ihrer Reime, das Sprunghafte ihres Inhalts, das mitunter

Schwerfällige ihrer Melodie gibt ihnen Lokalfarbe und zeitdeuten-
des Kolorit, wenn auch ihre Verwendungsmöglichkeit für den neuzeitlichen Dichter oder Musiker – etwa der letzten Jahrhundertwende – häufig überschätzt wurde. Zwar war es sinnvoll, daß Dichter die Sprache oder Musiker die Melodien bis zu den Anfängen
zurückverfolgten, sie analysierten und nach ihrem Wesen zu durchdringen suchten. Denn aus dem Material von Sprache und Tönen
sollte ihr Kunstwerk entstehen. Aber dies Studium sollte nur infor-
mativen Charakter haben und nicht zur Nachahmung führen. Auch
Goethe arbeitete sich durch die alten Volkslieder, um an ihnen den
Schwulst zeitgenössischer Bildungssprache abzuschleifen. Wenn
aber kleinere Talente die Archaismen alter Zeit hervorsuchten, um
daraus einen Stil für sich zurechtzuzimmern, übersahen sie, daß
zum Stil nichts als das Allereinfachste gehört: klarer Satzbau, wohl-
klingender Rhythmus und lebendige Gedanken.

Als Johann Mattheson 1739 seinen »Vollkommenen Capellmeister« als Codex eines neuen Stils der »Natürlichkeit« entwarf, forderte er, man solle große Kunst vermeiden oder sie zumindest verbergen. Es gelte, »leichte« Musik zu schreiben. Eine gute Melodie
müsse jenes gewisse Etwas haben, das alle Welt wiedererkennt. Um
solche melodische »Leichtigkeit« zu erreichen, empfahl Mattheson
das Studium der Franzosen.

Auch Karl Wilhelm Ramler, der »Sprecher« der Berliner Liederschule, verwies in seiner Vorrede zu den »Oden mit Melodie« (1753–
55) seine Landsleute auf das Beispiel Frankreichs, wo seiner Meinung nach Menschen aller Gesellschaftsschichten sich am Singen
vergnügten. »Wir Deutsche studieren jetzt die Musik überall; doch
in manchen Städten will man nichts als Opernarien hören. In diesen
Arien herrscht aber nicht der Gesang, der sich in ein leichtes
Scherzlied schickt, das von jedem Munde ohne Mühe angestimmt
werden könnte. Wir leben gesellig … und was ist bei diesen Gelegenheiten natürlicher, als daß man singt? Man will aber keine
ernsthaften Lieder singen, denn man ist zusammengekommen, seinen Ernst zu unterbrechen. Die Lieder sollen artig, fein, naiv sein,
nicht so poetisch, daß sie die schöne Sängerin nicht verstehen kann,
auch nicht so leicht und fließend, daß sie kein witziger Kopf lesen
mag.« Ramler fordert, die Melodien sollten allen zugänglich sein,
keine Schwierigkeiten beim Lernen bieten, aller vokalen Verzierungen, Fiorituren und anderer lästiger Anhängsel entkleidet sein

und möglichst auch ohne Begleitung noch ihren Sinn und Reiz behalten.

So konnte das Lied im Volkston aufblühen. Einer seiner Meister, Johann Abraham Peter Schulz, schrieb 1784 (in der Vorrede seiner Sammlung von Liedern »Im Volkston«): »Ich habe mich in den Melodien selbst der höchsten Simplicität und Faßlichkeit beflissen, ja auf alle Weise den Schein des Bekannten darin zu bringen gesucht.«

Spätestens in der Mitte des 18.Jahrhunderts rückte also die künstlerische Ästhetik des »Natürlichen« ins Zentrum der Diskussion. Im Gegensatz zur Musik des Barock wurde einfachere Haltung angestrebt, die dennoch in ihrem Anspruch über bloß Hergebrachtes hinausging. Mehr als je zuvor nahm Gesang für sich in Anspruch, »Sprache« zu sein; er tendierte dazu, seine pythagoräischen, abstrakten Vorläufer zu verleugnen. Kunst und Natur sollten durch keine arithmetischen Hürden mehr geschieden sein. Und um Musik zu einem Faktor künstlerischer Kommunikation zu machen, wurde eine neue Allgemeinverständlichkeit des Natürlichen und Einfachen angestrebt. Hierfür mußten Normen geschaffen werden, die eine Komposition erst verständlich zu machen versprachen.

Was war nun von den erwähnten Franzosen zu lernen? Charles Batteux (1713–1780) verkündete 1743 in seinem Aufsehen erregenden »Traité des beaux arts, réunits à un même princip« (Übersetzung J. A. Schlegel, 1749) seine Theorie von der Rückführung aller Künste, einschließlich der Musik, auf die Nachahmung der »schönen Natur«, womit er eine im In- und Ausland gleich lebhafte, bis zum Jahrhundertende anhaltende Diskussion auslöste. Zunächst scheint es, als sei mit Batteux' Theorie neben der auf Aristoteles fußenden Affektenlehre nunmehr auch die platonische Nachahmungslehre zu neuen Ehren gekommen. In Wahrheit richtete sich der Blick genau entgegengesetzt: Wurde von Platon der Gegenstand künstlicher Nachahmung vom Objekt her gesehen, so suchte man ihn nun vom fiktiven Standpunkt einer vernünftig gedachten, geschmacklich geläuterten Natur zu fassen, »wie der Verstand sie sich vorstellen kann«. »Man muß die wahre Natur der Musik und der Tanzkunst aus der Natur der Töne und der Geberden kennenlernen.« »Die Töne liegen schon halb gebildet in den deklamierten Worten; es bedarf nur ein wenig Kunst, sie aus ihnen heraus zu ziehen, vornehmlich, wenn die Empfindung naiv und einfältig ist und aus der Fülle des Herzens her kommt. Wenn die Empfindung ergrübelt und spitzfindig ist: so kann sie die Musik nicht mehr ausdrücken..., und ihr Ausdruck wird unfähig denjenigen angenehmen Eindruck hervorzubringen, wie ihn der Virtuose sowohl als der vernünftige Laie fühlt und den beide gleich stark fühlen müssen, wenn man die aufrichtige Sprache der Natur mit ihnen redet.«

Denis Diderot (1713–1784), Philosoph der französischen Aufklärung und Inaugurator der »Enzyklopädie«, wahrte in seiner zwischen 1760 und 1764 entstandenen, berühmtesten Satire »Rameaus Neffe« gegenüber der Nachahmungslehre eine kritisch abwägende, Vernunft- wie Gefühlselemente gleichermaßen berücksichtigende Haltung. Seinem Standpunkt entspricht es, wenn unmanierierte Wahrheit gefordert wurde, »einfache Natur«, die dann ihrerseits auf Glucks Opernreform weiterwirken sollte. In der Satire (nach dem 1891 gefundenen Original übersetzt von G. Rohn, 1913) heißt es: »Sie dürfen nicht etwa glauben, daß das Spiel der Theaterleute und deren Deklamation uns zum Muster dienen könnte. Gott bewahre! Das alles muß bei uns viel kräftiger kommen, weniger manieriert und viel wahrer sein. Die einfachen Reden, die gewöhnlichen Laute der Leidenschaft sind uns um so nötiger, je monotoner die Spache klingt und je weniger Akzent sie hat; der Naturschrei oder der Schrei des aufgeregten Menschen gibt ihr den Akzent.«

Jean-Jacques Rousseau (1712–1788), der die umwälzende Wendung innerhalb der Aufklärungszeit von der Vernunft zum Gefühl hin entscheidend beeinflußte, schlug auch der Musik gegenüber neue Töne an. Seiner im »Versuch über den Ursprung der Sprachen« (»Essai sur l'origine des langues«, 1753; Frankfurt 1856) vorgetragenen Auffassung, daß Musik die Kunst sei, die dem Menschen am nächsten stehe, entspricht sein emphatisches Lob der Melodie auf Kosten der Harmonie; und damit bahnte Rousseau zugleich der nun bald folgenden sangbetonten Empfindsamkeit den Weg: »die Melodie, die Beugungen der menschlichen Stimme nachahmend, drückt Klagen, schmerz- oder freudenvolle Ausrufe, Drohungen, Seufzer aus; alle stimmhaften Zeichen der Leidenschaften sind ihr Bereich. Sie imitiert die Sprachakzente und Affektwendungen in jeder Mundart bei bestimmten Seelenregungen: sie imitiert nicht nur, sie spricht selbst, und ihre unartikulierte, aber lebhafte, feurige, leidenschaftliche Diktion hat hundertmal mehr Kraft als das bloße Wort. Hieraus entspringt die Stärke musi-

kalischer Nachahmungen, die Macht des Gesanges auf empfind-
same Herzen.«

Unter Rousseaus Einfluß wurde gegen Ende der ersten Hälfte des
18. Jahrhunderts die Herrschaft der Vernunft erschüttert und von
dem Primat des Gefühls abgelöst. Dies wirkte für den Rest der Aufklärungszeit auch auf die Musikanschauungen. Das Prinzip musikalischer Naturnachahmung wurde durch das Bekenntnis zum Gefühl
vertieft und differenziert. Es mußte sich auf diese Weise sowohl in
Frankreich wie in England und Deutschland, nicht zuletzt im Hinblick auf die Ausdrucksbetonung, erhebliche Korrekturen gefallen
lassen. So billigte der bedeutendste Musikästhetiker Englands,
Charles Avison (1710–1770) in seinem »Essay on musical expression« (1753 in 3. Auflage, 1775 verdeutscht als »Versuch über den
musikalischen Ausdruck«), der Melodie und Harmonie erst dann
Empfindung erregende Kraft zu, wenn musikalischer Ausdruck hin-
zutritt. Zugleich lehnte Avison eine realistisch tonmalende Imitation der Natur ab, weil sie dem Ausdruck entgegenstehe, der doch
allein zu rühren wisse: »Was ist also wahrer musikalischer Ausdruck? Ich antworte: es ist eine solche Zusammenstimmung der
Melodie und Harmonie, die uns auf die stärkste Weise rührt, und
diejenigen Leidenschaften oder Gemütsbewegungen in uns erregt,
die der Poet zu erregen sucht. In dieser Absicht muß also der Komponist sich nicht vor den Dichter zu stellen suchen.«

Wie konnte das folgende Jahrhundert, nach dem Sieg der Sonatenform und der damit verbundenen Herrschaft des Instrumentalen, just auf solche Forderungen antworten? Es ist charakteristisch
für das Jahrhundert nationaler Musikschulen, daß es den Natur-
lauten der Kultur, den Volksweisen nachging, sie erforschte und
aufzeichnete – mit solchem Nachdruck wahrscheinlich zum erstenmal in der Geschichte. Was zuvor in mündlicher Tradition oder in
fliegenden Blättern sich fortgepflanzt hatte, gelangte nun auf den
Schreibtisch der Forscher und von da aus als ein neuer »Besitz« in
die gute Stube der »Gebildeten«. Wir erinnern nur an einige aus der
großen Zahl der an diesem Werk Beteiligten: Herders »Stimmen
der Völker in Liedern«, Brentanos und Arnims »Des Knaben Wunderhorn«, Hoffmann von Fallerslebens und Richters Sammlungen
schlesischer Volkslieder, die verdienstvollen Forschungen von
Uhland, Simrock oder Erk. Eine Möglichkeit der Vermittlung zwischen künstlerischem Anspruch und Volkstümlichkeit hatte das

Volk im Lied gefunden, in dem es unabhängig und in seiner Weise Empfindung und Erfahrung aussprach.

Was die Romantiker aus diesem Erbe aufnahmen, strebte in verschiedene Richtungen. Da ist neben der Universalität, wie sie der neukatholischen, aber auch der mystischen Haltung eigen war, die deutschtümelnde, volkstümliche Bewegung mit faustisch-germanischen Zügen. Sie suchte alte Volkstraditionen wieder zu beleben, vornehmlich in der Dichtung, der »Lieder«-Sammlung, deren bedeutendstes Produkt »Des Knaben Wunderhorn« ist. Dieses Buch hinterließ Spuren in der volksliednahen Lyrik von Brentano, Eichendorff, Heine, Mörike, Kerner oder Uhland.

Bei den Liedweisen bot sich ein anderes Bild, denn ihre Sammlung konnte mit den Textforschungen keineswegs konkurrieren, und zum »Wunderhorn« gibt es kein auch nur annäherndes musikalisches Äquivalent, denn es fehlte an schriftlichen Vorlagen. So konnte auch, bei aller Suche nach dem Volkstümlichen, nichts handfest Belegbares aus dem folkloristischen Erbe in die Lieder von Schubert oder Schumann eingehen. Die englischen, walisischen, schottischen, irischen und italienischen Volksliedbearbeitungen von Haydn, Beethoven und Weber, Auftragsarbeiten mit wissenschaftlicher Nebenwirkung, fanden in Deutschland nur bei Silcher oder Brahms Entsprechungen. Hier aber muß mehr von bestimmten Typen und Stilelementen gesprochen werden, denn diese Komponisten strebten künstlerische Metamorphose volksliedhafter Partikel an.

Schon seit Schulz und Reichardt spielten in diesem Rahmen das Kirchenlied und das volksnahe Kunstlied eine Rolle des Übermittlers von Volksliedtraditionen. Zitate, Floskeln und Stilmerkmale sind eingesprengt. Aber daß sich die Romantik intensiver als das 18. Jahrhundert den alten Traditionen zuwandte, wenn auch oft nur dekorativ patinierend und der Vorliebe für das Romaneske folgend, ist gewiß. Romantische Umwertung beabsichtigte, einen Gegenpol zum Trivialen zu bilden, dem sie dann freilich um so mehr verfiel.

Volksliednähe der Lyrik half als ein höchst Erwünschtes den Kunstliedern mächtig auf. Dabei beschränkte sich solche Anregung nicht auf die Herausgeber des »Wunderhorn«, Achim von Arnim und Clemens Brentano. Die Idee zur Sammlung volkstümlicher Lieder griffen sie von ihren Vorgängern Herder (der den Terminus »Volkslied« als Übersetzung aus dem Englischen »folksong« schuf),

Nikolai, Eschenburg und Elwert auf. Arnim hatte bereits 1798, als er gerade das Gymnasium verließ, in seiner Rede »Das Wandern der Künste« gesagt, die Kunst sei etwas dem Volke Eigenes und entwickle sich durchaus nicht nur in gewissen Ständen oder auch Erdteilen. Alle Völker seien im künstlerischen Schaffen vereint; allerdings sprach er Deutschland dabei eine initiative Rolle zu.

Es ist bemerkenswert, daß Arnim mit der ersten Sendung von Liedern an Brentano sogleich den Plan einer Dicht- und Singschule erwähnt: »So wie Tieck den umgekehrten Weg einschlug, die sogenannte gebildete Welt zu bilden, indem er die echte, allgemeine Poesie aller Völker und aller Stände, die Volksbücher, ihnen näherrückte, so wollen wir die in jenen höheren Ständen verlornen Töne der Poesie dem Volke zuführen... Die einfachsten Melodien von Schulz, Reichardt, Mozart u. a. werden durch eine neu erfundene Notenbezeichnung mit den Liedern unter das Volk gebracht, allmälig bekömmt es Sinn und Stimme für höhere, wunderbare Melodien... Wichtiger ist die Bearbeitung der deutschen Sprache für den Gesang in einer damit enge verbundenen Schule der Dichtkunst« (nach Steig, »Achim vom Arnim«, Stuttgart 1894–1913). Wie nah sich im schöpferischen Ursprung, aber auch im schwierigen Verhältnis zur »Einfachheit« Sprache und Musik stehen, wird fast noch deutlicher in Arnims didaktischem Aufsatz »Von Volksliedern«, in dem er den Niedergang der Kunst mit der allgemeinen historischen Degeneration, die sich im Leben des Volkes zeigt, vergleicht. »Die Volkslehrer, statt in der Religion zu erheben, was Lust des Lebens war und werden konnte, erhoben schon früh gegen Tanz und Sang ihre Stimme; wo sie durchdrangen, zur Verödung des Lebens und zu dessen heimlicher Versündigung; wo sie überschrien, zum Schimpf der Religion« (»Werke«, Berlin 1839–57). Das Volkslied sollte also mehr als nur Gegenstand einer historischen Sammlung werden, es sollte das Leben davor bewahren zu verdorren, die Kunst aus der Stagnation herausführen.

Auch sollte die dichterische Sprache erneuert werden, wie es Arnim in Reichardts »Berlinische Musikalische Zeitung« 1805 andeuten konnte. Sein Aufsatz »Über deutsches Silbenmaaß und griechische Deklamation« wendet sich gegen die Nachahmung der griechischen Prosodie, die in der Antike noch Form und Inhalt miteinander verband, im Deutschen aber durch den Widerspruch zum natürlichen Akzent gerade trennend wirkte. Als ein geistiger Schüler Herders lehnt Arnim die »Jambensucht« der Zeit ab, willkürliche Längen und Kürzen seien zu vermeiden, ebenso der Rhythmus des Atems zu berücksichtigen. Er schrieb von den Griechen, ihre Deklamation sei »ein sehr einfacher Gesang gewesen, der uns wahrscheinlich das erstemal ebensowenig wie die Leyer mit drei Saiten ... gefallen würde, ob er darum wirklich schlecht, das folgt nicht«. Einfach und dem Volkslied nahe zu sein war aber für den Sänger der frühromantischen Lieder kein Freibrief für Eintönigkeit und Larmoyanz. Allerdings schien diese Nähe des Volkslieds im Laufe des kommenden Jahrhunderts mehr und mehr in Nebel zu verschwinden. Erst wieder an seinem Ende taucht bei Gustav Mahler eine bemerkenswerte Beschäftigung mit den »Wunderhorn«-Texten auf.

Jene Komponisten des 19. Jahrhunderts, die sich gerne an Volkslieder »erinnerten« und bei denen sich dann der Einfall wie von selbst einstellte, scheinen in solchen Momenten des Schaffensprozesses weniger rational gesteuert als von Reminiszenzen geleitet. Noch beteiligten sich die Musiker nicht so engagiert wie die Dichter Herder, Uhland, Arnim oder Brentano an Volksliedsammlungen. Dies wurde in Wahrheit später durch Mussorgsky oder Bartók eingeleitet. Die umfänglichsten Gedichtsammlungen teilten Melodien nicht mit, bis Erk, Kretzschmar, Zuccalmaglio und Hoffmann von Fallersleben hier abhalfen. Aber schon für Schubert wurde das Zuhören bei Volkssängern ebenso wichtig wie die Kenntnis des geistlichen Gesanges aus Gesangbüchern oder mündlicher Weitergabe (siehe auch Walter Wioras Hinweis auf die Verwandtschaft des »Leiermann« zu böhmischem Vorbild, 1971). Häufig arbeitete Schubert mit bereits vorhandenem Material, auch solchem folkloristischer Herkunft, wie der Zigeunermusik im »Divertissement à la Hongroise« oder mit der Erinnerung an ein schwedisches Volkslied im Es-Dur-Trio. Vielfach spielte er mit melismatischen Elementen, die dem Volkslied ähneln. Nicht anders als bei Mahler wird die Zone des Niederen, von der Kunstmusik Ausgeschlossenen auf diese Weise gleichsam wieder aufgetan, so als wollte der Komponist den schönen Schein durch grellere, direktere Akzente des nicht Saturierten ersetzen. Der Volkston erinnert nicht nur bei Schubert einerseits sehnsuchtsvoll an eine utopische Vergangenheit, er wirkt andererseits aufreizend wie ein Protest gegen die nur bestätigende Musik der »feinen Leute«.

Für das ganze 19.Jahrhundert schließen sich – blicken wir auf die
Entwicklung seit dem ausgehenden 18. Jahrhundert – Einfachheit
und gedanklicher Anspruch nicht aus. Denn das, was inhaltlich angestrebt ist, bestimmt die musikalische Artikulation. Und daß hier
der Unterschied zwischen kompliziert und einfach verwischt ist,
macht es vielleicht verständlich, wie wenige Künstler unter den Sängern den rechten Ton dafür zu finden wußten.

Nur selten erreichten die Lieder einen Popularitätsgrad, der der
Anonymität von Volksliedern ähnelte. Hier steht Mendelssohn an
vorderster Stelle, der den Männerchören ihre Lieblingsgeschenke
bescherte:»O Täler weit, o Höhen« oder »Wer hat dich, du schöner
Wald«. Johannes Brahms ist nur einer unter einer ganzen Schar von
Komponisten, die von der Mitte des 19.Jahrhunderts an Volkstexte
zu komponieren anfingen, um sie künstlerisch, mitunter gar kunstvoll aufgewertet, als Ausgangspunkt und Inspirationsquelle für das
eigene Schaffen einzusetzen. Hierbei greift er häufig auf die »Urge-
stalt« zweiteiliger Anlage zurück: Die B-Zeile bezieht sich auf die
Anfangszeile, indem sie mit einer Variante des A-Schlusses endet
(»Feinsliebchen«). Bei vielen Strophen der Lieder wechseln Sänger
und Sängerin miteinander ab.

Die Tendenz zum Volkslied entsprang einer allgemeinen europäischen »Besinnung« auf vaterländisch betonte Kunstwerke,
durch die eine als bedroht empfundene Kultur Erneuerung erfahren
sollte. Aus jenen Tagen stammt auch eine Meinung, die sich bis
heute hält, obwohl die vergleichende Musikwissenschaft längst den
Gegenbeweis formulierte – daß nämlich die verschiedenen Arten
der Volksliedbildungen jeweils nur einem Volke angehören könnten
und daß das Wesen des an Nationen gebundenen Volksliedes im
Gegensatz zum internationalen Schlager zu setzen sei. In der Tat
gewinnt ja der Forschende zunächst den Eindruck, daß das russische, ungarische oder norwegische Volkslied anders als die importierte Salon- und Opernmusik nur im eigenen Lande entstanden
sein konnte. Komponisten wie Mussorgsky, Grieg oder Bartók
konnten doch eigentlich nur aus solchen Wurzeln ihre nationalen
Sonderstile entwickelt haben.

Aber das Gemeinsame und Besondere stellt sich sehr viel komplizierter dar als auf den genannten ersten Blick. Zwar weist im
Zeitalter der Nivellierung der Gesang manipulierter Volksmassen
eine gewisse Uniformität auf; die gleichen Schlager, die gleichen

Typen politischen Liedes werden auf den entferntesten Stellen des
Globus gesungen. Sie haben jedoch eher etwas mit der Straßen-
kleidung gemein, die allüberall getragen wird. Der Zustand des
europäischen Volksliedes in seiner Blütezeit dagegen ähnelt vielmehr der Einheit eines vielstimmig spielenden Orchesters. Die
»Stimmen der Völker« als Zusammenklang individueller Charaktere erweisen bei allen nivellierenden Zügen doch ihre Eigenart.
Jene Kunstmusik, die auf »nationalem« Volksgut fußte, zeigte sich
nicht erst irritiert, seit Arnold Schönberg den musikalischen Boden
grundlegend umwälzte. Sicher ist, daß Europa den metrischen Stro-
phenbau wie kein anderer Kulturkreis im Volksgesang entwickelte.
In der Regel besteht die Liedweise aus mehreren metrisch geformten Versen, die sich durch Reime und Entsprechungen zu einer
mehrgliedrigen Gestalt ergänzen. Deshalb nahmen strophisch
geformte Liedweisen im Volkslied auch stets den größten Raum
ein.

Wo überlieferte Melodik auf Strophenform verzichtet, ist sie
vielfach sehr alt. Es handelt sich um rituelle Gesänge, Totenklagen,
melismatische Tonfolgen, aus deren Wurzeln die gregorianischen
Melodietypen entstanden sein dürften. Wie wir zeigten, wandte
sich die Kunstmusik im Verlauf des 19. Jahrhunderts gegen die
Alleinherrschaft des Strophenbaus, da sich die Volksliedweisen,
übrigens auch in Tonart und Rhythmus, bis zur Einförmigkeit ver-
engten. Ob nun in Italien, Deutschland oder England, überall
herrschte das gleiche Regelmaß. Daß das Volkslied einen Niedergang erlebte, als die Menschenmassen geschmacklich nivellierten
und zivilisatorische Internationalisierung um sich griff, muß sicherlich als zusammenhängend im Sinne der décadence begriffen werden.

Die Veränderung der Pflege des Volksliedes ist im Kontext der
allgemeinen Entwicklung zu sehen. In der Kirche, am Hofe und in
der Stadt wurden Melodietypen stilisiert. Laien wurden erzieherisch mit Liedern »fürs Volk« versorgt, Pflege des Volksliedes geschah von oben her und von Amts wegen. Ein eminent gewichtiges
Element der Musikpflege im 19. Jahrhundert stellt die Wiederbelebung verklungener Musik dar. Hier zeitigte die Renaissance Bachs
und Händels nachhaltig stimulierende Wirkung. Auf dem Boden
gerade der romantischen Abhängigkeitsempfindungen blühte der
volkstümlich ausgeprägte Musikcharakter in den verschiedenen

Ländern wieder auf, an Namen geknüpft wie Chopin, Niels W. Gade, Grieg, Berlioz, Dvořák oder Glinka.

Kein Zweifel, daß für die slawischen Komponisten und für die nationale Selbstbesinnung russischer Musik das Volkslied eine unerschöpfliche Quelle darstellte. So enthalten fast alle Opern russischer Komponisten Volksliedweisen, die freilich vor allem dazu benutzt wurden, um den Widerstand gegen den überwältigenden Einfluß der italienischen Oper zu stärken. Die Melodien wurden »verwendet«, in die Musik hinein versteckt, allenfalls als folkloristische Kulisse eingeschoben. Das änderte sich erst, als Mussorgsky auftrat, der sich mit ihrer konkreten Gestalt beschäftigte. Von diesem angeregt, persönlicher Antipathie gegen den Alkoholsüchtigen zum Trotz, nahm dann Tschaikowsky das Verfahren auf, so daß die spezifische Qualität russischer Musik aus ihrer Unterordnung unter den nationalen Zweck befreit wurde.

In Deutschland dagegen existierte kaum noch eine lebendige Volksmusiktradition, ihr Erscheinungsbild war zur den Effekt bestimmenden Larve verunziert. Dies machte die Widerstandslosigkeit möglich, mit der auf die Überzeugungskraft ebenso wie den bösen Unterton in den »Meistersingern von Nürnberg« gegen das Welsche reagiert wurde. Einseitige Sichtung des Phänomens Volkslied auf rassische, ethnische oder geographische Unterschiede hin ging immer an der Wahrheit vorbei, sie versperrte den Blick auf die Vielfalt der Erscheinungen, hinter der viele Faktoren verborgen liegen, die es dem Kunstlied – vielleicht ganz sinnlos – erschwerten, volkstümlich zu bleiben.

Und doch war es richtig, daß die Melodien auf das Leben und Verhalten der einzelnen Völker hinwiesen. Auch im Volkslied kann das Gewicht auf dem Wortlaut, dem Inhalt in rezitierender parlando-Weise liegen oder aber auf dem Melodischen, indem eigenständige Melismen und Vokalisen das Wort an Wichtigkeit zurückdrängen. Hier bekunden sich Charakterzüge der Volksmusik, die im Klang der Stimme nicht weniger als im Tanz des Körpers liegen. Beim Anhören gewisser Volksmelodien kommen uns Gestalten und Genrebilder aus Italien, Ungarn oder Rußland unwillkürlich in den Sinn.

Mehr als im Kunstgesang beherrscht das Volkslied geltendes Ethos, eingeübt und kundgetan, eine Sinngebung der Musik vom Ethischen her. Was die Dichtung und die Politik einfach mit »ewig«

umschreiben, konkretisierte sich im Charakter eines Volkes erst im Laufe langer Zeit. Zudem verwirklichen die Völker den Begriff Volk verschieden intensiv, unterschiedlich auch in ihrer Mitwirkung an der Schöpfung übernationaler Formen des Liedes und darin, inwieweit sich Stile entwickelt und gehalten haben. Frankreich ragt unter den Nationen heraus, die an der Entwicklung von Formen und Normen der europäischen Melodik am meisten beteiligt waren, und zugleich stilisiert es weitgehend die Singweisen. Klarheit und Prägnanz verbinden sich mit Anmut und Schwung.

Ähnlich wie im Kunstgesang gab sich die französische Weise weniger dem Wohlklang und der Expressivität hin, als dies etwa in Deutschland oder Italien üblich war. Dafür hatte sie auch weniger Spannweite, das Modell der Melodie gestaltete sich spröder. Bei Haydn, Weber oder Beethoven hält der schottische, irische oder walisische Ton mit den Auftragswerken der Bearbeitung von Volksliedern Einzug, wobei die Melodien in ihrer ursprünglichen Gestalt belassen wurden und nur in Vorspiel, Begleitung und Nachspiel persönliche Kommentare der Meister aufweisen. Hier kann der »Scotch snap«, der typische punktierte Rhythmus, studiert werden, ein Singen, das eigentlich zum Gegenteil des wohligen cantabile neigt, aber in seiner Härte und der gelegentlichen Ungeschliffenheit ganz besonderen Reiz ausübt (siehe auch diverse Beispiele in Walter Wiora, »Europäischer Volksgesang«, in: »Das Musikwerk«, Köln 1952).

Immer wieder öffnete sich die Musik, französischer Initiative folgend, nach Osten hin. Persien, Indien, Indochina und Indonesien, China und Japan schienen der Romantik und dem Fin de siècle dazu geeignet, fremde Klangwelten in die Spätzeit europäischer Kultur hereinzuholen. Aber sie vermochten sich nur zögernd in der Dur-moll-Tonalität Europas zu behaupten. Camille Saint-Saëns (1835–1921), der Nordafrika aus eigenem Erleben kannte, gab in seinen »Mélodies persanes« mit wellenförmigen Melodielinien oder »modalen« Floskeln lediglich Eindrücke an der Oberfläche wieder, ohne das ideelle Bild einer Landschaft und ihrer Stimmklänge nachzuerschaffen, wie es Debussy in seinen iberischen Idealbildern erreichte. Auch Georges Bizet mußte davor kapitulieren, daß sich orientalische und kunstsängerische Kehllaute kaum vereinen ließen. Exotik blieb hier ein pittoreskes Dekor. Delibes und Saint-Saëns wichen in vokale Arabesken aus, die mit ihren Koloraturen nur der Virtuosität der Sängerkehlen Stoff boten anstatt orientalisch zu sein.

Als eine Folgeerscheinung romantischen Weltgefühls bewährte sich das Nationalbewußtsein in der Musik weit glücklicher als in der Politik. Es ging aus dem Scheitern einer übernationalen Weltordnung hervor, der des ancien régime, und wirkte in der Musik des 19. Jahrhunderts als frischer Impuls, der danach strebte, sich individuell zu formen und auszusprechen. Die Komponisten drangen schon bald, weil sie sich mit nationalen Melodien oder Rhythmen allein nicht begnügten, in psychologische Verwendung der Volkskunst vor. Anstelle eines patriotischen Nationalismus, der sich auch künstlerisch oft genug militant uniformierte und die nationale Melodie gleichsam exotisch pikant der sonst konventionellen Musiksprache einverleibte, rückte nun eine wissenschaftlich untersuchende Attitüde, die unromantisch-sachlich vorging. Grammophon- und Tonbandaufnahmen sicherten schließlich eine Kenntnis folkloristischen Materials, die Komponisten wie Janáček, Bartók, Strawinsky, Ravel, Manuel de Falla (1876–1946) oder Ralph Vaughan Williams (1872–1958) zugute kam, als sie das Melodische, Harmonische und Rhythmische anzureichern suchten. Nicht nur melodisch, rhythmisch oder koloristisch, sondern Psychologie nutzend konnte dieses neue folkloristische Raffinement Rohstoff für die neue Musik abgeben.

Dennoch erklärte Strawinsky, seine Handhabung volksmusikalischen Materials sei mehr eine intellektuelle Übung, als daß sie seine natürliche Affinität ausdrücke. Im Prinzip behandelte er die Folklore in seinen »russischen« Werken ähnlich wie Bartók, nur daß er nicht wie dieser zwischen sechs Methoden der Verarbeitung von Volksmusik differenzierte (von direktem Zitat bis zu gänzlicher Verschleierung der originalen Melodie). Nur gelegentlich verwendete Strawinsky überlieferte Melodien. Folkloristische Eigenheiten ließ er aber für Struktur und Rhythmus seiner Werke wichtig werden. In ähnlicher Richtung, aber eben stärker auf melodischer Basis, hatte Mussorgsky gearbeitet, der freilich wie Bartók und Janáček dem Volkstum verbunden war und sich darin von dem flexibleren Strawinsky deutlich unterschied. Anders wäre Mussorgsky auch kaum zu seinem skizzenhaft ungeformten Stil gelangt, der in den Liedern überrascht und ebenso russisch ist wie der aus dem Sprachtonfall entwickelte vokale Rezitativ-Stil seiner Opern.

Die Symbolik Gustav Mahlers kann letzten Endes als eine späte Nachfahrin der Wiener Klassik und zugleich als der Versuch gewertet werden, einem erstarrten Formalismus zu entrinnen und an dessen Stelle eine gelöste, melodisch aufgelockerte Expression zu setzen. In ihr verband sich die emotionale Überspannung des 19. mit dem nervösen Skeptizismus und der »Weltangst« des 20. Jahrhunderts. So sind Mahlers »volkstümliche« Melodien eigentlich gar nicht »einfach«, sondern stilisierte, intellektualisierte Gebilde, ebenso weit von den naturhaften Urformen des Volksliedes entfernt wie die dekorativ stilisierten Pflanzenmotive des Jugendstils von ihrem Urtyp. Schon in den zellenartigen Urformen seiner Lieder, deren Material dann in den Symphonien aufging, begegnen wir feinsten Änderungen bei jeder strophischen Wiederholung. Nie kehrt ein Abschnitt identisch wieder, was bei häufig wiederholtem Textvokabular in den »Wunderhorn«-Liedern keine geringen Anforderungen an das Gedächtnis des Sängers stellt. Es handelt sich um Varianten, die die Strophenschlüsse nicht reimähnlich wiederholen. Zwar bleiben Strophen als solche erkennbar, aber meist geht es unerwartet, intensiver weiter. Varianten werden in die harmonische Konstruktion einbezogen und steigern oder schwächen das Ganze, wie etwa die B-Teile einer jeden Strophe in »Lied des Verfolgten im Turm«, die die Verzweiflung des Mädchens vertiefen und zugleich zeitlich dehnen. Was musikalisch unmittelbar sein soll und natürlich, wird von dem angeblich musikalisch so naturbesessenen Komponisten Gustav Mahler bis in die tonsetzerischen Zellen hinein immer wieder in Frage gestellt. So unverkennbar eigenartig er ist, so plastisch er formuliert, so wenig schickt er sich in das von den Romantikern inthronisierte Ideal des Originellen.

Einer der frühesten wissenschaftlich arbeitenden Volksmusikforscher war Leoš Janáček. Zwanzig Jahre vor Bartók hatte er die Melodien seiner ostmährischen Heimat und der benachbarten slowakischen und polnischen Grenzbezirke erkundet und aufgezeichnet. Seine Melodiegestaltung näherte sich auf natürliche Weise den Volksliedtypen seiner Heimat, indem er die melodisch-rhythmischen Elemente des Sprachtonfalls zum Wesenskern seiner Musik machte. Das, was er »Sprachmotive« nannte, die Keimzellen seiner Melodien, gewannen daraus die Physiognomie volksmusikalischer Fragmente.

Bei uns in Deutschland gab es in den frühen dreißiger Jahren eine synthetische Volkslied-Retorte, die den rein emotionalen Hörer, dessen Rezeption nicht von musikalischer Vorbildung beeinflußt war, in die Kulturindustrie einplante. Von hier führte absurderweise eine direkte Linie zurück zu den Pseudovolksliedern der deutschen Romantik und ihrer Chorpflege.

Bei Friedrich Silcher (1789–1860) klang vieles unecht, in der totgeborenen Art des künstlichen Volksliedes oder besser Bürgerliedes. Erstaunlich, daß so »späte« Künstler wie Schubert, Schumann oder Brahms darin so überzeugend gewirkt haben, denn sie hielten am geschlossenen Lied als homophon melodiöser Form in einfachem Zeitmaß fest. Ihre Lieder im Volkston sind zwar deutsch, aber auch endlich und zuweilen strophenhaft melodisch geschlossen. Immer wurde in Deutschland die Echtheit des Volksliedes von der »Pflege« überdeckt; es durfte nicht einfach das sein, was es war, es mußte sich beobachten und auf eine Unmittelbarkeit verzichten, auf die es sich doch so viel zugute hielt. Davon zeugen auch die Texte, listig auf die Vorstellung vom Volkstümlichen zugeschnitten und alles andere als ursprünglich.

Folkloristische Bestrebungen stießen in unserem Jahrhundert, wenn sie sich in der Arbeit eines Bartók oder Janáček konzentrierten, in die genau entgegengesetzte Richtung. Anders als sich die nationalen Schulen spätromantischer Prägung fortsetzten, wehrte sich Bartók gegen das großstädtische Zigeunertum etwa Franz Liszts und griff gemeinsam mit Zoltan Kodály auf Nichtvermarktetes, meist Unerschlossenes zurück, und dies zu einer Zeit, in der er ganz wie Janáček seine radikalste Neuererperiode als Komponist durchmachte.

Charakteristisch für die gegenwärtige Lage ist, daß der Jazz als eine echte Volkskunst, ganz bewußt in die Region des »Seriösen« getreten, als respektabel angesehen und gefördert wurde – vor andächtigen Hörern wie bei einer Beethoven-Symphonie. Jazz wurde ja auch von Künstlern wie Duke Ellington oder William Russo symphonisch ausgebaut; gleichzeitig wurde aber auch dem ursprünglich Improvisatorischen zugemutet, sich strukturell und dem Schema folgend einzuordnen, wodurch die Solisten enger in das orchestrale Ensemble eingebunden wurden. Beabsichtigt war wohl, Jazz der seriösen Musik an die Seite zu stellen und zugleich diese neu auszurichten und zu bereichern. Nun ist zeitgenössische Musik international, in einem zeitweilig nivellierenden Sinne, und so kann der Jazz wohl mit Recht den Anspruch erheben, eine kosmopolitische Folklore im Bündnis mit »ernster«, d. h. guter Musik zu formen. War die Kirchenmusik einst volkstümlich, so muß sie gegenwärtig mit Hilfe der Pop-Musik revitalisiert werden, wobei oft an die Urform des Jazz, das Negro-Spiritual, angeknüpft wird.

Es wurde in unserem Jahrhundert möglich, die Geschichte des Volkslieds von den Anfängen bis zur Gegenwart zu durchforschen und aufzuzeichnen und damit seine Vielgestalt, seinen Werdegang und die historischen Zusammenhänge aufzudecken. Dieses Stadium trifft mit einem grundlegend gewandelten Zustand des Volksgesangs zusammen. Mündliche Tradition ist ebenso niedergegangen wie zweckfreies Umsingen oder die an Stand und Brauch gebundenen Singarten. Die Jugendbewegung und alle an sie anknüpfenden Bestrebungen waren immer nur momentan erfolgreich und konnten Traditionen nicht festigen. Volksliedpflege rückte so in pädagogische und politische Bereiche, auch in die Pseudofolklore des Tourismus und der Massenmedien.

Breitesten Raum nimmt das populäre Agitationslied und das der »Liedermacher« ein, das sich musikalisch nur unscharf von dem nahen Schlager abhebt, wenn auch gelegentlich mit alten Volksliedern gearbeitet wird. Hier bleibt die strophische Gestalt, zuweilen in endloser Wiederholung, als Grundform vorherrschend. Der Liedermacher und der sozialistische Agitationssänger, nicht immer miteinander identisch, sie setzen die Massenproduktion einfacher Strophenlieder aus dem 18. Jahrhundert mit erzieherischen und sozialkritischen Tendenzen fort. Schriftsteller und Komponisten wie Bertolt Brecht und Paul Dessau setzten künstlerisch neu an, um dann gerade von der Rigorosität des Kampfliedes eingeengt zu werden, das doch allein selig machen sollte.

Nicht nur der Charakter der literarischen Ballade, auch der der musikalischen änderte sich seit Loewe grundlegend. Sie näherte sich der Bänkelsänger-Ballade, knüpfte wieder an das Wesen der Volksballade an, wurde komisch, ironisch, satirisch und erfuhr politische Akzentuierung. Es lag nahe, daß das Kabarett sie aufgriff und sie ätzend kritisch musikalisierte. Wedekind und Tucholsky waren Paten der politischen Aussage der Biermann, Degenhardt oder Heller, die sich ihre Weisen selber schreiben, sie aber so einfach halten, daß immer ein großes und breites Publikum erreicht wird, in Teilen auch das der Pop-Musik, ein größeres als – wenigstens bei uns in beiden Teilen Deutschlands – heute noch mit dem Kunstlied je erreicht werden könnte. Das liegt sicher auch an dem Mangel wirklich qualifizierter Liedersänger, an der einseitig belcantistisch orientierten Einstellung mancher Kritiker, an dem »pseudosakralen« Konzertwesen, nicht zuletzt an überhöhten Eintrittspreisen. Das wichtigste sollte nicht vergessen werden: Die Mehrgleisigkeit des zugleich dichterisch wie musikalisch an den Hörer höchsten Anspruch stellenden Kunstliedes hat immer einen wesentlich kleineren Kreis von Menschen angesprochen als Lieder mit populären Texten oder solche, die mit akkordischer Begleitung lediglich Transportmittel für Literatur sind. Denn es wandte sich an Hörer, denen die Noten nicht Einlullung oder Stimmungskulisse, sondern strukturell nachzuvollziehende Gedankenbildung bedeuten.

Liedgesang im 20. Jahrhundert

Wir sind gewohnt, das Wort »liedhaft« als Synonym für »schlicht und einfach« zu gebrauchen, weil die Volkslieder in der Tat einfachen formalen Grundriß aufweisen. Aber einfache Anlage der Form gehört nicht unbedingt zum »Lied«. Schon im Mittelalter entstanden Lieder mit recht kompliziertem Aufbau. Und etwa die »Schlichten Weisen« eines Max Reger führen uns direkt hinein in die Problematik der Liedentwicklung seit 1900. Reger gibt sich in seinen Klavierminiaturen und in seinen Liedern mit einer Kindlichkeit wie ein Alter, der Reifen und Fangball mitspielt. Es ist eine schreckliche Sache um einen Depressiven, der den Frohen mimt, um einen Schiefgewickelten, der den Schlichten spielt.

Das Ehepaar Herwarth Walden und Else Lasker-Schüler gaben um die Jahrhundertwende in Berlin Hauskonzerte für Freunde und Interessierte. In einem Brief an den »dunklen Kiefernfürsten« Richard Dehmel schrieb die Lasker-Schüler: »Immer wenn hier bei uns Concert ist, spielt Goldwarth deine Lieder, die bewundert werden« (zitiert nach Erika Klüser, »Lasker-Schüler«, Hamburg 1980). Walden verstand sich damals noch ausschließlich als Komponist. In einer Ankündigung seiner »Zehn Gesänge zu Dichtungen von Else Lasker-Schüler« in der Zeitschrift »Zukunft« formulierte Walden 1904, was er unter Vertonung von Gedichten verstand: »Meine Absicht war, nicht Musik über ein Gedicht zu schreiben, also nicht von ungefähr die Stimmung zu treffen, sondern beides so innig miteinander zu verschmelzen, daß Eins ohne das Andre gar nicht mehr denkbar ist. Wie mir scheint, schadet es gar nicht, wenn die Musik ohne die Worte keinen ›Sinn‹ gibt, also absolut nicht etwa rezitativische Deklamation sein, sondern nur die Musik tönen lassen, die vom Ursprung an gerade in dem gewählten Gedicht enthalten war.«

Waldens Lieder wurden vergessen; aber was hier geäußert wurde, entsprach ganz dem, was etwa Othmar Schoeck unter Gesangsmusik verstand. Schoeck steht zwischen Romantik und Moderne, wenn ihn auch seine avantgardistischen Zeitgenossen als hoffnungslos reaktionär ansahen. Seinen einsamen Weg neben dem Strom europäischer Musikentwicklung ging Schoeck aber sehr bewußt. Es gibt bei ihm einige Ähnlichkeiten mit Hugo Wolf zu entdecken. Auch bei ihm stellt, gleich intensiv, das Liedschaffen den Zentralpunkt des Werkes, und seine Gestaltungsmerkmale und Ausdrucksformen nehmen nicht nur von Schubert und Schumann, sondern mehr noch von Wolf ihre Lebenselemente. Schoeck kennzeichnet Wärme und Innigkeit. Entgegen dem Eindruck bei manchen Kritikern, stilistische Stetigkeit habe Schoeck sein Leben lang zu Gebote gestanden, kann eine Entwicklung von geschlossener Form und thematischer Gebundenheit zu »additiv« rhapsodisch gereihten Textentsprechungen beobachtet werden. Von der Melodie also, die häufig volksliednahen, schubertischen Ton anschlug (Eichendorff-Gesänge), gelangte Schoeck über eine modernistisch von Zeittendenzen beeinflußte Spannungsharmonik zu einer manchmal mit wenigen, nah beieinanderliegenden Tönen auskommenden Rezitation (»Lebendig begraben« nach Keller), zu einer Synthese aus sehr persönlicher Melodiebildung und formaler Kurzstreckentechnik. Wie Wolf bekannte sich Schoeck zu Lyrikern einer für ihn zurückliegenden Zeit, Hermann Hesse ausgenommen. Eichendorff, Uhland, Lenau, Mörike (mit zwei wundervollen Vertonungen der von Wolf nicht komponierten »Peregrina«-Gedichte), Keller und Meyer. Schoecks Streben nach größerer Form realisierte sich weniger stark in den Instrumentalwerken als da, wo er größere Liedergruppen zu Zyklen vereinte.

Die Kritik hat geglaubt, von Schoeck sagen zu müssen, er habe Probleme gescheut oder nicht gekannt, nur weil er sich mit solcher Sicherheit dem Lied widmete. Oberflächlich gesehen scheinen sein

Einfallsreichtum, aber auch sein literarisches Verständnis für diese Meinung zu sprechen. Doch allein schon die Tatsache, daß Schoeck sich in der Wahl seiner Texte in der Hauptsache auf die Vergangenheit beschränkte, bedeutet Verzicht, Resignation und Rückwärtsschau, die auch im kompositorischen Stil spürbar wird. Solche Haltung teilt Schoeck mit Emil Mattiesen (1875–1939) oder Wilhelm Petersen (1890–1957). Neben dem geliebten Nikolaus Lenau, dessen schmerzzerklüftete Klänge ihm jene Komponierweise diktierten, die sich am weitesten der Atonalität nähert, waren es die Häupter der Glanzepoche deutscher Dichtung, zu denen Othmar Schoeck keinen Jahrhundertabstand überwinden mußte und die ihm nicht Ferne bedeutete. So wurde er zum späten Verkünder ihrer Jugend und Unvergänglichkeit. Die Gefährdung lag wohl darin, daß er in unseren Tagen – fast auf verlorenem Posten – ein Künstlertum bewahren wollte, wie es sich musikalisch mit Beethoven und Schubert vor allem im deutschen Sprachgebiet gebildet hatte.

Erinnerung und Vorahnung kennzeichnen die Romantik dieses Liedmeisters. Der einzige literarische Zeitgenosse von Rang, dem sich Schoeck bereits seit seinem zwanzigsten Lebensjahr zuwandte, hieß Hermann Hesse und war eng mit ihm befreundet. Der Dichter schätzte nicht nur die 23 Vertonungen seiner Gedichte, er schrieb Schoeck auch zwei Opern-Libretti, »Der verbannte Ehemann« und »Bianca«. In einem Essay von 1931 formulierte Hesse, was Schoecks Haltung im besonderen und die Ziele der Spätromantik im Klavierlied allgemein kennzeichnet: »In Schoecks Vertonungen ist nirgends das leiseste Mißverständnis des Textes, nirgends fehlt das zarteste Gefühl für Nuancen, und überall ist mit fast erschreckender Sicherheit der Finger auf das Zentrum gelegt, auf jenen Punkt, wo um ein Wort oder um die Schwingung zwischen zwei Worten sich das Erlebnis des Gedichtes gesammelt hat... Er liest Verse, wie ein Jäger Wildspuren liest.«

Viele Komponisten vertrauen ihre ganze Wirkung dem Gedicht an, das sie vertonen. So kann der Lied- und Opernschöpfer Schoeck, wenn ihn Sprache nicht beflügelt, seltsam wesenlos wirken. Die Instrumentalwerke vollziehen meist nur nach, was in der Vokalkomposition bereits dichter angelegt war. Bewundert und vom Sänger unbedingt nachvollzogen werden muß dagegen die Einfühlung Schoecks in Form und Gehalt lyrischer Dichtung. Wichtig wurde sein experimenteller Einsatz anderer Besetzungen neben Klavier als Begleitinstrument (vor Strawinskys oder Ravels ähnlichen Versuchen).

In einigen Fällen gelang es Hans Pfitzner, solchem Anspruch lyrischen Nachschaffens zu genügen, in anderen nicht. Und wieder ist der Sänger hier aufgefordert, eine sich unabhängig gebende, dogmatische Lehrhaltung, eine Meinungsbildung durch die Kritik objektiv als undurchschaute Abhängigkeit zu erkennen. Die öffentliche Ästhetik erhebt nämlich bestimmte Abstraktionen aus der Fülle des Kunstwerks zu dogmatischen Maßregeln und begeht dabei den Fehler, mit Verlust Einzelnes aus dem Ganzen zu abstrahieren. Sie »hält die Teile in ihrer Hand, fehlt leider nur das geistige Band«. Bestehen bleibt die riskante Aufgabe für jeden Interpreten, Werke nicht immer genauso wiederzugeben, wie die gerade gültige Modemeinung über den betreffenden Komponisten es will. So kann ein Eichendorff-Lied (Pfitzners »Zorn« etwa) falsch pathetisch erscheinen. Der Sänger kann die Pathetik in seiner Wiedergabe verschwinden lassen, nicht etwa, indem er Pathos einfach eliminiert, sondern indem er es auf seine Person und Weise hin ausrichtet und es, neu beleuchtet, wirken läßt. Das Lied spricht von Enttäuschung. In diesem Gefühl ging es Pfitzner, aber ebenso Schoeck oder Hermann Reutter, um eine Wahrheit jenseits des menschlichen Handelns, ja jenseits der menschlichen Vernunft. Kategorien des Fortschritts kamen für sie nicht in Betracht, das von Menschen Gemachte konnte nicht im Mittelpunkt des Interesses stehen. Und diese Künstler zeigen, daß die Idee, nach der die Natur das Heil offenbare, noch lange nicht historisch ist.

Was an der Situation des Menschen in diesem Jahrhundert bedrohlich ist, wurde im Expressionismus wie in einem Prisma der Apokalypse aufgefangen. Über dem Abgrund des »Fortschritts« balancierte unsicher die Skepsis gegenüber der religiösen Bindung, die relativierende Philosophie. Ein Ausweg schien sich nur dort zu eröffnen, wo in der Musik von Bartók, Janáček oder Strawinsky Volkstum gleichsam unterbewußt in die sprechenden Töne aufgenommen wurde. Das 20. Jahrhundert brachte dem Lied die abenteuerlichsten Widersprüche von Bewahrung, Erneuerung und völliger Abkehr von seinen Kern-Elementen. Die Schichten aus allen vorgegangenen Stadien sind nicht nacheinander zu denken, sondern konvergierend neben- und übereinander. Expressionismus befaßte sich weniger mit der Erscheinung als mit der Idee. So neigen die Lieder der Epoche übersteigert zum Gedanklichen, Abstrakten, Unsinnlichen. Indem die Psychoanalyse Symbole des Unterbewußten entdeckte, erschloß sie die hauptsächlichen Perspektiven neuen Gestaltens: Nachtseiten der Seele, Furcht, Leiden, moralische Unfreiheit, Hemmungen, Abnormitäten.

Die Neue Wiener Schule

Dem Zugriff künstlerisch formenden Geistes entsprach nicht immer der Funke der Inspiration, der oft ungenügend und erst nach erbittertem Ringen zündete. Solches Ungenügen bezog sich in der Musik vor allem auf das Melos. So kann Arnold Schönbergs Umwandlung des tonalen Systems in eine sogenannte Atonalität nicht nur als Zwang gesehen werden, sich von hergebrachter Harmonik zu befreien, sie drängte ebenso nach neuer melodischer Dimension.

Oberflächlich kann diese Musik als etwas gesehen werden, das sich selbstverständlich der Errungenschaften aller Musik bis dahin bedient, also in der Tradition steht und keine radikale Absage an diese bedeutet. Die wirkliche Abkehr vom Hergekommenen wird der Hörer von heute später im Aleatorischen entdecken müssen, als es der Generator des Zufalls war, der die Musik schrieb und jede Bindung an ihre Funktionalität leugnete. Bei näherem Hinsehen stellt sich dann aber heraus, daß dieses Auflösen bereits in den zufälligen Zusammenklängen der Komposition mit zwölf Tönen vorbereitet war, so funktional sich ihre Form auch gab.

Wir glauben, daß nicht zum wenigsten hier die Quelle liegt für das Bewußtsein des heutigen Künstlers von Erinnerung, von Spät- und Verfallensein. Erinnerung half zu häufig dabei, sich die eigene Position verständlich zu machen. Erschöpfte sie sich aber darin, so litt die Sicherheit künstlerischen Empfindens darunter. Künstler, die sich in dieser Weise als »spät« verstehen, haben das Niveau nicht mehr, das sie einnehmen könnten. Die Kunst des auslaufenden letzten Jahrhunderts mutet auch insofern seltsam an, als sie zugleich »Spätromantik« umgreift und den »Jugendstil«, das doch eigentlich aufbrechende »Junge«. Theoretiker, die die Zeit als dekadent interpretierten, sahen die Pflanze nicht, die hier aus den Ruinen grünte.

Auch die neue Form der Handwerklichkeit stellte die Kunst ja auf neuen Grund.

Schönberg und seine Schüler nahmen nicht etwa Abschied von der »verständlichen« Musik, sie verzichteten in keinem ihrer Werke auf den Charakter der Mitteilung. Und machten sie es ihren unvorbereiteten Hörern auch nicht gerade leicht, so sahen sie doch in der Funktion des Textes immer noch Beiträge zum formalen Umriß der Komposition, mitunter sogar das Modell für die Strukturen. In der Phase des Aufbruchs aus einer funktionalen Harmonik, die größere Formen zu garantieren schien, vollzog sich bei Schönberg (1874–1951), Alban Berg (1885–1935) und Anton Webern (1883–1945) die entscheidende Wendung zur Atonalität – neben der Aphoristik kurzer Instrumentalstücke – auf dem Weg über die Vokalkompositon.

Dies konnte nicht verhindern, daß mit der Neuen Wiener Schule die Musik wieder stärker in die Textinterpretation eingriff, nicht ohne immer kompliz1ertere Formen für die musikalische Realisation eines Textes zu beanspruchen. Nicht erst in den Werken Schönbergs oder Weberns entspringen entscheidende Neuerungen aus der Verbindung Sprache–Musik. Schon Mahler bildete mit seinen Vokalkompositionen gleichsam Zellen, deren Teilung ihn symphonisch wachsen ließ. Wiens Zwölftöner stellten rückblickend die These auf, eine Form, die dem Gedicht immanent ist, habe dem richtungslosen musikalischen Material unter die Arme gegriffen, der Gedicht-Zusammenhang habe den Verlust an Form wettgemacht, indem er einen annähernden formalen Halt sicherte. Der Blick auf die helfende Sprache mußte zum Programm werden.

Indem er Ansätzen bei Schubert oder Brahms folgte, berücksichtigte Arnold Schönberg zwar den rhythmischen und melodischen Tonfall eines vertonten Gedichts, spiegelte aber das formale Gerüst der dichterischen Vorlage nur selten musikalisch wider (etwa in »Der verlorene Haufen« nach Viktor Klemperer). Ein Künstler wie Schönberg war konsequent genug, seine streng gewandte kompositorische Verfahrensweise mit einer Dichtung zusammenzutun, die nicht stimmungshaft zaubern wollte, sondern mit Worten wie mit Bausteinen umging, kritisch distanziert wählte und figuralen Stil aus eigenem Willen dazu fand (das frühe Lied »Erwartung« nach Dehmel). Daraus mußte die Verbindung zu Stefan George folgern. Der sinnfälliger schaffende Alban Berg siedelte sich in der Nähe von Peter Altenberg und Alfred Mombert an.

Kompositorisch-technische Aspekte sind es, die in der Beschreibung der Komposition mit zwölf Tönen immer wieder im Vordergrund stehen, und zwar in dem Sinne, als sei das Wort der hauptsächliche Beförderer musikalischer Formbildung. Nach Weberns Meinung half dies sogar, aus dem ausweglosen Dilemma verstummender Musiksprache herauszufinden. Schon die rein zeitliche Dimension des Gedichts verhelfe den Tönen zu sinnvoller Ausbreitung. Ein solches Argument mag eng gesehen erscheinen, es ist aber doch festzuhalten, daß um die entscheidende Geburtszeit der Atonalität, etwa 1908/09, Wortvertonungen das Interesse der Komponisten vor allem anderen beanspruchen. So lesen wir in Schönbergs Buch »Die formbildenden Tendenzen der Harmonie« (Mainz 1957) innerhalb einer genaueren Benennung des Zusammengehens von Wort und Musik: »Der Hintergrund, die Handlung, die Stimmung und andere Züge des Dramas, Gedichts oder der Erzählung werden in beschreibender Musik in die musikalische Struktur als wesentliche und formgebende Faktoren einverleibt. Nach ihrer Vereinigung sind sie untrennbar. Getrennt vermitteln weder die Worte noch die Musik ihren vollen Sinn. Ihre Bindung ist einer Verschmelzung, einer Legierung vergleichbar, deren Bestandteile nur durch komplizierte Verfahren getrennt werden können.« Zonen, die dem rein instrumentalen Komponieren während dieser Entstehungsphase neuartiger Tonsatztechniken wohl verschlossen geblieben wären, konnte erst das Zusammengehen von Sprache und Musik erschließen. Dabei hat man über das Eindimensionale zeitlichen Ablaufs hinauszugehen und zu beachten, wie die Dichtung vergleichsweise überschaubar die Art des Ausdrucks mit Hilfe der Bedeutung festlegt.

Schönberg und Webern zeigten sich Gedichten Stefan Georges in besonderer Weise aufgeschlossen, wobei sie in der Lösung von den sich hier stellenden Problemen der Vertonung formal strenger Lyrik verschiedene Wege gingen. So weicht Schönberg die Georgesche Metrik zu ungebundener Deklamation auf und überläßt sich ganz dem Antrieb des Ausdrucks (»Hängende Gärten«), wo Webern die Strenge sprachlicher Form in die musikalische Deklamation (op. 3 und 4) eingehen läßt. Dabei formt er den Ausdruck in einer Weise bindend vor, die eine absolut objektive Vermittlung durch den Interpreten vorauszusetzen scheint.

Mit der Vertonung zweier Gedichte von Stefan George als drittem und viertem Satz seines zweiten Streichquartetts pflegte Schönberg nicht nur einen neuen Liedtypus, er löste das oder die Instrumente zugleich noch entschiedener als seine Zeitgenossen aus ihrer untergeordneten, begleitenden Funktion. Die Singstimme wurde in einen polyphon subtilen Quartettsatz eingewoben, ja zu dessen Mittelpunkt erklärt, indem sie den Ausdruck trug und das spiegelte, was sich in den Strukturen der Streicher abspielte.

Das Quartett erregte zunächst deshalb Widerspruch, weil man sich mit dem Nebeneinander von Gedichten Stefan Georges und der Musik zum »Lieben Augustin« nicht abfinden wollte. Es wird wohl eine Frage der Einsicht und nicht lediglich eine der musikalischen Bildung bleiben, ob hier eine Synthese gefühlt oder ein Bruch empfunden wird. Wer sich den Intentionen des Komponisten verschließt, wird, wie gesprächsweise der junge Pierre Boulez (geb. 1925) nicht anders können, als einen Zwiespalt festzustellen. Das Zitat des »Lieben Augustin« findet sich im zweiten Satz des Quartetts op. 10, komponiert im Jahre 1907/08, und enthält die Erfüllung einfachster Voraussetzungen tonaler Musik, es ist zudem allgemein bekannt. Hier sind nicht die Textworte von Belang, sondern die Reibung Tonalität–Atonalität, die programmatisch das Ende der tonalen Musiksprache anzeigt (siehe auch Elmar Budde, »Formen der Einfachheit in der Musik«, Studien zur Wertungsforschung Bd. 14).

Die Lieder, die dem Streichquartett vorangingen, hatten, obwohl sie noch aus tonaler Funktionalität erwuchsen, nicht weniger revolutionär gewirkt. Die Texte stammen von Levetzow, Dehmel, Schlaf, Keller, Jacobsen, Lingg und aus »Des Knaben Wunderhorn«. Anton Webern bezeichnete sie zwar als umstürzlerisch, sprach jedoch im gleichen Atemzug davon, daß sie ganz im Sinne Schuberts, Schumanns oder Mahlers geschrieben seien. Als »neuerisch« wollte er wohl die glutvolle Melodik Schönbergs bezeichnen, die zwar zumeist weite Intervalle bevorzugt, sich aber besonders dann auf Schumanns Spuren bewegt, wenn sie die Singstimme ähnlich wie bei diesem gleichberechtigt und in den Instrumentalsatz integriert behandelt. Im letzten Satz des fis-moll-Quartetts, dessen Gesangssätze »Litanei« und »Entrückung« aus Georges »Siebentem Ring« stammen, vollendet Schönberg Robert Schumanns Ansätze zu einer formfreien Befolgung dessen, was der Dichter beabsichtigte. Am weitesten kommt Schönbergs Kongruenz sprachlicher Komposition in den George-Liedern »Das Buch der hängenden Gärten«; Dynamik und Tonfall treffen sich hier zur stilistischen Deckung von dichterischer und musikalischer Aussage, nicht aber der von Versfuß und Zählzeit. Vielmehr strebt Schönberg an, die rein metrische Gestalt des Gedichts vollständig aufzulösen. Dies gibt der Wiedergabe von Poesie den Charakter zerbrochener Lyrik, einer Umgestaltung zu deklamatorischer Prosa, ohne Rücksicht auf die vom Poeten beabsichtigte Form.

Solches Verfahren brachte ganz selbstverständlich Zwischenformen des Sprechens mit sich, aufgezeichnete portamento-Schleifer, Prosodie, die Nähe sprechenden Gesangs, wenn auch nicht in der Art Wagnerischen Sprechgesangs. Dem stehen gestisch ausholende Intervallsprünge gegenüber, die alle Lautquellen, die im Text gegeben waren, zur Realisierung heranziehen und dem Interpreten abfordern, wie das in der tonalen Textkomposition noch nicht der Fall war. Immerhin bieten Schuberts »Freiwilliges Versinken« oder Schumanns »Faust-Szenen« im Blick auf die Einbeziehung großer Intervallsprünge eindrucksvoll vorbereitende Beispiele.

Die Zahl der Proben übrigens, die Schönberg oder Webern abzuhalten pflegten, auch ihre gedruckten Anmerkungen zur Wiedergabe machen Adornos Behauptung fragwürdig, die er in »Quasi una fantasia« (Frankfurt a. M. 1963) aufstellte: »Die produktive Einbildung noch nie gehörter Klänge geht zusammen mit einer gewissen Gleichgültigkeit gegen die Ausführung.« Dem steht vor allem entgegen, daß instrumentell nichts über die Grenzen des Möglichen hinaus gedacht und hingeschrieben wurde.

In den fünfzehn Gedichten des »Buchs der hängenden Gärten« verlagerte Schönberg die Idee des eigenständig wirkenden polyphonen Partners auf das Klavier. Das Werk bezeichnet einen Neubeginn der Gattung des Klavierlied-Zyklus in der Sprache des 20. Jahrhunderts und zugleich eine Kulmination der zyklischen Form. Anders als bei Schubert, Schumann oder Wolf ist die Singstimme nicht mehr hauptsächlicher Anlaß und Träger der Komposition, vielmehr kann sie ohne die Polyphonie des Satzes nicht gedacht werden.

Schönbergs Klanggebilde verzichten im Grunde auf die sprachliche Form, sie könnten ohne den hinzugefügten Text nicht ohne weiteres als sprachbezogen gelten. Die Neuerung seiner Kompositionsweise scheint nicht von sprachlichen Notwendigkeiten auszugehen, nicht mit Rücksicht auf die Sprache erfunden zu sein. Andererseits hat gerade die Neue Wiener Schule dem Nihilismus einseitigen Stimmkonsums ebenso wie dem Nivellieren künstlerischer Wahrheit getrotzt. Hier ist eine Aneignung der Überlieferung vorausgesetzt, die nicht bloß äußerlich kennerhaft sein kann, die für den Sänger nicht einfach zu lesen und schematisch wiederzugeben ist, denn sie fordert innerliches Dabeisein in jedem Moment, wie bei einer eigenen Sache. Die Musik der Neuen Wiener Schule stellte die Objektivität des allgemein gültig Gewordenen in Frage, ohne den Geltungsanspruch des Richtigen zu schwächen.

So sollte der Interpret hier die Abtragung von Schutt respektieren, die die Zwölftöner aller traditionellen Musik angedeihen ließen. Er sollte ebenso erkennen, daß hier nicht etwa von der herkömmlichen musikalischen Syntax abgegangen wurde. Auch erfüllte der Text weiterhin seine Funktion, Anregungen zum formalen Umriß, ja modellhafte Struktur einzelner Details zu liefern. Dies wurde uns ja in der Vielfalt der Gedichtvertonungen deutlich, bei der Melodik des Verses, der Form der Strophe oder der Bildung eines Refrains. Mit dem Austritt aus der Funktionsharmonik wurde zunächst die traditionelle Rhythmik der Betonung fallengelassen, aus den größeren Formen ausgebrochen (oft unfreiwillig!) und zur Atonalität fortgeschritten, was einer Hinwendung zur Vokalkomposition als formtragender Kategorie geradezu gleichkam.

Es wundert uns nicht, daß erneut die Verbindung von Sprechstimme und Musik zu Experimenten in einer neuen Gattung reizte: der mit Musik vermählten dramatischen Rezitation. Sie verlangt im Sinne Schönbergs vom Sprecher oder Sänger Musikalität, Sprechkultur und sicheres Gefühl für Tonhöhen, denn die neu zu schaffende Melodie der Sprache sollte von der Intonation her den Eindruck der Musik nicht stören. Wenn nicht durch Angabe von Noten das Sprechen auf festgelegten Tonwerten vom Komponisten gefordert ist, bleibt selbständiger Stimmklang und selbst gewählte Tonlage für den Interpreten entscheidend wichtig.

Schönbergs halb singende Deklamation stellt eine Überhöhung dar, die den vibrierenden Tonfall der Bühnensprache von damals nachvollzieht, vornehmlich jene der Reinhardt-Schule (Moissi mit seiner psalmodierend singenden Sprache). Mögliche Melodieähnlichkeit findet sich in Schönbergs Notation, ohne doch die Tonhöhe in jedem Fall genau zu fixieren. Im Grunde soll der Interpret definierten Rhythmus und notiertes Tonhöhenverhältnis der Silben zueinander improvisiert sprachmelodisch umwandeln – ein Ziel der Klangmischung von Stimme und Instrument mit improvisatorischem Einschlag, wie es jeder Deklamation seit Schuberts Tagen, jedem Monodram, jedem melodramatischen, vom Orchester begleiteten Opernausschnitt gesetzt war. Es könnte von einer ähnlichen Differenzierungstendenz gesprochen werden, wie sie sich in der dynamisch-agogischen Bezeichnung des Instrumentaltextes längst behauptet hatte und nun auch für die Stimme beansprucht wurde. Ein Blick auf den einleitenden Chor des musikalischen Dramas »Die glückliche Hand« von Schönberg offenbart die ganze Bezeichnungsskala von »geflüstert« über »klangvoll gesprochen« bis zu »gesungen«. Erreicht wird hier, nicht völlig synchron und gleichzeitig auf verschiedenen Text gesungen, ein Gemisch von Singen, Sprechen und Vokalverwischungen, das zum Fanal für viele, auch solistische Aufgaben in der Schönberg-Nachfolge bis heute wurde.

Schönbergs Sprechgesang könnte als die letzte Kurve einer Spirale gesehen werden, die morbide symbolisierend, artistisch überspitzend in den »Dreimal sieben Gedichten« »Pierrot lunaire« des belgischen Symbolisten Giraud, einen Höhepunkt erklimmt. Es handelt sich um eine stilistische Ekstatik, die sich, aus zeitlichem Abstand gesehen, nicht so sehr von Strawinskys elementarer Zucht unterscheidet, wie es vermutet werden könnte.

Dem Interpreten Schönbergscher Musik ist zusätzlich aufgegeben, gleichsam psychoanalytisch anzudeuten, den Schlüssel zum Inneren von Schönbergs Persönlichkeit in die Hand zu bekommen, denn die atonale Musik Schönbergs gibt Auskunft darüber, wie sich seine inneren Gesichte entfalten und welchen Charakter sie haben. (Atonalität – ein Begriff, der übrigens schon von Saint-Saëns beim Anhören Debussyscher Musik geprägt wurde.)

Abweichend von Schönberg benützte Anton von Webern Zwischenformen des Singens nicht. Obgleich mehr als die Hälfte aller seiner Kompositionen Texte vertonen. Anders als Schönberg behandelt er auch die Gedichte: Sprache und Melodieführung entsprechen sich, die Deklamation gehorcht den metrisch-rhythmischen Forderungen der Lyrik, die Struktur wird nicht zerstört, ja der Komponist stützt sie, indem er rhythmische Möglichkeiten musikalischer Notation weitergehend differenziert, um auch noch den feinsten sprachimmanenten, rhythmischen Werten nachzuspüren.

Träger dieser Metrik ist nun nicht etwa Melodie im herkömmlichen Sinn – vielmehr wird Melodik zu einer Struktur von Intervallen umfunktioniert, die ihren Ursprung nicht in den Lautschichten des Textvorwurfs haben, sondern ausschließlich dem tonsetzerischen Zusammenhang gehorchen. Wenn nun die Zerlegung in Silbenpartikel Weberns Gesang sehr einer Instrumentalstimme ähneln läßt, so erwächst hier dem Interpreten (im Unterschied zu der scheinbaren Objektivität, die wir vorhin erwähnten) die Aufgabe, vom Komponisten zurückgedrängte Konsonanten oder Laut-Zwischenwerte wieder in ihr Recht einzusetzen, um das Verständnis der Musik zu erleichtern. Denn auch in seinen scheinbar unverbundenen, springenden Intervallen und Silbenpartikeln herrscht immer Bezogensein auf Schwerpunkte der musikalischen Linie und der sprachlichen Sinngebung. Wenn die Gesangsstimme sich bei Webern in ihrer melodischen Gebärde dem Instrumentalen nähert und die Deklamation des Rhythmischen sich von der Musik weg und auf den Text hin bewegt, so muß hier der Sänger in Richtung auf Überwindung von Paradoxien ausgleichen.

Webern läßt Stimme und Klavier sich ständig verzahnen. Die Lieder op. 23, die die komplizierteste Art von Partnerschaft beschwören, können als Schlüssel zu dem gelten, was seither in der Liedliteratur möglich wurde. Es sei hier auf die Lieder von Aribert Reimann verwiesen, der nicht von ungefähr Weberns Werk einmal so beschrieb (Musica 3/1981): »Was Schönberg als Aufbruch gelang, den Klaviersatz neu und selbständig zu formulieren, ist in Weberns Zyklen radikal durchgeführt: das Klavier und damit die spezifische Eigenheit des Klavierklanges als autonome Funktion der Singstimme an die Seite gestellt, undenkbar in einer Orchestrierung, beide sich entwickelnd aus der Gedankentiefe des sie umgebenden Gedichts.«

Bei Webern ist die Deklamation ein Bestandteil der Liedstruktur und reflektiert deren Kriterien. Die Lösung von der Tonalität bleibt dabei nicht ohne Einfluß auf den melodischen Duktus. Denn in einer tonal gebundenen Deklamation ergibt sich der Verlauf aus dem Gefälle harmonischer Bindungen. Die Basis wird immer von der Tonika gebildet, und die Melodik »kadenziert« in Richtung auf sie. Eine tonal nicht gebundene Deklamation wird eine Hierarchie der Akzente dagegensetzen, normale Satzenden fallen lassen, Fragen im Raum schweben lassen etc. Webern geht von einer geradezu musterhaften Nachzeichnung der deklamatorischen Kurve aus. Anlauf, Kulminationspunkt und Auslauf geben den einzelnen Phrasen klar faßliche Form von der Deklamation her, ein Verfahren, das für die Generationen nachfolgender Liedkomponisten obligatorisch wurde, auch was die Störung durch den »Zickzackkurs« (etwa op. 3 und 4) betrifft, wie ihn Dorothea Beckmann (»Sprache und Musik im Vokalwerk Anton Weberns«, Regensburg 1970) vielschichtig analysierte.

In der Phase der Spätzeit scheint Webern in Hildegard Jone eine Gedichtautorin gefunden zu haben, die ihm die geeignetste Grundlage für die in dieser Zeit entstandene Musik bereitstellte. Ging es damals Schönberg und Berg darum, mit Hilfe der Oper umfangreichere Formen zu gewinnen, so wollte Webern, da er, was er musikalisch dachte, immer und aufs äußerste komprimierte, sich mit dem Gedicht zwingen, zu entfalten, zu vermitteln, eine überhaupt noch aufnehmbare Form herzustellen (so in »Das Augenlicht«). Es gelang ihm aber nur gelegentlich und in Teilen, da dies Ziel nur auf dem Weg über extreme Aufspaltung des deklamatorischen Duktus erreichbar war.

Die Gestaltlosigkeit, mit der die Generation nach Webern den Widerspruch zwischen musikalischer Prosa und totaler Konstruktion in Weberns Werk zu beantworten suchte – sie ist (vorläufig noch) dem gestaltenden Interpreten zu überwinden möglich. Er kann die semantischen Systeme Sprache und Musik sinnlich erfahrbar machen.

Neue »Musikanten«

Eine Gegenrichtung schlug Paul Hindemith ein. Bei ihm ist gelegentlich ein gewisser Stolz zu spüren, daß er Gesangsmusik zu komponieren imstande war, in der eine Beziehung des Textes zur Musik kaum mehr zu existieren scheint (so in den noch nicht veröffentlichten Novalis-Gesängen). Es ging ihm einzig um die Betonung musikalischer Autonomie, die die Töne davon dispensiert, Begriffliches zu untermauern – eine Reaktion auf das Übliche, inzwischen zur Mode Gewordene. Vor allem in den Liedern kann von einem aneinander Vorbei-Definieren gesprochen werden, einer sich auflehnenden Haltung gegenüber dem Wort, die freilich ohne wirklich gewichtige Folgen blieb, sieht man von der Grundhaltung ab, kein fertiges, allzeit gültiges Ergebnis vorzeigen zu wollen. Eine solche Definitivität hätte in Hindemiths Augen geradezu Blasphemie bedeutet, denn Kunst war für ihn fließend, nie zur Ruhe kommend oder endgültig.

Ein Gesangszyklus Hindemiths gilt als zentral in der neueren Liedkomposition: »Das Marienleben« auf Texte von Rilke. Hier brechen freilich Formen ein, zumal in der komplizierteren zweiten Fassung, die mit Liedartigem nicht viel gemein haben. Hindemith versuchte, die Passacaglia und andere polyphone Strukturen in die Faktur einzubeziehen, und entsprach damit sehr wohl der Liedferne von Rilkes Gedichten.

Ähnlich war die kompositorische Haltung von Hindemiths Freund Arthur Honegger (1892–1955). Sein Erscheinen als Komponist von »heute« verband sich unglaublich selbstverständlich mit dem Bekenntnis zu Dichtern wie Valéry, D'Annunzio und Cocteau. So schien Honegger, was etwa in deren Gedichten an Nervosität und Dekadenz mitschwingen könnte, gar nicht wahrzunehmen. Er ging darüber hinweg. So, wie er es andererseits nicht für notwendig hielt, Worte früherer Zeiten in ein gebrochenes Licht zu rücken und ihnen etwa hybrides, schillerndes Interesse abzugewinnen.

Ganz konträr wirkt ein Genosse aus der »Groupe des Six«: Francis Poulenc (1899–1963). Eine Aphorismensammlung von Jean Cocteau, »Le Coq et l'Arlequin« von 1918, ist nicht so sehr Manifest der Gruppe der »Six« als – nach den Worten Poulencs – deren poetische Chronik. So ist denn auch die anti-romantische und antiimpressionistische Ästhetik nur als zeitweises Stadium dieser Komponisten anzusehen. Und auf Arthur Honegger paßte sie nie. Für Francis Poulenc gilt sie höchstens insoweit, als sich sein spezifisch französisches Musikertum zur »Schwere« deutschsprachiger Liedformung nicht bequemte. Wie sagte doch Cocteau von Charme und dem ihm notwendigen Takt? »Man muß sich am Rande des Abgrunds aufhalten. Fast alle bezaubernden Künstler stürzten hinein. Rossini, Tschaikowsky, Weber, Gounod – und heutzutage Francis Poulenc – beugen sich darüber, fallen jedoch nicht. Eine tiefe Wurzel gestattet ihnen, sich sehr weit vorzubeugen.«

Esprit, aphoristische Prägnanz im Werk Poulencs entsprechen dem Ideal Cocteaus zwar genau, sind aber Merkmale eines ganz persönlichen Stils. Charakteristika, die sich in der Zartheit des Liederzyklus »Le Bestiaire ou Cortège d'Orfée« 1919 melden, wachsen erst später zum Wesenskern: Vermählung mit der Poesie und der menschlichen Stimme, intensive, vorrangige Beschäftigung mit Chorwerken und Liedern. Dem Neoklassizismus Strawinskys folgend, erklärt Poulenc Mozart und Debussy zu seinen Lieblingskomponisten, nennt aber Ravel, Erik Satie (1866–1925), Chabrier und für das Lied Mussorgsky als seine Lehrmeister. Freilich: In seiner Jugend lernte Poulenc Schuberts »Winterreise« kennen, und hier lag ein Hauptanstoß. Als »seine« Dichter fand Poulenc Paul Élouard und Guillaume Apollinaire, dessen Lyrik mit 35 Texten unter den 150 Liedern herausragt und den Stil formte, eine musikalisch poetische Einheit des Atmosphärischen.

Genauigkeit der Prosodie unterstützte auch die Vertonungen von Élouards Gedichten, den Poulenc sehr liebte, »weil er der einzige Surrealist war, der Musik überhaupt zuließ. Auch, weil ja sein ganzes Werk musikalisch schwingt.« Poulencs Sparsamkeit in den darstellerischen Mitteln nimmt der Spontaneität, dem Reichtum an Farben nie die Wirkung. Wie sich der Komponist in seinem »Journal de mes mélodies« über die Wiedergabe seiner Lieder beklagt, entsprach schon beinahe einer Nachholung Schumannscher Liedmaximen für den französischen Sprachraum. Es wurde vor allem dazu aufgefordert, den Klavierpart nicht zur bloßen »Begleitung« abzuwerten, sondern ihn zur gleichen Wichtigkeit zu heben, ihn und die Singstimme aufeinander bezogen sein zu lassen. Den Sänger ließ Poulenc sich mit dem Text identifizieren, er sollte glauben, was er singt. Ein Wesenszug des Kunstgesangs wird hier einmal mehr und überzeugend formuliert. Vordergründig »Komisches« dürfe nie zu einem komplizenhaft augenzwinkernden Vortrag verleiten. Dies fällt bei einem Stück wie dem »Bal Masqué« auf Texte von Max Jacob insofern schwer, als der Komponist hier gesanglichen Grotesk-Anspruch und Drastik geradezu herausfordert. Wer sie glättet, muß sich um die vokalen Extreme herumschleichen, also den leichteren, aber im Grunde unsachlichen Weg wählen, der genauen Bezeichnungen nicht folgt.

Die Gegenwart des Kunstliedes

Im deutschsprachigen Bereich haben Mahler und Strauss keinen konsequenteren Fortsetzer als Gottfried von Einem (geb. 1918) gefunden, der die »variablen Metren« seines Freundes und Meisters Boris Blacher (1903–1975) häufig einbezieht. Das Resultat ist durchaus eigenständig, vertont nicht, dekoriert das Gedicht nicht, formt es nicht um. Von Einem hängt weder der Wort-Melodie an, noch gestaltet sich (im Sinne Wolfs) sein Satzgefüge additiv; er illustriert den Dichtergedanken nicht. Seine Mittel sind Dynamik und Rhythmik in einer Autonomie, die die Gesangsmelodie unabhängig macht vom mitspielenden Klavier oder Orchester. Er geht in seinen »Chinesischen Liedern« oder denen nach Hesse und Artmann (diese mit Orchester) mit den Versen um, als denke sich der Komponist etwas zu ihnen, ohne sich strikt an den Moment des Meinens zu halten, als improvisiere der Musiker zugleich mit dem Poeten.

Unter den spärlichen Versuchen, der Musik einen klassenkämpferisch habituellen Anstrich zu geben, was übrigens auch russischen Komponisten gleich nach der Revolution mißlang, deren Wesentlichstes unter Schlachten- und Verherrlichungspomp verschüttet liegt, macht das Schaffen Hans Eislers (1898–1962) eine Ausnahme. Eisler nahm den Faden des romantischen Vesque von Püttlingen wieder auf, der im 19. Jahrhundert gesellschaftskritisch und politisch gesungen hatte. Dieser hatte Heines Karikatur des deutschen Professors mit fugiertem Tonsatz abgebildet, um damit die Paragraphen-Gelehrsamkeit zu verspotten. Eisler nahm sich in Männerchören der vaterlandskritischen Verse an, die er bei Heine fand. Von ihm stammt die sozialistisch geprägte musikalische Textinterpretation, die in der DDR Schule machte.

Am Beginn der dreißiger Jahre fand Eisler musikalische Sprachelemente, die in den Brecht-Vertonungen und in seinen Arbeiter-Chören Anwendung fanden, die sich eng an die agitatorischen Gedichtvorlagen anschließen. Hier wird eine Polemik in der Musik laut, die bei Kurt Weill (1900–1950) trotz gleicher Quellen, nämlich der Zusammenarbeit mit Brecht, ihre Schärfe weitgehend verloren hatte.

Neben serieller und elektronischer Musik erstand das einfache Strophenlied plötzlich im Mund der Liedermacher aus aller Welt wieder. Es beweist, daß sich die strophische Grundform als Gerüst und Modell über den Wandel der Epochen hinweg zu halten vermochte. Mit einer Zivilisation, die sich überkontinental entfaltete, erlebte das Strophenlied in unserer Zeit eine populäre Auferstehung. Unsere Kunst des Gesangs aber hat sich, im Willen, neue Formen zu prägen und unerschlossene Ausdrucksbereiche zu erschließen, fast ganz davon abgewendet.

Wann immer Liedschöpfungen, etwa die von Aribert Reimann, aufhorchen machten, stellte sich eines heraus: Der Hunger nach Aktualität konnte ihr Leitgedanke nicht sein. Kompositionen, die im Zusammenspiel von Stimme und Klavier noch überzeugen können, beziehen ihr Einmaliges gerade aus der Zeitlosigkeit. Heute, wo Sensation für viele Musiker der einzige Ausweg aus dem Dilemma der Erschöpfung musikalischen Materials ist, behauptet dennoch die Zweisamkeit Sänger – Begleitinstrument(e) ihre Faszination. In ihr kann sich nur Weniges als Mode oder Maske zwischen Interpret und Hörer drängen. Wer Musik als Sprache aufsucht, die sich nicht distanziert und artifiziell selbst genügt – und so hören immer noch die meisten Konzertbesucher und Schallplattensammler in aller Welt – der wird seine Bewunderung für das Lied nicht aufgeben, vielmehr immer neu den Charakter einer Keimzelle in ihm erkennen, die Chance, »mehr als Worte« in die künstlerische Äußerung einzubringen. Aber nur wenige gingen den Weg weiter, den Schönberg und Webern hier aufgezeigt hatten. Dagegen übernahmen viele, besonders in den fünfziger und sechziger Jahren, die Einbeziehung des Gesangs in ein verschieden besetztes Instrumenten-Ensemble. Sie meinten, mit den unterschiedlichen Klangfarben den Gehalt eines Gedichts besser aufspüren zu können als mit dem »abstrakten« Klavierklang. Die Suche nach neuen Farben hatte ja schon zuvor gelegentlich orchestrale Begleitung dem Klavier vorgezogen. Und wenn Webern nach Versuchen mit Ensemble-Begleitungen wieder zum nicht austauschbaren Klavierklang zurückfand, so folgte ihm auf diesem Weg Aribert Reimann, dessen »Nachtstücke«, »Engführung«, »Celan-Gedichte« oder »Plath-Lieder« orchestriert kaum gedacht werden können. Auch der Klavier-Zyklus lebte mit ihm wieder auf, ihn trachteten dann Wolfgang Rihm (geb. 1952), Hans-Jürgen von Bose (geb. 1953) oder Wolfgang von Schweinitz (geb. 1953) neu zu beleben, durchaus nicht immer mit der proklamierten »neuen Einfachheit«.

Hugo von Hofmannsthal hat sich einmal in seiner vorsichtigen Weise darum Sorgen gemacht, wie denn die reinste Kunst zugleich die größte Lebensmacht sein könne. Diese Frage wird zu einem großen Teil durch die Liedkunst beantwortet. Ja, man könnte sagen, für das Lied ist dies eine schlichte Notwendigkeit. Deshalb drängt es viele junge Sänger, Lieder zu singen, auch wenn sie häufig die Bereitschaft vermissen lassen, sich mit jeglicher Ausdruckstendenz zu identifizieren. Die eigene Vorstellungswelt soll für die meisten mit der Aussage des Gedichts und der Musik übereinstimmen, anderes wird nicht herangezogen. Ob aber mit einer so subjektiven Auswahl auch eine zwingendere Programmgestaltung einhergehen kann, sei bezweifelt.

Gesang erfordert das Singenkönnen nur als Voraussetzung. Hinzukommen muß die lyrische, die dichterische Natur. Deutlichmachen der Einsamkeit des Künstlers, Verfeinern der Musikalität mehr als in jedem anderen Gesangsbereich, solche Kräfte braucht der Liedersänger. Ihm fallen Aufgaben zu, die sich mit der begabtesten Schauspielerei in Gestalt und Stimme allein kaum lösen lassen. Für ihre Wirkung ist Atmosphäre weitaus entscheidender. Der eigentliche Sington ist (spätestens seit der neuerischen Schule Raimund von Zurmühlens oder Ludwig Wüllners) im Klang und in der instrumentalen Qualität gleichwertig aus der rezitatorischen Gestaltung zu entwickeln. Die Ausarbeitung des Textwortes soll so lebensvoll, der Vortrag so reich, so getränkt mit individueller Empfindung sein, daß der Hörer sogleich geistig von ihm gefesselt wird. Mit letzter Hingabe in den musikalischen Stoff und an das Gedicht muß jede Faser der sängerischen Persönlichkeit Anteil nehmen an dessen Inhalt.

Wenn auch das Genre des Kunstliedes aus mancherlei Gründen alt geworden zu sein scheint (auch durch den Charakter der Lyrik in der massenhaften Produktion der vergangenen 40 Jahre, aus der sich nur Weniges, meist gedanklich Bestimmtes, zu allgemeinem Interesse durchrang), so besteht doch der Anspruch, das Richtige gelten zu lassen. Der Kunstgesang trifft im Lied auf ein Gefühlsgebiet, das gegenwärtig wenig gefragt ist. Auch konnte nach dem Ansturm an Kunstbegeisterung während der ersten Nachkriegsjahre Übersättigung nicht ausbleiben. Und doch ist das Interesse nicht gestorben – der Anteil der Jugend im Publikum wächst wieder. Ist die Musik, die Kunst ganz allgemein in den Elfenbeinturm zurückgewichen? Metaphysische und technische Kunsttheorie, bei Kant und Hegel noch strikt getrennt, haben sich vielfach durchkreuzt und umschlungen. Von der »Kritik der Urteilskraft«, die Kunst in der Nachfolge des Aristoteles vornehmlich als Herstellungs- und Produktionsmethode von Kunstwerken verstand, wurde ein zeitlich knapper, inhaltlich aber immenser Schritt zur Ästhetik des 19. Jahrhunderts getan, die einem Werk erst dann Kunstcharakter zubilligte, wenn es in einem Hörer, der der Kontemplation fähig ist, das Schöne (mit Hegel als »sinnliches Scheinen der Idee«) erzeugte. In Poesie und Musik der Moderne, bei Baudelaire wie bei Benn, bei Wolf wie bei Webern sind artifizieller Kalkül und ästhetischer Genuß untrennbar wirksam, wobei freilich ein Genuß gemeint ist, der auf dem Nachvollzug eigener Formengesetze beruhte und nur auf diesem Wege gelingen konnte. Die Frage, inwieweit die Gattung eine Krise durchmacht oder gar ihrem Ende entgegensieht, kann nicht dezidiert beantwortet werden. Zweifellos erlebte die Form des Klavierliedes, wie sie seit dem ausgehenden 18. Jahrhundert bekannt ist, im vorigen Jahrhundert ihre Hochblüte. Die Erscheinungsformen haben sich mit wechselnder Intensität des Einflusses auf die Entwicklung gewandelt, die dem Gesang auch vom Instrument her immer neue Impulse gegeben hat.

Als gemeinsamer Nenner könnte eine Übereinstimmung darin erkennbar sein, wie die Melodik angelegt ist. Aber auch hier sind die Grenzen fließend. Zwar können wir die strophische Anlage als charakteristisch für liedhafte Melodik ansehen. Aber die Unzahl »einstrophiger« Lieder steht dagegen. Zwar korrespondieren Verse und Melodiezeilen innerhalb einer »Strophe« sehr oft, aber es kann geschehen, daß sich eine musikalische Strophe über derartige Zusammenhänge hinwegsetzt. So hebt die Darstellung der Liedgestalten immer nur typische Beispiele hervor und beansprucht nie für sich, vollständig zu sein.

Gesang oratorisch

Die Messe als Quelle

Wir haben den Gesang als eine ambivalente Kunst zu sehen gelernt. Denn Sprache und Musik verschmelzen in allen Vokalkompositionen selten vollständig. Das Stilgefühl des Hörers wie des Ausführenden muß hier entscheiden, ob ein Komponist sprachliche und musikalische Deklamation gegeneinander abzuwägen wußte, ob bei einem anderen zugunsten der Musik besser auf den Ausgleich deklamatorischer »Richtigkeit« durch den Sänger verzichtet werden kann, ob schließlich bei einem dritten das Wort als ausschlaggebend für die Wiedergabe anerkannt werden muß.

Am Ende unseres Ausflugs durch das Gebiet des Liedes sei auf Schopenhauers Gedankengang verwiesen, daß das Sinnliche, Lebensvolle der Musik vom Geist nichts zu fürchten hat, daß der Geist und seine Manifestation der Sprache im Grunde der schwächere, schutzbedürftigere Teil ist. Aber viel mehr als dem Philosophen ist dem Sänger Erkenntnis und Denken nicht allein Sache des Kopfes, sondern des ganzen Menschen aus Herz und Sinn, aus Leib und Seele. Kunst kann nicht spirituelle Objektivität bedeuten, sie ist – wie es Thomas Mann ausdrückte – »produktive und lebenerhöhende Vereinigung und Wechseldurchdringung der beiden Sphären«, überzeugender und verführerischer, als es Sprache oder Musik getrennt je sein könnten.

Die Einstellung der Musiker verschiedener Epochen zum Wort entspricht der Partnerschaft Gesang – Sprache. Bald dominiert das Ideal sprachlicher Ausdruckskraft, bald das gesanglicher Linearität, bald überwiegt die Brillanz der Koloratur. Auf einem schöpferischen Kulminationspunkt wie bei Mozart können sich alle drei Ausdrucksformen treffen. Wagners musikdramatische Zielsetzung rief zuerst nach deutlicher Spezifizierung von Stimmfächern. Vielleicht wurde aus dem über das Lied Gesagten deutlich, daß dem Konzertierenden Vielseitigkeit ohnehin selbstverständlich sei, da er jeder Stimmgebung gerecht werden muß. So stehen auch im Oratoriengesang die vielseitigsten Aufgaben nebeneinander und müssen doch vielfach von ein und derselben Stimme bewältigt werden.

Es gab mittelalterliche Vorläufer des Oratoriums, unter denen die musikalischen Rezitationen der Leidensgeschichte Jesu – in der Karwoche während der Messe vorgetragen – herausragten, musikalische Berichte vom Heiligenleben und jene geistlichen Geschichten, die die Mönche während des heiligen Offiziums in Klöstern sangen. Auch liturgische Dramen und Spiele mit Musik gehören hierher. In der Renaissance traten Kompositionen mit erzählendem oder dramatischem Text, Motetten, Historien und Lobgesänge hinzu.

Es ist sicher, daß die Vokalmusik – an Sprache und Dichtung gebunden – mithalf, spezifische musikalische Formen mit zu entwickeln. Wenn der Text des liturgischen »Kyrie« den rufenden Anfang »Kyrie eleison« am Schluß wiederholt, so liegt es nahe, auch die Melodie zu wiederholen. Es bildete sich eine dreiteilige Anlage.

Die Messe ging dem Oratorium voraus. Sie wurde von Guilleaume de Machault als einem der ersten einschließlich des abschließenden »Ite missa est« (das dem römisch-katholischen Hauptgottesdienst seinen Namen gab) vertont. Bis dahin und auch gelegentlich später in den Gebrauchshandschriften standen Teile der Messe dem jeweiligen Gottesdienst zur Auswahl. Noch bis zu Machault konnten sich die Sätze formal durchaus verschieden darstellen, stammten sie doch aus unterschiedlicher Feder. Machault gestaltete eine künstlerische Abfolge, betonte den Kontrast zwischen Gloria und Credo, ohne doch seiner Messe schon die für uns gültige Form zu geben. Mehrstimmigkeit und Messen-Komposition können uns naturgemäß hier nur am Rande beschäftigen. Es sei in diesem Zusammenhang auf T. Georgiades' grundlegendes Werk »Musik und Sprache« (Berlin/Heidelberg 1954) hingewiesen.

Gesänge, in denen Sprache deutend und meinend zur Geltung kommt, versinnbildlichen die Verwirklichung des Menschen als eines sprechenden Wesens. Melismatischer Gesang, besonders seit etwa 1100, und die Mehrstimmigkeit gleichen eher einem bildnerischen Ornament, das auch für sich bestehen kann. Das Aufkommen der Mehrstimmigkeit machte eine Synthese notwendig, und diese bewegt auch das Kräftespiel der abendländischen Musikentwicklung bis hin zur Wiener Klassik.

Der Gattung gab der Ort der ursprünglichen Aufführung den Namen »Oratorio«. So heißt noch heute die Stätte geistlicher Hymnen, die Übungen der Andacht ergänzten, der klösterliche Betsaal also, in dem sich die Gestalt des Oratoriums im Verlauf des 17. Jahrhunderts formte. Diese Schöpfung der römischen Gegenreformation hatte ursprünglich zum Zweck, die Verlockungen weltlicher Kunst mit ihren eigenen Mitteln zu schlagen, sie im Betsaal der Andacht dienstbar zu machen.

Die »Kongregation des Oratoriums« in Rom ging auf eine Gründung des Heiligen Filippo Neri (1515–1595) zurück, dessen Übungen dem Geiste reformatorischer Ideen verpflichtet waren. Auf dem Höhepunkt der Gegenreformation nahm das tridentinische Konzil (1545–1563) erneut Stellung zu den musikalischen Fragen der Liturgie. Die Kirche forderte Respekt vor dem liturgischen Wort, das erst jetzt die heute bekannte Meßordnung erhielt. Zuvor hatte die Liturgie noch immer inhaltlicher Koordination geharrt, was Luther zu Anwürfen gegen das Willkürliche der Meßordnung veranlaßte. Mit Palestrinas Wirken, so hat es Georgiades einleuchtend dargestellt, war nicht nur das liturgische Werden der Messe abgeschlossen, der Geist hatte auch die musikalische Materie durchdrungen, jeden Ton für sich in Anspruch genommen. Die Synthese von Ornament (oder Konstruktion) und Darstellung von und für Menschen war zustandegekommen.

Um 1575 erkannte Papst Gregor XIII. Filippos Gefolgschaft offiziell als Orden an. In den folgenden beiden Jahrhunderten gründete die sich stetig verbreitende Kongregation in ganz Italien, dann im übrigen Europa, im Fernen Osten und in der Neuen Welt neue Oratorien. Immer dominierte in der Übung die Musik. Sie hielt während der Unterbrechungen der Predigten, Gebete und Diskussionen die Spannung aufrecht und gewann den Exerzitien neue Teilnehmer. Bei fortschreitender Dominanz der Musik wandelte sich der Aufführungsort von Oratorien zu Konzertpodien und Sälen hin, was eine Umbenennung in die jeweils bevorzugte, meist für den Augenblick neu geschaffene Gattung mit sich brachte.

Mit Palestrina gewann die Messen-Vertonung ihr volles Gewicht, da dieser Meister erfüllte, was bis dahin theoretische Forderung gewesen war. In den mediterranen Ländern war während des ersten Jahrtausends der einstimmige gregorianische Choral ganz auf die Sprache und die Liturgie gerichtet gewesen. Nun vollzogen die Gläubigen erst eigentlich die Selbständigkeit musikalischen Zusammenklangs nach. Die Sprache löste sich musikalisch auf, die Sätze gliederten sich, einzelne Silben erhoben sich zu wirksamen Elementen, sprachlichen und musikalischen. Ein Bündel von Klängen, Melodiewendungen, umspielenden Ornamenten, rhythmischen Schemata war zu ordnen, neu zu organisieren, ein Vorgang, den Orlando di Lasso und Palestrina vollendeten. Rhythmus, Melodie und Klang wirkten nun in neuer »Natürlichkeit« zusammen, denn das Tonmaterial stand erst jetzt den Komponisten wirklich zur freien Verfügung. Endlich konnte die Musik auch einen sprachlichen Zusammenhang mit ihren eigenen Mitteln abbilden. Musikalische Abfolge und gesprochener Satz konnten sich entsprechen.

Die Passionen

Zu Beginn des künstlerischen Sologesangs, als sich profane Musik bewußt von der geistlichen auf dem Weg über die Oper abspaltete, bezeichnete der Terminus »Oratorium« eine Musik zu geistlichem Text in italienischer oder lateinischer Sprache mit dramatischen, erzählenden und kontemplativen Passagen, wobei sich das dramatische Element moralisierend-allegorischen Inhalts in den Vordergrund drängte. Behauptete sich zunächst das Lateinische als gleichrangig, so hatte sich zu Beginn des 18. Jahrhunderts das italienisch gesungene Lauden-Oratorium (oratorio volgare) als Prototyp etabliert. Da die inzwischen tätigen Opernhäuser meist während der Fastenzeit geschlossen blieben, Oratorien aber dank ihres geistlichen Gehalts aufgeführt werden durften, sahen die Menschen in der Gattung einen Opernersatz. In Italien wurden die zumeist für solistischen Gesang komponierenden Giacomo Carissimi (1605–1674), Luigi Rossi (1598–1653), Marco Marazzoli (1619–1662), Alessandro Stradella (1644–1682) und Alessandro Scarlatti dessen Meister.

Einer einmal weltlich gewesenen Komposition geistliche Texte zu unterlegen, wurde im Zeitalter Monteverdis häufig ausgeübt und störte das religiöse Empfinden nicht. Mit dem Beginn der Gegenreformation macht sich katholische Propaganda die Künste zunutze, und der Bedarf an solcher geistlichen Musik wuchs, die auch außerhalb des Gottesdienstes praktiziert werden konnte. Monteverdi beteiligte sich – in vielseitiger Weise – an solchen »Kontrafakturen«, so mit seinen »Madrigali spirituali«.

Im 17. Jahrhundert unterschied man das »Oratorio volgare« in italienischer »Vulgär«-Sprache auf eine Neu-Dichtung von dem »Oratorio latino«, das beim Bibeltext blieb. Wie oft und bei welcher Gelegenheit szenische Darstellungen, mit dem leibhaftigen Auftreten Christi und der Heiligenfiguren, mit personifizierten Dialogen zwischen Gott und der Seele, mimisch agiert wurden, bleibt ungeklärt. Das »Teatro Armonico Spirituale« des Anerio von 1619 mit seiner Gegenüberstellung von chorischem Madrigal und solistischer Monodie samt dem obligaten Evangelisten-Sprecher (Testo oder Historicus) läßt aber auf mimische Darstellung schließen.

Händels frühe Oratorien mit italienischen Libretti, etwa »Il trionfo del Tempo e del Disinganno«, in England später revidiert als »The Triumph of Time and Truth«, weisen denn auch verwandte Züge zur italienischen Oper auf, und der Chor spielt – anders als in Händels großen Oratorien – noch keine wesentliche Rolle.

Auch nördlich der Alpen wuchs die Bedeutung des Oratoriums während der zweiten Hälfte des 17. Jahrhunderts, und der Hof der Habsburger bildete sein Zentrum. Anders im lutherischen Teil Deutschlands: Hier gab Johann Walter besondere Anstöße zur Entwicklung der »Passion«. Aus der römischen Liturgie kam der Brauch, die Leidensgeschichte Christi an bestimmten Tagen der Karwoche zu lesen, die Stimme des Heilands von einer tiefen, die Erzählung des Evangelisten von einer mittelhohen, die kürzeren, direkten Reden der Soliloquenten und die Äußerungen des Volkes von einer Tenorstimme vortragen zu lassen. Ausgeführt wurde dies im feierlichen Ton gregorianischer Lektion. Nur bestimmte melodische Wendungen für den Satzbeginn, das Komma, der Doppelpunkt, das Fragezeichen, unterbrachen die Rezitation. Christus blieb meist die getragene (langsame), dem Evangelisten eine rezitativische (etwas bewegtere), dem Volk die dramatisch expressive (schnelle) Sprachweise vorbehalten. Daher rührt in alten Manuskripten das »T« (tarde) als Bezeichnung für die Rolle Christi, das »C« (celeriter) für den Evanglisten und das »S« (sursum) für die Chöre.

In der Zeit vor Luther mischten die Passionen Teile aus allen vier Evangelien. Der Reformator wünschte sich eine einheitlichere Gestaltung mit nur einem Evangelisten als Grundlage einer jeden Aufführung und benutzte häufig die von Johannes Bugenhagen 1526 veröffentlichte »Passionsharmonie«, die den Evangelistenbericht und die sieben Worte am Kreuz zusammenführte. Johann Walter endlich schuf das Urbild der protestantischen Passionsmusik in seiner Matthäus-Passion, die noch ganz auf den Gebrauch im Gottesdienst zugeschnitten war, allerdings auch äußerst herb und trocken auf uns wirkt.

In Italien, wo er 1628/29 zum zweitenmal weilte, sicher auch um das Grab seines Mentors Giovanni Gabrieli zu besuchen, hatte Heinrich Schütz das studiert, was modern war, nämlich die »Monodie«. Sie legte das Schwergewicht auf den Sologesang im »affettuoso« und wies der Begleitung eine untergeordnete Funktion in Form des Generalbasses zu. In den dreißiger Jahren des Jahrhunderts setzte Schütz als Direktor der Dresdener Hofkapelle diesen Stil in seinen »Kleinen geistlichen Konzerten« ein. Freilich war das durch die Äußerlichkeit mitbedingt, daß ihm damals kein größeres Ensemble zur Verfügung stand.

Schütz war einer der ganz wenigen Meister, die am Ende ihres Lebens zur Polyphonie des Chorgesangs zurückfanden. Freilich erreichte er zugleich eine nur bei ihm denkbare Symbiose aus alten und neuen Stilelementen in der »Geistlichen Chormusik«. Er läßt polyphone und homophone Partien abwechseln, die Stimmengruppierungen variieren. Schütz verwendet selbständige Themen, die plastische Vorstellungen realer Bewegungsvorgänge vermitteln (»Gehen«, »Kommen«, »Säen«) und sich wechselseitig ergänzen. Sie bringen jene psychologischen Vieldeutigkeiten ins Spiel, die in der Monodie als Symbolformeln des Affektiven so beeindrucken. Schützens Themen beruhen jedoch in ihrem Ursprung auf der Figurenlehre der Rhetorik und deren Abbildcharakter.

Schütz erfüllte Luthers Postulat, daß »Text und Noten, Akzent, Weise und Gebärde aus rechter Muttersprache und Stimme kommen.« Damit erhob er sich zugleich über eine bloß liturgische Vertonung zu individueller Aussage. Denn die Versuche des 16. Jahrhunderts, eine deutsche Liturgie durch Anpassung der lateinischen Gregorianik an deutsche Prosa zu schaffen, fanden keine Fortsetzung. Die Musik redete zwar deutsch, bot aber keine brauchbare

Liturgie-Formel, weil sie innig mit der nachschöpferischen Deutung verknüpft blieb.

Ihrer Natur nach wurden die Psalmen häufig musikalisch dargestellt. Wenn in ihrem Vortrag die einzelnen Verse durch textlich und melodisch identische, chorische Einwürfe unterbrochen wurden, so führte dies zu formalen Neuansätzen. Refrain und Rondo kündigten sich an.

In den Kirchenkompositionen von Schütz und Dietrich Buxtehude (1637–1707) psalmodiert es gelegentlich noch, was im Vortrag durchaus eine entsprechende »Eintönigkeit« verträgt. Generell aber trifft für Schütz in der Zeit des Dreißigjährigen Krieges die Behauptung zu, hier habe die Geburtsstunde des deutschen Rezitativs geistlicher Musik geschlagen, das leidenschaftlich freien Charakter hat. Aus ihm sind die Gestalt des Christus in den Passionen Bachs und vor allem der Part des Evangelisten erwachsen, die zu den anspruchsvollsten Aufgaben für den Sänger des Rezitativisch-Deklamatorischen gehören.

Die Stimme Christi und die des Evangelisten sind die ersten individuellen Gestalten im Oratorium, die nicht mehr vielstimmig, sondern solistisch verkörpert wurden. So wird in seinem Werk »Die sieben Worte unseres lieben Erlösers und Seeligmachers Jesu Christi, so er am Stamm Heil. Kreutzes gesprochen, ganz beweglich gesetzt von Hern Heinrich Schützen, Chor. S. Capellmeister« der Part des Jesus arios von einem Baritonisten gesungen, ein Beispiel, dem Bach hundert Jahre später in seiner Matthäus-Passion folgte.

In seinem Oratorium gebrauchte Schütz hergebrachte Akzente der deutschen Messe im Sinne Luthers und Walters, verflocht sie jedoch mit dem Rezitativ der Monodisten aus Florenz. In vollendeter Weise vereinigte sich Dramatik mit dem, was an die immer gültigen Worte der Liturgie gebunden war – keine Musik eigentlich für die Gemeinde, sondern individuelle Kunst für verständige Hörer.

Schütz verband also das barocke Prinzip der »neutönerischen« Italiener und ihre Art, den Text musikalisch auszudeuten, mit dem liturgischen Dienst, verknüpfte überkomme Werte der deutschen Messe mit dem Rezitativ aus Italien. Aber er ging in seiner Melodik, unterstützt von ausdruckgebundener Harmonik, über die Italiener hinaus, indem er Grundsätze der Rhetorik einbrachte, die auch den Weg in eine Mystik eröffneten, wie sie sich etwa im Werk des Angelus Silesius ausdrückt. Was käme der Wahrhaftigkeit der Rezitation

und der Rezitative und Dialoge in Schützens Passionen gleich? Hier
blieb nach Luthers Lehre das »Wort« stehen.

In dieser Zeit setzte Komponieren voraus, sich gedanklich mit
dem Text auseinanderzusetzen und ihn zur Vertonung aufzuberei-
ten, ein Vorgang, der als »elaboratio« bezeichnet wurde. Auch
Johann Gottfried Walther (1684–1748) widmete ihm besondere
Aufmerksamkeit und betonte so den Vorrang des Wortes in der
Vokalmusik. Als der greise Schütz die Augen für immer schloß,
reimte der in Mutzschen bei Grimma als Pfarrer tätige Georg
Weisse ein Klagegedicht, in dem folgende Zeilen stehen:

> »Die Texte wustestu beweglich einzurichten
> Daß iedes Wörtgen war genommen wohl in acht.«

(Zitiert nach O. Wessely, »Wort und Ton bei H. Schütz«, in: Wort-
Ton-Verhältnis, Graz 1981.)

Schützens »Sinfoniae sacrae« gehören in diesen Kreis großen
oratorischen Gesangs. In deren drittem Teil von 1650 erleben wir
die Bekehrung des Saulus, beklemmend gestaltet. Mit einer geradezu visionären Klangregie, einer Dynamik, die vom forte bis
zum pianissimo präzise abgestuft ist, erscheint die Szene dramatisch lebendig. (Fast zwei Jahrhunderte später nahm sich Mendelssohn bei Vertonung des gleichen Textes die Freiheit, die Worte des
Gottessohnes einem vierstimmigen Frauenchor anzuvertrauen:
»Saul, Saul! Was verfolgst du mich? Ich bin Jesus von Nazareth, den
du verfolgst!«)

Neben Schütz waren es Andreas Fromm (1621–1683), Matthias
Weckmann (1619–1647), Kaspar Förster jr. (1617–1673) und Dietrich Buxtehude, die das deutsche Oratorium ausformten. Als es
dann deutlicher definiert war, wirkten im Konzertleben wie im
lutherischen Gottesdienst als herausragende Komponisten Johann
Mattheson, Reinhard Keiser (1674–1739) und Georg Philipp Telemann, jeder für eine Zeit in Hamburg, das damals Zentrum der
Pflege deutschsprachiger Oper und des Oratoriums war.

Nachdem zuvor das musikalische Hauptinteresse sich von den
Niederlanden via Frankreich nach Italien verlagert hatte, geschah
nun im 17. und 18. Jahrhundert Ähnliches von Italien aus in nörd-
licher Richtung. Dazu verhalf das Aufkommen und die Bedeutung
des protestantischen Kirchengesangs, die im Werk Johann Sebastian Bachs gipfelten. Die anglikanische Kirche schuf sich Chor-

hymnen, zumeist doppelchörige Psalmen-Kompositionen ohne festgelegte Form, die »Anthems«, die einen Großteil der Produktion Henry Purcells ausmachen und in etwa der »Predigt-Musik« der protestantischen Kirche entsprechen, wie sie dem Gottesdienst zugehörig war. Aus anfänglicher Motetten-Gestalt nahmen sie den Typus des geistlichen Konzerts an und schließlich die spezifische Form der protestantischen Kantate, beginnend mit Johann Rosenmüller (1619–1684), kulminierend bei Telemann und Bach.

Mit den monodischen Experimenten der Italiener um 1600 bildete sich eine Form heraus, die sich neben der Oper behauptete: die Solokantate. Ihre Quellen korrespondieren – so vielfältig sie sind – mit denen des rezitativischen Sologesangs in der Oper. So wurden – wie erwähnt – mehrstimmig notierte Madrigale häufig als instrumental begleiteter Sologesang aufgeführt. Auch ein Großteil der Literatur für Laute, wie sie um 1600 entstand, bereitete die begleitete Monodie vor. Giulio Caccinis »Nuove Musiche«, 1601 herausgekommen, enthalten zahlreiche viel früher zu datierende Stücke. Was der Librettist Rinuccini für die frühe Oper bedeutete, leistete für die Entwicklung der Solokantate Gabriele Chiabrera mit seiner Lyrik, die sowohl madrigalistische Ornamentik des »Stile recitativo« als auch die strophische oder tanzförmige Arie anregte. Eine originelle Ausfärbung des Solo-Madrigals bei Luca Marenzio läßt in ihrer Affektbetontheit die Opernmonodie oft hinter sich. Alle Lyrik von Petrarca bis Tasso bekam hier musikalisches Gewand. Auch Monteverdi gehört dazu, etwa mit seiner »Partenza amorosa in genere rappresentativo« von 1619. Hier kehren die Baßführungen in den Strophen gleichmäßig wieder, die sich geläufiger Melodien bedienen, wie sie berühmten Gedichten im »Volksmund« gewöhnlich unterlegt wurden. Die Solostimme dagegen ändert ihr Melos in enger Anlehnung an die Worte und von Strophe zu Strophe mannigfach.

Bei Antonio Caldara (um 1670–1736) und Alessandro Scarlatti setzte sich für die Solokantate immer deutlicher die Form des Schemas Rezitativ–Arie–Rezitativ–Arie durch. Auch Händel und Bach pflegten sie noch, wobei sich die Notation der begleitenden Baß-Instrumente auf das System des »Generalbasses« konzentrierte.

Der Basso continuo, aufbauender Bestandteil der neuen Monodie, eignete sich eine Praxis an, die von der mehrstimmigen Kunst im letzten Jahrzehnt des 16. Jahrhunderts bereits auf anderem Wege

gewonnen war, die Praxis des »basso seguente«. Denn für die viel-
stimmigen und vielchörigen Werke zumal der venezianischen und
oberitalienischen Schule fehlte es häufig an ausführenden Gesangs-
kräften, auch an Spielern. Hier mußte der Organist aushelfen, indem er das ganze Werk begleitete. Dazu setzte er es zuvor in die
Orgelstimme ein, er »intavolierte« es – eine mühsame, zeitrau-
bende Prozedur. Harmonische Übung und Übersicht führte dazu,
die »Abbreviatur« zu gebrauchen, die Aufzeichnung einer fortlau-
fenden, mit der jeweils tiefsten Stimme gehenden Baßführung, aus
der der Kundige den harmonischen Aufbau herauslas.

Der Kapellmeister an San Marco, Gioseffo Zarlino (1517–1590),
formulierte in seinen »Istituzioni armoniche« (Venedig 1558) die
Regeln der ganzen Continuo-Praxis. In ihr hat sich das Harmonie-
gefühl bis zur deutenden Hellhörigkeit eines Bach entwickelt.

Telemann begründete seinen Ruhm mit einem Oratorium nach
schwülstigen Worten des auch für Händel tätigen Barthold Heinrich Brockes: »Der für die Sünden der Welt gemarterte und ster-
bende Jesus«. Wie in den Opern ging es Telemann in seinem riesigen geistlichen Œuvre nicht so sehr um Metaphysisches als um eine
klare und dabei anmutige Diktion, die sich bemühte, Französisches
und Italienisches mit deutschen Wesensmerkmalen zu verschmelzen. Dies sollte aber nicht zu dem Fehlschluß verleiten, Telemann
als bloßen Schönredner abzutun. Dafür bietet etwa seine Matthäus-
Passion in ihrem Formenreichtum, der ganz im Dienst des Ausdrucks steht, einen überzeugenden Beweis.

Daß Musik eine Form des Ausdrucks sein kann, die sprachlichen
Gesetzen unterliegt, wird bei Johann Sebastian Bach auf neue und
eindringlichere Weise als bisher deutlich. Er erfand ein eigenes
Vokabular für seine Vokalmusik, das dann auch die Instrumental-
Werke beeinflußte. So wies Albert Schweitzer auf die thematischen
und rhythmischen Materialgruppen hin, wie Bach sie parallel in den
Kantaten und in den rein instrumentalen Werken anwandte (Motiv
des Hebens und Tragens in der Solostimme zu Beginn der »Kreuz-
stab«-Kantate). Nunmehr konnte die Intention des Komponisten
darauf gerichtet sein – und hier wird Intuition beim Lesenden und
Interpretierenden gefordert – einen Sinn hervorzukehren, der hinter der tönend gesprochenen Aussage steht. Es ist nachgewiesen
worden (A. Schmitz, »Die Bildlichkeit der wortgebundenen Musik
Bachs«, Mainz 1950), daß Abweichungen des Sinnes musikalischer

Oratorie bei Bach dort vorkommen können, wo die Komposition den Text auszulegen sucht. Das Gesungene und die musikalische Form gehorchen in der Regel nicht nur einem Stil. Ist es eine Hauptfunktion der wortgebundenen Musik Bachs, den Sinngehalt musikalisch darzustellen, wenn nicht gar in »Tongestalten« figurativ abzubilden, so gibt es durchaus auch die direkte Verbindung von Sinn und Stimmfarbe, ohne die viele Stellen in Bachs Vokal-Musik einfach nicht auskämen (Synkopen als Müdigkeits-Symbol in der Schlummer-Arie von »Ich habe genug«).

Die Intention des Komponisten mag sich eben auch darauf richten, den Sinn hinter dem erklingenden Text hervorzukehren, seinen »Scopus« zu deuten. Wenn der Wortlaut einen Kommentar zur Musik geben kann, so begnügt sich andererseits die Musik oft (wie im Melodram, im Film, bei Montagen oder Collagen) mit kommentierender Begleitung. Die musikalische Funktion wechselt mit Zeit- und Personalstil. In der wortgebundenen Musik Bachs geht es zunächst darum, den Gehalt des Bibel- und Dichterwortes mit musikalischen Mitteln darzustellen, sie womöglich auch in bildhaften Figuren optisch nachzuahmen.

Im Blick auf die Bach-Interpretation wird es nicht nur dem Sänger immer wieder bestürzend deutlich: Es mangelt an selbstverständlicher Übernahme tradierter Werte, und an ihre Stelle trat historisierendes Bemühen. Das Bewußtsein, von der Forschung wachgehalten, registriert zugleich, wie weit der aufführungstechnische Traditionsverlust in Wahrheit geht. So entsprechen die Begriffe, die sich als Abbild des historischen Bewußtseins von Interpretation und Stiltreue bildeten, keineswegs den tatsächlichen Vorgängen und Gegebenheiten in der Vergangenheit, selbst wenn wir unser Wissen über Instrumente und Verzierungspraktiken in die Wiedergabe einbringen. Solange es zur Tradition gehörte, das Vorhandene zu bewahren und als Bewahrtes weiterzugeben, zeigte sich der aufführungspraktische Ansatz noch einigermaßen klar und deutlich. Aber es ging dem Musiker seit der Französischen Revolution eben nicht um das Konservieren.

Vornehmlich ein kunstästhetischer Anspruch, der bis heute nicht verstummt ist, wurde durch den Gesamtkünstler Wagner proklamiert: »Kinder, schafft Neues!« Neben solcher Herausforderung bedeutet sie angestrengteste Bemühung, mit historischem Wissen, auch durch das beschreibende Wort, Verlorenes wieder aufzubauen, bestenfalls ungefähre Annäherung. Bedenken wir: Bachs Vorstellung von der Schaffensweise eines Heinrich Schütz, den er gar nicht kannte, ist sicherlich um einiges deutlicher gewesen als Bachs Zeitgenossen. Lebendige Tradition kann durch die Frage nach der Historie nicht ersetzt werden.

Der einzig gangbare Weg, um am Ende einen vitaleren als den historischen Ausgangspunkt zu erreichen, ist wohl der, den eigenen Antrieb zur Formung von Tönen, von Gestaltung und Überzeugungskraft im Rahmen des vorhandenen Wissens für den Hörer zu ergründen, ihn zu entwickeln und auszubilden. Dann könnte das Erstaunen als eine begriffliche Parallele für den Ursprung des Gesangs und für den immer neuen Ansatz gegenüber vergangener Epochen gelten. Dann könnte auch, berechtiger als bei oberflächlicher Betrachtung, mit der Häufung stilistischer Erkenntnisse immer neue Prüfung des Gegenwärtigen einhergehen.

Denn flache Empfindung trägt die Hauptschuld daran, daß – als ein Kennzeichen unseres Jahrhunderts – die »Abstraktion« zum Eigentlichen, zur Wahrheit aufstieg. Vergangenen Stil und verklungene Aufführungspraxis für uns zu übernehmen ist so wenig möglich wie ein Musikwerk noch einmal zu komponieren. Das müßte auf eine Kopie hinauslaufen. Selbst der Notentext, den wir besitzen, kann nicht die absolute Wahrheit, nur ein Teil derselben sein. Der Sinn des Gesanges muß sich erhellen, das Erleben des Augenblicklichen darf nicht versäumt werden. In einem einzigen Moment der Nachschöpfung kann die Wiedergeburt der Kommunikation liegen.

In diesem Zusammenhang wollen wir die strenge Stilwiedergabe alter Musik zitieren, die einmal mit dem Begriff des »Bach-Sängers« ihren Anfang nahm. Rekonstruktionsversuche alter Musik, so originell und klanglich reizvoll sie auch anmuten mögen, wirken doch meist wie eine aufgepreßte Matrix. Musikalische Form und ihre Umsetzung in heutige Schreibweise sind andererseits wohl nachvollziehbar, bleiben aber hinter dem ursprünglichen Erlebnis zurück. Das Wichtigste, die Erlebnisebene damaliger Zeit, wird keiner mehr betreten können. Damals mag sogar das »objektivierende« Vorführen der Partitur schon genügt haben, um im Zuhörer jenen Kosmos aufzubauen, den wir heute, mit »zeitgeistigen« Emotionen und Verhaltensweisen belastet, mühsam nachzuzeichnen versuchen. Keinesfalls aber wurde glatt und artikulationslos musiziert, wie das häufig als besonders stilecht gilt.

Kaum weniger verwirrt, als der Hörer heute auf Interpretationsweisen verschiedenster Art reagieren mag, war auch die ästhetische
Situation des Kirchengesangs damaliger Zeit. Einerseits übernahm
das 17. Jahrhundert den gottesdienstlichen Zweck der Musik vom
Mittelalter und suchte ihn nicht nur aufrechtzuerhalten, sondern
noch zu vertiefen. Andererseits entwickelte sich mit dem Vordringen weltlicher Musik, der Oper, französischer Tanz- und italienischer Instrumentalmusik ein wachsender Streit um die Reinheit der
Musik in der Kirche.

So gesehen, wäre es sicher vermessen, das Werk Bachs wie üblich
als den Abschluß einer Epoche anzusehen. »Daß das, was er schuf,
so einzigartig war, kam ihm selber nicht zu Bewußtsein«, behauptet
Albert Schweitzer vom Verhältnis Bachs zum eigenen Werk. Solche
Auffassung von Bachs Persönlichkeit entspricht dem Bild vom
»barocken« Künstler. Der Ausdruck subjektiver Erregung im Sinne
einer Kunstlehre, die das Genie ins Zentrum künstlerischen Schaffens stellt, habe Bach fern gelegen. Der von Goethe geschaffene
Lyrismus, wie er in der Musik Beethovens und Schuberts zum
Tönen kommt, sei Bachs Zeit noch fremd gewesen. Von entgegengesetzter Warte her versuchte die Nachkriegs-Generation seine
Werke zu hören und zu deuten. Trocken sollten sie klingen, und so
werden sie denn auch meist noch gespielt und gesungen.

Wahr ist, daß Bach in allen seinen schriftlichen Äußerungen
nichts über sein Selbstverständnis verlauten ließ. Auch kümmerte er
sich kaum um die Überlieferung seiner Werke, was für ein Genie,
das sich verkannt fühlt, merkwürdig erscheint. »Seine Schuld ist es
nicht, wenn sie auf uns gekommen sind«, sagt Schweitzer von den
Kantaten und Passionen. Immerhin führte Bach bei einigen seiner
Werke für Tasteninstrumente ohne Aussicht auf Vertrieb die Drucklegung durch. Mehr als ein Jahrzehnt nach der Entstehung der
Matthäus-Passion stellte er eine sorgfältige Abschrift her. Auch wissen wir, daß Bach die Qualitäten anderer Musiker angemessen beurteilte. Wie könnte auch einem in Vollendung Kunstsinnigen die
Fähigkeit abgehen, andere nach Verdienst einzuschätzen?

1749 verlor Bach sein Augenlicht. Im gleichen Jahr erblickte
Goethe das Licht der Welt. Aber in eben dem selben nahm das
Leben des Jean-Jacques Rousseau eine entscheidende Wendung, indem ihm auf dem Weg nach Vencennes einfiel, wie er auf die Preisfrage der Akademie von Dijon »Hat der Fortschritt der Wissen

schaften und Künste zur Veredelung der Sitten beigetragen?« antworten wolle. Das Neue, das Rousseau jenseits von Wissen und Tun als bestimmend entdeckte, lag in der Auffassung von Verständnis als der Fähigkeit des Ich, zur Außenwelt in eine dialektische Beziehung von Identität zu Nicht-Identität zu treten, worin er dem englischen Philosophen Hume nachfolgte. Bach sollte dieses Gefühl nicht gekannt haben?

Der zeitliche Wechsel stilistischer Epochen läßt gewöhnlich das Pendeln des Gesanges zwischen den Extremen cantabile und declamato nervöser schwingen. Wenn auch gedruckte Schulwerke aus dem 16. Jahrhundert uns schon Auskunft über stilistische Merkmale der musikalischen Praxis geben können, so gewinnen wir doch detaillierte Kenntnisse vokaler Wiedergabe erst aus dem 17. Jahrhundert. Sie unterrichten darüber, daß das Barockzeitalter vorwiegend helle, ungebundene Vortragsweise pflegte. Der Typus des schnellen Satzes übertraf den des langsamen an Bedeutung, und die Tempi gestalteten sich im allgemeinen rascher, als wir sie heute empfinden. Höhere Stimmlagen hatten gegenüber den tieferen Vorrang, auch was die Länge der Töne betrifft. Eine mit Vorliebe angewandte Artikulationsart war das staccato. Sängerinnen mit höher liegenden Partien konnten mit einem höheren Honorar rechnen. Auf die Bevorzugung eines helleren Grundklanges deuten ja auch die Bedeutung der Rohrblatt-Instrumente und die charakteristisch hellfarbenen Orgelregister.

Für die Aufführung seiner Werke hatte Bach zu Lebzeiten als Sopran- und Altsolisten nur Knabenstimmen zur Verfügung, was jedoch für den heutigen Bachsänger nicht heißen sollte, er müsse unter allen Umständen seine Stimme solcher Klangfarbe angleichen, wie es bisweilen geschieht. Außerhalb der Wiederbelebungsversuche alter Aufführungspraxis oder der Ausbildung von spezialisierten Knabenchören, aus denen auch Solisten hervortreten können, müßte dies zur Unnatur führen. Wohl können ein herber Stimmcharakter, vibratoarme Tongebung und die Beachtung vergleichsweise geringer dynamischer Spannweite der Interpretation Bachscher Gesangswerke unter Umständen entgegenkommen – aber mehr als die stimmliche Eignung zählt die geistig-seelische Einstellung. Es sei zugegeben, daß sich typische Opernstimmen mit ihrer ausladenden Eigenart bei Bach manchmal recht seltsam ausnehmen mögen. Die Verwendung von zugkräftigen Opernstars muß dort Inkonsequenz bedeuten, wo die Voraussetzungen stilistischer Art vermißt werden.

Bach nun aber jeder Lebendigkeit oder Gefühlsintensität entkleiden zu wollen, seine Ausdrucksskala lediglich auf instrumentale Führung der Gesangslinie zu reduzieren, bedeutet andererseits, den Komponisten einzuengen. Bei Bach gilt es, einer geradezu unermeßlichen Vielfalt, einem universalen Weltbild gerecht zu werden, obwohl sich die Fülle der Eingebung formal in nur drei Abwandlungen bändigt.

Der rezitativische, erzählende oder predigende Bach, der die Stimme zu gesteigerter sprachlicher Intensität anhält, beruft sich unbewußt auf Heinrich Schütz. Strebt der Komponist hier eine freie Gestaltung an, so muß der Sänger zum Sprachrohr der Verkündigung werden. In den Rezitativen, den wortbestimmten Ariosi und in den deklamatorisch angelegten Arien (»Gebt mir meinen Jesum wieder«) und Chören (»Lasset uns den nicht zerteilen« aus der Johannes-Passion) ist Freiheit des Betonens, Trennung des Wichtigen vom weniger Wichtigen und Plastik des Sprachlichen nicht nur erlaubt, sondern gefordert. Hier hilft es wenig, etwa den Gegensatz des Deklamierens im martellato zur weichen Bindung der Phrasenelemente zu nivellieren, das Gewissen für klare Diktion und Verdeutlichung der Stärkegrade abstumpfen zu lassen, übergroße Weichheit der Larmoyanz auszuliefern oder mit einem Zuviel an Dynamik und Bühnenschwung die Wirkung ins Lächerliche zu ziehen. Ein exzessiv auf Effekt bedachter Evangelist muß ebenso abstoßen wie ein stimmprotzender Christus-Sänger.

Bezieht Bach seine Musik auf das Melos und reißt den Hörer in den Fluß seiner Arien-Kantilenen, so faßt er alles das zusammen, was vor oder nach ihm »gefühlsbetont« heißen darf. Bachs Kantilenen lassen dem Sänger kaum eine Atempause, sie scheinen über das der Stimme Mögliche hinauszugehen und vertrauen auf eine Spannkraft, die, ganz aus dem Vokalen gezogen, zur inneren Hingabe führen soll und erst damit der Physis eine Bewältigung überhaupt ermöglicht. Wo Bach Empfindung ausdrückt, muß auch der Sänger sie nicht meiden wollen und etwa »Am Abend, da es kühle ward« aus der Matthäus-Passion äußerlich unbeteiligt vortragen.

Musiziert Bach schließlich mit der menschlichen Stimme in der Art seiner instrumentalen Solostücke, dann entspricht er noch am ehesten jenem Begriff von Abstraktion, unter den ihn unsere Zeit –

meist mißverstehend – einordnen möchte. In einem Bereich zwischen Wortbezogenheit und gesanglicher Spannung wird hier musiziert, in einem Raum, der für das gesungene Wort kaum Platz bietet, ihm vielmehr eher den Charakter eines »Mottos über der Tür« zubilligt, das nur wenige deutende Vokabeln im Text als Anstoß benötigt. Das jeweils angeschlagene Thema, Zuversicht im Glauben oder Freude an der Schöpfung, wird zum Anlaß des Musizierens, erzieht aber über das Wort hinaus zur instrumentalen Genauigkeit und zu einer Artikulation, die mit den Instrumentalpartien harmoniert, um den Sänger einen unter anderen Instrumentalisten sein zu lassen. Wird mit wachem Geist musiziert, heißt es, klaren Kopf für Vielseitigkeit zu behalten. Wem dies von der Veranlagung der Stimme oder ihrer technischen Unfertigkeit her versagt ist, der sollte sich an Bach erst gar nicht versuchen.

Bachs Prosodie, seine spezifische deklamatorische Phänomenologie, tritt bei »freier« melodischer Gestaltung naturgemäß zurück. Immer aber bleibt eine nach zwei Polen gerichtete Bindung spürbar, denn sein vokales Melos gehorcht sprachlichen und autonomen musikalischen Prinzipien gleichermaßen. Sie wurde denn auch als »paradox« hingestellt, da sie ebenso instrumental wie rhetorisch, also artikulatorisch bedingt ist.

Wenn in der Johannes-Passion die Kriegsknechte um Christi Kleider würfeln, kommt Bachs deklamatorische Zielsicherheit im Detail zu besonderer Wirkung. Um die Ordnung des Würfelspiels gleichsam auf den Kopf zu stellen, wählt er ein abwärtsfallendes Intervall, so daß sich über das krasse »Zerteilen« jeweils ein nicht weniger krasses »Lasset« legt. Dazu kommen nun gleichmäßig rollende Sechzehntel, die Würfel nämlich, denen nur zwei kurze Pausen gegönnt werden. Eine solche Vielschichtigkeit des Geschehens kann nur hörbar gemacht werden, wenn metrischer und rhythmischer Zusammenhalt ebenso wie die Überschaubarkeit straff eingehalten sind. Denn erst dann reibt sich das scharfe Z am scharfen S, und die angestrebte Blasphemie wird deutlich.

Als Bach 1728 mit der Arbeit an der »Matthäus-Passion« begann, hatte er sich schon einige Zeit mit dem späteren »Ober-Post-Commissarius« Henrici (oder Heinrici) zusammengetan, privat ein fleißiger, geschickter Verseschmied unter dem Pseudonym Picander. Bach wählte für den ihm gelieferten Text zur Passionsmusik nach dem Evangelisten Matthäus auf Grund seiner liturgischen Erfahrung Choralmelodien und die dazu gehörigen Texte aus, setzte sie für vierstimmigen Chor und fügte sie an den passenden Stellen dem Picanderschen Libretto ein. Die Chöre – einschließlich der Solisten – stellten die Thomas-Schüler. Mit der Passion zeigte Bach den Weg: Rückkehr zum Bibelwort, Verzicht auf die zur Gewohnheit gewordene allegorische Überladenheit des Textes, nicht aber Verzicht auf die Symbolik der »christlichen Seele«. Dieses scheinbare Rückwärtsschauen bedeutete in Wahrheit überzeitliche Allgemeingültigkeit.

Ein Klangzeichen ohnegleichen wurde mit jenen Streicherakkorden gesetzt, die die Stimme Christi wie eine Aura umgeben und die der Sänger folglich vor seinem Einsatz in Ruhe erklingen lassen sollte. Ein anderes schlagendes Symbol stellen die gelegentlichen ornamentalen Anreicherungen des Evangelisten-Parts dar, so wenn die Sachlichkeit des Berichts wie von plötzlicher Erschütterung bei »und weinete bitterlich« durchbrochen scheint, was den Sänger freilich nicht zur Theatralik reizen darf.

Weniger in der Nähe der »Opéra-Komödie«, wie es eine alte Dame beim Anhören der ersten »Matthäus-Passion« bezeichnete, sondern in äußerer und innerer Verbindung zur Predigt stehen die oratorischen Lesungen der Passion mit den eingefügten Ariosi, Arien und Kirchenliedstrophen. Die Ausdeutung der Leidensgeschichte und die Antwort auf die Frage, was die Passion für das persönliche Leben bedeutet, die in den Texten gegeben wird, lehnt sich an die Predigtweise jener Zeit an. Die Librettisten der Passion beherzigen, was August Hermann Francke, der Pietist in Halle, in seinem »Kurzen Unterricht, wie man die Heilige Schrift zu seiner wahren Erbauung lesen solle« niedergelegt hatte. Deshalb fungieren auch die eingestreuten Ariosi und Arien in der »Matthäus-Passion« gottesdienstlich erläuternd und deutend. Wenn beispielsweise im Anschluß an den Bericht von der Grablegung und das folgende Arioso »Am Abend da es kühle ward« mit seinen den Tod Christi deutenden Worten: »Der Friedensschluß ist nun mit Gott gemacht, denn Jesus hat sein Kreuz vollbracht« in der Arie »Mache dich, mein Herze, rein« dem Hörer die symbolhaften Worte eingeprägt werden: »Ich will Jesum selbst begraben«, dann wird durch Dichtung und Vertonung existentielle Verkündigung bewußt vollzogen. Im formalen, streng liturgischen Sinn ist die »Matthäus-Passion« unserer heutigen Vorstellung nach sicher kein gottesdienstliches Werk;

sie ist in die gegenwärtig praktizierten Ordnungen gar nicht einzufügen. Da sie es aber ihrer Absicht und ihrem inneren Wesen nach
bleibt, sollte sie im gottesdienstlichen Raum aufgeführt und als Gottesdienst begangen werden.

In Hamburg hätte das »Opernhafte« der »Matthäus-Passion«
niemanden erschreckt, denn Reinhard Keiser stellte dort schon
1704 die Passionsgeschichte dramatisch dar. Der Text dazu, von
Barthold Heinrich Brockes verfaßt, verband seine Rezitative, Arien
und Choräle mit dem Text des Evangeliums und spielte die Rolle
eines Standard-Librettos, das Keiser und Händel ebenso wie Telemann und Mattheson verwendeten. An dieses Libretto lehnte sich
Bach in seiner »Johannes-Passion« an, wußte aber, wie bei vielen
anderen Texten, Schwulst auszuschalten. Auch füllte er Lücken in
der Erzählung des Johannes durch Abschnitte aus dem Matthäus-
Evangelium, damit die Schilderung der Leidensstationen vollständig sei.

Der Prozeß, den die Geschichte musikalischer Rezeption zu erfassen sucht, erschöpft sich nicht darin, Kunstwerke zu formalisie-
ren. Der Zerfall jener geschichtlichen Umwelt, für die das Werk ursprünglich bestimmt war, hat nicht den gänzlichen Funktionsverlust
mit sich gebracht. Inhalt und Tendenz der »Matthäus-Passion«
haben heute weder an Bedeutung noch an Interesse verloren.

Daß dem ehrwürdigen Thomaskantor Humor keinesfalls fehlte,
bezeugen die vielseitig akzentuierten weltlichen Kantaten, vom
»Streit zwischen Phöbus und Pan« über die »Kaffee-Kantate« bis
zur »Bauern-Kantate«, mit Dialogen, Dialektfärbung ins Säch-
sische, buffonesker Charakterisierung. Im Grunde ist die Tren-
nungslinie geistlich–weltlich nicht genau zu ziehen, zumindest ist
sie kein Kriterium für den Stil. Ganz wie Bach die gleichen religiösen Motti »Jesu juva« und »Soli Deo Gloria« in die Manuskripte von
Konzerten wie Kirchenwerken setzte, so gab ihm die neapolitanische Da-capo-Arie einen wesentlichen Pfeiler zum formalen Bau
seiner Passionen. Musik ist ihm so profan wie sakral, ein Gleichnis
für die Harmonie der Welt.

Hier liegen auch die Wurzeln für das mißverständlich »Parodie«
benannte Verfahren bei Bach. Ohne Zögern übertrug er nämlich
größere Strecken sehr weltlicher Kantaten in die geistlichen, ja
selbst in die »Matthäus-Passion«. Bach »parodierte« immer nur
vom Weltlichen ins Geistliche (auch rein instrumentell), nie umge-

kehrt! In dieser Nicht-Umkehrbarkeit ist sicher ein tiefer Sinn verborgen, zumindest für Bach. Er stand damit in einer Reihe mit der Praxis vieler Meister der Zeit. So wurde aus seiner Geburtstagsmusik »Durchlauchtster Leopold, es singet Anhalts Welt« in der Kantate zum Pfingstmontag »Erhöhtes Fleisch und Blut, das Gott selbst an sich nimmt«. Und wer vermutet schon hinter der Wiegenliedmelodie aus dem »Weihnachts-Oratorium« die Arie aus der Kantate »Die Wahl des Herkules«, in der die »Lust der lüsternen Brust« geschmeckt werden soll?

An der Distanz, die gegenüber vielen der Kantaten-Texte bei Publikum und Musikern zu spüren ist, haben die Verseschmiede Neumeister, Francke und Picander Schuld, deren Worte freilich nicht in die nachfolgenden Jahrhunderte, sondern in den Gottesdienst eines damaligen Sonntags im Ablauf des Fünf-Jahres-Zyklus paßten.

Musik wird bei Bach zur Sprache und bedient sich ihrer, ohne im Sinne des Amtsvorgängers Kuhnau nur zu imitieren. Sie nützt viel mehr motivisches, akkordisches oder rhythmisches Material. Die Kantaten lassen Bach als den musikalischen Sprachbehandler par excellence erkennen.

Händels oratorische Dramen

Wenn Händel uns in seinen Opern als Vollender einer Welt von Formen gegenübertritt, die eigentlich schon zu seiner Zeit von neuen Entdeckungen abgelöst wurden, so zeigt sich der Oratorien-Schöpfer zugleich als Pionier und Vollender einer Gattung, die auf vielseitige Anregung zurückgeht. Händels »Johannes-Passion« von 1704 stand in der deutenden Tradition. In Italien beeinflußte ihn vor allem Giacomo Carissimi, dessen Werke Händel genau studierte. Purcells »Anthems« fügten die britische Komponente hinzu. Elf »Chansons-Anthems« nach dem Utrechter Te Deum und die »Coronation-Anthems« für Georg II. waren ein Erprobungsstoff für Händel, den repräsentativen Charakter der folgenden Werke auszubilden.

Das Englische als Sprache seiner Oratorien wurde erstmals in »Esther« von 1732 benutzt. Es bedurfte verschiedener Anstöße, um Händels Interesse von der italienischen Oper weg auf das dramatische Oratorium in englischer Sprache zu lenken. So ist aus dem Jahr 1732 der Rat des Freundes Aaron Hill bekannt (der für Händel schon als sein erster Operndirektor das Szenarium des »Rinaldo« entworfen hatte), Händel möge sich an der Vertonung herausragender englischer Literatur versuchen. Eine seiner Oden feiert Händel als den neuen David, um all jenen Bürgern, die nicht musikfeindlich eingestellt waren, einen religiös verbrämten Weg aus den puritanischen Zwängen zu weisen. Hill stellte ein von jedem Verdacht der Amoralität gereinigtes Künstlerporträt auf (Lawrence, Händeliana, London 1911). Ausschlaggebend für Händels Sinneswandel mögen das schwindende Interesse der Londoner Opernbesucher für die italienische Oper, das – fast berufsschädigende – Aufkommen von Opernparodien, vor allem aber seine Begeisterung für das »Saul«-Libretto von Jennens gewesen sein, das ihm die dramaturgischen Möglichkeiten des Oratoriums mit alttestamentarischem Stoff vor Augen führte. Von den bis dahin entstandenen früheren Oratorien, etwa der »Athalia«, kann angenommen werden, daß sie Händel als Dramen nicht ernst genommen hatte.

Aufführungen in zwei Sprachen, je nach den mitwirkenden italienischen oder englischen Sängern, Zusätze oder Striche ohne Rücksicht auf den dramatischen Zusammenhang gestalteten die Oratorien-Aufführungen jener Jahre zu gemischten Konzerten. Es ist Jennens' Verdienst, daß er gemeinsam mit seinen Freunden Händel davon überzeugte, daß etwa die Rolle des Chors im Oratorium derjenigen der opera seria bei weitem überlegen sei. Im »Saul«, entstanden in enger Zusammenarbeit mit dem Librettisten, gilt die alte Regel der Seria nicht mehr, Handlung müsse sich vorwiegend in Rezitativen abspielen. Das beste Beispiel dafür bietet die Folge von ariosen Gesangsstücken, in denen sich Saul von Jonathan umstimmen läßt. Hier strebte Händel Lockerung des zusammenhaltenden Prinzips der Arie an, wie sie Gluck dann im »Orfeo« dort weiterführte, wo die Geister der Unterwelt beschworen werden.

Die Ausformung der geistlichen Arie fällt mit der der Opernarie etwa zusammen. Sie ist dem Boden des Oratoriums entwachsen, das, entsprechend den formalen Entwicklungen bei der Oper, entweder in Ruhepunkten oder dramatischer Zuspitzung gipfelte. Recht eigentlich verkappte Opern erkennen wir in einigen der Händelschen Oratorien, nachdem dessen Londoner Opernunternehmen geschäftlich zusammengebrochen war.

So schwülstig uns die Texte barocker Arien heute auch anmuten, den musikalischen Ausdruck minderten sie nicht, zumal sie angesichts des oft instrumental geführten Gesangs mitunter unwesentlich, ja austauschbar erscheinen. Den Worten bleibt hier oft wenig mehr als die Funktion, allgemeine musikalische Gedanken anzuregen. In der Da-capo-Arie, in der die Motive in vorherbestimmten Augenblicken an regel-gebundenen Stellen dort wiederkehren müssen, wo innere Bewegung eigentlich danach verlangen würde, sie weiterzuverfolgen, vermeiden ihre Schöpfer noch persönliche Erregung, ja widersprechen ihr häufig. Gefühl greift nur dann Platz, wenn sich seine Wellen mechanisch zwischen forte- und piano-Sektionen, zwischen tutti und concertino bewegen können. Es erschien den Menschen als unkünstlerisch, unmittelbares Empfinden auszusprechen, zwischen Künstler und Publikum schob sich unpersönlich die Form.

Das Durchbluten der Form mit Ausdruck und Leben blieb ganz der Persönlichkeit des Sängers überlassen. So vervielfältigten sich die Gesangsverzierungen im 18. Jahrhundert. Der Solist erfand eigene Veränderungen oder ließ sich solche schreiben. Die erhaltenen Beispiele können als individuelle Lösungen gelten, die dem Charakter und der Stimme einzelner Sänger entsprachen. Daß nun aber alle derartigen Fioriture leeres Beiwerk virtuoser Art vorstellen, das bei neuen Aufführungen ruhig fortbleiben dürfe, trifft nicht zu. Verzierungen können auch Steigerungen des Ausdrucks bedeuten. Langsame Vorhalte erzielten dissonante, nach Weiterführung drängende Reibungen, hoben bestimmte Worte heraus und steigerten den Affekt der Arie. Vor allem geschah dies im »da capo«, dem wiederholten Hauptteil, oft aber auch vom Beginn an. Heutige Wiedergaben solcher Arien ohne Veränderungen entstellen den Sinn, in der Oper sicherlich noch mehr als im Oratorium. Immer ist große Kehlfertigkeit vorausgesetzt, die Ziel des Unterrichts für solche Aufgaben bleiben muß.

Händel, der Ausdrucksmusiker, strebte während seiner englischen Zeit von der Da-capo-Arie fort, in den späteren Werken benutzte er sie nur noch sporadisch, um der schon in den Libretti angelegten Dramatik zu entsprechen. Ausnahmen hiervon bilden »Israel in Egypt«, »Messiah« und das »Occasional Oratorio«. Obwohl Händel seine Oratorien konzertant und ohne dramatische Aktion präsentierte, erklangen sie nicht etwa in der Kirche, sondern im Theater oder Konzertsaal als musikalische Unterhaltung, zu der Händel selbst in den Pausen Orgel-Intermezzi spielte.

Dirigenten der jüngsten Vergangenheit haben sich erfolgreich darum bemüht, einseitige Vorstellungen von Pomp und Pathos in Händels Musik zu korrigieren. Wie extrem verschiedenartig das geschehen kann, zeigt bei dem einen der Versuch, Dramatik dadurch zu erreichen, daß das Klangbild aufgerauht und romantischer Überschwang psychologisch zersprengt wird. Ein anderer setzt motorische, federnde Brillanz dagegen und erreicht damit vordergründigere Perfektion. Hier wirkt die barocke Affekten- und Klangfigurenlehre kaum noch nach. Genaues Funktionieren erscheint wichtiger. So kann der Tenor seine Verzweiflungsarie im »Jephta« beim Erkennen des Opfers (»Deeper and deeper still«) mit stockendem Atem psychisch durchlebt bis zum verstummenden »I can no more« gestalten. Er kann aber auch aus dem gleichen Stück einen reinen Ohrenschmaus, einen sängerischen Edelstein von erheblich geringerem dynamischen Feuer machen. Hier wird das Gesamtbild der Interpretation eines Dirigenten für den Sänger maßgeblich sein. Bei Händel Opern und Oratorien eindeutig zu trennen, fällt ohnehin oft schwer, und verschiedene Auffassungen müssen nicht unbedingt künstlerisches Gefälle bedeuten, sondern sie stellen komplementäre Ereignisse dar.

Von Händel als Operndirektor wird noch die Rede sein, für die Kulturgeschichte des Sängerischen war seine nachfolgende Konzentration auf das Oratorium eher bedeutungsvoller. Hier zeigt sich bei ihm eine unverkennbare Tendenz zur Vergeistigung des Singens, die in England ihren wichtigsten Werkbestand gefunden hat. Den Stoffkreis beschränkte die damalige Zeit gewöhnlich auf das israelische und griechische Altertum. Aber der Hallenser verstand es, sich mit Dichtern zu verbinden, die an Stelle unpersönlicher Typen Charaktere zeichneten. Und er selbst formte diese, weit mehr als irgendein anderer vor oder nach ihm in der Geschichte des Oratoriums, zu musikdramatischen Gestalten, hinter denen bis heute das Verständnis durch die meisten Ausführenden und Empfangenden leider zurückbleibt. Von den vier Hauptstimmen ist es einzig der Tenor, der von einer Gleichförmigkeit des siegesgewissen, frommen, jedoch kraftvoll Heldischen nicht immer wegkommt. Aber etwa der »Samson« zeichnet eine auch musikalische Persönlichkeit von individuellem Gehalt, vielleicht noch mehr Händels

»Belshazzar«. Sogar der mit einer einzigen Arie umrissene Pharao aus »Israel in Egypt« steht in klaren Konturen vor uns. Unter den Sopran-Charakteren ragt neben Deborah und Galathea die jungfräuliche Achsah im »Joshua« heraus, bei den Altistinnen ist es Micah im »Samson«. Edle Getragenheit oder groteske Verzierungsfülle, die beiden Grundtendenzen bei den Baß-Stimmen, kommen in der »Samson«-Handlung durch den trauernden Vater und den ungeschlachten Riesen klar zum Ausdruck. Unübertrefflich in Dichtung und Musik ist im Schäferspiel »Acis und Galathea« der Unterschied zwischen dem gewalttätigen Polyfem und dem arkadischen Liebespaar. Wären nicht überall die komplizierten, schwer auswendig zu lernenden Chöre, so läge die Vermutung nahe, Händel habe im stillen mit der Möglichkeit einer Wiederaufhebung jenes bischöflichen Verbots gerechnet, das Bühnenaufführungen biblischer Vorgänge untersagte und das ihn schon nach seinem dramatischen Frühwerk »Esther« auf das Oratorium verwiesen hatte.

Bei Ouvertüre, Rezitativ (sowohl »secco« als auch »accompagnato« mit Orchester), Arioso, Arie, Ensembles in diversen Besetzungen und den Chören werden Charakter und Abfolge derart abgewandelt, daß jegliche Schematik ausgeschlossen bleibt. Seltener noch als in den Opern darf hier rein dekorative Koloratur wuchern. Homophonie und Kontrapunktik bilden eine Synthese und alle Thematik der Chorfugen ist vom Vokalen her erfunden, was ja auch für Händels Instrumentalmusik gilt.

Das Oratorium um Telemann

Wir haben bei Bach gesehen, wie schwer es fällt, heute historische Musik in einer Weise zu pflegen, wie dies in Zeiten möglich war, die ihre Gegenwart zum Maßstab aller Dinge machte. Wir sind dem Willen des Komponisten gegenüber befangen und bemühen uns, seine Musik werkgetreu, d. h. der Vorstellung des Komponisten angenähert, wiederzugeben. Aber der Versuch, alte Musik nur vom Wissen her zu betreiben, ließ jene »wissenschaftlichen« Aufführungen zustande kommen, deren historische Richtigkeit im Grunde jegliches Leben ausschloß. Dem wäre eine unhistorische, aber musikantisch lebendige Wiedergabe vorzuziehen.

Oft ist das Selbstverständnis des Barock-Komponisten mit dem unserer heutigen Unterhaltungsmusik verglichen worden. Die Einheit von Sprache und Gesang, ursprünglich so unentbehrlich in der Musik, Einheit von Hörer und Vermittelndem, ja, die Einheit von Musik und Zeit scheinen hier erhalten, denn nach nur wenigen Jahren drückt Unterhaltungsmusik ja nicht mehr die Gegenwart aus. Wie schmal ist der Rahmen ihres Anteils am Leben und, wie ähnlich dem heutigen kulinarischen Vereinnahmen der »alten Musik« erscheint oft ihr Einsatz als Geräuschkulisse bei der Party oder im Warenhaus!

Für Musik aus alten Zeiten muß heute zunächst wieder eine Interpretationsform gefunden werden. Nicht nur in bezug auf die Barockzeit steht den Ausführenden im Wege, daß einst unter anderen Voraussetzungen als den heutigen musiziert wurde. Wir entnehmen den Noten des 18. Jahrhunderts wenig über Dynamik, kaum Tempoangaben oder -veränderungen, gar keine Phrasierungen und Artikulationen. Ausgaben älterer Musik im 19. Jahrhundert »ergänzten«, was an Bezeichnungen »fehlte«, und orientierten sich dabei an den Musiziergewohnheiten der eigenen Zeit. Das betraf vor allem die Phrasierungen, die in langen Bögen angegeben wurden, wodurch ein nicht immer angebrachtes Dauer-legato entstand. Unsere Zeit räumte dann mit diesen Zutaten wieder auf, um eines »strukturellen« Notenbildes willen, das fast nur noch mechanischen Nachvollzug in der Interpretation erlaubt. Das gilt für den Sänger besonders bei den Koloraturen, die chorisch wie solistisch einen so breiten Raum in der Musikliteratur des Barock einnehmen.

Die Gesangs- und Spielverzierungen der Alten verbrämten und umspielten – in den seltensten Fällen ausdrucksvoll – als Attrappe das Kernmotiv. Bis ans Ende des 19. Jahrhunderts spielte die improvisierende Lust an der Verzierung eine wichtige Rolle, nur daß ein Großteil der Verzierungen typisch wurde, ohne den Melodie-Kern förmlich aufzulösen. Wenn aber schon die individuellsten Meister des Madrigals wie Marenzio oder Monteverdi, ähnlich später auf höherer Stufe Bach, ihre Motive sängerischer Willkür entzogen und selber ausziselierten, so hat auch das 17. Jahrhundert die Verzierung immer mehr in den Dienst des Ausdrucks gestellt. Auf der Suche nach dem leidenschaftlichen Affekt, scharfer Charakteristik und lebendiger Tonmalerei entstand das moderne Motiv.

Koloratur gehört zu den Wesensmerkmalen des Belcanto, im

Barock-Oratorium erscheint sie besonders prominent. Sie sollte als lebhafte, musikalische Charakteristik und rhythmische Gestaltung verstanden werden. Auf die technischen Formen und Übungen als Grundlage im einzelnen einzugehen, müßte hier zu weit führen. Festhalten wollen wir aber, daß auch die tiefste und »schwerste« Stimme Beweglichkeit in der Koloratur zu üben hat – nicht als Endziel und um damit aufzutrumpfen, sondern um die Stimme so leicht, graziös und biegsam wie möglich zu erhalten und so den Stimmumfang gefahrlos bis an seine äußersten Grenzen ausschreiten zu können. Auch die Triller-Übungen dienen in der Hauptsache dazu, den Kehlkopf lose schwingen zu lassen und von vorneherein jeder Versteifung der Muskeln entgegenzuwirken. Solche Vorübung hilft auch an solchen Konzertabenden, die Koloraturen überhaupt nicht vorsehen, denn sie ermöglichen der Stimme ein leichtes, schnelles Ansprechen in allen Lagen.

Wie ein Sänger martellato, staccato, auf dem gleichen Ton doppelt angesungene note radoppiate, Triller und Lauftechnik (weder gebunden noch gestoßen = coloratura granita) beherrscht, das kommt naturgemäß in Werken mit Koloratur am deutlichsten zur Geltung. Dann wird das köstliche »Wie will ich lustig lachen« aus dem »Zufriedengestellten Äolus« von Bach ebenso wirken wie seine ernst und vollendet wiedergegebene »Kreuzstab-Kantate«, mit jenen von der Oboe begleiteten Koloraturen in der letzten Arie, die sich, dem geschilderten Adler gleich, über lange Atembögen in schlank-forschem Tempo hinwegschwingen müssen.

Daß die federnde Atemführung bei solchen Koloraturen durchaus nicht immer gelang, zeigt sich in Georg Philipp Telemanns abfälliger Äußerung über die »Hahaisten«, die durch Einfügung des Hauchlautes »h« das Ansprechen des nächsten Tones erleichtern wollten. Nicht nur bei vielen Chören, die barocke Koloraturen auszuführen haben, finden wir noch heute jenes fehlerhafte »haha«, gegen das sich übrigens schon der mittelalterliche Autor Conrad von Zabern 1474 wandte. Modelle, anhand derer Improvisationsfiguren leicht zu erlernen sind, können bei Caccini, Piero Francesco Tosi (1646–1727) oder Nicolo Porpora (1686–1768) studiert werden, die alle zugleich Gesangsmeister und Komponisten waren. Immer noch greifbar sind die Solfeggien und Vokalisen von Nicola Vaccai (1790–1848) oder Giuseppe Concone (1801–1861), die sich mannigfach im Unterricht bewährten.

Daß es nicht nur eine einzige Möglichkeit der Artikulation für musikalisches Figurenwerk gibt, zeigt Bach immer wieder in seinen Kantaten, wenn die Singstimme, den begleitenden Instrumenten entgegen, ihre eigenständige und dennoch gleichzeitige Phrasierung behauptet. Nikolaus Harnoncourt hat in seinem Buch »Musik als Klangrede« (Salzburg 1982) darauf hingewiesen, daß es ein Fehler sei, so etwas als »Irrtum« im Sinne romantischer Musikpraxis zu korrigieren und dieser anzugleichen. Vielschichtige Gleichzeitigkeit von Differenzierendem, das ist ein Phänomen, dem wir nicht erst in Hindemiths Oper »Mathis der Maler« begegnen, das vielmehr immer wieder in der Musik eine Rolle spielt, zuletzt ganz besonders eklatant in Aribert Reimanns »Requiem«, wo nicht nur verschiedene Sprachzungen gleichzeitig reden, sondern Formen einander durchdringen und Inhalte sich verschränken.

Es ist die Tendenz der Töne, körperlich und geistig auf uns einzuwirken – und nichts, auch nicht ein zeitweilig verheerender Schönheitsbegriff der Romantik, sollte den Hörer dazu veranlassen, sich einer solchen Aufstörung zu verschließen, wenn er Musik überhaupt rezipieren will. Barocke Läufe mit der Flächigkeit des Paganini-Spiels abrollen zu lassen, widerspräche ihrem Geist. (Und ob Paganini nicht selbst sehr anders aufzufassen wäre, das hat der Geiger Gidon Kremer in den letzten Jahren immer wieder erfolgreich zur Diskussion gestellt.)

Wir haben hier wohlgemerkt nicht die Dynamik im Sinn, einen musikalischen Begriff, der erst nach 1800 in seine Rechte trat. In der Barockzeit handelt es sich meist um eine vom Sprachlaut bedingte Lautstärke, die auf engstem Raum Worten und Silben ähnelt, auch wenn keine Worte unter den Instrumentalnoten stehen.

Unter diesem Aspekt ist ganz besonders das Werk des Georg Philipp Telemann zu sehen. Sein besonderes Verdienst ist es, sich für die französische Kunst in Deutschland eingesetzt zu haben, das ganz der italienischen Mode erlegen war. Wie er französischen Musikcharakter empfand, daß er nämlich subtil die Natur nachahmte, die Sprache des Menschen und die ihn umgebenden Laute, das läßt sich auf seine eigene Musik anwenden. In dem berühmten Briefstreit zwischen Graun und Telemann, in dem es um die Bewertung eines Rezitativs aus Rameaus »Castor et Pollux« ging, kämpfte Telemann gegen die Sucht Grauns, Worte in italienischer Manier detailliert, also mehr musikalisch zu deuten: »Die einzelnen Wort-

Expressiones aber, wenn sie nicht natürlich fallen, gantz und gar erlasse ... verbleibe ich also bey dem mir vor vernünftig vorkommenden Schlentrian, (wie Sie ihn zu nennen belieben). Denn in der stuffen Weise angebrachten Erhöhung der Music finde eine wahrhaffte Nachahmung des Redners, welcher seine Stimme dabey erheben wird und muß« (zitiert nach Rolland, Musikalische Reise, München o. J.).

Bei einiger Hörerfahrung ist zu erkennen, wie der Stil Bachs und Händels sich von dem unterscheidet, was am Ende des Jahrhunderts als vorbildlich galt. Streng gebundene Rhetorik, polyphone Schreibweise und Objektivität tendieren immer mehr dazu, spontane Empfindungen zu äußern, melodisch die Psyche widerzuspiegeln, schließlich zu Bekenntnissen Rousseauscher Art zu gelangen, wie sie Beethoven musikalisch formulierte. Die Daten sind hier sehr beredt: Bach stirbt 1750, Händel 1759. Im gleichen Jahr stirbt Graun. 1759 gibt Haydn seine erste Symphonie heraus. Glucks »Orfeo« erscheint 1762, die ersten Sonaten von Carl Philipp Emanuel Bach entstehen 1742, Johann Stamitz (geb. 1717) stirbt vor Händel 1757. Es haben also die Wegbereiter verwirrend vieler stilistischer Musikrichtungen nebeneinander gelebt.

Zwischen Konservativen und Neuerern gab es einen Streit, der zu Ende des 17. Jahrhunderts von Charles Perrault und Bernard le Bovier de Fontenelle in Frankreich ausgefochten wurde. Der Nachahmung der Antike wurde Descartes' Idee des Fortschritts gegenüber gestellt, die zwanzig Jahre später Houdar de la Motte im Namen der Vernunft und des modernen Geschmacks wieder aufgriff. Die Fehde entsprach einer universellen Bewegung europäischen Geistes. In allen Künsten glichen sich die Symptome. Bei der deutschen Musik frappieren sie besonders, denn die Generation Keisers, Telemanns, Matthesons empfand instinktive Abneigung gegen jene alte Richtung in der Musik, die »Kontrapunktisten« und »Kanoniker« repräsentierten. Der erste, der hierin seinen Empfindungen entschiedenen Ausdruck gab, war Telemann, als er 1704 gegen den greisen Musikforscher Printz sich zu Demokrits Haltung gegenüber Heraklit bekannte: »Er beweinte bitterlich die Ausschweifungen der hitzigen melodischen Setzer: wie ich denn die unmelodischen Künsteleien der Alten belachte.« Wer waren also die Modernen für Telemann? Die Melodiker. »Singen ist das Fundament der Music in allen Dingen. Wer die Composition ergreifft, muß in seinen Sätzen singen«. Auch rät Telemann, sich in die Schule jungdeutscher Melodiker zu begeben. Der Theoretiker Mattheson dachte nicht anders. Telemann behauptete: »Wer auf Instrumenten spielt, muß des Singens kundig sein.« Und wenn Mattheson feststellte, die Instrumentalmusik »kann nichts anderes als eine bloße Nachahmung menschlicher Stimme sein ...«, so ergibt sich daraus ein prinzipieller Vorrang und Modellcharakter der Vokalmusik.

Rezitativ und Arie

Was sollte überwunden werden? Vokalmusik bedeutete noch immer vor allem italienischen Stil. Und so kann das italienische Oratorium charakterisiert werden: Die dramaturgische Konzeption beschränkte sich auf eine Folge von Rezitativen und Arien. Chöre waren – mit den genannten großen Ausnahmen – selten, sie standen bevorzugt am Anfang oder am Ende der beiden üblichen Hauptteile. Die Rezitative wurden entweder »secco« mit Cembalo-Begleitung vorgetragen, oder es gesellte sich im »recitativo accompagnato« zur Gesangsstimme eine sorgfältig ausgearbeitete und meist kraftvoll-dramatische Orchesterbegleitung. In diesen Rezitativen spielte sich die spärliche, vom Libretto »geduldete« Handlung ab.

Das eigentliche Problem der Rezitativ-Gestaltung liegt in der Notation, die sich im französischen und italienischen Stil grundlegend unterscheidet. Beide wollen Melodie und Rhythmus der Sprache in Musik übertragen. Die Italiener begnügen sich damit, nur annähernd den Rhythmus anzugeben und seiner einheitlichen Orthographie zuliebe Viervierteltakt zu notieren. Die natürlichen Akzente der Sprache liegen dann auf Eins, Zwei oder Vier, und der Sänger ist angehalten, nicht überall dem notierten, sondern dem sprachlichen Rhythmus zu folgen. Die musiktheoretischen Quellen in Europa, deutsche vor allem, die in jener Zeit dem italienischen Geschmack folgten, befürworten einen freien Sprechgesang und sprechen sich gegen schematisches Absingen der Notenwerte aus. Lully dagegen, obwohl selbst Italiener, entwickelte als Exponent rationalistischer Entwicklungen aus der pathetischen Sprache französischer Schauspieler eine strenge Ordnung von Sprachrhythmen, die in der Notierung ihren Niederschlag finden sollte. Sein System folgt genau den syntaktischen Schwerpunkten und läßt folglich komplizierte Taktwechsel zu.

Die dem Rezitativ folgenden Arien drücken Gefühle aus, sie betrachten oder moralisieren. Ihre Form ist die der herkömmlichen Da-capo-Arie. Dieser in Neapel, vor allem in der Werkstatt Alessandro Scarlattis entstandene Arientyp beruht auf der Grundlage wiederholender Struktur: Die erste, vierzeilige Strophe bildet – zweimal musikalisch ausgeführt – den ersten Abschnitt, die davon in der Stimmung gewöhnlich abweichende zweite Strophe den mittleren Teil, worauf der erste Abschnitt sich wiederholt. Der Vortragspraxis der Epoche entsprach es, daß der Sänger die Reprise stets etwas veränderte, um seine Technik, Stimme und Musikalität ins rechte Licht zu rücken, aber auch um den Ausdruck zu steigern. Dies – wir können es nur wiederholen – sollte auch heute noch bei der Da-capo-Arie beibehalten werden, es macht gelegentlich langatmige Strecken farbig und prägt sie individuell aus.

Mit der Zeit ändert sich der traditionelle Formtypus. Das Material des mittleren Arien-Abschnitts stammt nun häufig aus dem ersten Teil, und die Reprisen weichen von der Tonart immer weiter ab. Ein weiteres Merkmal der neapolitanischen Arie ist das der Stimme gleichrangige, konzertante Instrument, wobei ein Streicher mit durchaus selbständiger Thematik bedacht werden kann, während ein Blasinstrument sich als zweite Stimme mehr dem Gesang anschließt.

Zwischen Oper und Oratorium wurde damals rein musikalisch kaum unterschieden. In beiden kam es dem Komponisten hauptsächlich darauf an, textlich vorgegebene Gedanken in der Musik auszudrücken. Allenfalls wurde im Oratorium öfter die kontrapunktische Satzweise verwendet und der sängerischen Virtuosität weniger Spielraum eingeräumt – was jedoch in den italienischen Oratorien schon nicht mehr geübt wurde. Zwischen Oratorium und zeitgenössischer Oper in Italien gibt es weder in der Form noch in den Ausdrucksmitteln und dem Anspruch an Virtuosität wesentliche Unterschiede.

So mutet uns denn auch Johann Sebastian Bach nicht gar so wunderlich an, der weltliche Texte durch ein und dieselbe Komposition geistlich »parodierte«. Die Idee, Musik sei Abglanz und Widerspiegelung göttlicher Ordnung, beseelt in dieser Zeit alle Kompositio-

nen, also auch die weltlichen. Das hinderte nicht oder bedingte
sogar, daß das Malen in Tönen eine große Rolle spielte. Die Affektentheorie als hierin vorherrschendes ästhetisches Prinzip der
Epoche sah das Ziel der Musik darin, Naturerscheinungen zu schildern, Gefühle und Leidenschaften der Seele mit musikalischen Mitteln zu beschreiben. Wenn der Librettist in einer Arie die tobende
Leidenschaft mit dem stürmischen Meer verglich, so stellt der Komponist in hundert Fällen neunundneunzigmal Meereswellen und
Sturmesbrausen im Orchester dar. Selbst wenn in einer Rachearie
die Worte »Liebe« oder »Schmerz« vorkamen, illustrierte der Komponist diese – der sonstigen Stimmung zuwider – gefühlvoll melodisch. Ein solcher Darstellungswille zeugt allerdings nicht unbedingt nur vom 18. Jahrhundert und vom Affektenprinzip. Er läßt sich
durchaus schon bei den Madrigalisten der frühen Renaissance feststellen und bis in die ersten Jahrzehnte unseres Jahrhunderts hin
verfolgen.

Die überragende Stellung sangbarer Melodie ließ nun die
Schranken zwischen den Musikgattungen fallen. Allen diente jene
Musik zum Vorbild, in der sich Vokalmelodie und Gesangskunst
vollendeten: die der Oper. So haben die Oratorien von Telemann,
Hasse und Graun, so haben die Messen der Zeit überwiegend
opernhaften Ausdruck.

Auch die Kantate bietet eine lyrische Kunstform in dramatischer
Maske, zugleich fremd und verwandt mit unserer Ballade. Denn sie
ist nicht mannigfaltig und individuell, sondern zunächst typisch und
monoton. Ihr Naturgefühl wirkt nicht echt, sondern als dekorative
Zutat. Das Pastorale, vom Idyllischen bis zum Pathetischen, blieb
ihr Hauptgebiet, wie sie denn auch literarisch von den Idyllen
Theokrits und Vergils und den Heroiden Ovids abstammt. Schon im
Madrigal, im weltlichen wie im geistlichen, machte sich das erzählende Rahmenelement geltend, das später zum Rezitativ gestaltet
werden sollte.

Seltsam genug, wie lange die Monodie brauchte, um die Formen,
über die sie von allem Anfang an verfügte, das rezitativische Madrigal und die Aria, zur Kantate zu verbinden und aus dem Rezitativ
die kantablen Elemente herauszufiltern, sie immer selbständiger zu
gestalten. Noch eine ganze Gruppe von Komponisten, angeführt
von Monteverdi, suchte die Wahrheit in scharfer Zeichnung der
Affekte und scheute dabei nicht vor den kühnsten harmonischen

und melodischen Mitteln zurück. Bald aber lieferte sich die Gattung
an sinnlich-schöne Melodik aus und fügte sich den eroberten musikalischen Formen genau ein. Eine »Poesia per musica« in bisher
noch nicht bekanntem Sinn entstand, die an dichterischem Gehalt
und Inhalt entbehrte, was sie an Schmiegsamkeit und Glätte gewann.

Dies verschobene Verhältnis der Schwesterkünste ist es gewesen,
das zunächst den Italienern formalen Vorsprung sicherte, dann aber
die musikalische Lyrik verarmen ließ, die Kluft zwischen Volksgesang und Kunstgesang vertiefte. Sie erscheint im deutschen Lied
nur partiell wieder ausgefüllt. Es wirkte wie ein Naturgesetz von der
Erhaltung der Kraft, daß in Kantate und Oper des 17. Jahrhunderts
alles Kontemplative beiseiterückte und dem rein Musik-Gesetzli-
chen Platz machte. Nächst Florenz war es Rom, wo Männer wie
Savioni, Rossi und vor allem Giacomo Carissimi (1605–1674) die
Kantate pflegten und ihren Ausdruck pathetisch, graziös oder
humoristisch erweiterten. Geistreich und poetisierend spielen
Stimme und Instrument miteinander. Größere Formen der Kantate
pflegte man in Venedig. Ihnen mußte sich schließlich selbst der ehr-
würdige Text der Messe anbequemen.

Auch Händel und Bach blieben gegen solche Einflüsse nicht
ganz immun. Für Bach ist es bezeichnend, daß er sich für seine Kantaten 18 und 61 Texte von Erdmann Neumeister (1671–1756) wählte,
der die These vertrat, eine Kantate sei nichts anderes als ein Opern-
stück, und der auch in Deutschland die religiöse Kantate im Stil der
Opera seria einführte. Viele stießen sich daran, daß Bach sich für
die dramatische Kantate mit Rezitativ und Arie interessierte. Die
Mühlhausener Pietisten zwangen ihn, seinen Abschied zu nehmen,
so sehr entrüsteten sie sich über die »frivolen Kirchenkompositionen im gottesdienstlichen Raum«.

Das allgemeine Vorbild Oper färbte sich bereits zu jener Zeit
durch das symphonische Element neu ein. Denn die große Eroberung von Telemann, Graun und Niccolò Jommelli (1714–1774) war ja
das »recitativo accompagnato«, Rezitativszenen mit dramatisch
geführtem Orchester. Damit soll nicht behauptet werden, diese
Meister hätten es erfunden. Reicht doch das Accompagnato bis in
die ersten Zeiten der venezianischen Oper zurück und wurde vor
allem durch Lully in seiner Spätzeit in Frankreich eingeführt. Aber
neuerlich seit Leonardo Vinci (1690–1730) und Hasse im ersten

Drittel des 18. Jahrhunderts entwickelten sich die mit Orchester rezitierten Monologe zu ungeahnter Farbigkeit. Diese Form des Accompagnato wirkte auf der Bühne deshalb revolutionär, weil es den Herrschaftsanspruch des Orchesters in der Oper unterstützte. Da riefen Ängstliche vergebens, orchesterbegleitete Rezitative verdürben den schönen Gesang.

Einen besonders »natürlichen«, ungezwungenen Rezitativstil fand Telemann für seine Kantaten. An seinen secco-Rezitativen wird deutlich, wie sehr ein dem Notenbild entsprechendes, metronomisch genaues Studium bald wiederum zu souveränem, freizügigem Umgang mit dem Rezitativ führen sollte. Im Vorwort zum »Harmonischen Gottesdienst« von 1725 lesen wir: »... Beim Rezitativ ist zu erinnern, daß es nicht nach einem gleichen Takte sondern nach dem Inhalt der Poesie, bald langsamer, bald geschwinder, gesungen werden müsse. Hiernächst haben die Sänger in Acht zu nehmen, daß sie nicht allemal so singen, wie die Noten dastehen ...«

Verschmähte die französische Oper die ausgedehnte italienische Da-capo-Arie, so half sie sich mit kleineren Formen. Für die französischen Suiten übernahm man die Bezeichnung »air« bei melodischen Instrumentalstücken. Auch in der Kantate Jean-Philippe Rameaus (1683–1764) behielten kurze Sologesänge diese Bezeichnung, wie etwa das reizvoll dahingleitende Abschlußstück der Solokantate »Thétis«.

Das Oratorium der Wiener Klassik

Nachdem er bereits viele Opern geschrieben hatte, folgte Joseph Haydn mit seinem ersten Oratorium »Il ritorno di Tobia« 1775 dem Beispiel der österreichischen und italienischen Komponisten, die im Wien des 18. Jahrhunderts ihre Oratorien für den kaiserlichen Hof schrieben. Auch bot er sein Werk der Wiener Tonkünstlersozietät an, um Mitglied werden zu können. Denn diese Gesellschaft bereicherte mit Konzerten das kaiserstädtische Musikleben und unterstützte die Hinterbliebenen verstorbener Musiker, auch aus dem Erlös alljährlicher Oratorienkonzerte in der Fasten- und Adventszeit.

Der Librettist Boccherini, ein Bruder des Komponisten, folgt in

Haydns »Tobia« den Grundsätzen, die sich seit der Librettoreform – auf die wir bei der Oper noch zurückkommen werden – durch Metastasio stabilisiert hatten: kühler, erhabener Stil, Versform und die Methode, anstelle von Handlungselementen moralisierende Erwägungen zu setzen. Gelegenheiten, eine farbige Handlung zu erzählen, werden peinlichst vermieden, ganz anders als etwa ein Jahrhundert zuvor, als der erste große Reformator der Oratoriendichtkunst, Arcangelo Spagna, noch wirkte (»Oratorii ovvero melodrammi sacri«, 1706; »I fasti sacri«, 1720). Da gab es noch die »Accidenti verissimi« des Kanonikus, die wahren Geschichten, mit denen er die Handlungen aus der Bibel oder aus dem Heiligenleben bunt und lebhaft würzte. Im Falle »Tobia« füllen dagegen Metaphern, Meditationen, Gebete, Flehen und allgemeines Moralisieren den Text. Typisch für diese Libretto-Form ist die »Vergleichsarie«, wie sie in der Nr. 2 a/b (Rezitativ und Arie »Sudo il guerriero«) im »Tobia« begegnet. Haydn wendet hier zum ersten Mal die charakteristische Methode an, die einzelnen Abschnitte des Rezitativs mit je einem Motiv zu kombinieren. In der Arie lösen sich dann die Metaphern ab: Die erste schildert das Schicksal des Kämpfers, die Musik illustriert mit Fanfaren und Marschrhythmen. Die zweite charakterisiert den Seemann, wozu Haydn in den Violinstimmen den Wellengang des Meeres darstellt. Die dritte Metapher behandelt den Ackersmann – ihn begleitet ein volksliedartiges Thema der Solo-Oboe.

Ein Vierteljahrhundert später, als Haydn 1799 »Die Schöpfung« schrieb, war Mozart längst gestorben. Das berühmte weltliche Oratorium durfte – all seiner Frömmigkeit zum Trotz – in Kirchen nicht aufgeführt werden, denn der Komponist wie der Textdichter, Baron Gottfried van Swieten (1734–1803), gehörten Freimaurerlogen an. Dennoch zählt die »Schöpfung« zur Sakralmusik Haydns, denn hier konnte, mit des Komponisten Worten, »Erregung heiliger Gefühle« gegen den Rationalismus aufkommen, der das Zweckmäßige dieser Erde im Libretto lobt.

Eine höchst ergreifende Unvermitteltheit, die allein vom Wort diktiert ist, schuf Haydn hier mit der vielbewunderten Stelle »Und es ward Licht«. Zwar leuchtet die Entwicklung zum C-Dur modulatorisch ein, aber der brausende fortissimo-Einsatz auf »Licht« ist dynamisch ohne eigentliche Vorbereitung eingetreten. Verblüffung und überraschender Umschlag in einen anderen Parameter des

Musikalischen findet statt: Plötzlich steht die Dynamik im Vordergrund des akustischen Geschehens, ja die Überraschung selbst stellt die einzige Verbindung zum vorangegangenen pianissimo her. Die oft imitierte Stelle war bis dahin unerhört, auch wenn die diversen Überraschungs-Effekte in den Bachschen Passionen zum Vergleich herausfordern. Der Ausbruch des Lichtes im hellsten C-Dur, wie ihn Haydn darstellte, wirkte weiter, so in dem unerwartet hereinbrechenden Jubel der Schluß-Stretta in der »Freischütz«-Ouvertüre Webers.

Jenen Gott der »Schöpfung«, der vom mythischen Magier zum Baumeister wird, entnahmen die Textdichter dem Johannes-Evangelium und dem Alten Testament. Der Engländer Lidley, der auf Miltons Darstellung der Weltentstehung in »Paradise Lost« aufbaute, hatte seine Verse zuvor schon Händel angetragen. Gottfried van Swieten übersetzte sie ins Deutsche, und Haydn machte daraus das meistgespielte Oratorium des 19. Jahrhunderts, an dessen vokaler Geradlinigkeit sich Schubert oder Mendelssohn orientierten. Es kommt keine Verzierung als Selbstzweck mehr vor, Haydns Koloraturen lassen die hochgestimmte Seele jubilieren. Gibt er den Sängerkehlen extreme Intervalle auf, so wollen diese stets charakterisieren. Freier, gelöster Ausdruck läßt viele Arien-Melodien wie erweiterte Lieder wirken. Wo illustriert wird, verweilt die Musik nicht, wie noch Rameaus oder Couperins deskriptive Vorbilder. Der Langeweile ist keine Chance gegeben. Dies sollte auch den Interpretationsstil prägen. Geht doch aus den Berichten hervor, daß schon 1801, also im Jahr nach der Uraufführung, in der Nieuwe Kerk zu Amsterdam 225 Chorsänger und 75 Instrumentalisten mitwirkten, und Wien bot um 1840 gar an die tausend Ausführende auf. Das Klangempfinden hatte – auch mit der »Schöpfung« – seinen Weg in die Expansion angetreten.

Schon kurze Zeit nach der »Schöpfung«, nämlich 1799/1800, saß Haydn über der Arbeit an den »Jahreszeiten«, einem Oratorium, das den Erfolg der »Schöpfung« wiederholen sollte. Alt und kränkelnd klagte der Meister, er hätte dies nicht schreiben sollen, denn ständig rieb er sich an dem starrsinnigen van Swieten, dessen Text ihm zu tändelnd und zugleich moralisierend war. Daß philiströse Idyllik über der Musik ganz vergessen wird, dankt das Publikum Haydn noch heute. Es gilt hier wie bei der »Schöpfung«, daß das Werk im besten Sinne volkstümlich geriet, auch wenn die rein illustrativen Momente sich in den »Jahreszeiten« effekthaschend etwas häufen. Aber in beiden Oratorien geht es für den Interpreten darum, die sich ankündigende Romantik zum Klingen und Singen zu bringen. »Vom dürren Osten dringt ein scharfer Eishauch«, singt Simon pessimistisch und führt damit in eine Ausdrucksdimension, die fast an die Verdüsterungen der »Winterreise« Schuberts denken läßt. Und Alban Berg hätte in seinem Plädoyer für die Intervallfreudigkeit bei den Neuen Wienern nicht nur auf Schubert hinweisen müssen, sondern ebenso Haydn mit seinen gehäuften Nonen- und Dezimensprüngen zum Beweis seiner These heranziehen können.

Was Haydn in der »Schöpfung« an individualistischem Gebrauch kompositorischer Fähigkeiten befreit hatte, half den Begriff des »Einfalls« in der Musik zu etablieren. Im 17. und frühen 18. Jahrhundert kann er nicht als bekannt gelten. Noch Haydn zeigt dort, wo er Mozart seine Reverenz erweist, daß ihm musikalisches Eigentumsrecht an Melodien oder Themen kein allzu fester Begriff war. Bekannte Melodien zu zitieren, bleibt nicht nur in dieser Zeit ein gebräuchliches Mittel, um einen Inhalt assoziativ zu verdeutlichen. Von Robert Schumanns zweimaliger Verwendung der »Marseillaise« (»Die beiden Grenadiere« und »Ein Faschingsschwank aus Wien«) bis zu den Tonband-Montagen von Zitaten aus Verdis »Aida« in Henzes »Der langwierige Weg in die Wohnung der Natascha Ungeheuer« reicht eine lange Reihe assoziierender Fremd- oder Eigenthemen. Vorbedingung war freilich, daß der Komponist neuerer Prägung, vereinsamt im selbstbezogenen Monolog, unbedingt Spuren charaktervollen Materials hinterlassen wollte, wozu ein Einfall herhalten mußte, der einmalig und vor Mißbrauch zu schützen war.

Eng hängt damit zusammen, daß Kirchenmusik im 18. Jahrhundert nicht notwendig mehr mit dem Glaubensbekenntnis eines Musikers zu tun hatte. Das persönliche Engagement des Interpreten und seine Überzeugungskraft erwuchsen ihm mehr daraus, ob ihn die Musik ergriff oder nicht. Musik in der Kirche glich zudem einer gesellschaftlichen Konvention, und sie fügte sich den vorgegebenen Schemata und Regelgebundenheiten. Ob nun süddeutsch, österreichisch oder italienisch, für den Katholiken benötigte die feierliche oder festliche Messe nicht so sehr theologischer Ausdeutung des Mysteriums als würde- und glanzvoller Musik, wie bei anderen festlichen Gelegenheiten auch. Die Musik wiederum folgte eigenen Zielen und eigenem Herkommen und stimmte deshalb durchaus nicht immer mit der Aussage des lateinischen Meßordinariums überein.

So mußte eine repräsentative Musik bei festlichem Anlaß nach dem Schema der französischen Ouvertüre mit einer langsam gewichtigen Introduktion beginnen, auf die ein Allegro folgte. Und da der gregorianische Introitus zu jener Zeit als Messe-Beginn nicht gesungen wurde und das Kyrie nun einmal den Eingang zur Messe darstellt, ließen sich weder Haydn noch Mozart, wie andere Musiker auch, davon abhalten, diesem Schema zu folgen, ob nun die Töne um Gottes Barmherzigkeit baten oder nicht. Den Beschluß einer Festmusik bildete herkömmlich ein lustiger Kehraus. Am Schluß der Meßordnung steht die Bitte um Frieden, das »Dona nobis pacem«. Aber Haydn und Mozart komponierten vielfach ein zuversichtlich munteres Finale, ohne daß sich irgend jemand daran gestoßen hätte. Unumstößlich freilich blieb für die groß angelegte Messe bei feierlichen Anlässen, etwa die »Missa solemnis«, daß der Komponist sein Können nach dem Gloria und Credo in einer Fuge nach strengem »stile osservato« unter Beweis stellte. Das Credo verlangte nach einem lyrischen Mittelteil, wenn das »Et incarnatus« gesungen wurde. Das Benedictus mußte kantabel und getragen sein. Um diverse »topoi« kam kein Musiker herum: Kontrast und Dur-Aufhellung im »Et resurrexit«, steigende Bewegung im »Et ascendit« und absteigende bei »descendit de coelis«. Weil dies alles unabänderlich festlag, rührte auch Beethoven nicht daran, als er seine »Missa solemnis« schrieb, die ja sonst mit der Tradition höchst freizügig umging.

Das späte 19. Jahrhundert wollte in seinem Glauben an das allmächtige Ich den Gehorsam solchen Traditionen gegenüber als oberflächlich verachten, was am Wesen der Dinge vorbeiging. Denn der Katholik des 18. Jahrhunderts war von der unverrückbaren, gottgewollten Ordnung überzeugt. Besonders im damaligen Österreich aufklärerischer Färbung vertrat die Kirche alle sittliche Regel und verstand sich als Trägerin des geistigen Lebens in der Gesellschaft, von der sich zu trennen unsinnig schien. So mußte für den Mozart, der dem Vater gehässig vom Tode Voltaires als dem eines Hundes erzählte, Religion nicht unbedingt Herzenssache sein. Aber die Zugehörigkeit zur Ordnung erklärte einen Voltaire eben zum Störenfried.

Dieser Mozart schrieb 19 Messen, vier Litaneien, zwei Vespern, mehr als drei Dutzend kleinere Stücke und 17 Kirchensonaten als instrumentalen Anteil zumeist für den Dienst als Salzburger Hoforganist bei dem ungeliebten Brotherren Erzbischof Colloredo. Sich in die Konvention fügen hieß hier, weiteren einengenden Vorschriften des Kirchenfürsten zu gehorchen, über die sich Mozart in einem Brief an Padre Martini in Bologna vom 4. September 1776 beklagt: »Unsere Kirchenmusik (er meint die in Salzburg) ist sehr verschieden von der in Italien, und das umso mehr, als eine volle Messe mit dem Kyrie, Gloria, Credo, der Epistelsonate, dem Offertorium oder Motetto, Sanctus und Agnus Dei, auch die feierlichste, wenn der Fürstbischof selber die Messe zelebriert, nicht länger dauern darf, als höchstens dreiviertel Stunden. Es bedarf eines besonderen Studiums für diese Schreibart, und dazu muß es auch noch eine Messe mit vollem Orchester sein, mit Trompeten, Pauken usw....« Nicht nur Colloredo führte solche Zeitbeschränkung mit gutem Grund ein. Hatte doch in Italien die Missa solemnis vielfach die Ausmaße einer langen Opernvorstellung angenommen, so daß die Meßliturgie schließlich der wenigst wichtige Teil des Gottesdienstes schien. Zusätzlich erklangen einzelne Messesätze, wie Vivaldis »Gloria« in ausgedehnter Breite, während ein Priester an irgendeinem Seitenaltar eine stille Messe las. Konnte man sich nicht an viel Musik erfreuen, so hatte der Meßbesuch nicht genügend Anreiz.

Solche Umstände führten zur Form der Missa brevis, einer straff durchkomponierten Folge, ohne kantatenhaft gereihte Arien, Ensembles oder Chöre, wie sie Mozart in seiner großen c-moll-Messe wieder verwendete. Auch die sogenannte »Krönungsmesse« C-Dur KV 317 kann nicht mehr unter die Kurzmessen gezählt werden, obwohl sie formal konzentriert erscheint. Sie hat symphonische Eigenarten, wie sie ähnlich Haydn später seinen sechs Hochämtern verlieh.

Die beiden wichtigsten geistlichen Werke Mozarts blieben Torso: die große c-moll-Messe und das »Requiem«. Ob dies nun ein Zufall ist oder nicht, soll hier ebenso wenig erörtert werden wie die wechselhafte, noch keineswegs abgeschlossene Erkenntnisgenese, welche Takte der Totenmesse noch »echt« seien und welche nicht mehr. Festzustellen ist aber, daß die Aufführungsschwierigkeiten für die Solisten in der Totenmesse wesentlich geringer sind als in

der Messe. Von deren Sopran-Soli, sofern sie überhaupt bei der Uraufführung in der Salzburger Peterskirche gegeben wurden, kann
sich die heutige Sängerin kaum vorstellen, daß eine Konstanze
Weber sie überzeugend gesungen habe. Aber Mozart schrieb für sie
Solfeggien und Gesangsübungen (KV 393), die auch von ihrem Ent-
stehungsdatum her als Vorbereitung für diese Gelegenheit gewertet
werden dürfen.

Irgendwo zwischen Oper und Oratorium steht die isolierte Kon-
zertarie. Ihre Sonderstellung zeigt sich in Mozarts umfangreichem
Beitrag zu dieser Gattung. Vielleicht auch aus diesem Grund setzte
Ludwig van Beethoven für lange Zeit, vor einer Pause bis zu Alban
Bergs Arie »Der Wein«, einen Schlußpunkt (sieht man von den
nicht so sehr wichtigen Baß-Buffo-Arien aus seiner frühen Zeit ab)
mit der Arie »Ah perfido« als einsamem Zeugnis der Leidenschaft.
An diesem Stück können wir ablesen, was in Mozarts Konzertarien
vorgeformt erscheint: Daß sich nämlich der Gegensatz cantabile-
declamato von der Praxis der Wiedergabe her bereits entschärft
hatte – daß der eigenschöpferische Weg des Interpreten vom einen
Pol zum anderen den ganzen Bereich der Möglichkeiten durchmaß.
Was noch für das Barock-Zeitalter einen Widerspruch in sich bedeuten mußte, das singende Allegro nämlich, da ja jegliches echte
cantabile einmal der langsamen Bewegung vorbehalten war, bereitete nun im Ausgleich des Tempoansatzes eine zusätzliche Schwierigkeit: die Kunst, überredend und ästhetisch zugleich zu singen
und zu spielen. Dies mag einen der Gründe dafür abgeben, daß in
Musiklehre und -praxis Werke aus der Zeit der Klassik auch heute
noch als besondere Prüfsteine für eine sängerisch perfekte Leistung
gelten.

Daß wir hier von der »Konzert-Arie« sprechen, möge uns jener
Leser verzeihen, der sich daran erinnert, daß sie fast alle opernhaft
charakterisieren, ja ihr Text meist auf Libretto-Fragmenten basiert.
Aber der Geist der Oper, zunächst der italienischen, dann der französischen und schließlich der deutschen, weht ja in Mozarts
gesamter Musik. Selbst in der Kammer- und Kirchenmusik bleibt er
spürbar. Und außerhalb der eigentlichen Oper verkörperte er sich
in den mehr als 40 Arien, die Mozart nicht nur für Konzerte,
sondern häufig auch als Einlagen in Opern anderer Komponisten
schrieb. Entstanden sind sie zumeist aus leidenschaftlicher Verliebtheit für Sängerinnen oder aus der Bewunderung einzelner Sänger.

Die Musik nimmt Rücksicht auf bestimmte Interpreten, mit deren
Eigenarten, Stärken oder auch Schwächen der Komponist rechnete.
Denn Oper – das werden wir herausfinden – bedeutet noch lange
nicht Musikdrama als Selbstzweck, sondern Anlaß, große und wirkungsvolle Gesangskunst zu präsentieren.

Nahm Mozart sich dieser Texte an (meist stammten sie von
Metastasio), so machte er aus allbekannten, immer wieder auch von
anderen Musikern vertonten Textmustern höchst individuelles, psychologisch erhellendes Drama, ganz wie in seinen eigenen Opern.
Und wenn er den Sängern Einsprengsel in konventionellere Musik
konzedierte, wie es üblich war, so ließ er in der Regel das Klischee
weit hinter sich und paßte sich der Vorlage von vornherein nicht an.

»Belle mia fiamma« bietet ein Paradebeispiel für das Komponieren mit einer führenden Stimme und abhängiger Begleitung, einer
Homophonie, mit der Mozart aufgewachsen war und in die als
ein prägendes Erlebnis dann die Polyphonie einbrach, der wir die
Erweiterung von Mozarts musikalischer Sprache danken und die
so tragisch durch seinen Tod abgeschnitten erscheint. Die Messe
c-moll ist ein Dokument dieser entscheidenden Phase seines
Lebens und zugleich ein Zeugnis des Ringens im Handwerklichen,
das sicher nicht zufällig Fragment blieb und durch immer neue Zu-
sammenstellungen aus anderen kirchenmusikalischen Werken
Mozarts ergänzt wurde. Es handelt sich um eine Station auf dem
Wege zur Vollkommenheit der beendeten Sätze des Requiems als
einer Synthese von Polyphonie und Homophonie, die an keiner
Stelle mehr historisierend wirkt.

Von der Glanzzeit vokaler Musik im Barock vollzog sich bis etwa
zur frühromantischen Phase Beethovens ein grundlegender Wandel. Nicht mehr im Vokalen sah sie das Ideal der Tonkunst, sondern
in der »absoluten« Musik. Es konnte dahin kommen, daß Hans
Georg Nägeli in seinen »Vorlesungen über die Musik« von 1826 genau umgekehrt die Kantabilität verurteilte, weil sie eine »bloße
Nachahmung der menschlichen Stimme« sei, die »das freie Wesen
der Instrumentalmusik zerstöre«.

. Daß mit der großen Revolution eine Zeit des Wandels auch für
die Musikpraxis angebrochen war, ist aus dem Ringen um neue
Formen der Gesangsmusik herauszuspüren. So wurde die »Missa
solemnis« von Beethoven beim ersten Mal nicht in der Kirche aufgeführt. Was seither in Konzertsaal und Kirche an Messen erklingt,

kann kein Bild von der Geschichte des Meß-Ordinariums vermitteln. Es blieben nur wenige, immer wiederholte Höhepunkte aus dem bis ins Mittelalter zurückreichenden Vorrat für unsere Musikerfahrung wirklich lebendig. Mozart, Schubert oder Bruckner bieten hier nur einige prominente Beispiele.

Beethovens »Missa« gilt als »schwierig«, und in der Tat stellt das kaum unterbrochene, vokale Band der dauernd beschäftigte Chor her, der sich an mehreren Stellen (im »Gloria« und im »Credo« vornehmlich) in extremen Lagen bewegt, eine Anstrengung, die im Ohr des Hörers durchaus ihren Widerhall finden darf und der die größere »Natürlichkeit« im »Sanctus« und »Agnus Dei« zur Erhöhung von Spannung und Aufmerksamkeit verhelfen soll. Wie der Chor haben auch die vier Solisten Durchhaltebögen und Deklamation in exponierten Lagen zu bewältigen, besonders der Sopran im »Benedictus«.

Drei Interpretationsweisen bildeten sich heraus: Die vereinfachende Singart, bei der die eigenen Schwächen ebenso wie die gewisse Überforderung durch den Komponisten deutlich bleiben und entsprechend ungeschickt und abschreckend wirken können; die perfektionierende andererseits, die aus dem eigenen technischen Vermögen das größte Kapital schlägt, um keine noch so geringe Schlappe, aber auch meist nicht den Sinn des Werkes, hörbar werden zu lassen und den Hörer zugleich aus der Mitarbeit zu entlassen; schließlich die künstlerische, die extreme Schwierigkeit bei Beethoven als gesteigerten Ausdruck und als ebenso legitim wie das Einfache wertet. Und was wir von Beethoven in bezug auf seine unbedingte künstlerische Einstellung wissen, spricht eindeutig für die letzte Haltung. Hörbar gelassene Klippenbewältigung muß als Charakteristikum der Arbeitsweise Beethovens gelten, die sich nicht nur an den Ausführenden, sondern genauso an den Hörer wendet. Er soll emotional aus der Fassung geraten, wenn etwa in das ritualisierte lateinische Wort weltlich-chaotisch eingebrochen wird, und die Bitte um Frieden zum Beschluß des »Agnus Dei« der »Missa« durchschnitten ist. Schmetternde Kriegsmusik ruft entsetzte Reaktion bei den Solostimmen hervor, eine bühnenähnliche Situation zwar, die aber fern von vordergründigem Theater Platz greift.

Durch die Einbeziehung von Singstimmen in ursprünglich rein instrumentale Formen fanden Textvertonungen und melodisierter

Textvortrag Eingang in die Symphonik bei Beethoven, Berlioz, Schostakowitsch oder Mahler, Eingang aber auch in das Streichquartett bei Schönberg, Schoeck oder Reimann. Die von klassizistischer Haltung gehütete Ästhetik hielt mit Louis Spohr (1784–1859) an der Ablehnung des letzten Satzes der Neunten Symphonie Beethovens fest. Denn wo blieb hier die »absolute« Musik? War die Zuflucht bei der Dichtung nicht eine Ausflucht? Beethoven hatte eine einleitende Rezitativ-Fassung vor das Chor-Finale stellen wollen: »Laßt uns ein Lied des unsterblichen Schiller singen!« Damit sollte das Herausragende eines Festes unterstrichen werden. Was beim instrumentalen Finale Beethoven anderwärts schon idealisiert hatte, wollte er wohl noch überbieten. Rezitativisches ringt zunächst im Orchester nach Worten, bis es sich in der mit der Zunge begabten menschlichen Stimme zur Sprache befreit.

Diese Symphonie entspricht in ihrer Botschaft aus der Verbindung mit dem Gedicht schon ganz dem romantischen Empfinden. Sie leitet eine Entwicklung der Verbindung von Wort und Ton ein, ohne die das weitere Schicksal des Klavierliedes undenkbar wäre.

Der Weg ist leicht nachzuvollziehen, den Beethovens Denken vom Text zur Chorphantasie op. 80, von seinem Freund Kuffner mit ihm zusammen nachträglich verfaßt, bis zur Übernahme der Schillerschen Ode für die Neunte Symphonie durchlief. Beim Text zur Chorphantasie sehen wir eine Art »Republik der schönen Seelen«, die die Poesie mit der Musik zusammenzaubert. Diese Vereinigung schien nun plötzlich Wirklichkeit geworden. In der Neunten Symphonie geht es darum, die Zukunft zu beschwören, noch mehr, schon die Gegenwart für diese Zukunft zu begeistern. Melodischer Duktus und Rhythmus vor allem, denkt man an die Baß- und Tenor-Soli, vermitteln einen Impuls und drücken eine Dynamik aus, die der Musik der Chorphantasie noch ganz fremd war. Beethoven erschien die Versöhnung von Mensch und Natur eher erreichbar als Eisenbahn und Dampfschiff, die sich am Horizont zeigten. Ein wertvoller Hinweis ist hier der Plan eines Oratoriums »Die Elemente«, den er mit Kuffner in Aussicht genommen hatte. Es sollte sich nicht um musikalische Malerei handeln, sondern um ein Lebensbild des Menschen, der Kind und Sklave und Herr der Elemente ist. Solche Ideen zeichneten sich vor allem in seinen letzten Lebensjahren ab, während derer der Fortschritt der Wissenschaft seine Verwirklichung bereits ahnen ließ.

Von der Neunten Symphonie Beethovens führt ein direkter Weg zur Symphonie-Kantate, wie sie im Grunde das »Lied von der Erde« bei Gustav Mahler, die »Lyrische Symphonie« bei Alexander Zemlinsky (1872–1942) oder die xiv. Sinfonie bei Dimitri Schostakowitsch (1906–1975) darstellen. Es handelt sich um eine Form des Liedzyklus mit orchestraler Begleitung und symphonischen Zwischenspielen, die die unterschiedlichsten Ausprägungen des Gesanglichen mit sich brachten.

1812 erschien Beethovens Messe in C-Dur, und Hüttenbrenner weist in seinen »Erinnerungen« auf Schuberts Beschäftigung mit dieser Messe hin; er berichtet, daß sie es gewesen sei, die ihn am meisten zur Andacht gestimmt habe (Deutsch, »Schubert, Dokumente seines Lebens«, Kassel 1964). Unter den insgesamt sechs vollständigen Messen, die uns von Schubert überliefert sind, entstanden vier in dem knappen Zeitraum von nur zwei Jahren. Allerdings deuten die zahlreichen Fragmente von weiteren Kirchenwerken auf eine nicht abbrechende Beschäftigung mit sakraler Musik, – aber eben unter unübersehbaren Schwierigkeiten. Die Kirchengemeinde Lichtenthal gab als erste dem jungen Komponisten Gelegenheit, sich öffentlich als Kirchenmusiker mit der großen Messe F-Dur auszuweisen. Therese Grob sang den Solosopran-Part und gefiel nicht nur dem Publikum. Daß Schubert darauf hoffte, diese seine lebenslange Liebe würde in späteren Kirchenkompositionen mitwirken, mag eine Hauptmotivation für die weitere Beschäftigung mit der Messe gewesen sein.

In Schuberts kirchenmusikalischen Kompositionen kehren zahlreiche und bedeutsame Abweichungen vom liturgischen Text wieder. (Sie sind zusammengestellt bei R. S. Stringham, »The Masses of Franz Schubert«, London 1964.) Wir können uns kaum vorstellen, der Komponist habe hiermit keine bestimmte Absicht ausdrücken wollen. Das gilt vornehmlich für die oft diskutierte Auslassung des Glaubensartikels: »Et unam sanctam catholicam et apostolicam Ecclesiam«. Solcherlei Eigenmächtigkeit tangiert die Glaubensgrundsätze, während andere Eingriffe rein musikalisch bedingt erscheinen. Sollte W. Vetter (»Der Klassiker Schubert«, Leipzig 1953) nicht fehlgehen, wenn er Schuberts Auslassungen als einen »positiven Beweis für seine geringe kirchlich-liturgische Bindung« nimmt, dann ist es heute auch kaum mehr möglich, in Anbetracht von Schuberts Lesestoff und seiner allgemeinen Bildung von Übersehen oder Sorglosigkeit zu sprechen, wie dies lange Zeit hindurch geschah.

Auch musikalisch blieb freilich lange nicht beachtet, wie viele Elemente der großen Messen Schuberts jedem Vorbild spotten. So erinnert in der As-Dur-Messe kaum mehr etwas an die kirchenmusikalischen Traditionalismen, wie sie Schubert im Konvikt nahegebracht worden waren. Die im Klavierlied erprobte und erlangte Ausdrucksbereicherung durch ungewohnte Klangverbindungen und Tonartenabfolgen wagt gleichzeitig mit Beethovens »Missa« das Außerordentliche, wenn auch mit bescheidenerem Anspruch und ohne den Solostimmen vergleichbare Entäußerung abzuverlangen. Immer wieder sind es bei Schubert die enharmonischen Rückungen, die die Harmonik der Spätromantik antizipieren, ohne wie diese überladen zu sein oder das strukturelle Mithören zu erschweren.

In der Es-Dur-Messe, die zwischen der großen C-Dur-Symphonie und dem Streichquintett C-Dur entstand, verschwindet gar die Orgel, das ortsspezifische Instrument der Kirchenmusik. Und im »Et incarnatus est« hält bei den Solostimmen klanglich schwelgerischer Siciliano-Rhythmus Einzug in die Kirche. Das »Agnus Dei« durchzieht ein ostinates Motiv, das auf die einleitenden Takte des nur wenig später entstandenen Sololiedes »Der Doppelgänger« vorausweist. Die Kraft des Melos und die deutend eingesetzte Harmonik läßt bei Schubert den lateinischen Text ungewohnt farbig und frisch sprechen.

Das unvollendet gebliebene Oratorium »Lazarus oder die Feier der Auferstehung« (die gebräuchliche Bezeichnung »Kantate« dürfte bei diesem auf mindestens zwei Stunden angelegten Werk nicht angebracht sein) erlebte nach der Wiederaufführung durch Peter Pears in London eine reichlich späte Neubelebung. Wir wissen nicht, auf welchen Wegen das 1778 veröffentlichte Libretto des protestantischen Pfarrers August Hermann Niedermeyer in Schuberts Hände kam. Zuvor hatte es schon der Komponist Johann Heinrich Rolle (1716–1785) in Musik gesetzt. Aber es ergab sich, daß Persönlichkeit und Werk jenes Pastors der preußischen Autorität und ebenso der österreichischen suspekt waren und deshalb eine öffentliche Aufführung, trotz des religiösen Inhalts, riskant erschien. Das Thema der »Auferstehung« mag in den Zeiten des Meinungsdrucks für Schubert nicht nur österlicher, sondern ebenso politischer Anlaß für die Arbeit gewesen sein. Die Uraufführung des Torsos, so wie wir ihn kennen, 1830 in der Wiener St. Annen-Kirche, wahrscheinlich durch Ferdinand Schubert kurz nach des Bruders Tod, bestätigt die Tatsache, daß das Werk wirklich unvollendet geblieben war.

Was an dieser Partitur zunächst überrascht, ist ihre Durchsichtigkeit. Außer in der Szene des Simon spielt das Orchester selten als Gesamtheit, der Gebrauch von Wechseln und Echos – etwa zwischen Streichern und Holzbläsern – schafft das Gefühl räumlicher Weite in diesem Stück von Nacht und Tod, nicht lange vor Schuberts intensiver Beschäftigung mit der Lyrik des Novalis komponiert. Zu solcher Wirkung tragen Motive bei, die sehr kurz, fast furchtsam auftreten und dann als veritable Leitmotive, oft bleibend als gleiche Instrumentalfarbe an die Stimmcharaktere gebunden sind (drei männliche und drei weibliche Figuren). Aber die sehr sanft geführte Klarinette, der Marie beigesellt, begleitet auch die Annäherung des Todes, wenn Lazarus sein »Ich sterbe« singt.

Etwas, das Schubert seit langem im Lied suchte, scheint in diesem Oratorium zuerst verwirklicht: Die Fusion von Rezitativ und Arie in einem fortgesetzten, dramatischen Rezitativ. Und die Bezeichnung »Arie« (nur viermal angewandt) ist denn auch nicht mehr in allen Fällen hingeschrieben, wo sie vielleicht angebracht gewesen wäre. Eine solche dramatische Sprache öffnet bereits eine Türe zu Wagner und zeigt eine »Modernität«, die sich auch in der Schreibweise offenbart, wo mit kleinen Intervallen geweint und geklagt wird, die in einer fast gleichbleibenden und kühn chromatischen Tonsprache reden, sieht man einmal von der expansiven Dramatik in der Arie des Simon ab.

Romantisches Oratorium

Felix Mendelssohn-Bartholdy, ein letzter, junger »Zeitgenosse« Goethes, verpflanzte den Oratorien-Typus aus Haydns halbreligiöser, freimaurerischer Sphäre ins Weltliche, indem er, um die Zeit von Goethes Tod, die »Erste Walpurgisnacht« aus dem »Faust« kantatenhaft komponierte. Damit löste er Hoffnungen und Pläne ein, die Goethe selbst noch bezüglich der generellen Neuformung der Kantate mehrfach geäußert hatte. Aber Mendelssohns Werk konnte er selbst nicht mehr hören. Hier gibt es neben Pathos und musikalischer Ernsthaftigkeit überall auch Humor, ja Groteske. Faszinierend, wenn sich nach der Einleitung, die den Wirbel stürmischen Wetters musikalisch bändigt, das Tenorsolo »Es lacht der Mai« strahlend erhebt!

Dabei zeigt die Partitur, aus einer Zeit stammend, die Vokalmusik – auch durch das Lied – von der Dichtung bestimmt auffaßte, wie leicht sich Seriosität und Spaß, gedichtimmanente Ironie und hymnischer Ton des Schlusses miteinander vertragen. Die Scheu vor der eigenen Begabung zum Melos, vor der Gefahr des Süßlichen, die Mendelssohn selber beim »Elias« vor Augen hatte und durch Streichungen zu bannen suchte, sie spielt hier überhaupt keine Rolle. Literarische Anspielungen, die der Text einfließen läßt, mußten andererseits einem Bürgertum, das meist belesen und an Literatur interessiert war, auch nicht erst überdeutlich gemacht werden.

Diese »neue Art von Kantate«, wie Mendelssohn die »Walpurgisnacht« selbst in einem Brief von 1831 nannte, zeigte im Gegensatz zu Beethovens Chorphantasie oder Andreas Rombergs (1767–1821) oratorischer Bearbeitung von Schillers »Lied von der Glocke« dramatische Grundzüge mit szenischen Einfärbungen, die das Konzertante fast sprengten und sogar dem, sonst Mendelssohn eher ablehnenden, Hector Berlioz imponierten. (Der Deutsche konnte wiederum mit des Franzosen »Fausts Verdammnis« wenig anfangen.) In Rede und Gegenrede löste Mendelssohn, viel eindeutiger als in den großen Oratorien, den epischen Gattungscharakter auf. Es wird bei der Aufführung kaum mit geschöntem, unbeteiligtem Tonfall auszukommen sein, den das Publikum Mendelssohn fälschlich als ausschließliches Merkmal zuzubilligen pflegt. Dafür sprechen auch die Helfer bei der Uraufführung der »Walpurgisnacht« (in ihrer endgültigen Form), unter denen besonders der Bariton August Kindermann, damals am Stadttheater Leipzig tätig, als ausgesprochen deklamatorischer Sängertypus galt. (Er hatte auch Schumanns Oratorium »Das Paradies und die Peri« mit aus der Taufe gehoben.)

Ein Besuch im Vatikan, wo ihn die Darstellung der Paulus-Geschichte in Raffaels Gemälden begeisterte, weckte in dem 21jährigen Mendelssohn den Wunsch, die Gestalt des Paulus oratorisch zu fassen. Knapp zwei Jahre danach (1832) schickte er seinem um drei Jahre älteren Freund Schubring (dem Hauslehrer der Kinder Schleiermachers) einen Entwurf. Aber erst 1836, nach dem Tod des Vaters und nach mancherlei Umgestaltung, wurde »Paulus« beim Niederrheinischen Musikfest in Düsseldorf mit starkem Erfolg aufgeführt. Daß Mendelssohn einzig die »etwas ledern« heruntergesungenen Arien des »Apostels im Schlafrock« störten, möchten wir als bezeichnend festhalten.

Kein Zweifel, daß »Paulus« und »Elias« neue Maßstäbe setzten, nachdem seit Haydns »Jahreszeiten« das Niveau des oratorischen Repertoires erheblich gesunken war. Entweder wurde Haydn (wie in Friedrich Schneiders »Weltgericht«) einfach nachgeahmt, dabei aber durch ein Konglomerat von Stilelementen verunreinigt, oder aber archaisierende Haltung in schwacher Palestrina-Imitation vorgetäuscht. So mächtig das Chorwesen auch – als eine der erlaubten Geheimbundformen in restaurativer Zeit – anwuchs, so vermochte doch erst Mendelssohns »Paulus« die Bedeutung des großen Oratoriums wirklich zu dokumentieren, so daß Schumann von einem »Juwel der Gegenwart« sprechen konnte. Selbst Wagner, mochte er auch wenig später in seinem Pamphlet »Das Judentum in der Musik« Mendelssohn verunglimpfen, fühlte sich, als er das Werk in Dresden hörte, zu großem Lob hingerissen.

Vor allem in den Solopartien löste Mendelssohn das Geschehen aus biblischer Ferne und stellte es vor seine Hörer. Die formale Nähe zu Bach ist bei dem Schüler Zelters, dessen Singakademie unter Mendelssohns Leitung die »Matthäus-Passion« wieder aufführte, verständlich. Die im Bach-Stil gehaltenen Chöre überzeugen dabei nicht ganz so wie die bewegt geführten, rezitativisch lebendigen Bekenntnis-Aussagen. Einen vom Sopran gesungenen Evangelisten hatte es bis dahin wohl noch nicht gegeben. Durchweht die meisten Strecken des »Paulus« Meditatives, so sollte dann der »Elias« um so dramatischer atmen.

Mendelssohns bei weitem umfangreichste Symphonie, die zweite in B-Dur op. 52, »Lobgesang« benannt, trägt den Untertitel »Sinfonie-Kantate nach Worten der Heiligen Schrift«. Kantate, Symphonie und Te Deum deutscher Zunge erheben hier zu gleicher Zeit ihre stilistischen Ansprüche und können sie doch nicht wirklich geschlossen erfüllen, bei aller Melodienseligkeit und trotz aufregenden orchestralen Beginns.

Die angestrebte Geschlossenheit erzielte der »Elias« auch dadurch, daß hier bekennerisch stolze Töne des eben sich zaghaft emanzipierenden Judentums in Preußen hörbar wurden. Die miteinander befreundeten Elternpaare Beer (Meyerbeers Familie) und Mendelssohn hatten der Berliner jüdischen Gemeinde ihr erstes eigenes Gotteshaus ermöglicht. Traumatische Züge der Auseinandersetzung des Judentums mit seiner Umgebung sind auch in der Form des Elias-Oratoriums zu spüren: So spricht der Prophet bereits vor der Ouverture ein mottoartiges Bekenntnis aus, das sich durch das ganze Werk zieht: »So wahr der Herr, der Gott Israel lebet, vor dem ich stehe; es soll diese Jahre weder Tau noch Regen kommen, – ich sage es denn!« Die Dreiklangschritte zu Beginn des Rezitativs symbolisieren den christlichen, dreieinigen Gott, während die Tritonus-Intervalle bald darauf von dem verabscheuten Baal als »Diabolus in musica« reden, dessen Namen im alten Israel viele Heroen trugen. Und wie aus dem Unterbewußten treten immer wieder Floskeln altjüdischen Gesanges in die Musik ein, nicht als Zitat oder Erinnerungshilfe, sondern wie mit der Empfindung eingeflossen. Es wird spürbar, wohin sich ein alternder Mendelssohn vielleicht noch bewegt hätte.

Gefürchtet, und den Hörern recht unverständlich, zog Hector Berlioz zweimal als Interpret eigener Werke durch deutsche Lande und erregte dabei auch Mendelssohns Unwillen. Denn bei ihm mußte nun der Eindruck des Formlosen und Effekthascherischen zunächst alles Verdienstvolle zudecken. Dabei zeigt sich das Werk des suggestiv um das Hingerissensein des Publikums werbenden Berlioz harmonisch und melodisch eher konservativ und von mäßiger Erfindung. Aber daß das Orchester so zauberhaft orchestriert war und alles davon abhing, wie die Musik wiedergegeben wurde, und weniger davon, welche musikalische Qualität sich zeigte, daß sich das Ohr nicht so sehr Strukturen zu unterwerfen hatte, sondern Stimmungen nachzulauschen, stellte Berlioz in die Avantgarde seiner Zeit. Kein Zweifel, der Franzose verehrte Beethoven über alles und ahmte ihn nicht nur in manchen Naturschilderungen auf plakative Weise nach, sondern auch dadurch, daß er die formal exzentrische »Konzert-Symphonie« oder auch »dramatische Symphonie« konzipierte. 1839 reihte er in »Roméo et Juliette« Soli und Chöre in Stimmungsbildern nach Shakespeare. Nach dem Leitbild von Beethovens »Neunter« wird die rein orchestrale Form angereichert, so allerdings, als ob das Fehlen von Substanz durch den Anreiz des Sängerischen und durch einen Hauch Dramatik beschönigt werden müsse.

Das frühe Zeugnis für die Goethe-Verehrung in Frankreich, »La Damnation de Faust« von 1846, entzieht sich formaler Bändigung, wenn auch, neben der berühmten Spott-Fuge auf den deutschen Kontrapunktistengeist und dramatisch bewegten Rezitativen, einige vokale Höhepunkte zu bewundern sind: Die kantable Ballade Gretchens steht kontrastvoll gegen die parlando-Bravour Mephistos – Pole stimmlichen Einsatzes bei Berlioz. Faust bleibt als Figur blaß und mehr auf der Linie des Meyerbeerschen Schmachtens und dessen Behagen an Spitzentönen.

Ein Gegenstück zu Beethovens Kantate »Christus am Ölberg« möchte »L'Enfance du Christ« von Berlioz sein, wiewohl bei ungewohnt sanften Klängen wieder formale Auflösung begegnet. Es fällt auf, daß alte Kirchentöne romantisierend verwendet werden, deren lyrische Nutzanwendung bei den vielen späteren Imitationsversuchen nicht gleichermaßen einleuchtet.

Nicht so sehr inhaltliche Fülle als Lärm und Sensation bieten zwei weitere Sakralwerke des Franzosen. 1837 dröhnten erstmals im Invaliden-Dom zu Paris mehrere hundert Sänger zu mehreren Dutzend Blechbläsern und einem Riesenorchester mit 110 Streichern, die allesamt als Jüngstes Gericht die Hörer erschrecken und den Ruhm des die Massen hypnotisierenden Dirigenten und seines »Requiem« verkünden sollten. Ein Tenor-Solo in statischer legato-Manier steht etwas verloren zwischen den Unheimlichkeiten. Auch das »Te Deum« von 1855 kommt nicht ohne drei Chöre aus, unter denen einer mit 600 Kindern das Non plus ultra an Engelhaftigkeit versinnbildlichen will.

Skeptisch zurückhaltender Freund dieses »modernen« und folgenreichen Gigantomanen mit dem exzentrischen Lebenslauf war Franz Liszt, der sich in seiner Jugend, ebenso liberal und saint-simonistisch gesonnen, mit Berlioz gefunden hatte. In dem älter gewordenen österreichischen Ungarn regten sich religiöse Gefühle aus Kindheitstagen wieder, unter deren Einfluß sich schon der Jüngling darauf eingestellt hatte, ins Kloster zu gehen. Der Weißhaarige nahm – viel und ungerecht belächelt – die niederen Weihen. So hieß denn auch sein hauptsächliches Studienobjekt in der Ewigen Stadt, wohin er übersiedelt war, die Musica sacra. Liszt mühte sich, Gregorianik und den Geist Palestrinas, neuromantisch gefärbt, wiederzubeleben, mit wenig Glück freilich, obwohl die edle Geste und das Wissen um den schönstmöglichen Klang immer zu spüren sind. Liszt verbat sich die szenische Darstellung seines Oratoriums »Die Legende von der Heiligen Elisabeth« von 1865. Dennoch oder deshalb erschien das Werk immer wieder auf der Opernbühne. Altungarische Kirchenweisen bereichern eine Musik, die wie vorgeahnte »Götterdämmerungs«-Klänge dem Hörer Werkstattgeheimnisse des Freundes Wagner ausplaudern. »Christus« von 1863 wird gelegentlich noch gegeben – in den beiden Hauptszenen der Titelfigur spiegelt sich die bunt gemischte Palette des Werks ziemlich korrekt: Lineare Andacht in den »Seligpreisungen«, meist a cappella vorgetragen, andererseits Amfortas-nahe Leidenstöne in der Gethsemane-Szene. »Vieles nebeneinander« in Stil und Kompositionstechnik konnte, auch in der »Graner Festmesse« und den Psalmenvertonungen, der Zeit nicht trotzen, bei Liszt nicht, und erst recht nicht bei den unbedeutenderen, nachahmenden Zeitgenossen. Wagner forderte sicher mit Recht, es müsse »alles aus einem Punkte gefaßt werden«.

Davon findet sich in des antipodischen Robert Schumann Werk »Szenen aus Göthes Faust« viel mehr als bei Liszt, obwohl sich die Entstehung der lose gereihten Szenen über mehr als ein Jahrzehnt hindehnte. Hier heißt die Aufgabe für den sängerischen Interpreten, wortverständlich, aber nicht allzu wortbezogen zu singen. Hinter diesem »Oratorium« der neuen, weltlichen Art steht ungeduldig die Oper und trachtet in jedem Moment nach vorn zu springen. Aber als dann der Plan, die Tieck-Hebbelsche »Genoveva« zur Opernfigur zu machen, realisiert werden sollte, sahen viele, wieviel intensiver als in Schumanns Oper in seinen oratorischen »Faust-Szenen« das dichterische Wort belebt war, indem es zu einer Deklamation vorstieß, die die gleiche Absicht wie Richard Wagners Sprechgesang verfolgt. Schumann beschränkt sich hier darauf, harmonische Füllstimmen führend werden zu lassen. Er verzichtet auch auf motivisches Hauptmaterial in den Singstimmen. Das ergibt etwa in der ersten Arie des Faust ein endloses »Fadenziehen« in raschem Tempo an unprofilierter Begleitung entlang, so daß es selbst dem glattesten Schönsänger schwerlich gelingen mag, den Fingerzeig auf die von Schumann hervorgehobenen Sinnworte nicht mitzuvollziehen. Dezimen-, Nonen- oder Oktavsprünge übrigens, die der Liedgesang bei Schumann noch kaum vermuten ließ, dienen hier dazu, eine Musiksprache plastisch zu machen, die dem Sänger mitunter schwer zu lösende Aufgaben stellt.

Unterstreichenden Nachdruck zu vermeiden, das dürfte den Interpreten deshalb hart ankommen, weil er Schumanns Forderungen nach Identifikation mit dem Gedicht ja in Ohr und Sinn hat. Und die mehr als zwei Oktaven Umfang, die etwa der Sänger des Faust stimmlich zu umgreifen hat, erleichtern die erwünschte Zurückhaltung kaum. Ausdruck, im Wortsinne des Hervorstoßens von Tönen, steht hier in Noten fixiert da; er ist zur Linie zurückzuführen, soll die Phrase, das Melos nicht leiden. Dies wird aber zusätzlich dadurch erschwert, daß – pausenarm und selten ausgesungen – Silben sich aneinanderreihen. Diese Reihung folgt in sprachlicher Dichte dem Text und läßt der Musik nur spärlichen Raum, auch noch zwischen den Worten zu wirken. So bleibt dem Konsonanten oft wenig Zeit zu erklingen, und doch soll nicht nur alles verstanden, sondern auch der Sinn übermittelt werden.

Liszt versuchte, dieses Problems Herr zu werden, indem er – bei thematisch oft überzeugendem Material – in seinen Oratorien fast jede Phrase einer oder gar mehreren Wiederholungen unterzog, um gleichsam neben dem Sinn der Worte Raum für eigenständiges musikalisches Leben zu suchen. Ganz ähnlich verfuhr Antonin Dvořák in seinem Oratorium »Die Legende von der Heiligen Ludmilla«. Wer würde aber eine solche Methode des Einhämmerns auf die Dauer nicht leid, auch bei schönsten melodischen Eingebungen?

Johannes Brahms ließ sich nicht davon abbringen, der Autonomie der Musik zuliebe auf das Schreiben von Opern zu verzichten. Auch blieb seine gelegentliche Suche nach Stoffen ohne Erfolg. Um so bedeutungsvoller gerieten seine konzertanten Chorwerke. Ernst Bloch nennt in seinem Buch vom »Prinzip Hoffnung« (Frankfurt 1959) das »Deutsche Requiem« »musikalische Einweihung in die Wahrheit der Utopie: ›Siehe, ich sage euch ein Geheimnis, es (wir) werden nicht alle entschlafen, aber es (wir) werden alle verwandelt werden und dasselbige plötzlich in einem Augenblick, zu der Zeit der letzten Posaune‹ – der geheimnisvolle Gesang dieses Paulus-Worts im Brahmsschen Requiem bringt aus sich selber den Schall der letzten Posaune in ein Hellhören hinein, in einen metaphysischen Kontrapunkt von Hölle und Sieg«. Wir müssen nun fragen: Wie soll dieser Schimmer zwischen Finsternis und ewiger Freude, dieses Geheimnis auch im Ton getroffen werden, wenn nicht durch Zwischentöne, indem das Singen in der leichtesten, mittleren Einheits-Lautstärke vermieden wird, indem der Sänger konsequent die sich musikalisch vollziehende Entwicklung von fahler Zukunftsahnung bis zum Posaunenschall im accelerando mit aufbaut? Die Worte und wie sie musikalisch zu gestalten sind, tragen hier sämtliche Vortragsanweisungen in sich, die in die Noten zu schreiben Brahms sich nicht überwinden konnte. Häufig ist zu hören, daß von der Lautstärke her wenig sparsame Dirigenten uniforme Starksingerei mitverschulden, was der Forderung nach komplettem Nachvollzug nicht genügen kann.

Nach der Idyllik des reinen Chorsatzes »Wie lieblich sind deine Wohnungen« wurde bei der Uraufführung im Bremer Dom eine Händel-Arie eingeschoben, um die offensichtliche Lücke auszufüllen. Nachträglich komponierte Brahms hier ein Sopran-Solo, das unmittelbar von der Erschütterung durch den Tod seiner Mutter zeugt. Auch hier sollte die musikalische Gestaltung nicht ausschließen, die Worte mit den ihnen zukommenden Gefühlswerten auszusprechen. So, wenn zu der Solistin Linie »Ich will euch wiedersehen« der Chor die gleiche Melodie in rhythmischer Vergrößerung auf den Text »Ich will euch trösten« anstimmt, so daß beide Verheißungen – aus verschiedenem textlichem Zusammenhang – musikalisch miteinander verschmelzen.

Ganz »aus einem Punkte« und unerhört geschlossen vermag die »Messa da Requiem« des Giuseppe Verdi von 1874 zu erschüttern. Das Meisterstück des Patriarchen von Sant'Agata läßt zwar nichts außer acht, was er an Erfahrungen mit den Möglichkeiten der vox humana in der Oper gesammelt hatte (tiefes Brustregister der Frauenstimmen oder verstärktes falsetto beim Tenor-»Ingemisco«). Das Werk spottet aber der bösen Verunglimpfung, die es mit Hans von Bülows Wort »Oper in der Kirche« hat erfahren müssen. Doch leidet es bis heute darunter.

In wenigen liturgischen Werken von solcher religiösen Reinheit ist alles Illustrative und Äußerliche abgetan. Es handelt sich freilich um den Personalstil eines Italieners, der sich den Gefühlen, die der Text heraufbeschwört, mit jeder Faser hingibt. Von formaler oder stilistischer Unsicherheit findet sich dennoch keine Spur. Die goldene Hauptlast trägt – bei allem Herausragenden der übrigen Solisten – der Sopran, der auch das Werk in demütigem, tonlosem Spre-

chen verhauchen läßt. Dieses Requiem spricht von einer ungebro-
chenen Tradition, von der direkten Bindung an alle jene Meister vor
Verdi, die in Italien den Ruhm der Kirchenkomposition ausgemacht
hatten.

Das Oratorium der Spätzeit

Die Zeit nach Verdi bot viel Auseinanderstrebendes. Von dem Um-
schwung, der mit Mahlers kunstvollem Volkston einsetzte, sprachen
wir schon, von seiner Art, eine dekorative und zugleich extrem be-
kennerische Weise zu singen, die kaum Nachfolger finden konnte.
Aus den unzähligen, divergierenden Reaktionen darauf in unserem
Jahrhundert seien nur Streiflichter zugelassen.

Es mag hinter all dem geistvollen Humbug, den uns Eric Satie
aufgetischt hat, das wahre Gesicht des »bon maître«, der so vielen
Künstlern Inspiration und Freundschaft geschenkt hatte, in Wahrheit ein tiefer Ernst liegen. Das Hauptwerk am Ende seines Lebens,
das symphonische Drama (wer denkt nicht an Berlioz' Spezialgat-
tung?) »Socrate«, eigentlich eine Kantate mit angedeuteten Bewegungen wie im japanischen »No«, tönt zart, resigniert und demütig in einer Weise, die an den Charakter des griechischen Weisen
denken läßt, aber zugleich Saties innere Welt spiegelt. Die Partien
der Socrates, Alcibiade, Phèdre und Phaédon sind mit vier Sopranstimmen besetzt und verhalten sich einfach, ja kunstlos. Sie rezitieren ihre Melodien vor sich hin, liturgisch eher in der Nähe zum
gregorianischen Choral. Nirgends geht die Struktur über das notwendige Minimum an Ausdruck hinaus, in einer zurückhaltenden
Sprache, die von der Situation nur das zeitlos Wesentliche anzudeuten versucht.

Am Ende also von Saties Laufbahn steht der »Socrate«, während
aus der Frühzeit ein anderes religiöses Werk stammt, die unvollständige »Messe des Pauvres« für Singstimme und Orgel. (Gabriel
Pierné schrieb die gleiche Messe für kleinen Chor und Orgel.) Sie
enthält neben dem Kyrie eine Reihe von sehr persönlich gefärbten
Gebeten, in denen sich Saties Ironie leise ankündigt. Geprägt
scheint diese Haltung von ähnlich melodienseligen, ziehenden
Religiosa bei Gabriel Fauré, dessen Requiem in inniger Ruhe und
kantabler Schönheit schwelgt. Auf Berlioz' Kraftentfaltung ließ

Frankreich das Leise, Unprätentiöse folgen. Selbst für ein so groß angelegtes Werk wie »Les Béatitudes«, das Opus summum von César Franck, mag dies gelten, obwohl der Deutsch-Belgier nicht nur in der Stoffwahl mehr in die Sphäre Liszts strebt, Opernhaftes mit Lyrischem verschmilzt, eine beträchtliche Solistengruppe aufbietet und dabei doch dem Chor eine bedeutende Rolle zubilligt. Eine äußerlich krachende, nach Effekt suchende Schlußseite hat der Partitur mehr geschadet als die bekannte Bescheidenheit des Komponisten, und die Aufführung des Werks ist leider eine veritable Seltenheit.

Liederreihungen in Mahlers »Wunderhorn«-Weise, die sich tiefgründig, auch pathetisch ausweiten und die ursprünglich beabsichtigte lockere Folge durch instrumentale Zwischenspiele und chorische Abteilungen fallen ließ, sind bei Schönberg wie bei Pfitzner zu finden. Was Hans Pfitzner in seiner Eichendorff-Kantate »Von deutscher Seele« op. 28 (deren Titel leichtfertig einer Anthologieüberschrift Ludwig Jakobowskis nachempfunden wurde und späteren Generationen in Deutschland, die sich politisch schuldig fühlten, die Aufführung erschwerte) bedeutsam, tiefgründig und gegensätzlich zu sagen hatte, überschrieb er in den Einzelteilen »Mensch und Natur«, »Leben und Singen« und »Liederteil«.

Zehn Jahre zuvor, 1911, war Schönbergs Partitur der »Gurre-Lieder« erschienen und hatte eine Spätromantik dokumentiert, die sich selbst derart übersteigerte, daß von solchem Stil kein Weg mehr weiter führte. Auch hier Dreiteiligkeit, in der eine simple Liebesgeschichte von Jens Peter Jacobsen, dem »ersten modernen Dichter Dänemarks«, 1870 geschrieben, impressionistisch kunstreich erzählt wird. Die vielfältigen Strömungen, die sich hinter der literarischen Vorlage finden, machen vielleicht die Hypertrophie der Klangmittel verständlich, zu denen sich Schönberg hinreißen ließ. Jenes Stilmittel des Sprechgesanges, das im »Pierrot lunaire« dominiert und auch in Schönbergs letzter Schaffensperiode (»Ode an Napoleon«, »Ein Überlebender aus Warschau«) noch einmal aufgenommen wird, erscheint hier im Melodram von »Des Sommerwindes wilde Jagd« zum erstenmal.

Ganz anders setzt Schönbergs späteres Oratorium »Die Jacobsleiter« auf philosophische und religiöse Reflexionen, wobei ebenso gesprochene Partien eingesetzt sind (wie im gänzlich vom Solisten rezitierten »Ein Überlebender aus Warschau«), gegen ein Orchester übrigens, das den Sprechpart allein durch seine Überfülle zu einer pathetischen Tour de force macht. Als Auslöser philosophischen Akzents in den späten Chorwerken mag die »Reihe« mit ihrer abstrakten Bedeutung gedacht werden, umgekehrt aber auch als ein Ausdruck von Schönbergs Religiosität, dessen Wesen immer intensiver transzendenten Zonen zuneigte.

Mit Schönbergs »Umkehr« von der klanglichen Überladenheit klaffte nach den letzten Nachfahren der Wiener Klassik, Bruckner und Mahler, ein Einschnitt, dessen Risse schon lange zu spüren gewesen waren. Alle Gattungen verloren ihre genauen Umrisse. Die Herkunft als formbestimmender Faktor schien ausgeschaltet, allgemeine Wirkung in den Vordergrund gerückt. Bereits Schumanns späte geistliche Werke versuchten einen schwachen und eher verlöschenden Aufstand gegen solche Entwicklung, indem sie gerade jene Tektonik verbargen, an deren äußerlicher Wirkung nun den meisten so viel gelegen war.

Erst Igor Strawinsky knüpfte an die ältere Tradition des Abendlandes insofern an, als er die versammelten Möglichkeiten aus dem Material aller zurückliegender Musik wieder neu verfügbar machte, indem er sie rhythmisch komplizierte und zugleich modernistisch verfremdete. Wir meinen hier nicht einen Historizismus im Sinne von Strawinskys neo-klassischen Experimenten, sondern die mosaikartige Reihung von Elementen, mit der das vorhandene Tonmaterial neu gesichtet und verwendbar gemacht wurde. Es bleibt Strawinskys Verdienst, dabei unziemliche Farbmischungen vermieden zu haben. Es ist kein Grau, sondern eine höchst persönliche Farbnote dabei zustande gekommen, wenngleich der sängerischen Interpretation in der Hauptsache Bescheidung auferlegt, ja meist überhaupt keine Möglichkeit gelassen wird. Im »Oedipus Rex« nach einem Text von Jean Cocteau trägt der Komponist den Sängern auf, rücksichtslos zu »objektivieren«, jegliche Gefühlswärme, die von der aufwühlenden Tragik evoziert werden könnte, beiseite zu lassen. Sprachdeutung fiel weitgehend aus, und in das archaisierende Latein sollte der Interpret nichts oder möglichst wenig hineinlegen.

Als sich Strawinsky in der Zeit seiner ersten Zwölfton-Versuche um 1950 seriell äußerte, gehörte dieser Kompositionsstil bereits der Vergangenheit an. Hier wurde nicht etwa die radikale Linie Anton Weberns fortgesetzt, den Strawinsky abgöttisch verehrte, sondern

eher das verschärft, was am Neo-Klassizismus anti-emotional und
»objektiv« wirkte. Freilich hielt Strawinsky an der Melodie immer
fest, einer eher kalten, unbeteiligten Melodie, die – wie im »Can-
ticum« oder den »Threni«, aber auch in der Bariton-Kantate
»Abram und Isaac« – Würde und Unnahbarkeit kalkuliert einsetzt.
Daß sich die hebräische Sprache nun einmal wesentlich kehlfeindli-
cher ausnimmt als das Lateinische, ließ den Komponisten, der nach
eigenem Zeugnis beide Sprachen nicht beherrschte, vollkommen
gleichgültig. Großartig scheint uns Strawinskys Instinkt dafür, organisch Sprachliches sei im Grunde zu seiner Zeit musikalisch nur
noch als Hinschwindendes möglich. Daraus haben wir sicher, gerade als Konsequenz aus seiner absichtsvollen »Zerstörungs«-Tech-
nik, Konsequenzen des Neuanfangs zu ziehen.

Sehr viel populärer in seinem fingierten Primitivismus brachte
Carl Orff musikalische Impulse in die Gestik, den Tanz, den Gesang
ein. Archaische Gesangsformen hörte er auf Kantabilität hin neu
durch, hielt den Ausdruck des Klanges so klar wie möglich. Oft
scheinen die Stimmen in unsinnige Höhen zu klettern – aber
schließlich wird bei ihm das Falsett nunmehr als völlig hoffähig in
die Gestaltung einbezogen. In seinem unbestrittensten Welterfolg,
den »Carmina burana«, greift Orff auf melodische Typen des gregorianischen Chorals, des Minnesangs und des Volkslieds zurück, was
der Frische des Eindrucks noch aufhilft – denn das Pastiche tut un-
gelehrt und wie mit dem Serum des Kabaretts versetzt, seine Wirkung.

Als wiederum ganz dem europäischen Wesen der Ausdrucksmu-
sik zugetan und besonders der deutschen Tradition verbunden wies
sich Arthur Honegger 1921 mit dem Oratorium »Le Roi David« aus.
Wuchtig wie bei Händel klingen die Chöre, obwohl sich die Formen
mit Kurzstrecken begnügen und die Situationen in unterhaltsamer
Vielfarbigkeit wechseln. Den bei Honegger latent immer zu spüren-
den Plan, Oper mit Oratorium zu verschmelzen, ließ sich der Komponist hier von Paul Celan realisieren. Die Poesie gesprochenen
und gesungenen Wortes vom polyphonen Chor bis zum Kinderlied
konnte im Zusammenklang mit technischen »Ondes Martenot«-
Tönen Heterogenes zum organischen Ganzen raffen und steigern.
Das Melismatische ist aus dem vokalen Bereich geholt und entwickelt.

Auch des Tschechen Leoš Janáček Melodien haben vorwiegend

vokalen Charakter und folgen unmittelbar ihrem Ursprung in sprachlicher Prosodie. Aus ihren Akzenten und Schwingungen nahm der hellhörige Janáček die Varianten seelischer Empfindung und spiegelte so den Menschen in seiner Musik. Kaum ein Musiker der Moderne wußte wie er darzustellen, wie und worauf Gefühle reagieren. Ein nach außen hin eher als verschlossen geschilderter, vom Wesen aber mitleidsbereiter Mensch deutete Regungen der Seele musikalisch. Seine »Glagolithische Messe« – aus dem lateinischen Messe-Text ins Alt-Slawonische übersetzt – strebt überkirchlichen Humanismus an. Folklore verklärt sich hier zu einer Sprache, die Regionales und Zeitgebundenes überwindet und deshalb jeden Hörer bewegen kann.

Wenn auch Béla Bartóks Musik in der Volksmusik seiner Heimat wurzelte, so umfaßte sie doch einen wesentlich größeren Sprachraum, denn der Komponist studierte ungarische, rumänische, südslawische, bulgarische, türkische und arabische Volksweisen. Dies brachte wohl mit sich, daß die Erfindung nicht so eindeutig vom Sprachakzent herrührte, sondern eher sublimierte rhythmische, tonale und klangliche Elemente der Vokalmusik auswertete. Bartók gewann durchaus daraus eine neue Standfestigkeit in kompositorischer Technik, die sich in seiner »Cantata profana« streng stilisiert und kühn atonal bewährt. Weniger als sonst verbindet sich Bartóks Musik mit den Zeitströmungen impressionistischer und expressionistischer Prägung. Idiomatisch greift sein Landsmann Zoltán Kodály (1882–1967) weiter aus, um etwa im »Psalmus hungaricus« eine Popularität zu erreichen, wie sie wohl nur sehr wenigen Werken dieses Jahrhunderts beschieden war.

Stehen solche Musiker oder auch jüngere wie Hans Werner Henze (geb. 1926) mit seiner Kantate nach Giordano Bruno »Novae de Infinito Laudes« eigenen Äußerungen entgegen – neben ihrer Zeit? Sie gehörten und gehören der Gegenwart immer nur in einem höchst komplexen Sinne an. Sie sind an die Vergangenheit gebunden und der gegenwärtigen Wirklichkeit doch verpflichtet. Radikale Syntax der jeweils neuen Musik war ihnen nicht fremd, aber sie unterwarfen sie sich und integrierten sie in eigenes musikalisches Terrain.

So tat es auch Gottfried von Einem in seiner für die UNO geschriebenen Kantate »An die Nachgeborenen«, in der neben dem Chor sich ein Mezzosopran und ein Bariton zwischen scharfem

Skandieren und in – nach-Mahlerischer Manier – schwelgendem Melos bewegen. Experimentellen Charakter nahm der Versuch einer »Mysterienoper«, »Jesu Hochzeit« nach Lotte Ingrisch, an, die sich schon im Titel jener mittelalterlichen Mysterien-Spiele erinnerte, die bei festlichem Anlaß in der Kirche Platz hatten. An diesem Ort der Überhöhung war die Rede in Gesang ja die Regel. Neben die biblischen Gestalten pflegten sich im Mysterienspiel die Verkörperungen des Guten und des Bösen zu stellen. Das spätere Oratorium hatte dann immer mehr allegorische Figuren eingerückt, verließ auch häufig den Kirchenraum, um sich ganz szenischer Darstellung anheimzugeben. Im vorigen Jahrhundert wiederum legte sich das Oratorium gänzlich auf den Konzertsaal fest. Erneuerungsbestrebungen im 20. Jahrhundert mit deutlicher Betonung der Herkunft vom mittelalterlichen Mysterienspiel und seinem biblischen Ursprung unternahmen Benjamin Britten (1913–1976) in seinen Kirchenopern zwischen Gregorianik und japanischen No-Formen, Arthur Honegger mit seiner »Johanna auf dem Scheiterhaufen« nach Claudel, schließlich Frank Martin (1890–1974) mit dem »Zaubertrank« nach Gottfried von Straßburg.

Mehr noch als in der Oper bietet der stilistische Gegensatz zwischen rezitativischem und ariosem Gesang in Oratorien Anhaltspunkte, Sprache geistvoll in Musik zu fassen. Griff freilich der neuzeitliche Gesang vorwiegend auf rezitativischen Stil zurück, so wies er doch der Musik dabei einen weit höheren Gestaltungsanteil zu, als dies früher im Rezitativ der Fall war. Meist sucht der moderne Musiker natürliche Sprachdeklamation mit allen Vortragsmitteln zu höchster Redekraft zu steigern. Gesang wird zugleich Handlung, Ereignis. Der Augenblick, vom Text gegeben, steht bildhaft vor uns. Und die Vision gewinnt durch den Gesang Leben und Beseelung.

Wie das Rezitativ dennoch weitgehend musikantisch bleiben kann, zeigt die erste der drei »Requiem«-Kompositionen an, deren Erwähnung dieses Kapitel beschließen soll. Paul Hindemith, bei dem alles Bardenhafte ja doch eher hinter dem Musiziergeist verhält, ließ den Text der Totenmesse ganz fort, um Walt Whitman reden zu lassen, zum Gedenken an die Toten des Krieges (und den ermordeten Abraham Lincoln). Ob nun in der von Hindemith gefertigten deutschen Übersetzung oder im originalen Amerikanisch, das Requiem »When Lilacs last in the Door-Yard bloomed« verharrt nicht im Elfenbeinturm schwerer Verständlichkeit. Auch bei so besonderer Gelegenheit wie dem Totengedenken steht Hindemith im Alltag des Musizierens. Das Neue hat sich in seinem Verständnis neben den Meisterwerken der Vergangenheit zu behaupten. Das bedeutet für den Kontrapunktiker: Tiefe, aber nicht Wortausdeutung (selbst nicht in dem Oratorium »Das Unaufhörliche« nach einem Originaltext von Gottfried Benn).

Auch Benjamin Britten verließ sich nicht allein auf den lateinischen Requiem-Text, er stellt Gedichte des im Ersten Weltkrieg gefallenen Wilfred Owen in den Mittelpunkt und gab sie imaginären Gefallenen-Männerstimmen, dem Tenor und dem Bariton, zu singen. Diese werden dabei von einem kleinen Instrumental-Ensemble begleitet, das den Wechsel vom Kammermusikalischen zum Symphonischen unterstreicht. Daneben singen Sopran und Chor lateinisch. Britten schrieb eine dem Hörverständnis zugängliche Musik und machte es dadurch den Mitmenschen in ihrer unterschiedlichen Art leicht, sich den Tönen zu nähern. Erschütternd und großartig geschah mit dieser Musik die Weihe der wiedererrichteten Kathedrale von Coventry, die im Zweiten Weltkrieg zerstört worden war. Auch wenn Strawinsky von Anfang an lästerte, die Tinte für das Werk sei verschwendet, auch wenn viele Kritiker die Quellen herauszupicken suchten, aus denen sich der Komponist Anregung geholt hatte, so bleibt doch dieses »War Requiem« unter den erinnernswerten, von Mensch zu Mensch sprechenden Dokumenten begnadeten melodischen Einfalls.

Das Werk bezieht einen Gutteil seiner Wirkung aus dem Kontrast der »Sprach«-Techniken. Der Solo-Sopran ergeht sich in blühender Italianità und braucht also eine entsprechende, die Massen leicht überstrahlende Stimme, ganz wie in der Achten Symphonie von Mahler. Der Chor gibt Grundierung und Kommentar: homophon, polyphon und als Sprechchor. Tenor und Bariton schließlich singen Liedhaftes, einzeln und zu zweien, melodiös oder aber subtil rezitativisch, besonders im dahindämmernden letzten Stück, dessen »Let us sleep now« frei tonal auf langer rezitierender Strecke vorbereitet wird.

Im Gedanken an diese poetische Requiem-Lösung Brittens stellte Aribert Reimann in seinem »Requiem« von 1982 das Buch Hiob neben die lateinischen Liturgie-Worte in mehreren Sprachen, oft zu gleicher Zeit und in absichtlicher Vielzüngigkeit. Auch hier zeigen sich die Solostrecken von Sopran, Mezzo-Sopran und Bariton liedhaft oder rezitativisch, in einer Deklamation, die technisch aus der Oper »Lear« weiter entwickelt scheint. Dann aber, im Verein mit dem äußerst diffizilen Chor, sehen wir wie in einem Spiegel der Jahrhunderte alle Kontrapunktik und Polyphonie im Dienst neuen Ausdrucks, getürmt und überschauend, als wollten sie zum Abschied sagen: »Es sei wie es wolle, es war doch so schön.« Was angesichts kultureller Nivellierung im Zeitalter der H-Bomben-Bedrohung auf das erste Hören hin als ein großes Fragezeichen empfunden werden könnte, wirkt sehr bald so, als antworte es aus ewigen Ordnungen oder einer neuen Freiheit, in jedem Fall aber als eine Sprache.

Gesang ohne Sänger

Musik und Affekt

In vielen Sprachen steht das gleiche Wort für »Dichtung« und »Gesang«. Erhält die Sprache jenseits dessen Tiefendimension, was sie sachbezogen mitteilt, dann ist sie gleichsam bereits ein imaginärer Gesang. Aber es blieb der Musik nicht nur vorbehalten, Sprachausdruck zu vertiefen und zu verstärken. Sie entwickelte darüber hinaus ihre eigene Ästhetik in Rhythmus, Melodie und Harmonie, wiewohl die Verbindung zur Sprache immer wahrnehmbar blieb. Das Vokabular, mit dem die Musik den menschlichen Geist und Körper beeinflußte, erweiterte sich.

Von Quantz bis Adorno spannt sich die Übereinstimmung, Musik könne als eine Sprache fungieren oder ihr zumindest ähneln. Dabei wurde nicht lediglich auf die Analogien hingewiesen, die sie zur Sprache morphologisch, phonetisch oder syntaktisch aufweist, sondern vor allem, daß sie zu Ausdruck und Darstellung fähig sei. Und nicht zuletzt deshalb, weil sie von je sich mit Worten verbündete, konnten sich sprachliche Prinzipien und Partikel in ihr bewahren. In verschiedenen Stilen traten je verschiedene Ebenen der Sprache in den Vordergrund des Interesses der Komponisten und schufen Normen für die Vertonung von Textvorlagen, aber auch dafür, wie Musiksprache allgemein zu verstehen sei. Dabei erlangte immer erneut die Loslösung vom Nur-Sanglichen und die Hinwendung zum Deklamatorisch-»Realistischen«, zum erkennenden Aussagen hin Bedeutung. Hier wäre eine Kurzform der Fuge, das Capriccio, zu nennen, das lediglich durch die Benutzung eines vorzugsweise volkstümlichen Themas davon abrückte, rein instrumental orientiert zu sein. So enthalten Girolamo Frescobaldis (1583–1643) »Capriccio sopra il cucu« oder das »sopra la Bergamasca« für

Italiener volkstümliche Themen (»Aria di Rogeto«, »Girometa«), die einst eine dem Ohr vertraute »Sprache« redeten. Ähnliches spiegelte sich bei den beiden Gabrieli in dem aufkommenden »Concerto«, das durchaus ein Miteinander von gesangsnaher Melodik und instrumentaler Tektonik umschreibt. In den »Concerti spirituali« Italiens und den »Geistlichen Konzerten« bei Schütz zeigt sich noch diese ursprüngliche Auffassung des Concerto. So verstand man darunter in der Folgezeit auch das Zusammenwirken und den Wettstreit solistischer Stimmen mit Instrumenten, später von Instrumentengruppen.

Konnte sich liedhafte Dichtung ohne Musik behaupten, so kam auch kantable Instrumentalmusik ohne Dichtung aus. Weisen wurden ohne gravierende Abänderung, allenfalls verziert oder figuriert auf der Laute oder der Orgel gespielt. Freilich erst als sie weitere Bearbeitung erfuhren, gestalteten sie sich wirklich instrumental. Lieder stellten die Themen zu Variationsreihen und wirkten vorbildhaft auf neue Kompositionen. Das »tägliche Hausgerät« (Herder) eines Liedes mußte nicht unbedingt gesungen sein, es bezeichnete eher das Instrument, auf dem Liedähnliches gespielt wurde, etwa im Sinne von Schuberts köstlicher Miniatur »An mein Clavier«, auf dem sicher viele Lieder zunächst ungesungen erklangen.

Der Sprachtonfall, den eine Musik annimmt, hängt eng mit der Darstellung von Affekten zusammen. Sie macht seit der Antike, abwechselnd mit der Hinwendung zur Spekulation in Zahlen und Symbolen, das Wesen nicht nur des Gesanges, auch das aller anderen Musik aus. Wer Komposition und Instrumentenspiel erlernte, befaßte sich möglichst auch mit Rhetorik, um seine Musik sprechend machen zu können. Besonders im Zeitraum von etwa 1600 bis in die letzten Jahrzehnte des 18. Jahrhunderts aber herrschte die Tendenz, Musik als Sprache in Tönen aufzufassen, eine Bezeichnung, die freilich erst in der zweiten Hälfte des 18. Jahrhunderts auftrat. Die Barockmusik sprach als Klangrede in ihrer klingenden Realisation; die frühklassische Musik war dann Sprache an sich, sie verwirklichte sich als gesprochene Sprache.

Es sollte in der Musik des Barock um Dialogisches gehen, um dramatische Auseinandersetzung. Technische Beherrschung der Töne allein genügte nicht, die Musik sollte darstellen und – mußte dargestellt werden. In der Tat müssen wir, wollen wir das geistlose

Vorbeihören an der Musik, einen nur ästhetisch orientierten Gebrauch unseres Ohrs für Musik, überwinden, den Darstellenden, also auch den singenden Musiker, wieder viele musikalische Stile »sprechen« lehren und in gleichem Maß den Hörer erziehen, dieses Sprechen zu verstehen.

Von ausnahmehaft musikalisch begabten Kindern wissen wir, daß sie, lange bevor sie die Feinheit gesprochener oder geschriebener Sprache unterscheiden, geschweige denn würdigen konnten, ganz selbstverständlich Musik als Sprache empfanden und gebrauchten. Mithin kann die abendländische Musik ohne Übertreibung einer Sprache mit allen ihr innewohnenden Gesetzen gleichgestellt werden, einer Sprache, die auch ihre eigene Grammatik und Ästhetik hat.

Bald nachdem Gesang den Schrei, die Freude, den Taumel oder den Jammer stilisiert hatte, ließ er neben der vox humana andere Instrumente zu, ihn zu vertreten. Daß dies sprachähnliche Natur annehmen mußte, um überhaupt aufgenommen zu werden, war zunächst selbstverständliche Folgerung. Es führte dazu, daß der reife Stil einer jeden Epoche zu überhöhenden, die musikalische Autonomie in Frage stellenden Mitteilungsweisen kam, die das Sein des Gesanges in einen Begriff von seinem Inhalt umzuwandeln trachtete. So bezeichnete Hegel, als sich der romantische Stil des Unbestimmten um die Wende zum 19. Jahrhundert bereits formierte, die Musiksprache als »kadenzierte Interjektion«.

Einer der deutlichsten grammatikalischen Zusammenhänge in unserer Musiksprache liegt in der Spannung Vorhalt – Auflösung. Sie ist zwar auch melodisch zu erklären und in solchem Fall dem Seufzen nachempfunden, aber man kann sie auch harmonisch als Dissonanz – Konsonanz auffassen. Phänomene, die die Gewichtigkeit der Noten gegeneinander, ihre »Schwerkraft« bestimmen, stehen unter dem gleichen Auf und Nieder, wobei »Auf« (Sopran) fast immer den Diskant verstand und »Ab« (basso) den Baß. So kann auch die Stimmbandöffnung beim Einatmen als eine Spannung empfunden werden, gegen die das Ausatmen als Entspannung wirkt. Atemgesetze werden ja auch dem Instrumentalisten als Vortragserläuterung weitergegeben. Interpretatorische Regeln, die für den Sänger verpflichtend sind, finden darüber hinaus, der gemeinsamen Grundlage sprachlicher Bindung entsprechend, häufig auch Anwendung auf die instrumentale Wiedergabe.

Phrase und Satz, beides auch in der Musik beheimatete Bezeichnungen, stehen für Gliederung und Sinngebung. Auch musikalische Interpunktionen finden sich, und es ist wohl nicht allzuweit hergeholt, wenn mitunter ein Fragezeichen mit einem Halbschluß, ein Semikolon mit einem Trugschluß, ein der Auflösung harrender Doppelpunkt mit einem Quartsextakkord vor einer Schluß-Kadenz, ein Punkt oder Ausrufungszeichen mit der abschließenden Tonika verglichen wird. Vor allem im Harmonischen wären wohl also musikalische Entsprechungen zur Interpunktion zu suchen. Aber auch eine dem Satzgefüge nachempfundene Melodie, selbst eine harmonisch nicht gebundene, rein melismatische wie die der Orientalen würde solcher Vorstellung noch entsprechen.

Im Laufe der späteren Entwicklung treffen wir in der Musik auf den Phrasierungsbogen, einem Satz oder Satzteil entsprechend; Anläufe, Höhepunkt und Ausklang korrespondieren mit dem Wort, Hervorgehobenes bedingt Akzente oder dynamisches Anwachsen und Fallenlassen. Wie in einem Satz schwankt das Tempo mit dem Sinn, gehen accelerandi oder ritenuti sinndeutend mit dem Inhalt. Für den Satz Wichtiges kann die melodische Linie verlängern. Starke Akzente, die einer Verlängerung wohl entbehren können, werden oft durch einen Intervallsprung hervorgehoben oder rhythmisch profiliert.

Durch Sprachelemente, die allgemein verständlich waren, rückten Stücke mit außermusikalischem Bezugspunkt in den Vordergrund. Im Frankreich des 17. Jahrhunderts waren es die »Tombeaux« oder »Lamentationes«, in denen Lautenisten oder Clavecinisten einen toten Freund oder hochgestellten Gönner »besangen«. Johann Jakob Froberger (1616–1667) übernahm diesen Brauch, da er weit in Europa herumgekommen war, und schrieb eine »Tombe« auf den Pariser Lautenisten Blancheroche, der als Frobergers Gast nach einem Essen auf der Treppe gestürzt und an den Verletzungen gestorben war. Ob in Stücken dieser Art allerdings ohne die Kenntnis der Überschrift der Anlaß hätte erraten werden können, wagen wir zu bezweifeln.

Aber auch später stand es immer wieder schlecht um die melismatische Sprache in der »absoluten« Musik. Der Ton geht da wohl einmal in die Höhe, um gleich wieder kurzatmig zurückzusinken. Alles scheint klar, ist aber doch mehrdeutig. Es kann sich um wirkliche Resignation handeln, es kann sich aber auch gleichsam im

Aufwärtsgang Fülle angesammelt haben, um dann, oben angelangt, den Überfluß auszuschütten. Objektiv kann bei solchem Vergleich höchstens verschieden sein, in welchem Rahmen Aufschwung und Rückkehr vor sich gingen. Ohne vorherigen Gebrauch in der Sprache gibt es keine musikalische Zuordnung, und auch die analog scheinende Qualität einer Gestalt vermag nicht aus sich selber zu erklären, was sich wirklich in ihr verbirgt.

Der im Gesang sich widerspiegelnde Reiz, daß im Lautbild auch Bedeutung sinnlich erfahrbar wird, kann ganz allgemein als dem Rätsel der Sprache, der Einheit von Sensus und Geist zugehörig definiert werden. In der Sprache wirken die verschiedenartigsten Elemente zusammen. Begriffe, die Dingliches bezeichnen, stehen neben solchen, die gedankliche Verbindung signalisieren, Bewegung konstituieren oder auch Stimme transportieren. All dies ist auch der Instrumentalmusik immanent, dem »Gesang ohne Sänger«, der ebenso rätselvoll spricht und mit einer Nachdenklichkeit, die gar nicht ausschließlich auf den schöpferischen Musiker beschränkt bleiben muß, sondern vom Hörer nachvollzogen werden soll.

Nicht erst seit der Mitte des 18. Jahrhunderts, als diese Parallelität deutlich formuliert wurde, setzten die Ästhetiker die Musik in direkte Korrelation zur Sprache. Dabei ging die Einschätzung über bloße Analogien und Vergleiche hinaus. Die Menschen verstanden die Musik selber als Sprache und beschrieben sie auch so. So mühte sich Johann Nikolaus Forkel (»Allgemeine Geschichte der Musik«, Leipzig 1788), den sprachlichen Charakter einer jeden Musik nachzuweisen. Er stellte weitreichende Zusammenhänge mit der Sprache fest und meinte, daß ihre Ähnlichkeit, die sich nicht bloß auf den Ursprung, sondern auch auf die vollkommene Ausbildung derselben vom ersten Anfang bis zur höchsten Vollkommenheit erstreckt, den »sichersten Leitfaden« abgeben könne. Er verstand unter Musik »eine Sprache der Empfindungen«, eine »Ideen-Sprache«.

Was Forkel als Gesetzmäßigkeit und Ziel der Musikentwicklung zu unterstreichen suchte, dehnten zeitgenössische Lehrwerke auf den vermeintlichen Beleg aus, Musik müsse konkret als Sprache gelehrt und gehört werden. Musikalische Grundbegriffe und Sprachgrammatik ließen sich aufeinander beziehen, ja sie konnten für identisch erklärt werden. Wir müssen also von einer Rhetorik der absoluten Musik sprechen, die auch den Vortrag als eine Deklamation, als klangliche Rede begriff. Der gravierende Unterschied zur nachrevolutionären Musik des beginnenden 19. Jahrhunderts liegt darin, daß die Affekten-Theoretiker ein kanonisiertes System festgesetzt hatten, das Komposition und musikalischen Vortrag noch regularisierte.

Jedem gebildeten Hörer war ja das Figuren-Repertoire der in der frühen Oper entwickelten Bedeutungsillustration geläufig. Es konnte nun auch ohne Text eingesetzt werden. Wenn also die Sonaten und Concerti des 17. und 18. Jahrhunderts deutlich »dialogähnlich« klingen, obwohl es sich doch eindeutig um »absolute« Musik handelt, so finden wir die Wurzeln in der Tatsache, daß solche Musik von der Sprache her konzipiert und von häufig genau umrissenen rhetorischen Entwürfen inspiriert wurde.

Bis sich die Französische Revolution nivellierend auswirkte, verstand sich die Musik als tönende Rede, und der Instrumental-Solist baute seinen Vortrag rhetorisch geregelt auf, so wie der Sänger den rhetorisch angelegten Gesangspartien zu entsprechen hatte. Die Instrumental-Musiker faszinierte naturgemäß der Dialog am meisten, die Auseinandersetzung. Zwei und mehr Solisten verkörpern im instrumentalen Barock-Konzert die singenden Protagonisten. Und wie in der mehrstimmigen Kontrapunktik der Chormusik die Mittelstimmen zugunsten der Melodiestimme allmählich an Bedeutung verloren, so sind etwa in den Trio-Sonaten häufig zwei Soloinstrumente mit dem Generalbaß zum Gespräch allein geblieben.

Ratio und Ordnung unterwarfen die musikalische Sprache der »Bedeutung«. So ergründete die Affektenlehre des Hochbarock und brachte in Regeln, was Schmerz und Freude in der Musik auszudrücken habe. Grundlegend wirkte hier Descartes, der in seinem »Compendium musicae« den Opernreformern um Gluck zuvorkam, wenn er etwa auch traurige oder furchterregende Melodien als angenehm bezeichnete. Zeitmaß, Betonung und Qualität des Tones bezog er in seine Überlegungen ein, womit er den unzähligen nachfolgenden theoretischen Schriften den Boden bereitete, unter denen die von Agostino Steffani (1654–1728) in Italien und Johann Kuhnau oder Mattheson in Deutschland hervorragten.

Bildhafte Darstellung, musikalische »Malerei« der Geste und Gemütsbewegung, die einen Affekt auslöst, drängte sich jetzt vor, so daß die Wirkungsästhetik des Frühbarock der Nachahmung wich. Eindrücke und Bilder in Tönen zu schildern, dieses Vergnügen wurde durch die noch verhältnismäßig geringen tonmalerischen Möglichkeiten nicht geschmälert. Frankreichs klingende Miniaturen des 17. Jahrhunderts im Bereich der Klaviermusik stilisierte François Couperin le Grand zu Suiten hoch, die er »Ordres« nannte und in denen er eine Vielzahl von musikalischen Porträts aller Art malte. Ob nun Siegesgöttin, Verführerin, Mutwillige oder die Prinzessin Marie, die Porträtierten waren entzückt, sich so ähnlich wiedergegeben zu hören. Ganz ähnlich konterfeite ein Jahrhundert später der Abiturient Robert Schumann seine Freunde und Bekannten am Klavier ab, zum größten Gaudium der Zuhörer. Ebenso wußte schon Carl Philipp Emanuel Bach Damen der hauptstädtischen Berliner Gesellschaft zu porträtieren. Die Liste solcher Porträtisten ist lang und reicht bis in unsere Tage (Ligeti, Messiaen).

Auch in Bachs Instrumentalwerk hat das »Beredte« seinen gewichtigen Platz, und die Faszination durch die Rhetorik ist allenthalben präsent. Es handelt sich bei ihr um eine Disziplin, die weit umfassender verstanden wurde, als es uns heute bewußt ist. Die Rhetorik zählte seit dem hohen Mittelalter zu *den* sieben freien Wissenschaften (Künsten), die als das allgemeine Fundament der Wissenschaften überhaupt galten. Der Zweig Rhetorik hatte vor allem für das protestantische Deutschland Bedeutung (z. B. Predigtkunst und Bibelexegese). In Italien scheute man die Disziplin, redete zwar musikalisch unaufhörlich, wollte aber zwangfrei sein. In seinen »Sieben Büchern der Poetik« setzte der Arzt Julius Cäsar Scaliger die Rhetorik zum Maßstab für die Dichtung, vor allem natürlich für das Drama. Monteverdis persönliche Ausprägung der monodischen »seconda prattica« ließ – auf dem Umweg über die geschmacksbeherrschende Oper – die Figuren-Lehre in Deutschland entstehen. Bildende und darstellende Künste (auch der Tanz) sollten sprechen. So zog die Rhetorik denn auch in die Symphonie ein. Diese brachte es, der Oper gleichrangig, durch ihre »absolute« Erhabenheit eher überlegen, fertig, die Beredsamkeit zu verdrängen. Sie tat es mit einer autonomen Musik, die schwer verständlich war und mitarbeitendes Nachvollziehen beim Hörer voraussetzte.

Und wenn sich in dem mathematisch orientierten Kreis von Theoretikern um Bach (Mizler, Birnbaum, Kirnberger) noch einmal Neo-Noetik (also Zahlenmystik) zu erkennen gab, so setzte doch gerade Bach dazu an, diese Theorie wieder gänzlich zu verlassen und sich allenthalben an den Affekten zutiefst interessiert zu zeigen. So oft das Erzählen in Tönen auch ästhetisch abgelehnt wurde, so hat es doch seine lange Geschichte. Bachs Leipziger Amtsvorgänger, Johann Kuhnau, kann ein Pate der Programm-Musik genannt werden. Seine 1700 veröffentlichte »Musikalische Vorstellung einiger biblischer Historien, in sechs Sonaten auf dem Clavier zu spielen, allen Liebhabern zum Vergnügen versuchet«, enthält Stücke mit den Überschriften »Der Streit zwischen David und Goliath«, »Der von David vermittelst der Musik kurierte Saul« oder »Jakobs Begräbnis«. Ausführliche Anmerkungen erläutern, und die Vorrede behauptet, Musik müsse Klänge und Geräusche nachahmen, die aus dem täglichen Leben vertraut sind.

Monodisches und rezitativisches Figuren-Repertoire war von der Instrumental-Musik aufgesogen, und Bach gab es auf seine sehr individuelle Weise dem Gesang zurück. Immer konzipierte er von der Sprachfigur her – hatte er doch Quintilian studiert und die eigene Kompositionsweise von dessen Regeln beeinflussen lassen. Hierfür nützte Bach das verfeinerte Vokabular der in Italien entstandenen musikalischen Deklamation, das er – hundert Jahre nach Monteverdi – auf die deutsche Sprache übertrug und es damit zugleich überakzentuierte. Den Romanen klangen schon damals mit einigem Recht die deutschen Sprachlaute hart und stoßartig. Was uns Bachs musikalische Sprache so lebendig erhielt, liegt aber auch in seiner Kunst, alles Kontrapunktische just den rhetorischen Grundsätzen zu unterwerfen.

Bachs Rezitativ folgt dem vorherrschenden italienischen Geschmack. Daher ist die Notierung im Viervierteltakt einschließlich der Notenwerte und Pausen nicht bindend. Wie steif und unsinnig das Rezitativ sich oft bei metren-getreuer Darbietung anhört, wird den Ausführenden leider nur zu selten bewußt. Es sei an den Streit zwischen Johann Adolf Scheibe (1708–1776) und dem Rhetoriklehrer Birnbaum erinnert, den Scheibe 1737 in seinem »Critischen Musicus« auslöste. Daß er Bach einen »Musikanten« genannt hatte, rief Birnbaum zu der Entgegnung auf: »Die Theile und Vorurtheile, welche die Ausarbeitung eines musikalischen Stücks mit der Rednerkunst gemein hat, kennt er so vollkommen, daß man ihn nicht nur mit einem ersättigenden Vergnügen höret, wenn er seine gründlichen Unterredungen auf die Ähnlichkeit und Übereinstimmung

beider lenket; man bewundert auch die geschickte Anwendung derselben in seinen Arbeiten.« Und 1802 berichtete Forkel: »Bach sah
die Musik völlig als eine Sprache und den Komponisten als einen
Dichter an, dem es – dichte er, in welcher Sprache er wolle – nie an
hinlänglichen Ausdrücken zur Darstellung seiner Gefühle fehlen
dürfe.« Für Forkel ist Bach »der größte musikalische Deklamator,
den es je gegeben hat und den es wahrscheinlich je geben wird«.

Die »Chromatische Fantasie und Fuge« führt Bach als Meister
der ungebundenen Rede vor, auch da sie erstmalig Rezitative in der
Art des neapolitanischen »recitativo stromentato« in die Klaviermusik einbrachte. Dies bedeutete zugleich das Verblassen einer der
schärfsten Konturen des musikalischen Hochbarock, bei dem ja von
einem Primat instrumentalen Verhaltens auch im vokalen Bereich
gesprochen werden kann. In der Romantik dann sollte die Umkehrung dieses Verhältnisses auf die Spitze getrieben werden, wenn
Friedrich Silcher Beethovenschen Instrumentalwerken Texte unterlegte, ebenso wie es wenig später Lorenz Fels mit Schumanns
»Kinderszenen« tat, der Heinrich Hofmann (1842–1902) gar noch
eine Singstimme dazu erfinden ließ.

Bedeutende barocke Instrumentalmusik bewegte sich im Bereich des Tanzes, von dem starke Impulse auf Bachs Vokalwerk
kamen, und andererseits in dem des »concerto«, dem Bach alles
Rhetorische beim musikalischen Aufbau der Musik einfügte. So
gleicht der Kopfsatz des Fünften Brandenburgischen Konzerts
einer Rede mit Nebensätzen, Gegenargumenten, These und Anti-
these.

Forkel versuchte nunmehr, ausgehend von der »Langage du
Cœur« Rousseaus, musikalisch-sprachliche Gesetzmäßigkeiten zu
formulieren und sie als Beleg für den konkreten Sprachcharakter
der Musik zu erbringen. Aus ihnen folgerte er schließlich für die
Textkomposition: »Man hat sich aber bisher blos daran begnügt,
dieses nothwendige Gesetz der Natur durch Übereinstimmung der
Ruhestellen, Einschnitte oder größern und kleinern Cadenzen, in
der Verbindung der Musik und Poesie zu erfüllen. In das innere Hei-
ligthum der Kunst, von dieser Seite betrachtet, hat man noch nicht
einzudringen vermocht. Aber eben daher finden wir so wenig Gesänge, die die Bedeutung des Textes so genau in Empfindung übertragen, als es seyn sollte.« Forkel zitiert eine Symbiose herbei, die
in der Kunstmusik erst lange nach seiner Zeit eintrat, um dann aller-

dings eine untrennbare, kaum mehr voneinander zu abstrahierende Einheit zu bilden (im Unterschied zur Meinung von Wissenschaftlern, die, wie Wilfried Gruhn in »Musiksprache, Sprachmusik, Textvertonung«, Frankfurt 1978, von analogen Strukturen sprechen, die für sich interpretierbar und analysierbar bleiben, denn »in einem Kunstlied sind jederzeit Text und Musik wieder zu trennen ...«).

In Vokabular, Syntax und Konvention gab es nie zuvor und auch nie wieder danach – mit der möglichen, kurzzeitigen Ausnahme der »Reihen«-Technik des 20. Jahrhunderts – für die Sprache der Kunstmusik so viel internationale Gültigkeit wie im Spätbarock – eine Verbindlichkeit, wie sie nur überreifen Zeiten eignet. Die musikalische Weltsprache tönte italienisch, als Ergebnis der Arbeit von Pionieren wie Palestrina oder Monteverdi allgemeingültig geformt. Selbst die kräftigsten Individualitäten jenseits der Grenzen Italiens hatten ihr Schaffen der Auseinandersetzung mit Form und Ausdruck der Italiener zu unterwerfen, und nur die Eigenständigsten wie Purcell, Rameau, Händel oder Bach verfingen sich nicht rettungslos in den »welschen« Netzen.

Es scheint, als seien etwa in Bachs Choral-Vorspielen (Orgelstücken, die auf der Melodie eines vorgegebenen Chorals fußen) alle vorangegangenen Stufen der Musik enthalten. Aber ohne Beziehung zur Sprache wären sie nicht denkbar. Es ist etwas anderes, ob liedartige Instrumentalmusik nur als tönende Form vernommen wird oder ob sie zugleich den Textinhalt vermittelt. So gehörte in einer Choralbearbeitung der Hintergrund des Textes mit zur Rezeption. Wer die erklingenden Kirchenlieder nicht kannte, verstand die Musik nicht vollständig. Welchen Beitrag gerade die Begleitung zur deutenden Textauslegung leisten kann, läßt sich an Bachs Werk überall studieren. In den Choralsätzen seiner Kantaten oder in den Choral-Vorspielen gab Bach äußerst subtile, musikalische Exegesen.

Die allgemein herrschende Vorstellung von Musik als einer Empfindungssprache setzte ein um 35 Jahre älterer Freund Forkels in die Tat um, Carl Philipp Emanuel Bach. Dieser befand sich während seiner Hamburger Amtszeit als Kirchenmusiker mit dem dortigen Literatenkreis um Lessing, Klopstock, Claudius und Voß im Gespräch über die angedeuteten Themen. Die barocke Lehre von den Affekten gewann immer neue Nuancen hinzu. Bald stellten nicht mehr die seufzenden Vorhalte, die Verzierungen galanter Manier den Kern dar, sondern jene Erbin von Fuge und Suite, die bald ein ausschließliches Regiment antrat: die Sonate. Wenn Carl Philipp Emanuel Bach Körper, Gesicht, Haltung und Bewegung des Singenden (Spielenden) in die affektuose Wirkung des Musikalischen einbezieht, so greift er damit auf die Ausdruckslehre des Diogenes zurück. Nach der Beschreibung solcher wichtigen »Gegenstände« in seinem Buch »Über die wahre Art, das Clavier zu spielen« empfiehlt Bach seinen Schülern, »geschickte Sänger besonders zu hören«, denn man »lernet dadurch singend denken«. Ist dabei an ein kantables, melodiöses legato-Spiel gedacht? Ein Brief des Freundes Matthias Claudius beschreibt es (zitiert nach B.F. Schmidt: »C.Ph.E.Bach und seine Kammermusik«, Leipzig o.J.) als eine musikalische Deklamation nach rhetorischen Gesetzen: »Sein Adagiospiel kann ich nicht besser beschreiben, als wenn ich Sie an einen Redner zu denken ganz gehorsamst ersuche, der seine Reden nicht auswendig gelernt hat, sondern von dem Inhalt seiner Rede ganz voll ist, gar nicht eilt, etwas herauszubringen, sondern ganz ruhig eine Welle nach der andern aus der Fülle seiner Seele hervorströmen läßt, ohne an der Art der Hervorströmung zu künsteln …«

In seinem Artikel über »Ph.E.Bach und das Redende Prinzip der Musik« (Jahrbuch Peters 1938) machte Arnold Schering deutlich, daß es nicht mit Verallgemeinerungen wie »ausdrucksvoll spielen«, mit der Verbindung, Trennung oder Betonung von Tönen in der Art des Sängers getan ist: »Das Ausschlaggebende beim Singen – sonst würde es dem Instrumentisten nicht vorgehalten – ist nicht das Tönende, sondern die Rede, die sich damit verbindet. Die in ein grammatikalisch und syntaktisch richtiges Gewand gekleidete, bestimmte Vorstellungen erregende und verknüpfende Rede soll nachgebildet werden. Die Musik soll sprechen.« Damit ist ein Grundsatz genannt, der seit der Mitte des 18. Jahrhunderts sowohl in Deutschland wie in Frankreich unter den Fundamentalsätzen der Musikästhetik erscheint. Von Mattheson, Scheibe und Friedrich Wilhelm Marpurg (1718–1795) bis hin zur Ästhetik der jungen Romantik gilt eine »sprechende« Musik, ein »sprechender« Vortrag als schlechthin ideal. Leider muß der Suchende noch heute eine genaue Aufschlüsselung der Analogien Sprache – Musik vermissen, wobei fraglich bleibt, wieviel Nutzen ein solches Kompendium für die Praxis tatsächlich brächte.

Spätestens zu diesem Zeitpunkt hatte sich eine »kohärente, normative musikalische Wirklichkeit« (Elmar Budde: »Musik – Sprache – Sprachlosigkeit«, in: Humanität–Musik–Erziehung, Mainz 1981) gebildet, die sich nicht nur auf Gassenhauer, Tänze und Volkslieder bezog, sondern ebenso auf alle Arten der Kunstmusik schlechthin. Die Voraussetzung war geschaffen, eine musikalische Sprache auszubilden, die ein verbindlicher kultureller Kontext ist, etwa eine Koinzidenz sämtlicher musikalischer Hervorbringungen. Rationale, analytische Deutung des Affekts, die seine Eigenarten bestimmte und nicht etwa künstlerische Neuschöpfung im Blick hatte, versuchte Heinrich Wilhelm Gerstenberg, der 1787 aus einer Klavierphantasie Carl Philipp Emanuel Bachs zwei Singstimmen herausfilterte und ihnen Worte des Sokrates und des Hamlet unterlegte. Das führte dann zu »romantischen« Interpretationen wie den oben erwähnten Textierungen.

Weil wiederum der Sprachlaut zum bedeutungsfreien Naturklang versinnlicht wurde, bezog die vorklassische Zeit den Ton eigentlich nur noch auf das spezifisch Instrumentale. Sie erklärte die Logik harmonischer Tonalität bereits zur »absoluten« Tonkunst.

So ergibt die Folge und Gliederung der Töne bei Mozart eine verständliche Musiksprache, obwohl sie durch kein Spezialvokabular der persönlichen Eigenwilligkeit erweitert zu werden braucht. Dazu verschränken sich Universalität und Menschlichkeit der Musik Mozarts mit dem ortsgebundenen Element des Wiener Klassizismus. Wenn Italienisches und Deutsches hier zusammenwirkt, so handelt es sich sowohl um die Verschmelzung von Gattungen miteinander (so Opera seria, Opera buffa und Singspiel) als auch um die Vermählung südländischer Kantabilität etwa mit der obligaten Bedeutungskonzentration auf einen einzigen Ton bei den sogenannten »Teutschen Tänzen«. Es ist bekannt, daß langsame Sätze in Klavierkonzerten Mozarts (Es-Dur KV 482 oder A-Dur KV 488) wie italienisch gesungen klingen können. Dabei nehmen sie romantischen Tonfall vorweg. Die Spannungsmomente bei Mozart verhalten sich dialektisch zueinander. Sinnlichkeit des Südens wird zu deutschem Sprechen gebracht. In solcher Weise kantabel vom italienischen Gesang inspiriert, befreite sich Mozarts Instrumentalmusik von der »Nähmaschinen«-Mechanik seiner Zeitgenossen.

Die Wechselwirkung von Deutschem und Italienischem weist auf Bach zurück, mit dessen »Wohltemperiertem Klavier« Mozart durch seinen Gönner Baron van Swieten (Direktor der Hofbibliothek in Wien) vertraut gemacht worden war. Diese Fundgrube von Können und Empfindungsäußerung war sicher auch eine Affektensammlung. Und es spielte eine Rolle, daß in bestimmten Tonarten verbindliche Affekte ausgedrückt werden, auch, daß selbst in den Fugen Themen, die gesungen werden können, Affekte ebenso ausdrücken, wie solche, die nicht gut singbar erscheinen.

Goethe (dem Beethovens »Fidelio« und Carl Maria von Webers [1786–1826] »Freischütz« nicht vor Auge und Ohr kamen – Werke, die damals als revolutionär empfunden wurden) sah sich einer unübersehbaren Fülle von Instrumentalmusik zwischen Bach und Beethoven gegenüber. Er erkannte diese Übergewichtigkeit als für deutsche Komponisten eigentümlich und sagte 1804 in den Anmerkungen zu seiner Übersetzung von »Rameaus Neffe« des Diderot: »Wie die Italiener mit dem Gesang, so verfuhr der Deutsche mit der Instrumentalmusik: er betrachtete sie auch eine Zeitlang als besondere, für sich bestehende Kunst, vervollkommnete ihr Technisches und übte sie fast ohne weiteren Bezug auf Gemütskräfte lebhaft aus, da sie denn bei einer dem Deutschen wohl gemäßen, tieferen Behandlung der Harmonie zu einem hohen, für alle Völker musterhaften Grade gelangt ist.«

Hier ist der Primat deutscher Symphonik nach Haydn überschätzt, ebenso die harmonische Psychologisierung übertrieben, die vorrangig durch deutsche Symphoniker weiterentwickelt wurde. »Fast ohne weiteren Bezug auf Gemütskräfte«, dies dürfte sich wohl auf die für Goethe unfaßbare Erweiterung des Absoluten in Richtung auf eine »Sprache des Unaussprechlichen« durch Beethoven beziehen. Denn mit Beethoven beginnt ein Individuationsprozeß, eine sich steigernde Tendenz, individuelle Töne in der Musik zu finden, die aus dem Normativen der Tageswirklichkeit herausfallen. Am Ende des Säkulums hatte individuelle »Sprache« die pluralistische »Sprache« verdrängt und diese als ein »sinnleeres Einerlei austauschbarer Schablonen und Versatzstücke« (Budde, a.a.O.) verketzert.

Der erste und wichtigste unter den deutschen »Dichterfürsten« versprach sich alles von einem schöpferischen Genie par excellence. Und seither stehen Spontaneität und Originalität jedem Komponisten vor Augen, der etwas auf sich hält. Unmittelbarer Ausdruck wurde dem Sänger gleichsam aus dem Munde genommen und in das Notenbild verpflanzt. Von diesem Umstand schreibt sich denn auch der fragwürdige Begriff der »Werktreue« her, den anzuwenden sich eigentlich erst bei der Wiener Klassik wirklich empfiehlt. Eine Musiksprache mit normativem Charakter galt zunehmend als verächtlich. Hier hatte Wilhelm Heinrich Wackenroder (1773–1798) Vorarbeit geleistet, wenn er erklärte, die innere Seele der Kunst könnten nur auserwählte Geister erfassen. Robert Schumanns Sicht des Genies (»Vielleicht versteht nur der Genius den Genius«) schließt in weiterreichendem Maße aus, Kunstäußerung sei allgemeingültig und -verständlich. So baute Wagners Sieg über die Massen denn auch nicht auf dem Verständnis musikalischen Ablaufs, sondern auf ideologischen Textmotiven und klanglich verwischter Form auf.

Musik mit literarischem Programm

Nach der reinen Wirkung des Interpreten, die von Nachahmung der Affekte bestimmt war, behauptete nun das individuelle Ausdrucksprinzip der jeweiligen musikalischen Schöpfung ihr Recht. Der Komponist stellte sich in ihr selbst dar, der Interpret trat ungewollt in seine Spur. Sie redeten beide in Tönen von der eigenen Seele oder von vorgestellten Seelenzuständen.

Um dem Hörer, was ausgedrückt werden sollte, begreiflich zu machen, mußte das hinzutretende Wort an Bedeutung gewinnen. Niemand hat es – der traditionellen Komponierweise gegenüber – leichter als der singende Interpret, Perioden, Phrasen, Absätze und Betonungen aus einer Musik herauszuspüren, denn ihm weist ja die gleiche Inspirationsquelle, nämlich die Dichtung, den Weg zum Verständnis.

Es wird von großen Lehrern erzählt, die wie der Pianist Artur Schnabel (nach vielen Berichten) dazu befähigt waren, Bilder und Stimmungen eines Werkes mit imaginären mehr als mit technischen Worten zu suggerieren: Eine Gedichtzeile, ein Blick in die Natur, eine Andeutung von Dramatik, alles, was das Empfinden des Schülers ansprach, wurde herangezogen, ohne daß eine Verwechslung mit programmatischer Auslegung Platz gegriffen hätte. Gelegentlich improvisierte Schnabel Worte zu einer Melodie, um ihren Charakter zu kennzeichnen. Immer wieder korrigierte er ein falsch phrasiertes Thema, indem er Worte hinzusetzte, mit dem Komma am richtigen Platz ... So erfinderisch war er im Aufspüren von Textparallelen, daß einige Schüler sie sich notierten, um sie ihrer bereits ansehnlichen Sammlung von Schnabeliana einzufügen. Ein solcher laufender Kommentar zu einer Beethoven-Sonate konnte mehr als 50 Seiten Maschinenschrift umfassen.

Nicht von ungefähr galten solche Experimente Beethoven und seiner bekennerischen Ausdrucksgewalt. Hatte doch die romantische Ästhetik in der Nachfolge E. T. A. Hoffmanns den Gesang irrtümlich von seinen Entfaltungsräumen gerade in der Instrumentalmusik wegzurücken versucht. Jene Ästhetik des »Erhabenen« in der absoluten, sprich instrumentalen Musik des 19. Jahrhunderts schrieben in der Hauptsache Theoretiker nieder, denen es wie Ludwig Tieck versagt blieb, Musik auszuüben. Und meldete sich einmal ein Komponist wie eben E. T. A. Hoffmann zu Wort, so konnte just seine eigene Instrumentalmusik wenig von der Göttlichkeit und Unantastbarkeit suggerieren, die er doch für die absolute Musik reklamierte. Andererseits blieb auch Hoffmann nicht gefeit gegen die Einsicht und Erfahrung, daß mit der Oper, also dem Einsatz der menschlichen Stimme – geradeso wie heute –, Ansehen und Bekanntheit am ehesten zu vermehren seien.

Woher kam denn Goethes Mißtrauen gegen die Unbestimmtheit der jungen romantischen Bewegung und insbesondere deren ersten musikalischen Verfechter Johann Friedrich Reichardt, der des Dichters Worte so oft in Musik umgesetzt hatte? Goethe fürchtete den endgültig drohenden Verlust des »Liedes« (dichterisch wie musikalisch) in seiner strophischen Form, das dem klassischen Ideal entsprach und zunächst noch eine Weile zu leben hatte. Just jene Epoche, deren Theorie verachtungsvoll von der Einmischung des Textes in das musikalische Geschehen sprach, brachte – die Hochblüte des Liedes.

Freilich: Was als Sonate, Variation oder Polyphones prinzipielle Festigung erfahren hatte, ließ Beethoven nicht lange unangetastet, er deutete sie um. Aus architektonisch angelegten Gebilden wurden komprimierte Ausdrucksgesten. Freizügige Phantastik verdrängte die konventionellen Abläufe. Strukturen wurden aufgelockert, erweitert oder zusammengerafft. Vor allem das Melos erschien nun häufig zerbröckelt und ins Deklamatorische umgebogen, zum Zeichen des Aufbruchs in eine neue Musiksprache.

Das mußte nicht bedeuten, daß Beethoven es nötig hatte, in »neuer Deutung« vorgestellt zu werden, wie dies Arnold Schering unternahm. Der Autor wollte damit den Indizienbeweis antreten, die Kammermusik und Klaviersonaten Beethovens »vertonten« dramatische Werke der Weltliteratur (»Musikalische Bildung und Erziehung zum Hören«, Leipzig 1919). Themengestaltung und formaler Aufbau sollten dem rein ästhetisch zuhörenden Konsumenten dadurch schmackhafter gemacht werden, daß ihnen der Autor »versteckte Programme« unterschob. Dazu hatte allerdings Beethoven selbst mit einigen Hinweisen ungewollten Anlaß gegeben. Überlieferte doch der zeitweilige Famulus des Meisters, Schindler, Beethoven hätte zum besseren Verständnis der d-moll-Sonate op. 31,2 oder der »Appassionata« op. 57 die Lektüre von Shakespeares »Der Sturm« empfohlen. Spätromantische Ästhetik verwendete hier die Steuerung musikalischer Ideen vom Außermusikalischen her als Erklärung für die Inspirationen. Nun haben wir gesehen, daß schon immer in der Geschichte Bilder und literarische Vorstellungen in Tönen nachgezeichnet wurden, wie es manchem Vokalsatz des 16. Jahrhunderts zu entnehmen ist, in dem sehr dezidiert Affekte und Ideen musikalisiert erscheinen.

Mit dem von Ideen beflügelten Schlußsatz seiner Neunten Symphonie rüttelte Beethoven an scheinbar unumstößlichen Gesetzen des Schönen. Dichtung wurde gegen das drohende Chaos zu Hilfe gerufen – ein Stilbruch ermöglichte die Gestaltung von sonst musikalisch ungreifbaren Konflikten. Genau umgekehrt verfuhr Brahms in seinem »Schicksalslied« für Chor und Orchester nach Hölderlin. Er überließ die ausholende Geste heroischer Unterwerfung am Schluß des Stückes gänzlich dem Orchester, während der Chor, bis dahin Mittelpunkt und Vermittler der Dichtung, stumm verharrt. So zu verfahren, hieß die zeitgenössische Kritik auf den Plan rufen, der die Geschlossenheit der Form durch gesteigerte instrumentale Wiederholung ebenso verborgen blieb, wie sie die noch nicht sehr alte Musikästhetik der Romantik bereits vergessen hatte, nach der die Töne das Unsagbare aussprechen sollen.

Jenes Ideal des Redens ohne Text wollte den musikalischen Gehalt menschlich-seelischen Bereichen entheben, die Musik von dem der Darstellung unwürdigen Menschen fortrücken. Die vorrevolutionäre Zeit hatte gerade umgekehrt einen allzu gesetzmäßigen, kausal begründeten Zusammenhang mit der Psyche herzustellen versucht, nämlich mit Hilfe der Affektentheorie. Was bislang vokale und instrumentale Musik äußerlich klassifizierend unterschied, trennte sich nun innerlich, wesenhaft voneinander. Aber obwohl die Gesangsmusik ganz auf den Analogien menschlichen Ausdrucks beruht, bedeutete sie auch zur Zeit Ludwig Tiecks keine »bedingte« Kunst, nicht ausschließlich erhöhte Deklamation, sondern sie war eben auch Weiterführerin der reinen Musik, unabhängig, sich ihre Gesetze selbst schreibend, zweckfrei phantasierend und dazu fähig, auch das Tiefste leicht zum Ausdruck zu bringen. Schubert setzte dies vor allen anderen in die Tat um.

Irreführend wirkte Tieck, wenn er den Geltungsbereich des Gefühls sehr bestimmt auf die Vokalmusik einschränkte. Denn nicht nur Gesang deklamierte, nicht nur Gesang übte musikalische Rhetorik im weitesten Sinne. Der Ausdruck menschlicher Affekte mußte nicht menschliche Rede nachahmen; seine Schönheit war nicht im Sinne Kants nur eine »bedingte« (pulchritudo adhaerens), und deshalb fand das Instrumentale in Wahrheit seinen Platz nicht über, sondern gleichberechtigt neben der Vokalmusik.

Wie recht hatte doch Hoffmann, wenn er in den nachahmenden, tonmalenden oder programmatischen Elementen »lächerliche Verirrungen« sah! Schon daher ist es auch zu verstehen, wenn er den Opernkomponisten Gasparo Spontini (1774–1851) so emphatisch in Berlin begrüßte, einen Musiker, der dem Pariser großen Pathos huldigte, sich aber von Detailmalerei klassizistisch freihielt. Und doch konnte sich Hoffmann an anderer Stelle dazu versteigen, die »Bestimmtheit« des Zusammentretens von Wort und Musik als »Herabwürdigung« der Musik zu empfinden (zitiert nach Glöckner, 1909). Ein paar Schritte in der Musikgeschichte des Jahrhunderts weiter, und jene Fragwürdigkeit der reinen Programm-Musik bei Liszt, Smetana oder Strauss erfuhr vorurteilsvolles Lobpreis, das autonomes tonsetzerisches Wollen über die Schulter als »konventionell« abtat.

Die Vokalmusik der Romantik erhält erst dann ihr eigenes Gesicht – jenseits aller chauvinistischen Musikpolitik in Richtung auf die »Deutsche Oper«, die ihr Haupt bereits im Kampf um Webers »Freischütz« erhoben hatte –, wenn sie vor dem Hintergrund der mystisch-schöpferischen Methodik damaliger Kunstbetrachtung gesehen wird. Man beachte den Gedanken, den Franz Schubert 1827 an Friedrich Rochlitz schrieb, ihm sei die Poesie nur als erhebende Idee der Musik notwendig, um ein »reines Musikwerk ohne alle andere Zutat« zu schaffen (O. E. Deutsch, »Franz Schubert, Dokumente seines Lebens«, a. a. O.).

Der Tieckschen Abwertung der Vokalmusik schloß sich der Philosoph Hegel an (Werke x,3). Die für den Rest des Jahrhunderts effektivsten Formulierungen in diesem Geiste fand Arthur Schopenhauer (»Die Welt als Wille und Vorstellung« 1, 1818). Grundsätzlich hatte er die Welt in den Willen als »das Ding an sich«, die Ideen als Objektivationen des Willens und die Erscheinungen als Abbilder der Ideen rubriziert. Gegenüber den übrigen Künsten, die mehr an der Erscheinung haften und in ihr Ideen zu fassen suchen, ist ihm die Musik unmittelbarste Objektivation des Willens selbst. Sie hat die Welt als Vorstellung nicht nötig, denn sie spricht ihr innerstes Wesen selbst aus. Schopenhauer verwirft Kompositionen, die die Erscheinungen nachahmen, also Tonmalerei und programmatische Musik. Auch er verfällt zugleich der irrigen Meinung, die Vokalmusik sei – wie im Tanz, in der Kirchen- oder Militärmusik – musikalisch ausschließlich rational gebunden oder gar Nützlichkeitserwägungen unterworfen. Deshalb erschien dem Philosophen auch die Oper als barbarisch und unmusikalisch. Gluck sah er als einen Versklaver der Musik, und Richard Wagner mühte sich später vergeblich um die Gunst des Eigenwilligen. Rossini dagegen, vor allem aber Mozart hielt Schopenhauer für Schöpfer reiner Musik-Opern, hing aber damit auch zeitgemäßen Vorurteilen an, die Mozart als spielerisch und Rossini als Komponisten reinen Ziergesangs einstufen wollten (»Parerga und Paralipomena«, II,1851).

Spekulativ, aber systematisch nahm der Philosoph jene Trennungen vor, die denn auch in der Betrachtungsweise von Eduard Hanslick (1825–1904) eine Rolle spielten und die anzuerkennen dem praktizierenden Sänger bis heute schwer fällt. Solche Unterscheidungen bekamen durch jene Kontroverse zwischen Inhalts- und Formalästhetik neue Nahrung, die Hanslick in seinem Buch »Vom musikalisch Schönen« (1854) um die Frage kreisen ließ, ob Musik ohne Text solche Gefühle und Vorstellungen suggerieren könne, die sich in Worten formulieren lassen. Daß dies sehr wohl zutrifft, zeigte Brahms im »Schicksalslied«. Ebenso finden wir dies aber in der Moderne bestätigt, wenn Pierre Boulez rein instrumentale

Kommentare in seinem »Marteau sans Maître« neben die Gedichte
René Chars stellt.

»Malende« und absolute Musik standen sich feindlich gegenüber.
Vor allem in der zweiten Hälfte des 19. Jahrhunderts stritten die
einen für eine sich eigengesetzlich entwickelnde Musik, die anderen sahen das Schreiben von Musik als ein Dichten in Tönen an.
»Die Ideen, welche der Komponist darstellt, sind vor allem und zuerst musikalische«, postulierte Hanslick. Dagegen vertraten die
»Zukunftsmusiker« um Liszt und Wagner die Bindung der Musik an
die Dichtung. Noch Gustav Mahler meinte, keine Musik des 19.
Jahrhunderts sei ohne ein zumindest inneres Programm ausgekommen. Gemeinsam traf man sich in der Meinung, Musik müsse aus
sich selbst heraus verständlich sein.

Ein Fragment Friedrich Nietzsches (1844–1900) (in der »Geburt
der Tragödie«) setzte sich mit Schopenhauers metaphysischer
Ästhetik, die Sprache betreffend, auseinander, wo es in »Über
Musik und Wort« heißt: »Wenn also der Musiker ein lyrisches Lied
componiert, so wird er als Musiker weder durch die Bilder noch
durch die Gefühlssprache dieses Textes erregt: sondern eine aus
ganz anderen Sphären kommende Musikerregung wählt sich jenen
Liedertext als einen gleichnisartigen Ausdruck ihrer selbst. Von
einem nothwendigen Verhältniß zwischen Lied (Nietzsche meint
Gedicht) und Musik kann also nicht die Rede sein…«

Dies ist aus intimer Kenntnis der lyrischen Klavierstücke geschrieben, die Schubert, Schumann oder Mendelssohn geschaffen
hatten. Manche »Lieder ohne Worte« von Mendelssohn-Bartholdy
knüpfen paradigmatisch an Stücke wie den ersten Satz von Beethovens cis-moll-Klaviersonate an, dem die Worte »Lebe wohl« zugrunde liegen sollen, – oder an das dritte Klavier-Impromptu von
Franz Schubert. Beide Kompositionen folgen dem Umfang einer
entsprechenden Stimme, bei Beethoven der Mezzosopran-Lage
mit einem Stimmumfang von etwa zwei Oktaven. Verschwiegene
Worte werden derart vokal gedacht, daß sie sich sogar einer Stimmlage unterordnen. Zu nennen sind hier auch die vielen Etüden und
Konzerte der Zeit (Hummel, Moscheles), in denen Titel- und Lied-
assoziationen gehäuft zu finden sind.

Was dabei herauskommt, wenn »irgendeine Musikerregung« für
das Liederkomponieren genützt werden soll, zeigen Nietzsches
eigene Lieder, die letztlich dilettantische Bemühungen eines Talen-

tes blieben. Nietzsches Worte richten sich aber auch gegen den
Geist der symphonischen Dichtung, die zwar nicht einen vorliegen-
den Text konkret wiedergibt, den steten Bezug zum Inhalt aber
beibehält. Was Nietzsche (uninstrumentiert) selbst in dieser Weise
komponierte, erschöpft sich wiederum in wertfreier, auf imaginären Text singender, aber ohne erkennbaren literarischen Sinn fun-
gierender Melodielinie – in einer absoluten, freilich ganz formlosen
Masse Musik, die mit ihren programmatischen, überschriftartigen
Erläuterungen nichts zu tun hat.

Der Sog zum literarischen Programm brachte mit sich, daß Kritiker und Analytiker in den Formen reiner Instrumentalmusik bis ins
20. Jahrhundert hinein sich mühten, imaginäre Programmatik aufzudecken. Sie beschworen Assoziationen poetischer Natur und
favorisierten damit die Dämonisierung instrumentaler Musik. Dagegen mußte ein Ästhetiker der Form wie Eduard Hanslick Bedenken anmelden. Als »objektiv formend« beschrieb er den Schaffens-
prozeß (Schaefke, »E. Hanslick und die Musikästhetik«, Leipzig
1922). Gesang ist solche Objektivität schwerlich gegeben, er bezieht
sich in den allermeisten Fällen auf irdisch-realen Affekt, ohne sich
dabei völlig auf diesen zu beschränken, und wenn Hanslick »in der
Schilderung der Seelenzustände, in der Stimmungsmalerei, kurz in
ihrem psychologischen Teil«, nicht das Wesentliche in der Musik
sah, sondern die Möglichkeit des menschlichen Ausdrucks eher
abseits der Ästhetik der Musik suchte (ganz im Sinne der ersten
Romantiker), so ließ er die spezielle Ästhetik der Gesangskomposition am Wegesrand liegen. Denn im Gesang ist der Ton nicht wie in
der reinen Sprache ein »Zeichen, d. h. ein Mittel zum Zweck eines
diesem Mittel ganz fremden Auszudrückenden«, sondern Zweck
und Sache in einem. Zu solchem Ergebnis gelangte bereits im
18. Jahrhundert Chabonon in seinen »Oberservations« (übers. v.
J. A. Hiller), wenn er den Unterschied von Rede und Gesang darin
fand, »daß die Worte nur konventionelle Zeichen der Dinge sind,
Töne der Musik sind nicht Zeichen, die den Gesang nur vorstellen,
sie sind der Gesang selbst.«

Vieles aus Robert Schumanns pianistischem Vokabular stand
dem Gesang so nah, daß es unverändert in seine Lieder übernommen werden konnte. Wer in der »Dichterliebe« die Worte »Sie hat
ja selbst zerrissen mir das Herz!« auf die Tonfolge hin überprüft,
der kann einen ähnlich lautenden Notentext in der Eröffnung der

»Kreisleriana« entdecken, der auch interpretatorische Rückschlüsse zuläßt. In der »Humoreske« hat Schumann eine Folge von Tönen als »innere Stimme« beschrieben und damit zugleich den romantischen Ton als solchen definiert, also jenes »Lied, das in allen Dingen schläft«. Vielleicht kann man sagen, daß er auch ohne Worte zu poetischer Deklamation gelangte.

Petrarca, der Lyriker an der Wiege des klassischen Italienisch, wurde von dem in Italien lebenden Franz Liszt, selbst eine Renaissance-Natur, vertont. Ein Glücksfall des Zusammentreffens verschiedener Zeitalter und Stile in einem Geist ereignete sich. Es ist ein Unikum, wenn in den nachfolgenden, rein instrumentalen Sonetten mit den gleichen Gedichtüberschriften die Lieder fast identisch nachvollzogen werden konnten, ohne daß sich dabei die Wirkung eines Klavierauszuges ergeben hätte. Liszt fügte die so einseitig ausgerichtete Vorstellung E. T. A. Hoffmanns von der Musik als Sprache in sein System ein. Die Zeitgenossen hielten es der austauschbaren Verkettung von Motiv und Klang wegen für problematisch. Und doch wehrte sich gerade Liszt dagegen, über den Gefühlsgehalt einer symphonischen Dichtung etwas sagen zu sollen, »da in diesem Falle das Wort den Zauber zerstören, die Gefühle entweihen ... muß, die gerade nur diese Form annahmen, weil sie sich nicht in Worte und Bilder fassen ließen ...« (»Berlioz und seine Harold-Symphonie«, in: »Sammlung musikalischer Vorträge«, III, Leipzig 1881).

Eduard Hanslick ging so weit, absolute und wortgebundene Musik in zwei »Wirkungsbereiche zu verweisen, die von einander unabhängigen Stilen zugehören sollten«. Oper und Chorballade beanspruchen nach solcher Theorie mehr Entschiedenheit des musikalischen Gedankens, als ihnen guttut. Denn ihre formale Entfaltung ist eingeschränkt. Die Wechselwirkung von Wort und Ton beruht nach Hanslick darin, sich gegenseitig einzuschränken oder zu ergänzen, wobei der Musik Gefühl, Ahnung und Erinnerung vorbehalten bleibt, um von daher dem dichterischen Dialog erst erhöhte Eindringlichkeit zu verleihen (»Vom musikalisch Schönen«).

Dies hat schon nicht mehr viel mit jener Absage an die Ausdrucksmanie der beginnenden Spätromantik zu tun, die etwa zur gleichen Zeit Robert Schumann gab. Dieser suchte seine Spätwerke vor dem Zerbrechen des Gleichgewichts zwischen Gesetzmäßigkeit und künstlerischer Individualität zu schützen, und scheiterte damit in den letzten musikalischen Äußerungen »verstummend«.

Suchte Liszt seine programmatische Orchestermusik auch zu verinnerlichen, so überzeugte er hierin im allgemeinen weniger als Hector Berlioz, der ungehemmt tonmalerisch aufträgt und nicht vorgibt, mystisch oder esoterisch motiviert zu sein. Was Beethoven als Coda-Jubel in die Symphonie einführte, wandelte sich bei Liszt zu einem Manierismus der Apotheose und degenerierte zum fahnenschwingenden, melodramatischen und »patriotischen« Triumph-Hymnus. Beide symphonischen »Dichter«, Berlioz und Liszt, haben ihre wahre Bedeutung in dem ungeheuren funktionalen Vorwärtsdrang, den sie dem musikalischen Material verschafften, freilich damit auch zu seiner baldigen Erschöpfung beitragend.

Dem verschwiegenen Gedicht im »Lied ohne Worte« entspricht die »Symphonische Dichtung« als Drama ohne Text. Richard Strauss ist hier von niemandem an Deutlichkeit und Beredsamkeit übertroffen worden. Er redet in dieser Gattung so verständlich, wie selten in seinen Opern. Was sich in »Till Eulenspiegels lustige Streiche« an harmonischer, thematischer Erfindung abspielt, wieviel Witz aber auch zwischen und in den Noten steht, das begegnet in Straussens Musikdramen selten so intensiv.

Einer, von dem man es oberflächlich gesehen nicht erwarten sollte, hat sich gegen jede ausschließlich mathematisch-formale Interpretation gewendet, wenn er auch deren Einheitlichkeit einsah: Johannes Brahms. Wie oft gibt es doch in seinen Symphonien, etwa dem eröffnenden Thema der D-Dur-Symphonie, gesangliche Motive, die nicht-existenten Volksliedern ähneln. In seinen Klavierstücken darf man gelegentlich an archaische Balladen denken, die nie gedichtet wurden und die doch in ihrer kompositorischen Dichte dem Vorwurf anrüchiger stilistischer Mischung Hohn sprechen. Brahms stimmte mit der These des Grazer Dozenten Friedrich Hausegger (1837–1899) überein, eine mathematisch-formale Interpretation der Musik sei einseitig. Hausegger erkannte, ganz im Gegensatz zu Hanslick, die Musiktheorie habe mit ihrer Betonung des Formalen das Ohr von den Eigentümlichkeiten des Tones als eines Ausdrucksmittels der Kehle abgelenkt und sich ganz auf ihre davon unabhängigen absoluten Eigenschaften konzentriert (»Musik als Ausdruck«, Wien 1885). Hauseggers Buch legt den Akzent darauf, die Musik stimme mit den »natürlichen« organischen Ausdrucksformen bis in die »wesentlichsten Momente des Tongebildes« hinein zusammen. Und in der Tat sind musikalische Elemente wie Rhythmik, Takt, Tempo, Form, Kontrast den Gesetzen des menschlichen Organismus verwandt, soweit die Epochen sie auch immer neu von einander zu entfernen suchten.

Es entspricht einer inneren Notwendigkeit, daß, als die Romantik verfiel, auch der Gesang mit Gedanklichem befrachtet wurde. Wieder einmal bekam die Vokalmusik den absoluten Vorrang gegenüber dem Instrumentalen. Musik und Sprache haben nach Hausegger ihren gemeinsamen Ursprung in der originär einheitlichen Betätigung durch den Menschen. Er nahm an, tonliche Elemente hätten sich lange an den sprachlichen fortzubilden gesucht, ehe es zu einer selbständigen Musik gekommen sei.

Die Antwort auf das Übermaß des Gefühls in der Musik der Spätromantik ließ nicht lange auf sich warten: In unserem Jahrhundert erscholl eine Kampfansage an alle außermusikalischen Absichten der Musik. Nicht nur wandte sich der Geschmack der Komponisten von der unverhohlen beschreibenden Programm-Musik ab, sondern alle Musik, die redenden Gestus hatte, die Gefühle aussprach oder auch nur suggerierte, rückte in ein suspektes Abseits. Nur mißmutig mußte die Ästhetik etwa gewissen rezitativischen Stellen in Beethovens Klaviersonate op. 110 rhetorischen, deklamatorischen Charakter zugestehen. Hier schienen »gleichsam gespensterhaft hinter den Themen Assoziationen von Worten hervorzubrechen« (Schenker, »Harmonielehre«, Stuttgart und Berlin 1906).

Aber ganz generell galt eine affektuose Erklärung der Musik als überwunden, was sich gleichsam korrespondierend darin niederschlug, daß die reine Vokalmusik immer unsanglicher wurde. Theodor W. Adorno warnte in seinem »Fragment über Musik und Sprache« (»Quasi una fantasia«, Frankfurt 1963) vor der Sprachähnlichkeit der Musik, die den Weg ins Innere, »doch auch ins Vage« weise.

Heilsam an solcher Abkehr ist noch heute, daß ein Musizieren abgelehnt wurde, das weniger durch sein ursprünglich schöpferisches Wesen als an seinen Verfallserscheinungen zu definieren ist. Ganz ähnlich strich das auch schon der junge Carl Maria von Weber heraus, bevor diese Entwicklung sich selbst ad absurdum führte. Aber der Beginn unseres Jahrhunderts schob dann zugleich auch einen Keil zwischen die kulinarischen und die musikalischen Verehrer des Gesangs. Unterhaltungstrieb und Genußsucht, die das menschliche Kunstwerk zum persönlichen Konsum mißbrauchte, wurden von der Ästhetik gegeißelt. Auch nicht auf dem Umweg über die gefällige Stimme durfte die Absurdität entstehen, daß große Meister gewissermaßen zu unserem Privatgebrauch wirkten. Jene Brücke, die von alters her die Hermeneutik zwischen den Gesetzen des Herstellens von Musik und den Bedürfnissen des Ausdrucks ungewiß schwanken ließ, führte dazu, daß die Assoziationen wechselten, die sich mit Tönen einstellten. Wer heute ins Konzert oder in die Oper geht, hat es schwerer, zwischen den privat reagierenden Nervenenden und der zur Debatte stehenden Kunst eine Verbindung herzustellen.

Vielleicht deshalb konnte sich ein neuer Konsumbetrieb entfalten, ein schlemmerhaftes Schwelgen, das nicht geistig verarbeitete, sondern jegliche Anstrengung zu meiden suchte. Mußte die Verbindung mit dem Wort hier der Musik nicht eher die Kraft des Aufschwungs zum Entpersönlichten nehmen, ihre Impotenz und Passivität bestätigen? Es ist merkwürdig, daß just in dieser Zeit schöpferischer Verwirrung, sich abkapselnder Individuation einerseits, modischer Scheinproduktion andererseits, vom Interpreten wie vom Zuhörer eine Reife und Überlegenheit erwartet wird, an die zuvor nicht zu denken war. Die Selbständigkeit des Denkens gegenüber der Imagination wird vorausgesetzt. Töne und Farben als qualitative Phänomene sollen im Prinzip von der Existenz empfindender Subjekte unabhängig existieren, aber eben doch vorhanden sein. Das Wesen des Qualitativen richtig einzuschätzen, soll ebenso gelingen wie die Definition ihrer akustischen, physiologischen und psychologischen Entstehung und Wirkung.

Gesang und Theater

Monteverdi

Kein Schauplatz verdeutlicht den beschriebenen Dualismus der Gesangskunst einleuchtender als die Oper. Wer über die Geschichte gesanglicher Sprache nachdenkt, wird sich immer wieder auf das 17. Jahrhundert konzentrieren, denn damals bildeten sich Grundlagen moderner Wissenschaft, und Probleme, die uns noch immer beschäftigen, wurden erstmals formuliert. Hier setzt auch – bezeichnenderweise – die gesangsinterpretatorische Rivalität ein, die bis heute als belebend oder hindernd fortwirkt: Deklamation oder Kantabilität, Vorherrschaft der Dichtung oder der Komposition in der Gesangsmusik.

Einiges ist für die Sprache wie für den Gesang gültig. Descartes wertete die Fähigkeit als das einzige, sichere Anzeichen dafür, ein anderer Körper besitze einen Geist und sei kein Automat: die, geordnet zu artikulieren. Er zeigte auf, bei keinem Tier oder Automaten könne diese Fähigkeit nachgewiesen werden, auch wenn Zeichen augenscheinlicher Intelligenz unleugbar sind. Und dies, obwohl ein solcher Organismus theoretisch durchaus über die dazu notwendigen physiologischen Organe verfüge.

Die Gemeinsamkeit von Gesungenem und Gesprochenem dagegen hört bereits bei der möglichen Unabhängigkeit gesungener Töne vom Wort auf, so wie sie sich in altspanischen, anonymen Singweisen manifestiert, die auf den Text überhaupt verzichten. Auch stellt ja das bloße Hinzutreten von Musik bereits insofern eine Bedrohung dar, als hier sogleich Ansprüche auf Eigenständigkeit miteinander konkurrieren. Die Autonomie, mit der Dichtung Sprache verfremdet, liegt mit der Autonomie der Musik in Fehde, die ihrerseits Dichtung verfremden will. Solche Addition divergierender Wirkungen etabliert die Problematik des Ringens um Vorherrschaft auch bereits im ersten Stadium der Oper. Zusätzliche Aspekte entstanden daraus, daß in der Oper die Musik sich nicht allein mit Worten, sondern auch mit einer Bühnenhandlung verbindet. Die Dimensionen des zu vertonenden Textes sind im Vergleich zum Lied – dem Anschein nach – größer. Während dort die Form durch den lyrischen Ausdruck vorgegeben ist, gleicht ein Opernlibretto einer Kette von »Gedichten«, die eher durch Inhalt und Handlung als durch formale Elemente zusammenhängen.

Einen Operntext mit der Musik zutreffend auszudeuten stellt dem Komponisten im Prinzip die gleichen Aufgaben wie im Kunstlied. Er kann tonmalend das Wort kommentieren, er kann aber auch, mit den musikalisch autonomen, jeweils verfügbaren stilistischen Mitteln hinter das Gesagte, hinter die Aktion, hinter die Situation leuchten. Lediglich der Rahmen des Auszuführenden und ein anderer Erwartungshorizont des Publikums, das es anzusprechen gilt, wird ihn dazu bestimmen, sich nicht wie im Lied auszudrücken. Handelt es sich doch hier um Musik für die Szene, eine mitunter dialogfreie Szene. Denn Auf- und Einmärsche, Tänze, Ballette, Gewitter, Sturm und andere Naturgewalten spielen in der Oper von Anfang an mit. Sie gehören zur repräsentativen Schaustellung, die die Oper gelegentlich sich zu sein herabließ. Sie konnten auch dramaturgisches Glied der Handlung sein, durch das sich das tragische oder glückliche Ende abzeichnet und schließlich begibt.

Der Opernkomponist muß sich entscheiden, ob und wie intensiv er mit seinen Kunstmitteln zusätzlich Bindungen, Verklammerungen herstellt oder ob er dem Text den roten Faden überläßt und sich damit begnügt, »an ihm entlang« zu komponieren, ihn zu illustrieren oder ihn auszudeuten. So lassen sich alle Formvariationen als Reduktion auf die Frage verstehen, ob (nach Mozarts Brief vom 16. Oktober 1781) »in einer Opera die Poesie schlechterdings der Musik gehorsame Tochter sein müsse« – oder nicht.

Szenische Darstellung und Musik sind viel älter als die frühesten Opern und waren nicht auf den europäischen Raum beschränkt. Gleichzeitig mit dem frühen europäischen Mittelalter gab es in China musikalisch-szenische Aufführungen, kannte Afrika Spiele mit dramatischen, tänzerischen und musikalischen Episoden. Von den liturgischen Dramen sprachen wir schon. Sie führten an hohen

kirchlichen Festtagen biblische Zentralszenen dramatisch dem
Volk vor und bedienten sich dazu zeitüblicher musikalischer Dekla-
mation wie im gregorianischen Gesang. (Man denke an das »Prager
Osterspiel«.)

Den »dramme per musica« (»Oper« hießen die Darstellungen
endgültig erst im 18. und 19. Jahrhundert) gingen »Intermedien« an
den italienischen Fürstenhöfen voraus, aufwendige Kunstwerke in
verschiedenen Erscheinungsformen, die sich im 16. Jahrhundert bildeten. Mit ihnen tauchten die szenischen Dialoge im mehrstimmigen Satz auf, die man »Madrigalkomödie« nannte.

Jene Vorkämpfer für neue Musik um 1600, die Mitglieder der
florentinischen »Camerata« Bardi, Jacopo Corsi (gest. 1604), Vincenzo Galilei, Marco da Gagliano (um 1575–1642), Peri und Caccini,
strebten es an, die antike Tragödie wieder zu erwecken. Ihre Experimente fielen mit Ausgrabungen griechischer und römischer
Denkmäler zusammen, mit dem Wiederauffinden antiker Literatur.
Die Idee der Oper freilich, die ersten Musikdramen und nicht weniger erste dramatische Kantaten entsprachen bereits dem Geist des
barocken Ausdrucksbedürfnisses. Chromatik, Dissonanzenreich-
tum, schrankenlose Gefühlsoffenbarung haben mit der eher rationalistischen Gelassenheit der Renaissance nicht mehr viel gemein.
Die »prima prattica« der polyphonen mehrstimmigen Strenge, sie
wurde von dem jungen Claudio Monteverdi noch gehandhabt, während die Fülle des beteiligten Affekts seinem Spätstil der »seconda
prattica« angehört. Stile mischten sich, auch innerhalb eines Werkes. Aber nun wurde – vielleicht von der aufkommenden Instrumentalmusik her – für die Stimme charakteristisch und idiomatisch
komponiert, was eine neue Art der Virtuosität begünstigte.

Wenn Vincenzo Galilei – wir erinnern uns an den Vater Galileos –
vom Komponisten erwartet, daß er die Deklamation von Schauspielern oder Rhetoren nachahme, so schlug er Sprache als Modell
für die Melodie vor, eine stilisierte Redeweise, die von dafür typischen rezitativischen Formungen ausging. Was als Forderung für
den Gesang einmal zur Regel werden sollte, daß nämlich Musik
Tonfall und Sinn der Worte auszudrücken habe, machte immer
dann wieder Epoche, wenn neue tonsetzerische Voraussetzungen
geschaffen werden sollten.

Der seit dem Altertum verlorengegangene Gesangsstil für nur
einen Solisten verlebendigte sich in den Werken der Peri und Cac-

cini, die eine Zeitlang die »camerata fiorentina« anführten. Sie setzten die Diskussionen und Spekulationen in Musizieren um. Dazu verhalf ihnen der dramatische Dichter Ottavio Rinuccini (1562–1621), dem nach Hochzeitsaufträgen und Maskerade-Begleitstükken nun das Generalthema der Opernmythik einfiel, nämlich die »Favola di Dafne«. Ihr widmeten sich gleich zu Beginn die drei Meister Peri, Corsi und Caccini. Auch der andere prototypische Opernstoff »Euridice« stammt von Rinuccini. Ein frei sich entfaltender Sprechgesang (nicht zu verwechseln mit dem späteren neapolitanischen parlando-Rezitativ) folgte, nur sparsam vom Generalbaß gestützt, dem Text. Dieser sah gelegentlich bereits Strophisches vor. Längere melodische Bindungen lassen sich kaum noch entdecken. Bezeichnend, daß Caccini, selbst ein hervorragender Sänger, sich reicher auszudrücken verstand; aber eine gewisse Gleichförmigkeit haftete all diesen Opern dennoch an. Auch Caccinis Tochter Francesca komponierte und sang. Komisch präsentierte sich erstmals ein Werk von Stefano Landi (um 1590–1639), in dessen »Alessio« sich ein Dienerpaar mit Späßen, aus der Commedia dell'arte entliehen, unter die Kavaliere drängte.

Jene Menschen der Renaissance, die im Haus des Grafen Bardi di Vernico das antike Drama wiederbeleben wollten, waren des Glaubens, die griechische Tragödie habe ein gehobener Sprechgesang mit dramatischer Funktion beherrscht. Somit ließen sie den Solisten im »dramma per musica« musikalisch deklamieren, was just die entscheidende Neuerung gegenüber der Antike ausmachte, wo noch fast ausschließlich der Chor sang.

Vincenzo Giustiniani hat im Jahr 1628 Aufführungen beschrieben, in denen Damen und Herren des Adels zu Mantua und Ferrara entzückten, mit Mitteln, die auch spätere Sänger wieder als verbindlich ansahen. Mimik, Blicke und Gesten hatten Musik und Gedanken angemessen zu begleiten, aber immer ohne Verrenkung des Körpers, des Mundes oder der Hände. Deutlichste Aussprache einer jeden Silbe wurde verlangt.

Von dieser Renaissance-Darstellung im »stile rappresentativo«, der Gebärde in Musik umwandelte, verläuft eine Linie zu Richard Wagners Feststellungen in seinem Aufsatz »Musik und Drama« (zit. nach »Schriften«, Leipzig 1870): »Die Musik spricht das innerste Wesen der menschlichen Gebärde mit so unmittelbarer Verständlichkeit aus, daß sie, sobald wir ganz von der Musik erfüllt sind, sogar unser Gesicht für die intensive Wahrnehmung der Gebärde depotenziert, so daß wir sie endlich verstehen, ohne sie selbst zu sehen.«

Der Beginn solistischen Kunstgesangs revolutionierte auch im Drama die Musik gegenüber solchen Tönen, die sich einst selbst genügten und nicht interpretiert werden mußten. Gleich nach dem Aufkommen des Generalbasses riet Bardi, Gesang von Liebesliedern solle sich so anhören, wie ein Liebender zu seiner Geliebten spricht. Der Sänger möge also in die Rolle des Liebhabers schlüpfen und nicht etwa passiv daneben stehen. Trecento und Ars Nova setzten noch keine solche Identifikation zwischen Komposition und Wiedergebendem voraus. Indem er Gefühlswerte entdeckte, die eine Zeitlang gleichrangig neben kosmologisch-theologischer Orientierung bestanden, entwickelte sich der Solo-Gesang.

Zunächst ging es um die Vereinigung von Sprache und Musik in einem neuen, die Individualität befreienden Sinn. Der Streit darüber war nicht etwa neu: Schon in der »Ars Nova« hatte es sich darum gehandelt, ob Musik rhythmisch zuwiderlaufend die Sprache stören dürfe oder nicht. 1316 verbot eine päpstliche Bulle die mehrstimmige Musik ihrer Laszivität und Unsittlichkeit wegen als eine die Glaubenswahrheiten störende Lebensmacht. In den Traktaten der Galilei und Bardi wird beklagt, daß die mehrstimmige Musik die Sprache überwuchere, ob nun die französische oder die lateinische. Die Sprache solle den Tönen Gehorsam abfordern. Konzentration auf die Solostimme an Stelle der bisher herrschenden Polyphonie sollte zusammengehen mit gesteigerter Dramatik der Melodiestimmen. Diese folgten dem affektiven Gehalt der Worte durch ausdrucksvolle, flexibel reagierende, oft sklavisch dem Wort gehorchende Melodieführung.

Der neue Gesangsstil mußte einen Namen haben, um ihn von dem der Kontrapunktisten wohl zu unterscheiden: »Stile recitativo«. Dies bezeichnete den Vortrag des Einzelsängers ganz allgemein, ob in Theater, Kirche, Betsaal oder Privathaus, zur Begleitung eines Instrumentes, der gewöhnlichen Sprache angenähert. Zier- und Akzentuierungsimprovisationen waren zugelassen, dazwischen wohl auch längeres Passagenwerk, »um Leute von geringerem Verständnis zu ergötzen oder weil die Sänger ihr Wissen und Können zeigen wollen« (Doni, zit. nach Solerti, »Origini del melodramma«, Milano 1903). Wiederholungen fanden sparsamere Verwendung als in Motetten und Madrigalen.

»Stile rappresentativo« dagegen umfaßte jede Melodie-Art, die der Szene angepaßt war und dramatischer Aktion mit Musik diente. Hier blieben Koloraturen und Textwiederholungen ganz ausgeschlossen und unvereinbar mit dramatischer Wahrheit. Und doch scheute sich Giulio Caccini kurze Zeit später in seinem »Rapimento di Cefalo« (1597, nur fragmentarisch erhalten) nicht, für die Herren Hofsänger reichlich Schnörkel und Koloraturen anzubringen.

Schließlich ergab sich als Abzweigung des letztgenannten der »stile narrativo« für erzählende Einlagen, die mit kleinen, syllabisch und oft auf dem gleichen Ton wiederholten Noten das Sprechen nachahmten (Monteverdi: Die Lügen des heimkehrenden »Ulisse«, Francesco Cavallis »Eghisto« [1656] und seine Abenteuerberichte). Erst Gluck in der Traumerzählung der tauridischen Iphigenie und Mozart mit seiner Donna Anna führten auf die Höhe, wozu die Florentiner ansetzten.

Als Richard Wagner die Nummern-Opern und damit auch die Arie liquidierte, sah die Musikwelt darin etwa absolut Neues. Und doch bedeutete seine »unendliche Melodie« eher eine Rückkehr zu den Anfängen. Denn um 1600 geschah das wirklich Neue: Durch Jahrhunderte gesicherte Musikformen verloren an Interesse zugunsten eines Stiles, der in bis dahin nicht gehörter Weise der Sprache die größere Bedeutung in der Musik zumaß. Ohne Claudio Monteverdi und sein dramatisches Genie freilich wäre das »tedio del recitativo«, die Langeweile des Rezitativs, um derentwillen die ersten Opernversuche um 1594 auch schon bald getadelt wurden, womöglich im Sande verlaufen. Aber etwa mit dem Höhepunkt seiner »Arianna« (1608), dem uns einzig erhaltenen »Lasciate mi morire« daraus, gelang eine Verdichtung des Gefühlsausdrucks, die über die Reflexion der Florentiner hinweg zur Arie als dem Gipfel des Kunstwerks Oper strebte. Den Text dichtete Rinuccini. Das Lamento zog unzählige Imitationen nach sich. Die Heldin stimmt den Klagegesang an, als Fischer sie dem verzweiflungsvoll in den Wellen gesuchten Tod wieder entreißen, worauf sie nichts als das stetig wiederholte »Lasciate mi morire« zu erwidern weiß. Hatte die Musik der Kontrapunktisten aus den Niederlanden noch eine gleichsam objektive Vorstellung von Sprache umgriffen, so ist hier

der Affektausbruch geboren und die Leidensmitteilung als Motto
für ein Zeitalter.

Nicht zufällig entwickelt sich die Deklamatorik zur Blütezeit des
Belcanto, ein Wort übrigens, das seither jegliche Allerweltsmethode
etikettieren durfte. Es meint zu deutsch Schöngesang und wurde in
der Zeit der Vorherrschaft von Kastraten im Kunstgesang des ausgehenden 17. Jahrhunderts durch das Gegengewicht neuer opern-
dramatischer Errungenschaften zum Fachausdruck. Belcanto sollte
Vorherrschaft des Klanges in der gesanglichen Linie vor deklamatorischer Intensität bezeichnen, nicht mehr und nicht weniger als das
Cantabile (mit besonderem Schwergewicht auf dem Schwellton,
der »Messa di Voce«). Fortan standen sich instrumentales Singen
einschließlich der rein stimmvirtuosen Fioriituren und klanglich gesteigerte Deklamation als streitbare Brüder gegenüber, und letztlich spiegeln diese beiden Haltungen konstitutionelle Voraussetzungen zweier Sängercharaktere. Hier schöner Klang und Ausgeglichenheit der Stimmführung, dort zu Musik gesteigerte Sprache,
in der das legato dennoch keineswegs ausgeschlossen wird. Die Verschmelzung beider sollte künstlerisch wie stimmphysiologisch das
Ziel einer jeden Gesangs-Ausbildung sein.

Das Belcanto birgt für den zum Deklamatorischen neigenden
Sänger naturgemäß erzieherischen Wert. Es gilt den Dualismus in
die Totalität gesanglichen Vorgangs einzubeziehen und Nietzsches
»glückliche Umschleierung des Intellekts« im Augenblick des
Schaffens damit nachzuvollziehen.

Für die gesamte Epoche des Generalbasses ist anzunehmen, daß
die beiden konträren Stilforderungen bereits von den Sängern beherrscht wurden. Denn das Rezitativ im declamando entwickelte
sich rasch zur Mitteilungsform in Oratorium und Oper, es stellte
einen naturgegebenen Gegensatz zum Ariosen dar. Zwar ist sein
Ursprung im gregorianischen Kirchengesang zu suchen, aber erst
mit dem deklamatorischen Typ der florentinischen Oper um 1600
gewann es wirklich Bedeutung, zunächst ganz im Charakter feierlicher Überzeichnung. Im Deutschland des gleichen Jahrhunderts
fand Heinrich Schütz zu seiner individuellen Ausformung bedeu-
tungsgebundener Deklamation in den »Geistlichen Konzerten«, die
das Psalmodierende, also das eintönig zu singende Element, durch
Leidenschaft und deklamatorische Scharfzeichnung ersetzte. Die
Rezitative seiner ersten deutschen Oper »Dafne« gingen in den

Bränden des Dreißigjährigen Krieges verloren. Rinuccinis Text, übersetzt von Martin Opitz, blieb erhalten.

Die frühen italienischen Opernversuche waren an dramatischen Texten entlang komponiert, ohne eigene Formbildung dagegenzusetzen. Emilio de Cavalieri (um 1550–1602) kündigte seine »Rappresentazione di Anima e di Corpo« als ein Stück »per recitar cantando« an (singend zu rezitieren). Der absolute Vorrang des Textes, dem die Musik klingend den jeweils ausgedrückten Affekt nur zubringt, drückt sich dann in der Anweisung des Vorwortes aus: »Wenn der Text nicht verständlich ist, so wird die viele Musik langweilig.«

Nicht von ungefähr erblickte die Gattung Oper – geeignetstes Medium für eine neue Art zu singen – in Italien das Licht der Welt. Leben hier doch Menschen mit naiver Freude an der Musik, mit klangvoller Sprache, »sprechender« Gebärde, deren große Liebe die Oper bis heute geblieben ist. So galten im 17. und 18. Jahrhundert die italienischen Theater als angesehenste Orte der Musikausübung. 1760 existierten in Venedig gleich sieben Opernbühnen von denen drei der Opera seria und vier der Opera buffa dienten.

Musikdramatische Aufführungen, zunächst auf einen kleinen Kreis privilegierter Sänger beschränkt, zogen bald das große Publikum an, ja, sie wurden zum eigentlichen Mittelpunkt gesellschaftlichen Lebens. Die Existenz vieler Opernbühnen erhöhte den Bedarf an neuen Werken und regte die Opernkomponisten jener Zeit produktiv an. Wir kennen kaum mehr ihre Namen. Sie schufen im Auftrag einer Bühne, bei repräsentativer Gelegenheit, zum Verschönern irgendeines Festes, vor allem aber für solche Sänger und Musiker, die gerade zur Verfügung standen. Als man sich an den phantastischen Bildern und Massenszenen um die Wende zum 18. Jahrhundert sattgesehen hatte und die Ausstatter ihre beherrschende Rolle verloren, bildeten die Sänger die Hauptattraktion.

Ob ein Komponist kunstfertig sei, wurde nicht zuletzt daran gemessen, wie er die Singenden zu fordern und einzusetzen verstand. Was in der Handlung vorging und wie sie sich entwickelte, war von sekundärer Bedeutung. Beliebige Requisiten aus antiker Mythologie oder Geschichte, auch biblische Stoffe mußten herhalten, damit genügend Personen agieren konnten und möglichst divergierende Typen sie abwechslungsreich gestalteten – mit Bezug zum Anlaß

der Aufführung. In der weisen Großmut antiker Helden wollte sich
der fürstliche Auftraggeber wiedererkennen. Das Publikum nahm
solche Bezüge genußvoll wahr, es hatte kennerisch auch Auge und
Ohr für die Vorzüge des Komponisten, für die Sänger, die Instrumentalisten und die Ausstattung. Ein Theaterleben von solcher
Lebendigkeit stellte – heute ungekannte – Relationen zwischen
Künstlern und Publikum her, forderte Dichter und Komponisten
heraus.

Deren wichtigster war Claudio Monteverdi; er erfüllte die dogmatischen Ideen von Caccini, Peri und Gagliano mit Lebenskraft.
Dabei lag sein Hauptinteresse, bevor um 1637 Venedigs erstes
Opernhaus für die Allgemeinheit eröffnet war, bei der Kirchenmusik, die Monteverdi als Kapellmeister von San Marco ab 1613 zu
gestalten hatte. Mit der Aufführung der Oper »L'Andromeda« im
Teatro San Cassiano begann die Existenz der Oper als einer kom-
merziellen Institution.

Monteverdis drei uns erhaltene Opern unterscheiden sich sehr,
denn zwischen »Orfeo« und den beiden Spätwerken »Il ritorno
d'Ulisse« und »L'incoronazione di Poppea« liegen nicht nur 35
Jahre, sondern auch die musikgeschichtliche Wende von der
Renaissance zum Barock. »Orfeo«, dessen Libretto vom Sohn des
berühmten Madrigalisten Alessandro Striggio (um 1607 in Mantua)
stammt, verbindet die altbewährten Hirtenmadrigale mit dem gerade erfundenen neuen Rezitativstil, mischt also hergebrachte und
neue Elemente. In den beiden Spätopern strebte Monteverdi opti-
male Wortwirkung an, die der Musik nicht ablenkend im Wege
stehen, sondern als Deutung, Untermalung und Verstärkung mit-
reißen sollten. Arien und überhaupt längere abgeschlossene Stücke
durfte es nicht geben, da sie den dramatischen Zweck störten. So ist
denn auch der musikalisch reiche »Orfeo« noch »favola in musica«
benannt, während die beiden Spätwerke sich »dramma in musica«
nennen.

In Monteverdis Musik, der des einzigen bis heute nicht vergessenen Opernschöpfers dieser Zeit, dienen Gesang und Wort einander.
Er führte sie zu einem der wenigen Höhepunkte des Kunstgesangs.
Ein Vergleich von Peris »Euridice« (1608) mit dem »Orfeo« (1607)
von Monteverdi ist hier aufschlußreich. In der Botinnen-Szene,
während der dem Orfeo die Nachricht von Euridices Tod über-
bracht wird, psalmodiert Peri, indem er simple Akkorde die Sprache

stützen läßt. Eine geringe Steigerungsamplitude und sehr knappes
Einbeziehen chromatischer Elemente genügen ihm zur Präsenta-
tion dieser aufregenden Stelle. Die Szene objektiviert bei Monteverdi aber bereits alle in ihr enthaltenen Affekte zu musikalischen
Floskeln, wenn er die Figuren genau jenen Ausdruck singen läßt,
den er ihnen zubilligt. Eine so kompliziert gewordene Komposition
bildet musikalische Sprachformen. Die Musik bereitet dem Wort
den Weg, indem sie selbst auch ohne den Text fast schon »verstanden« werden kann. Peri dagegen bietet bloßes Dekor, eine Folie, auf
der der Sänger selbstschöpferisch agieren muß, eine Form des Gesanges, die später immer wieder auftauchte.

Von der reinen Textdeklamation auf Tönen, begleitet von einfachen Stützakkorden, schritt Monteverdi weiter, sich den Dogmen
widersetzend, indem er zunächst den rezitierenden Gesang mit
Madrigal und Tanz verquickte. Er fand dann aber in den Spätwerken noch zu einer völlig neuen Musiksprache, die den Text zugleich
interpretiert und dramatisiert. Schon immer war die »Nachahmung
der Natur« (Harnoncourt, a.a.O.) ein Hauptziel Monteverdis, aber
erst in der »Poppea« beschwören die Klänge ganz die Vielfalt der
Charaktere. So erfolgte denn auch die Auswahl der Libretti nicht
nur nach dichterischer Sprachschönheit, sondern vorzugsweise
nach Affekten und Kontrastwirkungen, die der Gestaltung ent-
gegenkamen. In der Vorrede zum »Combattimento« (1624) heißt
es: Er habe den Text Tassos gewählt, da er mit »Natürlichkeit die
gewünschte Gemütsbewegung ausdrücke«. Monteverdi fand darin
»die Gegensätze, die mir zur Übertragung in Musik geeignet erschienen, nämlich Kriegsstimmung, Gebet, Tod«. Für ihn Un-
brauchbares (bevor er wußte, daß die »favola marittima« nur Intermedien enthielt) lehnte er mit exakter Begründung ab, so 1616 an
Agnelli: »Ich kann die Sprache der Winde nicht imitieren, weil sie
nicht sprechen; wie soll ich da Mitgefühl erregen? Arianna bewegte
die Hörer, weil sie eine Frau war; ebenso ergriff Orfeo die Hörer,
weil er ein Mensch war, nicht ein Wind.« (Monteverdi, »Lettre,
dedichi e prefazioni«, Rom 1973).

Monteverdis »seconda prattica« des Ausdrucks als Stilmittel kam
vom Madrigal und führte zur Monodie, zum Drama und zur Solo-
Kantate. Weniger historisch entwickelt als künstlerisch revolutio-
niert, standen experimentelle Vorstöße in Richtung auf Formen der
Symphonie, der Ouvertüre, der Arie, des Rezitativs, der Kantate

und der Passion im Mittelpunkt dieser Umwälzung. Sie trug dazu bei, die Musik wie die Sänger zu popularisieren. Paradoxerweise ließ die Oper, Kunstwerk der Aufklärung und des Rationalismus, ihre Figuren singend und tanzend agieren, sie pflegte also im Grunde die höchste Unnatur. Aber gerade daß sie so überhöhte, hat der immer wieder totgesagten Gattung eine Auferstehung nach der anderen beschert und die größten Geister in ihren Bann geschlagen.

Venedig als einzige Stadt mit republikanischer Verfassung, in der mittlere und untere Klassen in allen Belangen öffentlichen Lebens mitzureden hatten, erhob das musikalische Drama zu einer Form, die bloße aristokratische Vergnügungen vergessen ließ. Im Laufe des 17. Jahrhunderts verstärkte sich dann eine Tendenz, den Handlungsablauf musikalisch zu untergliedern. Im neuen Opern-Zentrum Venedig wurden geschlossene Formen wie Strophenlieder selbstverständlich, und aus monodischen Soli und Duetten kristallisierten sich immer häufiger abgerundete Da-capo-Arien heraus. Zumeist achttaktige Baß-Melodien wiederholten sich strophisch. Die notierten Singstimmen zierten die Sänger von Strophe zu Strophe reicher aus.

Finden sich schon in Caccinis »Euridice« Ansätze zu kleinen Formen der Wiederholung, so bot Monteverdi mit der Ariette »Ecco pur ch'a voi ritorno« aus seinem »Orfeo« die erste, wenn auch noch miniaturhafte Arie. Mit der Oper wuchs solche zunächst strophisch gefaßte Form zum Wesensmerkmal. Die Theoretiker tolerierten die Bezeichnung Arie, wohl weil sie in keiner der alten Sprachen ein genauer kennzeichnenderes Wort fanden. Denn »Aria« umfaßt in seiner Bedeutung neben dem lateinischen »modus« und dem griechischen »melos« auch noch »numerus«, den Rhythmus. Zunächst herrschte der deklamatorische Vortrag, auch in den liedhaften Stücken, deren Kantabilität (vom Volkslied und den Trouvères längst gefunden) gegen die Zwänge des »stile recitativo« nicht aufkommen konnte und sich doch immer wieder zu behaupten suchte. Das deklamierte Wort hielt den Entwicklungsprozeß der Melodie auf und übertönte mit rezitativischer Halbsprache deren Strom als ein Zwitterwesen und Prototyp des bleibenden Dualismus Sprache–Gesang, den einzelne Meister immer wieder dialektisch darzustellen suchten.

Zwischen Monteverdis »Orfeo« und seiner »Poppea« liegt die bedeutsame Entwicklung von langen, mitunter feierlich ermüden-

den Rezitativen zu ariosen Gebilden, auch zu eindrucksvollen
Duett-Szenen. Faszinierend wirkt es, wie neuartig sich sprachge-
bundene und instrumentale Denkweise zu einer Gesangsmusik mit
instrumentaler Begleitung kristallisiert. Ein solches Bündnis konnten nur gereifte Partner eingehen, die sich im Laufe des 16. Jahrhunderts zugewachsen waren. Die a cappella-Musik hatte eine neue
Phase ermöglicht, in der eine sprachlich orientierte Musik wirken
konnte. Die Leidenschaften waren hier nicht mehr vom sozialen
Status bedingt, denn Diener wie Herren rezitieren oder singen.
Seneca in der »Incoronazione di Poppea« bricht nur dann aus dem
Rezitieren aus, wenn er von der Schönheit oder von der Freude
singt. Poppea und Nerone andererseits gehen aus dem Deklamieren
immer wieder in tänzerische Rhythmen und Koloraturen über.
Schwankende Charaktere werden durch wechselnden Deklama-
tionsrhythmus wiedergegeben. Der Instrumentalpart übernahm
jetzt, die Stimmführung entlastend, tektonische Aufgaben.

Schon zu Lebzeiten hat Monteverdi so peinvollen Haß der Reaktion erfahren, wie ihn nur das Genie kennenlernt. Aber er läßt
auch heute noch mit keinem Werk gleichgültig. Veranschaulicht er
doch eine aufgewühlte Kunstperiode, in der alles Hergebrachte
wankte.

Den Dogmen aus dem Kreis um Caccini nämlich, den Kontrapunkt als Schreckbild und jede »interessante« Musik zu meiden,
weil sie nicht genug auf den Text hören ließen, unterwarf sich Monteverdi nicht sklavisch. Er suchte nach neuen Ausdrucksmöglichkeiten. Nach »Orfeo« und »Arianna« gibt es kein noch so kurzes
Einzelduett oder -terzett, das nicht wie eine Miniatur-Oper wirkte.
Der Freund Tassos suchte mit Bedacht für jeden Affekt und jedes
Wort den adäquaten musikalischen Ausdruck. So fand er für das
halb dramatische, durch den erzählenden »Testo« oratorienhafte
»Combattimento di Tancredi e Clorinda« von 1624 etwas, das in der
Madrigalkunst noch nicht existierte, für die dramatische Szene aber
unentbehrlich war: die Tonrepetition. Höchste Erregung durch
schnelle oder allmählich beschleunigte Wiederholungen einer Note
darzustellen, nannte der Komponist »concitato genere«. Der Begriff stiftete Verwirrung, ließ die Erfindung des tremolo dahinter
vermuten oder die Einführung erregten Gesanges allgemein. Es
handelte sich aber um eine rhythmisch genau festgelegte Sechzehntelbewegung, die Monteverdi von den Begleitinstrumenten in

die Singstimmen überführte, um diese damit oft zu zungenbrecherischem Tempo anzuhalten.

Einer so plastischen, »regielichen« Musikführung konnte es nur entsprechen, daß immer wiederkehrende Stichworte in den Libretti nicht mehr lediglich auf die von Caccini initiierte, formelhafte Figur beschränkt blieben. Vielmehr deklamierte Monteverdi den Sängern mit abweichenden Betonungen vor, hielt sie dazu an, die gleichen Wörter verschieden auszusprechen, ihnen in neuem Kontext andere Bedeutung zuzuerkennen.

Die Florentiner Choroper Monteverdischen Gepräges hatte zwar kein langes Leben. Aber als sie neu war, fand sie bald in vielen Städten Italiens Aufnahme; ihre erste Pflegestätte waren die Kardinalspaläste von Rom mit Werken, in denen freilich, unter dem übermächtigen Einfluß der römischen Kantate, der dramatische Ausdruck immer mehr zugunsten einer reinen Melodik zurücktrat. Eine Sonderstellung nahmen die von dem päpstlichen Poeten Kardinal Giulio Rospigliosi (später Papst Clemens IX.) verfaßten Opern ein, da in ihnen erstmalig dem sentimentalen Pathos der Hauptgestalten ein Gegengewicht in niedrig-komischen Späßen (des Pagen oder der Amme) gegeben wurde. Das ganze 17. Jahrhundert freute sich innig an dieser Mischung, bis antikisierender Purismus die Opera seria wieder ganz in die Arme der Pathetik zurückgab. Die Vorstellung Monteverdis von einer leidenschaftlichen Musiksprache realisierte sich vorläufig nicht.

Fast selbstverständlich holte sich Deutschland zunächst Sänger aus Italien. Denn schon im 7. Jahrhundert lernte man hierzulande von Italienern das Singen, noch nicht die spezielle Kunst, sondern lateinischen Gebrauchsgesang für die Kirche. Ihre verlängerten Aufenthalte in nördlichen Landen begründeten liturgische Gesangslehrer aus Rom damit, daß die männliche Kehle im Norden von Natur aus gar roh und zum Erlernen reiner Intonation oder melismatischer Passagen, der Bindung mehrerer Noten auf einer Silbe, wenig gebildet sei, woran sie neben dem rauhen Klima dem herben Wein die Schuld gaben.

Aber ehe die Kastratenoper der »Welschen« für ein halbes Jahrhundert ihr Regiment antrat, gaben einige Städte in Deutschland Oper auf deutsch, nicht für den Luxus der Höfe, sondern für die Bürger. Es handelte sich um aus dem Italienischen und Französischen übersetzte Opern, bei Georg Kaspar Schürmann (1672–1751) und

Johann Sigismund Kusser (1660–1727), vor allem aber Johann Philipp Krieger (1649–1725) auch um deutsche. Sie wurden allesamt vom Strom der neapolitanischen Opera seria fortgerissen. Einzig Hamburg pflegte sie noch ein halbes Jahrhundert lang weiter; das Theater am Gänsemarkt eröffnete 1678 mit einer »geistlichen« Oper von Johann Theile (1646–1724), »Adam und Eva«. Dilettanten standen auf der Bühne, die es nicht lange bei den erhabenen Stoffen bewenden ließen, sondern den Klerus schon bald mit Hanswurst und anderen derben Figuren schreckten. Mythologie und Bibel duldeten neben sich das Schauerdrama und die Volksposse. Rezitativ und Arie waren von Neapel übernommen, aber das Fehlen sängerischen Könnens ließ schließlich einen spezifisch hamburgischen Liedstil bei Reinhard Keiser entstehen, dessen Sanglichkeit durchaus anregend auf Händel wirkte, als dieser in Keisers Opernorchester noch Violinist war. Aber da es keine tüchtigen deutschen Textautoren gab, fand die gebildete Schicht bald keinen Gefallen mehr an deutscher Oper. Sie war der voll erblühten italienischen einfach nicht gewachsen. Selbst ein so tüchtiger Direktor wie Johann Sigismund Kusser konnte den haltlosen Bau nur kurze Zeit solide erscheinen lassen. Und das Genie melodischer und koloristischer Erfindung, Reinhard Keiser, wirkte kaum nach. Die Zeit eines weniger erfolglosen Auftriebs deutscher Oper sollte erst noch kommen.

Bis ins 18. Jahrhundert hinein beanspruchte ein Hof, eine kulturwillige Provinzstadt in Österreich, in Mittel- und Norddeutschland oder in Dänemark selbstverständlich eine ständig oder doch für Monate fest engagierte Operntruppe. Wo sie fehlte, sprangen Wandertruppen ein, unter denen die von Pietro Mingotti (zwischen 1735 und 1759) die bekannteste war. Sie benötigten für komische Opern neben dem Direktor und dem Kapellmeister nur vier bis fünf Sänger und einige Dienerfiguren. Wo sich in kleineren Werken der Zeit das Wort »coro« findet, bezeichnet es lediglich das Zusammensingen von Solisten. Aber als die Oper zum anspruchsvollen Kunstgebilde heranwuchs, stiegen die Kosten für viele Mitwirkende gewaltig, woraufhin Kassel 1785 seine italienische Oper auflöste; 1821 folgte Frankfurt, 1826 München, 1828 Wien, 1832 Dresden, erst 1866 Berlin.

Oper repräsentierte höfische Musik. Sie konnte nur in Residenzen gedeihen. Eine bürgerliche Barockoper wie die hamburgische wirkt heute als ein Intermezzo. In der höfischen, italienisch gesungenen Veranstaltung stellte sich eine Hauptlinie der spätbarocken Musik dar, nämlich die einer vorherrschenden Melodie, die sich selbst genügt.

Das Regiment der Kastraten

Tonangebend für den Kunstgesang in Oratorium und Oper wurden die Kastraten. Daß es sie gab, war einem päpstlichen Gebot zu verdanken, das das »Mulier tacet in ecclesia!« vorschrieb. Frauenstimmen fanden im musikalischen Gottesdienst keine Verwendung. Als Ersatz dienten Knaben, bei denen durch Entfernen der Geschlechtsdrüsen verhindert wurde, daß die Stimme mutierte. Zunächst gab es sie in der Sixtinischen Kapelle, später in allen großen Kirchen. »Countertenors« heutiger Prägung traten bereits im frühmittelalterlichen Spanien auf, wo sich die Menschen gegen das Kastrieren der Knaben zu wehren begannen. Männer mit sehr hoher Tenorstimme wurden zu »Falsettisten« ausgebildet; dadurch ähnelte ihre Kopfstimme einer Sopranstimme. Bei gewahrter Illusion wurde so doch dem Gebot der Kirche Rechnung getragen.

Daraufhin empfahlen einige reformerische Päpste, man solle auch in der Sixtinischen Kapelle und in anderen Chören des Landes spanische Falsettisten einsetzen. Bald hörte man sie auch in Wien, München oder Stuttgart. Aber es dauerte nicht lange, bis die Hörer in Italien solcher »voci bianchi« überdrüssig wurden und sich wieder auf das Kastratentum mit seinem wesentlich volleren Stimmklang besannen. Die Musiker Italiens, vornehmlich die Schöpfer der Oper, dachten nicht daran, auf die großartige Wirkung vieler Kastratenstimmen (auch im forte) zu verzichten, die von den heute an ihrer Stelle zu hörenden Falsettisten nicht vollwertig ersetzt werden. Es ist nicht richtig, bei dem Begriff »Kastrat« an orientalische Mysterien, an Eunuchen oder schwammige Fettwänste mit drollig säuselnder Fistelstimme zu denken. Es wäre nur auf den schönen Farinelli (eigentlich Carlo Broschi, 1705–1782), den berühmtesten Kastraten des Spätbarock, zu verweisen, oder auf Girolamo Crescentini (1766–1846). Zwei Jahrhunderte beherrschten Kastraten alle Opernbühnen, erregten heftigste Leidenschaften und wurden vom Publikum umbuhlt.

Nach alten Berichten war es das Gefühl der Verletztheit, das dem Gesang des Kastraten seine bezaubernd melancholische Färbung gab, eine Schwermut, die zu Tränen rührte. Goethe, der in Italien die betörende Wirkung von Kastraten in Frauenrollen bewunderte, hat davon geschwärmt. Der Begriff Belcanto ist zunächst ganz mit dieser Stimmfarbe verbunden. Caligari und Pacchiorotti von San Marco in Venedig traten in dem Theater in Frauenkleidern auf, erhielten für jeden Abend 100 Zechinen – wohl der verlockendste Grund für zahlreiche Nachfolger. Italiens Armut, besonders in den südlichen Provinzen, veranlaßte viele Eltern, stimmbegabte Knaben gewissenlos dem Messer des Chirurgen auszuliefern, winkte doch eine ruhmvolle Laufbahn! Vor allem war es die Provinz Neapel, die, wie es Jean-Jacques Rousseau nannte, der »musikalischen Sinnlichkeit« die meisten Opfer zuführte. Auch in Wien scheinen diese Operationen grassiert zu haben. Joseph Haydn, der als Sängerknabe bei St. Stephan eine der schönsten Sopranstimmen besaß, entging nur mit knapper Not dem Eingriff. In vielen Fällen brachte die Operation, die viele Monate Krankenlager nach sich zog, allerdings nicht den gewünschten Erfolg, sondern ließ die Stimme grell und pfeifend klingen.

Als sich dann zu Beginn des 18. Jahrhunderts hochbegabte Sängerinnen gegen die mächtige Konkurrenz durchzusetzen begannen, konnte es geschehen, daß Damen, um nur ja auftreten zu können, Rollen für tiefe Männerstimmen übernahmen. Solche Travestie lebte noch in den biedermeierlichen Auftritten der Anna Milder-Hauptmann als Belmonte und Tamino in Mozarts Opern weiter. Es gab auch weibliche Parallelen zum Kastratentum. So besaß die Dresdener Sängerin Vittoria Tesi (1700–1775) einen so tiefen, schweren Alt, daß der Klang vollkommen männliches Gepräge hatte und ihre Verwendung in Männerrollen nahelegte. Lucretia Agujari (1743–1783) aus Parma ersang sich aus ähnlichem Grund den Beinamen »Bastardella«, nach Mozarts Bericht mit einer ausgesprochen instrumentalen Sicherheit von Koloratur und Intonation.

Immer waren es Sänger, die den Kunstgesang weiterführten: Saubere Intonation, die Formung pathetischer oder komischer Rollencharaktere, Ausgleich der Klangregister und viele andere stimmtechnische und interpretatorische Einzelheiten setzten sich allmählich zu einer Theorie der Stimmbildung zusammen. Sie machte den Ruhmestitel italienischer Musik aus. Sechs bis acht Jahre Studium wurden vorausgesetzt. Umfassende musikalische Bildung war zu erwerben und mehrere Instrumente zu erlernen. Selbstverständlich gehörten Generalbaß, einfacher und doppelter Kontrapunkt und das Abfassen von Arien und Motetten dazu. Größter Wert wurde auf den natürlichen Atem gelegt; Rhetorik und Deklamation standen auf dem Lehrplan. Es wäre an der Zeit, diese Disziplinen den Studenten wieder zugute kommen zu lassen! Auf technische Aspekte dieser Art werden wir noch zurückkommen.

Mit der Ablösung der erstarrten, höfischen Barockoper durch neue Inhalte und Formen, die sich im Laufe des 18. Jahrhunderts entwickelten, sank der Stern der Kastraten. Dies geschah sicher nicht, weil sie nicht flexibel oder ausdrucksvoll genug gesungen hätten oder in der Gestik zu starr blieben. Vielmehr verlangte ein neues, bürgerliches Publikum nach neuen künstlerischen Maßstäben, die es nicht zuließen, daß etwa bei Indisposition der Titelfiguren die Oper »Dido und Aeneas« ohne diese aufgeführt wurde (Hériot, »Castrati in Opera«, London 1956). Die Begeisterung und die vehemente Kritik, die Kastratensänger und ihre Stimmen immer wieder hervorriefen, ist heute schwer nachzuvollziehen. (Auch nicht beim Anhören der Kastratenstimme auf der Schallplatte mit dem letzten männlichen Sopranisten der Sixtinischen Kapelle, Alessandro Moreschi, der zur Zeit der Aufnahme schon 64 Jahre alt war.)

Es ist gesichert und gibt zu denken, daß die Sänger von damals ihre außerordentlichen, dramatischen Wirkungen anderen Mitteln verdankten, als sie heute allgemein angestrebt werden. Das bezieht sich besonders auf die dynamischen Abstufungen. Die häufige Anwendung regelrechter Schwelltöne ist, als ein Ingredienz damaligen Zeitgeschmacks, wesentlich. Auch sollte beachtet werden, daß ein echtes forte nur als Höhepunkt, als eine Ausdrucksnuance aufgefaßt wurde. Der normale, mittlere Stärkegrad neigte mehr dem mezzopiano als dem mezzoforte zu. Es wurde also nach unseren Maßstäben ziemlich »leise« gesungen. Aber wie viele Möglichkeit des Aufsetzens von Lichtern, des Schattierens, der Akzente und des hinreißenden Steigerns zu realen Höhepunkten waren dadurch wie selbstverständlich gegeben.

Auf Jahrzehnte blieb nun Venedig der Opernpionier Italiens, zuerst anregend und neu-schöpferisch, dann, seit der zweiten Hälfte des 17. Jahrhunderts, mit seiner Vielzahl von Opernhäusern eher ein stilistischer Tummelplatz (fünf neue Opern pro Jahr!). Francesco Cavalli (1602–1676), Monteverdis Schüler, war noch Spezialist für das fein charakterisierende Rezitativ. Er verstand es, lebendig und interessant zu schreiben, ihm gelangen theatralische Wirkungen. Mit dem Römer Marc' Antonio Cesti (1618–1669) zog ariose Melodik um ihrer selbst willen ein. Aus den Eröffnungsfanfaren (Toccaten) mit anschließendem Prolog bei Monteverdi und Cavalli entwickelte sich zunächst die skizzenhaft zeichnende Programm-Symphonie der Jahre um 1700, dann aber die leere, rein formale Sinfonia der verfallenden venezianischen Oper. Der Chor schrumpfte zu Interjektionen der Statisten. Der Textdichter folgte sklavisch den Anweisungen des Bühnen-Maschinisten. Aber ist die Barockoper deswegen wirklich ein ästhetisches Monstrum?

Ihre eigentliche europäische Vormachtstellung gewann die Oper in Neapel, einer damals für Italien keineswegs typischen Stadt. Seit dem Beginn des 16. Jahrhunderts herrschten, mit kurzem österreichischem Interregnum, spanische Vizekönige und nicht jene eigenständigen Fürsten, die, wie in Florenz oder Paris, die Künste förderten. Vor allem das Klima und ihr komödiantisches Naturell brachte die Neapolitaner zum Singen. Unter ihnen machte sich Alessandro Scarlatti zum Schöpfer eines epochalen Typs der Oper. Zwar besaß er keine ausgeprägte dramatische Begabung, zeigt sich uns aber als ein großer Musiker, unerschöpflich in seiner Melodik und entscheidend für die endgültige Gestaltung der Opernarie, der er immer feineres Zierwesen und immer reichere Instrumentalbegleitung mitgab. Über 100 Opern und etwa 660 Kantaten und Oratorien stammen aus seiner Feder, durch Produktions-Praxis ermöglicht, die Partituren nur skizzenhaft andeutete und es weitgehend den Schülern und Interpreten überließ, wie sie aufgeführt werden sollten. Scarlattis Oper gehörte den Sängern, soviel ihm auch sonst die Instrumentalmusik zu verdanken hat. So verhalf die Oper in Neapel der sängerischen Virtuosität zum Siege. Das neapolitanische Modell der »opera seria« (also einer Oper ernsthaften Inhalts) setzte die Arie in klarer Trennung vom Rezitativ ein. Schematische Scheidung von Aktion und lyrischer Ruhe brachte musikträchtige Spannungen, die auch heute noch, lange nachdem die damaligen Konventionen überwunden sind, eigentlich den Geist der Oper ausmachen, sei sie auch noch so sehr als kostümiertes Konzert verschrien.

Die Vorherrschaft des Belcanto drückte sich in veränderten gesangspädagogischen Anschauungen aus. War bisher auf sinngemäße und deutliche Deklamation gesehen worden, wie sie das Rezitativ als Mittelpunkt des musikalischen Dramas verlangte, so achteten jetzt die Gesangslehrer vor allem auf die Kehlfertigkeit der Schüler, um die Arie mit ihren oft ganz unmotivierten Verzierungen, Passagen und Koloraturen zu bewältigen. Erstmals formulierten die Meister der Schulen des Kastraten Piero Francesco Tosi und des Gianbattista Mancini (1679–1739) die Grundsätze des Belcanto. Tosi sagte über die allgemeine Nachlässigkeit in der Sprachbehandlung viel Gutes. Schon durch den Umstand, daß er den Übungen zuerst die drei offenen Vokale a, o und e zugrunde legte, verriet er zumindest die gute Absicht, fehlerhaften Klang nicht einseitig zu bekämpfen, wie es später durch die Bevorzugung des Vokals a die Gesangsschulen beherrschte (Tosi, »Opinioni de cantori antichi e moderni«, Bologna 1723). Große Sorgfalt wurde der Atem-Technik gewidmet, obwohl natürlich die physiologisch-anatomische Grundlage fehlte, auf der die moderne Gesangslehre ihre Regeln aufbaute. Auch ist der Wert des portamento bereits anerkannt, das vor dem Schwellton zum Studium empfohlen wurde. Und wenn im Belcanto fast immer dem »gestoßenen« Ton, dem »martellato« Mancinis, dem »battuto« Tosis Vorrang für die Beweglichkeit der Stimme eingeräumt wurde, dem erst in zweiter Linie das »legato« folgte, so sahen Spätere wohl nur deshalb darin eine ungeeignete Systematik, weil sie das »martellato« mit dem »staccato« verwechselten. Dies besteht ja in einer Trennung der gesungenen Töne, während die gestoßenen »martellato«-Töne vielmehr unserem »marcato« gleichkommen, mit dem häufig Läufe etwa in Mozartschen Arien gesungen werden.

Die Lehren der Belcanto-Schulen breiteten sich von Italien überall hin aus, so wie die Opera seria mit ihrem bombastischen Flitterwerk sich die zivilisierte Welt eroberte. Selbst den größten Genies wie Bach oder Händel gelang es nicht, Äußerlichkeit und Vernachlässigung vernünftigen Zusammenhangs zwischen Dichtung und Musik im Sologesang vollständig auszumerzen.

Georg Friedrich Händel zeigt sich als Komponist von allen dominierenden Kulturen Europas geprägt, wobei die Jugendeindrücke aus Deutschland hinter denen aus Italien zurückblieben, die seine musikalische Diktion in Form und Technik formten. Aber Hamburg, wo ihn eine wechselhafte, hitzige Freundschaft mit Mattheson verband, war der Schauplatz von Händels ersten Opernaufführungen, bevor der Bankrott des Gänsemarkt-Theaters den Lerneifrigen nach Italien reisen ließ. Seine Beherrschung des reinen Belcanto bewies er mit den dort erfolgreichen Opern »Aci, Galatea e Polifemo« und »Agrippina«, dann in London mit »Rinaldo«. Zwar war Händel schon vor seiner Ankunft in Italien ein gefeierter Cembalist und Organist. Aber hier lernte er von Bernardo Pasquini (1637–1710) Anmut der Melodie, von Arcangelo Corelli (1653–1713) spezifische Geigenmelodik und von Alessandro Scarlatti den Gesangsstil der Oper.

Ohne die von neapolitanischen Meistern entwickelten Modelle kann der Opernkomponist Händel nicht gedacht werden. Die ersten Früchte zeigen sich in der »Agrippina«, deren zärtliche Melodik erst durch den Reife-Stil geadelt wurde. Ihr verdankte der »caro sassone« seinen Erfolg im Spätherbst des nächsten Jahres, als er nach London reiste. In allen seinen Frühopern gibt es Melodien, die miteinander korrespondieren, auf Vorbildungen zurückgreifen und sich bei der Wiederverwendung anreichern. Händels Opern, in seinem Werk der Löwenanteil, mußten dem Wechsel des Geschmacks Tribut zahlen, und alle Wiederentdeckungswellen, seit den zwanziger Jahren dieses Jahrhunderts (Göttingen und Halle) haben ihnen die ursprüngliche Erfolgshöhe nicht wiedergeben können. Es scheint, als gingen zu wenige Entwicklungslinien von ihnen in die Zukunft, so wie sie von Glucks Opern weiterwirkten, auf die sich noch die musikalische Dramatik Wagners berief. Kastraten und Primadonnen forderten von Händel ihre Bravourstücke, und der Komponist huldigte ihren kostbaren Stimmen in der von der neapolitanischen Oper gegossenen Form. Zu stereotyp vielleicht handhabe er die Vertonung jener Stoffe, die auch andere Opernkomponisten verwendeten.

Alle Techniken standen ihm mühelos zu Gebote: Rezitativische Elastizität, ungestörte Kantabilität, Da-capo-Arie und Wucht des Chors. Und was er mit der librettistischen Dutzendware anzufangen wußte, wie er die Italiener bei weitem an Italianità übertraf, wie er die vorhandenen Formen durch Duette und Terzette bereicherte, wie er in Rezitativen Charaktere zeichnete, das alles kann etwa an der Quasi-Historie »Giulio Cesare« wiederentdeckt werden. Aber eben: Die starre Form der neapolitanischen Opera seria ließ Handlung und Affekt, Aktion und Reaktion nicht miteinander verschmelzen.

Anders als etwa in Frankreich hatte es in England ein nationales Musiktheater schwer, obwohl es Ansätze dazu – etwa in Form der »Masques« des 17. Jahrhunderts – gegeben hatte. Aber zu gut kannten die privilegierten Schichten des Landes die mediterrane Kultur und die Kunstwerke ihrer Antike, die Wortkunst ihrer Renaissance und ihre Musik der damaligen Gegenwart, als daß ihnen nicht – weitgereist und allem Fremden offen – die Mitwirkung am internationalen Musikleben vordringlicher erschien. So konnte Händel mit seinen italienischen Opern in London leicht Fuß fassen. Aber die Schicht derer, die sich für die Oper begeisterten, war dünn, und puritanisches Mißtrauen der Kunst gegenüber vernebelte die bürgerlichen Köpfe. Musik – das war ein nicht ungefährliches Stimulans, eine Verlockung, den rechten Weg zu verlassen. Und zeugten nicht die Skandale der Primadonnen und Kastraten in der italienischen Oper für deren Verderbtheit?

Inzwischen war die zeitweilige musikalische Ebbe erneutem Interesse für die Musik gewichen, und der Siegeszug der italienischen Oper hielt nicht vor dem Kanal an. John Dryden erwählte sich den Franzosen Louis Grabu (nach 1665 in London) zum Komponisten seines »Albion und Albanos« (1685). Doch die französische, durchkomponierte Arie machte in England nicht Furore, und schon bald mußten musikalische Einlagen in sonst gesprochenen Stücken wie in der späteren »ballad opera« oder dem deutschen Singspiel genügen.

Kurz vor Händels Eintreffen in England war Henry Purcell, Organist an der Westminster Abbey, gestorben. Aber bereits zwei Jahrzehnte zuvor hatte die Invasion italienischer Musik stattgefunden, zunächst in englischer Übersetzung, ab 1710 aber italienisch gesungen, vor allem in Opern von Mancini und Giovanni Battista Bononcini (1660–1750). Henry Purcells einzige wirkliche Oper, »Dido and Aeneas«, wurde nicht für ein Opernhaus, sondern für die Boarding-school des Mr. Priest in Chelsea geschrieben und 1689 uraufgeführt. Dido singt, bevor sie stirbt, eines der gefühlsstärksten Gesangsstücke der Opernliteratur überhaupt. Die ostinat fallende Skalenfigur geht auf italienische Vorbilder zurück, wohl auch auf Monteverdi. »Remember me«, das ist ein Lautfanal, wie es nicht schlagender wirken konnte, und Purcell setzte es seufzend, rufend und verhauchend so für die Stimme, daß sich niemand der Rührung entziehen konnte. Wohl weil Purcell es so gut machte, wagte kaum noch ein Komponist danach, diese Worte wieder zu nutzen. In den Semi-Opern Purcells, wie der Musik zu »King Arthur«, bereitete sich das Heroische des bald nachfolgenden Händel vor.

Kompromißlos verherrlichte das Werk des Komponisten Hasse den neapolitanischen Seria-Stil. Für keinen Komponisten schrieb Metastasio so viele Libretti, was nicht wenig zur zeitweiligen Vormachtstellung Hasses beitrug, der als Sänger angefangen hatte. Viele bedeutende Zeitgenossen, so auch Johann Sebastian Bach, der freundschaftlich mit dem Künstlerehepaar (Johann Adolf Hasse und der Sängerin Faustina Bordoni-Hasse) verkehrte, stimmten der hohen Wertschätzung des Mannes bei. Sprachgemäße Deklamation und charakteristischer Ausdruck stehen einer gewissen Monotonie der Da-capo-Arie gegenüber, wobei simple Motive und magere Instrumentation nicht gerade helfen.

In der zweiten Generation der Komponisten neapolitanischer Prägung ragt Antonio Sacchini (1730–1786) heraus, der belcantistischen Zierrat weitgehend ausräumte oder aber ihn überhöhendem Ausdruck zuordnete. Ganz so schematisch und langweilig wie später empfunden, fielen die Reihen von Rezitativen und Arien in der Opera seria gar nicht immer aus. Allerdings blieb die Handlung stehen, und das starre Korsett der Formen dieses Operntyps rief bald Widerstand auf den Plan. Denn ein rapider Wandel des Geschmacks ließ die seria mit Götterstoffen und Mythologie altmodisch erscheinen. Hier half das Suchen nach neuen musikalischen Stilen in unterschiedlichsten Formen weiter.

In Neapel reifte die Opera buffa als heitere Rivalin, ohne heroischen Pomp, dafür mit volkstümlicher Komik. Ihren europäischen Erfolg schuf Giovanni Battista Pergolesi (1710–1736) mit »La serva padrona«. Sie gehört zu einem Typ des Intermezzos zwischen tragischen Szenen, der Bühnenaufwand und spezielle Sängervirtuosen nicht brauchte. Pergolesis drei Figuren ergehen sich nicht in Fiorituren, sie verlebendigen Gestalten aus dem Volk. Arien reduzieren sich zu einfachen »Canzone«, in denen die Orchesterbegleitung sich motivisch mit den Singstimmen verflicht.

Aus den erwähnten »Intermezzi« zwischen den Opernakten entwickelte sich die Opera buffa, die mit neuer Flexibilität dem Text der komischen Handlung folgte und zusammen mit der »Lockerung« des Tons kleinere Formen an die Stelle der Da-capo-Arie setzte. Sie verschaffte sich wirkungsvolle Steigerungen, indem sie gegen Ende der Akte eine Anzahl von Nummern zum Finale zusammenfaßte, wie es später in Mozarts »Figaro« und »Don Giovanni« großartig kulminierte.

Lully und Rameau

Frankreich verhielt sich während des vielgestaltigen 17. Jahrhunderts anders zum Gesang als das übrige Europa, in dem der italienische Belcanto den Ton angab. Hier konnten sich die Kastraten nur kurze Zeit halten. Die Stimmgattungen erschienen anders charakterisiert als gewöhnlich. Frauenrollen standen den Sopranistinnen und Mezzos zu. Männerpartien sangen Haute-Contres (sehr hoch liegende, falsettierende Tenöre), tiefe Tenöre (die »Tailles«), sowie Baritonisten und Bässe.

Aber auch Frankreich erlebte die Reform der Oper. Es waren vor allem Jean Baptiste Lully und Jean Philippe Rameau, die Sänger vor solche dramatisch belebten Aufgaben stellten, für die der italienische Belcanto wenig Raum geboten hatte. Auch achteten sie stärker auf sinngemäße Deklamation. Aus dem Gesangsakrobaten, der mit allen Jonglierkunststücken der verwilderten Schulen vertraut war, mußte nun ein Künstler werden, der neben der Kehlfertigkeit die Sprache vollendet zu behandeln wußte.

Am praktischen Bedürfnis orientierten sich auch die Theoretiker des Gesangs: 1679 erschien von Bacilly »Remarques curieuses sur l'art de bien chanter«. Das Buch zeigt schon in der Dreiteilung seines Lehrgangs, dessen zweiter Abschnitt die Aussprache besonders eingehend würdigt, wie sehr Bacilly, von den Reformen Lullys beeinflußt, Gewicht auf rationelle, d. h. der Stimme nicht schadende Sprachbehandlung legt. Dabei wird Intonation und Tonbildung nicht übersehen, ebensowenig korrekte Ausführung des portamento und geschmackvoller Verzierungen. Dazu gibt er eine Fülle von praktischen Anregungen allgemein musikalischer Natur. Er befürwortet das Üben des Sängers ohne Instrumentalbegleitung und mahnt den Lehrer, durch richtiges und schönes Vorsingen erzieherisch zu wirken, eine Forderung, die so deutlich wohl zum ersten

Mal erhoben wird. Auch unterscheidet Bacilly zwischen einer guten und einer schönen Stimme. Zur Schönheit der Stimme müsse geistige Regsamkeit, Empfindungstiefe und sprachliches Talent treten, wenn von allseitig künstlerischer Wirkung gesprochen werden solle. Auf Bacillys Erkenntnis berief sich Gluck.

In Frankreich war der Gesang auf dem Umweg über das »Ballet de cour« auf die Opernbühne gekommen. Erste Monodien erklangen in der gloriosen Aufführung des »Ballet Comique de la Reine« von 1581, verfaßt von dem Geiger Baltazarini und den Franzosen Beaulieu und Salmon, einer Riesenrevue mit Homers Circe-Sujet als Hintergrund. Aber erst als Rinuccini den Kontakt zwischen Venedig und Paris durch Peris »Euridice« herstellte, war die Oper italienischer Prägung auch in Paris möglich, wenn auch vielfach belächelt und bekrittelt.

Größte Bedeutung hatte freilich die Zusammenarbeit des Jean-Baptiste Lully (einem Franzosen aus Florenz) mit Molière. Sie entwickelten das aus dem »Ballet du cour« hervorgegangene »Comédie-Ballet« zur »Tragédie lyrique«, dem fast hundert Jahre lang für die Franzosen maßgebenden Typus der Oper. Für Lully verfertigte der Dramatiker Philippe Quinault die meisten Libretti mit repräsentativen Stoffen, wie »Alceste«, »Atys«, »Theseus«, »Perseus«. Und daß sich in ihnen die Grundsätze des Racine und Corneille auswirkten, sicherte der französischen Oper einen deutlichen Vorsprung an dramatischem Geschmack und literarischem Wert gegenüber den Italienern. Ihr Repräsentant, just ein Italiener, schuf den französischen Stil der Zeit, in dem sich naturgemäß das rhetorische Pathos der Dramatiker Frankreichs wiederfindet. Nicht umsonst hatte der Komponist die Technik und Manier der großen Schauspieler studiert, die sich wiederum schon bald an den rhetorischen Leistungen der Sänger orientieren sollten. So genau Lully im Rezitativ durch Taktwechsel den Texten zu folgen suchte, so oft änderte er innerhalb der »Airs« lustvoll Tempo und Zeitmaß, um Wirkung zu erzielen. Eine Besinnung auf die Grundsätze Vincenzo Galileis ist zu konstatieren, wenn sich Lully in den rezitativischen Partien seiner Opern am florentinischen Deklamationsstil des »Erhabenen« orientierte.

Französische Opern des 17. und 18. Jahrhunderts bis hin zu Rameau, aber auch italienische, wurden in Kürzeln notiert, so daß dem Ausführenden lediglich stenographische Hinweise weiterhalfen. Oft fehlten auch Angaben über die zu verwendenden Instrumente. Über die Notation von Instrumentenbaß und Singstimme gingen allenfalls die Franzosen gelegentlich hinaus und wiesen so darauf hin, was in etwa erklingen sollte. Der Interpret hatte also einen schöpferischen Freiraum in Besetzung und Klanggestaltung, durch den jede Aufführung zu einem unwiederholbaren Ereignis werden konnte.

Zwar hatte der Kardinal Mazarin schon zuvor italienische Sänger- und Tänzergruppen nach Paris kommen lassen, die auch den »Orfeo« von Monteverdi aufführten, aber erst mit Lully prägte sich die Oper national aus. Ludwig XIV. erteilte ihm das Privileg, eine »Académie royale« der Musik zu begründen. Der König schätzte den Florentiner, der schon als Leiter der Hofmusik die »Violons du Roy« zu etwas Außergewöhnlichem gemacht und mehr als zwanzig Ballette für die Versailler Feste komponiert hatte. Nach Molières Tod stand dessen Theater im Palais Royale leer. Lully baute es mit italienischen Maschinenmeistern und Dekorationsmalern zu einer Repräsentationsbühne um.

»Atys«, »Bellérophone«, »Roland«, »Isis«, »Armide« und allen voran »Phaëton« sicherten Lully dauernden Erfolg, wobei ihm nützte, daß er als Geiger sein Orchester in Zucht zu halten verstand. Die Ausstattung war selbst für damalige Begriffe verschwenderisch, und die Hörer balgten sich allabendlich um die Plätze. Freilich: Die Arien Lullys spiegeln – einfach wie sie sind – die noch unentwickelte Gesangskunst in Frankreich. Schaugepränge war zunächst wichtiger, und die Sänger glänzten mehr mit ihren Gebärden (und ihrem abenteuerlichen Leben) als mit ihrer Gesangstechnik. So engagierte Lully Demoiselle Maupin, weil sie nach Berichten der Chronisten (Fétis, Ambros, Bbl 1896) »ritt wie der Musketier Artagnan, ein Engelsgesicht und eine Teufelsseele hatte. War sie als Mann gekleidet, so hatte sie einen herrischen Ton, ein entschiedenes Auftreten, die sicherste Hand in der Führung des Degens. Als Weib war sie aber eine bezaubernde Erscheinung mit einem herrlichen Blondhaar, sanften Schwarzaugen, der schmelzendsten Stimme, dem süßesten Lächeln!«

Die Erstaufführung der »Serva Padrona« in Paris 1752 durch eine italienische Truppe spaltete – mit ungeheurem Aufruhr – die Intelligenz Frankreichs in zwei Lager, bis hinein ins Königshaus. Wer zu den »Buffonisten« gehörte, bekam aus der Loge der Königin Beifall, während aus der Königsloge Zischen zu hören war. Es ging um die Frage, inwieweit die französische Sprache für den Operngesang überhaupt geeignet sei, was uns zunächst etwas abwegig anmutet, da ja seit Lully die Ballettoper und durch Rameau bereits einige hochakklamierte Werke in der Landessprache existierten.

Pergolesi hatte den Anstoß zum Streit gegeben: Aus einem neuen Verhältnis des Komponisten zum Theater war in Italien eine Musik entstanden, die den dargestellten, somit auch sprechenden Menschen zum Inhalt hatte. Bei einem Blick auf »La serva padrona« wird deutlich, daß die Musik hier nicht so sehr Affekte oder deren Wechsel widerspiegelt; es ist vielmehr die Situation, die Aktion des Augenblicks, die vertont ist. Die Aufmerksamkeit richtet sich auf die handelnde Person, deren Aktion die Musik mitvollzieht. Eine als unberechenbar aufgefaßte Wirklichkeit läßt die Situation sich von Moment zu Moment unvorhergesehen ändern. Aus Schablone und Sprichwortnähe wird bedeutungsvolle Aktion.

Ein Sänger, Philosoph und Komponist brachte den Stein des Anstoßes ins Rollen: Jean-Jacques Rousseau (1712–1778). In seinen Schriften bezeichnete er die französische Sprache als der Oper hinderlich, pries dagegen die Melodik der italienischen Seria und die Opera buffa als geeignetstes Vehikel für den »natürlichen« Ausdruck, wie er ihn im Gegensatz zum vorherrschenden Rationalismus verstand. Um so lustiger, daß sein eigenes Singspielchen »Le Devin du Village« in französischer Sprache zum Dauererfolg wurde und in zahlreichen Parodien über die Bühne ging, unter denen schließlich Mozarts »Bastien und Bastienne« das Original ganz vergessen ließ.

Diderot und d'Alembert schlugen sich auf die Seite Rousseaus. Rameau dagegen, dem Lustspielhaftes ohnehin nicht lag, bekannte sich zur französischen Oper, deren entscheidenden Sieg erst zwei Jahrzehnte später Gluck erkämpfen konnte. Rousseau erkannte, daß ein gesungener oder musikalisch vermittelter Text Prinzipien unterliegt, die der Deklamation innewohnen. Er meinte, daß sich die Deklamation in dem Maße vom natürlichen Sprachduktus entfernt, als sie kompositorisch festgelegt wird. Rousseau inaugurierte das Melodram, wie es seit seiner »Scène lyrique« »Pygmalion« von 1762/70 und wenig später Georg Bendas (1722–1795) Melodramen »Medea« und »Ariadne auf Naxos« als selbständige Abart des

Schauspiels in Mode kam. Hier stehen Musik und Textdeklamation noch etwas beziehungslos nebeneinander. Die Musik grundiert das gesprochene Wort. Eine formale Bindung besteht noch nicht, denn die musikalische Struktur bezieht den Text nicht ein.

Rameaus erste Oper, geschrieben, als er schon über fünfzig war, wurde ein Riesenerfolg; sie hieß »Hippolyte et Aricie« und entzündete den berühmten Streit zwischen den Anhängern der italienischen und der französischen Opernspielart, der lange immer wieder aufflammen sollte, bis Gluck den Platz Rameaus eingenommen hatte. Rameaus Ausdrucksmittel wirkten befremdlich neu: vom Barock zur Klassik hinüber führen seine harmonischen Kühnheiten, seine instrumentatorischen Erfindungen, seine Vermehrung der Stufen zwischen orchesterbegleiteter Arie und dem secco-Rezitativ. Es nimmt Gluck nichts von seiner Größe, wenn wir feststellen, daß schon 40 Jahre vor ihm die Vielfarbigkeit der begleiteten Orchesterrezitative erfunden wurde, was Debussy in seiner Kritik einer Aufführung von Rameaus »Castor et Pollux« von 1900 in den Satz faßte: »Glucks Musik ist nicht ohne das Werk Rameaus denkbar.«

Rameau, dem die »Lullysten« zunächst Verrat an der erhabenen Deklamation der Oper vorwerfen, kann in Wahrheit als Vollender Lullys angesehen werden. Er führte die getanzte Opéra weiter, vollzog aber auch den Duktus französischer Sprache nach. Daß er als Meister neuer Erfindung in der Harmonik diese zum eigentlichen Träger des Ausdrucks erklärte, sollte ihm von nachfolgenden Komponistengenerationen hundertfach gedankt werden. 1750 erschien seine zweite Harmonielehre, »Démonstration du principe de l'harmonie«, die das kontrapunktische Musikdenken des Barock – wieder einmal – ablöste und der Melodie Wege öffnete. Ein Jahr danach begann das Riesenwerk der Enzyklopädie zu erscheinen, neben seiner fundamentalen Bedeutung für die Ästhetik auch musikalisch wichtig, denn ihr Beirat in Sachen Musik hieß Jean-Jacques Rousseau, Auch-Komponist und eigentlicher Auslöser des »empfindsamen« Stils. Wie zuvor die Monodisten nicht die Kontrapunktiker, so konnten die neuen Propheten von Einfachheit und Gefühl freilich die gegensätzlichen Wirkungen eines Voltaire oder Kant nicht vergessen machen.

Rousseau predigte die Rückkehr zur Natur und Wahrheit für die Musik. Als Franzose hielt er den Sinn für die gefälligen Melodien

Italiens bei seinen Landsleuten lebendig und pflegte die komische Oper, in der dann André Grétry (1742–1813) und Pierre Alexandre Monsigny (1729–1817) brillierten. Diese verstanden es, Melodienfülle mit charakteristischer Diktion zu versehen und für eine sinnvolle Handlung und ausdrucksvolle Deklamation zu sorgen.

Damit beeinflußten sie auch die Gesangstechnik: Den doppelten Anforderungen eines zugleich altitalienisch schönen und lullystisch charakteristischen Gesangs suchte Bérard gerecht zu werden, dessen Schulwerk 1755 in Paris erschien. Es berücksichtigt erstmals Ergebnisse der anatomischen Forschung, die in jener Zeit durch Ferrain bedeutenden Aufschwung genommen hatte. Bérard experimentierte am toten Kehlkopf und erkannte, daß nicht, wie bis dahin angenommen, die dort erschütterte Luft, sondern die Stimmbänder, durch ausströmende Luft in Schwingungen versetzt, den Ton erzeugen. Er beobachtete die veränderte Hoch- und Tieflage des Kehlkopfes bei verschiedenen Vokal- und Konsonantenverbindungen, bei denen auch die bis dahin kaum beachtete Mitwirkung des sogenannten Ansatzrohres (Mundhöhle, Gaumen, Lippen) für das Zustandekommen des Tones berücksichtigt wurde. Er legte großen Wert auf charakteristische Aussprache der Konsonanten, ebenso auf geschickte und rationelle Atmung. Erst am Schluß seines Werkes spricht der Verfasser von der Intonation, von Verzierungen, vom portamento und dem Schwellton und räumt so dem Deklamatorischen Vorrang ein. Praktische Übungen fehlten, sie wurden 40 Jahre später in der »Gesangslehre des Konservatoriums« hinzugefügt, zu deren Autoren Luigi Cherubini und Etienne Nicolas Méhul gehörten.

Telemann und Haydn machten die neue Opera buffa schon in jungen Jahren noch im ursprünglichen Italienisch in Deutschland heimisch. Die Gattung begeisterte mit ihrer Heiterkeit und durch ihre parodistische Tendenz, die vor allem auch die Kothurne der zuvor allein herrschenden Götter- und Heldengestalten kritisierte. Die Lust an Spott und Intrige, wie sie in Italien zuhause ist, ließ dem Genre einige Meisterwerke erwachsen, in denen rasche Tempi den Darstellern vor allem in Ensembles und Rezitativen Gelegenheit zu pointiertem parlando-Singen und spritzigen Akzenten gab.

Auch die strengsten unter Telemanns Kritikern haben seine Begabung für das Komische auf dem Theater zugegeben. Komische Züge finden sich zwar auch schon bei Reinhard Keiser: Es war im

Hamburger Theater üblich, einen Clown, einen tolpatschigen oder schlauen Diener etwa, auch in den tragischen Stücken vorkommen zu lassen. Er sang Couplets mit einstimmiger Begleitung oder auch ohne Instrumente a cappella. Händel folgte dieser Tradition mit seiner in Hamburg gespielten Oper »Almira«. Aber das wirklich Komische führte erst Telemann in die deutsche Oper ein. Keisers einzige nur-komische Oper, »Jodelet« von 1726, entstand erst nach denen von Telemann und war deutlich von ihnen beeinflußt. Dem ironisch veranlagten Telemann gelang es, komische Situationen selbst da vorzuführen, wo sich der Librettist eher ernst gebärdete. Seine erste in Hamburg gespielte Oper, »Der geduldige Sokrates« von 1721, behandelt das eheliche Unglück des Titelhelden. Der Librettist befand, eine einzige, böse Frau könne nicht genügen, und versah seinen Helden gleich mit zweien, die sich ständig zankten, am köstlichsten im Duett der Schreierinnen im 2. Akt. »Pimpinone oder die ungleiche Heirat« lebt vom gleichen Sujet wie Pergolesis »La serva padrona«, vier Jahre später geschrieben. Ein beiden gemeinsames Vorbild war sicherlich Leonardo Vinci, dessen erste Opera buffa aus dem Jahre 1720 stammt. Sujets und Stile wanderten damals von einem Ende Europas zum anderen.

So auch die buffonesken Textbücher des Carlo Goldoni (1707–1793), der als reisender Theaterleiter nicht weniger als 69 Libretti verfaßte. An Wert erreichten sie seine Komödien nicht entfernt. Aber etwa Baldassare Galuppi (1706–1785) machte sich die Lebensnähe der Figuren Goldonis in 16 Opern zunutze, unter denen sich »Il mondo nella luna« neben den Fassungen von Piccini und Paisiello in der Komposition Haydns bis heute wirksam erhalten hat.

Der Entwicklung deutscher Gesangskräfte stand die Allmacht italienischer Sänger naturgemäß entgegen. Wien zuerst, dann Dresden, Mannheim und München sonnten sich im Glanz italienischer Kunst. In Preußen gab es für Friedrich den Großen, seit er 1728 die italienische Oper in Dresden kennengelernt hatte, zunächst keinen anderen Ehrgeiz, als den sächsischen Hof zu übertreffen. Gegen deutsche Sänger eiferte sich sein Widerwille: »Ich höre lieber Pferde wiehern, als eine Deutsche singen!« Es ist das Verdienst der Jahrhunderterscheinung von Elisabeth Schmehling, der späteren la Mara, den König eines Besseren belehrt zu haben, so daß er schon bald die Arbeit eines Carl Heinrich Graun oder Georg Benda dem Wachsen einer nationalen Kunst dienstbar machte.

In Preußen wußte man zudem dem deutschen Gesang auszuweichen, indem das Melodram eingeführt wurde. Zum Spiel der Instrumente rezitierten Sprecher die Dichtung. Mozart zeigte sich sehr von Bendas Duo-Drama »Medea« angetan und zog für seinen »Don Giovanni« Nutzen daraus. Bezeichnend wieder einmal, daß gerade in Krisen- und Umbruchszeiten, als das Äußerste riskiert werden sollte, die absolute Verlagerung auf die Sprache im Melodram immer wieder zum Ausbruch aus gewohnten Bahnen verhalf. Als die spätbarocke Empfindsamkeit explosiv in den frühen »Sturm und Drang« überging, führten Bendas »Medea« und »Ariadne« weiter.

Die »Reformoper«

Bach und Händel wirkten als Schöpfer polyphoner Musik mit ihren Spätwerken noch in eine Epoche hinein, die längst anderen Klangvorstellungen gefolgt war. Der Generalbaß mußte gewärtigen, von der Homophonie überdeckt zu werden. Schon 1737 schalt Scheibe, damals glühender Modernist, alle Polyphonie schwülstig und verworren. Noch einseitiger bekundete sich der Zeitgeist in Rousseaus Melodiekult, der jede harmonische Vertiefung ablehnte, vor allem aber gegen den Kontrapunkt anging. Alle Expression war in die mit tausend Fioituren gekräuselte Melodie eingegangen. Immerhin schulte das die Melodik auf glänzende Weise. Die Rolle des Sündenbocks hatte dabei die neapolitanische Oper gespielt, in der ja tatsächlich nach Scarlattis Tod gedankenlos dramatische Wahrheit so verletzt wurde, daß sich in der Gattung selbst der Drang nach Wandlung regen mußte.

Hier sollten wir auf einen Wahlwiener, Pietro Metastasio, zu sprechen kommen, der eigentlich Trapassi hieß und von 1698–1782 lebte. Er stellte seine Dichtung ganz auf Musik ab. Am meisten gefielen ihm unter den Musikformen Canzonetta und Arie, in denen der Librettist nicht selten den Komponisten die Themen durch Textworte suggerierte. Sich auf die in Wien bewährten Traditionen stützend, führte er den Chor wieder in die italienische Oper ein und setzte ihn nur an solchen Stellen der Handlung in Aktion, wo er sich als sinnvoll erwies. Metastasio vereinfachte das Personarium und schrieb Verse, die sich vor allem singen ließen. Allbeherrschend wurden seine ihrer Schematik wegen berüchtigten »Gleichnis-Arien«, in denen Natur und Mythos mit Gefühl verschmelzen sollten. Ihm schwebte allerdings mehr als die später daraus gewordene Automatik des Schilderns vor. Er wollte den Komponisten Raum zur Darstellung von Charakteren bieten.

Die für Metastasio vorbildliche Einfachheit antiker Tragödie vollzogen die Musikerfreunde nach. So hat ihm Hasse in seiner »Olimpia« von 1756 einen prachtvollen Priesterchor musikalisch nachempfunden, der an der These zweifeln läßt, Gluck habe solchen neu-antiken Stil ganz allein gehandhabt – gar erfunden. Mit Metastasio wandelte sich das Selbstverständnis des Librettisten von Grund auf. Musikdramatische Ansprüche wurden gestellt, seit Apostolo Zeno (1668–1750) oder Pietro Metastasio ihren Worten den Charakter feierlicher Verstragödie gaben, und alles Streben nach einem Drama über das Sprechtheater hinaus richtete sich darauf, ein allgemeingültiges Ideal zu erfüllen. Es wurde nicht mehr nur festlich repräsentiert oder den wechselnden Dekorationen Gelegenheit zur Prachtentfaltung gegeben. Der Fluß der Handlung wurde an immer neuen Momenten zu überhöhter Aussprache des Affekts gestaut, wenn auch im versöhnenden Tableau am Ende meist noch die absolutistische Weltordnung zu verherrlichen war. Aber auch die Sujets beschränkten sich noch auf Mythos und Geschichte, sie schrieben die Höhenlage des Stils fest, in dem sich das musikalische Drama zu bewegen hatte. Noch blieb der Kanon der klassischen Poetik für Metastasios Opern bindend.

Besonderen Anteil hatte Metastasio am Aufbau der poetisch-musikalischen Struktur, denn er überließ dem Orchester-Rezitativ die wichtigsten Momente der Handlung. Ratschläge, die er besonders Hasse, seiner »rechten Hand«, für die Komponisten mitgab, betrafen die Vorherrschaft der Poesie über die Musik. Diese stellte für ihn lediglich »Schmuck und Kleidung« der Worte dar. Reformatorisch ist die Stringenz des dramatischen Ablaufs, die Forderung an den Darsteller, den Vortrag nicht schleppen zu lassen, auf daß kein Loch im Dialog entstehe, die Verbannung unnützen Arien-Beiwerks und schließlich die Unterordnung der Musik unter die szenische Wirkung. Das Orchester erhält psychologisierenden Charakter, es verdeutlicht die innere Tragödie. Was Metastasio von Gluck unterschied, der alle diese Postulate ebenso unterschrieben hätte, war der Wunsch, die Stimme über Poesie und Musik hinaus

doch immer im Zentrum des Interesses zu belassen. Er mißtraute
aber auch der allzu raschen Entwicklung des Orchesters seiner Zeit,
dessen bedrohliche Kraft er spürte und im Zaum zu halten gedachte, um sie dem Ideal einer ausgeglichenen musikalischen Tragödie unterzuordnen.

Denn das Orchester hatte seinen Herrschaftsanspruch auch in
der Oper vorbereitet. Selbst jene, die den Gesang und die Melodie
einst gegen vielstimmige Kunst verteidigt hatten, zögerten nicht,
die Vormacht des Gesanges nun dem Orchester zum Opfer zu bringen. Niccolo Jommelli, der sich sonst dem Librettisten Metastasio
unterordnete, widerstand ihm in diesem Punkt mit Eigensinn. Dabei war Metastasio durchaus kein Gegner des »recitativo instrumentale«. Ein so dezidierter Dichter-Musiker wie er mußte den dramatischen Effekt dieser Deklamationsart spüren. Er respektierte in
einigen seiner Schriften die Fähigkeit des Orchesters, innere Tragödien darzustellen. Andererseits erschien ihm gerade solche
Macht eher erschreckend. Die Gewalt der Töne drohte die Handlung zu überwuchern. Die Poesie lief Gefahr, sich in Musik aufzulösen. Metastasio mit seinem feinen Sinn für das Gleichgewicht aller
theatralischen Elemente bestand darauf, daß in jedem Opernakt die
Zahl der »recitativi con stromenti« begrenzt blieb.

»Man hört keine Stimme mehr, das Orchester wirkt betäubend«,
rief ein besorgter Hörer. Bei den Vorstellungen blieben die Worte
der Sänger unverständlich, sofern man nicht im Buch nachlas; die
Begleitung erstickte die Stimmen. So jedenfalls beschreibt es Mattheson in seiner Abhandlung »Die neueste Untersuchung der Singspiele« von 1744. Sehr bald sollte sich das Orchester völlig verselbständigen. Beschreibende Musik, Programm-Konzerte, Sympho-
nie-Ouverturen (mit mehreren Sätzen) kamen auf.

Wie der italienische Gesangssolist solcher Entwicklung zum
Trotz seine jahrhundertealte beherrschende Rolle behielt, geht –
gerade auch im Blick auf seine grundsätzliche Stellung im Opernbe-
trieb – aus einer Erzählung Eckermanns über Gespräche mit
Goethe vom Mai 1830 hervor. Hier wird, nach einer Aufführung in
dem »riesigen« Scala-Theater zu Mailand, das leichte Ansprechen
und »freie Herausgehen« der Stimme ohne die geringste Anstrengung der Singenden bewundert. Ein gegen hundert Mann starkes,
von sechzehn (!) Kontrabässen, je acht auf einer Seite, gestütztes
Orchester trat so zurück, als fühle es sich nur berufen, begleitend

den Gesang zu tragen. Goethe sprach von dem Wissen der Italiener, daß der Ton eines Instrumentes nur schön sei, solange er nicht forciert werde. Überdies hatte der Dirigent das Orchester vor sich und so auch »im Griff«, während daheim in Weimar der Kapellmeister, höflich nur halb vom Publikum abgewendet und, vollauf mit der Führung der Sänger beschäftigt, keinen Kontakt zu den Musikern hinter sich hatte. »Die deutschen Orchester sind egoistisch und wollen sich als Orchester hervortun und etwas sein«, bemerkte der Alte von Weimar indigniert. In der Tat saßen schon, als Mozart 1760 Italien bereiste, dort etwa 60 Mann »im Graben«, ohne je die Stimmen zu decken oder zur Anstrengung zu zwingen.

In Deutschland sah es anders aus. Schon 1723 hatte Tosi hier über die schlecht geschulten Sänger-Bassisten gespöttelt, sie suchten »im Brüllen« ihren Ruhm. Die Anforderungen, die die Orchesterbesetzung und die großen Räume seither an die Ausdehnung sängerischen Stimmklangs stellten, erforderten ein forte als normale Durchschnitts-Tonstärke, das sich bei Steigerungen nur sehr wenig noch verstärken ließ. Das piano wurde zum speziellen Effekt und zur Ausnahme, anders als noch kurz zuvor. Aber daneben steht ein anderes Gesangsideal als das einzig durch Deklamation nuancierte fortissimo-Singen, als das Produzieren »großer Töne«. Zum Glück gibt es Sänger – ihre Zahl ist nicht groß –, die mit ihrer Kunst diese Einsicht immer wieder nicht verloren gehen lassen.

Bei Gluck oder auch bei Jommelli behauptete sich das Drama, nicht aber zugleich die Poesie, denn die Diktion wurde schwer, betont, mitunter schreiend, weil sie sich gegen das Orchester durchsetzen mußte. Darum bewegte sich Glucks Deklamation langsam und mit Wiederholungen, während etwa Lully sich mehr dem Geschmack der großen Schauspieler der Zeit anpaßte. Glucks Musik suchte Mäßigung und Natürlichkeit, wie sie damals verstanden wurden. Der Gegensatz zwischen den Schulen betraf weniger die Sache als die Form.

Welche Funktionen schrieb man der Arie zu? Sie ermöglichte Ruhepunkte im Ablauf der Opernszenen oder oratorischen Erzählung, Verweilen der Musik beim Seelenzustand handelnder, singender Personen. Und weil »aria« soviel wie Luft besagen will, dürfen wir wohl zunächst ihre Bedeutung als ein Aufatmen inmitten vorwärtstreibender Gefühle und Geschehnisse verstehen. Aus der Einfachheit alt-italienischer Vorbilder mit ihren dabei doch strengen

Formen, entwickelten sich durch drei Jahrhunderte vielfältigste Abarten, die mit dem erwähnten Luftschöpfen schließlich kaum mehr etwas zu tun hatten. Dramatischer, parodistischer oder auch spielerischer Ausdruck trat durch sie in die Opera seria, buffa oder comique ein. Dies bedeutete zunächst insofern Könnerschaft, gut zu improvisieren und zu verzieren, weil es Phantasie und Geschmack erkennen ließ. Für den Sänger, der verzieren wollte, galt, daß er sich in jedem Falle dem Textaffekt anzupassen hatte. Eine einfache Melodie sollte zugleich richtig und spontan verstärkt werden. Spätestens in Glucks Zeit, sicher schon vorher, galten Verzierungen, die nur der Kunstfertigkeit dienten, als wertlose, leere Virtuosität. Nach der inneren Notwendigkeit und dem Ausdruck, der der Arie zugrundelag, mußte gesucht werden.

Es bedurfte erst der Auslieferung der Arie an den Ziergesang, an die äußerlichen, nicht enden wollenden Koloraturen, Triller und Kadenzen, an die reine Virtuosität des Singstars, um den Kampfgeist eines Christoph Willibald Gluck zu wecken. Seine strenge Ariengestaltung, sein Mut zum tragischen Ausdruck führte zu neuem Ansatz, gleichsam an den Beginn der Gattung zurück. Ihm verdankten Beethoven, Weber und Wagner die endgültige Befreiung vom nichtssagend Schematischen. »Ach, ich habe sie verloren«, Glucks Orpheus-Klage, ist noch immer so etwas wie eine Mitte, um die das Kunstwerk Oper kreist.

»Orfeo ed Euridice« machte nicht nur in Glucks Schaffen Epoche, es lenkte den Lauf der Operngeschichte geradezu um. Erstmalig wurde hier auf das secco-Rezitativ verzichtet und somit fast gänzlich auf das akkompagnierende Cembalo, womit nun freilich ein Dirigent unentbehrlich wurde. Erstmalig auch verwuchs ein Werk mit seinem Text zu einer Einmaligkeit, die nicht durch andere wiederholt werden konnte.

Zwar wurde es versucht: Ferdinando Bertoni (1725–1752) komponierte Calzabigis Libretto nochmals; aber es kam nur ein Duplikat dabei heraus. Bertoni entschuldigte sich damit, der Librettist habe ihm nicht beratend zur Seite gestanden. Aber Ranieri da Calzabigi (1714–1795), der Librettist von »Orfeo ed Euridice«, arbeitete bereits auf eine endgültige, allein zutreffende Vertonung jeder poetischen Vorlage hin, anders als etwa noch Metastasio, dessen Textbücher in fast beliebiger Vielzahl vertont werden konnten. Calzabigi arbeitete auch auf ein neues Gesetz der Operngattung hin. Denn das Außerordentliche und Neuartige der Musik seines musikalischen Partners Gluck bemüht sich zugleich, Mißstände an einem vorgegebenen Ideal zu korrigieren. Das Ziel war, vollkommen einzulösen, was die Gattung erforderte und vorschrieb, darüber hinaus aber die Wiederverwendbarkeit von Metastasios oder Goldonis Dramen aufzugeben. Die künstlerische Ausnahme-Erscheinung, das Genie machte in Europa Furore. Calzabigi und später Lorenzo da Ponte erkannten klar, daß sich das Musiktheater nur entwickeln könne, indem der einzelne Text an die individuelle Eigenart eines Komponisten angeglichen würde. Der Textdichter schränkte seinen eigenen Anteil am Ergebnis ein, um neu gesteigert zu wirken. Er forderte eine Flexibilität, die das Nebeneinander sich scheinbar ausschließender Eigenarten vertrug, ohne das künstlerische Ego darüber preiszugeben.

Im Falle Glucks war es nun also der Musiker, der den Aufführungsstil überwachte und bestimmte, seine Arbeit gab erstmals den Ausschlag. Nicht zuletzt stieß Gluck die sanften, zärtlichen Affekte der Lust (denen einzig die melancholischen der Unlust gegenüberstanden) vom Sockel, um genau jene »gar gräßlichen, fürchterlichen Vorstellungen« in die Musik einzuführen, die Mattheson am liebsten »aus der Musik ausgemustert« gesehen hätte. Auch den Sängern eröffneten die »allerhand oft widrigen Leidenschaften« (Vorwort »Alceste« 1767, zit. nach Arend, 1922) bei Gluck neue Möglichkeiten, individuelle Partnerschaft von Ausdruck und Stimmfärbung zu entfalten. Die Bevorzugung sinnlichen Schönklangs wich einer charakteristischen Darstellung. So lobte Gluck an den Dichtungen Calzabigis die großartigen, schrecklichen Züge, die ihm als Komponisten das Mittel geliefert hätten, große Leidenschaften auszudrükken. In Deutschland stellte W. von Gerstenberg schon 1767 in seinen »Briefen über Merkwürdigkeiten der Literatur« fest, daß nun im Gegensatz zur galanten Epoche dunkle Affekte wie Haß, Rache, Verzweiflung zu Gesang werden konnten.

Glucks mehrfach schriftlich formuliertes Bekenntnis entfachte den Streit zwischen Gluckisten und Piccinisten (Anhängern des in Paris ansässigen Niccolò Piccini [1728–1800], der selbst von den Kämpfen nichts wissen wollte). Gluck konstatiert: »Ich war darauf bedacht, der Dichtung zu dienen, um den Ausdruck der Gefühle und das Interesse der Situation zu verstärken« (Vorrede »Alceste«, a. a. O.).

Es war ein Streit, den Bayreuth ein Jahrhundert später wieder entflammte und dem Clemens Krauss und Richard Strauss in der Oper »Capriccio« schließlich einen Epilog anfügten. Wer übernimmt in der Oper die dienende, zureichende Rolle, die Musik oder das Drama? Strauss ließ die Frage offen. Publikum und Interpreten neigen heute dazu, den Italienern die Gefolgschaft Piccinis nachzusagen, und die mehr wortbezogene Dramatik nördlicheren Komponisten wie Gluck oder auch Wagner, indem sie unbewußt dabei vom Typus der Sänger auf die Sache schließen. Aber hier drohen Mißverständnisse. Zwar zielen Gluck und Wagner auf das Musikdrama, aber ihr Begriff davon ist verschieden. Für Wagner stellt die Musik eher ein Vehikel psychologischer und pseudophilosophischer Auslegung bereit, vor allem durch das neben dem Gesang einheragierende Leitmotiv. Hinter der Einlassung auf Partikel des Textes müssen musikalische Form, thematische Verarbeitung und Überschaubarkeit der großen Linie zurückstehen, ja sie sind im »Ring« absichtlich vielfach nicht zu erkennen.

Unter Musikern scheint noch heute eher der Geist Glucks lebendig, so überzeugend ist er bei Wiederaufführungen zu spüren. Es ist, als seien jene Sänger, aus deren Munde diese in ihrer spezifischen melodischen Dramatik kaum wieder erreichten Werke zuerst erklangen, nicht vergessen. Aber Glucks Uraufführungen bilden schließlich auch ein Ruhmesblatt der Sängergeschichte. Standen doch die Darsteller der Hauptrollen darin vor völlig neuen Aufgaben, die sie nur unter Verzicht auf Virtuoseneitelkeit lösen konnten. Kaum für eine einzige Partie fand Gluck auf Anhieb die geeignete, vorgebildete Kraft. Vereinfachung der Darstellung und Innerlichkeit des Gesangsstils erforderten für alle Beteiligten ein Umlernen. Auch bemühte sich böswillige Agitation neidischer Kollegen, selbst die Lernwilligen dem Einfluß des Komponisten zu entziehen.

Daß Goethes »Iphigenie auf Tauris« und Glucks gleichnamige Oper ganz unabhängig voneinander im gleichen Jahr 1779 erschienen, markiert in der Literatur den Sieg des Klassizismus und in der Oper den Sieg des rein Künstlerischen. Gluck versuchte, eine eindeutige, musikalische Chiffre für die Darstellung eines Menschen zu schaffen, mit einem Profil der Melodie, das sich den Metamorphosen äußerer Bearbeitung widersetzt. Wer dies als primitiv verachtet, verkennt jene höhere Dramatik ohne äußeren Schein, wie sie höchstens bei Mozart, freilich anders gewandet, wieder auftrat.

Nun hat die Frage musikdramatischer Gestaltung auch keinen der anderen Musiker oder Musiker-Dichter des 18. Jahrhunderts gleichgültig gelassen. Und es wäre deshalb ungerecht, Gluck allein die Reform der Oper zuzubilligen. Denn Händel, Hasse, Vinci, Rameau, Telemann, Graun, Jommelli, um nur einige zu nennen, waren leidenschaftlich an ihr beteiligt. Selbst jener Librettist Metastasio, der gern als das hauptsächliche Hindernis für die Einführung »moderner« Musikdramatik angesehen wird, weil er sich zuletzt gegen Gluck stellte, mühte sich wohl um jene psychologische und dramatische Wahrheit, die sich zur Schönheit des Ausdrucks steigern konnte. Romain Rolland (»Musikalische Reise ins Land der Vergangenheit«, München o. J.) erinnerte daran, wie das Talent dieses Mannes tatsächlich wirkte, von dem Burney behauptet hatte, daß seine Dichtungen »wahrscheinlich der Vervollkommnung der sanghaften Melodie oder vielmehr der Musik überhaupt mehr gedient haben als die vereinigten Anstrengungen aller großen Musiker Europas« (Burney, »Taschenbuch einer musikalischen Reise«, ed. Klemm, Leipzig 1966).

So überspitzt dies klingen mag, Metastasio lebte doch seit seinen Anfängen als Wunderkind immer dem Gedanken einer poetischen Reform nach. Dazu trug sein gleichsam planvoll gemeistertes Liebesleben nicht wenig bei. Eine Sängerin entdeckte ihn. Nach einer Affaire mit der Tochter des Komponisten Gasparini traf Metastasio in Neapel die Operndiva »Romanina« (Marianna Benti), der er verdankte, zum »Racine der italienischen Oper« ausgerufen zu werden. Das Echo ihrer Stimme klingt in seinen Versen wieder, »so fließend und harmonisch, daß ich glaube, man muß zu singen anfangen, wenn man sie liest« (Andres, 1920). Eine solche Sangbarkeit von Worten – noch unvertont – beeindruckte die Zeitgenossen, und in der Tat sang der Dichter seine Worte, wenn er am Cembalo saß und oft auch selbst Musik zu seinen Dichtungen schrieb. 1750 teilte Metastasio der Prinzessin Belmonte mit: »Eure Exzellenz wissen, daß ich nicht für den Gesang zu schreiben vermag, ohne mir – gut oder schlecht – die Musik dazu auszudenken. Das Gedicht, das ich sende, ist zur Musik geschrieben, die es begleitet« (nach Rolland, »Musikalische Reise«, a. a. O.). Wenn sich Mozart auch lediglich eines einzigen vollständigen Librettos des bereits verstorbenen Metastasio bediente, nämlich des ihm aufgezwungenen »La Clemenza di Tito«, so verdanken wir seiner Begegnung mit den Versen des Italieners doch einige »Konzert-Arien«, die als Opernfragmente einzigartige Zeugnisse der Ausdruckskunst des Salzburgers darstellen.

Dem Weltmann Metastasio mit seinem Respekt vor der Tradition unterliefen nicht selten nüchterne Sentenzen und gesuchte Vergleiche, die er mit dem Beispiel der Antike und französischer Klassiker zu rechtfertigen suchte. Aber Gluck besaß genug Temperament des klugen, kühnen, im Notfall brutalen Revolutionärs, um solche Konventionen beiseite zu schieben. Und doch: Gerade der Tradition des Zusammenwirkens von Musik und Sprache, wie sie aus der schöpferischen Verbindung von Librettist und Komponist in der Oper erwuchs, verdanken wir Ausdrucksformen höchster Intensität.

So stellt denn auch die Oper nicht nur eine sich stets erneuernde, sondern wahrscheinlich sogar die höchste Form des Theaters dar, gleichgültig, ob die Libretti in jedem Fall überzeugen oder nicht. Denn auch bei einem primitiven Textvorwurf kann der Hörer glauben, der Mensch erreiche als singender Musiker eine exzeptionelle Ausdrucksmöglichkeit.

Die persönliche Freundschaft mit Calzabigi entschied die weitere Entwicklung von Glucks Schaffen. Jener schrieb die Texte zu den drei sogenannten »Reformopern« Glucks, alle in italienischer Sprache und für die Wiener Bühne. Durch enge politische Bindungen Österreichs an Italien strebte die dortige Oper als musikdramatische Neuheit nach Wien, wo sie alsbald begeistert gepflegt wurde. Wien war im 18. Jahrhundert zum Zentrum der italienischen Oper aufgestiegen. Gerade dagegen ging Gluck eigentlich an.

Im »Orfeo« werden Intrigenspiel und Verwechslungsoper gänzlich zugunsten einer Handlung verabschiedet, die – auf drei Personen reduziert – in Wien, das historische Opernstoffe bevorzugte, schockierend wirken mußte. Keine Koloratur, kein Ornament, keine Chance für ein »improvvisato« bei Sängern und Tänzern. Der Komponist hielt, als er die Proben überwachte, alle zum Dienst am Drama an.

Am nachhaltigsten scheint die Neuheit des Strophenliedes anstelle der neapolitanischen Da-capo-Arie gewirkt zu haben. Eine Verbindungslinie zur Pariser Opéra comique ist unverkennbar. Schließlich mußte das vom Cembalo begleitete secco-Rezitativ einem Sprechgesang weichen, der dramatische Zuspitzung unterstrich und auf dem Grunde eines in der Oper neuen Streicherklangs ruhte.

Das entschiedenste Beispiel der Reform stellte die »Alceste«, deren berühmte Vorrede Glucks Programm dokumentiert: Ziel sei es nunmehr, »alle die Mißbräuche, welche die falsch angebrachte Eitelkeit der Sänger und die allzu große Gefälligkeit der Komponisten in der italienischen Oper eingeführt, sorgfältig zu vermeiden«. Das heißt: Abkehr vom italienischen Operntypus des Kantablen und Hinwendung zum Deklamatorischen, wie es kurz zuvor schon Johann Adolf Scheibe gefordert hatte, als er die Komponisten dazu anhielt, dem Dichter unter allen Umständen zu folgen. Über dem dritten Reformwerk, »Paride ed Elena«, in dessen Charme und Einfachheit es viele störte, daß Gluck auf einen Kastraten zurückgriff (ohne Rücksicht auf die Tatsache, daß auch der »Orfeo« noch für einen Alt-Kastraten geschrieben war), zerstritten sich Komponist und Textdichter. Die Zusammenarbeit Glucks mit dem Diplomaten Bailly du Roullet erbrachte den Verzicht auf die Arie zugunsten einfacher »Airs«, gab akzentuierter Deklamation den Vorzug vor bestechenden Koloraturen in den rezitativischen Szenen. Gleichwohl fügte sich Gluck hier in gewisser Weise den Zwängen der Konvention, indem er für die beiden »Iphigenie«-Opern ein französisches Libretto akzeptierte.

Daß aus einer Partnerschaft mit Johann Gottfried Herder (1744–1803) nichts wurde, bedauerten wir schon, als wir über die Lieder sprachen. Es gelang Herder nicht, Gluck für die Komposition seines »Brutus« (»ein Drama für Musik«) zu interessieren. (Johann Christoph Friedrich Bach [1732–1795] vertonte es später). Die temperamentvolle, in freien Rhythmen gehaltene Shakespeare-Paraphrase hätte gut in Glucks Konzept gepaßt, denn sein Kampf galt vor allem der Entthronung des altmodischen Operntextbuchs. Die Konvention der Empfindung, das »Zärtliche«, die Scheu vor jedem starken Ausdruck, die blutlos idealisierten Charaktere sollten wirklichen Gestalten weichen und die herkömmlichen Handlungsmotive wahren Leidenschaften. Die Größe Glucks besteht nicht allein darin, daß er diese Forderungen aufstellte, sondern sie auch künstlerisch erfüllte.

Orpheus, der Sänger und liebende junge Gatte, Alceste, das aufopfernde Weib, Paris, der verweichlichte Phryger als Gegenspieler der herben Spartanerin, der kriegerische Achill, Agamemnon mit

dem furchtbaren Konflikt als Vater und Volkskönig im Herzen,
Armida, die Zauberin, die priesterliche Schwester und Griechin
Iphigenie, der finstere und abergläubische Barbar Thoas – sie alle
sah Gluck in ihrem Wesen und stellte sie auf die Füße, elementar
rhythmisiert, herbe und mit jenem Minimum an »reiner« Musik, für
dessen genau zu treffende dramatische Ausdeutung dieser Willens-
mensch sich in Wien und Paris unbeugsam einsetzte. Wieviel lebendiger faßt Gluck die Gestalten des Altertums als die gefällige Gips-
Antike seiner Zeit! Wie verstand er zu steigern, zu kontrastieren
und abzurunden, auch durch dem Sinn gehorchende Tonarten-
Abfolgen! Er mußte schließlich siegen und sowohl die metasta-
sianische Renaissance-Oper verleugnen, als auch die heroisch-
konventionelle französische Oper stürzen. Und doch: Seinen Nach-
ahmern vererbte er entseelte Hüllen, deklamatorisches Pathos, das
in der Revolutionsoper immer hohler klang und zu den Riesen-
maßen der Empire-Zeit aufschwoll. Selbst der letzte unmittelbare
Nachfolger, Gasparo Spontini, der noch einen Hauch seines Geistes
verspürt hatte und ihn auch, etwa in der Sterbeszene des Antigone
in der »Olimpia« spüren läßt, setzte Gluck nicht wirklich fort.

Mozart und die Analyse des Menschlichen

Ein Zeitraum, wie er Gluck und auch Haydn zu stetiger Entwicklung gegeben war, stand Mozart nicht zur Verfügung. Was sich in
diesem kurzen Leben von nicht ganz 36 Jahren an Not zusammen-
drängt, bezeichnet jenen (biographischen) Abstieg, der von dem
verwöhnten, umschmeichelten Wunderkind an den Höfen Europas
zu den Bettelbriefen der letzten Jahre und dem Begräbnis im Mas-
sengrab führt. Was Mozart an Energie fehlte, seinen Lebensgang zu
gestalten, absorbierte seine Kunst – und um seine künstlerische Sendung zu erfüllen, tat sein Genius das unmöglich Scheinende.
Mozarts Reise nach Mannheim und Paris, die als seine letzte Lern-
Reise gelten kann, konfrontierte ihn mit den Ansätzen einer seriösen deutschen Nationaloper und mit dem Opernideal Glucks. Neue
Kunstformen und Individualitäten kennenzulernen waren die wichtigsten Erlebnisse in Mozarts Entwicklung. Zunächst noch hieß das
ein Übernehmen der Vorbilder in allen Arten und Unarten, so daß

der Stil des Jugendlichen einem schillernden Wandel von Werk zu Werk gleicht. Aber sehr bald löste sich jeder fremde Einfluß auf. Die stilistische Maske wurde abgeworfen, sympathische Elemente angeglichen, was in einem unvergleichlichen melodischen Reichtum resultierte, einem Geschmack, einer geistigen Beweglichkeit, formalen Sicherheit und Klärung ohnegleichen.

Es gibt zwar kein musikalisches Gebiet der Zeit, das Mozart nicht bedacht hätte; am entschiedensten aber zog sein Opernschaffen Konsequenzen nach sich – wiewohl mit Abstufungen. Die Mehrzahl seiner Seria-Opern entstand in seiner Jugend, und so erstaunlich reif sie gesanglich und orchestral klingen, so sind sie doch Werke eines Lernenden, der dem zweifelhaften Prinzip der sogenannten dritten neapolitanischen Schule folgte, wo das Rezitativ recht schablonenhaft behandelt wurde und leeres Pathos die Regel war, wo es ständig – wie Gluck krittelte – »nach Musik roch«.

Erst Lorenzo da Ponte (eigentlich Emmanuele Conegliano, 1749–1838) verwirklichte eine künstlerische Haltung der Oper gegenüber, die einigen Dichtern der Zeit, voran Goethe und Herder, längst selbstverständlich war. In seinen späten, im amerikanischen Exil geschriebenen Memoiren (Milano 1823–1827) hält da Ponte fest, der Gegenstand einer Oper für einen so dämonischen Künstler wie Mozart müsse so erhaben sein wie dessen schöpferische Kraft. Das Genie dürfe seine Vorliebe für bestimmte Sujets ausleben und seinen eigenen Maßstab setzen. Erhabenheit könne auch unermeßlich und überhöht dämonisch, schauder- und schreckensvoll gestaltet werden. Grotesk, fratzenhaft, ja selbst alltäglich und augenblicksgebunden könne klingen, was gleich neben dem Schönen seinen Platz findet. Was Figaro in den Mund gelegt wurde, ist aufrührerische Haltung und klagt den absolutistischen Staat in seinem Endstadium unverblümter an als irgend sonst in der Oper. Zugleich aber ist die Figur bestrebt auszugleichen und braucht geradezu den Grafen als Gegenpol gefestigter Herrschaft. Aber eben: Die Musik behilft sich hier nicht mit dem Stoff, sondern verwandelt ihn sich vollständig an. Das gesungene Drama behält seine eigene Gesetzlichkeit vor dem gesprochenen. Noch war die romantische Vorstellung (bis zu Busoni weiter gedacht) nicht gültig, daß die Musik, um wunderbar zu sein, nur die Sprache des Wunderbaren reden könne. Das singspielhafte Märchen war noch nicht der ideale Ausdruck wie in der kommenden romantischen Oper.

Den »Titus«, seine letzte Seria, warf Mozart eilig und bedrängt hin, wunderbar stilsicher, aber dramatisch schwer zu verlebendigen (was an vielen Orten Europas der Regisseur Jean-Pierre Ponnelle dennoch zuwege brachte). Ehrgeizig konzipiert und seiner Musik wegen zeitlebens hochgehalten, wurde der mit 25 Jahren komponierte »Idomeneo« zu Mozarts faszinierendster Opera seria. Er ist äußerlicher Ähnlichkeit wegen mit Glucks Opern verglichen worden. Aber trotz seiner dramatischen Chöre, seiner Ballettmusik, der gesanglichen Durcharbeitung der Arien und Ensembles, der orchestralen Feinzeichnung läßt sich nicht übersehen, daß Mozart gerade hier das reformerische Gesetz der Dramatik außer acht ließ, daß er sich der wahrhaftigen musikalischen Menschenzeichnung auf ganz anderem Wege sonst bereits genähert hatte.

Grundverschieden steht es mit Mozarts buffonesken, giocosen Opern und seinen deutschen »Singspielen«. Erstere krönen die Gattung, die der Seria damals längst den Rang abgelaufen hatte. War schon dramatisch alles in ihr auf Witz, Überraschung, lebendigen Wechsel angelegt, so hatte sie der musikalisch zur Arienfolge stereotypisierten Seria den Formenreichtum voraus. Zu Duett und Terzett, die bereits im figurenarmen »Intermezzo« auftauchten, traten »Introduzioni«, die gleich mehrere Personen musikalisch überzeugend einführten, und finali, die dem Auge und Ohr lebhaft vermittelten, wie sich der dramatische Knoten schürzte und entwickelt wurde. Hatten auch andere musikalische Gattungen schon versucht, Individuen durch Tonfolgen zu charakterisieren, so triumphierte nun die Oper ein weiteres Mal über das gesprochene Wort des Dramas.

Den Prototyp des dramatischen Finales füllten nicht alle Buffa-Komponisten mit Qualität. Der liebenswürdige und feinsinnige Rivale Glucks in Paris, Niccolò Piccini, stellte noch die überkommene Kette von Arien, Cavatinen oder Duetten dagegen. Das dramatische Finale, etwa im Sinne des Giovanni Paisiello (1740–1816) führte dazu, die Szene zu vereinheitlichen, indem das Orchestermotiv – immer den Streichern anvertraut – zusammenfassende Funktion ausübte. Von diesem dramatischen Finale her hätte es nahegelegen, die stilisierte Arie zu überwinden, die Oper »durchzukomponieren«. So aber nahm die Opera buffa zu ihrer Form einfach die der Opera seria hinzu.

Was sie musikalisch dabei gewann, verlor sie an Stilreinheit. Die

Vorliebe für phantastische Stoffe hinderte nicht, auch Elemente des sentimentalen Familienstückes einzuführen, die nach einem schmachtenden Liebespaar verlangten, um dem Publikum die große Arie mit Koloratur nicht vorzuenthalten. Hatte die buffoneske Oper damit begonnen, die Seria zu verspotten, so triumphierte diese, indem sie die Da-capo-Arie in die buffa einführte. Deshalb erschienen auf den venezianischen Theaterzetteln um 1740 die Personen in »parti buffe« und »parti serie« geteilt. Historisch entspricht der »Don Giovanni« mit Don Ottavio, Donna Anna auf der einen, Leporello und Zerlina auf der anderen Seite einer solchen Praxis. Aber läßt das auf planlose Wahl der Libretti durch Mozart schließen? Zwar weisen die unumwundenen Zitate aus »Cosa rara« und »Le Nozze di Figaro« in der Gastmahl-Szene des »Don Giovanni« darauf hin, daß auch dieses Werk in der Reihe früherer Opernprogrammatik steht. Der Gegensatz zur ungeheuren Begegnung mit dem Steinernen Gast wurde aber gerade durch die situationsfremde Reminiszenz an die Commedia besonders wirksam. Und gerade daß in den bisherigen dramatischen Fassungen dieses Stoffes die Chance zur Einführung buffonesker Elemente vertan worden war, könnte Mozart am »Don Giovanni« gereizt haben. Neben den erwähnten »serie« und »buffe« nimmt der Don seine eigene Sphäre in Anspruch. Er spricht eine Sprache, die Mozart aus burlesken Figuren in früheren Opern zu reicherer Entfaltung brachte. Und weil der hohe Stil der dreiteiligen Arie nicht recht zu ihm stimmen wollte, mußte er sich mit dem Couplet oder dem Lied begnügen, das wiederum die Dämonie des Titelhelden weitgehend einschränkt.

Ob nun Graf und Gräfin im »Figaro« oder die Handelnden im »Don Giovanni«, ihre Arien werden in den dramatischen Vorgang integriert, die Figuren entwickeln sich vielschichtig und psychologisch. Was sich E. T. A. Hoffmann als revolutionär beim ersten Accompagnato der Donna Anna offenbarte, war ein Offenlegen tieferer Schichten der Seele. Die reine Ästhetik der Gattung herrschte nicht mehr vor.

Handelte es sich bei seinen Vorgängern kaum um mehr als eine Stilmischung, die dem Publikum gefallen sollte, so bewegte sich Mozart zur künstlerischen Wahrheit, zum Spiegel menschlichen Schicksals, das sich skurril und heiter, aber auch tragisch und finster darbieten kann. Das Glück ließ Mozart dem Venezianer Juden

Lorenzo da Ponte begegnen, der ihm die Texte für die letzten drei Opernstoffe schrieb. Zwei davon sind echte Lustspiele mit profilierten Gestalten, eines aus der Weltliteratur auf eigenständige Weise übernommen. In »Le nozze di Figaro« nach Beaumarchais, »Don Giovanni« und »Cosi fan tutte« sind sämtliche Formelemente der italienischen Oper im Feuer einer zusammenfassenden Musikalität umgeschmolzen. Da wird das Abgegriffene, Melodisch-Formelhafte wieder zu Sinn und Temperament, weil der, der es benutzt, auch kritisiert, auch analysiert, um begreifbarer zu machen, wie abhängig und begrenzt das Menschliche ist.

Mit dem Ende des 18. Jahrhunderts war die Rolle des Kastraten ausgespielt. Nur Crescentini reichte noch ins neue Jahrhundert hinein, als Widerschein einer auf höchster Stufe stehenden Kunst. Aber die neuen Ideale Menschenwürde und Freiheit des einzelnen ließen das Kastratenwesen unerträglich erscheinen. Es hatten sich mit der Weiterentwicklung des Opernlibrettos, zunächst durch Gluck, dann durch Mozart Tendenzen durchgesetzt, die auf Naturtreue und Wahrheit der Empfindung abzielten. Mit ihnen war die Ära der großen Diven gekommen, eine Zeit der getreueren Menschendarstellung, aber auch der Auswüchse außer- bis unmusikalischer Annäherungen an den Gesang.

Auch die Ferne des Gesanges von der autonomen Musik wurde überwunden. Noch im Barock spielte Musik als selbständige Kunst eine eher untergeordnete Rolle. Funktional in der Kirche oder am Hof eingesetzt, konnte sie nicht mit philosophischem oder literarischem Interesse wetteifern. In der Oper durfte die Musik die Handlung unterstützen und begleiten, sie durfte das Wort verstärken und sprachlich vermittelte Affekte darstellen. Aber mit dem Vortreten des Orchesters kündigte sich etwas an, das sich in dem »divertimento teatrale« von de Casti »Prima la musica, poi le parole« in der Vertonung von Mozarts heimlichem Neider Antonio Salieri (1750–1825) ausdrückte. Ein weiterreichendes Verständnis der Musik als einer Kunst mit eigener Aussagekraft, die noch über die begriffliche Wortsprache hinausführte, rückte die Tonsprache mitten in Philosophie und Ästhetik.

Für das angestrebte musikalische Drama auf die erstarrte Opera seria zurückzugreifen, fiel Mozart zunächst schwer. Er orientierte sich ebenso intensiv an der französischen Oper, die seit je das rein Musikalische dem Sprachlichen unterordnete, schon weil sie nicht durch Arien zu wirken suchte. Schematisch langatmig zu komponieren, das lag den französischen Komponisten nicht, und so verbanden sie sich dem Text unmittelbarer. Rezitativ, Arioso oder kleinformatige Arie waren es denn auch, von denen her Gluck seine Reformtheorie entwickeln konnte und die Mozart musikdramatisch weiterführte. Hier wurde das Ideal der Nur-Schönheit verlassen, ein Dialog mit dem Hörer angestrebt, nicht der einseitige Überrumpelung mit Klängen und auch kein Einlullen durch Musik-Genuß. Liest man die zeitgenössischen Berichte, so wird das extrem Kontrastreiche, Aufwühlende und Erschütternde an Mozarts Musik, besonders in den Opern, hervorgehoben. Mozart auf den ästhetischen Genuß zu reduzieren heißt schon deshalb, ihn sicherlich mißzuverstehen. Erholung nach dem Arbeitstag – das kann seine Musik nur in den Fällen bieten, in denen sie als »Unterhaltungs-Musik« angelegt ist.

Die Geschichte der Mozart-Rezeption kennt viele Widersprüche. So bewegte die Frage »secco-Rezitativ oder gesprochener Dialog« die Gemüter über drei Generationen nach Mozarts Tod. Sie stellte sich besonders bei jeder »Figaro«-Neueinrichtung. Hartnäckig hielt sich hier das gesprochene Wort als Rezitativ-Ersatz, während es aus dem »Don Juan« seit langem ganz verbannt war. Gewichtige Stimmen und Meinungen stützten die Praxis der gesprochenen »Figaro«-Rezitative. Theaterpraktiker wiesen auf die komplizierte Intrige im Stück hin und befürchteten, ihr Verständnis werde durch die Musik erschwert. Annäherung an das deutsche Singspiel schien erwünscht.

Wie kam es eigentlich dazu, daß in den Opern der zweiten Hälfte des 18. Jahrhunderts so viel gesprochen wurde? Als die festangestellten italienischen Operntruppen allmählich aus dem deutschsprachigen Raum verschwanden, waren nicht sofort deutsche zur Stelle. Man behalf sich zunächst mit Schauspielern, deren Organe in Sprechtechnik und Wortbehandlung einige Schulung aufwiesen, und verzichtete auf das vielleicht als fehlend Empfundene. Während die Italiener von den reichen Mäzenen mit Gold und Ehren überhäuft wurden, blieben die singenden Schauspieler ein hungerndes Volk, Untergeordnete. Ohne Erhöhung ihrer Bezüge oder ihres Ansehens sprangen sie in die Bresche.

Vergünstigungen hatte es auch hundert Jahre zuvor nicht gegeben, als an Keisers Hamburger Oper sehr anspruchsvolle Koloratur- und Ausdrucksaufgaben gefordert wurden. Aber nun verursachte die Vorherrschaft der italienischen Oper an den Fürstenhöfen eine anti-welsche Bewegung. Wieland rief mit seinem Libretto zur »Alceste« ebenso zur »teutschen Oper« auf wie Goethe mit seinem Dutzend Singspiel-Textbüchern. Joseph ii. huldigte mit seinem Wiener Nationaltheater dem gleichen Traum; aber er unterschätzte Mozart. Gluck antizipierte Mozarts »Entführung« mit seiner Türkenoper »Le rencontre imprévue« von 1764 (deutsch als »Die Pilgrime von Mekka« bekanntgeworden). Mit Strophenliedern und gesprochenen Dialogen wird hier das Genre entworfen, zugleich aber mit den eingefügten, rezitativischen Szenen und der Zusammenfassung des dramatisch Korrespondierenden die Perspektive zu Mozart bereits gewonnen.

Aber hatte denn »Figaro« damit wirklich noch etwas gemein? Es handelte sich um eine italienische Oper. Sollten die schlechten Übersetzungen die Handlung erkennbar machen? In unseren Tagen ist die Frage, die Gustav Mahler noch stellte, zu Mozarts Gunsten gelöst. Die secco-Rezitative gehörten zu Mozarts Stil. Einen triftigen Grund gegen die Übersetzung ins Deutsche führte schon Eduard Hanslick ins Feld. Das als »trocken« verschriene Rezitativ mußte, deutsch gesungen, endgültig verdorren. Allegro und Presto erstarrten meist zum Adagio und Andante, und sprach man schnell, so verstanden die Hörer kein Wort. Mahler in Wien erreichte gleichwohl eine enorme Geläufigkeit der Sängersprache, ja er ging so weit, neue Rezitativ-Stellen hinzuzukomponieren und die Gerichtsszene im »Figaro« zur besseren Einführung von Marzelline und Bartolo aus Beaumarchais' Lustspiel herüberzunehmen. Dabei konnte er sich auf Max Kalbecks hervorragende Übersetzung stützen. Dennoch: Diese Experimente sind zum Glück wieder vergessen. Immerhin brachte Mahler es in Wien als erster fertig, mit secco-Rezitativen zum (deutsch gesungenen) »Don Juan« wieder Mozart selbst zu Worte kommen zu lassen, indem er die Akkorde zunächst vom Streichquartett spielen ließ, um sie dem Publikum »orchestral« schmackhaft zu machen.

Als einzige Sängerin seit Mozarts Tod hatte zuvor Jenny Lind in Berlin ihrer Partie der Donna Anna die secco-Rezitative wieder eingefügt. Hier stellte sie ihre künstlerische Gewissenhaftigkeit auch damit unter Beweis, daß die Oper bei ihrer Mitwirkung nicht, wie sonst üblich, mit dem Höllensturz des Helden enden durfte. Andernorts freilich mußte das letzte, buffoneske Finale auf seine allgemeine Wiederentdeckung noch bis in das 20. Jahrhundert warten.

Das akkordisch begleitete secco-Rezitativ, auf das heute keine Aufführung der Welt mehr verzichtet, hat einmal Zweifel an der ästhetischen Einheit in der Oper Mozarts geweckt und die Meinung aufkommen lassen, diese sei ein Zwitter zwischen Sprache und Musik. Entstanden ist das secco-Rezitativ zusammen mit der Instrumentalisierung der Musik, damit es sich von den umgebenden Nummern abhebe, um fortan als notwendiges Übel geduldet zu werden (siehe auch Georgiades, »Musik und Sprache«, Berlin 1954). Theoretiker des 18. Jahrhunderts konstatierten für die französische Musik, daß sich in ihr feste Grenzen zwischen Melodie und Rezitativ kaum ziehen ließen (Neumann, »Die Ästhetik des Rezitativs«, 1962). Im Gegensatz zum italienischen nähert sich das französische Rezitativ unmerklich den Arien. Aber wenn Johann Joachim Quantz (1697–1773) (sehr lange *vor* Debussys »Pelléas«-Prinzip!) kritisiert: »Ihr Rezitativ singt zu viel, die Arien hingegen zu wenig: weswegen man in einer Oper nicht allemal errathen kann, ob man ein Rezitativ oder ein Arioso höre« (»Versuch einer Anweisung«), so ist das (im Blick auf Rameaus großartige Arien etwa) reichlich übertrieben.

Rezitativisches ist beim Singen keineswegs immer mit Deklamatorischem gleichzusetzen, womit ja ursprünglich Vortrag in gehobener Sprache gemeint war. Mozarts Rezitative (von einigen Accompagnato-Ausnahmen wie dem des Sprechers in der »Zauberflöte« abgesehen) sind meist viel zu grazil, um als deklamatorisch gelten zu können. Da nähern sich Haydns oratorische Rezitative viel eher dem Stil der Händelschen Deklamation.

Etwa das große »Accompagnato« zwischen Sprecher und Tamino in der »Zauberflöte« dagegen wird selten so einstudiert, wie es Mozart aufzeichnete. Respektiert der Unterricht hier lediglich die Tonhöhen und unterläßt es, die metrische und rhythmische Notation zur Grundlage zu machen, so ist auch der Weg zu den Freiheiten schwierig zu weisen, der erst im vollen Bewußtsein dessen, wovon freier Gebrauch gemacht wird, dazu befähigt, ohne Zwang zur Ausgangsposition zurückzukehren. Denn Mozart hat dieses außerordentliche Stück Musik mit untrüglichem Gespür für deklamatorische Wirkung rhythmisiert und im Zeitmaß festgelegt. Ausgehend vom Grundtempo des alten »allegro ordinario« entspricht das Tempo des Rezitativs dem halben oder dem doppelten Tempo der musikalisch gebundenen Teile. Erst wenn genau im notierten Rhythmus gesungen wird, wirkt eine Freiheit, die nicht der Interpret geben soll, sondern die Musik selbst. Die Freiheit jeder kleinsten Regung der gegensätzlichen Charaktere ist von Mozart festgelegt, und man hört innerlich bei so mancher Wiedergabe Richard Strauss dem Sänger zurufen: »Singen's im Takt, sonst is' nicht frei!«

Eine solche, im »accompagnato« sehr angebrachte Treue zum Metrum kann im freien, nur über dünnen Cembalo-Akkorden gesungenen secco-Rezitativ natürlich auch sehr fehl am Platze sein. Umstritten bleibt die Frage der Vorhalte, die notenmäßig meist nicht notierten Appoggiaturen der Mozart-Zeit. Hierzu schreibt Mancini, Gesangslehrer der kaiserlichen Prinzessinnen in Wien, 1774: »Daß die Kunst des Rezitativsingens mit der richtigen Anwendung der Appoggiatur, wie man sie gewöhnlich nennt, steht und fällt. Dieser kostbare Akzent besteht, kurz gesagt, in einer um einen Ton höheren Note als geschrieben. Und man wendet ihn vor allem dann an, wenn zwei Silben, die ein Wort bilden, mit dem gleichen Ton notiert erscheinen.«

Am besten hat wohl J. A. Hiller 1780 (»Anweisung zum musikalisch zierlichen Gesange«, Neuausgabe Leipzig 1976) ausgedrückt, was den rezitativischen Gesang ausmachen sollte: »Das tempo rubato, das öftere Functionieren einer langen Tactnote, kann hier mit Vorteil gebraucht werden. Im Ganzen genommen, muß der Tact streng beobachtet werden, aber in den einzelnen Teilen desselben muß es der Sänger zu verstecken wissen. Das Gefühl einer guten Declamation der Worte, die richtige Beobachtung aller kleineren und größeren Einschnitte, aller prosodischen und rhetorischen Accente sind das Wesentliche des guten Vortrags im Recitativ.« Die rechte Freiheit ist also nur über bewußt streng genommenen Takt zu erreichen.

Freiheit metrischer Natur und Reichtum an Farbe können zu seltsamen Gehörstäuschungen führen. Wir haben es mehrfach erlebt, daß sich Kritiker über die Ungenauigkeit der Grafen-Rezitative im »Figaro« entrüsteten (»Kaum eine richtige Tonhöhe«). Bei genauerem Hinhören, ermöglicht durch das mitlaufende tape während der Aufführung, stellten sie sich dann als völlig korrekt heraus und ließen umgekehrt kaum eine »falsche Tonhöhe« hören. Selbstherrlichkeit der Regisseure, deren »Einfällen« sich der Sänger meistens zu fügen hat, und die daraus resultierende freie Behandlung von Farben und Rhythmus täuschen das Ohr eines mittelmäßigen Hörers über solche Unterscheidungen.

Von der Opera buffa in Italien, die in bezug auf das parlando höchste Anforderungen an Virtuosität stellte, übernahm Mozart viele Charakteristika, ganz besonders in seinen Rezitativen. Aber auch viele seiner Arien, an ihrer Spitze Don Giovannis »Champagner-Lied«, kennzeichnen »Mozartstimmen« als in erster Linie vom parlando her geschult, fähig zu Kraft und Elastizität, auch noch in kürzesten Notenwerten, fähig zu Timbre und Tragfähigkeit unabhängig von der Tonstärke, zu leichtem Ansprechen der Stimme in allen Lagen und zur Bereitschaft, auch noch im schnellen Tempo Akzente zu geben. Solche Bemühung um rasche Tongebung birgt die vielfach unterschätzte Gefahr in sich, den Stimmklang zu verflachen, an Rundung des Tones derart einzubüßen, daß ein Mißverhältnis zur sonstigen inneren Weite des Klangbildes eintritt. Hier darf auch bei selbstvergessener Identifikation mit der Rolle nie die helfende Vorstellung von Rundung und Resonanz des Tones aufgegeben werden.

Dies gilt auch und besonders für das Singspiel, in dem ja Gesprochenes und Gesungenes sich begegnet und dem Interpreten rasche Umstellung vom Singen zum Sprechen abfordert. Anläßlich seines Singspiels »Jery und Bätely« hat Goethe, der ja später Mozarts Opern in seinem Weimarer Theater vorbildlich pflegte, dem ihm befreundeten Komponisten Kayser beschrieben, wie er sich die Gesangscharaktere vorstellte. Sie sind nicht nur für die urspüngliche Schweizer Idylle von 1779 gültig: »Ich bitte Sie, darauf achtzugeben, daß eigentlich dreierlei Arten von Gesängen drinnen vorkommen. Erstlich Lieder, von denen man supponiert, daß der Singende sie irgendwo auswendig gelernt und sie nur in ein oder der anderen Situation anbringt. Diese können und müssen eigene, bestimmte und runde Melodien haben, die auffallen und die jedermann leicht behält. Zweitens Arien, wo die Person die Empfindungen des Augenblicks ausdrückt, und ganz in ihr verloren aus dem Grunde des Herzens singt. Diese müssen einfach, wahr, rein vorgetragen werden von der sanftesten bis zur heftigsten Empfindung. Melodie und Akkompagnement müssen sehr gewissenhaft behandelt werden. – Drittens kommt der rhythmische Dialog: Dieser gibt der ganzen Sache die Bewegung, durch diesen kann der Komponist die Sache bald beschleunigen bald wieder anhalten, ihn bald als Deklamation in zerrissenen Takten traktieren, bald in einer rollenden Melodie sich geschwind fortbewegen lassen.«

Mit knappen Worten ist hier das der Gesangsmusik bis dahin technisch Mögliche umrissen. Dabei vermied eine Komposition, die sich einfach und natürlich zugleich geben wollte, durchaus nicht in jedem Fall Farbenreichtum, wie Mozart es uns zeigt. Von Joseph Weigl (1766–1846) bis zu den Frühwerken Albert Lortzings freilich überwog das Vorurteil, nur bei einfacher Faktur sei ein »natürlicher« Eindruck zu erzielen. In der Einfachheit der Musik konnte sich die Unschuld vom Lande am schönsten spiegeln. Besonders zwischen den berlinischen Liedkomponisten der ersten Schule und der noch jungen deutschen Singspielbewegung ergaben sich Wechselbeziehungen. Anstelle großräumiger Arien mit belcantistischem Virtuosen-Gepränge rückte diese das Strophenlied ins Zentrum und setzte den gestelzten Helden der Opera seria das bürgerliche Ideal der Aufklärung entgegen, das freilich nicht selten in Lehrhaftigkeit steckenblieb. Der Lehrer Reichardts und Neefes, Johann Adam Hiller (1728–1804), beeinflußte mit manchem seiner berühmten Bühnenlieder das hausmusikalische Liedrepertoire um die Wende zum 19. Jahrhundert, dem in der Hauptsache geselliges Singen zugrunde lag.

Wir haben Goethe zitiert, dessen langes Leben Mozarts kurze Daseinsspanne ganz umschließt. Die einzige kurze Begegnung, als Leopold Mozart 1763 in Frankfurt mit seinen Kindern auftrat, blieb Goethe stets im Gedächtnis, während Mozart, als er »Das Veilchen« aus »Erwin und Elmire« komponierte, nicht wußte, daß er die Verse des größten deutschen Dichters vertonte. Er hielt sie für ein Gedicht von Christian Weiße. Er war als Opernkomponist auch sicher mit den Texten eines da Ponte oder Schikaneder besser bedient, als dies etwa mit den Singspieldichtungen Goethes der Fall gewesen wäre. Dieser wiederum wünschte sich, Mozart hätte Musik zu seinem »Faust« geschrieben, dichtete auch eine Fortsetzung zur »Zauberflöte« – es blieb bei einer Utopie, die dann nicht Mozart, sondern der Wiener Hofkapellmeister Paul Wranitzky (1756–1808) komponieren sollte, was unterblieb. Unabhängig von Goethe hat Emanuel Schikaneder (1751–1812), weil es sich geschäftlich zu lohnen schien, eine »Zauberflöten«-Fortsetzung geschrieben. Unter dem Titel

»Das Labyrinth oder Der Kampf mit den Elementen« vertonte dies
Mozarts »Schüler« Peter von Winter (Uraufführung 1798). Was hier
wie ein Aufguß des bereits Vorhandenen wirkt, lebt bei Goethe davon, daß ein neues Element in die Handlung eingebracht wird: Im
Zentrum steht Taminos und Paminas Sohn.

Was auch immer Goethes enge, stark von Reichardt und Zelter
beeinflußte Theorien über das Lied und seine Form an unfreund-
licher Beurteilung seines Verhältnisses zur Musik hervorgerufen
haben mag – in der Oper, im Singspiel ließ sich Goethe von Mozart
anregen. Denn was der Dichter zusammen mit Kayser als Grenze
des Singspiels absteckte, hatte Mozart ja völlig über den Haufen ge-
worfen. Als die »Entführung« 1785 erstmals in Weimar über die
Bühne ging, verzichtete Goethe fortan auf die Realisierung seiner
eigenen Singspielpläne. Und es war nicht der Text (den er schlecht
fand), sondern die Musik, die ihn überzeugte. So hat Goethe denn
auch als Direktor des Weimarer Hoftheaters die Hauptwerke
Mozarts immer wieder auf den Spielplan gesetzt. Ja, lange nach
Mozarts Tod wurde in seiner »Zauberflöten«-Fortsetzung ein Abglanz davon spürbar, wie der Alte den Jungverstorbenen (und seinen Textdichter Schikaneder!) verehrte.

Was Mozarts Opern, von der »Entführung« bis zur »Zauberflöte«, Lebenskraft und Wirkung verleiht, ist vor allem die Dramatik
der Musik. In uneingeschränkter Autonomie scheint sie nur ihren
eigenen Gesetzen zu folgen, während sie doch vorbehaltlos den
Forderungen des Dramas gerecht wird. Vielleicht hat Wagner deshalb Mozart als den »absolutesten« aller Musiker bezeichnet.
Mozarts Musik verwirklicht die dramatische Idee. Das ist hier nicht
gleichbedeutend mit Unterwerfung unter Dichter und Text. Anders
als Gluck, der »die wahre Bestimmung« der Musik darin sieht, »der
Dichtung zu dienen«, anders aber auch als Wagner, der den »Irrtum
im Kunstgenre der Oper« darin findet, daß »ein Mittel des Ausdrucks zum Zwecke, der Zweck des Ausdrucks aber zum Mittel gemacht war« (»Oper und Drama«), anders also steht Mozart der Aufgabe und Problematik der Oper gegenüber. Zur Zeit der Komposition der »Entführung« schreibt er an seinen Vater: »Und ich weiß
nicht – bei einer Opera muß schlechterdings die Poesie der Musik
gehorsame Tochter sein«.

Es ist aber ratsam, Mozarts vielzitierte Äußerung nicht für sich
allein zu sehen. Im gleichen Brief steht auch: »Warum gefallen denn

die welschen komischen Opern in Wahrheit? Mit all dem Elend, was
das Buch anbelangt? Weil da ganz die Musik herrscht und man
darüber alles vergißt«. Mozart definiert, was für den Erfolg einer
Oper in seiner Zeit ausschlaggebend war. Dann fährt er fort: »Um
so mehr muß ja eine Oper gefallen, wo der Plan des Stückes gut
ausgearbeitet, die Wörter aber nur bloß für die Musik geschrieben
sind ...« Mozart behandelt das dramatische Geschehen in dieser
Zeit vorrangig musikalisch. Aber er fordert nicht etwa Freiheit für
den absoluten Musiker, ohne Rücksicht auf den Text selbstherrlich
zu verfahren, sondern der gut ausgearbeitete »Plan« ist ihm Vorbedingung für eine vollkommene Oper. Wir wissen aus Zeugnissen,
daß er Einfluß auf die Gestaltung seiner Textbücher genommen hat.
Deren Umrisse als solche genügten, ihn zu musikalisch-dramati-
scher Gestaltung zu inspirieren, und dem schaffenden Komponisten hatte sich der Librettist dann unterzuordnen. Die sprachliche Formung des Textes wurde von Rücksicht auf die Musik bestimmt.

Was Mozart besonders interessiert, ist die »Verseart«. »Verse sind
wohl für die Musik das unentbehrlichste.« Mozart bedarf dazu kei-
nes »Dichters« als Mitarbeiter. Besitzt dieser zusätzlich literarische
Qualitäten – um so besser. Aber entscheidend ist, daß sich mit Hilfe
der musikalischen Kräfte ein Drama daraus entwickelt. Und so entsprechen die oft verkannten Texte der großen Mozart-Opern, von
einzelnen dramatischen und sprachlichen Mängeln abgesehen,
dem jeweiligen Vorwurf. Nicht umsonst werden allerdings da Ponte
und Schikaneder weniger als ebenbürtige Mitschöpfer des Mozart-
Werkes angesehen denn als Helfer. Man muß sich nur vorstellen,
was von diesen Libretti ohne Mozarts musikalische Dramatik
bliebe.

Wenn dabei dem Librettisten nur der Anteil des Skizzierenden,
Umreißenden zufiel – worin beruht die Dramatik des Musikers
Mozart? Er schuf Menschen mit individuellen Charakteren. Aus seinen Briefen wissen wir, welch ein Beobachter er war und wie er
köstlich drastisch zu imitieren wußte. Und die Wahrheit seiner Gestalten, die nicht Idealtypen, sondern Personen aus Fleisch und Blut
sind, spürt ein jeder. Wie klar unterscheiden sich die Personnagen
aus einem feststehenden buffonesken Fundus der Operndramatur-
gie voneinander: Blondchen, Despina, Leporello, Pedrillo oder
Alfonso! Die Figuren erhalten individuelle musikalische Prägung.

So käme niemand auf den Gedanken, etwa die beiden Cherubin-Arien zwei verschiedenen Personen in den Mund zu legen, obwohl die erste in hastig gestoßenem Tempo vorgetragen wird und die zweite einer langgesponnenen, wahrhaft unendlichen Melodie gehört. Ähnlich steht es mit den beiden so unterschiedlichen Elvira-Arien aus dem »Don Giovanni«. Dabei ist es fast nicht möglich, die besondere Färbung, die jede Person innerhalb des Gesamtbildes einer Oper hat, zu analysieren. Da sind zwar thematische Beziehungen, aber nach ihnen zu forschen, dürfte in Philologenarbeit enden. Freilich, die dunkeln, aufgeregt stammelnden Vokale der ersten Cherubin-Arie im »Figaro« (»Non so piu, cosa son, cosa faccio«) zu verdeutschen (etwa: »Ich weiß nicht, wo ich bin, was ich tue«), ist eben doch eine Sünde wider die Farbgebung Mozarts.

Von bewußter Leitmotivik findet sich keine Spur, obwohl Mozart ein Erinnerungsmotiv schon kannte, wie er es etwa in Papagenos Pfeifensignal oder dem Zitat »Erst geköpft« des Osmin im 3. Akt der »Entführung« verwendete oder wenn er Figaros »Se vuol ballare« im secco-Rezitativ wieder andeutete. Nicht nur in den Sologesängen wahren Mozarts Figuren ihre Individualität, auch gegeneinander stehend im Ensemble handelt ein jeder seinem Charakter, seiner psychologischen Motivation gemäß. Wie spricht in den Ensembles eine jede bis zur scheinbar nebensächlichsten Figur, vom Grafen bis zum Don Curzio, ihre eigene Sprache! Klar und doch gesättigt steigert sie sich zu Halbschatten und Irrlichtern im »Don Giovanni«. Koloratur kann bei Despina in »Cosi fan tutte« bis zur Karikatur verwendet werden. Neu, als Mittel unbefangener Symbolik blinder, weiblicher Leidenschaft, findet sie in der »Zauberflöte« Raum bei der Königin der Nacht.

Mozart billigt der Musik keine schillernde Aufgabe zu, selbst solche Ereignisse wie den schnellen Untergang der Königin der Nacht oder die höchst knappe Höllenfahrt Don Giovannis behandelt Mozart intensiv, aber kurz als Gegebenheit. Musikalische Malerei wird höchstens da angewendet, wo sie Atmosphäre fördert. Wagner vermutete fälschlich ästhetische Skrupellosigkeit, wo Mozart von den typischen Formen seiner Zeit abwich. Aber dessen Genie ließ sich nicht von zeitgegebenen Operntypen behindern. Was Mozart aus den überkommenen Gattungen entwickelte und wie seine Werke diese überragen, ist heute deutlicher. Es sollte auch nicht übersehen werden, wie stark in der Opera buffa der Zeit bereits Einzelphänomene (wie rezitativische, sprachähnliche Partien) melodisch eingeflochten wurden. Derbe, primitive Motive hatten das Bild der Erhabenheit getrübt, sie erinnerten an »Straßenrufe« oder »Gassenhauer« (Abert, »Mozart«, Leipzig 1923).

Will der Sänger Mozarts Charakterzeichnung nachvollziehen, so muß er vorab den Tempovorschriften genügen. Und wieder drängt sich das recitativo accompagnato in den Vordergrund des Interesses, denn hier wird am meisten gegen den jeweiligen Geist des Stückes gesündigt. Im »Idomeneo« gibt es, für eine Liebhaberaufführung nachkomponiert und später nicht in die Oper aufgenommen, eine Arie der Ilia (hier Italia genannt), die die Problematik verdeutlicht (Mozart, Konzert-Arien II, Sopran, Wiesbaden). Leidenschaftlich, aber verhaltenen Temperaments, sucht sich Italia von dem ihr versagten Idamantes zu lösen. »Non più. Tutto ascoltai« (KV 490) beginnen die Rezitativsätze, die vom Orchester im Allegro gerahmt sind. Verfällt hier die Sopranistin, sobald die Begleitung schweigt, in pathetisch langsamen Tonfall, ist der von Mozart geschaffene Rahmen gesprengt. Die Figur verliert ihren spezifischen, zwischen zärtlichem Haltenwollen und entschlossenem Verzicht schwankenden Charakter. Umgekehrt hieße es das Bild des antwortenden Idamantes verzeichnen, folgte auf die Adagio-Takte jeweils ein nervös beschleunigendes Rezitieren.

Diese Sicherheit des Tempos als Charakterzeichnung bewies Mozart unbegreiflich früh, auch im »Lucio Silla«, dem dritten Bewerbungsstück für eine Anstellung in Mailand. Jeder Figur, und sei sie vom konventionellen Text im Sinne der Seria noch so typisiert, wurde ihr Ausdrucksbereich, ihr spezifisches musikalisches Vokabular zugeordnet. Der Kontrast zwischen dem oberflächlichen Tändeln der Celia und der gefühlsbetonten Giunia etwa könnte nicht schärfer gezeichnet sein, als wenn auf das Plappern der Celia in ihrer A-Dur-Arie übergangslos das schon dem »Don Giovanni« nahestehende d-moll in Accompagnato und Arie der Giunia Nr. 16 folgt. Koloraturenreichtum und furioses Allegro für den Draufgänger Cinna heben sich ebenso von der Tragik Cecilios ab, dem der Affekt großer Intervallsprünge und Sehnsuchtstöne gegeben wird. Hier, im »Lucio Silla«, wendet Mozart übrigens das Accompagnato erstmals zur intensiveren Charakteristik an, bereits in einer Dichte, die auch er selbst nicht mehr überbieten konnte.

Und dennoch, welch ein enormer Weg bis zur Zusammenarbeit mit da Ponte, die die Figurentypen mit einer Freiheit behandelte, die ihnen zuvor nie gegönnt worden war. Im »Don Giovanni« transponierten Dichter und Komponist das »dramma giocoso« ins Mythische und rückten es so fern von der Charakterisierung, daß den Darstellern und Regisseuren bis heute Rätsel zu lösen aufgegeben sind.

Auch deshalb ist der Musikdramatiker Mozart nicht zu erklären, weil er mit guten, mittelmäßigen und schlechten Textbüchern gleich ingeniöse Musik machte. Wenn ihm Richard Wagner verständnislos vorwarf, er habe unterschiedslos jedes vorgelegte Textbuch in Noten umgesetzt, so konnte dies sehr bald widerlegt werden. Denn spätestens seit der »Entführung aus dem Serail« prüfte Mozart jedes »Büchl« genau, ob es sich denn eigne und gab auch schon weit gediehene Vorhaben wie »L'oca del Cairo« oder »Lo sposo deluso« wieder auf. Ihm widerstand die konventionelle Form der Buffa. Was er dann nach der Arbeit mit da Ponte noch schrieb, sollte die große Opernform über Metastasio hinaus entwickeln oder sich dem Wiener Volkstheater nähern. Aber so folgerichtig diese Entwicklung auch erscheint, so problematisch fielen die Resultate textlich aus. Was in ihnen zeitlos lebt, erwirkte allein die Musik.

Obwohl durch mancherlei Wurzeln mit dem kulturgeschichtlichen Boden verbunden, wurde das Libretto nun ein literarischer Zweig eigener Art. Als das Diminutiv »Büchlein« aufkam im opernhungrigen Venedig des 17. Jahrhunderts, spielte das handliche Format eine Rolle: Die neugierigen Hörer wollten sich keinen Vers entgehen lassen und auch während der Vorstellung bei Kerzenschein die Worte mitlesen.

Alle Opern Mozarts führt ein dramatischer und dennoch beweglicher Sopran an, wahrscheinlich ähnlich dem der Nancy Storace. Der größte Sopranumfang nach oben findet sich in der »Zauberflöte«, wo die Königin der Nacht bis zum dreigestrichenen f klettert. Ganz bezeichnend (siehe auch Jörg Demus: »Was ist Liedinterpretation?«, Fono-Forum November 1981), daß sich Mozart auch als Pianist zeitlebens mit diesem dreigestrichenen f als oberer Grenze begnügte, so als hätte er sich gedacht: Ich spiele lieber nicht, was ich nicht auch singen könnte. Folglich fällt es auch nicht schwer, viele unter Mozarts Instrumentalsätzen, besonders die langsamen, notengetreu nachzusingen.

Mozarts Melos braucht, um seiner Sprachlichkeit schon vom Tonmaterial her und seiner Bezogenheit zum Text zu entsprechen, das rubato. Der Sinn dieses Wortes »geraubt« bezeichnet jenen »Raub«, den die Beschleunigung am Grundtempo verübt und das durch rechtzeitiges Verzögern wieder hergestellt sein soll. Veränderungen im Tempo sind hier angezeigt, die sich selbst sogleich wieder aufheben. Und gerade bei Mozart entsteht häufig genau jener improvisatorische Tonfall, wenn der Sänger mit Bedacht freizügig singt, die Begleitung aber das Grundtempo durchhält. Hier kann das Wort wesentliche Anhaltspunkte dafür geben, wo solche Freiheit angebracht sei.

Diese frühe Form des rubato, im 17. Jahrhundert in die Musik eingeführt, erfordert Präzision und Geschmack; sie führt bei späteren Komponisten zu einer freien Gestaltung des Gesamttempos, die bei Mozart noch die rhythmische Eigenart verwischen müßte. Häufig sind auch hier die Sünden der Sänger eher auf die Beschaffenheit des stimmlichen Organs zurückzuführen. Der schwerfällige Kehlkopf, die unbeweglichere Stimme gleitet bei jeder Koloraturforderung sogleich ins Adagio ab, gelenkige Kehlkopf- und Zwerchfellarbeit liebt das Davonlaufen. So kann etwa in der vielfach gestrichenen Marzellinen-Arie im »Figaro«, sobald die gefürchteten Koloraturen einsetzen, der Dirigent seine davoneilende Solistin kaum zügeln. Ob solche Fioriituren ausführbar sind, entscheidet über das ganze Tempo, soll die Musik nicht in unzusammenhängende Fetzen zerfallen. Am Beispiel Mozart kann musikalische Disziplin erlernt werden, die wichtigster Bestandteil einer jeden Gestaltung ist. Ein rühmliches Beispiel bot der Wagnertenor Wolfgang Windgassen, der immer wieder zu Mozart-Rollen zurückkehrte, um sich zu disziplinieren.

Die »Entführung aus dem Serail« und »Die Zauberflöte«, beide mit deutschem Singspiel-Charakter, haben eine verhältnismäßig kurze Ahnenreihe, die nach Paris und London führt. Wie wir sahen, diente in Paris die wie auf Stelzen daherkommende große Oper als Zielscheibe für Spott und Ironie, sowohl im privilegierten »Théâtre italien« als auch auf den späteren Jahrmarktsbühnen, wo Harlequin alle Opernaktualitäten satirisch aufs Korn nahm. Ebenso entstand in London als Protest gegen den Import italienischer Oper die parodierende »Bettler-Oper« (1728).

Der musikalische Anteil am Singspiel bestand zunächst nur in bescheidenen Liedeinlagen. Er wuchs, als 1752 italienische Buffo-Sänger den Parisern Pergolesis »Serva Padrona« vorführten. Der schon erwähnte Meinungsstreit darüber gab den französischen Komponisten dazu Anlaß, ihre »Opéra comique« auszubauen: Egido Romoaldo Duni (1709–1775), François André Philidor (1726–1795), Monsigny und Grétry gestalteten sie liebenswürdig und führten sie der romantischen Oper entgegen.

Für das deutsche Singspiel war die Wendung eingetreten, als es in die Hände des Textdichters Christian Weiße und des freundlichen Philisters Johann Adam Hiller aus Leipzig geriet. Beide waren mit der »Comique« aus eigener Anschauung vertraut. Die Antinomie Stadt – Land, Rousseaus Begriff der reinen Natur gegen die verderbten höheren Stände boten Lieblingsmotive und dazu noch die Gelegenheit, volkstümelnde Melodie und einfaches Lied zu pflegen, ohne doch auf die musikalische Pracht der italianisierenden Aria verzichten zu müssen.

Als Mozart neben anderen Wiener Meistern in die Entwicklung eingriff, verlangte die »deutsche Oper«, abgesehen vom verbindenden, durch gesprochenen Dialog ersetzten Rezitativ, nach allen Errungenschaften der seria und der buffa zugleich. In der »Zauberflöte« kam noch etwas Neues, Ungeahntes hinzu: Die freimaurerische Symbolik, die Emanuel Schikaneder in das grobe, aber wirksame Zauberstück einbrachte. Sie regte Mozart dazu an, einen weltlichen und doch feierlichen Grundklang zu erfinden, der sich in den ruhigen Tönen Sarastros, in den grandiosen Priesterchören, in den Terzetten der drei Knaben und in der Choralphantasie der beiden Geharnischten kundtut. Hier wird platter Rationalismus des Textbuches durch Geist und Sprache der Musik poetisch überwunden. Von diesem Ton nahm die deutsche romantische Oper ihren Ausgang.

Beethoven

Zuvor aber zeigte Beethovens einzige Oper so recht den Zwiespalt, in den ein Großer mit der historischen Form geraten konnte. Zwar steht der »Fidelio« für sich, er gehört aber geschichtlich in die Nähe der französischen »Opéra comique«, die sich in der Revolutionszeit zur »Rettungsoper« ausgewachsen hatte. Vor allem durch den in Paris tonangebenden Luigi Cherubini, den Beethoven sehr verehrte, hatte die »Komische Oper«, musikalisch seit Haydn und Mozart geadelt, sich stetig entwickelt. Sie ging mit der dramatischen Motivierung sorgfältiger um als die italienische »buffa« und zeichnete die Charaktere feiner. Wo die Italiener drastisch komisch waren, neigte sie zum Rührsamen, zur schicksalhaften Verwicklung, zu starken, ergreifenden Situationen. Da ihr breiter Spielraum den Kreis vom Idyllischen zum Tragischen, vom Scherzhaften zum Erhabenen ausschritt, durfte sie Stoffe behandeln, die der großen Oper versagt blieben. Um der heldenhaften Tat einer Frau willen, die ihrem unschuldig verfolgten Gatten die Freiheit erringt, um des Chores der Gefangenen, der Kerkerszene und des ungeheuren Gefühlstaumels im Duett nach der Befreiung, um all dieses Emotionsgehaltes willen verschrieb sich Beethoven der »Leonore«, obwohl er sich mit Gestalten und »Nummern« herumquälte, die ihn im Grunde musikalisch einengten.

Beethoven, als Meister des Instrumentalen gefeiert, gilt noch heute als stimmfeindlich und in seinen Liedern als »schwierig«. So reagierte Wilhelm Furtwängler auf den Plan des Autors, einen ganzen Abend in Wien Lieder Beethovens zu singen, noch erstaunt, ja bestürzt und hielt dies eigentlich für undurchführbar. Sicher ist, daß Beethoven den verschiedenen Stimmgattungen in seinem »Fidelio« dennoch gesangliche Höhepunkte schenkte: der Heroine in ihrer großen Szene den innerlichsten, der Soubrette mit »Oh, wär ich schon mit ihm vereint« den melodiösesten, dem Heldenbariton mit »Ha, welch ein Augenblick!« den glühendsten. Von Bedeutung unter den Sängern im ersten »Fidelio« 1805, als sich die Oper noch »Leonore« nannte, war wohl einzig die zwanzigjährige, mit großer Stimme begabte Anna Milder, später als Milder-Hauptmann Berlins berühmte Hochdramatische. Für sie ist die Leonoren-Partie geschrieben, und ihre ausdrucksvolle Stimme wurde mit den Figurationen der Arie sicherlich mühelos fertig. Beantwortete doch Schubert einen Auftrag der Sängerin, ihr ein Konzertstück zu schreiben, mit seinem koloraturenreichen »Hirt auf dem Felsen«.

Zu ihrer vollen Wirkung kam die Leonoren-Partie wahrscheinlich erst ab 1822, als Wilhelmine Schröder-Devrient, die Tochter des ersten deutsch singenden Don Giovanni, des Schauspielers Friedrich Schröder, mit ihrem Spiel den schon ertaubten Beethoven faszinierte. Auch Richard Wagner sah diese Leistung kaum zehn Jahre danach bei einem Dresdener Gastspiel der Tragödin. Ihr Fidelio beeinflußte seine Auffassung vom musikalischen Drama. Die Schröder-Devrient, der man in England den Beinamen »Queen of Tears« gab, war es übrigens auch, die dem greisen Goethe Schuberts »Erlkönig« wenigstens vom Ausdruck her nahezubringen verstand.

Der »Fidelio« ist halb syntaktisch und halb parataktisch angelegt. Als syntaktisch wird die Beiordnung, die Verbindung zweier Satzglieder, im Gegensatz zur syntaktischen Periode ciceronischer Prägung verstanden, die den komplizierten, aber logisch klaren Schachtelsatz gliedert, mit Haupt- und Nebenteilen, Über- und Unterordnungen. Die Kultursprachen konnten auf solche Geschlossenheit logischer Hierarchie nie verzichten, sie galt als ein Gegenbild zur strukturierten Natur. Ein Muster syntaktischer Weltschau, der Vereinigung von denkerischer und künstlerischer Intuition mit der naturbeobachtenden Erfahrung ist die Klassizität Goethes.

Dem gegenüber trägt die Parataxe Züge der Primitivität. Sie läßt sich vergleichen mit dem Radebrechen, das eine Fremdsprache nur oberflächlich beherrscht und Wort für Wort aneinanderreiht, ohne auf zusammenschließenden Satzbau zu achten. Ausgeprägt parataktische Züge trägt das deutsche Barockdrama, mit seiner Beiordnung von Szenen und Intermedien ohne Perspektive, mit starren Typen, die eine Entwicklung der handelnden Personen ausschlossen. Im Süden Deutschlands kam es, dem Einfluß Weimars zum Trotz, immer wieder zu Rückzugs- und Konservierungserscheinungen, am nachhaltigsten in der österreichischen Volkskomödie. Zur parataktischen Praxis gehörte auch die musikalische Nummernfolge: Couplet, Ritornell, Quodlibet, Intermezzo, Lied. Sie reihen sich weniger nach Maßgabe dramaturgischer Notwendigkeit aneinander, als daß sie den Schauspielern zuliebe eingelegt wurden, oft als Brücke zwischen überhaupt nicht zueinander passenden Szenen, so auch bei Raimund und dem frühen Nestroy.

Der »Fidelio« steht an der Wende. Niemand wird bezweifeln, daß hier die aufklärerisch-humane, aus Frankreich importierte Woge des Strebens nach Freiheit, Gleichheit und Brüderlichkeit ihre musikalisch geschlossenste Gestalt fand. Da gibt es eine musikalische Architektur, die schon in den Tonartenkreisen eine Syntax formt. Aber die Umsetzung der Gegenkraft, der Parataxe, bereitet noch heute Schwierigkeiten. Die bürgerliche Idylle, das banal Singspielhafte der Anfangsszene, wie stimmen sie zur Freiheitshandlung? Erst mit dem Quartett scheint die Oper vom Stoffe her das ihr gemäße Niveau zu erreichen, das mit der folgenden Gold-Arie jedoch gleich wieder in Frage gestellt wird. Man vernimmt im zweiten Finale einen Jubelchor mit Hüpfcharakter »Heil sei dem Tag, Heil sei der Stunde«, in dem die Textartikulation zu naiv-komischer Singspielwirkung umgestellt wird: »Heil sei der Stunde, Heil sei dem Tag!« Erhabenes und Simples überkreuzen sich parataktisch. Und doch: Wer das Singspiel wie Wieland Wagner in seinen Inszenierungen konsequent, aber umstritten eliminiert, der reißt einen Teil der Wurzel mit fort.

Es handelt sich eben nicht mehr um eine Kostüm-Oper, nicht um die konventionelle Text-Zutat zu einer großartigen Musik. »Hat man nicht bemerkt«, fragt Hans Mayer in seinem »Beethoven und das Prinzip Hoffnung« (»Versuch über die Oper«, Franfurt 1981), »daß diese (Roccos) Arie unmittelbar den Widerspruch zwischen den Gestalten neu aufleben läßt, den das Quartett im Kanon vorher gebunden hatte?« Die kleine Welt gehört zur Struktur des Werkes, das Banale zum Hymnischen, das Behagliche zum Lebensgefährdenden als Kontrastfarbgebung, die Beethoven geeignet erschien, seinen Plan, seine Hoffnung zu umschreiben (wie schon im Lied »An die Hoffnung« nach Tiedge).

Diese Aufgabe erfüllt der Fidelio immer noch, mehr als alle anderen Entwürfe es getan hätten, die die Freunde Beethoven vorschlugen. Wenn im Finale des 2. Aktes die Solisten Leonores Worte »O Gott, welch ein Augenblick«, während sie die Ketten Florestans abnimmt, zum Ensemble übernehmen, dann wird die Utopie des Hoffens konkret. Freilich scheint jene Suche nach einheitlicher Vokalgebung durch die Sänger sie oft Lügen zu strafen, die zwischen geschlossenem, weil in der Höhe leichter zu formendem $\bar{o}$ und dem zutreffenden »offenen« Vokal $\hat{o}$ für das Wort »Gott« den interessierten Hörer eher von der Sache ablenkt. Er sucht nur noch die verschiedenen Zungen aus manchmal unterschiedlichsten Ländern zu identifizieren, anstatt sich Beethoven zu widmen.

Daß es immer seine problematische Bewandtnis hat, wenn wahre Dichter sich der Oper zuwenden, zeigt die Beziehung zwischen Beethoven und Grillparzer. Dieser schrieb für den Schöpfer des »Fidelio« ein umfängliches, dreiaktiges Opernbuch, die »Melusina«. Die Tonkunst war dem Dichter seit je Herzenssache – er hin-

terließ eine Fülle musikästhetischer Schriften, ja einige eigene
Kompositionen. Er wurde nicht ohne tieferen Grund dazu auserse-
hen, für Beethoven und Schubert die Grabrede zu halten. Aber
Grillparzer durchlitt die mancherlei Mühsal, die noch jeder durch-
zustehen hatte, der sich in den Dienst des Theaterkomponisten
Beethoven stellen wollte. Die Konversationshefte geben die Bereitschaft des Dichters wieder, alle Wünsche des Komponisten zu erfüllen. (»In der Oper ist die Dichtung ja doch nur wegen der Musik
da.«) Aber auch nach alternativen Sujet-Vorschlägen wurde die Zusammenarbeit aufgegeben.

Romantische Oper

Sicher ist denen recht zu geben, die unter den deutschen Ästheti-
kern Johann Evangelist Engel den stärksten Einfluß auf Beethoven
zusprechen. In Engels Buch »Über die musikalische Malerei« (Berlin 1780) wird die Tonmalerei mehr als ein »Ausdrücken von Empfindungen und Bewegungen der Seele« denn als Beschreibung des
Sichtbaren gekennzeichnet. Hier unternahm die Zeittendenz des
betonten Gefühls den Versuch, eine Vorahnung der Romantik zu
formulieren. Die Thematik der romantischen Oper war, wie wir
schon erfuhren, längst vorgebildet. In der französischen komischen
Oper, in der opera buffa, im deutschen Singspiel und namentlich in
dessen derberem Halbgeschwister, der Zauberposse, existierten bereits alle ihre Elemente. Auch hatte das 18. Jahrhundert schon dazu
angesetzt, eine nationale Oper der Deutschen zu schaffen: Ignaz
Holzbauer (1711–1783) mit einem Stoff aus der deutschen Geschichte, Anton Schweizer (1735–1787) mit empfindsamen, aus der
Antike und dem englischen Mittelalter entlehnten Stoffen Wie-
lands. Es kam nicht viel mehr dabei heraus als italienische Oper in
deutscher Sprache, gedichtet von deutschen Poeten, komponiert
von deutschen Musikern. Leben hat der neuen Oper erst der romantische Geist eingehaucht, dem nicht die genannten Versuche, sondern Gluck, der Mozart des »Don Giovanni« und der »Zauberflöte«,
aber auch Beethovens »Fidelio« den Weg bereiteten.

Noch mischte sich zunächst das Hergekommene mit dem auf-
regend Neuen: Der »Titus« Mozarts als eine Wiederaufnahme von

seria-Prinzipien steht zeitlich neben der »Zauberflöte«, die die Wiener Spezialität des Märchenspiels in ein überhöhtes Singspiel einbringt. Erhabenes und Liedhaft-Burleskes wirken in der »Zauberflöte« noch miteinander. Der gleiche Peter von Winter, der die unechte Fortsetzung der »Zauberflöte« durch Schikaneder in Musik gebracht hatte, versuchte sich 1801 an Shakespeares »Sturm«; es wurde ein Singspiel daraus, aber die Absicht, eine große romantische Oper zu schreiben, ist unverkennbar.

Der Stoff verlangte nach Musik. Nicht von ungefähr griff auch Shakespeare zu Gesang und »feierlicher Musik«. Frank Martin versuchte eine wortgetreue Vertonung des »Sturm« in unserem Jahrhundert, hatte aber damit keinen währenden Erfolg.

Der »Freischütz« des Carl Maria von Weber, wegen der gesprochenen Teile im neuerbauten Schinkelschen Schauspielhaus und nicht in der Berliner Oper gegeben (eine Teilung ähnlich der in Paris zwischen Théâtre italien und Opéra comique), bewegt sich zwischen Ziergesang klassizistischer Art und Deklamation in der romantischen, neuen Haltung. Agathes große Arie steht ganz in der Nähe des politisch gegen Weber ausgespielten Gasparo Spontini, dessen »Olimpie«, ob nun französisch oder in E. T. A. Hoffmanns Übersetzung, den gleichen großen Stil der Arie anstrebt. Aber bei Weber wird der neue Aspekt deutlich sichtbar: In den ruhigen Passagen herrscht das Strophenlied, und im Rezitativ geistern Geräusche und Schatten des Mondlichts – eine Stimmungsmalerei, die Spontini nicht liebte. Dessen Gestalten wandelten eher auf Kothurnen; ihr klassischer Sockel steht am Beginn des Weges in die »Große Oper«. Und eben dieser Enthaltung wegen, die das rein Gemütvolle auszuschließen neigte, feierte E. T. A. Hoffmann den Italiener als »reinen« Musiker.

Das Publikum begnügte sich auf die Dauer nicht mit dem Brillant-Feuerwerk von Koloraturen und Passagen. Während der Rossini-Kult Triumphe feierte, stimmte Weber seine volkstümlichen Melodielinien im »Freischütz« und in der »Preziosa« an und erinnerte daran, was dem Gesang auch möglich war. Zwar hatte sich ihm vielleicht das Verständnis für dramatisch Wirksames und Mögliches noch nicht voll erschlossen – wie hätte er sonst hochdramatische Musik, die den »Lohengrin« ankündigte, an ein so unmögliches Textbuch wie Wilhelmine von Chézys »Euryanthe« verschwenden können? Aber Weber half, den Geschmack des Publikums zu läutern und schuf Rollen für die Sänger, die ihnen Aufgaben für durchdachte Charakterisierung stellten. Deklamation und sinngemäßes Singen wurden wieder zum Problem erhoben, um dessen Lösung sich die romantische deutsche Schule später erfolgreich bemühte. Ziel war nunmehr eine gleichwertige Behandlung von Wort und Ton – ein weiteres Mal.

Wieder war im Wettstreit zwischen Wort und Ton eine neue Einstellung zu finden. Und so entstand eine erste deutsche Gesangslehre. 1824 gab Peter von Winter (1755–1825), geschätzter Komponist der einst beliebten Oper »Das unterbrochene Opferfest«, seine »Vollständige Singschule« in deutscher, französischer und italienischer Sprache heraus. Vor allem für die Länder deutscher Zunge bedeutete das Werk mehr als die in Italien und Frankreich erschienenen und auf das Idiom dieser Länder zugeschnittenen Gesangsschulen. Eingehend und wohldurchdacht trug Winter seine Prinzipien vor. Den Autor stützte eine nahezu fünfzigjährige praktische Erfahrung als Kapellmeister. Sein Wirken fällt in die Zeit, in der neben der romantischen Oper der Liederfrühling von Österreich her einzog.

Zwar floß aus Franz Schuberts Melodien nur ein sehr bescheidener Teil seinem dramatischen Werk zu, aber in Liedern und Balladen, für die seine Opern gelegentlich Vorstudien darstellten, hat er auch nach musikdramatischer Seite hin Bedeutendes geleistet und damit fördernd auf die Entwicklung des Kunstgesangs gewirkt. Durch Schuberts Lied kamen neue, dramatische Züge ins Opern-Spiel. Dieser Meister großartiger, von Dramatik überquellender Soloszenen innerhalb des Liedes ist als Musikdramatiker dem Bewußtsein entfallen oder nur zeitweise beachtet worden. Das Scheitern seiner fünfzehn Anläufe, sich die Bühne zu erobern, läßt sich mit der mangelhaften Qualität der Textbücher nur teilweise erklären. So konnte sich seine Bühnenmusik zu Frau von Chézys Machwerk »Rosamunde« als eine Reihung von Orchesterstücken sehr wohl behaupten. »Alfonso und Estrella« blieb eine Aufführung im Theater zu Schuberts Lebzeiten versagt, und so kam diese erste durchkomponierte Oper zu deutschen Worten um ihren Stellenwert. Libretti wie das papierene und schablonenhafte von Schober sind wohl kaum zu überwinden. Aber bereits Liszt wies in seinem einführenden Aufsatz anläßlich der Weimarer Uraufführung 1854 auf das »Lied vom Wolkenmärchen« des Troila in dieser Oper hin, das er im 1. Akt seinem Sohn singt und das im Mittelteil Material für das Lied »Die Täuschung« aus der »Winterreise« vorformt.

Von der Vertonung des Goetheschen Singspiels »Claudine von Villa Bella« blieb nur der reizvolle erste Akt erhalten, nachdem ein ahnungsloser Hüter von Schuberts Nachlaß mit dem Rest der Noten Feuer gemacht hatte. Das einzige sonstige, einigermaßen taugliche, das Buch zu »Die Freunde von Salamanca«, schrieb Johann Mayrhofer. Ein Kontakt Schuberts zu Ferdinand Raimund stellte sich leider nicht her. So bleibt just bei dem größten Melodiker des Jahrhunderts das Kapitel Oper unausgefüllt.

Peter von Winter lehrte, bei den Übungen nicht ausschließlich zu vokalisiseren, sondern gleich auf Textworte singen zu lassen. Dies zeigt, wie sehr er von der Wichtigkeit der Sprachausbildung für den Sänger durchdrungen war. Im Hinblick auf die Formung des Sprachlichen bei Schubert kam eine solche Unterrichtstendenz gerade zur rechten Zeit. Allerdings wählte Winter viel zu schwierige Anfangsübungen. Schwelltöne und großer Umfang stehen gleich am Beginn, so daß Methodik fehlt. Verdienstvoll bleibt, daß die äußerliche Stimmdressur durch musikalisch lohnende Aufgaben ersetzt wurde.

Obwohl mit Spohr, Heinrich Marschner, Loewe, Schumann, Mendelssohn und vielen mehr das Prinzip schönen Singens, vertiefter Auffassung und erschöpfender deklamatorischer Darstellung zur Norm wurde, so befanden sich gerade unter den deutschen Gesangspädagogen der Nach-Winterschen Zeit viele, die sich den Errungenschaften der deutschen Gesangslehre gegenüber skeptisch zeigten und sich offen zur alten italienischen Schule bekannten. Tonangebend in dieser Richtung war G.T. Nehrlich (1802–1886), ursprünglich Theologe, der in seinen beiden Werken »Gesangeskunst« und »Kunstgesang« (1840 und 1855) Kunst und Moral zueinander in Bezug setzte: Nur einer schönen und reinen Seele könne ein schöner und reiner Gesang entströmen. Der Autor spricht viel von Phantasie, Christentum und Gefühl und zeigt schon in der Benennung der verschiedenen Tonansätze einen Hang zum Mystischen, Transzendentalen. Er führt fünf nach ebensoviel Tetrachorden geordnete Register an, die durch Ab- und Anspannung der Stimmbänder zustande kommen sollen. Registerabspannungen erzeugen bei Nehrlich den »gehauchten« Ton. Ihn nennt er die »Tonseele«; durch Anspannung sieht er den gefaßten Ton hervorgerufen, der bei ihm der »Tonleib« heißt. Den Italienern gemäß geht Nehrlich vom hellen Vokal a aus, der »Wunder« wirke. Allerdings empfiehlt er, je nach der Individualität des Schülers auch e oder i für das Anfangsstadium und spricht den Vokalen Vorrang vor den Konsonanten bei der Stimmbildung zu. Bezüglich der Bildung und dem Einfluß der Mitlaute auf die Entwicklung des Gesangstons huldigte er inzwischen widerlegten und überlebten Anschauungen, versuchte aber, seine Theorien auf physikalische Grundlage zu stellen. Der Ästhetiker wird Nehrlich mancher geistvollen Bemerkung wegen schätzen, aber seine Lehren veralteten schnell und haben keinen Nachhall gehabt.

Hinter den divergierenden Auffassungen von Gesang um 1800 stand das Problem, daß sich die Vorstellung vom Schönen sehr unterschiedlich ausprägte. Das betraf nicht zuletzt den Gesang, in dem sich Reflexion und Wirklichkeitsnähe überschnitten. Es entstand der Begriff des »Charakteristischen«, der sich allerdings unversehens in einander widersprechende Bedeutungen aufspaltete. Nicht nur Hegel, der im Streit Spontini (eigentlich auch Rossini) contra Weber für die Schönheit der Ideale der Italiener plädierte, empfand Hegel (»Ästhetik«, ed. Bassenge, Frankfurt o. J.) im »Freischütz« einige krasse Ausprägungen neuerischer Tendenzen hin zum Charakteristischen als befremdend und abstoßend. Was er damit meinte, war der Mangel an »Genuß und Rückkehr des Inneren zu sich in der Melodie« und die »Zerspaltung in einzeln auseinandergestreute charakteristische Züge«. Der Gesang schien nun durch Überhöhung und den Hang zum »Begreifen« des Gesungenen gefährdet. Hatte doch auch der Jägerbursche Max Gesprochenes in die Introduktion zum letzten Akt des »Freischütz« einzuwerfen. Gab es doch gleich zu Beginn einen Spottchor, der sich gegen das Hauptmetrum gerichtete Hochrufe erlaubte (»Wird er, frag ich«), und was dergleichen Selbstherrlichkeiten des Deklamatorischen mehr waren. In Wahrheit wurden wohl jene Gesetze musikalischer Formstrukturen außer Kraft gesetzt, die die Tradition dogmatisiert hatte. Für die Definition der »romantischen Oper« ist erschwerend, daß die Libretti des »Freischütz« (romantische Oper), der »Euryanthe« (große romantische Oper) und des »Oberon« (Zauberspiel) nicht eigentlich zu jener Romantik gehören, die Friedrich Schlegel im Sinne hatte, sondern eher zur Trivialromantik des 18. Jahrhunderts. Die Musik hingegen greift in andere Bezirke voraus, mit mehr oder weniger Gelingen, vom Singspiel zur durch-komponierten Oper.

Worin äußerte sich romantischer Geist in der Oper? Zunächst wirkte er vom Stoff her. Die Komponisten wandten sich, so sehr sie Gluck verehrten, von der Antike ab und suchten mit dem Volksgeist in Berührung zu kommen: Der Begriff des Wunderbaren bekam einen neuen Inhalt. In der Oper alten Stils bedeutete er nicht mehr als das Phantastische, Überraschende, und ermächtigte den Maschinisten, seine Möglichkeiten zu entfalten. Das Wunder, wurzelnd in der Sage, im Aberglauben, wirkte dämonisch erschreckend oder auch wohltätig in das Menschenschicksal hinein, etwa so, wie es der Nervenarzt Justinus Kerner dichterisch festzuhalten suchte. Geheimnisvolle Naturkräfte belebten sich und nahmen mehr oder weniger deutliche Gestalt an.

In diesem Sinne gestaltete E.T.A. Hoffmann das naiv-elegische Märchen »Undine« zur Oper (die Hans Pfitzner aus den bruch-stückhaft überlieferten Teilen wieder herzustellen versuchte). So hat, fast zur gleichen Zeit, Louis Spohr den Faust-Stoff aufgegriffen und darin in der Hexenszene den Ton getroffen, der seinen Zeitge-nossen zutreffend erschien. Im »Freischütz« gewann das bloß Stoff-liche künstlerische Form und musikalisches Kolorit. Hier lebte der Wald mit seinem Zauber im Hörnerklang der Jägerchöre, mit sei-nem Schrecken in der unheimlichen Wolfsschlucht-Musik. In ihm gab ein echter und geborener Dramatiker den Mädchengestalten Agathe und Ännchen (die ein heimliches Porträt von Webers Frau sein sollte) dem tragisch schwachen Jägerburschen Max und dem Untier Kaspar Leben.

Friedrich Kinds Textworte sind nicht gerade poetische Erfüllung. Immerhin markiert dieses Libretto den Weg von archaischer Hand-lung ins christliche Schicksalsdrama, mit Sprüchen aus der Kinder-sprache, die Ursprung und Ziel benennen und sich wie »Ja, Liebe pflegt mit Kummer stets Hand in Hand zu gehn« oder »Er war ein Bösewicht« für alle Zeit zitieren lassen. Weber akzeptierte ein Libretto wie das von Kind, weil es ihm gab, was er brauchte und An-sprüche vermied, denen er sich nicht gewachsen zeigen konnte. Er strebte einen von der »Stimmung« geprägten Charakter an, den vom Hintergrund, dem »tableau« ausgehenden Eindruck, weniger aber den von handelnden Personen.

Der abrupte Wechsel des Tonfalls in der Arie des Max (Aufschrei – Erinnerung, Schreckensstarre – Hoffnungstraum) läßt sich nur in einer Dramatik denken, die den Menschen als Objekt und nicht als Subjekt darstellt. Die Schicksalsdramatik in der Art Kinds stellte also die Voraussetzung dafür, daß sich Webers spezifische musikalische Charakteristik von Stimmungsbereichen entfalten konnte. Kind schrieb auch das Libretto zum »Nachtlager von Granada« von Konradin Kreutzer, der es nur in einer bearbeiteten Fassung verwendete, zum Ärger des Dichters.

Der junge Weber, Louis Spohr und Hoffmann suchten die Realisation der »romantischen Oper« von der Entgrenzung des Singspiels her. Wie die Musik ihre ganz eigene Sprache spricht, die in der Erinnerung wiederklingt, so braucht sie auf der Bühne ihren eigenen Bereich, in dem der Dialog nur gelegentlich Platz hat. Die Trennung zwischen gesprochenem Text und der, innerlich wie äußerlich, jeweils neu motivierten Musik kam der romantischen Trennung zwischen dem Bezirk des sinnlich Erfahrbaren und dem des dämonisch Wunderbaren und Geisterhaften gleich. Hoffmanns »Undine«, 1817 in Berlin zuerst aufgeführt, nach Premieren in Bamberg und Dresden durch die Vernichtung des gesamten Stimmenmaterials beim Brand der Hofoper (dem Hoffmann von seinem Fenster aus zusehen mußte) lange in Vergessenheit geraten, ist das erste Meisterwerk dieser romantischen Singspiel-Oper.

Weshalb erfand der wortgewaltige Hoffmann nicht einen eigenen Text zu seiner Oper? Vielleicht weil er fühlte, nichts Musikalisches zu eigenen Worten sagen zu können. Als Musiker vergaß er, daß er Dichter war. Wagners Dichtung für Musik, die nicht nur vom Autor längst vor der Komposition auf Rezitationsreisen verlesen werden konnte, sondern von ihm auch vertont werden sollte, lag noch außerhalb des Vorstellbaren. Der »Undine«-Text des Hugenotten-Abkömmlings Friedrich de la Motte-Fouqué (1777–1843) mit seinen stillen und deshalb um so unheimlicheren Geistern stellte einen dämonischen Typus des Heldenbaritons im Wassermann vor, der sich in vielfacher Gestalt, meist als Titelfigur, lange in der Oper behaupten sollte. Dazu gehört der »Vampyr« des Heinrich Marschner, der seinen Opfern das Blut zu italienischer Kantilene aus den Halsadern saugt, ebenso dessen »Hans Heiling« (textiert von dem Schauspieler Eduard Devrient). Die Musik imitiert Italianità, aber in der Arie des »Genie«-Typs Hans Heiling drängt intensives Gefühl die Melismen in eine Dichte, die den Komponisten seinen Rang zwischen Weber und Wagner behaupten läßt. Auch der Bariton-Held von Spohrs »Faust« gehört hierher, der einer Chromatik huldigt, die vielfach mißverständlich mit derjenigen Wagners verglichen wurde – sie hat mit der harmonischen Ausdrucksfunktion bei dem Bayreuther wenig gemein.

Stand Hoffmann, dem bedeutenden Musiktheoretiker der Romantik, ein Übergewicht der Schreckensoper warnend vor Augen, also ein Stilbruch? Stammte doch für ihn die Musik aus dem Bereich des Übersinnlichen, zugleich dem Reich vollkommener Harmonie. Sie konnte ungehindert nur dann schlackenlos vom Wunderbaren sprechen, wenn sie wohllauten durfte. Für Hoffmann war Musik Ausdruck, gesteigerte Dichtung, aber als ein Abbild göttlicher Ordnung, die durch das Leiden des einzelnen und die Zerrissenheit seiner Erfahrungen nicht berührt werden kann. Hier wurde also dem dienenden Verseschmied untergeordnete Funktion zugewiesen, die Hoffmann sich selbst zu erfüllen versagte.

Die »absolute« instrumentale Musik konnte zwar bei der »Konkretion« der Idee des Schönen dienlicher sein als beim Auffinden einer Ästhetik des Erhabenen. Dennoch war dabei Gesang unabdingbar, weil er auch all denen, die die gerade gesungene Sprache nicht sprachen, den Sinn vermittelte. Der Drahtseilakt zwischen Subjekt und Objekt machte auch damals die Faszination des darstellenden Künstlers aus. Er darf Kunst vermitteln, realisieren, das Subjektive mit dem Objektiven in Gleichklang bringen. Dies erklärt auch den hohen Stellenwert der Interpretation als eines Bereiches, der dieses Gelingen erst ermöglicht. Es unterstreicht auch das Mißtrauen vieler Deutscher im frühen 19. Jahrhundert gegen die italienische Opernmusik der Zeit, denn dort herrschte eine Erwartungshaltung, das Bekannte als immer wiederkehrend zu begrüßen. Von dieser Schematik zehrte die Tradition schon deshalb, weil sie das Publikum anzog.

Erst mit Webers »Freischütz« bekam die Gattung »Deutsche Oper« kanonische Geltung. Heinrich Marschner, Otto Nicolai oder Albert Lortzing blieben in ihrem Banne. Eine solche Festlegung aber nach 1821 hatte zugleich musikpolitischen Charakter. Mit der Waldstimmung, dem Naturlaut, den Romanzen wurde ein deutscher Ton gepflegt, der im Lied seine Quellen hatte und sich gegen das als klassizistisch geltende Pathos der Franzosen und gegen das angeblich leere Geklingel und die »Phrasenhaftigkeit« der italienischen Opern Rossinis abhob. Er fand seine bürgerliche Rechtfertigung aus der Gegnerschaft zum Fremdländischen. Dies besagt aber nicht, die wichtigen Geister hätten diese Auffassung im Deutschland nach dem »Freischütz« geteilt. Nicht Hoffmann, dessen Hinwendung zu Spontini seiner Forderung nach einer Oper des tragischen Prinzips entsprach und der selbst nur durch den Tod daran gehindert wurde, eine romantische opera seria zu schreiben, auch nicht Carl Maria von Weber, der Spontini gegenüber zwar immer Vorbehalte hatte, der aber in der »Euryanthe« unmißverständlich nach einer Änderung der »Freischütz«-Position in Richtung auf Spontinis »Durchkomponieren« suchte.

Gasparo Spontini triumphierte zuletzt mit »Agnes von Hohenstaufen«, einem deutschen Libretto, in Berlin, um dann unproduktiv die ihm noch verbleibenden 27 Lebensjahre zu verdämmern. Der gefeierte Pult-Diktator hatte in Paris die Gunst der Kaiser-Gattin Josephine genossen und sein Glück mit der heroischen »La Vestale« (nach einem Dutzend heute vergessener Opern) gemacht. Maria Callas entdeckte Cherubinis »Medea« und die »Vestalin« Spontinis wieder, zwei Archetypen des vorigen Jahrhunderts. Friedrich Wilhelm III. von Preußen hatte Spontini nach Berlin geholt und machte hier den Pariser Mißerfolg der »Olimpie« dadurch wett, daß er E.T.A. Hoffmann den Text übersetzen ließ. Dieser Sieg wurde dann vom Triumphzug des bald nachfolgenden »Freischütz« überschattet.

Der »Euryanthe« war solch tosender Beifall von Anfang an versagt, obwohl das programmatische Ziel einer durchkomponierten deutschen Oper mit dem Charakter eines »Gesamtkunstwerks« musikpolitisch en vogue war. Diese Absicht sprach Weber selbst aus, als das Werk in Dresden konzertant aufgeführt werden sollte: »Euryanthe ist ein dramatischer Versuch, seine Wirkung nur von dem vereinigten Zusammenwirken aller Schwesterkünste hoffend, sicher wirkungslos, ihrer Hilfe beraubt«; oder bei anderer Gelegenheit, als der Oper durch Striche aufgeholfen werden sollte: »In einem so organisch verbundenen Ganzen, wie eine große Oper ist, gehört es überhaupt zu dem schwierigsten, etwas herauszunehmen, wenn der Komponist von Haus aus über sein Werk gedacht hat.«

Wenn sich die Apologeten Meyerbeers (der Webers Mitstudent beim Abbé Vogler in Darmstadt war) dafür aussprachen, vom Schönen zum Charakteristischen weiterzuschreiten, so kamen sie einer Zeiterscheinung nach. Denn die unvergleichliche Popularität des »Freischütz« gab einer Tendenz Aufschwung, schauspielerisch bewährte Kräfte auch singen zu lassen. Von 1821–1823 ging der »Freischütz« auch über kleinste Bühnen, wobei zumeist Schauspieler die großen Gesangsrollen verkörperten, denen zugutekam, daß in kleineren Häusern keine allzu expansive Stimmentfaltung gefordert war. Doppelfunktion des Personals in Schauspiel und Oper fand Weber auch bei Amtsantritt in Dresden vor. In italienischen Werken setzte der Darsteller die secco-Rezitative in gesprochenes Wort um – eine Gepflogenheit, der bekanntlich erst Mahler in Wien ein Ende setzte. Einzig das Koloraturfach, besonders in Sopran- oder Tenorrollen, mußte notgedrungen von Berufssängern bestritten werden, bei denen schauspielerisches Können wiederum nicht Bedingung, lediglich eine glückliche Beigabe bedeutete.

Goethes Weimarer Theater galt als klassisches Beispiel solcher Doppeltätigkeit. Der Darsteller des Vansen im »Egmont« oder des Valentin im »Verschwender«, Karl Knapp, sang später noch einen vorbildlichen David in den »Meistersingern von Nürnberg«. Als Leipziger Student hatte Goethe die 17jährige Corona Schroeter (1751–1802) in Hillers Konzerten gehört. Acht Jahre später sah er sie bei einem Besuch in Leipzig wieder, als ihre viel zu früh überanstrengte Stimme bereits gelitten hatte. Dennoch holte er sie als Hofsängerin nach Weimar, wo sie sich auch als Komponistin von Goethes Tiefurter Operchen »Die Fischerin« hervortat und darin als erste den »Erlkönig« in Musik setzte. In der Geschichte des deutschen Melodrams ragt ihre Gestaltung von Goethes »Proserpina« mit des Freiherrn Karl Siegmund von Seckendorff (1744–1785) begleitender Musik hervor. Das Wort ging hier deklamatorisch oft in vollen Gesangston über. Zum Höhepunkt ihrer Karriere wurde die Uraufführung der Goetheschen »Iphigenie« in Weimar, wo sie die Titelrolle mit dem Partner Goethe als Orest verkörperte.

Webers Prinzip der musikalischen Prosa, bei Wagner zu zentraler Bedeutung erhoben, umfaßte technische und programmatische Momente gleichermaßen. Es strebte nicht weniger als eine Auflösung der tradierten periodischen Struktur an, einen Rhythmus über Nummern hinaus, der die Gesangsmelodik kompositorisch bestimmte und später die Wirkung formaler Geschlossenheit dort herzustellen hatte, wo sie fehlte.

Wegen seiner gesprochenen Stellen wurde ein Werk des in Paris lebenden Luigi Cherubini seit der ersten Zeit der Wagner-Begeisterung nicht mehr hervorgeholt, obwohl es doch einen ewig jung bleibenden Stoff behandelt: das hohe Lied der Hysterie, die »Medea«. Schon Händel hatte die Gestalt seiner Oper »Theseus« mit Hoheit und Schrecken umkleidet, in einer Art, die neben dem Abscheu vor Medeas Tat Mitleid, ja Ehrfurcht vor dem Menschen erregte. Vor Maria Callas, die diese Rolle zu neuem Glanz führte, waren es die Wagner-Sängerinnen Therese Vogl und Amalie Materna, die mit ihr brillierten.

Cherubini, der Gluck verehrte, beeindruckte seinerseits Beethoven tief. Und in der Tat erinnert die »Médée« von 1797 an die stilistische Strenge etwa der »Alceste« von Gluck. Aber nicht mit der Erhabenheit nach antikem Muster, mit der Darstellung von Leidenschaftlichkeit wie bei dieser Titelheldin erzielte Cherubini seine größten Erfolge, sondern mit den volkstümlichen Romanzen und Couplets in »Les deux journées«, wo freilich auch meisterliche Ensembles das Bild bestimmen.

Musik verdankt ihrem über die Sprachgrenzen greifenden Charakter die Abwesenheit des Begrifflichen. Und doch machte ein Singspiel mit gesprochenen Dialogen, wie es der »Freischütz« noch war, auch Zugeständnisse an den Stil der »Entführung« oder der »Zauberflöte«. Vom nur gesprochenen Wort schien Weber zunächst der Kompositionsauftrag für die »Euryanthe« aus Wien zu befreien. Aber wenn musikdramatisch hier endlich formale Möglichkeiten gegeben schienen, so verdarb der dünne Shakespeare-Aufguß nach »Cymbeline« von Wilhelmine von Chézy das Konzept. Nicht übersehen sollte dennoch werden, daß Wagners Ortrud- und Telramund-Charaktere samt ihrem Stimmfach und -klang mit ähnlich aufgebautem Racheduett bei Weber ihre Vorbilder haben. Aber alle Textänderungen und -wünsche des Komponisten an die Dresdener Kitsch-Autorin konnten das Werk nicht retten. In dem Libretto »Oberon« des englischen Archäologen James Robinson Planché schlummerten wiederum keine Chancen für den Musikdramatiker. Er sah sich eher auf musikalische Einlagen einer Bühnenschau zurückgeworfen, in die dann allerdings gestaute Einfallsfülle floß. Musikdramatisch wie in großen Strecken des »Freischütz« konnte Weber hier nur in einigen Nummern werden: Nirgendwo aber ist der Typus »Rezitativ und Arie« mehr von Naturstimmung und Empfindung des Singenden durchpulst als in Rezias Szene »Ozean, du Ungeheuer!« Wald und Meer kommen auch im ersten Elfen-Chor und im Gesang der drei Nixen unverkennbar »zu Worte«.

Der Erfolg des »Freischütz« ermutigte die Befürworter deutschsprachiger Oper. Er verführte aber auch Wagner zu dem oft mißbrauchten Kampfruf, nie habe ein »deutscherer Musiker« gelebt als Weber. Dieser hätte sich gewiß mehr darüber gefreut, noch zu erleben, daß sein Stil neuen europäischen Operntraditionen, etwa bei Glinka, Stanislaw Moniuszko (1819–1872) oder Smetana Entstehungshilfe leisten konnte. Nicht ohne Einfluß jedenfalls auf die Entwicklung der tschechischen Schule mag es gewesen sein, daß Weber den »Faust« von Louis Spohr in Prag uraufführte. Es ist dies ein nicht sehr geschickt gebautes, aber klangschönes Opus eines anderen »Freischütz«-Komponisten. Spohr hatte Weber zuliebe, nachdem er einen Akt beendet hatte, darauf verzichtet, das Libretto von Friedrich Kind weiterzukomponieren. Mit seiner »Jessonda« stellt Spohr aber die erste – sogleich erfolgreiche – durchkomponierte deutsche Oper auf die Bühne und kam damit Weber zuvor.

Mit den Kritiken am Werk des Aristokraten Spohr kam das Epithet »unaufrichtig« als eine kritische Wertung auf, die mit der Überzeugung zusammenging, Kunst habe die hauptsächliche Funktion, Gefühl auszudrücken. Auch die Wiedergabe durch einen Sänger wertete man als für sein inneres Erleben symptomatisch. Die Frage durfte sich erheben: Ist der Ausdruck »echt« oder »gemacht«?

Wie schwierig es schon im Biedermeier war, volkstümlich und »echt« zu singen, hat Albert Lortzing (1801–1851) als Sänger (leichter Tenor), Kapellmeister und Komponist erfahren, vielleicht gerade, weil er sich dem Mann aus dem Volk verbunden fühlte. Nur wenige Sänger kommen seiner Aufforderung zur Vorsicht vor dem bloß Volkstümelnden nach. Populär zu schreiben schien Lortzing ein schwer erreichbares Ziel. Populär zu singen, ohne sich dabei künstlerisch etwas zu vergeben, ist für den Sänger nicht leichter. Die wehmütige Erinnerung des Zaren an seine Jugend, die im »Zar und Zimmermann« als retardierende Einlage am Kulminationspunkt der Handlung steht, rutscht mit ihrer simplen Diktion meist ebenso aus dem Niveau des übrigen, wie die – auch als »Lieder« deklarierten – Arietten »Lebe wohl, mein flandrisch Mädchen« des Chateauneuf oder Mariens mit russischer Volksmelodie vorgetragenes

»Lieblich röten sich die Wangen«. Andererseits sollte nach Lortzings, des Praktikers, Meinung der Bürgermeister van Bett nichts mit einer Possenfigur gemein haben. »Einige übertreiben, und das ist nicht gut. Die Rolle ist durchaus nicht zum Faxenmachen geeignet« (Lortzing, »Gesammelte Briefe«, Regensburg 1913). Nicht nur, weil er selbst ein verhältnismäßig kleines Stimmaterial hatte, mokierte sich Lortzing – so in seinem Singspiel »Der Weihnachtsabend« – über jene Sänger, die ihre Partien derart »herunterbrüllen, daß der Plafond samt dem Kronleuchter herunterfällt« (Brief an Pichler, zitiert bei Hans Christian Worbs, »Albert Lortzing«, Reinbek 1980).

In einer Theaterwelt, die Schauspiel und Spieloper von den gleichen Kräften bewältigen ließ, wurde das Bühnenkind Lortzing zuerst jugendlicher Liebhaber und dann Tenor-Buffo, lernte als Geiger und Cellist das Handwerk des Kapellmeisters und Regisseurs in der Praxis kennen, vor allem aber die Devise eines jeden Stückeschreibers: »Rollen heißt das Zauberwort!« Lortzing erwies sich als Librettist Wilhelmine von Chézy oder Friedrich Kind weit überlegen, die sich beide nur einbildeten, Dichter zu sein. Bescheiden sprach Lortzing von seinen Texten als Bearbeitungen. Er sah Figuren als Ziel, wenn er Opernbücher schrieb. »Daran denken die Deutschen am wenigsten, daß es in Opern die Sänger, überhaupt in Theaterstücken die Schauspieler sind, welche als eigentliche Glückmacher der Dichter und Komponisten zu betrachten sind.«

Dieser frühe Dichterkomponist brachte prachtvolle Rollen und Situationen in Verse. Wenn auch die erwähnten naiven Einlagen seine Popularität ausmachten, so setzte sich der feiner organisierte »Wildschütz« doch in der Gunst des Publikums durch. Das Vorbild, nämlich Kotzebues »Der Rehbock«, übertreffend, stellt er eine musikalische Komödie mit hohen gesanglichen und darstellerischen Ansprüchen dar.

Robert Schumann, dessen Musik enger mit der Dichtung verbunden scheint als die irgendeines Musikers vor ihm, suchte tragisch erfolglos nach einem anregenden Bühnenstoff. Das gewählte Buch »Genoveva« nach Tieck und Hebbel konnte in Robert Reinicks und der eigenen Textfassung die Aufgabe nicht erfüllen und verführte den Komponisten zu oratorienhafter Reihung, was der ursprünglichen Absicht völlig entgegenstand. Sicher erfand Lortzing keine Musik, die mit der Schumanns konkurrieren könnte. Denn in der

»Genoveva« findet sich viel thematisch Gehaltvolles, überzeugen manche bedeutenderen Einfälle, als sie Lortzing hätte haben können. Aber gerade daß es Schumann der schwache Text nicht erlaubte, eine sinnhaltige, plastische und doch kantable Gesangslinie zu finden, zeigt, wie sehr die Sprache immer Vorbedingung einer deutschen Oper sein muß. Der Praktiker des deutschen Musiktheaters vor Wagner, der Schauspieler, Sänger, Librettist und Komponist, der Regisseur und Dirigent Lortzing, hatte sich jene Erfahrung angeeignet, die dem musikalisch so viel bedeutenderen Schumann fehlte, um ein Opernwerk glücklich zu vollenden.

Die Opernpläne des Friedrich Hebbel wären nach dem Verfehlen der Zusammenarbeit mit Robert Schumann auch dann gescheitert, hätte der Dichter sein Fragment »Der Moloch« zuende geschrieben und einen Vertoner gefunden. Das in Blankversen geschriebene, wortreiche Drama war zu sehr mit Gedanken befrachtet, als daß es von Musik hätte getragen werden können. Vor einem mythischen Karthago ging es um Religion und Zivilisation. Hebbel hatte Schumann als Komponisten im Sinn, nachdem er vergeblich gebeten worden war, seine »Genoveva« zum Libretto umzuformen. Anton Rubinstein (1829–1894) beauftragte später Hebbel mit dem Textbuch zu »Der Steinwurf oder Opfer um Opfer« und zahlte ihm 800 Gulden im voraus dafür. Aber die Worte sagten Rubinstein nicht zu, und er hat sie nie komponiert.

Von den unmittelbaren Nachfolgern Webers in der deutschen romantischen Oper war keiner so mutig, den Versuch zu machen, weiterzuführen und auszubauen, was in der »Euryanthe« angestrebt war. Kreutzer, Lortzing, Marschner – jeder von ihnen vereinigt künstlerisch eine andere Mischung der gleichen Elemente. Kreutzer (1780–1849), der ältere und schwächste unter ihnen, neigte dazu, lediglich romantisch-deutsch und melodiös zu sein, mit wenig dramatischem Anspruch. Lortzing versuchte es erst gegen Ende seines Lebens mit einer romantischen Oper, in der er den Stoff ihres Prototyps »Undine« wieder aufgriff. Wirklich bedeutend war er aber in der bürgerlich-komischen, der volkstümlichen Oper, die er, geschult an den feineren Vorbildern des französischen Genres der comique, nicht ohne Rückfälle in Sentimentales und Banales, humorig und gefühlvoll gemischt, unwiderstehlich machte.

Neben Lortzing kam der der italienischen Oper verpflichtete Otto Nicolai (1810–1849) nicht zur Geltung, jenem Wurf zum Trotz,

der ihm mit den »Lustigen Weibern von Windsor« gelang und der
Verdi lange davon abhielt, sich an seinen »Falstaff« zu machen.
Heinrich Marschner (1795–1861) schuf mit seinem »Vampyr« und
»Hans Heiling« jene Bariton-Zentralpartien, die dem »Holländer«
Wagners zum Vorbild wurden, so sehr sie auch ihre Dämonie noch
in italienische Kantilene einhüllten.

Mit Webers Meisterwerken war die deutsche Oper zwar geboren, aber sie hatte in Deutschland noch nicht den vollen Sieg errun-
gen. »Deutsche« und »romantische« Oper waren im Grund Synonyma. Der nationale Zug äußerte sich polemisch: Den »Freischütz« sah man als gegen den in Berlin allmächtigen Spontini
gezielt, die »Euryanthe« als Aufruf gegen das im Rossini-Kult be-
fangene Wien. In der französischen und italienischen Oper romantischen Gepräges fehlt diese Polemik, vielleicht ein Beweise wie
stark sie trotz aller Wandlungen in der Tradition verharrt hatte, wieviel müheloser sie aber auch ihre Form erreichte.

Eine zweite Ära des Belcanto

In Italien erlebte die Opera buffa noch eine reiche Nachblüte, die
die Tradition des 18. Jahrhunderts jedoch kaum antastete. Den Gipfel dieses Typs stellte Rossinis komisches Meisterstück, der »Barbier von Sevilla«. Die opera seria dagegen hatte sich verändert. Der
italienisierte Deutsche Simon Mayr (1763–1845), an Gluck, Mozart
und Cherubini geschult, hatte den Anstoß gegeben, während seine
Nachahmer – der begabteste unter ihnen war Saverio Mercadante
(1795–1870) – diese Neuerungen rasch wieder typisierten. Nach
außen hin glänzte die italienische Oper zwar, aber innerlich drohte
sie zu verarmen.

Statt wie vorher eine Reihe von Arien aufzufädeln, vermengte
die Oper jetzt Chor- und Massenszenen mit prunkvollen Instrumentalstücken. Von der buffa her übernahm es die seria, möglichst viele
Ensembles einzuführen, und näherte sich zudem deren musikalischer Absicht. Sie wollte auf die Sinne wirken. Waren die Mittel reicher geworden, so wurden sie schon bald ebenso schematisch wie
vordem genutzt. Der Chor bewegte sich mit stereotyper Vorder-
oder Hintergrundfunktion zwischen Wut- und Rachechor oder

»preghiera«, die Bitte an der Rampe, um im Festjubel oder Trauer-
gesang die Oper zu enden. Das Orchester zeigte sich entweder un-
profiliert begleitend oder, in typischen Aufgaben wie den Märschen
und Aufzügen, grob lärmend. Die »banda« der Blechinstrumente
feierte vor, auf oder hinter der Bühne erste Wirkungen. Das Mannheimer crescendo, bei Beethoven noch steigerndes Mittel seelischen Ausdrucks, wurde in der italienischen Opernouvertüre zur
wahnwitzigen Effekt-Stretta.

Aber der Gesang wechselte zwischen mannigfaltig schmelzen-
der Kavatine oder einer zusammengedrängten Form der Da-capo-
Arie. In deren instrumentaler Gesangslinie wurde aller Ausdruck
gesammelt und durch virtuose Koloraturen noch gesteigert. Wohl
nie hat die reine Sänger-, die Kehlenmelodie mehr dominiert als damals. Aber nur wenige Meister, wie der jung verstorbene Sizilianer
Vincenzo Bellini (1801–1835) mit seiner »Norma« von 1831, erhoben
sich mit sorgfältiger Arbeit und edel gestaltend über die Norm.
Gioacchino Rossini gab diesem Operntyp seine endgültige Form
und verschaffte ihm dadurch Weltgeltung, daß die Melodik zauber-
hafte Blüten trieb. Die Stimmen, von denen seine Opern lebten, und
der Geschäftssinn der Theaterunternehmer tendierten zunächst
nach Wien und dann an den Ort, auf den sich schon seit Gluck das
Opern interesse konzentrierte und wohin damals alle Komponisten
schauten: Paris.

Dort wirkte maßgeblich die Sängerfamilie Garcia, deren Ausstrahlung übrigens das ganze Jahrhundert umspannte. Angeborene
Fähigkeiten konnten in jener Zeit, als noch nicht alles durch verviel-
fältigende Medien an jedes Ohr gedrungen war, allein durch ihre
Neuheit überzeugen. Manuel Vicente Garcia, 1775 im Zigeunervier-
tel von Sevilla geboren und Vater dreier Sänger, die ihn an Ruhm
überstrahlen sollten, trat zwei Jahre nach seinem Eintreffen in Paris
im Théâtre Italien in »Griselda« von Ferdinando Paër (1771–1839)
auf. Mit einem Schlag setzte er sich durch, bildete eine eigene
Truppe, für die er sein spanisches Melodram »El Poeta calculista«
bearbeitete und damit Riesenerfolge erntete, weil bei dieser Gelegenheit die Pariser erstmalig spanische Musik auf der Opernbühne kennenlernten. Murras hatte ihn als ersten Tenor 1812 nach
Neapel gerufen, wo er sich bei dem Altmeister Alzani an der Quelle
der alten Belcanto-Schule die Grundlagen seiner Gesangstechnik
holte. Er gab sie, durch Erfahrungen und Inspiration bereichert, an

seine Schüler weiter. Hier lernte er auch Rossini kennen, der für Garcia die Partie des Norfolk in seiner Oper »Elisabetta« komponierte (Premiere 1815 in Neapel), schließlich auch den Conte Almaviva im »Barbier von Sevilla« für Rom 1816. Der junge Maestro Rossini, damals bereits auf der Höhe seines Ruhms, wurde dem Sänger und seinen Kindern ein Freund fürs Leben.

Der Sänger-Komponist Garcia kehrte nach Frankreich zurück, machte das Pariser Publikum mit dem »Barbier von Sevilla« Rossinis bekannt und gab damit den Auftakt zu einer Rossini-Welle. Garcia gewann auch das Londoner Publikum, wo sich von 1821 an die Schüler zu seinem Unterricht drängten. Dennoch wollten ihm Erfolg und Betätigungsort noch nicht genügen; er schiffte sich mit italienischen Sängern zur Fahrt nach Amerika ein, um in New York den Amerikanern die italienische Oper nahezubringen. So wurde das Jahr 1825 durch den »musical Columbus« denkwürdig. Damals schon wirkten sein ältester Sohn Manuel (Baß) und als jugendliche Primadonna die Tochter Maria (spätere Malibran) an seiner Seite.

Es ist dem dramatischen Sänger ein Ziel, sein Spiel immer in den Dienst des Gesanges zu stellen, so schwer das angesichts der physischen Anforderung mitunter auch sein mag. Dies zeichnete die Marie Malibran aus. Die depressiv Veranlagte zog Vincenzo Bellini besonders an, sie wurde seine berufene Interpretin. Bellini erkannte es staunend, als er die »protagoniste«, wie er sie nannte, zum erstenmal erlebte, in London, als sie seine »Sonnambula« in englischer Sprache sang. Nach dem Erlebnis im Drury Lane Theatre berichtet Bellini am 1. Mai 1833 seinem Freund Florimo: »Am Tage meiner Ankunft in diesem Land des grauen Himmels ... versäumte ich nicht, mich in das Theater zu begeben. Ich kann Dir nur sagen, daß ich mich nicht entsinnen kann, je einen stärkeren Eindruck erlebt zu haben.« Er wünschte sich, für die Malibran ein Werk »mit einem ihrem Genie konformen Vorwurf« zu schaffen (Arthur Pougin, »Bellini«, Paris 1868).

So darf der Einfluß, den die Sänger auf die stilistische Entwicklung der Musik im anbrechenden 19. Jahrhundert nahmen, nicht gering veranschlagt werden. Sie brachten in der italienischen und in der französischen Oper die Komponisten dazu, das überlieferte Grundmodell abwechslungsreicher und die Gesangspartien in unterschiedlichsten Formgewändern zu gestalten. Dazu trug auch das Vordringen der durchkomponierten »Szene« bei. Die »Gesangslehre des Konservatoriums«, von der schon die Rede war, bedeutete gegenüber Bazilly und Bérard insofern einen Rückschritt, als sie auf die Lehre der Altitaliener, vor allem die Mancinis, zurückging. Haupt- und Favoritartikel war wieder der Vokal a, technischer Stimmbanddressur wurde das Wort geredet, Kehlfertigkeit angestrebt, ohne die Lehren der italienischen Alten für die moderne Praxis zu erweitern.

Reichen Nährboden fand diese Methode in den Opern Rossinis und seiner Nachfolger Bellini und Donizetti. Was Komponisten von Monteverdi bis Gluck für das Verhältnis von Wort und Ton Konstruktives geleistet hatten, drohte im Goldstrom süßer Melodik und in Kaskaden von Koloraturen wieder unterzugehen. Man starb auf der Bühne unter Trillern und Rouladen und mordete, während gefühlvoll schmelzende Kantilenen gesungen wurden. In den Gesangsschulen, die aus jener Zeit erwähnenswert sind, verschlossen sich die Verfasser nicht der Einsicht, praktischem Bedürfnis zu entsprechen, wenn sie den Ziergesang allem anderen vorzogen. Ein Werk, das eine gute Mitte zwischen Altem und praktisch notwendigem Neuen hält, ist die 1825 von Garaudé in Paris publizierte »Méthode complète du chant«, deren Mitverfasser Manuel Garcia-Sohn ist. Sie führt viele Beispiele aus dem Werk Vincenzo Bellinis an, das mitschöpferische Sänger fordert.

Gioacchino Rossinis (1792–1868) Nachruhm ist belasteter als sein Ruhm zu Lebzeiten. Das Vorurteil, Komisches sei ein Freibrief für Unbeherrschtheit, führt oft bei seinen Interpreten zu vernunftwidriger, hektischer Dramaturgie; neben dem Vorrat aus der Klamaukkiste hielt der Sänger oft jede Übertreibung und Ungenauigkeit für erlaubt. Jene überwiegende Zahl von seriösen Opern Rossinis, die dem vorherrschenden Klischee des von Humor sprühenden Komponisten nicht entsprechen, konnte sich, vor allem durch das Auftreten Verdis, nicht durchsetzen, der Rossini ja sehr verehrte. Inzwischen wurde das 19. Jahrhundert gesichtet und zugleich mit einigen Irrtümern aufgeräumt. Regisseure wie Rennert oder Ponnelle verstanden es, Verirrungen des Komödiantischen zu korrigieren und die musikalische Komödie neu erstehen zu lassen. Und jene größere Hälfte der ernsten Stoffe bei Rossini steht mittlerweile wieder zur Diskussion, wenn auch vorläufig mehr auf der Schallplatte als im Opernhaus oder im Fernsehen. Wieviel zusammen-

genommener Ernst und dramatisches Feuer sprechen doch aus
»Guglielmo Tell«, Rossinis letzter Oper, besonders, wenn sie nicht
im Französisch der Pariser Uraufführung, sondern in Rossinis italienischer Muttersprache gesungen wird! Diese bringt nämlich die
Doppelschichtigkeit des Werkes besser zum Klingen, die bei großem Atem breit angelegte Schilderung von Landschaft und Leben
der Schweiz und der Dramatik des Konfliktes um Unterwerfung und
persönliches Recht zwischen Machthabern und widerstrebendem
Volk. Lyrik und Erregung sind italienisch adäquater gefaßt, indem
die Artikulation nun gleichsam die Bewegung vermittelt, Hand-
lungselemente helfend der Phantasie an die Hand gibt.

Eine Vertiefung dramatischen Ausdrucks, die der sonst häufig
auf Stimmvirtuosität versessene Rossini etwa in seinem »Otello« erreichte, sehen wir in seinen frühen Streichersonaten vorgebildet,
die durchaus sprachlichen Ausdruck verfolgen. Eine solche Sprach-
intensität ist auch Rossinis besonderer Form der Italianità eigen,
der dramatischen Koloratur. Von ferne erinnert sie uns an den »Jubilus« des gregorianischen Kirchengesangs, an die Ausgestaltung
eines einzigen Vokals zum Alleluja. »Koloratur« als Wort und Begriff leitet sich von kolorieren im Sinne von Auszierung her. Mehr
als zwei Jahrhunderte lang suchte man bedeutende Gesangsleistung
vor allem im Können bei der »Koloratur«; der Wetteifer der Sänger
konzentrierte sich auf Triller und »Rouladen«. Noch heute meint
häufig ein Lob des Sängers aus Laienmund die Geläufigkeit der
Koloratur. Das technische Studium im Unterricht weist aber leider
allzu einseitig den hohen Frauenstimmen Koloraturübungen zu,
ohne sich etwa an den Forderungen Rossinis für alle Stimmgattungen zu orientieren. Rossini ging über die rein ornamentale Koloratur des 17. Jahrhunderts und ihrer Ausläufer der brillanten Virtuosität (Sprünge, Chromatik, Triller, Staccati, Flautati) sowie über die
Affektkoloratur des Barock hinaus zu einem Espressivo, das psychologische Vertiefung und elementare Dramatik ermöglichte.
Mehr noch als bei den eher schwachen Ansätzen hierzu in Meyerbeers »Grande opéra« erfährt Koloratur bei Rossini eine Metamorphose vom Ausdruck einer ganzen Epoche zum individuellen Profil
einer Gestalt vor dem Hintergrund dessen, was sie dramatisch um-
gibt. Rossini hat einmal vom Erlebnis der Wahrheit gesprochen, das
des Menschen würdig sei. Eine solche Wahrheit muß nicht immer
tief sein – sie ist es ja auch bei Rossini keineswegs … Aber bleibt sie

auch oft an der Oberfläche, so wird sie dennoch wirken, wenn sie mit dem übereinstimmt, der sie vorbringt.

Es sollte vielleicht daran erinnert werden, daß Gaetano Donizetti (1797–1848) seine Oper »I Puritani« der Sängerin Giulia Grisi deshalb widmete, weil sie den besonderen Aufgaben gewachsen war, den der Komponist an die Fähigkeit zur mezza voce stellte. Diese Technik beherrschte die Grisi so vollendet, daß sie im – durchaus verlangten – portamento die Stimme zum leisesten pianissimo vermindern und sie dann überwältigend anschwellen lassen konnte. Die Unsitte, auf den hohen »acuti« endlos zu verweilen, um Kraft zu demonstrieren, soll auf Jenny Linds Schule zurückgehen. Aber sicherlich sündigte diese »Priesterin der Natur« darin nicht als erste.

Von Donizetti stammt die wohl berühmteste Wahnsinnsszene der Opernliteratur: Er läßt seine »Lucia di Lammermoor« durch Verrat und Verleumdung ihrem Geliebten entsagen, einen anderen heiraten und den Verstand verlieren, als sie die Wahrheit erfährt. Eine einzige, weit geschwungene Arie stellt den lieblichen Wahnsinn dar, noch wie im barocken Geist entworfen, von Vorbildern aus dem 18. Jahrhundert mitgeformt. Das Wort wird von Passagen, Trillern und Rouladen überdeckt, und wenn sich der Sinn derart von Wohllaut durchfluten läßt, so glaubt sich der Hörer weit mehr als 100 Jahre von der Psychoanalyse weggerückt und von den tosenden Dissonanzen des »Elektra«-Wahnsinns.

So sehr Stoffe dieser Art damals in Mode waren, in der Wahl Donizettis scheint eine Ahnung seiner kommenden Umnachtung zu liegen. Mindestens ebenso erfolgreich bediente sich der virtuose Handwerker des Buffonesken, so im »Don Pasquale«, wo im leichtesten parlando geplaudert wird, auch in den graziös geführten Duetten und Ensembles, in denen filigranhafte Satzkunst steckt.

In Paris wurde der neue Begriff, was »operngerecht« sei, endgültig festgelegt. Der Geschmack mündete nicht in die eigentliche National-Oper der Franzosen, die liebenswürdige Konversationsoper der Boïeldieu und Auber mit ihrem Witz, ihrer Grazie. So unromantisch wie möglich, wiewohl gerne mit romantischen Farben drapiert, sind diese Kostbarkeiten erst wieder zu entdecken. Die Entwicklung mündete vielmehr in die sich international gebärdende »Große Oper« ein.

Deren erstes Vorbild schuf Auber in der »Stummen von Portici«

von 1828. In wenigen Jahren folgten Rossinis »Tell«, Meyerbeers »Robert der Teufel«, Jacques Fromental Halévys (1799–1862) »Jüdin« und Meyerbeers »Die Hugenotten«. Die große Oper suchte erregenden Stoff, prunkvolles, historisches Kostüm, effektreiche Situationen, sie wollte nicht Einheit, sondern Abwechslung in monströsem, fünfaktigem Rahmen. Solche »Wirkung ohne Ursache« (Wagner) machte vor allem Meyerbeers Opern zwiespältig, was schon die Zeitgenossen – durchaus nicht immer aus antisemitischen Motiven – rügten, allen voran Robert Schumann.

Eugène Scribe paßte als Librettist die geforderte Scheinwelt den Bedürfnissen des Musiktheaters an. Zu gleicher Zeit arbeitete er für Cherubini, Rossini, Donizetti, Boïeldieu, Auber, Halévy, Verdi und Meyerbeer und schrieb noch für das »Théatre de Madame« 150 Intrigen-Komödien. Wie ein Malerfürst arbeitete er mit jeweils 16 Gesellen, die nach genau eingespieltem Arbeitsplan Idee, Szenarium, Personen, Verse, Dialoge, Aktschlüsse und sonstige Details ausarbeiteten.

Meyerbeer verlangte häufig Umarbeitungen. Die Rollen mußten seinen Star-Sängern auf den Leib gepaßt sein – und gab es drei oder vier Fassungen einer Arie, so entschied sich Meyerbeer gewöhnlich für eine dem jeweiligen Sänger entgegenkommende. Auch wurden sängerische Wünsche berücksichtigt, so wenn Adolphe Nourrit für den 2. Akt der »Hugenotten« eine ganze Szene hinzukomponiert haben wollte.

Giacomo Meyerbeer (1791–1864) stand im Schnittpunkt deutscher, italienischer und französischer Opernkunst – deutsch in der Rastlosigkeit seines Bemühens, den Text seiner Opern der neu konzipierten Gattung der Grande opéra unterzuordnen, romanisch in der Stilsicherheit, mit der sich die Form seines Werks allen Theaterrankünen zum Trotz vollendete. Freilich: Ohne das stete Eingreifen des um Wirkung besorgten Musikers hätte der Textdichter Scribe die spürbaren Schwächen seiner Libretti sorgfältiger vermieden (ganz im Gegensatz zu Verdi). So blieb schon in »Robert le diable« die Transformation umfangreicher gesprochener Passagen in Rezitative auf der Strecke. Zwar spielte die Grande opéra Werke mit Dialog nicht, da sie als eine unter wenigen die nötigen Sänger zur Verfügung hatte, aber Meyerbeers Rezitieren blieb lückenhaft und widerspruchsvoll. Den ursprünglich längeren Einakter »Dinorah« dehnte der Komponist mühsam zur abendfüllenden Veranstaltung.

Bei der »Afrikanerin« war noch nicht einmal der Schauplatz des Textbuchs festgelegt, als der Komponist starb und die fertige Musik den zunächst ratlosen Nachlaßpflegern vorlag. Verdienstvoll bleibt Meyerbeers Bemühen um weniger simple Vorlagen als die seiner Vorgänger. Es ging ihm um die Kunst der Charakteristik, auch auf Kosten reinen Wohlklangs und gesanglicher Nur-Gefälligkeit, obwohl ihm das thematische Material (nicht der Instrumentation!) über Floskelhaftes hinaus kaum gedieh. Die Sänger seiner Zeit und eines halben Jahrhunderts nach seinem Tod wußten ihm aber Dank für schauspielerische Aufgaben, in denen das rein Kantable nicht etwa vernachlässigt wird. Auch kann neben dem beträchtlichen orchestralen und szenischen Aufwand die Vielfalt der Arien-Formen staunen machen, ob sie nun als Cavatine, Romanze oder Ballade daherkommen. Und nicht zuletzt: Die traditionsreiche französische Ballettkultur belebte Meyerbeer mit neuen Sujets.

Meyerbeers Sänger bilden eine faszinierende Equipe, allen voran Pauline Viardot. Der Komponist hörte sie 1843 in Berlin, nachdem er längst von ihren Fähigkeiten vernommen hatte. Seit einem Jahr war er Generalmusikdirektor des Hofes und verschwieg niemandem, daß er Pauline Viardot für »la première artiste de l'univers« hielt. Mancherlei Schwierigkeiten zum Trotz – beurlaubte Künstler, Hoftrauer für Prinz August – arrangierte er ein Konzert in Potsdam und zwei Soiréen in der Hofoper für sie: »Die kalten Berliner sind ebenso warm wie die Wiener geworden.« Meyerbeer wollte die Viardot an der Pariser Oper haben und kein neues Werk von sich dort aufführen lassen, solange sie nicht engagiert war. Und in der Tat hielt er die Aufführung seines »Prophet« so lange zurück, bis Pauline Viardot im Winter 47/48 wieder am Hause beschäftigt war.

Den wissenschaftlich-technischen Unterbau für den »neuen« Belcanto lieferte Paulines Bruder Manuel Garcia (1805–1906). Er war zwar Spanier von Geburt, verbrachte aber den größten Teil seines Lebens in Paris. Gesangspädagogisch erlangte er internationale Bedeutung. Besonders war er durch seinen Schüler Julius Stockhausen mit Deutschland verbunden. Garcia darf um so weniger bei der Entwicklung des deutschen Kunstgesangs übersehen werden, als er den Kehlkopfspiegel erfand, mit dessen Hilfe es vor allem deutschen Gelehrten, voran Hermann Ludwig Ferdinand von Helmholtz (1821–1894), gelang, eine völlige Umwälzung auf dem Gebiet der Stimmphysiologie und damit auch auf dem der gesang-

lichen Tonbildung herbeizuführen (»Lehre von den Tonempfin-
dungen«).

Garcia, selbst ein Sänger mit gut durchgebildeter, wenn auch
nicht gerade bedeutender Stimme, entfaltete seine Tätigkeit zu
einer Zeit, in der neben dem Ziergesang à la Rossini die große historische Oper zu Ansehen kam. Hier wurde von den Sängern neben
technischer Meisterschaft vor allem verlangt, daß ihr Organ groß
und tragfähig sei, da es für den Bühnensänger darum ging, gegen
stärker besetzte Orchester anzukämpfen als bisher. Darauf nahm
Garcia in seinem »Traité complet de l'art du chant« von 1847 Rücksicht. Zunächst schaffte er Klarheit in der Frage der Register. Er
nahm deren drei bei der menschlichen Stimme an: Brust-, Mittel-
und Kopfstimme. Den Unterschied zwischen Falsett (er meint das
Mittelregister) und Kopfstimme vermutete er – und die Forschung
hat dies bestätigt – als auf veränderter Tätigkeit der Kehlkopfmus-
keln beruhend. Er berücksichtigt aber kaum, daß bei der Tonbildung nicht etwa nur die Stimmbänder mit ihren Schwingungen,
sondern auch das Ansatzrohr (Mund- und Rachenraum) und seine
diversen Einstellungen mitwirken. Die bisherige Alleinherrschaft
des Vokals a erkannte er für den Anfangsunterricht nicht an, ganz
wie die einsichtsvolleren Meister der reformierten Belcanto-Schule.
Dem Schwellton, den Winter noch an den Beginn der Ausbildung
gesetzt hatte, räumte er erst dann einen Platz ein, wenn dieser durch
melismatische, legato- und portamento-Übungen genügend vorbereitet war.

Auf Garcia baute die neue deutsche Gesangslehre auf, ohne sich
engherzig den Anforderungen zu verschließen, die seit Wagner von
der praktischen Betätigung gestellt wurden. Auch das Lied gehörte
nun zum Übungsbereich. Namentlich Julius Stockhausen oder Raimund von Zurmühlen lehrten in diesem Sinn, aber auch Johannes
Messchaert. Diese Meister übertrugen ihr Wissen individuell akzentuiert auf die Nachfahren, unter denen als eine letzte große
Pädagogin Franziska Martienssen-Lohmann erwähnt sei.

Opéra comique

Lange hielt Paris seine Vorrangstellung als Opernstadt dank der Pflege zweier Genres. Es gab die große und die komische Oper, wobei die erstere fast synonym für Stimmenkult und Timbrekonsum stand, während die zweite von vornherein stärkeres Sprachbewußtsein in Musik und Interpretation voraussetzte. Ihr hatte sich schon der noch junge Gluck gewidmet, und von ihr führen Verbindungslinien zu Mozarts »Entführungs«-Finale. Auch im »Fidelio« stellten wir französischen Einfluß fest. Natürlich fehlte es nicht an Zwischenstufen wie den Opern des Pierre Alexandre Monsigny (1729–1817), deren ausdrucksvolle Deklamation und begleitende Rezitative schon halbe »Grande opéra« sind. Aber auch hier blieb noch ein Anfangscharakteristikum erhalten: Statt »durchkomponierter« italienischer Formung mit ununterbrochener Reihung von Rezitativen und Arien wechselte Gesungenes mit Gesprochenem ab.

Opéra comique bezeichnet eine Form der Oper und nicht etwa ihren komischen Charakter. Die Mischung exotischen Reizes mit Abenteuer- und Gespenstergeschichten à la Walter Scott vertrat François Adrien Boïeldieu (1775–1834) auf eine Weise, die alle Vorgänger in den Schatten stellte. Was er zum Genre beisteuerte, bestimmte dessen Stil: aus den Salon-Romanzen bezogene Eleganz der Melodien, unterstützt durch eine Kunst des Tonsatzes, die nach dilettantischen Wunderkindanfängen vom Freund und Förderer Cherubini untermauert worden war. Eugène Scribe, den wir als den produktivsten und begehrtesten der Libretto-Lieferanten im ganzen Saeculum kennenlernten, trat mit Boïeldieu gemeinsam auf den Plan der Grande opéra.

Ein Opernsujet von der Lebendigkeit der revolutionären »Stummen von Portici« hatte es noch nicht gegeben. Neu erschien vor allem, wie ungewohnt konzis das Werk entworfen und wie drastisch komprimiert es geformt war. »Die Rezitative wetterten wie Blitze auf uns los; von ihnen zu den Chorensembles ging es wie Sturm über, und mitten im Chaos der Wut plötzlich die energischen Mahnungen zur Besonnenheit oder erneute Aufrufe, dann wieder rasendes Jauchzen, mörderisches Gewühl und abermals dazwischen ein rührendes Flehen der Angst oder ein ganzes Volk seine Gebete lispelnd.« So beschrieb es Richard Wagner in seinen Erinnerungen »Mein Leben«.

Bei allen Mühen um die dramatische Wahrheit stand Gluck Pate. So erhielt Etienne Méhul (1763–1817) durch Glucks »Iphigénie en Aulide« den entscheidenden Anstoß. Auch erteilte ihm der Meister Gluck noch selbst Ratschläge, so daß Méhul mehr als der vom Talent her überlegene Cherubini »Gluckist« genannt werden konnte, besonders in seiner Oper »Joseph in Ägypten«, die sich Beethoven mehrmals anhörte. Der biblische Vorwurf änderte nichts daran, daß sie ursprünglich als Opéra comique eingestuft wurde, bis Méhul sich daran machte, Rezitative nachzukomponieren. Noch die Tenöre der Jahrhundertwende wie Hermann Jadlowker, Leo Slezak oder Josef Mann bevorzugten die Titelpartie, ähnlich wie die Vater-Rolle des Éléazar in »La Juive« von Jacques Fromental Halévy, einem Schüler Cherubinis und dem Schwiegervater von Georges Bizet. In dieser Oper suchte sich Halévy die Effekte Meyerbeers auf der Bühne und im Orchestergraben zu eigen zu machen. Heute überzeugen vor allem die zurückgenommenen Stellen, bei denen auch Klänge jüdischen Rituals eindrucksstark mitwirken.

Wagners Beispiel schreckte zunächst mehr ab und entmutigte, als daß es Schule machte. Niemand wollte sich gleich doppelt als Dichter und Komponist an ihm messen lassen. Dichtende Komponisten hielten sich mit ihren Stoffen vom deutschen Musikdrama fern. Die Ausnahme bildete Hector Berlioz, der als einziger in seinen »Trojanern« mythische Bereiche aufsuchte. Daß er dennoch nicht als Wagner-Gefolgsmann gelten kann, beweist sein Wettern gegen dessen »gottlose Theorie«, da Wagner doch die Musik zur erniedrigten Sklavin des Wortes mache. Schon in seiner ersten Oper »Benvenuto Cellini« fungierte Berlioz als Mit-Autor. Für sein letztes Bühnenwerk bearbeitete er Shakespeares »Viel Lärm um nichts« und nannte es »Béatrice et Benedict«. Für die »Trojaner« lieferte ihm der geliebte Vergil den Stoff mit der »Aeneis«. Dem an Beethoven geschulten Gesangsstil und den sensiblen orchestralen Reaktionen stand bisher immer die Handlungsarmut im Wege – mehr noch, daß sie sich fast ausschließlich in Erzählungen und außerhalb der Szene begibt.

Dem Sentiment der lyrischen Oper und dem Pathos der großen Oper erstand ein Widersacher in Jacques Offenbach. In seinen 1855 eröffneten »Bouffes Parisiennes« drängte sich tout Paris, etwa so, wie es Honoré Daumier gesehen und gezeichnet hat. Und wie dessen Karikaturen wirkten Offenbachs Stücke als Politika. Ihn und seine Textdichter Henri Meilhac (1831–1897) und Ludovic Halévy (1843–1908) – ein Bruder des Komponisten – trafen nach der militärischen Niederlage Frankreichs ihrer satirischen Einstellung wegen heftige Vorwürfe. Die gleichen Stücke, die vorher belacht wurden, stießen nunmehr auf Ablehnung.

Für die Ewigkeit wurden Musiquettes und erst recht Opérasbouffes nicht geschrieben. Von einem guten Librettisten erwartete man hier journalistische Qualitäten. Zu Aktualität und Musik kam erotisches Knistern, über das die erste Königin der klassischen Operette freigebig verfügte: Hortense Schneider.

Musiker, die vom Theater kommen, kennen wenig symphonische Skrupel, streben nicht vorrangig danach, formal-musikalisch zu konstruieren. Nicht anders verfuhr Jacques Offenbach, der in den »Bouffes Parisiennes« gelernt hatte, aus einem Einakter jeden Effekt herauszukitzeln. Forderte die Notwendigkeit, sich auf drei Schauspieler zu beschränken, dann fühlte sich Offenbach dadurch keineswegs bedrängt. Natürlich erleichterten ihm seine Librettisten die Lösung solcher Aufgaben. Jules Barbier (1822–1901) und Michel Carré (1819–1872) bearbeiteten ihr eigenes Schauspiel »Les Comptes d'Hoffmann« mit vier, E. T. A. Hoffmann nachempfundenen, Episoden, einer Mixtur aus Phantasie und Realität. Der erkrankte Offenbach gelangte über die Herstellung eines Klavierauszuges nicht mehr hinaus. Die Orchestrierung besorgte der auch bei anderen Komponisten bewährte, vollendende »Geburtshelfer« Ernest Guiraud (1837–1892).

Wie sich im Falle Offenbachs das Wort zum Gesang verhält, helfen uns die Kontroversen klären, die Karl Kraus erregte, als er 1929 einen Offenbach-Zyklus ankündigte, in dem er acht Operetten des Komponisten, nur sparsam musikalisch angedeutet, vorlas. Es entzündete sich ein Konflikt mit dem Musikkritiker der »Arbeiter-Zeitung«, Paul Amadeus Pisk, übrigens einem ehemaligen Schönberg-Schüler aus dessen Mödlinger Zeit. Pisk meinte, Offenbach werde von Karl Kraus verdrängt. Es kam zur Gerichtsverhandlung und zu scharfen Auseinandersetzungen, die Kraus mit gewohnter Verve in der »Fackel« austrug. Hier druckte er auch ein Schreiben des bekannten Pianisten und Schönberg-Schülers Eduard Steuermann ab, das für Kraus, der ja vom ganzen Schönberg-Kreis verehrt wurde,

Partei ergriff. Steuermann stellte eine rein musikalische Wirkung dieser Vorlesung fest. Er nennt Kraus' Vorlesung »Musizieren«, der Tatsache zum Trotz, daß Kraus keine Noten lesen konnte. Aber der Pianist betonte, daß Noten noch keine Musik seien und daß sie – wie Offenbachs Operetten – lange in den beliebtesten Werken schlummern können, ehe sie von jemand erweckt würden. Und schließlich dankte Steuermann Kraus für die Erfahrung, daß es auch Musik ohne Noten geben kann, woran alle Musiker im Grunde gerne glauben. Als aber dann in »Hoffmanns Erzählungen«, der einzigen großen Oper Offenbachs und seinem Schwanengesang, Max Reinhardt und Erich Wolfgang Korngold (1897–1957) fast alle Rollen von Schauspielern und mit nur noch recht wenigen, auf dem Ton gesungenen Noten »singen« ließen, war wiederum das Entsetzen der Musiker groß.

Es wird in »Hoffmanns Erzählungen« nicht nur über Musik weg gesprochen, sondern auch Unstimmigkeit zwischen Text und Musik intendiert, so wenn zu einem harmlosen Trinklied von Studenten der Chor derart höllisch stampft, daß der Teufel seine Freude daran zu haben scheint. In das Phantasiekostüm eines Operntenors zu schlüpfen, steht einem bedeutenden Dichter wie Hoffmann nicht gut an. Dennoch lotete hier die Pseudoromantik der damaligen französischen Oper tiefer, zeigte Verständnis für deutsche Eigenart und entlockte der buffonesken Phantasie Offenbachs Gefühlstöne, die dem muskalischen Bildnis des Dichters wesentliche Züge gaben.

Was Offenbach so gut gelang, nämlich gesprochene Texte musikalisch zu begleiten, scheiterte an dem Experiment des Komponisten Charles Gounod, Molières »Georges Dandin« melodramatisch zu bearbeiten. Denn der Komponist ließ die Musik nicht aus der Prosa hervorgehen, sondern hielt an einer rhythmischen Regelmäßigkeit fest, die der ungebundenen Rede zuwiderlief. Mit der in Frankreich als »Faust« und in Deutschland als »Margarethe« gleich beliebten Oper wurde ein Schritt weg von der Opéra comique getan, soviel Arien und Ballett-Nummern auch noch ihr Wesen darin treiben. Gounods Talent zur melodischen Anpassung, auch an das originale Goethesche Metrum in einigen Solonummern, kam seiner »Faust«-Version zugute, auch wenn Gretchen beim Fund des Juwelenkästchens Koloraturen perlen läßt oder der Teufel als Opern-Baß sich in operettenhaft koketten Melodien ergeht. Das Sentiment des

Tenors Faust ebenso wie die schematischen Tableaus der Chor-Nummern machen Zugeständnisse an die Zeit, wie es auch der frühe Verdi ähnlich tat.

Dieser schrieb an seinen Textdichter Piave, als er Gounods Goethe-Oper gehört hatte: »... die Worte fast immer gut ausgedrückt, aber verstehe wohl: nur die Worte, nicht die Situation. Die Charaktere sind nicht gut gezeichnet, und es fehlt jene lebendige Prägung und Farbe, die das Drama erfordert.« (F. Werfel und P. Stefan, »Giuseppe Verdi, Briefe«, Berlin, Wien, Leipzig 1926). Gounods Librettisten Carré und Barbier vergriffen sich noch einmal an Goethe, dessen Stoffe allzu leichtfertig als literarisches Allgemeingut mit Beschlag belegt wurden. Sie zeigten ihre »Mignon« zuerst Meyerbeer, der davon ebenso wie vorher schon vom »Faust« nichts wissen wollte. Die beiden Librettisten und Direktoren der Opéra comique fanden bei Ambroise Thomas (1811–1896) einen Abnehmer, wenngleich ihnen der Komponist in dem sehnsüchtigen Beginn der so populär gewordenen Romanze »Kennst du das Land« nicht zur Zufriedenheit arbeitete.

Wie diese Beispiele zeigen, sollte Wagners Kunst beim westlichen Nachbarn Frankreich auf eine germanophile Literatur-Vorliebe treffen, die bereits in der napoleonischen Ära den Anlaß für Madame de Staëls Buch »De l'Allemagne« gegeben hatte. In der Musik regten vor allem deutsche Texte an: Gounod und Thomas schrieben Goethe-Opern, Offenbach verherrlichte Hoffmann, Vincent d'Indy (1851–1931) setzte Schiller auf dreifache Weise musikalisch um. Wagners musikalische Wirkungen ließen kaum einen einzigen französischen Komponisten unberührt. In Paul Dukas' Oper »Ariane et Barbe-bleue« weist das gesangliche Pathos deutlich zur deutschen Spätromantik hinüber. Aber auch in Italien gab es einen bedeutenden Wagner-Pionier: Arrigo Boito (1842–1918). Er führte mit Übersetzungen »Rienzi« und »Tristan« in Italien ein. Daß das Produkt seiner Goethe-Verehrung, die Oper »Mefistofele« 1868 spektakulär durchfiel, war Auseinandersetzungen pro und contra Wagner im Publikum zuzuschreiben. Aber Boito hielt sich doch an die Belcanto-Arie, aller ideellen Konzeption im Sinne Wagners zum Trotz.

In Frankreich triumphierten noch lange, nachdem Wagners erste Werke bekannt geworden waren, Nummern-Opern mit gesprochenem Dialog, ohne daß dadurch die dramatische Wirkung beeinträchtigt worden wäre. Freilich hört man die »Carmen« von Georges Bizet (1838–1875) in ihrer ursprünglichen Gestalt als »Opéra comique« nur selten. Meist wird das Werk mit den posthum von Ernest Guiraud nachkomponierten Rezitativen gegeben. Bei aller Bewunderung Wagners in Frankreich liegt das beste, was nach Meyerbeer in der französischen Oper geschaffen wurde, auf der Linie, die Verdi einschlug, so auch Bizets durch den Reiz spanischen Kolorits und spanischer Rhythmik belebte »Carmen«.

Wo sich »Carmen«, ohne je das kompositorisch Wählerische außer acht zu lassen, mit der Operette verbrüdert, steht ein solches Abenteuer immer unter dem Prinzip, Folie für einen Ernst zu bilden, der sich nicht zu übertreiben braucht. Wie wenige Sänger folgen diesem stilistischen Wegweiser! Daß zu solcher Differenziertheit die äußerste Genauigkeit des Komponierens gehört, hat Nietzsche in seiner »Carmen«-Eloge (»Der Fall Wagner«, 1888) angedeutet: »Sie baut organisiert, wird fertig: damit macht sie den Gegensatz zum Polypen in der Musik, zur ›unendlichen Melodie‹«. Was Mäßigung des Ausdrucks, antitheatralische Zivilisition bei Bizet mit dem Laut der Hoffnungslosigkeit, mit ungemildertem Schmerz wie naturverfallen zusammenkommen läßt, zeigt das Kartenlied der Zigeunerin, »semplice e ben misurato« bezeichnet, eine Todesahnung, selbstverständlich und gemessen wie der Takt des Schicksals. Manchmal klingen Bizets vollkommene Melodien wie Zitate, nicht aus anderen Werken, eher wie aus einer versteckten Sprache, aus der nicht ganz verstandene, aber schlagende Bruchstücke aufscheinen. Dazu gehört »L'amour est enfant de Bohème« aus der Habanera Carmens, das jeder längst zu kennen meint, vernähme er es auch zum ersten Mal.

Das ist auch von einer so leichtfüßigen Musik wie der von Adolphe Adam (1803–1856) zu sagen. Aber es gibt Paraderollen, die einer Oper den Garaus machen können, denn sie bestimmen über die Beurteilung und die Popularität eines Werkes in einer Weise, die den Blick für den veritablen künstlerischen Wert des Ganzen verstellt. Kommt dann durch Zufall oder Bühnenanekdötchen noch ein Zug aus dem Leben berühmter Sänger hinzu, so verschwindet der letzte Rest von Kunst hinter dem Gerücht. Beim »Postillon von Lonjumeau« denken viele sofort oder später einmal an das hübsche Peitschenliedchen und an hochgestemmte Tenor-Spitzentöne, manche auch an Theodor Wachtel oder Heinrich Bötel, die das

Metier der Postillone kannten und zu Peitschenknall vom eigenen Leben zu singen schienen. Die Liebenswürdigkeit von Adams künstlerischem Charakter bleibt erst noch wieder zu entdecken, etwa in den gut erfundenen und gearbeiteten Soli und Ensemblestücken, die den Stil der Comique bezeichnen. Die eingängigen Melodien ziehen ihre Kraft aus den Tanzrhythmen und Volksliedweisen Frankreichs, aus dem Chanson und der Romanze. Was Vorgänger an Adam weitergaben, nämlich den französischen Konversationsstil, baute dieser bis zum völligen Fehlen jeder Stockung oder Verlegenheitspause aus.

Adam war ein großer Bewunderer der Pauline Viardot, auch ihrer kompositorischen Fähigkeiten, die er schon beurteilte, als die Künstlerin eben erst zu singen anfing. An einen Berliner Freund schrieb er 1839: »Wenn ich bedenke, daß dieses kleine Mädchen von siebzehn Jahren in fünf Sprachen spricht und singt, daß sie Klavier spielt wie ein Engel, daß sie eine Musikerin ist, wie man es nur sein kann, daß sie singt wie ihre Schwester und Sachen komponiert, auf die man stolz sein könnte, hätte man sie geschrieben; dann schäme ich mich mit meinen vierunddreißig Jahren, so wenig von dem zu können« (nach E. Brand-Seltei, »Aglaja Orgeni«, München 1957). Adam war, wie die kleine Pauline, Schüler von Anton Reicha in Musiktheorie gewesen.

Verdi

Was an der Romantik in der romanischen Oper Kunstblume war und die französische »Große Oper« pompös sein ließ, überwand erst Giuseppe Verdi (1813–1901), und zwar auf einem anderen Weg als Richard Wagner. Zwar war er auch nicht wählerisch, wenn es darauf ankam, mit drastischen Effekten das Publikum erschauern zu lassen und mit den Mitteln der Kolportage der Sensationsgier zu genügen. Wenn etwa Rigoletto im Blitzesschein erkennt, daß in dem Sack, den er in den Fluß werfen will, nicht der Verführer seiner Tochter, sondern diese selbst steckt, wenn im »Troubadour« Graf Luna nichtsahnend seinen eigenen Bruder dem Henker überantwortet oder sich im »Don Carlos« die Bühne vom Feuer des Scheiterhaufens rötet, dann handelt es sich um die gleichen Schauereffekte, auf die sich schon Meyerbeer so gut verstanden hatte. Aber

Verdi läßt es nicht beim theatralischen Effekt bewenden, sondern sucht dramatische Aktion. Er gibt dem Effekt eine Funktion innerhalb des leidenschaftlichen Handlungsgeschehens.

Verdi hatte in der Manier jener kleineren Opernkomponisten begonnen, die neben Rossini Erfolge hatten. Aber er unterschied sich von Anfang an durch seine Vorliebe für »starke, wilde« Stoffe, durch einfache und energische Melodien, durch Wahrheit und schlagende Kürze. Mitreißend drückt sich sein glühender Nationalismus in den Chören aus, die die früheren Opern zu veritablen italienischen Volksopern werden ließen. Den national begrenzten Ruhm steigerte er mit den Opern der mittleren Zeit »Rigoletto«, »Trovatore«, »La Traviata« zum Weltruhm, den er freilich durch erneute Hinwendung zur Pariser Oper erkaufte.

Erst in seinen drei letzten Werken, der »Aida«, dem »Otello« und dem »Falstaff«, läuterte sich die Gewalt seiner stets unmittelbar wirkenden Melodie, der Impetus seiner szenischen Gestaltung von den letzten Schlacken und machte sich die Reinheit künstlerischer Äußerung dienstbar. Geistig und musikalisch wurde Verdi zum Antipoden Wagners, seine Oper steht der Überwelt fern, das Menschliche rückt tragisch oder humorvoll ins Zentrum. So ist denn auch das Verhältnis zwischen Gesang und Orchester ein dem Wagnerischen völlig entgegengesetztes. Die Gesangslinie ist Trägerin des Ausdrucks, das Orchester stützt. Diese Relation schuf sein unmittelbares und sieghaftes Melos, Ausdruck eines romanischen Humanismus, der sich von dem mehr symbolisch vermittelten Eindruck abhebt, wie er dem deutsch orientierten, romantischen Verhältnis von Orchester und Gesang entsprach. Über das Ergebnis entscheidet dabei freilich Verdis künstlerische Höhe, das, worin er in den Hauptwerken ganz, in den übrigen immer wieder einmal vor dem kritischen Ohr besteht, seine Lauterkeit, seine Liebe zum Einfachen.

Verdi verehrte Rossini, Donizetti und Bellini und strebte nach nichts anderem als einem modernen musikalischen italienischen Drama, in dem Gesang und Melodie unbestritten herrschten. Aber sein Ideal entfernte sich dann doch weit von der nur belcantistischen Oper für Sänger. Stimme und Vortrag genügten ihm nicht, um die Operndichtung der Zeit verständlich zu machen. Verdi wußte, welch gewichtigen Anteil der Text an seinem »dramma per musica« hatte. Er suchte neue, abwechslungsreiche Stücke und forderte sie von seinen Librettisten, unter denen am häufigsten Francesco Piave (1810–1876) beschäftigt wurde. Verdi schrieb von Piave: »Der Poet macht alles, was ich will«, Piave von Verdi: »Der Maestro wünscht es so ... basta«. Je anspruchsvoller das Sujet, um so aktiver griff Verdi in die Textgestaltung ein. Vom frühen »Ernani« bis zur »Macht des Schicksals« erstreckte sich die Zusammenarbeit. Einen willkommenen Stoff bot Verdi etwa Victor Hugos »Le Roi s'amuse« mit einem buckligen Hofnarren als Hauptfigur. Der triumphale Erfolg des »Rigoletto« (wie das Stück aus Zensurgründen benannt wurde), 1851 in Venedig, gab ihm Recht.

Verdis vierundfünfzig Jahre des Opernkomponierens dienten einem Musikdrama italienischer Prägung, daß ihm seit seinen »Galeerenjahren« des Anfangs vorschwebte. Gegenüber den Wagner-Anhängern unter seinen Zeitgenossen glaubte er das spezifisch Italienische seiner Opern verteidigen zu müssen. Es verbindet alle seine Werke. So könnte die Untermalung, die in Renatos Eifersuchts-Arie aus dem »Maskenball« rhythmisch zugleich Spannung und Herzklopfen vertritt, auch dem späten Stil der »Carlos«-Jahre angehören.

Der menschlichen Stimme bewahrte er ihr magisches Übergewicht dem Orchester gegenüber, das zwar suggestiv zu kommentieren hat, aber in seine Schranken gewiesen wurde. Und doch ordnete sich auch die scheinbar alleinherrschende Melodie dem Drama unter, der Darstellung des Menschlichen. »Macbeth«, Verdis erster, noch zwiespältig und in Etappen auf seine Höhe geführter Versuch an einem Shakespeare-Stoff, steht dem reinen Belcanto extrem entgegen. Wie hatte es doch im Brief an Cammarano geheißen: »Ich möchte für die Lady eine rauhe, erstickte, hohle Stimme haben ...« (Werfel, Stefan, a. a. O.). Und daß der Komponist solchen charakteristischen Gesang in hartnäckigen Proben zu erarbeiten suchte, zeigt ihn in weiter Distanz zu Rossinis oder Donizettis Nur-Gesang.

Bei Verdi tritt die Problematik übersetzter Operntexte besonders hervor. Erst Gesang offenbart die Sinnlichkeit und damit auch die Charakteristik einer Sprache, ihre Schönheit und die Klarheit unterscheidender Sprachlaute in ihr, so relativ die Beurteilungsmöglichkeit in fremden, etwa slawischen Sprachen auch sein mag. Nicht umsonst bedient sich moderner Sprachunterricht aus didaktischen Gründen immer häufiger des Singens als Hilfsmittel. Es ist leicht zu verstehen, welche grundlegende Bedeutung dem Gesang praktisch wie sinnbildlich in der Erziehung zugewiesen wird. Darum heißt es auch in der »Pädagogischen Provinz« aus Goethes »Wilhelm Meisters Wanderjahre«: »Bei uns ist der Gesang die erste Stufe der Bildung, alles andere schließt sich daran an und wird dadurch vermittelt. Der einfachste Genuß sowie die einfachste Lehre wird uns durch Gesang belebt und eingeprägt, ja selbst was wir überliefern von Glaubens- und Sittenbekenntnis, wird auf dem Wege des Gesanges mitgeteilt. Andere Vorteile zu selbsttätigen Zwecken verschwistern sich sogleich ... deshalb haben wir denn unter allem Denkbaren die Musik zum Element unserer Erziehung gewählt, denn von ihr laufen gleichgebahnte Wege nach allen Seiten.«

Wo bleibt denn nun die unterrichtende Kraft bei einem Kunstwerk wie der Oper, wenn ihm seine Zunge herausgeschnitten und durch eine andere ersetzt wird? Lange Zeit wurde es als eine eklektische Laune verschrien, die Oper in ihrer ursprünglichen Sprache darzubieten. Dabei wurde verkannt, wie wichtig es gerade hier sein muß, die Zusammengehörigkeit von Musik und Sprache zu bewahren. So kann ein deutscher »Figaro« oder ein deutsch gesungener »Boris Godunow« nur dem genügen, der ihn nicht im Original hat auf sich einwirken lassen.

Nun beanspruchte das Italienische – schon durch den Lateinunterricht – mehr Internationalität für sich als etwa das Deutsche, ganz zu schweigen von den slawischen Sprachen. Und deshalb wurde es denn auch zur Gesangssprache par excellence. Im Charakter einer jeden Nationalsprache ist es angelegt, ob sie stärker oder schwächer zur Sanglichkeit neigt. Die vokalreiche italienische läßt sich am besten singen.

1927 erschien ein neuer Klavierauszug von Verdis »La forza del destino« mit dem Vermerk: »Dem Italienischen des F. M. Piave frei nachgedichtet und für die deutsche Opernbühne bearbeitet von Franz Werfel.« Der Dichter behielt die Handlung als solche bei, ging aber insofern frei vor, als er zumeist von wörtlicher Übersetzung Abstand nahm und der Musik Worte unterlegte, die den Sinn des Originals zwar wiedergeben, in Ausdruck und Bild aber meistens abweichen. Selbst bei sorgsamer Übersetzung müssen sich Fehler einschleichen, sobald die Charaktere nicht genau getroffen sind, zu schweigen von einer freien Bearbeitung. Alvaro eilt auf das

Zeichen Leonores herbei, er jubelt geradezu kindlich auf. Wer da
weiß, wie Verdi komponiert, wie er in unzähligen Fällen von einem
einzigen Wort, das die Situation im Kernpunkt faßt, ausgeht, be-
greift die hin und her wogende Melodie zu »Ah per sempre, o mio
bell'angiol, ne congiunge il ciel adesso« mit den Schlußworten »io
veggo giubilar« ohne weiteres. Es sind sich wiederholende Freu-
denschreie, durch keine Schatten getrübt. Überträgt nun Werfel
diese ganz geradlinig verlaufenden Worte so: »Endlich hat dein Zeichen mich erlöst von Angst und Bangen, selig halt ich dich umfangen, niemals kommst du wieder frei«, so fälscht er trübend den Seelenzustand und damit die Charakteristik.

Zum Glück ist seit jenen Tagen des Kampfes um die Wiederentdeckung des »unbekannten« Verdi die Erkenntnis allgemein, daß
nichts als das originale Italienisch, vom Komponisten mit genauesten Anweisungen für Versmaß und Ausdruck den Librettisten vorgeschrieben, der Musik gerecht werden kann. Beachtete jeder Sänger die luzide Akzentbezeichnung in Verdis Notenbild, so wäre es
wesentlich leichter, deren exakte Verteilung hörend zu verstehen.
Nur wenige Komponisten machen es dem Interpreten derart deutlich, den richtigen Weg zu gehen.

Die Übertragung von Literaturopern stellt noch komplizicertere
Aufgaben als eine bloß les- oder sprechbare Übersetzung aus einer
anderen Sprache. Die Musik legt der Durchsetzung dichterischer
Kraft spezielle Hindernisse in den Weg. Der Übersetzer muß neben
seinem Sprachgefühl und -verständnis ein ebenso musikalisches
und vor allem sängerisches besitzen. Wie sollte er sonst die Klimax
musikalischer Linien, die Interdependenzen innerhalb der Phrasen,
die rhythmischen Besonderheiten von Komposition und Original-
sprache mit den übersetzten Worten in Zusammenklang bringen.

Erstaunlich, daß die im Auftrage eines großen italienischen
Musikverlages verfertigten Neuübersetzungen Verdis durch deutsche Autoren den Sängern so gar nichts von den üblichen Qualen
abnehmen, die die Artikulation in der Praxis bedrängen! Max Kalbeck hat, als er für Gustav Mahler den »Falstaff« übersetzte, bewie-
sen, daß nicht immer die Sinngenauigkeit von Wort zu Wort das
Patentrezept des Gelingens darstellt, sondern vor allem die Annäherung an die Vokalfärbung des Urlibrettos. Er hat auch gezeigt,
daß der Humor und die Treffsicherheit des Wortwitzes bei Boito
dabei nicht zu kurz kommen müssen. Wie soll die sängerische Auf-

gabe erfüllt werden können, wenn im schnellen parlando eine Unzahl von Konsonanten den schlackenlosen Nachvollzug des richtigen Tempos boykottiert (wie in der Fassung von Swarowsky)?

Einem Sänger mit Gefühl für die Sprache sollte die Freiheit eingeräumt sein, selbst verbessernd einzugreifen. Manches Vorurteil
gegen die Beschäftigung deutscher Sänger etwa mit slawischer
Musik hat ihren verständlichen Ansatzpunkt in den deutschen Ausgaben von Liedern Dvořáks, von Orchesterballaden Kodálys oder
der Oper »Herzog Blaubarts Burg« von Bartók. Der tschechischen
Oper haben Max Brod und Kurt Honolka hier bahnbrechende
Dienste geleistet. Wer aber soll etwa die Werke Dvořáks oder Bartóks mit ihren Akzenten auf den synkopierten Mittel- und Endsilben überzeugend gestalten, wo die Übertragung im Sinne des deutschen Tonfalls einfach musikalische »Korrekturen« anbrachte?

Der Schwankende wird sich leichter endgültig für die Original-
sprache in den Opernhäusern entscheiden, wenn er Wagner im
glättenden Französisch oder Debussy im überdramatisierenden
Deutsch vernimmt. Dann wird er auch unverstandene Texte in Kauf
nehmen. Ein so verblüffendes Phänomen wie die neuerliche Masse-
net-Renaissance ließe sich in deutscher Übersetzung kaum vorstellen. Hätten die Monteverdi-Wiederbelebungen durch Harnoncourt
und Ponnelle in Übersetzungen stattfinden können? Selbst in England, wohin an den Autor noch in den fünfziger Jahren eine Ein-
ladung erging, den »Don Giovanni« in der dortigen Landessprache
zu singen, bröckelt die »Front« ab. Reformatorische Ansätze bietet
zweifellos die neue Mozart-Ausgabe, indem sie eine wortgetreue
deutsche Übersetzung mitliefert, die nicht für den Gesang bestimmt
ist, sondern dem Verständnis dient. Bestes Argument für die Origi-
nalsprache sind Felsensteins Übersetzungen. Wieviel besser verfahren werden kann, bewies Peter Cornelius mit der »Vestalin« auf
deutsch.

Besonders bei Verdi kann die Musik alles vermitteln, was zur inneren und äußeren Dramatik gesagt werden soll. Auch wer sich
nicht die Mühe macht, den Text der »Aida« nachzulesen, spürt aus
der Musik heraus, wie das Wort dramaturgisches Gerüst gab, wie
das Gedicht (meist in eigener Fassung durch den Komponisten)
zum Stimulanz für die Musik wurde, weil es den Sinn offenbart und
den Tönen ermöglicht, eine Dimension hinzuzufügen.

Beim Besuch einer Verdi-Aufführung erinnert sich mancher

Hörer daran, daß den Sängern wenigstens auf dem Papier mehr als eine Tonstärke vorgeschrieben ist. Die exakten Bezeichnungen, die Verdi seinen Noten beigab, bleiben da oft unbeachtet. Auf dem Weg zu einer charaktervollen Menschendarstellung, wie sie dem Komponisten vorschwebte, sollte es dem Sänger nicht weniger als dem Instrumentalisten selbstverständliche Forderung sein, die eigene Tonstärken-Skala zu erkennen, zu beurteilen und sinngemäß einzusetzen. Was hülfe es dem im dauerhaften fortissimo verharrenden Sänger des Grafen Luna, sein »Il balen« im »Trovatore« mit der Einheitssauce eines kernigen Brusttons zu übergießen? Er gewänne die Seele des piano-Stückes doch nicht. Gerade im hier überwiegenden legato bedeutet es einen erheblichen Arbeitsanteil beim Studium, die wechselnde dynamische Tendenz der Vokale und Lagen zu einem Miteinander, zum Verschmelzen der Stärkegrade zu bewegen. Bei Verdi (aber natürlich auch bei Bach oder Mozart) vermittelt erst der genaue Tonstärkeeinsatz (ob nun im legato, martellato oder declamato) jene Eindringlichkeit, die mitreißt.

Auf den Gipfel des espressivo führte Verdis Genie die Koloratur. In der Fortführung des von Rossini begonnenen Weges drang die Psychologisierung frappant überzeugungskräftig in die Virtuosität ein, wobei nicht etwa nur ausdrucksgeladene Eruption wie in Abigails großer Arie aus »Nabucco« als Beispiel anzuführen wären, sondern gerade auch die Kühle, das Verstecken von Gefühlen (im Gartenlied der Eboli aus dem »Don Carlos« oder dem Trinklied der Lady in »Macbeth«), das die Gestalten profiliert. Eine solche Variationsbreite an Koloraturaufgaben stellt den Sänger vor Probleme, denen er nur mit federndem Rhythmus und Tongenauigkeit beikommen kann.

Es gibt ganze Bündel von Briefen Verdis, die das Werden seiner Werke »urkundlich« erhellen. Bei allen Entwürfen zu neuen Texten wurde er Mit-Urheber. Er initiierte die Handlungsführung, bestimmte entscheidend die Anlagen der Szenen und den Charakter der Gestalten mit, zeichnete Gedankengänge und Gefühlskurven des Dialogs vor, beeinflußte sogar die Stellung der Worte im Satz und das Versmaß der gebundenen Rede. Seine Librettisten machte sich Verdi zu willfährigen Instrumenten, übrigens auch dadurch, daß er ihre Honorare aus der eigenen Tasche bezahlte.

Als geborener Bühnenmusiker ging er immer von psychologischen und dramatischen Situationen aus. Diese und – wie in der

»Aida« – die Stimmung des Handlungsschauplatzes formen sein immer wieder gefordertes »szenisches Wort« (Karl Holl, »Verdi«, Berlin o.J.), »das die Situation klar und deutlich ausprägt und wiedergibt«. Wo ein Dichter jene Worte der Leidenschaft nicht fand, die allein die Vorstellungs- und Ausdruckskraft des Musikers befruchten, suchte sie der Komponist hervorzulocken, indem er seine eigene Vision und Ausdrucksabsicht beschrieb. Die Wahl zwischen Poesie und Prosa ließ er seinem Textdichter offen, denn er hatte von Shakespeare gelernt. Er stimmte mit dem Gedanken Boitos überein, der zur Überwindung des alten Opernschemas in der Vorrede seiner eigenen Oper »Mefistofele« eine möglichst abwechslungsreiche Diktion empfahl, die sich dem wechselnden Ausdruckscharakter der Szene im Sinne der dramatischen Logik anpaßt. Aber etwa seinem Textdichter Ghislanzoni gegenüber stellt Verdi im Blick auf Versmaß und Betonung einzelner Worte sehr bestimmte Forderungen, die den unvorbereiteten Leser eigenwillig, ja herrisch anmuten mögen (Verdi, »Briefe zu seinem Schaffen«, Frankfurt 1963). Aber der Musiker konnte seine Forderungen aus der Erfahrung heraus so einleuchtend motivieren, daß sich der Dichter – auch wenn er Boito hieß – gerne beugte.

Verdi bietet ein Paradebeispiel für die Kunst, mit den Mitteln des Gesungenen, also des mehr von seelischen Kräften als von Gesten bewegten Spiels, auf der Bühne dramatische Wirkung zu erreichen. Kaum eine der vielen Fragen, die die komplizierte Kunstform der Oper an Komponisten und Textdichter stellt, läßt er unberührt. Dabei beleuchten seine Briefe insbesondere die Wichtigkeit des Versmaßes für die musikalische Formung und die Bedeutung jenes »szenischen Wortes« auch für die mimische Spannung. An Ghislanzoni: »Sie können sich nicht vorstellen, welch schöne Melodie man unter jener seltsamen (sprachlichen) Form machen kann, wieviel Anmut ihr der fünffüßige Vers nach den drei siebenfüßigen gibt und welche Mannigfaltigkeit ihr die zwei Elfsilber verleihen.« »Hier hätte ich gern den großen Vers gehabt, das Versmaß Dantes und auch die Terzine ... Ein andermal empfahl ich Ihnen, dieses Versmaß zu vermeiden, weil es in den Allegro-Sätzen zu hüpfend würde, aber in dieser Situation würde jede Betonung von drei zu drei Silben wie Hammerschlag wirken und einen schrecklichen Eindruck machen ...«

Immer bleibt das wichtigste Ausdrucksmittel für Verdi die Singstimme als Träger einer die Empfindung befördernden Melodie. Mit zunehmendem Alter immer sprechender, »spielen« bei ihm nicht nur die Menschen, sondern auch ihre Stimmen mit oder gegeneinander, trennen sich oder finden sich. Der gesamte Text geht im melodischen Fluß auf, da der Unterschied zwischen deklamiertem und ausschwingendem Gesang immer unwesentlicher wird. Selbst die wohlige Wirkung der Singstimme wird spätestens seit der »Aida« gelenkt, jeder »Effekt« der dramatischen Situation zugeordnet.

Auch einer anscheinend prosaischen Rede wohnt geheime Melodik inne. Verdis Bemühung und Fähigkeit, den innersten Wortsinn melodisch aufzudecken, zeigt, was er in einem Brief an Ghislanzoni zum Duett Amneris–Radames bemerkt: »Mit eben diesen Worten des Rezitativs habe ich siebenfüßige Verse zusammengestoppelt, und ich habe gesehen, daß man eine Melodie auf Worte schreiben kann, die wie von einem Advokaten gesprochen zu sein scheinen. Aber unter diesen Advokatenworten schlägt das Herz einer verzweifelten Frau, die von Liebe brennt. Die Musik kann vortrefflich diesen Seelenzustand malen und gewissermaßen zwei Dinge auf einmal sagen. Das ist eine Eigenschaft dieser Kunst, die von den Kritikern wenig bedacht und von den Musikern wenig beachtet wird.«

Gesungene Rede – ob nüchtern oder erhaben – wird also zu einer Musik, die nicht so sehr dem Wort dient, als daß sie es in melodische und rhythmische Bewegungen übersetzt. Die meinende Sprache dient nur der Erklärung eines rein musikalischen Vorgangs, der allerdings das Vorrecht des Gesanges gegenüber dem Orchester wahrt (was nichts über die bis dahin unerreichte Selbständigkeit des Verdi-Orchesters in Motiv und deutender Klangfarbe aussagt).

Verdis spezifische Gabe des dramatischen Melos schließt nicht aus, daß er wie viele andere Meister der Textverständlichkeit zuliebe syllabisch vertont und dazu Anweisungen wie »parlando«, »parlato presto«, »declamato« gibt (etwa dem Amonasro), denen unbedingt Folge zu leisten ist, auch wenn der Vortragende Gefahr läuft, von Opernfans ohne Kenntnis der Opern (deren es auch unter Kritikern nicht wenige geben soll) mit dem Vorwurf des »Sprechgesangs« bedacht zu werden. Auch entspricht solche Art der Textbehandlung bei Verdi (aber nicht nur bei ihm) der Vorstellung einfachen, unverstellten Gefühls, während er unter Melismatik immer eine Ausdrucksunterstreichung mehr artifiziellen Charakters verstand. Wer hat wie Verdi (und Boito!) das rollende Zungen-»r«, mit dem zum Beispiel Falstaff am Beginn des fünften Bildes brillieren darf, als Klangfaktor und zugleich zeichnerisches Element von Kältezittern, Wut, Trunkenheit und Übermut zugleich eingesetzt?

War der Textdichter oft bereit, sich dem anzupassen, was theaterverständige Musiker wünschten, so war wiederum der Komponist willens, Arien nachzukomponieren. Mit Jagos berühmtem Monolog schuf Arrigo Boito ein »Credo« ohne Rücksicht auf Shakespeares Drama, das es Verdi ermöglichte, diese Gestalt zu überhöhen und machte aus dem führenden Komponisten einen geführten. Bei der Mailänder Premiere sang 1887 der berühmte belgische Bariton Victor Maurel diese Partie und gab ihr die von Verdi beabsichtigten Züge. Auch hier zogen Pedanten mit dem alten Argument, das schon bei Gounods »Faust« herhalten mußte, gegen die ihrer Meinung nach unzulässige Konzession an den Star-Bariton los. Irrige Voraussetzung dafür war die Vorstellung von der Oper als gesungenem Theater. Verdi und Boito schufen dieses Credo gemeinsam und gingen mit ihm über Shakespeare hinaus. Eine solche »Nummer« wäre bei keinem Italiener zuvor denkbar gewesen. Gesangsmelodie und Deklamation gingen eine Synthese ein und fanden eine Form, die den Monologen des Wotan oder Hans Sachs bei Wagner ebenbürtig ist. Verfeinerter Ausdruck, dramatische Wahrheit wurde im »Falstaff« auf die elegante Spitze getrieben, so wenn der eitle Dickwanst sein »Quand'ero paggio« vor sich hin staccatisiert. Hier war Arrigo Boito Verdis ebenbürtiger Mit-Dichter. Zuvor hatte der Komponist oft genug seine Verseschmiede zur Präzision des Ausdrucks und zu größerer Plastizität anhalten müssen.

Die Affekte, von denen die agierenden Personen in Verdis Opern motiviert werden, drängen danach, sich gestisch zu äußern. Textworte, die das Verständnis aufschlüsseln, ragen als »parola scenica« heraus, eine dramaturgische Variante der grundlegenden Tatsache, daß Verdi wie der von ihm verehrte Schubert rhythmisch fundierte Melodien schrieb. Und wie bei Schubert setzt sich eine erstaunliche Formenvielfalt über die Schemata der Gattungstradition hinweg. Die farbenreiche Reihung von Teilen im Duett Violetta-Germont, dem Zentrum der »Traviata« im zweiten Bild, zeigt dramaturgische Motivation, wenn sie auch in mannigfacher Verkleidung »cabaletta« oder »arioso« als Imprimatur durchscheinen läßt. Durch Verdoppelung und Umstellung üblicher Tempofolgen weist der Komponist darauf hin, wie besonders und wichtig die Szene sei, ohne doch in musikalische Prosa zu verfallen, wie es Wagner getan hätte. Im »Otello« läßt sich eine Zusammenführung des abgestuft rezitativischen mit dem durchkomponiert dramatischen Stil erkennen. Der Sprechton, oft in ganzen Sätzen auf ein und derselben Note psalmodiert, steigert sich von still oder tief zu reif und voll. Lied, Duett, Ausbruch, donnernde Katastrophe und Zusammenbruch erinnern daran, wie dagegen übersteigert, und monoton und ohne Ökonomie die Dauerpolyphonie nördlich der Alpen zu jener Zeit bereits geworden war und wie es eigentlich nur darum ging, die anfänglichen Errungenschaften der Mannheimer Schule wiederzufinden, nämlich in der Abstufung ein Relief im Orchester herzustellen.

Was bei den Shakespeare-Opern »Macbeth« und »Otello« vorgegeben war, finden wir im »Falstaff« wieder: Indem die Zahl der handelnden Personen verringert wird, vereinfacht sich die Handlung, Szenen werden zusammengezogen und Schauplätze eingespart. Um aber reicheres Ensemble bieten zu können, läßt Verdi nicht zwei, sondern vier Weiber den Falstaff foppen und stellt im ersten Akt ein Männerquintett daneben. Schimpfen, Spotten, Lachen und Liebesduett äußern sich zur gleichen Zeit in völliger musikalischer Homogenität. Am Schluß wird nicht mehr Gegensätzliches und Auseinanderstrebendes geschildert, sondern das Gemeinsame, und die Schlußfuge bezieht das Publikum als stellvertretend für die Menschheit ein: »Tutto nel mondo è burla«, die dritte Fuge übrigens in Verdis Œuvre neben jener im einzigen Streichquartett und der im »Sanctus« des »Requiems«.

Leitmotiv und Sprechgesang

Die Deutschen haben mehr Mühe als andere Völker damit, Musik und Sprache nicht zwanghaft additiv aufzufassen. Sprache ohne Musik ist zwar Bedeutung in aller Fülle, aber verkürzt um den musikalischen Ausdruck. Dieser Ausdruck umschließt ein Unbewußtes, das gleichwohl unserem Nachdenken zugänglich ist, obwohl es das nie selbst einholt oder gar hervorbringen könnte. Daß Sprache und

Musik ineinander greifen, gehört zum Menschen – man denke an das Kind, das mit sich selber singt. Wenn es auch meist ohne Gesang auskommt und Musik sich andererseits auch ohne Sprache verwirklichen kann, so sagt das nichts gegen die Feststellung des Phänomens.

Hier bildet das Kunstlied den Zenit, weil es sich sprachlicher und musikalischer Bedeutung ganz erschließt. Tritt nun noch das Gestische und Mimische hinzu wie in der Oper, dann resultiert daraus das »Gesamtkunstwerk« par excellence, wenn auch nicht in dem mißverständlichen Sinne, daß die drei verschiedenen Ebenen zusammengedacht werden müssen. Vielmehr ist das Sprechdrama aus dem Gesamten als Oper ohne Musik abzuleiten, die Symphonie als Musikgeschehen ohne Figuren, schließlich das Oratorium als ein Relikt ursprünglichen Rituals.

Ausgangspunkt zu einem Musikdrama nationalen Stils, in dem sich auch formal das Verhältnis des Worts zur Musik auf neues Terrain begab, war für Richard Wagner (1813–1883) bezeichnend genug die »Grande opéra«. Er verzichtete darauf, in Nummern zu unterteilen, und legte die Akte großräumig-symphonisch an. Zwar unterwarf sich die Musik streng dem dramatischen Wort, aber sie erblühte orchestral reicher, großzügiger und den Hörer überrumpelnder, als dies je zuvor hätte geschehen können. Die »Leitmotive«, mit denen Handelnde und Situationen charakterisiert werden sollten, dienten dazu, thematisch zu vereinfachen und die Musik formal gebunden erscheinen zu lassen. Musik und Drama solcher Art, eng verzahnt und dennoch kompositorisch dicht, in riesigen Dimensionen konzipiert – das schien vielen Komponisten alles Voraufgegangene ungültig zu machen.

Der Pferdefuß steckte zweifellos im »Sprechgesang«. Er gibt sich rezitativisch, hat keine melodische Formung für sich, denn er ist melodisch ohne Bedeutung, sofern er sich nicht auf die im Orchester schon erklungenen Motive bezieht. Er tastet in den meisten Fällen lediglich die Akkordbestandteile der Harmonie nach, die das Orchester spielt. Er gehorcht der – bereits auf die Musik hin konzipierten – Sprache, fällt aber aus dem chromatisch hochgezogenen Stil des Ganzen heraus. Wagners Musiksinn gehorcht damit einer seltsamen Dischronologie: Jene Abneigung gegen die Mimik, die mit der wachsenden Herrschaft der ratio in der abendländischen Kulturgeschichte sich verstärkte und damit zur Ausbildung einer

selbstherrlichen, der Sprache ähnelnden Sinnfälligkeit das ihre beisteuerte, scheint an Wagner vorbeigegangen zu sein. Oder sie beherrscht sein Komponieren nur insoweit, als auf die Ähnlichkeit mit
der Sprache im Musikdrama nicht ganz zu verzichten war. Was
Nietzsche oder Paul Bekker als abstoßendes »Schauspielertum« bei
Wagner geißelten, ja, als den Kern seines Kunstwerks anvisierten,
entspringt diesem Rückschritt.

Wer wollte leugnen, daß Gebärde in jeder Musik erinnernd an-
klingt und in ihr beschlossen bleibt. Ihre abendländische Ausformung jedoch strebte nach Sublimation, nach einer Sprache, die zwischen Verinnerlichung und logischem Aufbau zu vermitteln suchte.
Je weniger bestimmt Wagner die Führung der Singstimme mit
wenigen Ausnahmen gestaltete, um so weniger eindeutig ist der
Höreindruck seiner Musik. »Kann's nicht behalten, doch auch nicht
vergessen«, sagt Sachs und spricht damit das verwirrend Neue, aber
auch das Mehrdeutige in Wagners Musiksprache aus.

Wagner machte sich das Material fügsam. Er folgte der Antwort
seines Sachs auf Walthers Frage nach dem Beginn im Sinne einer
Regel: »Ihr stellt sie selbst – und folgt ihr dann«. Hierhin gehört
auch Wagners Forderung nach sinngerechter Deklamation, die sich
nicht mehr an die Sprachähnlichkeit der Musik gebunden fühlt und
an ihren vor allem daran orientierten metaphysischen Bezug. Der
»Fortschritt« über die biedermeierliche Romantik hinaus führte zur
musikalischen Prosa, zu einer Melodie »ohne Ende«, wenn auch bei
Wagner noch in der symmetrischen Periode befangen. Die Konzeption blieb im Grunde ohne nachhaltige Folgen. Aber jenes Stilmittel
des Sprechgesangs, ohne den sie nicht ausgekommen wäre, wirkte
sich um so stärker auf die Nachfahren aus. Vor allem erkannte es die
herkömmliche Gliederung einer Melodie nicht mehr an, sprach den
Verlauf der jeweils führenden Stimme von aller Koppelung an
Strophe und Vers los, was auch die musikalische Haltung dem Wort
selbst gegenüber nicht unbeeinflußt lassen konnte.

Gewöhnlich wird Wagners Sprechgesang aus dem begleitenden
Rezitativ hergeleitet, obwohl der Komponist schon früh solche
Identifizierung verleugnete. Bereits im »Liebesverbot« entnahm er
aus der Opera buffa die Technik, eine führende Melodiestimme ins
Orchester zu legen, um den Sänger frei darüber deklamieren zu lassen, ein kompositorisches Verfahren, das schon Rossini oder Boïeldieu das Flair des Spontan-Witzigen finden ließ. In seinen späteren

Werken verlor solches parlando das ironische, zumeist die Schwächen der Herrscherkaste entlarvende Kostüm. Es wurde zu pathetischem Sprechgesang. Eines der Ergebnisse besteht im berüchtigten Dauer-Akzentuieren der Wagner-Sänger, nur gelegentlich durch die Bemühung einzelner Künstler bekämpft, italienischen Schöngesang daraus zu machen, was dann wiederum Textunverständlichkeit und mangelnde Durchschlagskraft dem Riesenorchester gegenüber nach sich zieht.

Zum Sprachrohr des Pathetischen machte Wagner die Alliteration. Was er an festen Musikformen fallenließ, wollte er dem Wort ähnlich progressiv zugute kommen lassen. Wagners Sprache vermeinte, das Sein selbst zum Tönen zu bringen. Zwar wandelte der Zukunftsmusiker die Form gebundener Sprache derart ab, daß sie sich prosa-ähnlich mit der ebenso ungebundenen Musik verbinden konnte, brachte aber ihre Gedanken in einem sprachlichen Gestus vor, der sich gebärdet, als sei er vor der Zeit der Trennung von Vers und Prosa entstanden.

Gewonnen wurde so die Möglichkeit, prosaisch, trocken, musikfern, auf Dingliches bezogen zu charakterisieren und doch nicht platt zu illustrieren. Ohne diese Technik wären Mime oder Beckmesser nicht zu denken. Es war Hugo Wolf, der diesen »Sprachgebrauch« weiterführte, ihm – in vielem überzeugender als Wagner – auch die Sphäre des vertieften Ausdrucks eines überhöhten Stils zugänglich machte. Mehr als die Formung rein musikalischer Figuren, die Wagner immer große Mühe kostete, konnte er die Übertragung schauspielerischer Charakteristik in Musik zum Gesetz des Neuen machen. Daß Wagner die musikalische Architektonik verschleierte, sollte der Sprache dazu verhelfen, zugunsten des Ausdrucks ihr Bezeichnen, ihr Bedeuten zu steigern. »Die Wissenschaft hat uns den Organismus der Sprache aufgedeckt; aber was sie uns zeigte, war ein abgestorbener Organismus, den nur die höchste Dichternoth wieder zu beleben vermag, und zwar dadurch, daß sie die Wunden, die das Sezirmesser schnitt, im Leibe der Sprache wieder schließt und ihm den Athem einhaucht, der ihn zur Selbstbewegung beseele. Dieser Athem aber ist – die Musik –.« So umschreibt es Wagner selbst in »Oper und Drama«. Der »Dichterkomponist« läßt die Musik überbetonend noch einmal sagen, was Worte ohnedies gesagt haben. Für das Ineinanderführen beider Medien opferte Wagner die Unberührbarkeit der Musik. Er führte nicht weiter, was Schubert oder Schumann unter dem Primat der Musik an Elementen des »Sprechgesangs« bereits erfunden hatten.

Auf dem Wege eines scheinbar natürlichen Tones sollten sich Musik und Sprache vereinen, aber die Singstimme löste sich nun über weite Strecken vom musikalischen Material ab. Nimmt man einmal die seltenen, musikalisch »absolut« geformten Teilstücke aus, so verzichtet die Singstimme bei Wagner auf die Teilnahme am Motiv und am inneren Leben der selbstgestellten Formungsregeln für die Musik. Da also der Gesang – im Unterschied zu den eigentlichen Schöpfern »sprechenden« Singens – am thematischen Material sich nur noch selten beteiligt (außer daß er sich unter die »Füllstimmen« der Harmonien begibt), ist der Zusammenhalt der Musik gefährdet, eine Tatsache, die sich in ganzer Tragweite erst bei Richard Strauss auswirken sollte.

Vielleicht verhinderte vornehmlich der Sprechgesang die angestrebte mystische Ureinheit der Künste, wie sie die Romantiker durch das Verwischen der Konturen zwischen den vorgefundenen Künsten zu erreichen suchten. Zu dynamisch ist die Beziehung dieser speziellen Deklamatorik zu den anderen Gattungen, um wirklich ein »Gesamtkunstwerk« zu bilden.

Jenseits aller Zweifel bleibt das Verdienst Wagners, die Ausdruckssphäre seines Jahrhunderts in der Musik harmonisch und im Drama psychologisch unvergleichlich angereichert zu haben. Sicher resultiert dies auch aus den Widersprüchen, die in seinem Genie auseinanderklaffen. Wagner wollte die Romantik noch überhöhen, und das zu einer Zeit, die ihres Fortschritts wegen das Zeitalter der Wissenschaft und Industrie genannt wurde. Wagner verwertete just dann die Ideen eines Novalis, Wackenroder oder Brentano, als sich gerade die Realisten Hebbel, Keller und Raabe an ihr dichterisches Werk machten. Er konzipierte den »Tristan« ausgerechnet in dem Jahr des Erscheinens von Flauberts »Madame Bovary«. Der Revolutionär schwarz-rot-goldener Freiheitskämpfe suchte und gewann schließlich die Freundschaft des Bayernkönigs Ludwig II.

Als Wagner durch das Erlebnis Shakespeares seine Berufung zum Dichter erkannte, war er fünfzehn. Als er Musik von Beethoven hörte, stieß er seine Pläne um und beschloß, Musik zu machen. Bald kehrte er dennoch zum Drama zurück, und Nietzsche sah dies als »typische Unsicherheit des Dilettanten«. Aber es steht hinter solchem Schwanken das Doppelgesicht der Oper, der sich Wagner sehr bald endgültig verschreiben sollte.

Der junge Kapellmeister Wagner dirigierte Bellini und Auber, um seinen bisherigen Göttern Beethoven und Weber auf Zeit abzuschwören. Den Belcantisten zu huldigen hieß für ihn zugleich anti-moralisch und anti-national zu schreiben. Das Ergebnis ist seine einzige rein komische Oper, »Das Liebesverbot«, sehr frei nach Shakespeares »Maß für Maß«. Sie modelt die ethische Grundtendenz des Dichters im Sinne der Verherrlichung des Genusses und der Sinnlichkeit um. In die, nur wie ein Gerüst des Shakespeare-Werkes wirkende, Handlung flocht Wagner Buffoszenen ein, die sich einer dünnen Singspielkomik hingeben und von echtem Komödiengeist nicht allzuviel spüren lassen. Dagegen stehen kühne und lebhafte Szenen wie etwa der große Monolog des Friedrich, der sich den qualitätvollsten Soloszenen des Jahrhunderts (etwa der Florestans in Beethovens »Fidelio« oder der König Philipps in Verdis »Don Carlos«) würdig zugesellt.

Was Wagner später leidenschaftlich anfeindete, führte er im »Rienzi« noch unbeirrt ins Treffen, eine ins Kolossale gesteigerte heroische Oper nämlich, deren Titelhelden der Komponist später als seinen »Schreihals« bespöttelte. Die Längen, die den Werken Wagners immer wieder vorgeworfen wurden, störten die Dresdener bei der Uraufführung des »Rienzi« (1842) nicht. Als Wagner auf den Proben an Striche dachte, flehte ihn der Heldentenor Tichatschek auf Knien an, auf keine der herrlichen Noten verzichten zu müssen.

Diese »große, tragische« Frühoper steht Verdi in Momenten nahe, näher als alles Folgende. Und des Italieners »Nabucco«, nicht weniger große politische Aktion als der »Rienzi«, wurde im gleichen Jahr 1842 zum erstenmal aufgeführt. Aber sehr typisch verlegt der Realist absoluten menschlichen Gefühls seine Wirkung ganz in die Kraft melodischen Einfalls, während der Deutsche bei spärlichem melodischem Material die Politik, die Macht des Systems – wenn auch kritisch – im Stile der großen Oper dem Chor zu singen gibt, weniger gesanglich als aufgeregt diskutierend oder schreiend. Wagners Entscheidung (nach dem Erlebnis des Fidelio der Schröder-Devrient), den Adriano in eine Mezzo-Hosenrolle zu kleiden, mutet insofern konsequent an, als zwischen dem Titelhelden und seiner schwesterlichen Sopran-Partnerin Liebe nicht stattfindet, während das glühende patriotische Verhältnis des Adriano zu

Rienzi durchaus ein Versteck erotischer Komponenten abgibt. Insofern ist es etwas vordergründig modernisierend, wenn die Partie
einem Bariton anvertraut wird. Derartig »Plausibles« läßt sich
ohnedies nicht aus dem Werk herausfiltern.

Obwohl auch der »Fliegende Holländer« stilistisch keineswegs
einheitlich geriet und sich die Kantilene Bellinis und tradtitioneller
Buffoton mit scharf umrissener Wagnerscher Sprechdramatik überschneiden, zeichnet sich das auf Heine zurückweisende Meerstück
durch stärkeren Elan und Zugriff aus. Der hier sein Publikum schokkierte, löste sich im Grunde nur allmählich aus dem Dunstkreis
Giacomo Meyerbeers, des ehemaligen Wohltäters in Paris. So
könnten Nummern des »Fliegenden Holländers« aus der Comique
stammen, etwa wenn Daland im 2. Akt auftritt. »Tannhäuser« und
»Lohengrin« sind wie in der Grande opéra mit Einzügen, Hochzeitsmärschen, Liebesduetten und »Arien« durchsetzt, wenn sie
sich auch nur selten noch so nennen.

Aber schon im »Holländer« zeigt sich der Neuerer, der die dramatisch-musikalische Idee als bestimmend für das ganze Werk aus
der einzigen Vision der Senta-Ballade, aus einem Quart-Quinten-
Motiv herleitet, dem »Johohoe«, das allen drei Akten als Sturm- und
Meeressymbol dient. Und auch die Figuren gestaltet Wagner nicht
mehr im Lortzingschen Sinne als »Rollen«, sondern als personifizierte Ideen. Wenn Holländer und Senta im 2. Akt ihr »Liebesduett«
singen, dann wird die Form durch die mythische, überpersönliche
Kraft fast unwesentlich.

Im »Tannhäuser« der Pariser Fassung wiederum stehen die Isolden-Töne der Venus noch unvermittelt neben dem Loblied à la
Spontini, das ihr Tannhäuser singt oder auch der Kantilenen, die die
Jagdgäste gleich darauf anstimmen. Und der mit empfindsamer
Melodik von Wolfram angesungene Abendstern unterbricht den
letzten, von Flötendreiklängen einsam durchhallten Aktbeginn
ganz im Stile eines Meyerbeer (wenn auch mit ungleich schlagender Melodik). Im »Tannhäuser« verharrte Wagner so nah bei der
»großen Oper«, daß er fälschlich hoffen konnte, in deren Stammhaus, der »Grande opéra« damit zu reüssieren. Aber welche Art
von Nummer war denn für Franzosen damals die Rom-Erzählung
des Titelhelden? Nicht Rezitativ, nicht Arie, ein überdimensionales
»con stromenti« von noch nie gekannter Form.

Im »Lohengrin« tritt neben die romantische Melodie im Gesang

ein arioser Typ, der die Melodie des Wortes fein abhört und nach-
zeichnet: »Im fernen Land, unnahbar euren Schritten«. Was folgte,
gerierte sich zunehmend als »Drama der Weltanschauung«. Einem
solchen Entwurf konnten alte Formen nicht genügen. Wagner schuf
sich neue mit den Leitmotiven, mit orchestraler Symphonik und vor
allem der »unendlichen Melodie«, höchst mißverständlichen
Schlagwortrufen also. Die gesungene Melodie hörte seit »Tristan
und Isolde« auf, die Seele der Oper zu sein. Anfang und Ende melodischer Bildung, die klare Zäsur waren zu verschleiern. Das Orchester sprengte seine begleitende Funktion. Den »Übergang« pflegte
Wagners Kunstgewebe vor allem. Die unendliche Melodie ließ sich
elastisch verarbeiten, denn sie empfing ihre Impulse aus dem Sinn
des Wortes und wurde zugleich auf Singstimme und Orchester ver-
teilt. Was tiefenpsychologisch zu sagen war, wußte von nun an das
Orchester besser als der Sänger auf der Bühne.

Verwirrend wirkt es noch heute dort auf die Hörer, wo neue und
alte Akzente in Wagners Werk aufeinandertreffen. Als der »Tannhäuser« ihm in Paris zum internationalen Durchbruch verhelfen
sollte und statt dessen ein organisierter »Durchfall« daraus wurde,
hatte Wagner nicht gespürt, daß er in jedem Weibe Mathilde
Wesendonck sah und seine Venus mit der neuen Musik nun erst
recht zu dem machte, was er anläßlich der Dresdener Fassung die
»Kulissen-Venus«, eine lebensferne, mythische Figur also, genannt
hatte. Eine fast unüberbrückbare Kluft tat sich zum Gesangsstil der
übrigen Figuren auf.

Musikalische und sprachliche Akzente waren längst aus charak-
tervollem Singen nicht mehr wegzudenken, so wie der Dirigent
oder der Akteur auf der Sprechbühne ihre Darstellung von der
Kunst des Akzentuierens leben lassen, was aber zugleich die Fähigkeit voraussetzt, intensiv zu sein und doch Maß zu halten und sparsam zu bleiben. Das lateinische »accentus« meint Betonung und ist
musikalisch auf dynamische wie agogische Akzente anzuwenden,
also einerseits eine – meist unvermittelte – Tonverstärkung, andererseits das Herausheben einer Note durch Dehnung des Zeitma-
ßes für ihre Dauer. Dynamische Akzente in der Singstimme beziehen sich besonders auf die Sprachgebung und bedeuten in vielen
Fällen Gefahr für den Sänger, besonders dann, wenn sie ungewollt
und unkontrolliert auftreten. Stöße des Zwerchfells oder der Brust-
muskulatur, Manieren der Deklamation, die sich aus verlorenem

Überblick einschleichen, Konsonanten, die technisch unbeherrscht übertrieben werden – sie alle können dem elastischen Funktionieren der Stimmlippen gefährlich werden.

Abgesehen von solcher Gefahr, gewann, wie immer man Wagners Dichtung bewerten mag, das Wort eine prägende Kraft wie nie zuvor. Es bedingte neue Formen:»Unendliche Melodie« und »symphonisches« Orchester erwiesen sich als fähig, selbst tiefenpsychologische Probleme (Kundry!) auf der Bühne zu bewältigen. Was Nietzsche, Baudelaire oder Thomas Mann anzog, waren nicht poetische, auch nicht allein musikalische Reize, sondern der Gehalt an Kultur und Geist.

Wagner mußte sich mehr als andere den Vorwurf gefallen lassen, er verführe zu Übertreibungen und verderbe die Stimmen dadurch, daß er oft Bellen und Brüllen geradezu vorschreibe und der »naturalistischen« Akzentgebung damit Vorschub leiste. Hier müssen wir uns daran erinnern, daß seine ersten Sänger noch mit Solfeggien und Vokalisen aufgewachsen waren und der Wortausdeutung, der ausladenden Stimmgebung seiner überlebensgroßen Gestalten ratlos gegenüberstehen mußten. Sie hatten noch nicht geübt (und wir haben es heute weitgehend wieder verlernt!), Konsonanten genau wie Vokale vom Atem her zu stützen, und mußten sich mit ungekonnter Vehemenz schaden. Aber ganz so tödlich, wie die deutsche, konsonantenreiche Sprache dem starren Blick des Sängers auf das Italienische erscheint, ist sie nicht, zumal dann nicht, wenn – wie im Falle Wagners – metikulöse Beachtung der für die Konsonanten etwa notwendigen Pausen in der Gesangslinie bereits in den Noten enthalten sind. Man sehe hierzu etwa den Kurwenal des dritten »Tristan«-Aktes an und staune über die Berücksichtigung der notwendigen Zeit, um die Mitlaute anzubringen.

Viel eindeutiger als das Problem der Akzentuierung gefährdet die Überlänge der Hauptpartien bei Wagner die Stimmen. Ironischerweise muß gerade diese von künstlerischem Diktat bestimmte Hürde häufig mit sparsamstem Stimmeinsatz genommen werden, der sich dann freilich immer gegen die beabsichtigte Wirkung wendet.

Wenn Komponisten dichten, entstammt dies dem Traum vom »Gesamtkunstwerk«, in dem die Künste eine ideale Eintracht finden sollten, in dem die Oper zu einer mystischen unio von Wort, Ton, Aktion und bildnerischen Elementen wird. Bezeichnend, daß

ein Dichter und Philosoph den dichtenden Komponisten voraussagte: Johann Gottfried Herder. Ein anderer komponierender Philosoph, Jean-Jacques Rousseau, suchte die Einheit in seinem erfolgreichen Singspiel »Le devin du village« vorzustellen.

Der »Tristan«-Text ist – für sich gesehen – ein starkes, flüssiges,
ein folgerichtiges Drama, das in stetem Wechsel von Rückblick,
Leidenschaftsausbruch, Verdrängung, Ironie und Fiebertraum
starke Variabilität des Ausdrucks wie des Tempos ermöglicht. Aber
ein solcher Anspruch auf Unerschöpflichkeit ist musikalisch mehr
dem Dirigenten in die Hand und Ausführung gegeben als dem Sänger, dessen Physis ihm hundertprozentige Identifikation versagen
muß, vielmehr erst dann eine befriedigende Ausstrahlung ermöglicht, wenn er sie in entscheidenden Momenten einschränkt. Der
Sänger überläßt damit dem Orchester den seelischen »Affekt«, um
seinerseits mit den Kräften hauszuhalten.

Nun verleiht die Musik in jedem Zusammenwirken mit anderen
Künsten, ob im Musikdrama, in der Programm-Musik oder im Lied,
dem übermittelten Vordergrund-Eindruck unfreiwillig eine Tiefen-
wirkung. Nicht mehr wie zur Zeit der Aufklärung wird unbestimmte
Musik durch Bestimmtheit des Wortes in den Lichtkegel des Bewußten gezwungen. Wagners Theorie über Beethovens Neunte
stellt eine ganz unzeitgemäße rationale »Krücke« dar, von der er
dann in vielen seiner Schriften, vielleicht ohne sich dessen bewußt
zu sein, nichts mehr wissen wollte. Hier wurde nicht, wie er behauptete, sprachlose Musik durch das Wort zur größeren Wirkung
erlöst, sondern umgekehrt bediente sich die durch das Wort be-
grenzte Dichtung des Zaubers der Musik, um es metaphysisch zu
erheben, zu erlösen und zu verklären. Was Wunder, daß der Instru-
mental-Anteil in Oper und Lied eine stetig steigende Bedeutung gewann!

In Wagners »Gesamtkunstwerk«, wie es die Ausdeuter öfter als
er selbst nannten, fließen Musik und Wort, Szene, philosophische
Idee, Bild und Geste zusammen, oder sollen es zumindest. In diesem
»nationalen Kunstwerk« der Deutschen stecken mancherlei Verbindungslinien zu den ästhetischen Tendenzen französischer Dichter
und Musiker des mittleren und späteren 19. Jahrhunderts. Schon
bei dem Maler Eugène Delacroix erscheinen drei Elemente des
Musikdramas vorgebildet: Intensivste Bewegung, glühende Farben
und dramatisches Brio. Im Sprachlichen aber, im melodisch-rhyth-

mischen Fluß der Worte, in ihrem Klang und ihrer assoziativen Magie wird (etwa bei Verlaine und Mallarmé) der Klangrausch Wagners beschworen. Und bei den symbolistischen Dichtern ist der Gedanke von der Einheit aller Künste bereits präsent. Mystik des Sinnlichen und ins Religiöse gehobener Eros brannten mit »Tristan« und »Parsifal« dem französischen Wagner-Kult ihre Zeichen ein.

Kein Takt in der Partitur des »Tristan«, der nicht die Sehnsucht todgeweihter Liebe, nicht intensivstes Erleben ausdrückte. Solche Reihung von dauernden Höhepunkten machte es dem »physisch-endlichen« Sänger ganz unmöglich, mit dem Willen des Dirigenten-Komponisten immer völlig Schritt zu halten. Ähnliches gilt für Brünnhilde und Wotan in der »Walküre«, den Helden des »Siegfried« oder den Hans Sachs.

Deckt sich als Oase in den langen rezitativischen Strecken des »Rings« thematisches Material einmal mit der Führung der Stimme, so ist ein absolutes Maximum an dramturgischer Hervorhebung erreicht. Gleich dreimal fällt uns hier Brünnhilde ein, nämlich wenn sie Wotan in der »Walküre« fragt: »War es so schmählich, was ich verbracht?«, wenn sie niedergeschlagen das Racheterzett des zweiten »Götterdämmerungs«-Aktes einleitet oder im Schlußgesang des gleichen Stückes »Ruhe, ruhe, du Gott!« seufzt.

Aber wenn die menschliche Stimme einmal die musikalische Linie beherrscht, verzichtet sie gewöhnlich bei Wagner gleich wieder und gibt fast ihre ganze Autorität ans Orchester ab, singt gleichsam vor sich hin und versinkt oft in ihren psalmodierenden Urzustand. Das Wort drängt sich allzu selbstgerecht vor und ist doch auf der Bühne nicht so recht verständlich, nimmt man jene Hörer aus, die alles zuvor schon auswendig wußten.

Es kommt übrigens bei Wagners Musik sehr darauf an, sich als Hörenden selber mit einzubringen. Der Tonfall geht tiefer als die Töne, das Schweigen redet oft mehr als das Sprechen, und wo gesungen wird, äußert sich jede Regung überstark. Noch besser ist es, wenn ein Sänger (Brigitte Fassbaender als Waltraute etwa) alle Regung in seinen Ton »hineinlegt« und den Hörer aus der ganz allgemeinen, dem Belieben des Konsumierenden unterworfenen Stimmung herausreißt.

Auch wenn Sachs mit seiner »Schlußansprache« in den »Meistersingern von Nürnberg« gemeinsam mit dem Orchester die »Heil'ge deutsche Kunst« »apo-theoretisiert«, scheint eine solche Intensität erreicht. Sonst wirkt dieses Stück eher wie ein Anhängsel, konventionell im Mittelteil-Rezitativ und merkwürdig gestaltlos in der »Begleitung«, wie sie sonst im ganzen Stück nicht begegnet. Das »Unschlüssige« Wagners den Schlüssen gegenüber mag hier Schuld sein, aber auch eine Überlegung, die keinem Sänger des Sachs entgehen sollte: Diese Figur ist nicht das Zentrum, der Angelpunkt der Dramaturgie, das Stück heißt »Die Meistersinger von Nürnberg« als Entsprechung zum Grundkonzept. Nicht auftrumpfend-pathetisch kann Sachs hier tönen wollen, sondern muß um die Rettung der Vision besorgt sein, künstlerisch den Wahn zu überwinden, den Traum von der Synthese aus Minnelied und Meistergesang in Walther real werden zu sehen. Eine eher zurücktretende, im Sinne seines Verzichts auf »Herrn Markes Glück« resignierende Haltung steckt zumindest gleichwertig in diesen volltönenden Schlußversen. Sachs ist ja auch beileibe kein witzelnder Grobian, wie es manchmal traurig zu erleben ist; er hat nicht nur die Reformation verstanden, in sich verarbeitet und ihre Theoretiker gelesen. Er zeigt im Schusterlied, daß er (mit Wagner) auch Schopenhauer kennt und mit ihm der Eva im Paradies widersteht, als sich in ihr der »Weltwille« verkörpert. In der Kunst gibt es immer noch und weiterhin ein Paradies, in dem gleichwohl das »Wähnen« nicht zuende ist.

Jene musikalische Deklamation, die mit sprachgesanglichem Einschlag von der Norm kantabler, periodisch gegliederter Melodik schon bei Schubert oder Weber auffällig abwich, hatte einen Ausdrucksstil ermöglicht, dessen Pathos klanglich zum akustischen Erscheinungsbild der »Romantik« gehörte. Bei Wagner nun sind die Übergänge von nüchterner Rede zu gesanglichem Elan unmerklich geworden, denn bei ihm wird weder wirklich gesprochen noch im belcantistischen Sinne gesungen. Gestische Drastik des musikalischen Ausdrucks weist – in unüberhörbar teutonischer Ausprägung – zum Spätwerk Verdis hinüber, das seiner Italianità doch immer wieder auch jenes redende Pathos abgewinnt.

Wagner nannte sein Verfahren, den Unterschied des Tonfalls miteinander redender Personen drastisch gegeneinander zu stellen, »dialogisierte Melodie«. Auch wenn das Publikum, dank der Lautstärke des Orchester oder mangels klarer Diktion der Sänger, die Worte nur sehr sporadisch vernahm und koordinierte, so konnte die unterschiedliche Stimmfärbung der Singsprache doch den Eindruck eines Dialogs hervorrufen, in dem sich Rede und Gegenrede bedingen. Eine solche sprachliche Intonation ließ die tradierten Elemente musikalischen Zusammenhalts, die Korrespondenz zwischen Rhythmus und Metrik, die Syntax und Form schrumpfen oder unwesentlich werden. Die Musik lieferte ihre Autonomie an die Sprache aus.

Immer wieder entzündete sich just an Richard Wagners Werk die Diskussion, wie denn Opernregie mit dem musikdramatischen Erbe umzugehen habe. Dabei zeigte sich, daß die Frage, inwieweit Leiden musikalisch auszudrücken sei, jede Generation nach ihrer Weise beantwortete. Wagners Helden, die großes Leiden eigentlich stumm machen müßte, entschließen sich, nicht zu schweigen. Realistische Tendenzen des ausgehenden 19. Jahrhunderts lehnten die Feierlichkeit als Ausdruck des Leidens ab. Spitteler behauptet: »Ein großer Kerl ist niemals feierlich.« Den Durchbruch vom Pathos des Wiener »Burgtheater-Tons« zur modernen Schauspielkunst ermöglichte unter den Darstellern vor allem Josef Kainz. Er gab die Welt des Pompösen der Lächerlichkeit preis. Wer seither im gleichen Sinne Regie führte, konnte doch nicht verhindern, daß eine unverkennbare Trennung des Schauspiels von der Oper bestehen blieb, denn die Sphäre des Sängers unterscheidet sich von der des Schauspielers vor allem dort, wo das Pathos betroffen ist. Die Oper bleibt im Irrealen verhaftet, wie vehement sie sich auch in die Nähe des Verismus, Naturalismus, Realismus oder der Sachlichkeit begab. Niemand hat noch singend wirklich mit anderen kommuniziert; der Sänger steht gleichsam außerhalb der Zeit.

Die Gesangsstimme kann ihre Natur nicht verleugnen und blüht nur auf, wenn sie atmosphärisch und seelisch erhoben ist, wenn der Affekt sie bewegt, ähnlich wie es wohl den Menschen vor Jahrtausenden die Zunge löste. Wird der Mensch erst durch seine Sprache zum Menschen, so ist der Klang eine Entstehens-Bedingung des Singens. Für den Sänger als den Bewahrer menschlichen Stimmklangs ist also nichts dem Zeitgeschmack, der Mode unterworfen. Ein unfeierlicher Eremit im »Freischütz«, eine Isolde ohne tragischen Schmerz wären Widersprüche in sich. Und gerade die »veristischen« Helden strotzen ja allesamt von überquellendem Gefühl und pathetischer Äußerung, weit mehr konventionsorientiert als progressiv.

Exkurs: À propos Opernregie

Daß sie unnatürlich ist, macht die Kunst der Oper aus. Es wird gereimt gesungen, nichts ist dem Alltag konform, mögen sich Libretto und Komposition auch noch so lebensecht geben. Und hier lag für »werktreue« Regisseure alten Schlages die hohe Herausforderung zur Präzision, zur Disziplin; deshalb rief die Oper einen Gründgens immer wieder auf den Plan, der es sich ja bekanntlich verbat, von »natürlichem« Spiel zu reden und in der Naturwidrigkeit der Oper eine willkommene Bewährungsprobe sah. Er konnte es sich leisten, denn er selbst war nicht nur phänomenaler Darsteller, sondern auch musikbesessen.

Hier muß angeführt werden, wieviel geringer heute die musikalische Vorbildung des Publikums im Vergleich zu früheren Zeiten ist. Wir weisen auf all die Versuche hin, die bekannte Regisseure von heute und leider auch ihre unvermögenden Nachahmer zur Aktualisierung gerade von Wagner und Verdi unternommen haben, um das traditionelle Musiktheater für das heutige Publikum spannend und für die Presse diskutierenswert zu erhalten. Die Hereinnahme politischer Inhalte in die Darstellung vermag zwar die propagandistische Zündkraft ideologischer Zutaten erheblich zu steigern, kann aber nicht darüber hinwegtäuschen, daß politische und literarische Anliegen über angestammte Gattungen wie das Buch, den Film oder das Sprechtheater glaubwürdiger und deutlicher transportiert werden können als über das gesungene Wort.

Opernregie stellt ein Thema ohne Ende dar, aber sie steht unserem gesanglichen Problem keineswegs fern. Galt es in alten Tagen vornehmlich Bühnenbild, Kostüm und Gesang zu diskutieren, so nimmt seither die Regie so viel Aufmerksamkeit für sich in Anspruch, daß das Werk in seiner häufig gerade durch die Musik klar formulierten Absicht nur noch am Rande wahrgenommen wird. Und solche Sünden machen auch die gescheitesten Kritiker fanatisch mit. Dem Mißbrauch steht die Tatsache gegenüber, daß Musik bei genauer Ausführung für immer festgelegt ist, während die Szene sich ständig verändert, so sehr, daß sie die Einheit des einmal in Libretto und Komposition Aufgezeichneten zerstört.

Das Vordringen der Literatur-Oper hat eine Mode mit sich gebracht: Theater-, Fernseh- und Filmregisseure haben sich in der

Oper betätigt, obwohl sie, von nur wenigen Ausnahmen wie Rennert, Schenk oder Beauvais abgesehen, von der Musik nur einen sehr peripheren Begriff haben. Die großen Komponisten haben dagegen häufig ihre Werke selbst inszeniert oder die Regie beeinflußt. Wagner war ebenso sein eigener Inszenator wie Verdi ein skrupulöser Überwacher der Szene. Gustav Mahler ließ sich von Hilfsregisseuren technisch vorbereiten, was er dann von der Partitur her mit schauspielerischem Profil versah. Verläßt heute ein Regisseur den Ort seiner Inszenierung, die an Genauigkeit mit Film und Fernsehen zu wetteifern bestrebt ist, verändern sofort die Sänger, was ihnen – ganz zu recht – gefährlich für das Singen erscheint. Aber natürlich tun sie es ungeschickter oder aus dem Rahmen der Inszenierung herausfallend, in jedem Fall anders, als wenn der Regisseur von Anfang an gewußt hätte, wie seine Einfälle mit dem Sängerischen hätten vereinbart werden können.

Denn der Sänger kann sich mit dem Schauspieler nicht vergleichen, der seine ganze Existenz der Rolle anverwandelt, der als Person in ihr aufgeht. Der darstellerischen Persönlichkeit des Sängers sind Grenzen gezogen, die enger verlaufen, als sich der Theaterregisseur dies gewöhnlich vorstellt.

Es ist die Musik, die dem Singenden Tempo und Deklamationsart vorschreibt, die die Pausen bestimmt, die ihm bei stummem Spiel Gehorsam aufzwingt. Sie schreibt ihm vor, was der Schauspieler selbst zu »komponieren« gehalten ist. Dieser hat folglich einen tiefgreifenderen Anteil an der Gestaltung einer Rolle als der Sänger. Darstellerische Folgerichtigkeit ermöglicht die Oper immer nur zum Teil, denn es wird nicht gesprochen, sondern gesungen – eine wesentliche Unnatur, die Bewegung und Ablauf überhöht. Dem folgend stellt Busoni in seinem »Entwurf zu einer neuen Ästhetik der Tonkunst« fest, daß Übernatürliches den gegebenen Stoff für Opernhandlungen darstelle. Die Konversation à la Schnitzler (siehe auch bei Richard Strauss) muß auf unüberwindliche Verständlichkeitsschwierigkeiten stoßen, und nicht nur auf diese. Aus der Musik für die Musik zu inszenieren ist die Aufgabe des Regisseurs in der Oper. Er hat kein Theaterstück vor sich, unter dem eine beliebige Musik herläuft.

Hierher gehört die Tugend, der Musik ihre ausatmenden Ruhepunkte zu lassen, wo sie es fordert, etwa in Arien oder Ensembles, in Orchesterpartien, die vom Ton her mehr zu sagen haben, als es irgendeine Bewegung auf der Bühne vermöchte, als es irgendein dem Stück fremder, »auflösender« Einfall zustande brächte. Mit anderen Worten: Der Regisseur sollte der Musik keine Gewalt antun. Das ist natürlich dann viel verlangt, wenn er sie nicht versteht. Denn dann geschieht es, daß ihn an besonders erfüllten, aber eben statischen Momenten Platzangst packt und er Bewegung »einbaut«.

Auch der technische Umstand wird oft übersehen, daß die Oper bisher und auch künftig in drei Wänden spielt, daß nicht nur die Wortverständlichkeit, sondern vielmehr noch die Tonschönheit und -höhe des gesungenen Wortes nach vorn und nicht »naturalistisch« nach hinten klingen soll, was noch lange nicht Starren zum Dirigenten oder Stehen an der Rampe bedeuten muß. Nach hinten Gesungenes wird unweigerlich vom Orchester verschluckt. Auf der Hinterbühne postierte Chöre (Noeltes sonst vortrefflicher »Onegin« in München), die womöglich noch dem Dirigenten den Rücken zukehren müssen, können, wenn sie handlungstragend und stärker als das Orchester klingen sollen, nicht zum Zuge kommen.

Weil erfolgsträchtige Uraufführungen von Opern, die dauernd im Spielplan bleiben, selten sind, muß das herkömmliche Repertoire zur Umgestaltung aller Art herhalten. Das verständliche Ziel des Regisseurs, Neues von Bestand zu schaffen, geht mit der auch geforderten Präzision der musikalischen Wiedergabe nicht zusammen. Die Musik soll also immer textgetreuer erklingen, während die Bühne sich immer weiter vom Vorbild entfernt. Achim Freyer nannte in seinem Stuttgarter Programmheft zum »Freischütz« die »musikalische Sprache« dieser Oper »eine der kunstvollsten und theatralisiertesten«. Weber wird er damit wohl kaum gemeint haben, er hätte besser »das Schauspiel« in der Oper gesagt.

Textverständliches Singen ist unter den Opernsängern eine nicht gerade verbreitete Tugend. Aber zugunsten neuer, durch Regisseure aufgepfropfter Inhalte können sie sich zusätzlich dazu veranlaßt fühlen, den Wortlaut schamhaft unter den Bühnenboden fallen zu lassen. Die Vertonung eines Textes für die Opernbühne, besonders im Falle Richard Wagners, gleicht nicht einem chemischen Vorgang, in dem die Elemente Musik und Wort ihre Konsistenz verändern und zu neuer Substanz verschmelzen, in der sich die vermischten Elemente zu Mehrdeutigem vermengen dürfen.

Jeder Versuch, das musikalische Gleichgewicht zu beeinflussen, stellt die Gattung in Frage. Die Deutlichkeit, mit der ein Operntext auf den Zuhörer wirkt, hängt auch davon ab, wie weit er der Deutlichkeit der Aussprache mißtraut. Die immer wieder geäußerte Kritik an dem zähen Leben sterbender Operngestalten, an dem Hinausbrüllen von Geheimnis oder finsterer Absicht in nächster Nähe dessen, der sie nicht hören soll, übersieht, daß gerade solche Merkmale für eine Kraft der Oper sprechen, die auf Logik oder Kausalität fixierte Denkhaltung des Publikums zurückzustellen und das Erlebnis in den Bereich des traumhaft Emotionalen zu verlagern. Unwirklichkeit wird aber nur dann wirklich, wenn sich Text und Musik entgegenkommen und nicht mit erfundener Thematik vom Regisseur an Libretto und Musik vorbei argumentiert wird. Jene unselige Maxime »Anders ist schön« von Max Reinhardt munterte die, gegenüber dem Zeitgeist unselbständigen, Köpfe unter den Inszenatoren noch auf. Regiekonzepte tasten nicht notwendig das Notenbild an, die den Werksinn verleugnende jedoch unfehlbar die Sängerleistung. Man erinnert sich an den Ausspruch Patrice Chéreaus, er treibe seine Sänger an die Grenze des Noch-Singen-Könnens. Dabei hatte er durchaus nicht im Sinn, das Zusammenspiel von Handlung und Musik zu vernichten, wie das sonst immer wieder unternommen wurde. So konnte es im Extremfall geschehen, daß, etwa in einer Frankfurter »Aida«, der Verstand zu einem Diskurs über amerikanische Großmachtpolitik genötigt wurde, während den Ohren hymnische, beziehungslose Siegesfeierklänge zuwehten. Musik und Sprache verzichten hier darauf, sich gegenseitig zu steigern. Sie stehen einander im Wege. Die Rezeption von Musik kämpft mit solcher Störung, denn sie kann in der Oper nicht unabhängig von optischen Eindrücken und gedanklichen Festlegungen stattfinden.

Was alle Oper anstrebt, ein Zusammenwirken von Sinneswahrnehmungen, läßt man sich absichtsvoll und ungestraft ins Gegenteil verkehren. Mit Schlagworten wie der »Zerstörung bürgerlichen Kulturgutes« sind Bilderstürmer rasch bei der Hand, und gelegentlich verstehen sie ihr Tun sogar in diesem Sinn. In Wahrheit bringt die Kulturszene kaum noch Ursprüngliches hervor, sie empfindet das bloße Weiterleben von Kunstleistungen aus der Vergangenheit als unerträglich und zielt deshalb auf deren allmähliche Zerstörung. Sänger, die sich dem Werk gegenüber verantwortlich verhalten, sollten hier Mithilfe verweigern.

Natürlich nützt es auch nichts, werkgetreu oder objektiv mit gleichgültig zu verwechseln und sich der Routine zu überlassen. Aber wer den auf den ersten Blick vieldeutigen Begriff »Werktreue« wörtlich nimmt, der braucht sich nicht mit Definitionen anderer Art herumzuquälen. Routine ist nicht langweiliger als ideologisches Zurechtbiegen. Man stelle sich eine lediglich ideologisch interpretierte Literatur vor! Wenn Menschen und Schauplätze eines Bühnenwerks radikal modernisiert werden, so muß das nicht in jedem Fall (wie es noch Ernst Bloch sah) abgeschmackten Unsinn ergeben. Aber eine rein äußerliche Übertragung des Textes, in eine andere als die vom Librettisten gemeinte Zeit etwa, läuft der Musik meist zuwider und ist nicht mehr als eine Stilisierung weg von ihr. Und wenn nur Dekoration und Kostüme der Gegenwart angepaßt erscheinen, aber die Menschen nicht als Zeitgenossen aufgefaßt werden können, so kann nichts als undefinierbare Maskerade übrigbleiben.

Wer Angst vor »Opas Theater« hat und deshalb Meisterwerken mit der Begründung neuer Motivation ihre Gestalt nimmt, der nimmt leicht auch der Musik ihr Interesse. Sie kann sich nicht mit ihr wesensfremden Inhalten verbünden. Walter Felsensteins Prinzip der Beweisführung Inhalt contra Musik trug schlimme Früchte. Seine Reflexionen über den »Wirklichkeitscharakter« der Musik erscheinen heute fehlgerichtet und überflüssig. Die musikalische Sprache in der Oper gehorcht nicht der Konvention, sie kann nicht zeitgemäß verschnitten werden. Sie hat vielmehr ihr Eigenleben und wird wirkungslos, wenn sie die Regie vergewaltigt. Äußere Zeichen dafür setzen technische Falltüren durch Mangel an Können des Regisseurs, die in allen Spielarten bei Neuinszenierungen auftauchen: Terrainschwierigkeiten zwingen die Sänger zu Anläufen, Atemübungen, Absichtlichkeiten, die ihnen bei der auch technischen Befolgung der Komponisten-Anweisung (vor allem der musikalischen!) erspart geblieben wären.

Einige Regisseure wollen solche Widersprüche nicht erkennen und setzen sich forsch oder gedankenlos darüber hinweg. Ihr Entschluß, dem Notentext die eigene, engagierte Auffassung um jeden Preis aufzuzwingen, verschließt ihnen die Augen gegenüber der Wahrheit des Werkes. Da kann es denn vorkommen, daß Leonore in Verdis »Forza del destino« bei der großen »Pace«-Arie durch eine im Hintergrund sich abspielende, aber technisch nicht überzeugend gelöste Deutungs-Handlung gegen aufkommendes Gelächter im Publikum anzusingen hat und die Musik Verdis ihre Wirkung einbüßt (Neuenfels). Verbindlich sollte für alle Regisseure, bei aller Freiheit und Herrschaftsallüre, sein, daß Meisterwerke nicht als Ersatz für ausbleibende oder mittelmäßige Produktionen zeitgenössischer Opernautoren, zu deuterischer Gestik herhalten sollten.

Was bleibt alles in allem? Ein Abbau jener innerlich gesteigerten Menschenkunst, die zu erleben unsere Zeit gerade noch glücklich genug war. Interpretation, die sich verselbständigt und schließlich aufhört, Interpretation zu sein, ist ein Phänomen dieser Zeit, in der ganz allgemein die Darstellung wesentlicher und nachdrücklicher nach vorn drängt als die Sache selbst.

Nach Wagner

Einer der Entstehungsorte der genannten Entwicklung zum Dauerexperiment war Bayreuth. Ein Koloß wie der vier Abende dauernde »Ring« entzog sich der Hofopernpraxis und verlangte nach einem eigenen Theaterraum. Und erst recht dann, als das Festspiel-Theater im »Parsifal« zum Weiheort deklamiert wurde, handelte es sich um eine Kunst, die scheinbar »abseits, einsam« sein wollte und es natürlich keineswegs war.

Kaum denkbar, daß ein Librettist herkömmlicher Prägung diese Stoffe in komponierbare Verse hätte gießen können. Zwar berichtete Wagner, er hätte nur aus Mangel an einem guten Text sich einst selbst seinen »Tannhäuser« gedichtet. In Wahrheit lehnte er das nur gesprochene Drama ab, selbst das von Shakespeare, auch auf höchster ästhetischer Ebene. Er sei vom »Holländer« an zunächst Dichter gewesen und in der Ausarbeitung des Gedichts erst wieder Musiker geworden, gestand Wagner und beschrieb damit seine Schaffenswirklichkeit wahrscheinlich genau. Daß er sich als Dichter nicht mit Shakespeare vergleichen konnte, steht auf einem anderen Blatt – aber im Rahmen seines »Gesamtkunstwerks« kann sich die Dichtung eben nur neben den anderen beteiligten Künsten behaupten (vielleicht mit Ausnahme der »Meistersinger«).

Als Wagners Adlat und musikalischer Jünger sowie als Erzieher seines Sohnes Siegfried sah Engelbert Humperdinck (1854–1921) die Problematik des Dauer-Rezitierens auf Gesangstönen deutlich und führte in der ersten Fassung seiner Oper »Königskinder« (1897) eine eigene Notation für das musikalisch gebundene Melodram ein, »Sprechnoten«, derer sich später Pfitzner, Schönberg und Berg bedienten. Sie bezeichnen den genauen Sprechrhythmus und die ungefähre Tonhöhe für die Stimmen. Das Problem des Widerstreits von Wort- und Versakzent, dem Wagner ausschließlich durch den Stabreim beizukommen suchte, löste Humperdinck auf eigene Weise. Musikalischer und deklamatorischer Akzent wurden zwar deutlich voneinander geschieden, aber doch in einer Kunstform miteinander verbunden. Zwar kann sich dieses Mittelding zwischen Rede und Gesang (Richard Batka, »Melodramatisches«, in: »Musikalische Streifzüge«, Wien o.J.) zum Singen erheben oder zum Sprechen absinken, aber erst die »Neue Wiener Schule« differenzierte diese Technik zum stilistischen Ausdruckselement.

Nach einer deutschen Gesangskunst als einem bewußten Gegensatz zur italienischen zu streben ist – wie wir erkannten – ein altes Unterfangen. Eigentlich wurde es jedoch erst mit Richard Wagner wirksam. Die Forderung des Bayreuthers, daß »der Gesang in erster Linie mit der Eigentümlichkeit der deutschen Sprache in das richtige Verhältnis zu setzen sei« (»Oper und Drama«), hat seiner und der kommenden Zeit Fragestellungen eröffnet. Gefährlich war vor allem die Sucht, sich gewaltsam von italienischer Überlieferung frei zu machen und das Sprechen im Gesang zu forcieren, ohne sich zuvor mit den Regeln des Sprechens auseinandergesetzt zu haben. Zudem blieb Wagners Forderung nach einem verdeckten Orchester in den meisten Fällen unerfüllt, was den Sänger zwang, gewaltig zu forcieren.

Phonetik, Lautphysiologie, Akustik und Etymologie boten sich als Hilfen an. Bleibt auch für das Studium der reinen Tonbildung die Kenntnis der menschlichen Vorbildung innerhalb der Gesangsorgane wohl besser am Rande, so beeinflußte es die Sprachbildung insofern positiv, als sich die Pädagogik über die wichtigsten Hilfsmittel klar werden mußte.

Die Veränderungen der Singart, von Wagners Musikdramen gezeitigt, blieben den Stimm-Lehrern nicht fremd. Bayreuth erwuchs ein technischer Parteigänger in Julius Hey (1832–1910), der in seinem umfassenden vierbändigen Werk »Deutscher Gesangsunterricht« konsequent Schlüsse aus gesangsdeklamatorischen Bestrebungen einiger Jahrhunderte zog und den »Sprechgesang« idealisierte. Sicher ging Hey in seinem Bestreben, den Gesangston aus dem Sprechton heraus zu entwickeln, zu weit. Aber auch sein heftigster Gegner (und es gab deren mit Recht bald viele) mußte ihm zugestehen, daß er gesammelte Beobachtungen anderer Meister erstmalig in ein fest gefügtes System brachte. An Wagner, der natürlich große Stücke auf Heys Methode hielt, knüpfte er bei der Auswahl seiner Übungsstücke vornehmlich an. In der Einleitung betont Hey die Notwendigkeit, von der deutschen Sprache im Unterricht auszugehen: »Hatte ich früher vorzugsweise die Tonbildung als das erste und notwendigere bei der Entwicklung des Organs gepflegt, so ließ ich nunmehr auch beim Gesangsschüler die kunstgesetzliche Behandlung der deutschen Aussprache mit jener Hand in Hand gehen.« Hey verweist (Mainz 1885) auf den Bericht Richard Wagners an König Ludwig II. anläßlich der Gründung einer Musikhochschule in München, wo es heißt: »Der Einfluß der Sprache auf den Gesang, und endlich vielleicht (denn unsere Sprache ist noch nicht fertig) des Gesanges auf die Sprache, ist erst zu ermitteln; jedenfalls kann dies aber nicht auf dem bisherigen, von unseren Gesangslehrern eingeschlagenen Wege geschehen. Das Modell des italienischen Gesanges, des einzig klassisch uns vorschwebenden, ist auf die deutsche Sprache nicht anwendbar. Hier verdirbt sich die Sprache, und der Gesang wird entstellt: Und das Ergebnis ist die Unfähigkeit unseres heutigen deutschen Operngesanges.« Nun – diese Unfähigkeit hat sich in der Breite kaum geändert, und Wagners Anschauung vom Italienischen als Vorbild deutschen Gesangs unterliegt begründetem Zweifel. Die Unsicherheit, auch nach Wagner, beweisen die vielfachen Versuche, mit denen Sprache und Gesang einander wieder nähergerückt werden sollten.

Im Sinne des anderen Liedmeisters Schubert verfolgte Hugo Wolf das gleiche Ziel. Aber er zeigt sich gegenüber seinen Textbearbeitern bei der Suche nach einem Stoff so von Skrupeln geplagt, daß vieles ungeschrieben blieb – so auch eine »Sturm«-Oper nach Shakespeare. Nach allem blieb ein Buch übrig, das Wolf viele Jahre lang verächtlich negiert hatte. Aber einmal von der schöpferischen Wut besessen, übersah der Vertoner exquisitester Gedichte die augenscheinlichen Mängel von Rosa Mayreders »Corregidor«. Einzig in der großen Szene des Tio Lukas erreichte Wolf jenes dramatische Format, das die Novelle des Spaniers Alarcón hergegeben hätte, wäre der ungeduldige Komponist nicht plötzlich mit einem

Libretto einverstanden gewesen, das sich noch im Entwurfsstadium befand. Dramatischer Furor stellt sich hier immer nur dann ein, wenn auf den Sprechgesang reinster Wagner-Prägung zurückgegriffen wird.

Die Erfahrung, daß jene überhöhte Sprache, die Humperdinck einsetzte (ob nun in musikalischer oder ungebundener Deklamation), später zu einem eher wirklichkeitsfernen Pathos führte, hat sich bis heute oft wiederholt, da das Melodram immer von neuem Urständ feierte, sich aber in jeder angewandten Technik als überhöhte Gestik der Sprache darstellte, von Schillings über Honegger bis in die Gegenwartsoper hinein.

Nationale Schulen

Weber und die deutsche Romantik lösten nicht nur einheimischem Gesang die Zunge, sondern auch solchen Nationen, die sich bis dahin nicht eigenständig in Musik geäußert hatten. So schrieb Bedřich Smetana 1865 seine »Verkaufte Braut« eigentlich als zornige Antwort darauf, daß er ein »Wagnerianer« gescholten worden war. Lyrisch und auch derb konnte dieses Meisterstück klingen, das Karl Sabina mit einem Szenarium bedacht hatte, das Volksliedern und -tänzen genügend Raum ließ. Nach nur mäßigem Erfolg arbeitete Smetana das Werk zweimal um und machte aus dem Singspiel mit gesprochenen Dialogen eine Lustspiel-Oper. Und die liebliche Marie hatte ein längeres Leben als die recht wagnerisch daherkommenden »Dalibor« oder das Eröffnungswerk für die tschechische Nationaloper »Libussa«. Dabei hatte Smetana stilistisch genau dort haltgemacht, wo der vorrangig gesangliche Charakter der Melodie hätte bedroht werden können. »Wir Tschechen sind ein singendes Volk« erkannte der Komponist weise und dachte nicht daran, sich etwa der »unendlichen Melodie« des »Tristan« zu verschreiben.

Den traditionsimmanenten Typus des »böhmischen Musikanten« stellte Antonín Dvořák für die Kunstmusik immer wieder her. Er setzte ihm mit dem Dorfkantor Benda in seiner Volksoper »Der Jakobiner« ein Denkmal. Viel von seiner Musik erhielt sich über die erste Jahrhunderthälfte hinweg lebendig. Das gilt allerdings vor

allem für seine »absolute«, weniger für die wortgebundene Musik.
Als Opernkomponist blieb er im Schatten Smetanas, der auf diesem
Gebiet origineller und dramatisch zupackender gestaltete. Dennoch mühte sich Dvořák ein Leben lang um diese Ausdrucksform
und schrieb elf Opernpartituren. Deren blühendste, in allen orchestralen Facetten glänzende und zum Impressionismus tendierende
Polytonalität bildet eine neue Version des Undine-Stoffes, »Rus-
salka«, von 1901. Nicht weniger entwaffnend als in seinen Instrumentalwerken singt es in Dvořáks besten Opern, so daß die Begeisterung so mancher großer Komponisten-Kollegen, etwa für den
»Jakobiner«, verständlich erscheint.

Nur um 13 Jahre jünger als Dvořák, wurde Leoš Janáček erst im
letzten Jahrzehnt seines Lebens als der andere Große der tschechischen Musik erkannt, als ein originelles Genie, vergleichbar mit der
Wirkung eines Modest Mussorgsky in seiner Zeit, und als ein Vorkämpfer der europäischen Moderne dazu. Janáček trieb schon früh
Studien über das Volkslied und – vor allem – über die Wortmelodie,
deren künstlerischer Niederschlag sich in seinen Opern findet. Er
machte sie zum Ausgangspunkt seines Melos und damit zu einem
Charakteristikum seiner künstlerischen Handschrift. Ihre Wurzeln
liegen natürlich nahe bei Wagners »Sprachversmelodie«. Während
aber dessen Bemühungen theoretisch und praktisch einer Sprache
eigener Provenienz galten und die Sprachführung häufig nur von
dynamischen Überlegungen geleitet war, so ging es bei Janáček vornehmlich um das seelische Moment, das sich in der sprachmelodi-
schen Äußerung eines Menschen offenbart. War seit Wagner die
Charakterisierung der handelnden Personen mit Vorliebe an die Begleitung verwiesen, so vertraute sie Janáček der Singstimme allein
an. Die Personen der »Jenufa« wiederholen Wörter oder Satzteile,
wie es das tschechische Volk liebt, um der Rede Nachdruck zu verleihen.

Über seine Charakterisierungsbestrebungen vernachlässigte
Janáček aber keineswegs die melodische Linie, die »ariose« Führung der Singstimme. Neuartig war der Tonfall seines melodischen
Duktus, der neben der Gedrungenheit und Wucht äußerster Zartheit fähig ist. Je nach der angestrebten Vielfalt oder Sparsamkeit der
Nuancen gestaltete sich der orchestrale Anteil, wobei im Verlauf
des Schaffens impressionistische Grundierung graduell einer genauen Seelenzeichnung im Orchester wich.

Nicht unähnlich Debussy verzichtete Janáček auf Architektonik der Komposition, um etwa Dostojewskis Worten in »Aus einem Totenhaus« das möglichst plastische Relief zu geben. So hat auch sein Verfahren der Wiederholung von Motiven und volksliednahen Melodieausschnitten wenig mehr mit Wagners motivischer Handlungserläuterung zu tun. Die Stimmen werden mit geradezu magischer Wirkung bald als deklamierend, bald psalmodierend behandelt. Nicht Zitate von Sprachmotiven oder Volksliedanklänge also sind es, die der Komponist verwendete, sondern eine neu geschaffene Sprache, die er den Darstellern zur Verfügung stellte.

Sich den musikalischen Laut einer Sprache im Dienst der Expressivität fügsam zu machen entsprach Tendenzen, die das Zeitalter zu beherrschen begannen. »Wenn mich jemand ansprach, ich habe seine Worte vielleicht nicht verstanden, aber der *Tonfall!* Ich wußte gleich, was in ihm steckt: ich wußte, wie er fühlt, ob er lügt, ob er erregt ist, und wenn so der Mensch mit mir sprach – es war ein konventionelles Gespräch – so fühlte ich, ich habe es gehört, daß der Mensch innerlich, sagen wir, weint. Töne, der Tonfall der menschlichen Sprache, jedes Lebewesen überhaupt hatten für mich die tiefste Wahrheit.« Dieses Bekenntnis aus einem Interview in einer literarischen Zeitschrift von 1928 sagt mehr über Janáčeks Sprachmelodie aus als manches dickleibige analytische Werk. Ganz ähnlich ist es bei Mussorgsky zu lesen: »Welche Worte ich auch höre, wer sie auch ausspreche und was ich immer damit sage, mein Hirn beginnt sofort an der musikalischen Wiedergabe dessen zu arbeiten, was ich gehört habe« (nach Daffner, AMZ 1913).

Es kann also nicht wundernehmen, daß das vokale Schaffen an zentraler Stelle steht, den durchschlagenden Erfolgen einiger symphonischer Werke zum Trotz. Janáčeks dritte Oper »Jenufa« ist wohl die allererste tschechische Oper, die auf einen Prosatext (Gabriela Preissová) geschrieben wurde. Hier wirkt die Technik der Motivreihung, wohl dem Sprechgesang nachempfunden, aber keineswegs genau entsprechend, schon ausgereift. So dient, was Janáček dem Tonfall der menschlichen Stimme anglich, nicht naturalistischer Nachahmung, sondern einem Rohmaterial, das in der sangbaren Melismatik formuliert wird, Melodien, wie wir sie von Arien erwarten, gibt es in dieser Partitur nicht, sieht man von den wenigen eingesprengten Volksweisen ab. Rhythmisch bevorzugte der Komponist, was synkopisch der Symmetrie widerspricht.

Es ist wohl möglich, daß die nachgelassene Oper »Aus einem Totenhaus« deshalb als so modern empfunden und oft gegeben wird, weil diese Ausschnitte aus Dostojewskis Aufzeichnungen aus einem sibirischen Straflager ausschließlich von Männern interpretiert werden und, in bedrückender Düsternis verharrend, das Gegenteil einer Oper zu sein scheinen.

Wer sich die pedantische, eigentlich schrullige Arbeitsmethode Janáčeks bewußtmacht, könnte befürchten, die Personen seiner Opern hätten nichts anderes zu tun, als natürlich zu deklamieren. Nichts weniger als das. Zwar ist der Kothurn tradierter Oper nicht mehr vorhanden. Die Darsteller singen und agieren in hemdsärmelig dörflichem Alltag. Aber der Musiker Janáček sang Ahnung des Unheils, Nähe des Wahnsinns oder hilfloses Ausgeliefertsein seiner Figuren direkt ins Gemüt seiner Hörer. Und daß es so schlichte, einfache Menschen sind, die hier eine klare Diktion pflegen, offenbart die erwähnte Wiederholung vieler Motivabschnitte und -sätze. Aber charakteristische Wirkung, Naturtreue und Ausdruck sind Janáček, auch in »Katja Kabanova«, wuchtiger als kunstvolle musikalische Formalistik.

Mit den anderen Völkern Europas rang auch Norwegen um die erste nationale Oper – ohne Ergebnis. Edvard Grieg verband sich mit Björnstjerne Björnsson, um »Olav Trygvasson« dazu zu gestalten. Es blieb bei einer fragmentarischen Kantate. Der in Deutschland musikalisch erzogene Komponist empfand vielleicht, anders als der Däne Carl Nielsen (1865–1931), daß seine Landessprache nicht sanglich sei.

In Spanien nutzte Manuel de Falla, was die katalanischen Komponisten Isaac Albéniz (1860–1909) und Enrique Granados (1867–1916) an Folklore und Eigenmelodik vorbereitet hatten. Besonders die Elemente des andalusischen Flamenco mischte er mit der Feinhörigkeit der impressionistischen Orchestersprache. »La vida breve« war noch französisch in Nizza herausgekommen (1905), »Il retablos de Maese Pedro«, das eine Episode aus Cervantes »Don Quichotte« zum Thema hat, bringt Marionetten, Sänger und einen Jahrmarktsschreier zusammen, der mit psalmodierendem Vortrag bereits episches Musiktheater praktiziert. (Die zweite Inszenierung dieses Werkes besorgte übrigens Luis Bunuel.)

Rußland war bis 1836 musikalisch ein anonymes Land. Was die Leibeigenen sangen oder fiedelten, interessierte nicht. In den Städten und am Hofe gaben Italiener, Franzosen und Deutsche den Ton an. Und doch waren im riesigen Reich schon seit Urzeiten Barden herumgewandert, die die alten Volkssagen weitergaben. Unter Ivan dem Strengen gab es zu Moskau einen »Musenhof«. Zarin Katharina I. hatte selbst einige Opernlibretti geschrieben. Aber die italienischen Primadonnen oder Maestri beherrschten die welsche Szene (Galuppi, Paisiello), in der sich erst nach Mozart und Beethoven auch deutsche Einflüsse geltend machten.

Fand das russische Eigenkolorit in der Romanze einen schmalen Entwicklungsraum innerhalb der Kunstmusik, so komponierten die Russen doch vorzugsweise westeuropäisch. Erst Michail Glinka und die Uraufführung seiner Oper »Das Leben für den Zaren« (eigentlich »Ivan Sussanin«) ließ Rußland in die Musikgeschichte eintreten, wofür dem Komponisten zum Dank der Ehrentitel »Vater der russischen Musik« zuteil wurde. Russische Sprache und russisches Idiom brachte just ein Schüler des Berliners Siegfried Dehn auf die Bühne. Natürlich mischten sich in dieser Musik noch immer vorherrschende deutsche und italienische Einflüsse, auch in der zweiten Oper »Ruslan und Ludmilla«. Italienische Brillanz der Koloraturen und Orientalismen, die die Wiener so liebten, schien unvermeidlich.

Neben diesem Wegbereiter hatte Alexander Dargomyschsky insofern entscheidende Bedeutung, als er konsequent Sprechgesang anstrebte, ihn aber keineswegs dominieren ließ, wie viele gesangliche Kostbarkeiten in seinem »Steinernen Gast« (nach Puschkins Drama) beweisen. Immerhin meinte er: »Ich will, daß der Ton strikt das Wort ausdrückt«, und sein technisches Leitmotiv vertritt am deutlichsten jener Tritonus, der als Zeichen für den Komtur die ganze Oper durchzieht. Hier wurde zum ersten Mal ein Schauspiel ohne textliche Veränderung vertont, undenkbar in den Opernländern des Westens. Auch Mussorgsky komponierte eine solche Oper nach Gogols »Die Heirat«. Beide Opern blieben Fragment und mußten von Freunden zuende komponiert werden.

Alexander Borodin hatte in Mannheim den »Lohengrin« erlebt und war zum Wagnerianer geworden. Davon läßt seine Oper »Fürst Igor« freilich wenig spüren. Die urtümliche russische Sagengeschichte ergeht sich in Tänzen, ekstatischen Chören und Kantilenen. Was Dargomyschsky und Wladimir Stassow (1824–1906) als Ästhetik des rezitativischen Gesangs kanonisiert hatten, kümmerte

Borodin wenig. Er meinte: »Zuerst kommen die Sänger, dann das Orchester« (A. Habats, Paris 1893).

Hat die Kunst Nikolai Rimsky-Korsakows bis heute auch nur wenig nach dem Westen ausgestrahlt, so kann sein Verdienst um die russische Musik nicht hoch genug bewertet werden. Er machte sich zum hauptsächlichen »Bearbeiter« vieler unvollendeter Werke seiner Freunde, wenn sein glättender Stil auch nicht immer unbestritten akzeptiert wurde. Andere Vollender etwa der sämtlich Torso gebliebenen Werke Mussorgskys waren Alexander Glasunow (1865–1935), Igor Strawinsky (1882–1971) und Dimitri Schostakowitsch (1906–1975).

Kantable Melodie und raffinierte Orchestertechnik vereinen sich in den Märchenopern des unglaublich produktiven russischen Könners Rimsky: »Weihnacht«, »Schneeflöckchen«, »Sadko«, »Das Märchen vom Zaren Saltan«, »Die Legende von der unsichtbaren Kitesh« und dem posthum aufgeführten »Goldenen Hahn«. Eines allerdings darf von ihm nicht erwartet werden: Musikdramatische Spannung in westlicher Manier. Selbst in seinem satirischen Alterswerk (Libretto von Bielsky nach dem Gedicht von Alexander Puschkin), das mit leicht durchschaubarer Darstellung vertrottelter und intriganter Staatstypen den Petersburger Hof bis zum Verbot der Premiere verschreckte, ist die orchestrale Schilderung in den Zwischenspielen (auch konzertant zur Suite zusammengestellt) von den kantablen Solopartien stets deutlich geschieden.

Rimsky-Korsakow scheint der Meinung gewesen zu sein, er habe in Rußland erstmalig die Ganztonleiter als Ausdrucksmittel eingesetzt. Er schreibt über seine Oper »Schneeflöckchen« (»Chronik meines musikalischen Lebens«, Berlin 1928): »In harmonischer Beziehung gelang es mir, einige neue Wendungen zu finden, z. B. den Akkord aus sechs Noten der Ganztonleiter, bei dem der Waldgeist den Misgir in seine Arme schließt und der mir, nebenbei gesagt, recht ausdrucksvoll für den gegebenen Moment erscheint ...«

Aber schon Glinka hatte zwischen 1838 und 1841 in »Ruslan und Ludmilla« zu diesem Mittel gegriffen. Borodin setzte es 1867 im Lied »Schlafende Prinzessin« ein. Alle drei Meister verwendeten freilich die Ganztonleiter noch ohne strukturbezogene Funktion, als welche sie dann bei Debussy deutbar erscheint.

Nicht zum »Mächtigen Häuflein« gehörig und auch in gewisser Rivalität zur Schule Rimsky-Korsakows spielte die Moskauer

Schule mit Peter Iljitsch Tschaikowsky an der Spitze eine gewichtige Rolle. Tschaikowsky, dessen distanzierte Haltung Bayreuth gegenüber bekannt ist, vermied Orchesterklang à la Wagner. Lediglich in »Mazeppa« läßt sich der Einfluß Wagners an einigen Stellen nachweisen, und auch der Stimmeinsatz entspricht ausladender Dimension. Die Eigenschaft des parlando, auf jeder Silbe nur eine Note zu komponieren, übertrug Tschaikowsky in eigenwilligster Weise, aber natürlich auch beeinflußt vom Wesen russischer Sprache, auf sein gesamtes Gesangsschaffen, so daß sich auch getragenes oder legato-orientiertes Singen stets mit dem Sprechen auseinanderzusetzen hat. Aussprache, Leichtigkeit, rhythmische Intensität und Konsequenz der Temponahme haben hier in der späten Romantik noch einmal vorrangige Bedeutung und wirken in die moderne Oper hinein. Sie stehen für den romantischen, zugleich aber gebändigten Charakter von Tschaikowskys Musik, dessen wesentlichstes Vorbild ja Mozart war.

Symbolisch drücken sich depressive Stimmungen, die bei Tschaikowsky dominieren, in zumeist absteigender Melodielinie aus, die sich selbst noch in freudigen oder hoffnungsvollen Stellen wie in der Briefszene Tatjanas im »Onegin« vorahnend wiederfindet. Und wenn die Opernkunst Tschaikowskys Operneffekte (wie Walzer und Polonaisen, Chorszenen und große Arien) nicht unberücksichtigt läßt, aber viel effektbewußter einsetzt als etwa Mussorgsky, so ist doch das Intime, Atmosphärische die eigentliche Domäne des bedeutensten russischen Symphonikers im 19. Jahrhundert. Höhepunkt im »Onegin« neben der Briefarie der Tatjana ist wohl das Duett der verfeindeten Freunde Onegin und Lenski vor dem Duell, in dem über bohrendem Baß-ostinato ein Kanon der sich echohaft gleichenden Regungen erklingt.

Tschaikowsky und Mussorgsky sind operngeschichtlich Zeitgenossen, aber welche Unterschiede! Wenn Nietzsche an seiner Zeit beklagt, niemand sei mehr in der Lage, sich selbst zu zeigen, sich mitzuteilen, so kann dies von diesen Musikern nicht gelten. Sie waren nicht in ein Netz allzu deutlicher Begriffe eingesponnen, sie wollten und konnten nicht »über alles reden«.

Nun sind der Deutlichkeit des Begriffes gerade in der Interpretation Mussorgskys recht enge Grenzen gesteckt. Den Zeigefinger mit übermäßiger Energie in Richtung auf Undeutbares zu richten, sollte als Gefahr für den Interpreten deutlich werden. Darstellungen von Musik, die vorrangig vom Partitur- oder Klavierauszug-Studium zeugen, die um des Vorzeigens willen Querverbindungen freilegen und Strukturen aufdecken, laufen Gefahr, die Musik zu entsinnlichen. Beim Sänger kann dies bedeuten, daß er in solchem Fall wahrnehmbar zu machen versucht, was besser nicht vernehmbar würde. Es spielt hier auch das Problem des sogenannten »naturalistischen« Singens herein, das, vornehmlich in Werken der psychologischen Deutung bei Mussorgsky, durch undeutliche Tonhöhe der Musik Todesstöße versetzt. Gewiß, Mussorgsky kam – unabhängig von Wagner – zu einer persönlichen Ausprägung von »Prosa in Musik«, die zu veristischer Übertreibung verführen kann. In dem Fragment »Die Heirat« testete der Komponist seine neue Prosodie, indem er den Text des Schauspiels unverändert übernahm, also die Umwandlung der Worte in sangliche Metrik und Periodik mied. Wieder einmal, und hier von dem musikalischen Eigenleben des Russischen begünstigt, stand am Totenbett der Kantilene die Revolution in Gestalt eines übergreifenden, die Musik zu neuen Wegen mitreißenden Sprachstils. Die deklamatorisch überzogenen Gesänge des Zaren lassen übrigens nicht spüren, daß sie aus dem »Salammbo«-Fragment früher Jahre stammen und wieder verwendet wurden.

Mussorgsky opferte der Wahrheit des Ausdrucks alle Konventionen formaler und harmonischer Art, er suchte stets den geradesten und schlichtesten Ausdruck, verabscheute jeden Anflug von Stilisierung, ohne diese jedoch ganz vermeiden zu können, ähnlich wie andere »Realisten« neben ihm. Mussorgsky und Tschaikowsky, die sich in ihrer Tonsprache so drastisch von einander unterschieden, stimmten in einem Punkt überein, nämlich in ihrer Verehrung für Puschkin. Drei Opern Tschaikowskys basieren auf Stoffen dieses Dichters, zwei von ihnen blieben bis heute auf der Bühne lebendig: »Eugen Onegin« und »Pique Dame«. Daß aus dem »Onegin« keine Oper im herkömmlichen Sinne werden konnte, war dem Komponisten von Anfang an bewußt: »Keine Oper, kein Drama, lauter lyrische Szenen.« Ein Textbuch (vom Komponisten und Konstantin Schilowsky bearbeitet) lag also dem Werk zugrunde, das Verdi nach erster Lektüre dankend abgelehnt hätte. Alle Figuren sind nur andeutend charakterisiert bis auf Tatjana, deren Psyche Tschaikowsky – über Puschkins episches Konzept hinaus – problematisiert und vertieft, was in ihrer glühenden Musik zu hören ist, die sich deklamatorischen Gesang und Kantilene gegenseitig steigern läßt. (Ganz wie bei Lisa in der letzten Oper »Pique Dame«!)

Anders empfand Rimsky, der von seiner »Legende der unsichtbaren Stadt Kitesh« schrieb, er wünsche »in der Ausführung der Gesangspartien keine dramatischen Aufschreie, kein Flüstern oder Murmeln«; er ließ nur wirklich ariosen und deklamatorischen (als überhöhend gemeinten) Gesang zu und betonte, sein Werk sei in erster Linie eine musikalische Schöpfung.

Der Operndirigent und -direktor Gustav Mahler, der diese Russen im deutschen Sprachraum einführte, hat sich nach Jugendprojekten der Oper nie mehr als Komponist zugewandt. Seine Art, sich schöpferisch mit der Gattung auseinanderzusetzen, ist dem Plan zu entnehmen, mit dem er die Werke Glucks, Mozarts und Wagners einer mit Schlamperei gleichgesetzten »Tradition« entriß. Die Literatur-Oper der Zeit lag ihm nicht – seine Libretto-Entwürfe wenden sich einer Welt aus Märchen, Sage und Mythos zu, die auch seine erste große Komposition auf einen eigenen Text formt, »Das klagende Lied«, angelehnt einerseits an das Märchen der Brüder Grimm »Der singende Knochen«, andererseits an Ludwig Bechsteins »Das klagende Lied« und Martin Greifs gleichnamige Ballade. Hier ist angedeutet, welchen Weg Mahler gegangen wäre, hätte er eine Oper ausgeführt.

Ein symphonisches Musikdrama könnte man Gustav Mahlers achte Symphonie nennen, ein Werk der Widersprüche, die die Zeit der Entstehung bedingte. Dem Prinzip Wagners folgend, steht der Dirigent im absoluten Zentrum der Aufmerksamkeit, die Musik ist auf ihn hin konzipiert. Solisten, Chöre und Riesenorchester vereinen sich zum Lobe seines (Komponisten-) Genies, aber auch dazu, Mahlers Vorstellung vom eigenen Märtyrertum zu versinnbildlichen, die ihn sich auch äußerlich an der immensen Aufgabe verzehren läßt. Die sporadisch auftretenden Soli erwecken kein Einzel-Interesse. Einzig der krönende erste Sopran führt, ganz im Sinne großer Opernheldinnen jener Zeit, glanzvoll durch das Stück. Alles, was sich etwa formal und den Text interpretierend einzeln regt, wird vom Sog plakativer Wirkungen mit fortgerissen. Die vielen faszinierenden Gedanken in Mahlers Partitur, das »Was« wird von der Allgewalt des »Wie« des Interpretatorischen niedergewalzt. Ein Mehr an effektvoller und affektiver Überrumpelung ist kaum denkbar. Welch ein ausgleichendes Wunder, daß im darauf folgenden »Lied von der Erde« das Individuum gegenüber der Allgewalt des Orchesters wieder zu seinem Recht kommt und Sprache zurückgewinnt.

Stoffe und Formen, deren sich Alexander von Zemlinsky bediente, scheuen sich nicht, an berühmte Zeitgenossen, vor allem an Mahler, denken zu lassen. Wenn die »Lyrische Symphonie« an das »Lied von der Erde« anknüpft, so tut dies der Opern-Einakter »Florentinische Tragödie« (nach einem Text von Oscar Wilde) mit der »Salome« von Richard Strauss. Text-Ideen von Zemlinskys »Zwerg« und Schrekers »Die Gezeichneten« liegen einander derart nahe, daß an Zusammenhänge gedacht werden muß. Maeterlinck, Dichter jener Dramen, die den Vorwurf zu Debussys »Pelléas« und Paul Dukas' »Ariane et Barbe-bleue« abgaben, spielte eine große Rolle in Zemlinskys Liedern, unter ihnen die wichtigen Gesänge op. 13. Die beiden letzten Opern, »Kleider machen Leute« (geschrieben 1911, umgearbeitet 1921) und »Der Kreidekreis«, veranschaulichen wiederum exquisite Einfachheit. Der Einfluß Debussys im Sinne einer aufs Äußerste reduzierten, die Oper reformierenden Monodie ist zu ahnen. Weniger das schillernd Bunte der impressionistischen Palette war hier anregend als die Kunst des Weglassens, der tonsetzerischen Untertreibung.

Für Wagners musikalisches Vorbild entschieden sich Richard Strauss und Hans Pfitzner eindeutiger, auch Claude Debussy tat es, obwohl sich in seiner »naturhaften«, nicht psychologisierenden Musik gleich nach einem Bayreuth-Besuch vieles in ihm gegen den übermächtigen Wagner auflehnte. Bis heute fehlt es nicht an Versuchen, Wagners Musikdrama zeitgemäß zu erneuern. Stärker aber trieb die Auflehnung gegen die geistige Vormachtstellung einiger Komponisten des frühen 20. Jahrhunderts dazu an, sich radikal vom »Musikdrama« abzukehren und dagegen opponierende Formen zu erproben.

Wichtig im Zeichen solcher Erneuerung wurde das epische Musiktheater, das in Darstellung und Stil klassisch auftrat und die Mittel stark reduzierte. Gerade ein Wagner-Verkünder und -Verehrer wie Richard Strauss schlug mit seiner »Ariadne auf Naxos« einen derartigen Weg ein. Die Partitur dieser Oper schreibt nach dem Riesenorchester der »Elektra« nur noch ein 36köpfiges, wenngleich die Sänger nicht weniger bedrängendes Kammerorchester vor. Aber das neue Musiktheater, das formal sich wieder den

Nummernopern näherte, bildete sich in Strawinskys »Geschichte vom Soldaten«, Darius Milhauds »Christophe Colombe« und erst recht in der modernen Opera buffa des alten Strawinsky, »The Rake's Progress«, aus.

Richard der Zweite?

Als Strauss 1888 seinen »Guntram« schrieb, beherrschten ihn und die deutsche Bühne noch das Pathos und die alliterierende Redseligkeit der Wagner-Epigonen um Siegfried Wagner (1869–1930), Max von Schillings (1868–1933) oder Felix Mottl (1856–1911). Aus diesem Schatten hat sich die Oper bis heute noch nicht völlig gelöst. Erst in der selbstironischen »Feuersnot« von 1901 befreite sich Strauss, wiewohl eingeengt durch Wolzogens schwachen Text, von einer Gefahr, die er selbst »Richard der Zweite zu werden« nannte. In seiner »Letzten Aufzeichnung« vom Juni 1949 hat Strauss betont, wie zielgerichtet der Ton des Spotts, der Ironie und damit der Protest gegen den landläufigen Operntext hier eingesetzt wurde. »Darum die heitere Persiflage der Wagnerschen Definition.« Strauss zögerte nicht, den Wagnerschen »Musikpanzer« gehobenen Sprachgesangs und das schwere Pathos abzulegen und die Singstimme in ihre primär melodischen Rechte wieder einzusetzen, indem er sie auch zu Gruppen und Ensembles zusammenführte. Freilich: Das dramatisch-psychologisierende Orchester, ob nun riesengroß oder kammermusikalisch, stand Straussens Streben nach Durchsichtigkeit und Flüssigkeit des Stils auch später im Wege, es realisierte das Musikdrama als Gesangsoper nicht vollkommen. Das Problem der »Entgiftung des Lebens durch Musik«, jener Melodie, zu der nach Schopenhauer die Welt nur den Text bietet, – auch Strauss hat es nicht gelöst.

Daß sich Strauss nach der »Elektra« von neutönerischen, bis an die Grenze des Atonalen gehenden Tendenzen löste zugunsten einer die Begleitstimmen häufenden und manchmal beliebig wirkenden Pseudo-Polyphonie, ist für die Situation einer ganzen Epoche kennzeichnend. Strauss schien nach dem Gesicherten und Erprobten wie nach einem Rettungsanker zu greifen. Gewiß war es ein Glücksfall, daß sich zwei so divergierende Künstler wie Strauss, der schnell schreibende Praktikus, und der geistig wie ästhetisch komplementär wirkende Hugo von Hofmannsthal zur gemeinsamen Arbeit fanden. Denn Strauss konnte sich zu einem für ihn kritischen Zeitpunkt mit einem Dichter verbinden, dessen »Rosenkavalier«-Komödie vom Geist des Wiener Rokoko durchdrungen war. Hier begann Strauss seiner zweiten Vorliebe nach Wagner zu huldigen, nämlich Mozart. Aber es geschah eher zum Schein, denn die Feldmarschallin monologisiert in einem wienerisch-gelösten Meistersinger-Stil. Die Partitur durchdringen kantable Melodien in Fülle, was die Propheten der Atonalität zu Schmähungen aufrief.

In seinem Lebenswerk überließ Strauss bald dem Wort, bald der Musik den Vorrang. In der »Salome« führte die Dichtung die Musik. In der »Ariadne auf Naxos« sollte sie, nach Hofmannsthals Äußerung, »nur ein Drahtgestell sein, um die Musik gut und hübsch daran aufzuhängen«. Im »Rosenkavalier«-Text erfolgt ein Anschluß an die Opera buffa mit verständlicher Handlung und deftiger Komik. Der Text konzipiert den flüssigen Konversationsstil voraus. Operettenhaftes wird durch Tanzeinlagen und Chöre intensiviert. Hofmannsthal wollte zu einem »Eigentlichen« über Kostüm und Situation hinaus gelangen: Innere Motive, Relationen zwischen den Figuren, Beseelung der Rollenmechanismen. Kritisch setzte er sich mit der Nummernoper auseinander, von der er nicht etwa meinte, sie schließe das Musikdrama aus. Das Melos erhält neue Bedeutung, es stellt sich gegen bizarr »moderne« Akzente. Die ungebundenen Textpassagen gewinnen als »unendliches Rezitativ« die Perspektive des Gegensatzes. Hofmannsthal äußerte sich später bitter über Straussens Ballung musikalischer Substanz, denn sie schien ihm das Durchhören zu verhindern, auch die vitale Entfaltung. Sie streift im Grunde den »Wagnerschen Musizierpanzer« nicht ab (Strauss/ Hofmannsthal, »Briefwechsel«, Zürich 1952).

Strauss stellte Sentimentalität und Parodie als seine persönlich kreativsten Kräfte dar. Ihr Nebeneinander stempelt den »Rosenkavalier« zu einem Mittelding zwischen Oper und Operette, zur »Spieloper«. Die Abkehr vom Musikdrama Wagnerscher Provenienz und Hinwendung zum »klassischen« Opernbegriff ist das Resultat einer komplizierten musikästhetischen Auseinandersetzung, deren Spuren im »Rosenkavalier« zu finden sind. Danach vollzogen Hofmannsthal und Strauss mit der »Ariadne auf Naxos« eine Wendung, die für die kommende zeitgenössische Entwicklung zur

musizierten Nummern-Oper, zum Kammerorchester, zum Neo-
klassizismus wesentlich werden sollte.

Der größte Teil von Straussens Opernschaffen gründet auf Hof-
mannsthal: »Elektra«, »Rosenkavalier«. »Ariadne auf Naxos«. »Die
Frau ohne Schatten«, »Die ägyptische Helena« und »Arabella«.
Vital und unorthodox kritisierte Strauss seinen eigenen »schlechten
Geschmack« und fand sich doch mit dem Ästheten Hofmannsthal
zusammen, um zu bekennen: »Wir sind füreinander geboren.« Der
Dichter fühlte sich, bei allem Selbstbewußtsein, als Dichter der
Musik und ging – meist geduldig – auf alle Änderungswünsche des
Opernpraktikers ein. Oft äußerte sich Strauss mit gutem Grund und
ebensolchem Erfolg.

Strauss leugnete nie, in seiner Behandlung des Opernorchesters
von Wagner inspiriert zu sein. Freilich wandte er sich in Deklamation und Wortausdruck mit jedem seiner Werke entschiedener einer
Einschmelzung Mozartschen Secco-Charakters in die Gestaltung
des von Wagner übernommenen Sprechgesangs zu. Eine solche
Synthese aus Mozart und Wagner verführte ihn zu einer scheinbaren Sicherheit, jeder Bühnengestaltung Gewicht und Format zu-
zuweisen, ganz so wortbezogen oder auch nicht, wie es sich der
Komponist für seine persönliche Interpretation des Textwortes
wünschte. Da gab es nun also sängerisch betonte, melodische Hymnik, leichten, intrigant oder elegant gehaltenen Konversationston
(Vorspiel »Ariadne«), deklamatorische Steigerung zur Unterstüt-
zung des Affekts (»Elektra«) und all die feinen Schattierungen notwendigen Übergangs. Um eine solche Palette des Ausdrucks nachvollziehen zu können, dürfte es dem Sänger hilfreich sein, wenn er
sich zuvor zum Interpreten etwa des Liedes von Hugo Wolf gemacht hat, obwohl Strauss gerade ihn als »pathologischen Fall« verachtete. Wolf, vielleicht ein noch glühenderer Verehrer Wagners als
Strauss, ebenso deutlich aber auch Mozarts, erfand eine ähnliche
Fülle von deklamatorischem Ausdrucks-Material, von originellen
Möglichkeiten der Gestaltung. Ganz sicher aber wird dem Bühnensänger die Eroberung Straussscher Operncharaktere über das Studium des Liedmeisters Strauss nicht weniger hilfreich sein.

Es liegt eine Tragik im Kampf des Richard Strauss um Wortverständlichkeit. Denn die Ergebnisse seiner Bemühungen kapitulieren nur allzu oft vor der Unmöglichkeit, mit der eigenen Musiksprache dem Wort sein Recht zu belassen. Seine Musik erweckt

nach der Äußerung von Karl Kraus – Strauss nicht gerade freundlich gesonnen – oft den Eindruck, als bespüle sie die Küste einer Gedankeninsel der Worte, die der Komponist nicht bewohnt. Kraus beschrieb 1907 (»Die Fackel«) seinen Eindruck: »Die banalste Melodie weckt Gedanken wie die banalste Frau. Wer sie nicht hat, sucht sie in der Melodie und im Weine. Die Musik des Herrn Richard Strauss ist ein Frauenzimmer, das seine natürlichen Mängel durch eine vollständige Beherrschung des Sanskrit ausgleicht.« Dem wäre entgegenzuhalten, daß Gleichzeitigkeit vieler Stimmen und die daraus resultierende Unverständlichkeit sehr wohl beabsichtigt sein können. Jeden Juden in der »Salome« wird wohl noch kein Hörer verstanden haben.

Natürlich braucht der Zuhörer in einer Oper nicht unbedingt alle poetischen Feinheiten zu verstehen. Aber bei Hofmannsthal trägt die Dichtung das Niveau des Werkes mit, denn ihre Schwächen oder Stärken spiegeln sich in der Komposition. Über lange Strecken der »Frau ohne Schatten« donnert das Orchester und scheint neben der eher behutsamen Hofmannsthalschen Geschichte herzulaufen. Lediglich in hymnisch getragenen Stellen ist ein Zusammenklang mit dem Dichter spürbar. Decouvriert hier die Dichtung den musikalischen Aufwand? Sie übernähme dann die nur allzu landläufige Aufgabe, Texte ad absurdum zu führen. Wie schon in manchen Fällen bei Wagner, verselbständigt sich der rauschhaft dionysische Klang und lenkt vom Zentral-Gedanklichen ab. Zwar liegt das Mißliche vor allem in der Musik, doch sind die Fehlgriffe in der Behandlung des Textes auch für den Nicht-Musiker fühlbar. So stark der Einfluß hinsichtlich der Bühnenwirksamkeit auch gewesen sein mag, den Strauss auf Hofmannsthal ausübte, der Komponist überpinselte die Texte ungehörig mit allzu pastosem und nur der Stärke nach autonomem Strich.

Mit einer nur ihm eigenen Stringenz schrieb Strauss Werke, die ihm weder intensive noch dauernde Erfolge einbrachten, ihn auch nicht mehr mit Skandalen konfrontierten, sondern eigentlich das taten, was Strawinsky definiert hatte, nämlich in Wahrheit das Interesse abschnitten. Aber zuvor waren Wunder der Gesangsmusik entstanden: Die Sinnlichkeit steigerte sich zu einer Art Ersatz-Mystik. Mit welchen Sirenentönen der schwankende Narraboth verführt wird, wie die silberne Rose in Octavians Gesang aufblüht, wie die dunklen Eintrittstöne des Orest dem voraufgegangenen

Gekeif der Weiberstimmen entgegengesetzt wird, wie aus dem Motiv dieses tragischen Boten die Wiedererkennungsszene sich entwickelt, wie der Gott sich zu seiner Ariadne niederschwingt, das ist viel mehr als nur gemacht. Einzigartig stehen die Operntexte insofern zur Musik, als die Dichtung und die originellen Sujets (selten in der Oper!) dennoch auch Libretti sind, verständnisvoll den Forderungen des musikalischen Partners nachgebend und auf Wunsch auch effektvolle Abgänge oder geschlossene Musizierformen bereitstellend.

Die Spätwerke des »griechischen Germanen« (Adorno) Strauss – »Daphne«, »Die Liebe der Danae« – basierten auf antiken Stoffen und streuten als Reizwirkung immer wieder Buffoneskes ein. Einen autobiographischen Ehebericht im parlando-Ton mit Wagner-Einlagen bietet »Intermezzo«, nach einem eigenen, von Hermann Bahr überarbeiteten Textbuch. »Die schweigsame Frau« nach Stefan Zweig parodiert alles, was als italienisch in der Oper gelten konnte, und »Capriccio« nach Clemens Krauss konversiert geschmäcklerisch über das alte Zentralproblem »Prima la musica, dopo le parole« und setzt ein unbeantwortetes Fragezeichen dahinter. Zwischen all dem gab es eine letzte Zusammenarbeit der »Liaison dangereuse« mit Hugo von Hofmannsthal vor dessen Tode, die »Arabella«. Es handelt sich hier nicht mehr so sehr um die oft zitierte Reminiszenz an den »Rosenkavalier« als um den Versuch, die Operette mit neuem, besserem Leben zu erfüllen. Es wurde ein Schwelgen in weitgespannten kantablen Bögen daraus, das neben der Konversation und (stimmgefährdenden) sprachgesanglichen Ausbrüchen steht. Strauss – schon hier ein Epigone seiner eigenen Kunst –, ein Virtuose, den es in der Feder juckt, unentwegt vorzuführen, was sein (Makart sehr nahestehender) Opernstil noch alles zu schildern vermag. Am schönsten im ganzen Strauss-Werk die Momente des Abschiednehmens, ob nun von einer Ära der alten, »guten, gesicherten Zeit«, von der Oper als umhüllendem, wohligem Konsumgut oder dem Zeitalter, in dem Straussens Opern gesichert wirken konnten. Dazu gehören neben den »Vier letzten Liedern« (auch diese seiner Protagonistinnen-Stimme zukomponiert) die drei melancholischen Primadonnen-Prunkstücke der Marschallin, der Arabella und der Gräfin im »Capriccio«.

Verismo

Unzweifelhaft antipodisch zu denen von Richard Strauss wirkten die Libretti der Veristen, die sich zunächst an den Tendenzen der realistischen Literatur ausrichteten. Aber sie trafen nicht ohne weiteres auch mit einer Musik zusammen, die sich an den textlichen Konzeptionen wirklich beteiligte. Wie immer am Degenerationspunkt einer Gattung, hier der belcantistischen italienischen Oper, tendierte der Gesang dazu, das Wort übergewichtig werden zu lassen. Aber die Klagen, veristische Oper sei nur noch »aria d'urlo«, ein zwar sinngemäßes, aber unbelcantistisches Geheul, dürften kaum berechtigt sein. Zwar gipfelte das Singen bei kathartischen Momenten der Handlung in Schreien oder Sprechen, aber das dramatische Melos der Oper wurde im Prinzip nie verlassen. Zudem waren die Veristen (vero = wirklich, wahr) Pietro Mascagni (1863–1945), Ruggiero Leoncavallo (1858–1919), Francesco Cilea (1866–1950) oder Umberto Giordano (1867–1948) kompositorisch eher konventionell orientiert und suchten die »Fortschrittlichkeit« ihrer Textbücher durch Bindung an alte Nummern-Schemata annehmbar zu machen, ohne die der phänomenale Erfolg einiger ihrer Opern auch nicht zustandegekommen wäre.

Ruggiero Leoncavallo eröffnete seine Oper »I Pagliacci« mit einem »Prolog«, in dem der Komödiant Tonio das Programm der Veristen verkündet: »Heut schöpft der Dichter kühn aus dem wirklichen Leben schaurige Wahrheit.« Typisch dazu die Behandlung des Textes, der, arios vorgetragen, die rasch wechselnden Stimmungen mit mehreren Melodien einzufangen sucht, während mottoähnlich das Eröffnungsmotiv am Schluß wieder aufgenommen wird.

Holte sich Pietro Mascagni seinen Wirklichkeitsausschnitt aus einem sizilianischen Volksstück von Verga, so bezog Leoncavallo seine Eifersuchts- und Mordgeschichte aus der Zeitung und brachte sie dramaturgisch geschickt in Verse. Mascagnis Musik ist von gröberem Korn und sucht kunstlos zu wirken, blieb aber lebendig durch eine spontane Melodik, wie sie dem Komponisten später nie wieder so gelang.

Sich gegen die Weltanschauungsdramatik Wagners, den heroischen Humanismus Verdis und das Morbide des Fin de siècle zu stellen bedeutete ein paar Jahrzehnte lang ausreichend Nährboden für den Verismo. Aber die schlagkräftige, populäre Melodie, alles, was daran eigentlich italienisch war, ließ sich nicht ohne weiteres in den Norden versetzen. Da »Tiefland« in Deutschland alle Bühnen erobert hatte, galt der Komponist dieser Oper, der Pianist Eugène d'Albert, hier als wichtigster Verist; er war aber nur durch Zufall an dieses Textbuch geraten, als er im Vorzimmer des Direktionsbüros der Dresdner Hofoper wartete. Leicht haftende Melodien, leidenschaftliches Pathos und ein leuchtkräftiges, an Wagner geschultes Orchester wirkten am Erfolg mit.

Weit über der vordergründigen Heftigkeit oder ausschließlicher Effektdramatik all dieser kurzlebigen und nur zum Teil mit dem Verismo verbundenen Werke steht der Künstler Giacomo Puccini (1858–1924), ein überlegener Könner aus alter Musikerfamilie. Ihm gelang es, so unterschiedliche Gestalten wie die Alltagsmenschen aus der »Bohème«, die Diva »La Tosca« oder den gerissenen »Gianni Schicchi« lebendig zu gestalten. Da er der traditionellen Sänger-Oper treu blieb, konnte sich Puccini mit tüchtigen Libretto-Handwerkern begnügen. So formvollendet und gefällig sich seine Musik zeigen kann, so vielschichtig und sensibel war der Mann, der mit seinen nicht enden wollenden Skrupeln die Librettisten zur Verzweiflung trieb, auch an sich selbst verzweifelte und immer darum kämpfte, sich noch klarer auszudrücken. Er litt an der Kunst, verehrte Wagner scheu und zeigte kein Verständnis für die anti-romantischen Tendenzen des 20. Jahrhunderts. Die »kleinen Dinge«, von denen Puccini am liebsten sang, umfassen das Stimmengewirr eines Sommerabends an der Seine im »Tabarro«, die Verliebtheit von Mimi und Rudolf, aber auch die am breitesten durchgeführte Partie Puccinis, die kleine Frau Schmetterling, die über das Nippes-Figürliche hinaus zu großer Linie, zu tragischem Ausbruch findet – wohl die gesanglich anspruchsvollste Partie bei Puccini.

Kein Hörer ahnt etwas von den Mühen Puccinis mit dem Text, wenn er dessen Opern auf der Bühne erlebt. Sie wirken, als hätten die Worte nie anders als der Musik helfend gelautet und seien die einfachste Sache von der Welt. Denn die Figuren bewegen sich musikalisch ungezwungen, fern von den Phrasen italienischer Tradition, auch in den Arien und Duetten.

Die Vorgänge um die Menschen interessierten Puccini immer weit mehr als die Ideen. So änderte er die von den Librettisten Giacosa und Illica für den Cavaradossi in der »Tosca« entworfene Hymne, mit der der Maler auf der Engelsburg emphatisch Abschied vom Leben nehmen sollte. Text und Musik drückten nach einer eingreifenden Umstellung das existentielle Sterbegefühl kongruenter aus. Und wer vom »oberflächlichen« Puccini spricht, weiß nicht von seiner unablässigen Suche nach Wahrheit des Ausdrucks, in der er Verdi nahesteht. Puccinis Melodie hingegen löst sich von der symmetrischen Periodik des Älteren. Sie ist kürzer, aber auch flexibler, sie kann sich den rasch wechselnden Seelenschauplätzen anpassen, sie ist zwischen Deklamatorik und Ariosem zu Hause. Erfunden hat Puccini die korrespondierende Zweitstimme in der Begleitung, die gleichberechtigt im Orchester mit der menschlichen Stimme gleichsam duettiert. Die »begleitende« Zweitstimme gehört als kontrapunktischer Bestandteil zur solistischen Melodie und intensiviert diese suggestiv.

Nachimpressionismus

Die Wortmelodie bei Puccinis Zeitgenossen Claude Debussy kann nur dann angemessen wahrgenommen werden, wenn das spezifisch Französische realisiert wird, ein musikalischer Tonfall, der vom Idiom gefärbt ist. Das ästhetische Erscheinungsbild wurde hier durch den Sprachcharakter definiert. Ein russischer Musiker – Mussorgsky – beeinflußte den »musicien français«, sich dem Charakter seiner Nationalsprache zu verpflichten. Zwar lassen sich nur oberflächlich oder zufällig übereinstimmende Tonfolgen als Beleg dafür heranziehen. Die Affinität oder das, was Godet »Kongenialität« nannte, wurzelt aber tiefer. Als 1913 im Théatre des Champs-Élysées eine, unter finanziellen Mühen zustande gekommene, Aufführung von Mussorgskys »Boris Godunow« stattfand, verfolgte sie Debussy von den ersten Proben an. Er kannte den »Boris« seit 1874, als er Haus-Trio-Pianist bei Nadeshda von Meck in Rußland war, und hatte die Musik nicht beurteilen wollen, bevor er nicht die Sprache verstand. 1913 gestaltete der Bassist Fjodor Schaljapin seinen Part ganz aus der Sprache, wenn auch nicht ohne die oben erwähnten freizügigen »Naturalismen«, die der Musik Gewalt antaten. Und er genügte damit der Forderung von Paul Dukas, man

müsse den Text in jeder dramatischen Situation verstehen, um den
»Boris« würdigen zu können (Dukas, »Les écrits sur la musique«,
Paris 1948).

Dies trifft auf den »Pelléas« und Debussys Verhältnis zur französischen Sprache, die jede Übersetzung zur Verzerrung macht, ebenso zu. Wie in der französischen Malerei jederzeit die Linie nur als
Akzent, als Intensivierung des Farbenspiels auftritt, so ist die Melodie bei Debussy zumeist fragmentarisch angedeutet. Sie war bei
ihm antilyrisch in dem Sinne, daß die formal fest umrissene, zu
einem bestimmten Ausdruck verdichtete Melodielinie den musikalischen Impuls eher verhinderte. Und doch kann nicht schlechthin
von einem Sprechgesang im Sinne Wagners die Rede sein. Debussy
war 1888/89 als Bewunderer und zugleich als Gegner aus Bayreuth
zurückgekommen. Die Gefahren des deutschen Einflusses auf seine
eigene Kunst waren ihm nur zu deutlich geworden.

Die Oper »Pelléas et Mélisande« (Uraufführung 1902), ein
mystisch-keltisches Schauspiel nach dem Buch des belgischen Symbolisten Maurice Maeterlinck, veranschaulicht, wie Debussy mit
den drohenden, schon vom Stoff her naheliegenden Reminiszenzen
an »Tristan« rang. Die eigene Musiksprache siegte. Aus Wagners
Kunst der Übergänge machte Debussy bewußte Monotonie, in der
sich Pathos und Dramatik nur gelegentlich durchsetzen. Kleine
Intervalle bestimmen das Gesangsmelos, sie folgen der französischen Prosa äußerst feinfühlig und behaupten sich leicht gegenüber
dem nur grundierenden Orchester, das motivische Partikel ostinato-ähnlich reiht. Die Melodie läßt die herkömmlichen Perioden
über die Taktstriche hinwegquellen.

Wenn viele Meisterwerke nach 1900 die klingende Farbe der impressionistischen Palette nutzten, so bedeutete das kein Plagiat,
sondern einen Niederschlag dessen, was gleichsam in der Luft lag.
Wir denken an die frühen Strauss-Opern, aber auch an Puccinis
»Tabarro« aus dem »Trittico« oder selbst an antipodisch angelegte
Werke bei Schönberg, Strawinsky oder Bartók. Die Initialzündung
hatte zweifellos Mussorgsky mit seinen künstlerischen Widerspiegelungen der Natur gegeben.

Wenn Maurice Ravel mit seiner Oper »L'Heure espagnole« (Text:
Franc Nohain nach Boccaccio) von 1912 ironisch-kammermusikalisch fünf Stimmen singen läßt oder sich in »L'Enfant et les Sortilèges« nach einem Text der Colette 1925 bewußt melodisch gibt, so

unterstreicht das, wie wenig die übliche stilistische Paarung Ravels mit Debussy den wirklichen Gegebenheiten entspricht. Denn Debussys »clair obscur« wird nun hell und zugleich distanziert erleuchtet. Künstlichkeit als Merkmal der décadence tritt bei Ravel verspielt in Erscheinung, schlägt ins Groteske um. Die Mischform der Komposition für Sänger und Tänzer bietet ein Pendant zur Künstlichkeit des Vorwurfs.

Ernest Chausson und Vincent d'Indy schrieben sich ihre Operntexte im Wagnerschen Sinne als »Dichter-Musiker« selbst. Auch Debussy versuchte, für seine beiden Fragment gebliebenen Opern nach Edgar Allen Poe (»La Chutte de la Maison Usher« und »Le Diable dans le Beffroi«) sein eigener Textdichter zu sein. Wahrscheinlich fand sich in Frankreich kein Librettist, der bereit war, konventionelle Schemata gänzlich zu verleugnen und sich dem Sprechdrama des Maurice Maeterlinck anzunähern.

Dessen »Pelléas et Mélisande« ist ja ein Text in Prosa. Er geht in seinem Vokabular nicht über die Alltagssprache hinaus und stellt sich damit dezidiert gegen das Pathos üblicher Libretti der Zeit. Aber der Schein trügt: kein Satz ohne Hintersinn, keine Formulierung ohne Transparenz für Symbole. Eine Umfrage von 1911 beantwortete Debussy, indem er feststellte, es sei leichter, rhythmische Prosa zu vertonen, als rhythmische Verse (»Monsieur Croche«, Sämtliche Schriften und Interviews, Stuttgart 1974). Weniger Jahre hatte es also für den Komponisten nur bedurft, sich aus dem Zwang regelhafter Periodik zu lösen. Debussy leitete das Zeitalter ein, das auf wiederkehrende Kadenzen des Viertaktsystems endgültig verzichtete.

Zwischen der Debussyschen Gesangsstimme und dem Rezitativ, das die Rede musikalisch korrekt nachahmt, gibt es große Gemeinsamkeiten: Überwiegend syllabische Textwiedergabe, die deshalb kurzen Notenlängen, wie sie aus der französischen Prosodie resultieren, der Verzicht auf Textwiederholungen und die schon von Rousseau geforderten kleinen Intervallschritte. Die Abhängigkeit zwischen Gesangsstimme und Orchesterpart tritt zurück. Der Zwang zum Unisono ist weitgehend aufgehoben. Die Stimme bewegt sich meist über länger liegenden Akkorden und benutzt dazu Dreiklangspartikel. Symmetrische »Periodik« verschwindet fast völlig, nichts wird dem Gesetz der Melodie überlassen, alles ist wortgebunden.

Eine neue Simplizität

»Die Sprache als die Sprache zur Sprache bringen«, so definierte Martin Heidegger (»Unterwegs zur Sprache«, Pfullingen 1959) die vollständige Funktion des Wortes, die sich begrifflich adäquater Deutung entzieht. Wenn diese wenigstens symbolisch sagbar gemacht werden soll, so kann die Musik das Wort als Klang und Rhythmus akzentuieren, so wie es Strawinsky mit seinem »Oedipus Rex« (nach Jean Cocteau) exemplifizierte. Er schuf hier die – nachmals bei Carl Orff als ebenso schockierend empfundenen – magisch-suggestiven Wortwiederholungen, primär als Wortmusik, die von Rhythmus und Betonung lebt. Cocteau schaltete einen Sprecher ein, der in Frack und salopper Haltung den Gang der Handlung erläutert. Diesen Typus hatte schon während des Ersten Weltkrieges der Schweizer Dichter C. F. Ramuz vorgezeichnet. In der »Geschichte vom Soldaten« verbindet ein Vorleser auf der Bühne die Vorgänge miteinander.

Erst unser Jahrhundert wurde hellhörig für eine Musik der Sprache, die Verlaine ersehnte: »De la musique avant toute chose, de la musique encore et toujours« (Musik vor allem, Musik und immer wieder Musik). Seit dem erneuten Aufbruch des Tanzes, aus dem das Werk Strawinskys erwuchs, wurden die Musiker immer wacher für den Rhythmus, auch jenseits der reinen Metrik. Und damit auch für die Klanglichkeit rein rhythmischer Instrumente, des Schlagwerks vor allem, das die Komponisten des 20. Jahrhunderts bevorzugt einsetzen.

Die Oper, sieht man von der frühen »Nachtigall« ab, mied Strawinsky, wohl weil er das Musikdrama als etwas Überholtes ansah. So stimmte er Ferruccio Busonis »Doktor Faust« als einer eher undramatischen, revuehaften Reihung von Bildern ausdrücklicher zu (in einem Gespräch mit mir nach einer Berliner Aufführung) als dem »Wozzeck«. Zum Entscheidenden in der Oper, der Möglichkeit für den Hörer, sich mit gesungenen Gefühlen zu identifizieren, führte für ihn kein Weg zurück. »The Rake's Progress« ahmt Überkommenes in einer Pasticcio-Manier nach. Solche Neoklassik hatte seit ihrem Aufkommen anti-wagnerische Parolen auf ihre Fahnen geschrieben, ein negatives Zeugnis der Wagnerschen Wirkung. Aber was in ihr erkämpft wurde, lohnte den Aufwand. Dem Pastiche des

»Rake« kam zu Hilfe, daß es an zeitgenössischen, repräsentativen Opern fehlte; auch verhieß das Libretto, wie der Engländer sagen würde, »sophisticated« zu sein. Die Tendenz moderner Komponisten, sich die Texte entweder selbst zu schreiben oder literarisch Bewährtes singen zu lassen, schlägt kurioserweise immer wieder schöpferische Brücken zu Wagner und zu dem gerade überwundenen 19. Jahrhundert.

Mit einer Oper kann »L'Histoire du Soldat« ebensowenig verwechselt werden wie »Le renard« von 1922, im Untertitel »Burleske Tanzszene« genannt, in dem Strawinsky Tänzer auf der Bühne und Sänger im Orchester agieren läßt. Traditioneller wirken das Märchenspiel »Nachtigall« (1914) und der buffoneske Einakter »Mawra« (1922), in dem Strawinsky an den vokalen Stil und die Musiksprache der herkömmlichen, von Italien beeinflußten russischen Oper anknüpfte. Puschkins »Das kluge Haus von Kolomna« bot den Stoff. Dem Dichter und den Komponisten Glinka und Tschaikowsky ist das kleine Werk gewidmet. Arien blühen, italienische Heiterkeit kommt auf und paart sich mit russischer Melancholie.

Von der Mischform des Opern-Oratoriums seit »Oedipus Rex«, die auf der Bühne wie im Konzertsaal ihren Platz fand, haben wir gesprochen. Noch in der »Perséphone« (Text von André Gide) von 1934 ist die Anti-Oper anvisiert, eine Wiederbelebung des guten, alten Melodram, dessen Titelrolle gesprochen, pantomimisch und getanzt gestaltet wird. Ein mäßig großer Orchesterapparat wahrt kammermusikalischen Charakter, die Verse über die homerische Sage der vom Hades geraubten Tochter Demeters tönen wohlklingend im Parnassiens-Stil. Die Mischform geht auf eine Anregung der Tänzerin Ida Rubinstein zurück. Strawinsky selbst kommentierte später freilich die Verwendung der Rezitation so: »Sünden können nicht ungeschehen gemacht, nur verziehen werden.« Daß neben jugendstilartigem Rankenwerk soviel geläufige melodische Wendungen gesungen und gespielt werden, erklärt sich vielleicht aus der Dichtung, die Gide schon vor dem Ersten Weltkrieg geschrieben hatte, ist aber auch ein bevorzugter »Kunstgriff« des Komponisten.

Der alte Strawinsky lenkte vollends in die Tradition zurück und schuf mit W. H. Auden und Ch. Kallman (den Autoren auch von Hans Werner Henzes »Elegie für junge Liebende«) 1951 »The

Rake's Progress«, um darin die Operngeschichte Revue passieren zu lassen, rund um die »Zentralsonne« Mozart, dessen »Don Giovanni« nachahmendes Finale die abschließenden Tugendsprüche des ganzen Ensembles vereint. Den Stilkopien der genau symmetrisch angeordneten Arien und Ensembles entsprechen die musikalisch hegemonischen Gesangsstile von Rossini bis Verdi, von Mozart bis Auber. Mediterran heiter, klassisch ebenmäßig soll klingen, was hier aus dem Munde der Sänger strömt.

Strawinskys Kunst am nächsten verwandt in der neuen Musik Europas ist ohne Zweifel die »Groupe des Six«. Angeregt von Satie und Cocteau zogen leichten Sinnes und ganz und gar ungleichwertig sechs junge Franzosen aus, Wagner, d'Indy und der ganzen Romantik den Kampf anzusagen: Darius Milhaud, Louis Durey, Arthur Honegger, Françis Poulenc, Germaine Taillefer und Georges Auric. Unter ihnen vertonte Françis Poulenc Avantgardisten wie Guillaume Apollinaire, so in der Buffo-Oper »Les Mamelles de Tirésias« von 1944. Im Alter reihte er sich unter die Vertoner großer Literatur ein und nahm George Bernanos' »Gespräche der Karmeliterinnen« als Vorlage. Sein Weg hatte Poulenc, genau wie Honegger und Milhaud, längst von der Gruppe weggeführt. Milhauds »neue Sachlichkeit« erwies sich in seinen »Opéra-minutes«, von denen ein Einakter auf zweihundert Takte schrumpfte, als eklatanter Kontrast zu den Längen der Spätromantiker. Daß er auch einen Prospekt für Landmaschinen anmutig zu vertonen wußte, dabei auch die Lieferbedingungen nicht ausließ, bewies Milhaud im »Catalogue de Fleurs«, die in die ausgedehnte Liedproduktion dieses originellen provençalischen Polytonalen gehört.

Arthur Honegger, der bedeutendste dieser Komponistengruppe, hat in seiner Oper »Antigone« (nach Cocteau) den deklamatorischen Gesang in Wagners Art durchdacht, zu einer Zeit, als er schon an der Möglichkeit zu zweifeln begann, daß der Musik »weiterer Fortschritt« noch beschieden sein könne. Cocteau versuchte hier zu objektivieren, zu straffen, zu kürzen, wo immer möglich, und damit den Ausdruck unserer Zeit zu treffen. Nur noch das Gerippe der Sophokleischen Erzählung blieb übrig, und Cocteau ließ Rede schlagartig auf Gegenrede folgen. Honegger wirkte dieser (auf eine Stunde reduzierten) Kurzfassung aus saloppen Redensarten mit seiner expressiven und die Sprache eher romantisch einsetzenden Musik entgegen. Vor Honeggers Halb-Oratorium »Jeanne d'Arc au

Bûcher« hatte sich Milhaud schon einmal mit dem Dichter Paul Claudel zusammengetan, um »Christophe Colombe« zu schaffen. Das kühne Stück nennt sich nicht Oper, sondern »Buch« und nähert sich der Form episch-oratorischen Theaters. Die Titelgestalt ist zweigeteilt, in einen Sprecher, der das Geschehen kommentiert, und einen Sänger, der innerhalb der Handlung agiert.

Fanal aus Wien

Stärker als das aller anderen Modernen wirkte das Opernschaffen der »Neuen Wiener Schule« nach, so schwer es auch zunächst darum zu ringen hatte, sich einer größeren Öffentlichkeit bemerkbar zu machen. Zweifellos wird hier, wenn auch unter neuer Gesetzmäßigkeit und vom Hörenden nur schwer nachzuvollziehen, der Musik wieder eine gleichwertige Mitwirkung, zugleich aber der Deklamation ihr Recht eingeräumt. Was an autonomen Formen der tradierten Musik hereingenommen wurde, versteckt sich so, daß man den Zwölftönern vorhielt, ihre Musik sei besonders in der Oper formal kaum zu verifizieren. Hier möchte die Gegenfrage laut werden, ob ein Hörer des Wagnerischen »Ringes« zugleich die Tetralogie zutiefst »erlebt« und doch das gesamte Gewebe der Leitmotivik rational aufnimmt oder auch nur aufnehmen soll?

Weil es im Wesen der Dodekaphonie liegt, das Melos durch mechanische Raster zu bedrohen, das Erdachte dem sinnlich Erfahrbaren vorzuziehen, erhält in Schönbergs Bühnenwerk »Moses und Aaron« die Figur des singenden Aaron nicht ebenso überzeugendes Profil wie die des sprechenden Moses. So vielfältig (über 470 Millionen Reihen lassen sich aus den zwölf temperierten Tönen herstellen) der Ausdruck abzuwandeln wäre, so wenig bleibt vom tradierten melodischen Impetus. Dem hat der Sänger ausgleichend, durch lineare Bindungen, entgegenzuwirken, wie es sich schon Schönberg selbst erhoffte. Eine einzige Reihe von zwölf Tönen stellt das Material für den »Moses«, und es scheint, je vertrauter der Komponist mit ihr umging, desto mehr Sprach- und Variationsmöglichkeit bot sie ihm. Dennoch ließ Schönberg den dritten Akt unausgeführt liegen, vielleicht auch, weil ihm als Textdichter die Kraft fehlte, »das Wort« zu finden.

Das Thema der Sprachlosigkeit ist hier zum Gegenstand einer dramatischen Handlung gemacht. In dem Libretto, das wahrscheinlich zwischen 1930 und 1932 entstand, steht die verzweiflungsvolle Sprachohnmacht des Moses der Wortmächtigkeit des Bruders Aaron entgegen. Das Abweichende der Diktion wird durch die einleuchtende Methode Schönbergs demonstriert, die Rolle des Moses mit den Mitteln des Sprechgesangs, vom »Pierrot lunaire« her wiederaufgenommen, zu profilieren. Zwar unterliegt der Sprechrhythmus genauer Notierung, nicht aber die Tonhöhe, die nur annährend festgelegt ist. Hans Mayer (»Versuch über die Oper«, Frankfurt 1981) weist auf die Schwierigkeit für den Sänger des Moses hin, die ihm durch den stellenweise nicht fixierten Ablauf der Tonhöhen zuwächst: Je nach dem Konzept hat er die nicht ungefährliche Freiheit, die Gestalt des Moses in negativer oder positiver Weise zu färben. Die symbolische Idee des Werks – das Unwandelbare Gottes und die sich immer wandelnden Geschöpfe – schuf eine hieratische Strenge des Stils, die Magie zum Inhalt hat und auch ausübt, wenn auch mehr eine gedankliche als eine musikalische. Im seriellen Raum wirken symbolhafte Motivassoziationen wie Reminiszenzen an das Leitmotiv. In den Figuren Moses und Aaron steht sich symbolisch gegenüber, was den Gesang seit je beschäftigt, das artikuliert Geistige und das strömend Sinnliche.

Eine bis ins Innerste neue Musiksprache spricht, als sei sie alt. Pathetisches Patriarchentum, jüdischer Habitus, Gestus des Herrschenden müssen vom Interpreten erst den Erinnerungen an musikdramatische Pathetik entgegengesetzt werden. Alles, was anscheinend nicht miteinander zu vereinen war, auch das anachronistisch Gewordene, unterwarf Schönberg seiner formenden Gewalt. Heute haftet dem bereits etwas Gespieltes, Mimisches an, besonders im Tonfall des gehoben rezitierenden Moses. Es ist deshalb jener ästhetische Ernst herausgefordert, den akzeptablen Ton für das Heute zu finden, ohne den authentische Wiedergabe nicht möglich ist.

Mit der angestrebten Opera buffa »Von heute auf morgen« von 1930 hatte es Schönberg noch schwerer, denn die Maschinerie der Reihe erwies sich als zu schwerfällig für die angestrebte Komödie. Meist war Schönberg sein eigener Librettist und sich dabei dessen bewußt, daß niemand seine Pein der höchst individuellen Auseinandersetzung mit Glaube, Hoffnung oder Liebe in seiner Zeit für ihn artikulieren konnte. Nicht so sehr der »Wissenschaftler der

Kompositionstechnik« (Stuckenschmidt) muß vom Interpreten gesehen werden, sondern der Künstler, der unter den vielen sich überzeugend auszudrücken wußte.

Wie immer auch die Moderne seit Schönberg vom Interpreten
wiedergegeben wird, nicht jeder Hörende ist ihr gegenüber gleich
gut gerüstet. Eines ist sicher: Auch das penibelst vorgeformte Stück
kommt nicht ohne Hilfestellung aus. Wie der Maler einem scheinbar verschwommenen Beieinander von Farben mit wenigen, angedeuteten Konturen Tiefe zu geben vermag, so daß das Auge einen
Halt findet, so könnte auch den Wogen des Aufeinandertreffens von
Tönen, die häufig nicht strukturell nachvollzogen werden können,
mit Hilfe von Linienbildung, Zielpunkten der Phrasierung, Ab-
springmöglichkeiten ein für den Hörer besser nachvollziehbarer
Verlauf angeboten werden, ohne doch dem Regelgefüge des Werks
Abbruch zu tun. Viele Sänger begnügen sich mit dem leblosen
Nebeneinanderstellen von Noten. Bringen sie aber Gestalt in den
Tonverlauf, so ist dies nicht ohne weiteres gleichzusetzen mit einem
Imitieren romantischer, konventioneller Musizierart.

Die Flut von Gesten aus dem Unterbewußtsein wäre wenigstens
andeutungsweise in die musikalische Sprache, in den Gesang zu
überführen, der Ansturm böser Vorahnungen im Alptraum der »Erwartung«, die morbide Symbolik der »Glücklichen Hand«, selbstverständlich auch der manierierte Sado-Masochismus der Texte
zum »Pierrot lunaire«. In diesen Stücken muß die zutiefst labile
Spannung nachgefühlt werden, die psychologische Reaktion so ver-
krampft wie beabsichtigt deutlich gemacht und damit die Echtheit
der Bedrückung erreicht werden, so wie sie beschrieben wird.
Naturgemäß fällt das dann nicht leicht, wenn die Worte so schwülstig und jugendstilbestimmt sind wie die, mit denen Schönberg
seine »Glückliche Hand« bedachte. Niemand nimmt, trotz aller
differenzierter Vortragsanweisungen, wirklich Anteil an ihnen.

Nur wenige Ausnahmen widersprechen seit Strauss der Regel
von der Erschöpfung des musikalischen Materials. Zu ihnen gehört
vor allem Alban Bergs »Wozzeck«. An dessen Weiterleben, an der
völligen Überwältigung des abwartend eingestellten Publikums,
hatte die Wahl des Textes einen Hauptanteil, ähnlich wie in Aribert
Reimanns »Lear«. Über die verwirrenden Exzesse der Wozzeck-
Musik hinweg fühlten die Hörer von Anfang an, daß die Töne sie
zum textlichen Vorwurf hinführten, was nichts mit jenem nachvoll-

ziehenden Verständnis zu tun hat, auf das die Musik als solche treffen muß. Sie wird deshalb zum Drama, weil sie sich den Impulsen der handelnden Figuren überläßt, so weit zurückliegend die Handlung oder stilistisch heterogen die Dichtung auch sein mag, weil sie sich den Worten akribisch wie kaum je zuvor anschmiegt. Auch noch die gezackteste Kurve der Sprache zeichnet die Musik nach, und es steht keine Linie in der Partitur, die nicht einen Bezug zum literarischen Vorbild aufnähme. Und dabei kommt nicht etwa die von Hans Pfitzner geschmähte Oper mit Literatur-Libretto zustande, sondern eine figural und aktionsbezogen selbständige kompositorische Struktur. In beiden genannten Fällen, nämlich bei Berg und bei Reimann, ist das Werk einer sterbenden Form abgerungen, ein Vorgehen vielleicht, das in Schönbergs »Moses« und Bergs »Lulu« die Vollendung geradezu unmöglich machte. Wenn Karl Kraus aus dem Zusammenbruch der Sprache seinen Kampf um das Wort herleitete, so hat das seine Entsprechung in Schönbergs »fehlendem Wort«.

Berg folgte jenen, die die absolute Musik wieder in die Oper einzuführen gedachten, mit dem Versuch, tradierte Formen in seinen »Wozzeck« aufzunehmen. Im Ausdruckswillen und in der Textgestaltung ist allerdings noch die Musikästhetik Wagners zu spüren, so gewandelt die Harmonik auch erscheinen mag. Ein Komponist, der sein Publikum fesseln will, muß mehr zur Verfügung haben als ein gutes Textbuch und Theatererfahrung. Er muß die strukturbedingten Formen mutig dem Theatergesetz unterwerfen. Symphonische Tradition und das mit der Sonatenform gegebene Konzept verstellten nicht zufällig Meistern der Form wie Brahms, Bruckner oder Mahler den Zugang zur Opernbühne. Auch der »Wozzeck« steht unter dem Zwang zu symphonischer Gestaltung. Dennoch wurde das Werk bühnenwirksam, ja, sein rein theatralischer Effekt steht keinem bedenkenlos gearbeiteten Reißer nach. Zwar richtete sich Alban Berg Georg Büchners dramatisches Fragment »Woyzeck« selbst ein und verkürzte es leicht, vertonte aber die Prosa so realistisch, wie sie ist – fast wörtlich. In vielfach gestufter rhythmischer Deklamation folgt Berg an manchen Stellen dem Vorbild des »Pierrot lunaire«, an anderen fügt er tonale Zonen in die atonale Umgebung. Auch läßt er Volkslieder in eigenwilliger Harmonisierung erklingen, wie in dem Wiegenlied der Marie. Aber der eigentliche Ausdeuter der Gestalten und des Geschehens bleibt im Wagner-

schen Sinne das Orchester, naturmystische und menschliche Atmosphäre kommen allenfalls in gleichen Teilen von der Bühne und aus
dem Orchester. Und obwohl im Grunde Büchners Drama keiner
Musik bedarf, um zu wirken, verändert die hinzutretende Gattung
nicht den Kern, sondern vollendet und kräftigt die Aussage.

Alban Berg benötigte das dichterische Wort keineswegs als
»Außenhalt« so wenig wie die traditionellen Satzcharaktere. Das
Quartett op. 3 etwa kann als ein Werk gelten, das auf die Kunstmittel
traditioneller Tonalität verzichtet und doch die große musikalische
Form mit rein instrumentalen Mitteln realisiert. Bergs Weg zur
Lösung dieses bis dahin für unlösbar gehaltenen Problems war anders als der Schönbergs oder Weberns. Berg hat nicht wie Schönberg die Struktur überkonzentriert und dadurch zugleich reduziert,
sondern Fesseln gelockert, indem er dem musikalischen Geschehen
gleichsam freien Lauf ließ. Seine Musik scheint nicht von ange-
strengter Hand erzwungen, sondern gewachsen. Auch die Orche-
sterlieder nach Ansichtskartentexten von Peter Altenberg op. 4
prägten die Verfahrensweise künftiger Dodekaphonie zwingend
vor. Den Außenhalt stellt weniger das Wort als etwa der Zwölfklang
einer Allegorie vom All und die Zwölftonfolge der Passacaglia,
Krebs und Umkehrung im Lied vom Gewitterregen.

Das Verfahren, mehrere Formschemata übereinander zu schichten, findet seine entschiedenste Ausprägung in der Partitur der
Oper »Lulu« nach Frank Wedekind. Den Formen kommt hier eine
grundsätzlich andere Bedeutung zu als in der Klassik oder auch bei
dem Lehrer Schönberg. Sie sind hier nicht als Entwicklung musikalischer Ideen zu verstehen, sondern Ersatz-»Außenhalt« für das
Wort. Die hierzu ersonnenen neuen Satztechniken, wie etwa die
kontinuierliche Geschwindigkeitsprogression im ersten Akt, haben
als formale Elemente beim Hören keine erkennbare Selbständigkeit, was ja Berg auch in frühen Besprechungen vorgeworfen wurde.
Aber sie dienen unaufdringlich der musikalischen Übersetzung
dichterischer Atmosphäre. Die Musik überholt sie zugleich, indem
sie die Rolle des in das Sujet versenkten, hingerissenen Betrachters
übernimmt. Dies bedeutet kein Abwenden vom Musiktheater, keinen Ungehorsam dem poetischen Gesetz gegenüber, indem sie dem
eigenen folgt. Im Gegenteil: Die Musik durchmißt alle Klüfte des
Dramas, schmiegt sich der Charakteristik und den Regungen der
Figuren an. Erst Alban Berg erfüllte also die Forderung Wagners

ganz, das musikalische Drama müsse alle Errungenschaften absoluter Musik amalgamieren, zumal die der Wiener Klassik. Durch die absolute Vermählung mit der Sprache und deren Mitbestimmung bei der formalen Gestaltung der Musik gehen erst bei Berg die Töne nicht mehr ihren eigenen, oft in die Irre führenden Weg, sondern wirken so logisch und wie aus den Wedekind-Figuren geboren, daß man von einer hingebenden Liebesgeste an seine Verworfenen – ganz im Sinne des Dichters – sprechen könnte.

Es hat etwas mit der Sanglichkeit so mancher Stelle in Bergs Opernmusik zu tun, daß sein seelisches Klima bejahend und nicht selbstzerstörerisch zu sein scheint. Seine Gefühlswelt strahlt Wärme aus, wirkt wie sich verströmend, seine Intellektualität nährt sich aus der Inspiration, so daß seine Sprache, sei sie noch so gewagt oder kompliziert, nie doktrinär wird oder erstarrt. Kommt aber der Verdacht auf, Berg sei umgänglich gemäßigt oder suche gar Erfolg, so widerspricht dem nicht bloß seine prinzipiell unberührbare künstlerische Haltung, sondern mehr noch die Gestalt seines Werkes, das bis heute nichts von seinem hohen Anspruch an die Präzision der Wiedergabe verloren hat. Niemand sollte sich von dem täuschen lassen, was nicht ganz in das Bild der strikten Atonalität zu passen scheint. Natürlich beruht die aufwühlende Wirkung seiner Opern darin, daß die Töne mit einem die Epochen überspringenden Text zusammentreffen. Ein so heftig gespanntes Drama wie das Wedekinds rief nach klärender, transparent machender Stilisierung der Musik, und dies ergibt den tieferen, ästhetischen Sinn der Anwendung serieller Musik zu einem solchen Text. Aber Bergs freie Zwölftontechnik macht völlig unasketisch zugleich klar, wie vorherrschend melodisch und gesanglich die Stimmen geführt sind, wie kammermusikalisch transparent die instrumentale Struktur angelegt ist.

Unter den Zwölftönern der zweiten Generation ragt der Wiener Ernst Krenek (geb. 1900) mit seiner Oper »Karl v.« heraus. Es handelt sich um die erste vollendete, abendfüllende Oper in der Sprache der Dodekaphonie, die damals den Musikinteressierten nicht als Ergebnis des »Gefühls« galt, das vermeintlich für alle Produktion von Musik zuständig war. Kreneks Anwendung der Dodekaphonie erbrachte freilich dennoch keine übermäßig komplizierte Werkstruktur. Er verfolgte vielmehr zwei Prinzipien: Verzicht auf Formen der absoluten Musik à la »Lulu«, dagegen fließend gehaltene Form für sein »Bühnenwerk mit Musik«, die es erlauben würde, jeder Wendung des Geschehens mit der Augenblicklichkeit von Debussys »Pelléas« nachzugehen, visionäre Rückblenden mit dem Kommentar zu verbinden. Fließend sind also die Übergänge vom gesprochenen, melodramatisch begleiteten, rezitativischen und arios gesungenen Wort. Selten findet sich der Komponist zu »geschlossenen« Nummern, nur dann, wenn, wie im Falle des »Rondeau«, für den König von Frankreich eine entsprechende Dichtungsform dem Gesang zugrunde liegt. Die Schlüsse der Gesänge gehen nahtlos in gesprochenes Geschehen über, eine Stimmbehandlung, die dem Sänger in ihrem häufigen Wechsel kehltechnische Probleme aufgibt. Der Fluß des an formaler Bindung sich eher vorbeibewegenden musikalischen Ablaufs bringt auch eine gewisse Konturlosigkeit mit sich, die vor allem die einander allzu ähnlich und nicht sonderlich charakteristisch deklamierenden Stimmen betrifft.

Nach dem Augenblickserfolg des »Johnny spielt auf«, einem Zwischending von Oper, Operette und Revue, das nicht etwa echte Jazzmusik verarbeitet, auch nicht im Munde des Neger-Titelhelden, sondern Motive der Tanzmusik jener Tage (1927) aufnimmt, später dann nach dem zeitgeistig bedingten, persiflierenden »Leben des Orest«, wandte sich Krenek Schönberg zu. Im Idiom der Reihe reden auch die späten Opern, die nunmehr die Antike politisieren und zeitgemäß deuten: »Pallas Athene weint« und »Der goldene Bock« (1954 und 1960). Burleske und Show hatten sich der Oper als eines für sie zu großen Gewandes entledigt und ihre Seriosität an das Musical weitergegeben. Sachlichkeit und Zeitgeist wandte Krenek den Rücken, um weltanschaulich-ethisch bestimmte Handlungen zu schreiben und sie zu komponieren.

Vielfach individualisierten die Komponisten die serielle Methode und bauten sie aus. So verwendete der Italiener Luigi Dallapiccola im Sinne der Tradition des Belcanto die Reihe als melodische Einheit und verlieh ihr durch häufige Wiederholungen (»Il prigioniere«) thematische Bedeutung, anders als Schönberg, bei dem der Reihe kein melodisches Eigenleben zugebilligt wurde.

Dieser Opern-Einakter gehört im Grund noch dem Expressionismus an, eine Bezeichnung übrigens, die mit »Ausdruckskunst« nur unzureichend übersetzt ist. Wann hätte sich die Kunst je des Ausdrucks als des wichtigsten Elementes der Mitteilung und Wirkung begeben? Auch der Nicht-Ausdruck ist eine Form des Expressionismus. Dogmatisch und programmatisch wollte der Name einer Kunstepoche wirken, weil es darum ging, das bloß Gefühlige abzuwehren, sich formal zu raffen und dem möglichen Abgrund einer Kulturkatastrophe gegenüber, die Äußerung nicht zu verschmähen. Die Elemente der Kunst mußten neu gewertet werden, wollten sie weiter- und überleben. Dennoch wurde von dem Prinzip, Musik in überwiegendem Maße zur Schilderung außermusikalischer Vorgänge einzusetzen, nicht abgelassen.

In Béla Bartóks einaktiger Oper »Herzog Blaubarts Burg« öffnet der Titelheld seiner eben angetrauten Frau Judith die Kammern seines Schlosses und damit gleichnishaft die Untiefen seiner Seele. Die Partitur zeichnet das Bild einer jeden der sieben Kammern nach. Das Wort bleibt auf lange Strecken dem Rezitativischen verpflichtet. Die Hauptrolle spielt das Orchester, das impressionistisch klangfarbig wirkt. Dagegen steht der synkopische Duktus des Gesangs, dem Text von Béla Balász entsprechend ganz auf den magyarischen Sprachton bezogen. Die leisen symbolischen Verse in der Art Maeterlincks scheinen allerdings von der Musik auf einen fast zu mächtigen Ton gestimmt.

Nach dem Anhören der 1. Rhapsodie oder der beiden Suiten für Orchester kann kein Zweifel darüber bestehen, daß Richard Strauss für Béla Bartók der große Anreger war, daß er durch ihn, auch nach eigener Aussage, seine ersten Impulse erhielt, um dann immer eigenständiger zu komponieren. Anderen Meistern war Richard Strauss, der seiner Zeit so sehr verbundene Künstler, zeitlebens ein Rivale als Dirigent, als Komponist oft ein Ärgernis. Unter jenen nimmt Hans Pfitzner, der sich dezidiert gegen sein Jahrhundert auflehnte, eine Sonderstellung ein. Sie bekundet sich schon darin, daß sein »Palestrina« nicht lediglich von Kennern hochgeschätzt wird. Diese Oper ist, wie Busonis »Doktor Faust« und Hindemiths »Mathis der Maler«, Künstlerdrama mit Bekenntnischarakter, umreißt aber mehr als diese zeichenhaft das Geheimnis der Inspiration (besonders am zentralen Punkt, als Palestrina die Missa Papae Marcelli zu komponieren anhebt). Zu solchem romantischen Plan stimmt erstaunlich gut eine durchaus neutönerische, gelegentlich archaisch untonale Musik, die höchste Ansprüche an die Sänger-Schauspieler stellt. Ähnlich wie bald darauf der »Mathis« endet das Werk resignativ und still. Wie anders aber als Hindemith wertete

Pfitzner das Gefühl im musikalischen Ausdruck, wie sehr rang er – auf den nicht kommandierbaren Einfall vertrauend – um Inspiration. Ganz kommt auch Pfitzner nicht ohne Wagners Sprechgesang aus, obwohl ihm Weber, Marschner, Hoffmann oder Schumann so viel mehr lagen. Auch im »Palestrina« wie in den früheren Musikdramen »Der arme Heinrich« oder »Die Rose vom Liebesgarten« bleibt das Erlebnis vor allem des »Tristan« spürbar. Erlösung und Idee im Sinne Wagners bilden als exakter Gegensatz zur Musizieroper das Zentrum von Pfitzners Welt, die der Zeit als künstlerische Äußerung bei allem Erfolg eher fremd blieb. Der Held des »Palestrina«, einer Oper ohne Liebesgeschichte, ja fast ohne Frauenstimmen, ist – gegen alle Turbulenz der Konzil-Szene des zweiten Aktes, in dem er gar nicht auftritt – undramatisch angelegt. Die Musik spiegelt, was er innerlich schaut und seelisch erlebt. Die vokale Linie dieser Rolle ist die kantabelste im Stück. Um ihn her deklamieren – allen voran der aufbrausende Kardinal Borromeo – die Sänger völlig auf die Textworte Pfitzners bezogen. Aus der spitzen Art der Akzentuation, des Tonfalls, der Tonhöhe transzendiert der leicht gereizte, ewig beleidigte, widerhakige Pfitzner. Besonders aufschlußreich ist hierfür Borromeos Rede, der gegenüber das Korrelat des innigen, verträumten Pfitzner in der Ighino-Partie evident wird.

Die Oper der »neueren Musik« bekundet sich als Suche nach neuer theoretischer Basis und als Bilderstürmerei zugleich. Kosmopolitisch, aber auch nivellierend wirkte das zwölftönerische Idiom. Bei Bartók, Hindemith oder Villa-Lobos spielt nationale Folklore auch weiterhin eine Rolle. Sowohl esoterisch als auch für die Masse wurde komponiert, und fast so viele Individual-Sprachen wie Meister erklangen. »Moderne« Menschen haben der Oper Unaufrichtigkeit vorgeworfen. Wenn für Nietzsche die Lüge bereits in der Sprache anfing, indem überhaupt etwas gesagt wird und so zwischen dem Gemeinten und dem Wort dafür eine Trennung vorliegt, so fand Ferruccio Busoni in seinem »Entwurf einer neuen Ästhetik der Tonkunst«, Märchen seien auch eine Lüge, die größte aber sei das Kunstgebilde Oper. Die diese Kunstform kritisieren, wollen zwar den Figuren durch soziale Bezüge wieder realen Boden unter die Füße geben, aber der künstlerisch nicht mehr gefährdete Erfolg über den Tag hinaus dürfte ihnen dennoch auf die Dauer versagt bleiben.

Von den Opern Busonis haben sich allein »Doktor Faust«, dem Puppenspiel nachempfunden und Goethe respektvoll umgehend, »Arlecchino« und »Turandot« lebensfähig erhalten, wenn mit ihnen auch nicht gerade eine neue Klassizität erreicht ist, wie sie der Komponist proklamiert hatte. Aber Tanz, Maskenspiel und Spuk sind reichlich eingeflochten. Der Gesang – über vielstimmiger Super-Polyphonie – bleibt dem Wagner-Pathos verpflichtet. Busonis Schüler Philipp Jarnach vollendete den Torso des letzten »Faust«-Aktes eher hohltönend und als Flickwerk; aber eine andere Fassung ist auf dem Wege, die sich strikt an Busonis erhaltene Skizzen hält und immerhin hoffen läßt, dieses exemplarische Werk der Oper wirklich zurückzugewinnen. Sein Untertitel »Dichtung für Musik« bezeichnet die Stellung des Librettos. Die Dichtung läßt der Musik den Raum für Arien und Ensembles der absoluten Musik. Aber die Sehnsucht nach dem neuen Musikantischen erschöpft sich darin, vergangene Formen aufzuarbeiten. Der Praktiker Busoni kann den Theoretiker nicht rechtfertigen. Fällt sein Stil als Gesangskomponist oft in den Sprechgesang zurück, so hilft sich Franz Schreker (1878–1934) mit einer süßlichen Melodik à la Lehár, während es im Orchester von expressiver Neutönerei nur so knistert – und nie aufhört, Intensität zu suggerieren. Beides zusammen findet kaum formalen Halt. Wenn ein spektakulärer Späterfolg der »Gezeichneten« in Frankfurt (Neuenfels, 1979) keine Nachfolge auf anderen Bühnen erlebte, so mag dies an der zwar sinnentstellenden, für sich genommen aber einfallsreichen Inszenierung gelegen haben, die ja von anderen nicht wiederholt werden konnte.

Schon mit der Spätromantik hatte die Literaturoper als die teils wörtliche Übernahme von Theaterstücken, Einzug in das Opernhaus gehalten. Viel ist für oder gegen sie angeführt worden, ob es sich nun um das Meisterstück von Gottfried von Einem, in Zusammenarbeit mit Boris Blacher zur Chor-Oper geformt, »Dantons Tod« nach Büchner, handelt oder um »Penthesilea« von Othmar Schoeck nach Kleist. In des Schweizers Oper schien manchem Kritiker der Versuch nicht zumutbar, die Worte Kleists, des genauesten Theaterpsychologen unter den Klassikern deutscher Zunge, der Musik dienstbar machen zu wollen, ganze Szenen zu streichen, Dialoge zu kürzen und die Wirkung allein auf die Darstellung der von ihren Gefühlen heimgesuchten Heldin zu konzentrieren. Auf vieles mußte denn auch verzichtet werden, das dem Dichter sicher als unentbehrlich gegolten hätte. Dennoch: Erst die Musik brachte Wesentliches vom innersten Leben dieses Dramas an den Tag. Auch war der Regisseur der Peinlichkeit einer Jagd von Amazonen und Griechen über das Schlachtfeld enthoben. Das Überdimensionale der Heldin, ohnehin von einer Schauspielerin nicht ganz zu erfüllen, erhielt durch die Musik jene Entfernung vom Konkreten, jene intensive Annäherung an den seelischen Bezirk, die in Schoecks Musiksprache die Grenzen des Möglichen ähnlich durchbrochen erscheinen lassen, wie es dem Dichter wohl vorgeschwebt haben mag. Die Musik verleiht den Worten eine Macht, die selbst großartigen Sprechern versagt ist. Und sie kann vom Orchester her auch noch das Verstummen, die beklommenste Ergriffenheit mitteilen.

Obwohl Schoeck fast ein Leben lang Konzertdirigent war, ließ er doch ebenso lang nicht von der Oper ab. Und so würde, wer Schoeck ausschließlich als Liedlyriker akzentuiert, dem Künstler nicht gerecht. Es gab einige starke Uraufführungserfolge – dafür stehen die Berichte noch lebender Zeugen. Aber von den acht Bühnenwerken, unter ihnen »Erwin und Elmire« nach Goethe und »Schloß Durande« nach Eichendorffs Novelle, haben sich über die Jahre hinweg nur der, kürzlich in Luzern mit großem Erfolg wieder aufgeführte, »Don Ranudo«, »Penthesilea« und »Vom Fischer un syner Fru« erhalten. Gelegentlich mag das Zusammenwirken von Sujet, Libretto, Szene und Musik als nicht geglückt bezeichnet werden. Die im Liedwerk so zielsicher ausgewählten Textdichter aus der Vergangenheit fehlten Schoeck bei der Oper. Es besteht eben ein erheblicher Niveau-Abstieg von Kleist zu Armin Rüeger oder von Goethe zu Hermann Burte. Auch daß Schoeck allzu generös mit Burte über »Schloß Durande« verhandelte und dessen Wünschen entgegenkam, wie es Hofmannsthal oder Auden mit ihren Komponisten Strauss, Strawinsky oder Henze sicher nicht erlebt haben, mag zu dem schwachen Ergebnis mit verholfen haben. Aber wie sich Volkstümlichkeit und kunstvolle thematische Verarbeitung in Form einer Variationenkette miteinander vertragen können, beweist »Vom Fischer un syner Fru« nach dem Grimmschen Märchen, einer Oper Schoecks aus dem Jahre 1930.

Die Musik des Expressionismus behandelt das Wort ganz unterschiedlich. Bei Franz Schreker stehen die Opern im Zentrum des Gesamtwerks, daneben eine zumeist früher entstandene, beschränkte Anzahl von Liedern und einige Instrumentalkompositionen, die sich aber auch wie die Ballette oder Dramenvorspiele an literarischen Themen orientieren. Ähnlich denen von Mahler und Strauss können Schrekers Lieder als Studien auf dem Weg zur orchesterbegleiteten Komposition angesehen werden.

Die dickflüssigen Riesenorchester seiner zeitgenössischen Komponistenkollegen versuchte Schreker mit nur geringem Erfolg aufzuhellen. Aber selbst derartige Bemühungen erschienen bereits überholt (wie seine Opern als solche), als Schreker noch lebte. Denn seine Genrebilder wurden der mangelnden Strenge und der fehlenden Übersicht bezichtigt, seine geschmäcklerischen und somit auch geschmacklosen Texte abgelehnt. Die Musik entspricht Regiebemerkungen wie die aus dem »Fernen Klang« vollkommen: »Sie hebt die Arme, wie um sich in den See zu stürzen. In diesem Moment geht der Mond auf und verwandelt die Landschaft. Der See glitzert in seinem Lichte, Glühwürmchen schwirren, eine Nachtigall singt, Rehe gehen zum See, um zu trinken. Schwüle Lüfte umfangen das Mädchen. Nächtlicher Waldzauber. Die Natur atmet Liebe und Verheißung. Grete steht in stummem Staunen versunken.«

Ganz anders als bei seinem zeitweiligen Berliner Lehrkollegen Schreker bestimmt das Werk Paul Hindemiths zunächst die Absage an die Romantik. Aber sah er sich auch selbst als »sachlich«, handwerksbewußt und pathosfeindlich, so zeigt dieses Bild nicht alle Wesenszüge Hindemiths. In seinen herausragenden Bühnenwerken »Cardillac« und »Mathis der Maler« bleibt nicht viel übrig von der radikalen Abkehr vom 19. Jahrhundert, von der barockisierenden Terrassen-Dynamik vieler Instrumentalstücke. Interpreten, die sich angesichts der exzessiven Gefühlsentladungen, auch wenn sie immer wieder von rein instrumental geführten, »konzertanten« Strecken abgelöst werden, Ausdrucksaskese auferlegen wollten, würden dem Impetus dieses Kontrahenten Pfitzners in der Künstler-Thematik der Opernsujets nicht gerecht. Dabei behandelt Hindemith die Sprache hier sehr anders als in seinen Liedkompositionen. Die Töne sind genauer und sogar wirkungsträchtiger Artikulation sicher, sie versuchen selbst dann nicht am (eigenen) Text vorbei zu musizieren, wenn, wie in den Massenszenen des »Mathis«, verschiedene Worte zugleich erklingen. Dem Interpreten wußte es Hindemith selbst immer wieder einzuschärfen, daß Sachlichkeit mehr als nur nüchtern aufzutreten habe.

Ein nachschaffender Musiker steht in der Mitte zwischen dem schöpferischen Künstler und dem Publikum, er partizipiert an den Problemen beider. Paul Hindemith distanzierte sich in diesem Sinne von den Esoterikern und drückte dies aus, wenn er sagte, er glaube an die augustinische Doktrin der Musik als Abbild jener sittlichen Ordnung, derer der Zuhörer teilhaftig wird durch seine aktive Mitarbeit am musikalischen Schöpfungsakt. Es handelt sich um einen Appell an die Vorherrschaft des nachschöpferischen Ichs, die dem reinen Schwelgen in Tönen bewußt gegenüber gestellt wird, als jenem passiven Sich-Hingeben, wie es nach Hindemiths Auffassung die Musiktheorie des Boëthius nach sich gezogen hatte. Der Komponist forderte vom Hörer, er solle strenge Formen nicht bloß ästhetisch genießen, sondern als Form wahrnehmen. So ließ Hindemith in seinem Einakter »Hin und zurück« (1927) von der Mitte des Werks an die Musik im »Krebsgang«, also rückwärts, und zwar Ton für Ton, zurückspulen.

Zuvor hatte er mit seiner Musik bekundet, daß er aus dem Bannkreis der Wagner, Strauss oder Debussy herauszutreten gedenke. Und selbst dort, wo er sich dem Zeitstil expressionistischen Theaters näherte und damit lärmende Opernskandale provozierte, läuft seine Musik emsig, aber in ihrer frechen Attitude selbständig neben den expressionistischen Texten von Oskar Kokoschka (»Mörder, Hoffnung der Frauen«) oder Franz Blei (»Das Nusch-Nuschi«) einher. Wenn hierzu und zu der überhitzten Erotik der »Sancta Susanna« (nach August Stramm) Hindemiths Ironie nicht recht stimmen wollte, so anzüglich seine persiflierenden Zitate auch sind und so sehr Stammeln und Schreien das rein Musikantische durchbrechen: Solche Ferne von der Romantik gilt auch für das typisch romantische »Sujet« des »Cardillac« nach Hoffmann auf ein Libretto von Ferdinand Lion von 1926. Nicht nur folgt hier die Musik ihrem eigenen Leitstern, der rein instrumentalen Linie, auch im Gesang, sie müht sich zudem, möglichst sachlich, vor allem aber autonom zu sein. Die Figuren werden typisiert und nutzen dazu alte Musikformen, so etwa in dem Chor, der das Stück mit einer Passacaglia ausklingen läßt. In dissonanter Linearität müssen die Sänger nicht unerhebliche rhythmische Schwierigkeiten meistern, die insofern Erwähnung verdienen, als hier ein Grundproblem für den sängerischen Interpreten der Moderne auftaucht. Der menschlichen Stimme widerstrebt – nicht etwa weil der Sänger zu unmusikalisch wäre – das ausschließlich an komplizierter Rhythmik Orientierte. Wo die Komponisten sie einsetzten, mußten sie sich meist mit einem gewissen Rückstand gegenüber perfekter Wiedergabe zufriedengeben.

So ist also dieser »Cardillac« kein Musikdrama mehr, sondern eine Oper, deren Handlung für Musik konzipiert wurde, eine »Musizieroper«, in die koloratur-reiche Arien, Duette und Chöre aus dem Formenarsenal des von Hindemith konzertant schon vielseitig bedachten Repertoires eingingen. Wie in den Liedern tat sich Hindemith etwas darauf zugute, durchaus nicht Sklave der Worte Ferdinand Lions gewesen zu sein.

Aber Sturm und Drang waren nun überwunden, und die Öffentlichkeit schien zu Unrecht davon überrascht, als nun traditionsgebunden und deutsch-weltanschaulich die Oper »Mathis der Maler« auf einen eigenen Text folgte. Soll der Künstler »politisch« werden und in die Geschehnisse um ihn herum einzuwirken versuchen? Das war hier das Thema. Der Opernheld Grünewald antwortet resigniert darauf. Wir haben es mit Hindemiths Reifestil zu tun, der zwar die Musik selbstbewußt unabhängig bleiben läßt, sich aber dem Wort schmiegsam anzupassen weiß. Die Hemdsärmel sind beim Schreiben von besänftigten und dennoch orchestral dicker gesetzten Klängen gleichsam nicht mehr hochgekrempelt. Hindemiths Dichtung greift kühn in eine dramatisch bewegte Zeit, ohne jedoch ein Drama aus der Handlung herauszufiltern. Darin war ihm der als reaktionär verschriene Hans Pfitzner mit seinem Künstler-Drama »Palestrina«, in dessen zuvor gemiedene Nähe sich Hindemith nun unversehens begeben hatte, zweifellos überlegen. Dennoch bleibt die Reihung großartiger Nummern, vor allem der lyrische Schluß des Bariton-Protagonisten, hoch zu bewundern. Es wäre zu wünschen, daß sich einmal eine Inszenierung der holzgeschnitzten Charakteristik, wie sie als Orchestersprache aus dem Graben klingt, stilistisch genau angliche.

Mit dem Alterswerk »Harmonie der Welt« klingt in der Rolle des Johannes Kepler als der Zentralgestalt »Mathis« wieder an, und das parlando der letzten Oper »Das lange Weihnachtsmahl« wirkt eher wie ein Sich-Bescheiden. Dies wird auch darin deutlich, daß Hindemith hier keinen eigenen Text, sondern den von Thornton Wilder zur Vorlage nahm. Musikdramatische und symphonische Prinzipien des 19. Jahrhunderts beschäftigten ihn und brachten es mit

sich, daß Hindemith eigene ältere Werke bearbeitete. Im zweiten
»Cardillac« versuchte Hindemith, die unpersönlichen Figurentypen mit romantischem, individuellem Leben zu erfüllen und verfiel
dabei in unvermittelte Gegensätze, etwa in den zwischen Kontrapunktik und glühender Sehnsuchtsmusik, mitunter auch veristischen Knalleffekten.

Einfach und eindeutig wollte Hindemith seine musikalischen
Gedanken ausdrücken, und in der Tat ist alles Große einfach, wie
kompliziert es auch im Detail sein mag. Das erweisen die Dichter
der alten Griechen. Wenn Carl Orff in unseren Tagen hier anzu-
knüpfen suchte, so mag ihr Auftrag am besten mit Heideggers »Die
Sprache als die Sprache zur Sprache bringen« formuliert werden.
Orff geht nicht von der Musik, sondern von der Sprache aus, die ihm
sowohl Musik wie Symbol ist. Wenn eine Erkenntnis der Dichter
durch die Jahrtausende ihre Gültigkeit nicht verlor, daß nämlich
nicht der logische Wortsinn und Satzinhalt den wahren »Inhalt«
ausmache, sondern das »Dahinter« des Nicht-zu-Sagenden, nur Zu-
Erlebenden, so trifft sich das mit Orffs Zielen. Das Wort weist in die
Tiefe, »zu den Müttern«. So ist Orffs Feststellung zu verstehen,
es gehe ihm schließlich in allem nicht um musikalische, sondern
um geistige Auseinandersetzungen. Seine Umsetzungen antiker
Tragödien in Musik, die »geistlichen Komödien« seines »Weltthea-
ters«, und der eigene Anspruch an eine ähnlich pädagogische Funktion, wie etwa die von Hermann Hesse auf literarischem Gebiet, bestätigen dies. Zu Orffs Darstellungsmitteln gehört vor allem die
Sprachmelodik bis hin zum Schrei. Auf ihr baut das Melisma auf
und vertieft den Text. Das Schlagwerk geht, geballt wie in »Oedipus, der Tyrann« oder auch differenziert wie in »De Temporum
Fine Comoedia«, mit der Sprachmusik die natürlichste Verbindung
ein.

Hat der Hörer dies eingesehen, so versteht er auch, wie Orff nun
mit Farbtönungen und Klängen verschiedener Sprachen spielt und
in Althochdeutsch, im Deutsch Hölderlins, in Latein und Grie-
chisch mit aller Finesse das Wort und seine Symbolkraft aufschließt.
Diese Einfärbungen fangen allerdings nur schwer gewisse Eintönig-
keiten auf, die sich durch die fast ausschließliche Hinwendung zum
Rezitativ ergeben. Die eigentliche Aufgabe der Musik auf dem
Theater, das mit dem Wort allein nicht Sagbare umzuwandeln und
dabei auch all das die Phantasie des Hörers anregen zu lassen, was

das Wort offenläßt, erfüllt das Orffsche Musiktheater nur bedingt, ja läßt es gelegentlich aus. Daß in dem »Bairischen Stück« »Die Bernauerin« mehr gesprochen als musiziert wird, hat Orff als Prinzip mit vielen Zeitgenossen gemein, Musik wird zur »gehorsamen Dienerin des Worts«, wie in der überwiegenden Mehrzahl der Gesangskompositionen dieses Jahrhunderts, auch den sich musikalisch autonom gebenden Zwölfton-Opern. Orff wollte auf den »Urgrund Musik« zurückkommen, als den er die aus der Sprache gewonnenen, melismatischen Laute empfand.

Ein von Orff einst propagierter, aber gänzlich anders orientierter Musiker ist Werner Egk (1901–1983), ein Bühnenkomponist, den es in der Zukunft, über die Augenblickserfolge seiner Werke hinaus, erst noch zu entdecken gilt. Ironisch und parodistisch weiß er noch dem hochdramatischsten Vorwurf (Ibsens »Peer Gynt« oder Kleists »Verlobung in San Domingo«) reichlich Amusement oder Deftigkeit abzugewinnen. Aber auch Egk hat – etwa im »Revisor« nach Gogol – die Musik dienen lassen, was der Suche nach Distanz und Abstraktion, entgegen seinem urwüchsigen Musikantentum, in diesem Falle zum durchschlagenden Erfolg verhalf. Rhythmisiert erscheint hier die Sprache, und dennoch realistisch wirken die Dialoge, die von der Musik illustriert und ironisiert werden. Das vorherrschende parlando ermöglichte größte Wortverständlichkeit und kam auch den besonderen Qualitäten des Sing-Schauspielers Gerhard Stolze ideal entgegen, der sich intensiv für dieses Werk eingesetzt hat. Die Frage, ob ein solcher großer Sprachtext überhaupt vertont werden sollte, hat Hellmut Schmidt-Garre (Oper, Köln 1963) erneut aufgeworfen und damit ein Dilemma angesprochen, in das sich die meisten Literatur-Opern begaben, nicht zuletzt Hans Werner Henzes »Prinz von Homburg« in der Bearbeitung von Ingeborg Bachmann.

Daß Egk ein Dramatiker von Geblüt war, beweist die Tatsache, daß er seine Gestalten bestimmen ließ, wie die Musik zu formen war und wie sie sprach. Wenn die Geschichte, wie in »Columbus« (aus einer Funkoper gewonnen), die Musik zu überwuchern drohte, zwang Egk sie unter Verzicht auf Charakterzeichnung oder Psychologie wieder unter die Oberherrschaft der Musik. Der größte Erfolg Egks war »Die Zaubergeige« von 1935 auf einen Text von Ludwig Andersen. Daran hatte die leicht verständliche Melodik ebenso Anteil wie die dankbaren Rollen, auch die heimatlichen Jodler, deren

Einführung ohne jede aufgesetzte Volkstümelei gelang. Egk brachte es zuwege, bei einfachem Leben auf der Bühne den Ton leidenschaftslos zurückzuhalten. Er griff auf den – relativ leicht erringbaren – Vorzug der geschlossenen Oper zurück, rezitativisch zu begleiten und erst dort die Arie als initiierende Musik zu setzen, wo es in der Handlung dichter wird, wo Menschen notwendig singen müssen.

Opern ohne Text, wie sie etwa in einem Entwurf Robert Schumanns oder in einer Ausführung durch Boris Blacher (»Abstrakte Oper 1« nach einem Plan von Egk) existieren, zielen auf die Möglichkeit, auch ohne Worte sprachlich wirken zu können. Es handelt sich aber um bereits aus der Einheit Abstrahiertes, erst später als ursprünglich Gedachtes. Daß hier Urlaute dadaistisch wirken, ist eine mehr unfreiwillige Beigabe. In »Zwischenfälle bei einer Notlandung« von 1966 versuchte Boris Blacher (1903–1975), die Geschehnisse um eine Boeing 727 auf die Bühne zu bringen, und mischte dazu Dialog, Gesang, orchestrale und elektronische Klänge. Der Sprache steht nunmehr eine dürre Klangwelt gegenüber.

Blacher hatte sich schon von den vierziger Jahren an, als Richard Strauss noch komponierte, vernehmen lassen. Der Oper wandte er sich nach dem Zweiten Weltkrieg zu, gleichzeitig mit seinem Schüler und Freund Gottfried von Einem. Anders als dieser widmete sich Blacher dem Experiment, nicht so sehr der Wirkung. Doch kam auch er – nach erfolgreicher Zusammenarbeit mit Heinz von Cramer (»Die Flut«) – nicht ganz an der Literatur-Oper vorbei und nahm sich Georg Kaisers Schauspiel »Rosamunde Floris« zum Libretto, das Gerhart von Westerman ihm schrieb. Das Werk ist zwar ganz auf die Singstimme gestellt, verharrt aber in einer kühlen Transparenz, die der vorausgegangenen, viel erfolgreicheren und auch deftigeren Köpenickiade »Preußisches Märchen« eher fehlte. (Erwin Piscator versuchte sich übrigens mit der »Floris« kurz vor seinem Tode zum ersten und einzigen Mal als Opernregisseur.)

Aus der Fülle von Opernkomponisten unserer Zeit wollen wir noch Benjamin Britten hervorheben, der besonders erfinderisch bei der Erzeugung immer neuer Klangbilder war, darin viel bewußter als so mancher seiner Zeitgenossen. Dieser Vielfalt, gewonnen aus einer thematischen Vereinfachung, die ihm den Vorwurf der Oberflächlichkeit eingetragen hat, steht eine großzügige, sensuelle Behandlung der Singstimme gegenüber. So sparsam mit den Instrumenten in den »Kammeropern« aus verschiedenen Altersstufen des Komponisten verfahren wurde, so reich gestaltete sich die vokale Führung des Melisma bei den zumeist wenigen Solisten.

Brittens Liebe zur Dichtung und zum Gesang im besonderen gehorcht zwar den denkerischen Gesetzen der Musik, stellt sich aber im Sinne der uns beschäftigenden Dualität als doppelgesichtig heraus. Das Wort, dem zu dienen sich der Komponist entschloß, gehört jenem Material an, das er sich aneignet, um die rhythmische Gestalt der Musik zu finden, was nicht Unabhängigkeit der Töne vom Text bedeutet, obwohl sie auch ohne den Wortsinn verständlich wären. Der musikalische Duktus entsteht aus der Spannung zwischen dem Rhythmus der Musik und dem des Wortes. Und wenn man einmal von kadenzierenden Figurationen absieht, so wird sich kaum eine Stelle finden, an der die Musik ohne Spannung, ohne Reibung sich dem sprachlichen Rhythmus anpaßt. Einzig im »Sommernachtstraum« spürt der Sänger die demütige Hochachtung vor Shakespeares Sprache. Aber auch hier lassen sich in der vorbereitenden Umgruppierung des Textes, wie sie sich bei der Lektüre des mit Peter Pears entworfenen Librettos darstellt, und später dann auch in der musikalischen Formung viele Wendungen entdecken, die dem »normalen Sprechstil« entgegenstehen. Musikalischer Rhythmus fügt dem Wort Dimensionen hinzu, die es allein nicht erreicht hätte, kommt ihm also zuhilfe. Die Phantasie des Hörers wird beansprucht, der, zumindest wenn er mit der englischen Sprache vertraut ist, genau weiß, was vorgeht, aber natürlich auch darum wissen muß, um überhaupt die künstlerische Bemühung zu würdigen, gerade so wie er instinktiv den Takt eines Musikstückes mitvollzieht, um rhythmische Abweichungen zu erleben.

Brittens letzter großer Erfolg auf der Opernbühne, »Death in Venice«, beruht auf seiner wohl sparsamstem Partitur. Sehr episch hält sich das Libretto von Myfanwy Piper genau an Thomas Manns Novelle, so daß der erzählende Schriftsteller Aschenbach stets auf der Bühne bleibt. Er kommentiert in rezitativischem Sprechgesang und spielt – wenn gefordert – mit, um dann expressiv arios zu singen. Der dreiundsechzigjährige Peter Pears beschloß mit dieser Rolle seine lange Reihe von Britten-Partien, die er, von »Peter Grimes« – übrigens noch ganz in italianisierender Singweise – bis heute nachwirkend zum Erfolg führte.

Als die ersten Partitur-Seiten des »Lear« von Aribert Reimann vorlagen, gab es Überwältigung und Staunen. Nicht nur hatte die Titelfigur den allerersten Anfang a cappella (also ohne Begleitung) zu bestreiten, erschreckend war auch die – bei allem Umgang mit neuer Musik – vollständige Hilflosigkeit, mit der der Sänger hier dem nirgendwo stützenden Orchester gegenübertritt, das zudem häufig im Klangteppich Vierteltöne verwendet. Seitdem haben sich die »Lear«-Darsteller an diesen Stil gewöhnt und ihn einigermaßen zu beherrschen gelernt – aber zunächst schienen die Hürden kaum zu überwinden. Dabei kommt Aribert Reimann das Verdienst zu, zugleich makellos deklamiert zu haben, wie es in der Geschichte rezitativisch aufgespaltenen Gesangs (über lange Strecken in nicht genau angegebener Zeitdauer des Tones) geschah, zum anderen aber der Musik ihr autonomes Recht nicht genommen zu haben. Gegenüber mancher vorurteilsvoller Kritik ist festzuhalten, daß hier jegliches rein illustrative Element einer strengen Prüfung unterzogen wurde, bevor es – meist in nicht »malender« Funktion – zugelassen wurde. Es sei aber auch jenen widersprochen, die hörspielartige Effekte heraushören wollten. Diese Musik will – bei allem Klangrausch und bei aller Ballung –, daß ihre Strukturen erfaßt werden. Nichts läge ihr ferner, als bloße Begleitung abzugeben. Wer davon sprach, der Komponist sei hier dem Hörer allzu weit entgegengekommen, der hat wohl nicht zugehört.

Der Grad der Aufführungsschwierigkeit ist hoch, und er erschwert, in solchem Fall, die doppelgleisige Arbeit des Bühnensängers. Denn dieser muß zugleich seiner sängerischen Physis das Äußerste abgewinnen und überzeugend wirken. Ein höchst sinnerfülltes, als Ganzheit zu begreifendes Kunstwerk, fern von dem heute so üblichen »Auffälligkeitswert«, muß realisiert werden. Noch selten – vielleicht in Alban Bergs »Wozzeck« – ist die Einsamkeit des Menschen so überzeugend damit begründet worden, daß er den Mitmenschen gegenüber blind ist.

Es leuchtet dem Leser dieser Partitur ein, daß der Wunsch vorherrschend war, nicht formlos »am Text entlang« zu komponieren, wie es in der Literatur-Vertonung moderner Prägung so oft geschah. Dies schloß schon die Entwicklung Reimanns aus, der es erreichte, sich ganz am musikalisch-thematischen Material für die Bildung der »begleitenden« Strukturen zu orientieren, um erst dann seine Textbehandlung (nach der Formulierung von Claus H. Henneberg) hinzuzufügen. Sie bedient sich denn auch einer Variationskette von

Melismen, die sich nur ungern strukturell binden und die ein musikalisches Eigenleben führen. Sie füllen mithin nicht die Klänge des Orchesters auf, sondern heben sich klar differenziert von ihnen ab. Ihr Melos hat sich in Reimanns »Traumspiel« nach Strindberg oder in seiner »Melusine« nach Ivan Goll, schließlich im »Lear« zu den Ursprüngen islamisch-hebräischer Intonationsweisen bekannt, zu einer Ursprache. Damit ist eine musikalische Prosa, eine dialogisierte Melodie, eine Expressivität angestrebt, die am Sprechtonfall orientiert ist, ein Vokalismus, der neue Entwicklungsansätze schafft.

Bot die Oper, so lange sie existiert, die bewegteste Arena zwischen Deklamation und Belcanto, so ist ihr auch zugleich der Erfolg treu geblieben, über tiefgreifende Krisen hinweg. Sie konnte wie keine andere Musikdarbietung lange ein großes Publikum faszinieren. Das »Warum« ist häufig mit dem äußeren Glanz, dem szenischen Prunk, dem Starkult und der Sensationsgier des Publikums beantwortet worden. Dies geht am Kern vorbei, der nach wie vor in der Musik liegt, dem prägenden Element. Musik, eingezwängt in die Notwendigkeit des Sangbaren, der Textvertonung der Handlung oder der Dramaturgie, wird zwar in einer Weise außermusikalisch determiniert, daß sie zu einer autonomen Aussage kaum noch fähig scheint.

Aber eben aus diesem Widerspruch holte sich die Oper seit je Kraft. Musik war in ihr nicht allein beziehungsreich konstruiertes Klangerlebnis, sondern sie formulierte menschliche Regungen. Das rezitierte oder gesungene Wort gehörte ihr elementar zu. Es schloß klanglich noch unerschlossene Zonen auf und war von der Musik nicht mehr zu trennen. Der Text half dem Hörer auch – zumindest vorbereitend – etwa ungewohnt Klingendes zu verstehen. Vielleicht sind wir heute in einem Zwischenbereich angelangt, in dem die Komponisten nicht mehr nur neue Klangkombinationen finden wollen, sondern anhalten und auf das Publikum zugehen. Hier dürfen auch die Sänger auf eine verständigere (und keineswegs nur gegen Verschreckung abgestumpfte) Hörerschaft vertrauen, die nicht mehr blind ablehnt, sondern sich aktiv mit der Musik unserer Zeit auseinandersetzt. Das muß nicht auf einen faden Friedensschluß hinauslaufen. Vielleicht kann sogar nur von der Oper her, durch das mitgestaltende Wort, nämlich einer Erschöpfung des Tonmaterials entgegengewirkt werden, die sich so lähmend auf die musikalische Inspiration und so wuchernd auf die rein klanglichen Phänomene ausgewirkt hat.

Ein weiteres Fazit: Das Wort des Dichters im Original, nicht als librettistisch veroperter Stoff, inspiriert heute wie nie zuvor die Musikbühne. Mit der literarischen Oper wuchs aus dem alten Boden ein neuer Baum.

Gesang in der Werkstatt

Die Arbeit des Komponisten

Die Versöhnung der Gegensätze apollinisch – dionysisch vermutete Nietzsche im Musikdrama und folgte damit den Auffassungen Wagners, der zunächst eine absolute Führungsrolle des als apollinisch verstandenen Wortes für *seine* Bühnendichtung in Anspruch nahm. Aber repräsentiert nicht schon die Poesie, von der wir hier eher sprechen sollten, die Harmonie als Ziel des Ästhetischen? Ein Drama ohne Musik kann, wie es Shakespeare oder Goethe zeigten, dennoch dionysischen, dämonischen Zauber ausstrahlen. Sehr häufig ist die Poesie musikalisch gestimmt. Die Musik enthält nicht, wie Wagner zeitweilig meinte, implizite das Todesurteil der Poesie, sondern Musik und Dichtung umschließen, jedes für sich, Kunst und Unkunst, Wille und Vorstellung, Apollo und Dionysos. Beide brauchen den Gestaltungswillen, in dem allein ihre Vermittlung liegen kann.

Wie aber, wenn Merkmale des radikal »Neuen« erwarten lassen, daß auf musikalische Autonomie und Feierlichkeiten ästhetischer Aura verzichtet werden soll? Auch wurden Errungenschaften der europäisch-abendländischen Musik unterhöhlt. Der Vereinigung von Musik und Wort entschwand mitunter der Boden. Die feste Werkgestalt wich fließender, offener Form, die Improvisation trat zum Kampf gegen das Vorgegebene an, die bisherige Autonomie des Komponisten verzichtete auf ihr Recht zugunsten der Aleatorik, Partikel der Schallumwelt meldeten ihre Legitimation als Material zu »konkreter Musik« an. Und vor allem: der herkömmliche Zeitbegriff wurde geopfert, denn die durch Perioden gegliederte musikalische und sprachliche Zeit weicht seit Wagner einem Fließen, dem ein deutlich wahrnehmbarer Anfang und ein unmittelbar zu erlebendes Ende fehlen sollen.

Aber viele Philosophen seit Nietzsche haben sich eben geweigert, in dessen Verfahrensweise zu unterscheiden. Zwar gilt Apollo mit der Lyra als der Gott des Gesanges. Aber zeigt sich Dionysos dem Gesang abhold? Eines dürfen wir versichern: der Streit zwischen Apollinischem und Dionysischem, zwischen Bändigung und Rauschhaftem, wie ihn Nietzsche verstand, findet auch im Wesen des Sängers statt. Und es ist vornehmlich die Veranlagung seines Stimmorgans und Wesens, die hier singend entweder verdeutlicht, verschwimmen läßt oder ganz unkenntlich macht.

Die immanente Kraft des Fühlens und das künstlerische Gestalten aus ihm, das alles belebende Feuer, die Phantasie des Schöpferischen ist eine höhere Realität als die des realen Lebens, und jener verbreitete Irrtum, dem Singen seien unablässige Verliebtheiten förderlich oder notwendig, ist eine der vielen Hohntiraden auf die Unabhängigkeit von Temperament und Phantasie.

Im Geiste der Griechen zu wirken, vermeinte schon Gluck, als er 1762 mit dem »Orpheus« die antike Tragödie zu erneuern suchte. Hat er sich zu Unrecht darauf berufen? Hat Nietzsche den »Ring« und den »Tristan« rechtens zunächst dem griechischen Wesen nahe geglaubt? Gluck ging gegen eine Gestalt der Oper an, wie er sie bei den Zeitgenossen vorfand: eine erlesene Kette von Musiknummern, »verbunden« durch hastig vorgetragene Rezitative, womit die Rivalität von Musik und Dichtung aufteilend geregelt zu sein schien. Gluck wollte nicht etwa den Ruhepunkt Arie zugunsten einer ununterbrochenen Handlung ausschalten, er rang vielmehr darum, der dramatischen Spannung den großen Bogen zu geben, wie ihn Winckelmann in »einfachen, lang anhaltenden Zügen« auf die Skulptur bezog. »Die Größe des Künstlers bemißt sich ... nach dem Grade, in dem er sich dem großen Stile nähert ... Dieser Stil hat das mit der großen Leidenschaft gemeinsam, daß er es verschmäht zu gefallen.« So Nietzsche im »Willen zur Macht« auf der Suche nach einem Ausweg aus der allseitigen Überrumpelung des Hörers durch Komponisten und Interpreten. Der historische »Zwischenakt«, dem Nietzsche ein baldiges Ende voraussagte, dauert freilich nach unserem Empfinden noch immer an, denn Wagners Musik hatte nun einmal Zukunft. Ihr folgte oder gegen sie revoltierte alles, was kam, und vollständig sind wir solchem Sog noch immer nicht entronnen.

So lange es Kunstgesang gibt, wird aber das Melos Grundlage für das Sängerische bleiben. Dessen Studium wird von der Bedeutung des Textes ausgehen müssen. Niemand soll behaupten, daß es heute nicht Komponisten gäbe, die sich um die Wiederfindung der Melodie bemühten. Freilich: Mit dem Wiederaufkochen alter Suppen ist dabei der Hunger nicht gestillt. Bleibt Gesang epigonal, dann wird Gesang nicht zu jenen Bedingungen zählen, die als ein Ziel der Geschichte höchste Möglichkeiten menschlichen Seins herbeizwingen. Es muß gelingen, den Kunstgesang in der Qualität, die ihm eine Reihe von Jahrhunderten verliehen haben, auch künftig als ein allgemein gültiges, kultureller Übereinkunft entsprechendes Band zwischen Menschen zu verstehen und zu verwenden.

Denn erst in der Kunst werden ja die äußersten Möglichkeiten des Menschen realisiert. Degenerierte Zeiten und Menschen verlieren dieses Niveau immer wieder. So mag es auch nicht für immer gelten, daß sich künstlerisches Singen im Grunde nur noch an einen verschwindend kleinen Kreis von Menschen wendet. L'art pour l'art? Seit der verbalen Revolution von 1968 und ihren Folgeerscheinungen für die Kunstdiskussion gebraucht die Gesellschaft solche Benennung eher als Schimpfwort, einst von Théophile Gautier in die Welt gesetzt und bis heute gründlich mißinterpretiert.

Dennoch: Die Jugend ist seit je gegen das Fortbestehen alles dessen mißtrauisch, was von allen anerkannt wird. Haben wir also nur geringe Aussicht, daß der Gesang (und nicht nur er) Werte liefern könne, die der Gesellschaft zu entschwinden drohen? Jeder Optimismus wäre leichtfertig. Denn die Musik ist weit weggerückt von jener Universalsprache, die allein Klassen und Völker im Musikverständnis verbinden könnte. Ihr Schatz an Metaphern ist nicht mehr allgemein, gehört nicht der ganzen Menschheit an. Selbst dort, wo sie nicht auf Traditionen anspielt oder Zeichen für Dechiffrierung anbietet, selbst wo sie regionale oder soziale Grenzen mißachtet, liegt ihre Wirkung im Abstoßen und Anziehen, in der Befriedigung von Hörerwartung oder dem Verzicht darauf im Interesse des Künstlerischen. Das Positive in all seinen auseinanderstrebenden Formen läßt sich nur bedingt durch Erlebniseinwirkung von außen beeinflussen. Zu verschieden sind emotionale Reife und kulturelles Niveau der Aufnehmenden.

Aber es bleibt festzustellen, daß die Massenmedien, oft als Verbreiter vulgärsten Geschmacks verwünscht, einem größeren Publikum das Verständnis anspruchsvoller Musik ermöglichen. Und vielleicht führte auch das Überangebot an Popmusik eine Art Entbehrung herbei, die sich nun nicht mehr durch bequeme Hintergrundmusik befriedigen läßt. Dennoch fällt es schwer, Optimismus anzuzeigen.

Die Welt bangt um ihren Bestand. Wir leben im totalen Übergangszeitalter. Eine Parallele finden wir im Zusammenbruch der antiken Welt und im späteren Aufkommen der abendländischen Kultur, die nunmehr selbst in Frage gestellt ist. Der Absturz äußert sich zum einen in einer massenhaften, mit Recht als Kultur-»Produktion« bezeichneten Schaffensfülle, zum anderen in einem Lebensverhalten, das der Begriff »Wohlstandsgesellschaft« am besten charakterisiert. Höheres als Unterhaltung ist – auch bei künstlerischer Musik – nur selten gefragt. Lediglich ein Schimmer kommender Möglichkeiten zeigt sich in Liedermacher-Bewegungen der Jugend, wiewohl in der musikalischen Qualität sehr viel tiefer anzusetzen als die letzte Höhe der Musik im 18. und 19. Jahrhundert. In ihrer Haltung, ihrer Abwehr, ja direkten Bekämpfung des heutigen Welt-Establishments deutet sich Kommendes an, wie fern es auch noch liegen und durch welche Katastrophen es auch unmöglich werden könnte. Die Sehnsucht nach Vergeistigung, gelegentlich auch religiöser Verankerung ist nicht zu übersehen. Ein Phänomen der Abkehr vom Veräußerlichenden, Flachen, vom Lebensmaßstab Geld und von der Erziehung zu reinem Verdienstdenken.

Wie steht es um Gesangsmusik in solcher Zeit? »Neue Musik«, das heißt einen vielschichtigen, vieldeutbaren Begriff zu zitieren. Das stilistische Kriterium für unsere Epoche ist noch nicht gefunden; dem verwirrten Betrachter bietet sich der Eindruck des Unsicheren. Zum einen radikale Abkehr von Vergangenem, zum anderen angestrengte Versuche, die Konvention fortzuführen. Das Wort »neu« kann also keine Indikation für stilistische Kriterien sein. Daß es kaum eine »gesangliche« Konzeption bei den Komponisten gibt, ist ein allgemeines Phänomen, das sich anhand solcher Stücke zeigt, die der unterrichteten und gebrauchten Gesangstechnik noch oder nicht entsprechen, deren Wiedergabe daher noch schwerer fällt. Vorwürfe der Versündigung gegen die Stimme freilich, wie sie schon Beethovens Neunter oder Wagners Musikdramen gemacht wurden, können naturgemäß da nicht verstummen, wo die schöpferische Phantasie sich mehr erträumt, als üblicherweise der menschlichen Stimme zugemutet wurde.

Die Konsequenz sängerischer Technik ist, wenn sie wahrhaft beherrscht wird, immer zugleich auch deren Gegenteil, daß sich regen will, was nicht selbst Subjekt ist. So besitzt die Redewendung, daß ein Komponist seine Sprache beherrscht, nur dann einen Sinn, wenn er auch die Fähigkeit hat, sich von der Sprache beherrschen zu lassen. Das entspricht insofern der Sprachphilosophie von Karl Kraus, als das Ohr dem vorzutragenden Material nicht nur genießend sich anvertraut, sondern hört, was daraus geworden ist.

Generell ist eine extreme Hinwendung zur Sprache, zur Gebundenheit an deren führende Rolle festzustellen. Unsere Epoche brachte, vielseitig experimentierend, immer wieder Pluralität aufs Operntapet, setzte etwa in Bernd Alois Zimmermanns (1918–1970) »Die Soldaten« Bach-Choräle neben Jazz, Film und Tonband neben Ballett und Pantomime, ließ aber dem Sänger kaum mehr als Sprechgesang. Dabei sind die rein vokalen Schwierigkeiten meist in recht bescheidenen Grenzen gehalten, sie stellen allenfalls nur in seltenen Fällen unlösbare Probleme dar. Wichtiger erscheint es uns, im Gesangsunterricht eine neue Art der Gehörbildung und flexiblere Freiheit vom tonalen Hören anzustreben, was den jungen Sängern bisher meist vorenthalten wird. Denn es ist die Unsicherheit im Umgang mit rhythmisch und tonlich von den umgebenden Instrumenten nicht gestützten Gesangswerken, die stimmtechnische Schwierigkeiten verursacht. Mit konventionellen Solfeggien ist hier wenig ausgerichtet. Sie haben höchstens als Vorstufe einen Wert. Die Sängerin Jeanne Deroubaix (geb. 1927) erfand in den fünfziger Jahren ein Heft mit Übungen im freien Intervallsingen, das – erweitert – auch heute noch gute Dienste bei der stimmlichen und sprachlichen Einstellung auf »zeitgenössische« Werke leisten könnte.

Ist die heute so seltene Produktion von künstlerischer Gesangsmusik auf die Diskrepanz zurückzuführen, daß die Musiksprache ihre materialen Mittel übereinander schichtete (auch durch die Autonomie des rein Rhythmischen im Gefolge Strawinskys), während die Wortsprache danach strebte, zu entsinnlichen? Verschleiß und Vermarktung sinnlichen Ausdrucks hatte ja Formen angenommen, denen gegenüber Mißtrauen durchaus am Platze war.

Zu viel wurde erwartet etwa von der Entwicklung kompositorischer Strukturen aus dem spezifisch elektronischen Material. Aber der Reiz des Spielens mit den Apparaturen und der Erzeugung ungewohnter Pfeif- und Rauschgeräusche wird sich so schnell abnutzen wie jeder Reiz. Wer empfindet heute noch die akustische Verstärkung in Sprachpartikeln oder bei Hintergrundgeräuschen im Schauspiel als sonderlich irritierend oder originell? Es handelt sich nur um scheinbare Einheit, wenn in neuer Vokalmusik – als deklarierter »Musik für Stimmen« – die Trennung von Text- und Musikwirkung für aufgehoben erklärt wird. Dann setzt die Komposition zwar nicht mehr beim vorformulierten Text an, sondern bei Sprachlauten, die aus einem Text herausgesondert oder auch neu zusammengesetzt sind, und übernimmt sie als »musikalisches« Material. Von einer Vereinigung zweier Sinnebenen kann dabei aber nicht die Rede sein. Vokaler Klang und Geräuschlaut bilden nur Punkte (Ligeti) in einem Spektrum, haben nur isolierte Positionen im Zeitablauf und stehen außerhalb eines kommunikativen Zeichensystems. Die menschliche Stimme darf (etwa in Ligetis »Clocks and Clouds«) keine Sprache artikulieren. Sie ist ihrer bisherigen Rechte und ihres Ranges beraubt und wird als instrumentales Teil in die Klangstruktur integriert.

Die Trennung kantabel contra wortbezogen wurde in neuer Vokalmusik ohne Gewinn aufgehoben. Entweder hatte die Stimme auf große Intervall-Sprünge dauernd zu deklamieren, oder die Komposition verwendete Laute als musikalisches Material, die bruchstückhaft aus einem Text herausgenommen zu musikalischem Zweck arrangiert wurden. Es hat sich nicht erwiesen, daß hier eine »imaginäre« Sprache gefunden wurde, die sich zur Kommunikation eignet.

Damit wird aber zugleich hinter die Gattung Gesangskomposition zurückgegangen. Wir reden hier nicht der bloßen Illustrierung von textlichen Aufhilfen das Wort. Immer dient der bloße Anreiz des Wortausdrucks dem Willen des Tonmaterials, selbst sprachähnlich zu werden. Wir sahen, wie verschieden die Formen der Textvertonungen ausfallen können, mit denen musikalische Sprache vermittelt wird. Auf der einen Seite die »parole«, vorgeformt, eigenständig als Sprachgebilde. Auf der anderen die »musica«, als Klangkleid oder Auflösung des Wortes, als Darstellung entweder rein formaler oder dem Inhalt folgender Art oder schließlich eine Entsprechung des Ausdrucks. Gerade die Unterschiede zwischen beiden Aussageebenen begünstigen eine künstlerische Ergänzung anstelle tautologischen Gleichlaufs von Ton und Text. Ob episch, poetisch, oratorisch oder dramatisch: Ein künstlerischer Textvorwurf kann musikalisch stimulieren, einmal im Sinne von Schuberts und Schönbergs Bekenntnis, sie seien von den jeweils ersten Textworten ohne Rücksicht auf den weiteren Gedichtverlauf inspiriert worden, ein anderes Mal, wenn der Komponist den Text als genaue Entsprechung zum musikalischen Schaffensplan aufgreift.

Seit Karlheinz Stockhausens »Gesang der Jünglinge« (1955/56) geht die wortgebundene Musik oft nicht mehr von einem fertigen Text aus, sondern entzündet sich an dessen Zerpflückung, nicht unähnlich der Methode gewisser Opern-Inszenatoren gegenüber ihrem Sujet. In seine isolierten Phoneme zerlegt, bietet der Text nur noch Klänge und Artikulationsraffinessen, die genauso wie Töne verarbeitet werden. Das Gesprochene wird nach Dieter Schnebel »Material wie früher etwa eine Auswahl von Tonqualitäten« (»Denkbare Musik«, Köln 1972). Ob spätdadaistische Spielereien wie seinen »Maulwerken für mehrere Artikulationsorgane und Reproduktionsgeräte« künstlerischer Sinn nachfolgt, bleibt abzuwarten. Es erscheint zweifelhaft, daß aufgezeichnete Lippen-, Zungen-, Zäpfchenbewegungen, Veränderungen des Mund- und Nasen-Resonanzraumes, Atemdruckangaben und ähnliches als musikalische Verläufe anerkannt werden, wenn doch obendrein der Komponist als Ergebnis ihrer Realisation annonciert, daß »Stimmen von konventionellem Verhalten befreit werden« (»Denkbare Musik«). Gerade solche sinnfreien Freiheiten werden den Nachfahren als störendes Geröll im Weg liegen.

Musik kann vermitteln, die Worte transportieren, die Deklamation stützen, die Sprache zur Melodie machen, das Meinen des Textes verstärken. Auch kann sie den Inhalt demonstrieren, einzelne Elemente der Bedeutung als Tonfigur oder durch ihre Struktur nachformen, zu ihrer Erklärung beitragen. Für die Worte gibt es die beiden Einwirkungen der Formbestimmungen oder der Bereitstellung von Bedingungen für das Tonmaterial. Einmal bekommt der Text Vorrang, einmal die Musik im Sinne jenes Titels, den Giovanni Battista Casti seinem »Divertimento teatrale« zur Musik von Antonio Salieri gab: »Prima la musica, poi le parole«. Die Entscheidung fällten der Stil der Zeit und das individuelle Verständnis der Sprache.

In der zeitgenössischen Musik überwiegt der Eindruck vom Verlassen, ja Vermeiden fester Formgestalten. Franz Hummel macht in seinem »Letzten Gesang« nach Walther von der Vogelweide jede Identifizierung der Gedichtform unmöglich. Maurizio Kagels »Aus Deutschland« setzt sich aus Puzzlestücken von Liedertextfetzen zusammen. Was Wunder, daß nur wenige Komponisten es verstanden, nicht auch zugleich jede Spur von Kantabilität zu verwischen! Und selbst eine gehobene Sprechweise, die an ihre Stelle rückte, eine Deklamation der gezackten Linie wurde schon zugunsten puren Skandierens verlassen. Doch scheint solche Neigung wieder im Schwinden. Sie bildete als naturgegeben ab, daß freie Rede der Musik schon immer den Charakter des Gesprochenen verlieh. Die historische Situation läßt uns keineswegs einer Methode das Wort reden, die allen Gesang vom Sprechen her entwickelt. Denn umgekehrt übt die Erziehung zum richtigen Singen korrektiven Einfluß auf die Sprechweise aus. Freiheit und »Wohligkeit« aller Tonerzeugungszonen, vorderer Sitz der Lautbildung, klare Vorstellung von den Vokalen und eine darauf bezogene Atmung, Kraft und Leichtigkeit der Konsonanten, bruchlose Verbindung der Lagen durch Gleittöne – all diese Stationen des Unterrichts haben für den Sprecher wie für den Sänger bleibende Bedeutung. Der Sänger muß zum Geist der Sprache einen weiteren Weg zurücklegen als der Sprecher, der vorwiegend vom Sinn her gestaltet, während der Singende zunächst mehr dem Laut verhaftet ist und ihm akustische Reize die ersten Erlebnisanstöße geben. Daß eine Einheit von Lauterzeugung und sprachlicher Sinngebung anzustreben ist, scheint als Erkenntnis selbstverständlich, umschließt aber die Problematik jeder Gesangskomposition und ihrer Wiedergabe seit Jahrhunderten.

Wir haben gesehen, daß die jeweilige »musica nova« der verschiedenen musikalischen Zeitalter andersartige Grundeinstellungen zum dualistischen Problem Gesang und Sprache fördert. Von den einen wurde sie als Gewinn begrüßt, von den anderen als Verlust beklagt. Wellenartig beschreibt die Hinneigung entweder zum Kantablen oder zum Deklamatorischen, zum Legato oder zum Staccato, zum Dunkeln oder zum Hellen, zum Langsamen oder zum Schnellen ein Auf und Ab. Die Pole dieses Pendels sind zwar sehr verschieden geartet, ihrem Wert für die Musiksprache nach aber gleichrangig. Sie bedingen sich, sind auch nie ganz ohne gegenseitigen Einfluß wirksam. Sie setzen einander voraus, ähnlich dem Ein- und Ausatmen.

Von der natürlichen Affinität zur einen oder anderen Haltung, auch von den Fehlern, die sich immer dann bemerkbar machen, wenn im Kantablen nicht auch Elemente des Deklamatorischen mitspielen, der Ruhe nicht auch Bewegung, dem Hellen nicht auch Dunkles beigemischt ist, haben wir einiges erfahren. Die Tugend der Natürlichkeit schlägt mit all ihren Vorzügen ins Laster um, wenn nicht auch Eigenschaften, die zur eigenen Natur konträr stehen, beherrscht werden.

Goethe sieht die Melodie eines Volksliedes als ein Stück gewachsener Natur an, für die es wohl kaum aufstellbare Regeln gibt. Wie weltenweit scheinen Mozarts Melodiebildungen von der »unendlichen Melodie« Wagners enfernt! Und doch sind sie beide der Melodie verpflichtet. Aber die Musikschöpfer eines – vielleicht noch zu überwindenden – Zeitgeistes haben es auf sich genommen, das »Neue« mit einer weitgehenden und bewußten Ausschaltung des Begriffes »natürlich« zu verbinden. Wieviel vom Melos in der Musik übriggeblieben oder im Umkreis etwa der »Neuen Einfachheit« (um Wolfgang Rihm) wiedergefunden sein mag, immer bleibt es dem Sänger aufgegeben, jede Tonfolge zu einer Totalität zusammenzufassen, das Ganze über das Einzelne hinaus zu erspüren. Der Sänger ist es auch, der den Urcharakter des Gesanges immer von Neuem beizubehalten fähig ist, so kompliziert sich die Suche nach solchem Zusammenhalt divergierender Tonelemente auch gestaltet. Er darf sich also mit einem gewissen Stolz als dem Zeitgeist nicht verhaftet ansehen. Dieses Selbstgefühl entbindet ihn nicht von der Bewältigung anderer Paradoxien, die den Gesang kennzeichnen und für produktive Unsicherheit sorgen.

Für den Sänger kann es nicht wie für andere Sterbliche heißen, eingesogene Atemluft entweder anzuhalten oder sie auszuatmen. Das Singen verlangt nach zugleich strömendem und gehaltenem Atem. Wenn für die Wiedergabe einer melodischen Phrase durch den Laien nur entweder ausgesungene Vokale oder Konsonanten zur Wahl stehen, so soll der Sänger beiden zugleich Gerechtigkeit widerfahren lassen, um ein Legato zu erzeugen. Hell und Dunkel sind aus der Malerei als Kontraste vertraut – im Gesang müssen solche Gegensätze gelegentlich zusammenwirken. Und damit ist die Liste der möglichen Paradoxa nur begonnen.

Ausdrucksnuancen wie Schluchzen, Lächeln, Lachen, Spott oder Wut schaffen im Gesang mehr noch als in der Sprache ein schwebendes System von Bedeutungen. Solche Möglichkeiten schufen immer wieder Gelegenheit für die Musik, auf dem Wege über den Gesang zu neuen Inhalten zu finden. Vieles hängt von der Offenheit der Komponisten für solche gesanglichen Phänomene ab. In dieser Hinsicht ist derzeit – ungeachtet aller raffinierten Deklamations- und Interpretationsgarnierungen – wohl von einem Verlust an Niveau zu sprechen. Ist das Gesangsstück ein organisches Ganzes, von dem aus gesehen Sprache ohne Musik oder Musik ohne Sprache Abstraktionen wären, so könnte eine Erweiterung dieses Organischen nur denkbar werden, wenn bereits in ihm angelegte Elemente sich als Subsysteme weiter fortbilden, ohne das Ganze abzutöten. Gehört Gestik, gehören Ironisches, Spöttisches oder Schluchzend-Tragisches zum Werk, dann kann jede Komponente, die den Organismus ausmacht, weiterführen. Luciano Berio (geb. 1925) versuchte, Lispeln, Seufzen, Kichern und ähnliche Sprach- laute zu verselbständigen, Ausdruckswerte zu isolieren, ebenso Friedhelm Döhl (geb.1936) in seinen Hölderlin-Fragmenten »Wenn aber...«. Dies erinnert an die Anfänge der Verselbständi- gung von Sprache im Melodram bei Beethoven oder Marschner, wo der Sprachklang zum Orchester autonom kontrastiert.

Freilich zeigt die Entwicklung, daß eher durch Differenzierung als durch Verselbständigung von Teilaspekten das Weiterleben möglich wurde. Das setzt auch stets neue Rückbesinnung voraus. Fände sie nicht mehr statt, risse die »Kette« ab, und der schöpfe- rische Aufbau müßte leiden. Ausdrucksmomente können keine Prinzipien darstellen, die wie Buchstaben nebeneinander gesetzt werden, gleichsam als Mosaiksteinchen ins tönende Bild. Sie haben nur Sinn im Blick auf Kommunikation der Teile untereinander, im Blick auf Einheit.

Sprache als Teil des Gesangsunterrichts

Sprache eignet allen Kreaturen, eine These, die von immer neuen Erkenntnissen bekräftigt wird. Zwar kann eine reine Verbindung zur Musik etwa in den Tierlauten nicht angenommen werden. Aber der Vogelruf in seinen mannigfachen Bedeutungen von Kommuni- kation stellt bereits eine Vermählung von Laut und Sprache dar, die einige Komponisten, in jüngster Vergangenheit etwa Heinz Tiessen (1887–1971) oder Olivier Messiaen (geb. 1908) bei ihrer musikalischen Sprachfindung beeinflußten.

Aber uns interessiert das Aufeinandertreffen menschlicher Sprache und Musik, wenn sie sich in der vokalen Komposition umschlingen. Die mit naturwissenschaftlichen Methoden und Zielen arbeitende Wissenschaft von den Sprachlauten, die Phonetik, hat das Wort »Klang« im Namen. Ihre Anfänge reichen bis fünf Jahrhunderte vor Christi Geburt zurück. Einmal abgesehen von der Lautlehre der alten Inder, ist die Entstehung des heutigen Begriffs von der Phonetik mit den Namen Pythagoras, Hippokrates und Aristoteles verknüpft. Neue Bedeutung und Weiterführung verdankte sie im 16. Jahrhundert den Forschungsergebnissen Leonardo da Vincis. Mit der Vervollkommung medizinischer Untersuchungsmöglichkeiten im 19. und der Elektroakustik des 20. Jahrhunderts stellte sich die wissenschaftliche Phonetik immer mehr als eine Lehre von der Bewegung heraus, die in eine Anzahl nachbarlicher Forschungsgebiete übergreift.

Stimmbildung als Klärung, Entschlackung und Enthemmung der Konsonanten und Vokale steht der Phonetik sehr nahe. Aus dem wechselnden Verhältnis der Laute zueinander wird dem Sänger deutlich, wo Vor- oder Nachteil für Art und Qualität des Klanges liegen. Dabei sollte freilich nicht übersehen werden, wie unsicher und fragend sich die Feststellungen der Wissenschaft immer noch ausnehmen. Wie wenig wissen wir im Grunde über die tatsächlichen Vorgänge im Stimmapparat, von der Unwissenheit der meisten Stimmärzte in den lapidarsten sängerischen Fragen ganz zu schweigen!

Ein jedes der Teilgebiete von Hervorbringen, Übermitteln und Verstehen von Sprache spielt seine Rolle auch in der Musik, womit zugleich die Verschwisterungsmöglichkeit der akustischen Äußerungen des Menschen angedeutet ist.

Bei der Suche nach den Gemeinsamkeiten von Sprache und Gesang treffen wir auf Tonlänge oder -kürze, auf Betonungen in Form von Akzenten oder Tonhöhen und ihren Entsprechungen durch Unbetontes oder Fallengelassenes, schließlich auch auf die Bögen, die durch den menschlichen Atem vorgegeben und mit Blasinstrumenten oder der Bogenführung bei den Streichern nachgeahmt werden.

Es hieß für die Menschheit, in der Kunst den Weg eines Kindes zu durchlaufen und aus Tasten, Sehen und Hören ein Weltbild zu gewinnen. Der Sänger muß sich in ähnlicher Weise immer neu sein eigenes Klangbild erobern, und es mag bei vielen eine Weile dauern, ehe es dem Ohr wirklich erkennbar wird. Das Mysterium der Vorstellung vom Klang führt das Kind zur Sprache, und den Sänger begleitet dieses Geführtwerden auf seinem ganzen Wege.

Was er tun kann, um im Studium Sprache in Gesang zu verwandeln, soll hier angedeutet werden. Wir wollen nicht etwa nun noch eine Gesangstechnik in der Theorie anbieten. Nur auf solche Merkmale soll verwiesen werden, die auch für den Nicht-Sänger die Verschmelzung von Gesang und Sprache veranschaulichen.

Von den Monodisten des frühen Barock an kam die Lehre von der Bildung des Tones einer »Schule ohne Atem« gleich. Ein Singen war damit gekennzeichnet, das weder dem Sänger noch dem Hörer bewußt werden läßt, wieviel Luftenergie eingesetzt wird. Großer Ton sollte sich immer aus zartem Ansatz entwickeln, aus einem piano, das in jedem Augenblick der Interpretation, wenn gefordert, wiederhergestellt werden kann und bei leisestem Ansatz reine Intonation einzig gewährleistet. Auch für die Klarheit der Tiefe, die eines schwingenden Tons auch ohne Druck vom Atemapparat her noch fähig ist, und für die Leichtigkeit des Trillers ist das piano unentbehrlich. Wird ein metallisch schwingendes forte technisch aus dem piano entwickelt, so erklingt es auch nach vielen Jahren der Praxis noch immer ungeschmälert, nicht anders als das piano des gemischten Registers (zwischen Brust- und Kopfregister). Dabei wird jede in einem Atem zu singende Tonreihe mit sparsamstem Luftverbrauch begonnen und scheint am Ende noch über den vollen Vorrat von Atemkraft zu verfügen. So manchen Könner, besonders solche romanischer Zunge, befähigt eine derartige Behandlung des Atems zu dynamischer Steigerung gerade am Ende einer Linie.

Alle Akzente, auch solche maßloser Leidenschaft, sollten aus der überlegenen Ruhe des Mechanismus mit geregeltem Luftstrom vor sich gehen. So wird ein Überschreien oder das Aufrauhen ausgeschlossen.

Für geminderte Tonstärken und Farbschattierungen steht das Kopfregister zu Gebote, das aber, wenn nicht ausdrücklich gefordert, nie ohne Mischung mit der natürlichen Mittelstimme (der mezza voce) angewendet werden sollte. Solches »Können« umgeht aber nur dann akademische Kühle oder »vorgeführte« Glätte der Technik, wenn es von einem schöpferischen Initialimpuls getragen wird, der sich aus der Neugierde speist.

Daß hierbei die »Voix mixte« von höchster stimmlicher und künstlerischer Bedeutung ist, sei unterstrichen. Diese Stimmgebung ist für die Schönheit, für die Entwicklung und Erhaltung der Stimme und natürlich auch für die Vielfarbigkeit des Ausdrucks unabdingbar. Sie beruht auf dem Minimaldruck der Luft gegen die Stimmlippenränder, die so in sanfte Schwingung versetzt werden.

Das psychophysische Geschehen des Gesangs verläuft in einem Kreislauf, dessen Aufbau sich der Forschung erst in Ansätzen enthüllte: In den Funktionen der Motorik, des Singens, des Sprechens, des Gehens, vor allem aber des Atmens. Wo hier zweckgerichteter Wille allein auftrumpft, kann momentane Steigerung wohl auftreten, nicht aber ohne meist radikale Störung nach sich zu ziehen. Im Singen muß die Kräftebalance, das Sichhingeben im Tun, das Passive im Aktiven bestimmend bleiben.

Dies gilt ja für alle Lebensvorgänge. Bewegung, die sich immer wieder neu herstellen muß, muß nicht immer bewußt gemacht werden, sondern ist notwendige und unbewußt gewordene Voraussetzung. Sei die Gestaltung auch noch so konzis, sie muß nicht in allen Fällen strategisch festgelegt werden; niemand muß spüren, wie sie zustande kommt. Unwillkürlich denken wir an Aristoteles, für den der »Flötenspieler im Halbschlaf« die höchste Form des Künstlers darstellte. Anders eine technische Komplikation, die der Sänger weniger als jeder andere Interpret von Musik je aus dem Auge verliert: die des Alterns. Hier kann nicht verdrängt, nur bewältigt werden.

Stimmfertigkeit dient sich nicht selbst, sondern liefert eine der Voraussetzungen für den zutreffenden Vortrag, für den warmen und zugleich schönen, maßvollen Ausdruck der Empfindung. In der Sprache ist jeder Laut Ausdruck, lautes Singen aber noch lange nicht ausdrucksvoll.

Um den Ausdruck zu beherrschen, bedarf es vordringlich des Studiums der Vokale im piano; aus ihnen wird am besten erkennbar, was Tonbildung heißt. Ist doch der Vokal schon dem Wortsinn nach mit der Stimme (vox) eins.

Zu unterscheiden sind hier die offenen Vokale:
   kurzes a – Sang, Kraft, Schall, ballo
   kurzes a im Doppellaut ei – eins, zwei
   kurzes a im Doppellaut au – ausschauen, Frauen, Maurizio
   langes a – Abend, Saale
   langes ä – Säle, belo, bête
   kurzes ä – schwärmen, Betten, retten, lettera
   kurzes ö – Schöpfer, Löffel, Schlösser, können, peuple, seul
   kurzes o – Sonne, Wonne, hold, Gold, *po*polo, Orgueil
   kurzes i – Wille, Bitte, ich bin, piccolo
   kurzes ü – Fürst, Glück, wüßte, Würde
   kurzes u – und, Schuld, wußte, wurde, Zurga
und die geschlossenen Vokale:
   langes e – Seele, edel, Hehl, beten, l'été
   langes ö – schön, hören, trösten
   langes o – Los, Thron, oben, Vogel, solo, vogue
   langes i – Liebe, tief, nie, linea, petit
   langes ü – Blüte, Mühe, Wüste, dur, mur
   langes u – Uhr, Glut, Blut, Ufer, ouvrir, coucher, bouche, duro

Ohne offene (kurze) und geschlossene (lange) Vokale als Träger des Tones ist ein Gesangston überhaupt nicht zu erzeugen. Deshalb bilden sie auch die ersten Gehör- und Tonformungsübungen. Dabei geben die offenen Vokale der Stimme einen glänzenderen, metallischeren Klang, die geschlossenen dagegen mehr Weichheit. Durch Wölbung der Zunge und Annäherung zum harten Gaumen entsteht eine schmale Öffnung, eine Enge gewissermaßen, die den Sänger häufig dazu verführt, den Vokal »i« beim Singen zu verändern. Er formt ihn mehr zu »ü« und verdunkelt dadurch den reinen Vokal. Es entstehen Sprachveränderungen, die bei elastischerem Funktionieren der Muskulatur hätten vermieden werden können. Während der Vokal »a« mehr mit neutraler Stellung der Mundmuskulatur bei hängendem Unterkiefer und die Vokale »e« und »i« mit lächelnder Mundstellung bei sichtbarer oberer Zahnreihe gebildet werden, läßt der Sänger den Unterkiefer bei den Vokalen »o« und »u« stark fallen, und die Lippen geben, mehr nach vorn gestülpt, die Form. Dies sollte nicht übertrieben geschehen, da sonst wiederum in der Rachen- und Halsmuskulatur Verspannungen eintreten, die dem Ton hinderlich sind. Die Zunge zieht sich zur Wurzel hin leicht zusammen (bei »u« mehr als bei »o«), so daß das Gefühl einer Enge im Rachen entstehen kann, woran sich die Gaumensegel, werden sie falsch zusammengezogen, beteiligen. Also muß die Öffnung dieser Vokale wie beim »a« der Gähnweite ähnlich sein. Sie sollte zur Norm werden und bleibt fast unverändert bestehen, auch wenn die Vokale im vorderen Mundraum durch die Arbeit der Zunge, des Rachens und der Lippe ihre charakteristische Form erhalten.

Die Übergänge von einem Vokal zum anderen dürfen in der Regel nicht abrupt, sondern gleitend erfolgen. Auch beeinflußt der Vokal das Stimmtraining, wird er korrekt gebildet. Übungen in der Vokalisation sind daher immer in der Reihenfolge »a-ä-e-i-ö-ü-u-o-a« oder der Veranlagung gemäß von einem anderen dieser Vokale ausgehend, aber in der gleichen Reihenfolge auszuführen. Nicht genug kann unterstrichen werden, daß bei der Stimm-und Tonbildung immer das Prinzip von Ursache und Wirkung diktiert. Es darf also nichts zwanghaft erreicht werden wollen, sondern auch die Resonanz muß sich aus der natürlichen, elastisch-harmonischen Arbeit der Gesamtapparatur ergeben. Durch kleine Abänderungen der Zungenhaltung, im Gaumen oder am Gaumensegel können die Farben der Vokale zum Leuchten gebracht werden, ohne daß die Lippen allzu aktiv dabei beteiligt sind.

Der Begriff von vokaler Musik impliziert einen Gegensatz zur Instrumentalmusik, da er von voce (= Stimme) kommt. In der Tat grenzt sich der Gesang vom Instrumentalen durch die Zweiheit ab, aus der er prinzipiell besteht: Vokale und Konsonanten. Beide sind für die Sprache wie den Gesang unentbehrlich. Es sollte aber dem Sänger deutlich werden, daß es der Vokal ist, der gleichsam den Körper des Gesanges bildet. Wohl nirgends beim instrumentalen Studium wird der erste Sektor, in dem schon der Anfänger zu arbeiten beginnt, sogleich zum Träger des Wesens, zum bleibenden Hauptgegenstand des Interesses, zum Entwicklungsziel lebendigen Gesangs.

Das Problem der Vokale stellt sich freilich in jeder Sprache neu. Mit gewissem Dégout bezeichnen die Italiener das Deutsche als »lingua chiusa«, das eigene Idiom als »lingua aperta«. Solche Sinnbezeichnung charakterisiert unsere Sprache zutreffend, die häufiger geschlossene Vokale gebraucht als die italienische, wobei das »i« auszunehmen wäre. Selbst die Tatsache, daß sich – vielfach von Sängern beklagt – Konsonanten in deutschem Text häufen, tritt als

Problem hinter die Bewältigung der Vokale zurück, auch für deutschsprachige Sänger, die sich durchaus nicht immer über die Unterscheidung zwischen geschlossen oder offen, dunkel oder hell im klaren sind. Wie selten hört der Gesangsstudent aus Frankreich oder Amerika von deutschen Sängern die korrekten Vokale in Vater oder Gevatter, Gebet oder gebettet, Gebiet oder bitten, wohlig oder wollig, Mut oder Mutter, Sühne oder Sünde, Höhle oder Hölle, Pfähle oder Gefälle!

Reinheit des Vokals stellt sich in verschiedenen Tonhöhen auch verschieden her, da die formgebenden Teile des Rachen- und Mundraums nicht hindernd beeinflussen dürfen. Hochliegende Vokale neigen bei der Frauenstimme dazu, offen zu werden, was geschickten Ausgleich des Vokalcharakters erfordert. Je höher der Ton liegt, je intensiver damit die Stimmlippen zusammengezogen werden, desto geringer muß der Luftdruck gehalten werden, um den Kehlkopf möglichst nicht zu überlasten.

Die mancherlei Dualismen im Gesang beginnen also schon damit, daß der Gegensatz von heller oder dunkler Vokalreihe deutlich zu werden hat, ohne die Einheit der musikalischen Linie zu stören. Die dunklen »o« und »u« stehen den hellen »e«, »i«, »a« gegenüber, und keine Verbindung der Resonanz von einem zum anderen Bereich scheint herstellbar, wenn einseitig hell oder dunkel artikuliert wird. Versucht nun der Lehrer auf dem Weg über die Umlaute »ö« und »ü« eine Annäherung, fälschlich oft »Neutralisierung der Vokale« genannt, so darf doch der einzelne Vokal seinen typischen Charakter dabei nicht verlieren, nicht von einem bequemen, vielleicht am besten klingenden Vokal überdeckt und vermischt werden. Voraussetzung für einen solchen »Ausgleich« der Vokale ist, daß sie frei, rein und natürlich gebildet werden. Die Kehle sollte dabei stets gleichbleibende Weite behalten, um welchen Laut es sich auch immer handelt. Denn jeder Vokal soll die ihm typische Eigenart nicht verlieren und etwa zu einer neutralen Farbe verwaschen werden, die sich den individuellen Voraussetzungen anpaßt. Bei solchem Ausgleich der Vokale handelt es sich nicht um ästhetische Korrektur allein, es geht dabei auch um die Resonanzangleichung. Aber selbst mit ihr zielen wir nicht lediglich auf die Schönheit des Klanges, sie erhält zugleich die Gesundheit der Stimmfunktion, die sich ja sowohl aus Vokal- und Resonanz-Ausgleich wie aus dem Überwinden der Brüche von Register zu Register speist. Wohlklang paart sich mit Wohlempfinden, und die Arbeit am Ausgleich stellt auch erst jenes Gleichgewicht her, das als Vorgang »Stütze« genannt wird. In dieser Simplizität kann ein Sinnbild des Zusammenwirkens natürlicher Gesetzmäßigkeiten zur Einheit gesehen werden.

Die Vokalbildung sollte in der Gesangsaktion nicht hinderlich wirken, sondern im Gegenteil die Aufgabe durch volle Freiheit unterstützen, auf daß der primäre Klang, der aus der Kehle dringt, die Verbindung mit dem Eigenklang der Vokale eingehen kann und dadurch die ihm dienenden Obertöne erhält.

Bewußte Mischung der Vokale ist beim Studium unentbehrlich. Regeln dafür gibt es außer der bekannten Aufforderung zum Nachdunkeln in den höheren Lagen, der sogenannten »Deckung«, nicht. Und selbst wenn man den Vortrag der großen Sänger analysiert, lassen sich keine für jeden gültige Gesetze daraus ableiten. Ob ein »a« in einer bestimmten Lage nach der hellen oder dunklen Seite, nach »ä« oder »o« gefärbt werden soll, hängt vom Werk und der dafür einzusetzenden Stimme ab. Das Nasale grundsätzlich als schädlich anzuprangern heißt mißzuverstehen, wie nasale Konsonanten, besonders auch die der französischen Nasallaute, tonbildend wirken können. Wer nun aber solche Zusatz-Resonanz ständig einsetzt, macht es seiner Stimme unmöglich, seelische Schwingungen tönend zu versinnlichen. Bei all diesen Problemen ist das Ohr der einzige Wegweiser und der Resonanzbegriff bester Ausgangspunkt. Es gilt, alle akustischen Möglichkeiten der Resonanzräume in die Tätigkeit einzubeziehen. Muskelanstrengung würde dabei allerdings immer im Wege stehen.

Die Forderung der Sprache nach reinen, typischen Vokalen wird von deren so notwendiger Mischung nicht etwa verletzt. Im Gegenteil: Daran vorsichtig und sorgfältig zu arbeiten, soll dazu führen, jeden Vokal in beliebiger Tonhöhe erscheinen zu lassen. Bewußtsein und Eigenerfahrung hierin lassen die hellen Vokale niemals flach oder grell, die dunklen nicht hohl oder dumpf tönen. Dazu ist es notwendig, zu verstehen, welche Lage und Resonanzverteilung einem bestimmten Vokal natürlich und welche ihm unbequem erscheint. Es heißt also, sich mit den Gesetzen der eigenen Anatomie und ihrer Resonanzbegrenzungen intim vertraut zu machen. Richtiges Vorgehen ist in wenigen Fällen unbewußt gegeben, es ergibt sich zumeist aus den erkannten Irrwegen, aus bewußter Konzentration und erbarmungsloser Selbstbeobachtung. Immer ist das Ohr der beste Richter. Kennt einer seine »Farbpalette« genau, dann kann er etwa durch einen plötzlich hell aufstrahlenden Vokal inmitten dunklerer Umgebung Licht auf die Stimmung eines Stücks werfen. Die Vokale sollten also immer ihre reine Form mitklingen lassen, auch vom Eigentimbre der Stimme nicht nach einer bestimmten Seite hin beeinflußt werden. Der Basis-Ton sollte weder hell noch dunkel sein, sondern eher eine neutrale Farbe haben, die abgedunkelt oder aufgehellt gestaltet werden kann.

Der Konsonant dagegen wirkt als Absprung für den Vokal oder als Verbindung, in jedem Fall als Hebel zur Förderung des Tons. Wir unterscheiden drei Konsonantengruppen:

a) die klingenden, den Vokalen ähnlichen:

j, ng, stimmhaftes s (Nase, Wiese), französisches j (Jean, Genie)
r, l, m, n, stimmhaftes v, w (englisch water)

b) die weichen, antönenden:

g, d

c) die harten, tonlosen:

ch, h, k, sch, ss, t, stimmloses s, p, stimmloses v, z.

Nach den Ansatzstellen zwischen Lippen und Zungenwurzel wären die Konsonanten zu ordnen:

a) weicher Gaumen und Zungenspitze:

k, g, ng, ch, j (jot)

b) harter Gaumen und Zungenspitze:

t, d, n, l, r, ss, s, sch, j (französisch)

c) Lippen und obere Zähne:

p, d, m, f, w, w (englisch).

Daß die Konsonanten naturgemäß einerseits bedeutende Hilfen bei der Tonbildung darstellen, andererseits oft hinderlich sind bei der Erzeugung einer Kantilene, ist bekannt. Doch muß dieses Hindernis durch elastische Funktion von Zunge und Lippen überwunden werden, da ja die Konsonanten ihrem Charakter nach das Rückgrat der Sprache sind und sowohl zur Akzentuierung und Verdeutlichung als auch zu ihrer Schönheit beitragen.

In der traditionellen Komposition von Texten hat das Zusammenwirken von Sprache und Musik die vokalbestimmten Sprachlaute bevorzugt. Dem Konsonanten blieb die Funktion des Ansatzes, der Akzentuierung, der Bedeutungserhellung zugewiesen. Die eindeutig definierte Tonfolge dagegen mit notierter Tonhöhe bevorzugte den Vokal für die tonliche Erfassung. Laute und Klangassoziationen der Konsonanten, die zur Vollendung des Vortrags unerläßlich sind, blieben offen, wurden nicht oder nur in seltenen Fällen festgelegt. Vielfach sind sie nur zu erahnen, so wenn in Schuberts »Krähe« dem »wunderlichen Tier« erst die Konsonanten die Betonung und zugleich Erhellung des Gedanklichen sichern. Derart gehäufte Konsonanten werden, wenn sie in die kompositorische Textur einbezogen sind, musikalisch allein vom Sänger umgesetzt, sofern ihm seine Ausbildung die notwendige deklamatorische Form vermittelt hat.

Die Konsonanten bedingen den guten »Sitz« einer Stimme nicht weniger als die Vokale. Die unschöne Bezeichnung vereinigt zwei Forderungen in sich, die sich gleichermaßen auf die Sprache und die Tongebung beziehen: Vokale sollten nicht »hinten« sitzen, ihre Bildung muß vor einer Störung durch die Vokalformung geschützt werden und die Stelle ihrer Artikulierung im vorderen Mundraum behalten, so daß wir Hörer die Entstehung leicht aufspüren und nachvollziehen können (was dem ungestörten Hörerlebnis zugute kommt).

Nicht nur die Vokale, unterstützt vom Atemstrom und der Zwerchfelltätigkeit, auch die Konsonanten sollten nicht im hinteren Mundbereich verformt werden. Denn an allen tönenden Lauten sind die Resonanzräume zu beteiligen, sollen Vokal- oder Lagenwechsel nicht stimmliche Ausfälle nach sich ziehen. Vordere Artikulation und Resonanz sind zwar nicht identisch, aber sie bedingen einander. Artikuliert der Sänger zu weit hinten, so behindert er die Resonanzräume, versperrt den Weg des Klanges und verengt die Kehle.

Dennoch: Den Sänger sollte nicht lediglich der Wille beherrschen, alle Resonanz »nach vorn«, etwa in den Nasenraum, zu führen. Hier droht flache Tongebung. Er muß vielmehr das sprachliche Element in die Klangerzeugung einbeziehen, indem sämtliche Resonanzräume für die Tongebung ausgenutzt werden. Freie Vokal- und Konsonantenbildung ermöglicht ungestörte Klangentwicklung. Dies ist nur unter Kontrolle und in allmählichem Arbeitsprozeß zu erreichen.

In der wortgebundenen Musik zielt die Steigerung des Ausdrucks durch die singende Stimme auf Wirkungen, die keinem anderen Tonerzeugungsmittel zu Gebote stehen und deren Eindruck auf den als Partner zu denkenden Hörer durch nichts zu ersetzen ist. Beim bloßen Sprechen sind die Konturen der Tonfolgen verwischt, unbestimmt. Mit der Zunahme musikalischer Elemente, auch in der gesteigerten Rezitationen durch den Schauspieler, formen sich schon überzeugendere Details. Das Wort definiert die Emotion. Diese spiegelt sich in Stoff und Inhalt, sie wird konkretisiert. Worte und Töne sind nur noch durch die Gebärdensprache zu steigern.

Gewöhnlich legt Musik die Tonhöhe des zu »Sagenden« fest und fordert damit genaueste Intonation, die nur selten wirklich erreicht wird. Während einwandfreie Tonhöhe bei den Instrumenten selbstverständlich ist, sind sich die Sänger dessen oft nicht gleich intensiv bewußt. Zuverlässig saubere Intervallschritte, genau ausgehörte Leittöne, Quintverhältnisse und ähnliches erleiden außer durch stimmtechnische Mängel, mangelnde Schulung des Gehörs oder akustische Probleme des Saales auch durch das Hinzukommen der Sprache Einbußen. Hier existiert eine praktische Hilfe: Der Sänger intoniere seine stimmhaften Konsonanten genau auf der Tonhöhe, um so auch den jeweils folgenden Vokal technisch auf seinen »Sitz« vorzubereiten.

Die deutsche Sprache ist ihrer vielen Konsonanten wegen bei Sängern seit je zu Unrecht in Verruf, denkt man an das weitaus konsonantenreichere Tschechische oder Russische. Aber wie sich Demosthenes zur Beseitigung seines Sprachfehlers nervenzermürbende Übungen auferlegte und so zum besten Redner von Hellas wurde, so gilt es heute, im Unterricht die Konsonanten nicht als notwendiges Übel, vielmehr sie so einzusetzen, daß sie der Gesangsfunktion aufhelfen.

Es ist Sängern seit langem geläufig, sich die stimmhaften, klingenden Konsonanten nutzbar zu machen. Den Wert der stimmlosen Mitlaute nutzt die Gesangspädagogik erst in jüngerer Zeit. Paul Lohmann erkannte die Hilfe, die Explosivlaute wie p, t, k, Zischlaute wie stimmloses s, z, sch, ch, »Blählaute« wie b, d, g leisten können. Immer muß es sich um ein Mit-Tönen (consonare) handeln, denn die Konsonanten sind nicht um ihrer selbst willen da. Zu ihrem Wesen gehören Hemmungen des Luftstromes an einer beliebigen Stelle des Ansatzrohres, Hemmungen wohlgemerkt, die naturgegeben sind und dann nicht zu Folgeerscheinungen in der Halsmuskulatur führen dürfen, wenn die Mitlaute korrekt gebildet werden. Die vom Konsonanten geschaffene Enge darf der Vokal nicht übernehmen, und hier besonders ist eine nie nachlassende

Überwachungstätigkeit angebracht. Die größte Schwierigkeit: Für die Arbeit mit den Konsonanten gibt es keine Rezepte, jeder muß den Mut zu neuem Ausgleich individuell erkannter Divergenzen finden.

Natürlich hat es mit der Deklamation zu tun, wie sich der Gesang zur Klavierbegleitung im Lied verhält. Wer genau definiert, wann er die Konsonanten im Moment des Stimmeinsatzes erklingen läßt, zwingt den Begleiter nicht, rücksichtsvoll auf die Atempause des Sängers zur warten oder das Klavier möglichst weit gegen den Gesang zurücktreten zu lassen, um nur ja ständig auf alle Eventualitäten der sängerisch recht ungefähren Darbietung gefaßt zu sein. Rhythmus, Klang und methodische Führung musizieren mit der Klavierstimme vereint. Sie geben und nehmen gleichzeitig, ganz wie es den Komponisten vorschwebte. Es heißt, sich auch die unscheinbaren musikalischen und sprachlichen Forderungen bewußt zu machen.

Die Konsonanten also künstlerisch zu behandeln, sie auch im leider diametral entgegengesetzten technischen Sinn zu beherrschen, läßt sich aus den Problemen der Wiedergabe nicht ausklammern. Eine noch so gekonnte, akustisch weithin vernehmbare Konsonantenbildung kann doch über die malende Qualität der Sprache gänzlich im Unklaren lassen, einer Kraft, die vom Dichter schöpferisch gebraucht wurde.

Ein Beispiel für den Ausdruckswert eines einzelnen Konsonanten bietet das »t«. Es ist genau zwischen dem deutschen (oder französischen) »t« und dem italienischen (romanischen) zu differenzieren. Im Deutschen folgt ein Ausatmungs-Luftstoß (th), während das Italienische reiner Explosiv-Laut der Zunge ohne Hauchgeräusch zu sein hat. Das nachgehauchte »th« nimmt dem Konsonanten die Härte, läßt ihn hingebungsvoll oder ersterbend erscheinen, wenn die Stelle danach verlangt. Welch eine verzweifelte, harte Anwendung des »t« in Schuberts »Prometheus«-Interpretation »Wer re*tt*e- te vom Tode mich?«! Man halte die fließende Behandlung des gleichen Konsonanten in der Heine-Vertonung »Sommerabend« von Brahms dagegen, wenn es heißt: »Und die Augen über*t*auen«.

Konsonanten sind deutlich und energisch zu behandeln, wo sie sich häufen. Einer unter ihnen darf gewissermaßen herrschen, die anderen müssen sich schnell und pünktlich anschließen und leiten unverzüglich zum Vokal über. Häufig vernimmt man eine schwerfällige Bildung des »l« nach anderen Konsonanten (fliehen, blühen), weil ein Hilfsvokal eingeschoben wird (feliehen, belühen), eine Verlegenheitslösung, die besser unterbliebe. Die Konsonanten untereinander und der darauf folgende Vokal sollten nahtlos aufeinander folgen. Die Schärfe stimmloser (also der klingenden) Konsonanten birgt Ausdruckswerte aller Art in sich. Dagegen steht die volltönende Weichheit und modellierende Färbung der klingenden, stimmhaften Konsonanten, unter denen das auf dem Ton gesungene »s« herausragt.

Natürlich gibt es auch ein Zuviel des Malens mit charakterisisierender Konsonantenformung, wenn sie ungeprüft und künstlerisch maßlos eingesetzt ist. Jedes übermäßige, aufdringliche Verwenden eines Ausdrucksmittels wirkt sich, wo es nicht ausdrücklich vorgeschrieben ist (wie in vielen Liedern Hugo Wolfs), gegen den beabsichtigten Effekt aus.

Mitlaute sind wandelbar, je nach der Atmosphäre der sie umgebenden Töne. Daß Wotans zorniges »Trüber Verträge« nach einem anderen »r« verlangt als Schubert-Goethes »Ohne *R*egung *r*uht das Meer« in »Meeresstille«, leuchtet ein. Aber wie viele Schattierungen liegen im Halbdunkel und fordern den Spürsinn des Interpreten heraus, auch wenn sich die Paradoxie ergeben sollte, daß erworbene Technik wieder »vergessen« werden muß, auf daß ihr im nachschöpferischen Vorgang unbewußt entsprochen werden kann.

Als Voraussetzung sollte von »reinen« Konsonanten gesprochen werden, jeder mit typischem, charakteristischem, sicherem Gepräge. Ihre Bildung ließe sich mit »Energie« kennzeichnen. Konsonanten entstehen bekanntlich durch Hemmungen des Luftstromes im Ansatzrohr (und nicht im Bereich des Kehlkopfes), an die der Sänger energische Präzision wenden sollte. Dann bekommt jeder Konsonant eine Schleuderkraft, die ihn weit in den Raum trägt. Wenn bei Schülern durchaus zuerst auf einen kleinen, aber intensiv konzentrierten Ton zu zielen ist, so ist für die Bildung besonders der schärferen Konsonanten bald die Benutzung eines größeren Raumes ratsam. Die Grundelemente der Aussprache, nämlich Deutlichkeit und Präzision sind dadurch von vornherein gegeben, und verwischende Nachlässigkeit wird bekämpft.

Aber natürlich trägt der Konsonant nicht nur beiläufig zur Deutlichkeit und guten Aussprache bei. Er bewirkt die Intensität des Ausdrucks. Die malerischen und symbolischen Kräfte in den Einzellauten unserer Sprache, die Bildkraft ihrer Konsonanten lassen uns das Wesen des zu singenden Textes überhaupt erst erfassen.

Unbetonte Absilben erfordern in jeder Sprache besondere Sorgfalt. Unrichtig gefärbt oder in falschem Lautverhältnis sind es die Absilben, die zumeist das idiomatische Klangbild, mitunter in verzerrender Komik, eintrüben. Sei es, daß sie unlogisch zu laut gegeben werden und auf diese Weise Unbedeutendes falsch gewichtet erscheint, sei es, daß vom Komponisten eine Absilbe aus Gründen der Linienführung höher als die Betonungssilbe gelegt wurde (wie so häufig bei Brahms, etwa: »Wie bist du, meine Kön*igin*«). Nur minutiöse Selbstkontrolle kann unbetonte Silben in das Farbgepräge, in das Timbre einer Stimme einfügen, so daß dem Hörer das Gefüge der Sprachformung als nicht gestört erscheint. Auch spielt natürlich Kontur und Farbe des jeweiligen Gesangsstücks eine entscheidende Rolle. Immer geht es um ein Abstimmen der Laute aufeinander. So werden dunkle Endvokale wie in »Ruhe« auch die Absilbe dunkler färben als etwa bei »leben«. Darum sind es schließlich die Schlußsilben, die besonders in der deutschsprachigen Vokalmusik zu allererst den Ausländer erkennen lassen.

Äußerst intensiv gestaltetem Konsonantenverschluß bei Worten, die den Höhepunkt des deklamatorischen Ausdrucks bilden (Hugo Wolfs »Bis der *Sieg* gewonnen hieß«), entspricht eine leichte, elastische Wiedergabe in Nebenworten oder -silben. Eine legatogebundene Folge von Silben, eine Melodie aus Sprache, klingend durch den Wechsel der Vokale, sollte trotz aller Energie der Konsonantenbildung gewahrt bleiben. Beide bedingen einander sogar, denn lahme Konsonanten stehen ihr im Wege. Es bezeichnet die Kunst des Sprechgesangs à la Richard Strauss, daß der Vokal in schnellen Stellen immer nur wie eine kurze Brücke zwischen den ständig betonten und über ganze Taktteile verlängerten Konsonanten fungiert, um Verständlichkeit zu erzielen. Ein Übermaß an erstrebter Dramatik hinterläßt hier ermüdende, unangenehme Wirkung.

In Beethovens »Fidelio« gibt es den vom Singspiel her ohne rezitativische Musik übernommenen »Dialog«, ein Begriff, der nicht immer ausschließlich auf Zwiegespräche im Drama Anwendung fand. Schon bei der Gregorianik wurde der Dialog mit Wechselgesängen in die Musik aufgenommen. Mannigfach sind seine Formen in der Musikgeschichte, ob sie nun bei Monteverdi oder Schütz, als duettierende Solokantaten bei Andreas Hammerschmidt (1611–1675) und Johann Rudolf Ahle (1625–1673) oder als Wechselgesänge in Bachs Kantaten auftreten.

Mit dem echten »Dialog«, dem Sprechen ohne Musik, hat es der Sänger häufig in Oper oder Operette zu tun. Ein einziges, wichtiges Mal übernimmt ein reiner Sprecher in Mozarts »Entführung aus dem Serail« eine Hauptrolle, dem der Komponist Dinge zu sagen überließ, die ihm gesungen wohl nicht prägnant genug zur Geltung gekommen wären.

Dialog sieht meist zügiges Tempo vor, er soll den Gang der Handlung nicht aufhalten, doch deutlich sein. Also fordert er ein hohes Maß an sprachtechnischem Können, das dem Sänger meist nicht selbstverständlich ist. Seine Sprache soll dialektfrei und geschmeidig sein, die Artikulation deutlich, die Diktion natürlich. Das Bild der Sätze und ihrer Zusammenhänge soll sich klar gestalten. Umfang und Sprachmelodie müssen einen Bezug zur darzustellenden Figur bekommen. So wird die tessitura der Sprachstimme für den mädchenhaften Ernst der Marzelline im »Fidelio« sehr viel kleiner gehalten werden können, als es sich etwa das Ännchen im »Freischütz« erlauben könnte.

Was nun vom melodischen Gesang vor allem erwartet wird, das cantabile, ist in vollendeter Ausführung eine Seltenheit. Denn die Schulung stellt gewöhnlich das Interpretatorisch-Musikalische gegenüber der reinen Tonbildung, Textbehandlung und deklamatorischen Affektunterstützung in den Hintergrund. Gesang ist zwar gesteigerte Rede, aber die Stimme bleibt dennoch ein musikalisches Instrument. Ein makellos geführtes legato wirkt so leicht und natürlich, als gäbe es für die vorgetragene Linie gar keine Alternative. Die Stimme gleitet nicht nur, sie läßt vielmehr jeden Ton, klar umrissen und seinem Gewicht in der Phrase gemäß, aushalten. Obwohl Intervallstufen nicht notwendig ein portamento verbinden muß, vernimmt das Ohr die Tonfolge ununterbrochen – eben als eine Linie –, kein Nachdruck beschwert den einzelnen Ton, er scheint vielmehr noch den verklungenen in sich nachschwingen zu lassen. Dies ist nicht identisch mit Klangschwelgerei, die den Belcanto im 19. Jahrhundert vorübergehend in Verruf kommen ließ.

Alte, vielfach überlebte Formen der Belcanto-Technik wie »flautati«, »cercar il tuono« oder »portamenti« können gewiß nur in seltenen Ausnahmen den Ausdruck unterstützen. So bedeutet heute das portamento fast ausschließlich ein aufgesetztes Mittel, musikalisch-dramatisch zu charakterisieren. Aber fein und zurückhaltend angewendet, kann es auch heute den Ausdruck verinnerlichen. Die Stellen seiner Anwendung sollten es freilich als unumgänglich erscheinen lassen, sonst wäre sein Einsatz fehl am Platze.

Fähigkeit zum legato ist für Instrumente und Stimme gleich bindend, allen Verschiedenheiten der Sprachen und Sprecharten zum Trotz. Für den Instrumentalisten fordern die Noten zum legato auf, indem bruchlos der Stärkegrad von einer Tonhöhe zur nächsten übergehen soll, gleichgültig, ob es sich dabei um konstante Lautstärke oder um Wechsel von crescendo und decrescendo handelt. Meist ist die Intensität eines solchen legato entscheidend für den künstlerischen Eindruck – ihr Fehlen, da wo Bindung gefordert ist, macht viele sängerische Leistungen unbefriedigend.

Was ihre Ausführung naturgegeben erschwert, liegt für den Sänger (im Gegensatz zum Instrumentalisten) im sprachlichen Element, das nicht nur die klingenden, sondern auch die stimmlosen Konsonanten, vielfach in Bündelung bis zu fünf auf einmal in den Zeitraum eines einzigen, zwingen muß. Ein Irrtum vieler Sänger – und leider auch Kritiker – läuft darauf hinaus, entweder nur eine legato-Phrase gelten zu lassen oder eine klare Aussprache. Aber erst die Gleichberechtigung von Vokalen und Aussprache kann befriedigen, es darf kein Entweder-Oder geben. Singen heißt für jeden Anfänger, eine neue Sprache zu erlernen, gleichgültig, aus welchem Land er stammt. Ausgleich der Vokale, Schliff der Konsonanten, Beherrschung der Tonstärke, Bruchfreiheit der Lagen – sie alle fördern eine einheitliche Klangfarbenerzeugung, die erst das Gefühl für den Gesang frei macht.

Was einst unter Belcanto verstanden wurde, sollte nicht jenes Vorurteils wegen zu kurz kommen, der geistige Gehalt einer Komposition werde dem schönen Ton geopfert. Im Gegenteil: Die völlige Souveränität über das Instrument, die in erster Linie durch das Belcanto gewonnen wird, befähigt den Sänger erst dazu, neben vollendeter Sprachbehandlung auch zu charakterisieren und zu modulieren.

Besser wäre von einer ideellen Differenz zwischen »cantabile« und »declamato« zu sprechen, weil im ersteren die instrumentale Behandlung der Singstimme eingeschlossen ist. Grundlage für kantable Übung bildet das Studium der »Messa di voce«, des Schwelltones mit sorgfältig abgestuftem Übergang vom pp ins ff und zurück ins pp. Ein solcher Schwellton ist mehr als nur technische Übung. Es kann in ihm Freude, Ergriffensein vom Klang oder die Suche nach absoluter Schönheit mitschwingen. Die hierdurch ermöglichte Dynamik überzeugt erst dann, wenn es seelische Momente sind, die den Klang bestimmen, wiewohl von musikalischer Intelligenz diktiert. Sie nimmt nicht nur vom Dichter, vom Wort, vom Textsinn ihren Ausgang, sondern spürt die Absichten des Komponisten auf. Ein solches Suchen kommt ohne verblüffende Äußerlichkeiten, ohne künstlerische »Knalleffekte« aus. Immer stellt die notierte Forderung der zu singenden Musik das Maß.

Die Italiener des Mittelalters und der Renaissance bezeichneten als das Non plus ultra künstlerischen Singens das »Singen auf dem Atem«. Darüber kann uns nicht die Länge des Atems, nicht die Art, wie er eingenommen wird, nicht die Muskeleinstellung des Körpers aufklären. Allein das Ohr kann uns untrüglich offenbaren, ob wir uns dem alten und ewig jungen Ideal genähert haben oder nicht. Es drückt sich in dem naiven Gefühl des Sängers wie des Hörers aus, als werde der Ton vom Atem getragen wie ein Körper, als löse er sich und schwebe. Wie beherrscht die Muskulatur sein muß, um dieses Ziel zu erreichen, läßt sich an der Seltenheit ermessen, mit der jene klangliche Wirkung erreicht erscheint, die an Schönheit und Reiz jedes andere Instrument aussticht.

Leicht, ruhig und frei soll der Atem ausströmen. Er kann dies nur, wenn der Kehlkopf nicht unter Druck gesetzt wird, etwa um Atemluft zu sparen. Schon die geringste muskulare Spannung stört das eher »passive« als aktive Führen sorgsam eingesetzten Atems. Er fließt ganz allmählich ab, bei angenehmer, leicht elastischer Spannung der Körperhaltung während des Singens. Atem und Technik sind im Gesang eines. Der schöne ruhige Fluß des Atems produziert den richtigen Ton. Und umgekehrt hilft der richtig empfundene, mit dem inneren Ohr vorausgehörte, gut vorgestellte Ton, korrekt zu atmen.

Wie Sätze in einem Atemzug und unter einem Bogen zusammengefaßt werden, wie also im Textgesang phrasiert wird, das bestimmt weitgehend der Textsinn. Die Zeit zum Einatmen wird, falls keine Pause notiert ist, von der letzten Silbe der voraufgegangenen Phrase abgezogen, damit der neue Einsatz rechtzeitig erfolgen kann. Dazu muß allerdings geräuschlos und schnell geatmet werden. Gleichzeitig frei und vollkommen streng, ähnlich der Atemführung, fordert der Gesang, Tempo und Rhythmus zu behandeln. Das bedeutet, konsequent ein Tempo halten zu können und doch jeder bedeutungsgebundenen Dehnung oder Beschleunigung ihr Recht zu lassen. Nichts kann hinderlicher sein als faules, schleppendes Tempo beim Sänger (etwa in Bachs Koloraturen oder bei Schuberts drängenden Liedern). Für die Begleitung gilt das gleiche. Sänger sollten sich nicht hängen lassen, ihren Körper zu spannen verstehen. Energische Haltung, elastischer Gang sind dazu unbedingt – besonders beim Bühnenstudium – zu üben. Ein solches Gehobensein spiegelt sich dann in der Kunstausübung.

Oft wählen Sänger, die besonders ausdrucksvoll sein wollen, übermäßig breite Tempi, um so jede Einzelheit überdeutlich hervortreten zu lassen. Dabei kommt meist die Charakteristik des Grundtempos, die Gesamtheit des sinngebenden Ausdrucks zu kurz. Wortausdruck im einzelnen überwegt. Aber genausowenig sollte Hast einreißen. Schnelle Tempi wirken nicht deshalb lebendig, weil sie metronomisches Maß halten, sondern weil der Rhythmus deutlich herausgearbeitet ist. Rhythmisches Leben ist der wesentlichste Faktor im Gesang. Es bestimmt auch die Agogik.

Nicht so nebensächlich wie häufig vermutet ist jenes rhythmische Empfinden, das ein richtiges Verhältnis der Vokale und Konsonanten zueinander herstellt. Es ist an das Gesetz zu erinnern, das schon Hiller 1774 und ähnlich nach ihm viele andere aufstellten: Die Vokale sollten auf der Zählzeit erklingen; die Konsonanten sind im davor liegenden Taktteil unterzubringen. Es wird also nicht nach Sprachsilben, sondern nach Lautwerten getrennt. So durch Konsonanten vorbereitete Töne bergen das ganze Geheimnis rhythmischen Flusses in der gesanglichen Sprache. Begleiter oder Dirigenten werden am besten nachfühlen, wie ein Nicht-Befolgen dieser Grundregel es fast unmöglich macht, präzise mit dem Sänger einzusetzen und zusammenzubleiben. Tonträger sind ja doch die Vokale, und sie wollen in der Musik auch so behandelt werden. Hinzu kommt, daß die stimmhaften Konsonanten genau auf der Tonhöhe des Vokals, zu dem sie gehören, angesetzt werden sollen. So wird also auch die Note durch den Konsonanten ganz kurz vorausgenommen. Hierin ist eine absolut automatische Präzision durchaus anzustreben, die jegliches Bewußtmachen im Laufe der Zeit überflüssig werden läßt.

Bereits in der Geburtsstunde des Kunstgesangs hatte Conte Bardi den Sängern zugerufen: »Laßt Eure Erscheinung beim Gesange zierlich sein (in modo acconico), behaltet Euer gewöhnliches Gesicht, so daß der Hörer kaum weiß, ob der Gesang aus Eurem oder aus eines anderen Mund kommt, und seid nicht wie andere, welche sich, ehe es ans Singen geht, beklagen und entschuldigen, sie seien erkältet, sie hätten die letzte Nacht nicht gut geschlafen – und was der widerwärtigen Ausreden mehr sind« (nach Ambros, a. a. O.). Hier konstituiert sich die Paradoxie gebotener Natürlichkeit des Hervorbringens von Tönen und der dazu notwendigen äußersten Beherrschung des Stimmapparates.

Übermittlung von Sprache schließt auch Nicht-Verbales ein, das dennoch textbezogen auftreten kann: Die Art der Intonation oder der Stimmklang, Dialekteinfärbungen, Tempo und Akzentuierung, Mimik, Gestik, Körperhaltung, die alle in der neuesten Musik zur kompositorischen Ausdrucksfindung herangezogen werden (vgl. D. Schnebel, »Denkbare Musik«, Köln 1972). Was an Angst, Freude, Erregung oder Ruhe vom Sänger außerhalb des Notentextes durch seine Person und die Darstellung eingebracht wird, ist von erregend komplexer Vielfalt, und jede Ungenauigkeit kann den Charakter einer Information beeinträchtigen, die Wirkung ins Gegenteil verkehren.

Dem scheint paradox entgegenzustehen, was wir hier an den Schluß stellen wollen: Nach allen Stilen und ästhetischen Regeln, die durch die Zeiten hin einander folgten, entsteht auch die Gesangsmusik, mehr als alle andere, in jedem Interpreten neu, wie noch nie dagewesen. Vor jeglicher Wiedergeburt der Töne muß die Idee des noch nicht bekannten Möglichen bestehen. Der Nachschaffende sollte durch alles Wissen hindurch sich zu der Utopie befreien, daß er Dinge tun will, von denen er noch nicht weiß, wie sie beschaffen sein könnten.

Gesang und Interpretation

Wir versuchten, Überlegungen zur Emanation der Sprache in der Gesangsmusik anzustellen und deren Voraussetzungen aufzuzeigen. Das Wort–Ton–Verhältnis ließ sich zwar in dem Prozeß musikalischer Metamorphosen historisch nur ästhetisierend andeuten. Alle mechanistische Beschreibung müßte jedoch in der These kulminieren, daß Sprache im Singen erst zu sich selber gelangt. Und wo die Sprache sich dem Kunstgesang verweigert oder, anders gesagt, im Bewußtsein der Menschen zur bloßen Information, zum Code reduziert ist und als Zeichenfolge verstanden wird, bleibt sie »Zeichen, d. h. Mittel zum Zweck« (Hanslick).

Das stimmtechnisch Erreichte, der Schönklang wartet darauf, erhellt zu werden. Was zwischen den Noten steht (mit Gustav Mahler das Wesentliche), soll befreit, und was mit ihnen notiert ist, nicht vergewaltigt werden. Dabei sind Disziplin, Mißtrauen gegen mögliche Unreinheit des Zur-Schau-Stellens, Beherrschung der Leidenschaft unumgänglich. Wir würden gegen den hohen Anspruch der Einheit abfallen, wollten wir die Stimme davon isolieren, daß sie dezidiert gefaßten Ausdruck bekäme.

Der Interpret kann die Einheit Leib–Seele versinnbildlichen, wobei sich seine Eigenschaften sicht- und hörbar von denen anderer unterscheiden, einmal vorausgesetzt, es handele sich um den Stand gleicher technischer Voraussetzungen. Es wird darauf ankommen, ob sich sein Tun erhellt, sein Ausdruckswille auf das Werk gerichtet ist, um es anderen gleichermaßen erlebbar zu machen.

Es ist zu fragen, woher die verbreitete Skepsis gegen künstlerische Aufklärung durch Interpretation, also auch durch künstlerischen Gesang, stammt. Anders als in der Zeit des Aufkommens der Konzerte ist die Furcht verbreitet, dem denkenden Interpreten müsse das Beste seiner Leistung, das Unbewußte, verlorengehen. Das gleicht unziemlich dem Vorwurf, den man einst gegen Gottsched und Gellert machte, sie zerstückelten die Intensität des Gefühls, indem sie darüber nachdachten.

In diesem Kontext, nämlich der Verteidigung eines glatten, unpersönlichen Perfektionismus fallen Ausdrücke wie »manieristisch«, in deren Namen Künstlern vorgeworfen wird, sie hätten einzelne Züge übergewichtig auf Kosten des Ganzen herausgehoben. Hier wird eine darstellerische Konzeption verkannt, die sich gerade an der Idee von Ausgleich und Gewichtsverteilung mißt, also eigentlich klassizistischem Wesen huldigt. Das Kunstwerk soll nicht in Einzelheiten zersplittern, aber auch nicht im Unverbindlichen aufgehen.

Ähnlich fahrlässig mutet die Auffassung von Gesangslehrern und Kritikern an, Konzert und Oper seien in Unterricht und Praxis gegensätzlich zu behandeln, etwa unter der Überschrift: Hier verfeinerte Kultur, dort wie mit hartem Pinsel vorgetragene elementare Wucht. Ein Konzertsänger habe, wollte er seinem Renommee nicht schaden, mehr auf stimmliche Kultur Wert zu legen, während beim Opernsänger sich technische Mängel durch Aussehen, Temperament und einigermaßen mitreißende Aktion ausglichen. Aber jene deutliche Aussprache der Worte, die beim Lied so selbstverständlich scheint, ist auf der Bühne nicht gleichbedeutend mit Naturalismus (ohnehin ein irreführendes Gebrauchswort, denn es beschreibt im Grunde Übertreibung und Vergröberung des Ausdrucks, die in jedem Fall stimmschädigend wirken). Stimmkultur kommt auf dem Konzertpodium nicht etwa fader Leblosigkeit gleich. Der Körper, das Instrument des Sängers, darf sich nicht zu einer naturfeindlichen Erstarrung zwingen.

So kann das Studium von Opernpartien dem reinen Konzertsänger eine Bereicherung der Ausdrucksskala bringen, seine Kraftreserven mehren. Dem Opernsänger wiederum geht im Studium der Lieder eine Welt von gesangstechnischen Aufgaben auf, die er anders nicht hätte ahnen können. Ein Rangunterschied im Unterricht ist abzulehnen. Denn beide, der Operndarsteller und der Liedgestalter, sind gefordert, den Klang der menschlichen Stimme in Sprache und Musik zu bewahren, sich vom Hemmungslosen ebenso wie vom Nüchternen zu entfernen. Ein solcher Interpret kann freilich noch nicht erwarten, sich vom Bildungsbürger oder vom Rezensenten ohne längeren Prozeß der Vorbereitung richtig verstanden zu wissen. Diese interessiert primär der Ton des Geigers, die Stimme des Sängers, die Normleistung. Ihnen ist zunächst die Technik überprüfbar, das Mittel wird in den meisten Fällen zum Selbstzweck.

Die hier vorausgesetzte Auseinandersetzung mit dem Werk birgt, wenn sie sich nicht auf die Wiederholung des zuvor Angelernten beschränkt, sondern Analyse und Erleben einschließt, eine Erneuerung in sich. Es ginge also darum, sich vorerst nicht mit irgendwelchen Interpretationen anderer zu befassen, sondern mit dem zu studierenden Werk. Nicht Hermann Preys Barbier oder Peter Schreiers Belmonte, nicht die Lady Macbeth der Callas gilt es nachzuahmen, so großartig eine jede dieser Leistungen für sich genommen auch sein mag, sondern die eigene Person mit den nachschöpferischen Gegebenheiten zu konfrontieren, die einem Musikwerk innewohnen. Da kommen Rezeptionsgeschichte, Selbstverständnis des Komponisten in seiner Zeit und Material zum Hintergrundverständnis einschließlich der unterschiedlichsten Werkausgaben zu Hilfe, die uns viel von der Aufführungsgeschichte verraten.

Die eigenständige Erlebnisfähigkeit unterliegt jedoch jenen objektiven Kriterien der Vorbereitungen und der handwerklichen Fertigkeit nicht, mit denen Stimmtechnik, schauspielerische Bildung, Stimmumfang oder Repertoirekenntnis gemeint ist. Aus dem für die Interpretation Notwendigen kann noch nicht folgen, was durch sie erreicht wird. Das künstlerische Wollen ist eine Selbständigkeit, von der nicht anzugeben ist, wie sie beschaffen sein sollte. Denn bei ihr handelt es sich just um das Spezifische, was noch hinzugedacht werden muß, damit aus dem Notwendigen das Resultat hervorgeht: das Künstlerische.

Die Überwindung dieses Konflikts liegt bereits darin, die Frage sichtbar zu machen. Das Kriterium für den Sänger ist dies: Die Frage nach dem Verhältnis Dichtung–Musik zu stellen, aus ihr den nachschöpferischen Impuls zu empfangen, ihr gegenüber immer offen zu bleiben, sich das Staunen und die Ergriffenheit zu bewahren und sich immer dem Ursprung zuzuwenden. Dem Suchenden wird sich die Spaltung als eine seit je zu überwindende darstellen. Die ursprünglichste und höchste Form nämlich, das gelungene Zusammentreten von Sprache und Gesang, muß vorausgesetzt werden, um die beiden früher unterschiedenen Ausformungen sängerischen Naturells zu scheiden, ja überhaupt nach ihnen zu fragen. Reichen auch die Erfahrungen meist nur von Monteverdi bis heute, so möchten wir doch behaupten, in Franz Schubert sei ein Ziel der Annäherung an die Vollkommenheit Ereignis geworden.

Seitdem hat es viel »neue Musik« gegeben, die ebenso viele neue Probleme aufwarf. Unter diesen ist gewiß das der Kommunikation mit dem Hörer eines der dringendsten. Eine Zeit, die mit Boulez den Interpreten als »gottgesegnetes Ungeheuer« sieht, wird es damit schwer haben. Verleugnete doch dieser scharfsinnige Deuter unserer Situation und seiner selbst alle Formen zunächst, um sie dann neu zu entdecken, aber in einer dem Interpreten feindlichen Widerborstigkeit, in der ästhetischen Wirkung einem unregelmäßig besteckten Nadelkissen vergleichbar, jede Ästhetik im Grunde scheuend. Häufung des Tonmaterials und selbstbewußte Individualität möchten mitsammen eine Musik ausschalten, die sich demütig und unambitiös als relativ einschätzt, als einen Sektor mathematischer und physikalischer Gesetzlichkeiten.

Dem kann eine Gesangskunst entgegenstehen, deren Erfolge nicht auf irgendeinem sensationellen, rein stimmlichen oder nur an der Person des Sängers orientierten Interesse gründen, sondern allein auf der zutreffenden Interpretation. Der schöpferische Künstler weiß, daß die Werke auch ohne ihn Leben und Sprache behalten. Aber der Reproduzierende ist selbst die Existenz seiner Kunstausübung, und was nach seinem Tode noch von ihm gewußt wird, besteht aus dem Schatten dessen, was auf Tonträgern oder Filmbändern von ihm konserviert ist, also eher einer dunklen Saga, die sich mit der Realität gewöhnlich nur flüchtig berührt.

Eine völlig authentische Interpretation gibt es nicht. Zwar tritt immer wieder einmal die Täuschung ein, es sei Vollendung gelungen. Aber daraus den Schluß zu ziehen, es handle sich unwandelbar um Endgültiges, ist mit nichts zu rechtfertigen. Noch weniger geht es an, eine Darstellung als Einwand gegen eine andere zu benutzen. Denn nicht zwei Stimmen gleichen sich, noch weniger zwei Talente. In dem Hinweis, es setze ein spezielles Talent voraus, Musik zum Sprechen zu bringen, ist nach allem Gesagten nichts Eindeutiges enthalten. Abgesehen von den Voraussetzungen stimmlichen Naturells, nach der kantablen oder deklamatorischen Seite hin, dürfte der Ansatz künstlerischer Begabung in einer Einstellung gründen, die durch Anlage und Einflüsse in der Kindheit vorbereitet ist.

Eine solche Einstimmung schafft Besessenheit, Bereitschaft, sich der Wirklichkeit des Künstlerischen hinzugeben. Dies kontrastiert zur weitaus größeren Zahl jener Menschen, die in der Daseinsrealität befangen bleiben. Erst der Weg über Wertung, Auswahl und Qualitätsempfindlichkeit führt zu jener schöpferischen Phantasie, die gestaltet. Was dabei an speziellen Techniken zum Aufbau einer

Wiedergabe gehört, verwechselt der unbefangene Hörer leicht mit dem Wesentlicheren, damit nämlich, daß sangliche Technik nur zur Aufhebung der Grenzen zwischen dem Subjekt Interpret und dem Objekt Kunstwerk dient und somit für die Freiheit der Vereinigung beider sorgt. Wie der Dichter in Goethes Formulierung das Bild der Welt antizipiert, ohne es doch zu kennen, so nimmt der Sänger dank schöpferischer Phantasie das Bild der sich im Gesang äußernden Leidenschaft voraus, ein Geheimnis der Tonformung, das zu enthüllen die Sprache ihren entscheidenden Beitrag leistet.

Gesang überwand in geglückten Interpretationen am weitesten das nicht zu vollendende Suchen nach Einklang in der Mitteilbarkeit. Denn erst, wenn wir aus der ursprünglichen Einheit die Musik abziehen, treten Sprache und Gesang wirklich auseinander. Zuvor bildete das Lautmalende im Zusammenhang mit der Musik eine Einheit, die der Worte in vielen Fällen gar nicht mehr zu bedürfen schien. Hier liegt auch der Unterschied des Gesangs zur Sprache als Mitteilung, die sich nicht wissenslos und unwillkürlich vollzieht, sondern auf die Sache hin tendiert.

Wir sprachen von den übersteigerten Forderungen, die heute an Reife und Übersicht des Interpreten wie die des Hörers gestellt werden. Dabei geht es um nichts weniger als den geistigen Akt des Zusammenfassens der Erscheinungen und ihrer Verhältnisse zu einem geordneten Miteinander, ohne daß sich die Sinnlichkeit des Sängertypus als medial untauglich dazwischenstellen kann. Denn ist dies der Fall, müßte das Nacheinander der Phänomene im Ablauf einer musikalischen Interpretation als zufällig zusammengeraten empfunden werden. Künstlerische Organisation stellt das Gegenteil dar. Wer den Intellekt gesangsfeindlich schilt, verachtet Denken ebenso wie sicher geleitetes Tun, das über den Durchschnitt hinaus will. Es ist ein absichtsvolles und zielstrebiges Wollen, das die teleologischen Strukturzusammenhänge ausmacht, zugleich aber den Sinn des Künstlerischen an sich.

Zum Künstler, der formt und ein Werk tiefer erschließt, gehört ein Anteil von Wissen, der im Augenblick der Interpretation vergessen werden darf, auf den aber bei der Erarbeitung der Darstellung nicht zu verzichten ist. Die Presserezension ist häufig ganz auf die Ästhetik des Interpreten fixiert und macht sich leichtsinnig nicht die Mühe, Verbindungslinien zur Gegebenheit des Werkes zu ziehen. Resignierend könnte der Leser solcher Besprechungen zu einem jener Reinheitsenthusiasten werden, die Schuberts oder Weberns Lieder lieber in der Lade ließen und jede Interpretation überflüssig finden. Schon im Erklingen allein liegt für sie eine Verfälschung. Aber gehört nicht zu jeder Komposition auch das Wissen um ihre Interpretation? Hat einer Sorge vor der Vieldeutigkeit wie Sokrates, so schreibt er lieber gar nichts. Der Schaffende muß hingegen kommunikativ davon ausgehen, daß in anderen Tagen Menschen leben werden, deren Auffassungsgabe sich adäquat äußert.

Für den Sänger kann die Musik erst dann sie selbst sein, wenn er sie in ihren immanenten Stimmigkeiten und Unstimmigkeiten wahrgenommen und geprüft hat. Sie ist nicht Anlaß zu folgenloser Unterhaltung. Ohne es wahrzunehmen, verschwenden zahllose Sänger ihre Zeit an eine Sache, die ihnen unzugänglich bleibt, und dies auch schon deshalb, weil sie alle Kraft daran vergeuden, schlakkenlos zu singen, so wie es der Zeitgeist in den internationalen Musikzentren fordert. Der Prozeß des Werdens scheint aus den Interpretationen oft wie ausgeklammert – jenes den Werken innewohnende Wachsen, das ein verpacktes Endresultat niemals präsentieren kann. Das Greif- und Meßbare wird zum Maßstab gemacht und vom Gesetz des Konsums noch sanktioniert, während das Kunstwerk sich dem leise entzieht.

Die ausschließlich schönen Stimmen dringen interpretativ nicht ein. Sie begnügen sich mit der entzückenden Hülle und tarnen sich mit Naturhaftigkeit, die doch erst dort entstehen kann, wo alle Elemente ineinandergreifen. Das Gesagte richtet sich nicht gegen die Macht der Stimme, weniger noch gegen Gründlichkeit der Vorbereitung, gegen Sorgfalt im Umgang mit dem zu erarbeitenden Werk. Akustische Extreme widersprechen der allgemeinen Vorstellung vom Sinnlich-Wohligen. Wer sich diesem Klischee anschmiegt, muß unweigerlich an der Sache der Musik vorbeihören, weil er lieber bequem und erfreulich bleibt und auf artikulierte Musiksprache verzichtet. Es sollten ohne Zweifel für den Sänger die gleichen sachlichen Forderungen hinsichtlich der Musik gelten wie für jeden anderen Musiker. Auch Opernsänger sollten einsehen, daß schöne Stimmen nicht Selbstzweck sind, sondern immer dienend die Komposition vermitteln sollen.

Dazu allerdings stehen Vorurteile quer. Es hilft wenig, wenn der kritische Hörer das, was er sängerisch von früher her und von anderen Werken weiß, in den Moment des Geschehens hineinprojiziert.

Sein Urteil kann nicht vorurteilsfrei ausfallen. Hier liegt just die Schwierigkeit für den Interpreten. Ein Glücksergebnis stimmiger Wiedergabe kann man nicht wollen, denn es handelt sich um ein Ingenium künstlerischen Hervorbringens, das über die umfassendste Vorbereitung hinaus willenlos in der ursprünglichsten Nachschöpfung besteht. Das Besondere des jeweils Darstellenden ist mit Deutungen nicht faßbar. So gibt es Sänger und Schauspieler, die sich in theoretischer, reflektierender Vorbereitung nicht genug tun können und dann auf der Bühne eine unerklärliche, sich nie trübende Naivität ausstrahlen. Andere zeigen sich in den Proben frisch und spontan, um dann doch den Eindruck einer wohl abgewogenen, durchkalkulierten Darstellung zu hinterlassen.

Blicken wir auf das Klavierlied: Hier verbietet sich körperliche Bewegung und Gestik als gewolltes »Vorzeigen« eines dramatischen Impetus. Handlungsschauplatz ist das Gesicht des Sängers, das vom inneren Erleben durchleuchtet jede aufgesetzte Mimik scheuen sollte. Schließlich läßt ein fast nicht wahrnehmbares Mitgehen der Körperhaltung auf das Spannungsfeld der Musik schließen. Wer aber solch eine Begrenzung äußerlicher Art auf sich nimmt, trifft andererseits im Lied auf Gestaltungsmöglichkeiten, wie sie wohl kaum ein anderes Gesangsgebiet bereithält. Um sie zu erschließen, sind einige Forderungen zu erfüllen.

Dem Bühnensänger, der einen ganzen Abend lang in den lichten oder finsteren Umrissen einer handelnden Gestalt verharrt, steht der Liedsänger mit dem Zwang zum häufigen Farbwechsel gegenüber. So viele Stücke das Programm eines Liederabends enthält, so viele Rollen sind zu verkörpern, und jede von ihnen hat ihren eigenen Farbcharakter. Mignon, Gretchen, Thekla, Ellen, Suleika, die junge Nonne oder der Hirt auf dem Felsen, sie und viele andere umspannen das Weibliche durch alle Fächer hindurch allein bei Schubert, dem als männliche Gestalten etwa der Harfner, Ganymed, Prometheus, der Müller, Symbolfiguren des Totengräbers, Wanderer aller Gemütsschattierungen, Memnon, Atlas, Philoktet, Orest, Fischergestalten jeden Alters, Barden und Sänger gegenüberstehen, die unverwechselbar und darum persönlich sein müssen.

Einer solchen Gestaltenfülle entspricht der Reichtum dynamischer Werte im Lied, die dennoch im Gegensatz zur Bühne auf feinster Abstufung beruhen, wenn sie nicht den Strom der Intensität zum Stocken bringen sollen. Hierzu bedarf es mannigfacher technischer Voraussetzungen. So unterbrechen abrupte Atemstöße die Linie, portamenti suggerieren ungewollte Gefühlsseligkeit. Nachlässig oder explosiv vorgebrachte Konsonanten können, wo sie nicht angebracht sind, die Folge der Vokale unterbrechen. Undeutliche Vokale ohne formende Kontrolle bedeuten fast immer sinnlosen Spannungsabfall.

Wesentlichster Faktor der Darstellung bleibt das Tempo. Im Lied ist der Sänger sein eigener Dirigent, diese Verantwortung kann ihm auch vom Pianisten nicht abgenommen werden. Denn es heißt ja, am Abend auch den leisesten Anhauch von Willkür zu bannen, und Tempo im Verein mit Rhythmus sind die Garanten dafür. Ob nun Synkopen, Punktierungen, Zäsuren oder Freiheiten agogischer Art gefordert sind, sie müssen einer in Dichtung und Musik immanenten Notwendigkeit entsprechen, haben mit Wirkungssuche oder Umgehung technischer Probleme nichts zu tun. Der Gestalter eines neuen Programms sollte, entscheidet er sich für nur einen Komponisten, dessen Musik für eine Weile ausschließlich betreiben und auch seine Kompositionen anderer Werkgattungen kennenlernen, deren Umkreis abstecken. Nur das bringt wirkliche Konsequenz, dauernde Selbstkritik, Systematik und schließlich auch Effektivität. Mit anderen Worten: Methode und Ziel verschmelzen auf diese Weise.

In der Gesangsmusik tritt die gedankliche Konzeption des Musikers neben die des Dichters. Wirkt dies jedoch als sinnlich nicht erfahrbar, schwächt sich die Wirkung von Dichtung und Musik ab. So ist ein Gedanke niemals adäquater Ersatz für ein gesungenes Wort. Läßt sich der Hörer vom Komponisten an die Hand nehmen, so erschließt sich ihm die Tiefe, und er wird sich nicht im Diffusen verlieren. Unabdingbare Hilfe leistet dabei das sinnliche Element, es schafft erst die Wirkung der Kommunikation.

Ein Gegensatz zum Unterhalten ist hier gemeint, zur allgemeinen Passivität, zum Unernst des Genusses, der per se ja nicht verächtlich ist, aber ein völlig anderes Bedürfnis befriedigt. Bedeutet es nicht eine Steigerung, daß ich mich als Hörer nicht nur ästhetisch erbaue, sondern beteiligt bin, da ich hörend das in der Darstellung sich offenbarende Wissen als ein mich betreffendes nachvollziehe?

Den Ausführenden sei gesagt: Dazu genügt das Gedachte, Pathetische, Sentimentale, das eingesehene Klischee nicht. Es muß immer wieder aus neuem Grunde gestaltet werden. Nehmen wir

uns doch Brechts »Glotzt nicht so romantisch!« zu Herzen! Wir sind
mit Zerspaltenheit von Wort und Ton, mit mehrfacher Wahrheit
konfrontiert, die auch in der Interpretation von Gesangsmusik als
Essenz des Widersprüchlichen, des Zwiespalts erkennbar werden
darf. Wahrheit steht gegen das Recht aus anderer Wahrheit. Kantabler und deklamatorischer Gesang scheinen sich gegenseitig zu
bekämpfen und sollen doch gemeinsam wirken. Das für die Musik
Notwendige trägt die Schuld der Behinderung des anderen ebenso
Notwendigen schon in sich, der Dichtung. Aber nur auf gemeinsamer Ebene wird die Konfrontation möglich. Bedeutet nun Erlebnisfähigkeit die wesentlichste Vorbedingung für den Interpreten?

Gesang setzt wohl ein unnormales, gesteigertes Ausdrucksbe-
dürfnis voraus. Er ist niemals als etwas »Gegebenes« zu behandeln.
Nicht die Art des Singens ist zunächst interessant, sondern der Anlaß. Dies steht der Praxis entgegen, in der das Hauptaugenmerk zunächst dem Ton, der Melodie zugewendet ist, wobei das Wort vernachlässigt wird. Die übliche Anweisung von Dirigenten, Gesangslehrern oder Regisseuren, doch deutlicher zu sprechen, hilft hier
wenig. Konsonantenspucken ist auf der Bühne oft notwendig, um
sich über die Massen des Orchesterklanges hin verständlich zu
machen. Aber wie steht es mit dem Sinngehalt?

Einheit von Wort und Ton kennzeichnet Sprache wie Vokalmusik. Wird die Melodie wesentlich wichtiger als der Text empfunden,
so wird diesem nicht mehr als eine Musik auslösende Funktion zugebilligt, die Einheit ist nicht zu erreichen. Von einer Mitteilung an
ein Gegenüber, um die es sich ja auch in der Volksmusik handelt,
kann dann kaum die Rede sein. Um Gemeinsames und Trennendes
zwischen Sprache und Musik zu erkennen, sollten wir uns vergegen-
wärtigen, daß das Wort vom rationalen Unterton, die Töne vom
Emotionalen überwiegend bestimmt sind.

Es widerspricht sich selbst, den Begriff »abstrakt« auf die Kunst
des Sängers anzuwenden. Denn was er künstlerisch zu sagen und zu
singen hat, bleibt an das Instrument seines Körpers gebunden, an
sein Ich, zu dem der Körper gehört, die lebensdurchpulste Natur des
Menschen. Soll die Stimme gesund und blühend bleiben oder sich
dahin entwickeln, wird sie sich der Abstraktion im Sinne der Nega-
tion des Menschlichen, des Individuellen, entziehen. Unnatürliches
bedeutet im Gesang auch Ungesundes für das Instrument, die
Stimme.

Man geht fehl, den Begriff »abstrakter Gesang« für maßvolle Distanz von übertriebenem Ausdruck, für den Verzicht auf Überladenheit der Interpretation, auf freizügige Ausdruckszutaten, auf klangliche Nur-Schwelgerei zu bemühen. Dem Sänger, der Sprache und Musik zu vermitteln hat, ist es wie wenigen vergönnt, in Bezirke des Geistigen vorzudringen, ohne sich dem Diktat des prüfenden Intellekts vollständig unterwerfen zu müssen.

Ein Sänger, dessen geschliffene Diktion vorbildlich, dessen Rhythmus und Phrasierung durchdacht, dessen Tempi korrekt, dessen Ausdrucksnuancen sicher gesetzt sind, kann unter Umständen klanglich wenig überzeugen, da es ihm an einheitlichem Timbre und der Ausgeglichenheit des Stimmklanges mangelt. Ein anderer mag resonatorisch durchgebildet, mit Timbre und Stimmvolumen gesegnet sein, sein Organ mag in allen Lautstärken leicht ansprechen, die Vokale mögen in allen Lagen rein erscheinen – er kann dennoch unbeholfen und wirkungsarm vor seinem Publikum stehen. Der Klangbegeisterte und der getreue Erarbeiter des Kunstwerks, sie müssen sich in einer Person gegenseitig steigern und ergänzen.

Ein solches Nachschöpfertum bezieht sich auf die große Linie der Gestaltung ebenso wie auf den Klang eines einzigen Details. »Dürft' ich euch nicht geleiten?« Durch diesen Satz Wolframs in Wagners »Tannhäuser« kann ein – mit Worten kaum zu erklärender – Zusammenklang von Liebe, Verzicht und Helfenwollen hörbar werden. Es geht in der Interpretation immer um eine Phantasie, die nicht bloß das Schöpferische des Komponisten wie gerade eben erst geschaffen lebendig macht, sondern auch den dichterischen Gedanken, seine Macht über die Musik. Freilich: Ohne Sensibilisierung der Phantasie, ohne unablässige Übung inneren Nacherlebens geht es für den Künstler nicht ab.

Dies bedingt, daß Selbstkritik einsetzt, sobald die Produktion beginnt, sei sie schöpferisch oder nachschaffend. Die bloße Kenntnis der historischen Gegebenheit etwa kann die Interpretation nicht ersetzen. Nichts ist gegen das Zusammentragen aller objektivierbarer Fakten zu sagen. Erst aus dem Wissen um sie entsteht jenes Feld unendlich vieler Möglichkeiten für die Reflexion, in dem sich der Interpret bewegen kann.

Wie hilft sich dieser nun im Gewahrwerden der eigenen Ohnmacht angesichts sich stetig wandelnder stilistischer Situationen?

Denn wenn wir auch auf dem geschichtlichen Grund der Überlieferung in Sprache und Musik bauen, es gibt keine Verläßlichkeit. Jeder Interpret muß aus eigenem Ursprung entdecken, was für ihn gewiß ist. Für den Sänger liegt erleichternde Gewißheit in der physischen Beschaffenheit seines Organs. Aber auch wenn er noch so gut weiß, was und wie er singt, so sollte er doch stets eigenschöpferischen Anfang setzen, über Stil, über zeitgeistige Tendenz, ja über den Komponisten, über die musikalische Form, über das Verhältnis zum jeweiligen Hörer hinaus, den ihm gemäßen, den unvermittelten Zugang finden. Das macht immerhin seinen Charme, seinen persönlichen Reiz aus.

Überlegungen zur Ästhetik des Gesangs sollten aber nicht bloß Kulissen sein, durch die hindurch dann letztlich doch ohne Hemmung persönliche, unobjektive Leidenschaft und Eitelkeit des einzelnen an die Rampe drängt. Ein Bedürfnis, die eigene Emotionalität mitschwingen zu lassen, liegt in jeder künstlerischen Produktion. Sie kann dann förderlich sein, wenn mit Hilfe individueller Färbung ein bestimmter sensueller Eindruck und Charakter entsteht. Aber sein Raum innerhalb der Werkdarstellung fällt enger aus, als allgemein zugegeben. Denn der Interpret soll dank seiner am Werk erzogenen Disziplin Eitelkeit so dosieren, daß sich ein Überhandnehmen ausschließt. Klingt die persönliche Interpretation mit der erforderlichen Stimmfarbe zusammen, so kommt das Ideal näher.

Sänger und Schauspieler sind besonders gefährdet, weil sie sich mit ihrer ganzen Körperlichkeit dem Aufnehmenden aussetzen. Der Schreibende von Worten oder Noten dagegen hat seinen Kosmos in und um sich und bringt ihn in eine Vorform des Mitteilens. Der zur Mitteilung selbst Aufgerufene dagegen setzt sich gleichsam der Überprüfung des Spiegelbildes aus. Unmittelbare Publikumsresonanz fügt persönliche Bestätigung hinzu. Wer sich da selbst überschätzt, stumpft gegen den Reiz des künstlerich Ursprünglichen ab, was interpretatorisch verhängnisvoll sein muß. Pure Selbstdarstellung führt zur Fehlinterpretation.

Es ist unsinnig, Fermaten nach Wunsch und Laune in Verdis Musik hineinzuzwingen, nur weil sie an anderen Stellen auch vorgeschrieben sind. Man sollte nicht »Embellissements« der unsinnigsten Art in Schuberts Musik wieder einführen, nur weil Schubert sie einst durchgehen ließ und »Originelles« gerade wieder einmal en vogue ist.

Freiheit ist für den Interpreten ein prekärer Begriff. Die Unabhängigkeit wird fragwürdig, wenn nur Stolz in ihr liegt, denn das Bewußtsein der Eigenständigkeit wird von der Ohnmacht begleitet, Enthusiasmus des Könnens von Entsagung vor dem Nicht-Können, Hoffnung auf Neuland vom Blick auf das frühe Ende stimmlicher Möglichkeiten. Interpret zu sein bedeutet also eher bewußt abhängig zu sein. Eine solche bewußte Abhängigkeit wird auch vor Überheblichkeit dem Werk gegenüber schützen, die ja immer in die Irre führt. Eigenmächtigkeit nimmt dem Interpreten, was ihn eigentlich zum Mittler macht. Sie beschneidet seine medialen Möglichkeiten. Davon auszunehmen wären Übergangsnöte bei Stilumbrüchen, wenn der Interpret etwas Neuem, Kommendem Hilfestellung leistet. Daß der schöpferische Musiker sich in der Abhängigkeit vom Nachschaffenden findet, beinhaltet fruchtbaren Dialog, ja, er setzt ihn voraus.

Die Grenze zum Selbstgestalterischen erkennen bedeutet andererseits, nicht in Sklaverei zu verfallen. Weit verbreitet ist die Ansicht, der durch die Musik vorgegebene Tonfall sei die alleinige Richtschnur für den Sänger. Aber gleicht ein bloßer Vollzieher des Komponistenbefehls nicht jenem Schauspieler, der in beklagenswerter Weise darauf verzichtet, das Wort zu aktivieren, es darzustellen? Beschränkt sich ein reines Absingen von Hebungen und Lautstärken nicht auf eine ähnliche Rhetorik, wie wir sie – heute immer noch – der hohltönenden Manie gewisser Burgschauspieler anlasten? Lediglich nach Vorschrift zu weinen, zu lachen, sich zu freuen oder zu leiden schließt den selbstschöpferischen Akt aus, ohne den keine nachschöpferische Tätigkeit auskommen kann. Es gilt, sich von der Konvention, der Ursprünglichkeit, dem Unmittelbaren zu stellen. Und das bedeutet keineswegs, den Notentext zu vergewaltigen. Die Rufer nach sogenannter Werktreue meinen meist etwas ganz anderes: Aus der Unzulänglichkeit eine Tugend zu machen, Schablonenarbeit als Werktreue auszugeben, Außerordentliches als Willkür zu verleumden.

In jeder Sekunde ihrer Existenz und bei der Arbeit an ihr muß vielmehr um das Leben jeder Phrase gerungen werden, um ein Leben, das der Stiltreue trotzt. Schönheit der Tonproduktion und Genauigkeit sind gefordert, nicht minder gewichtig Aufrichtigkeit dem Wort und seinem Sinn gegenüber. Hinter den Worten und Tönen steht der Mensch, der sie singt. Mit komfortabler Gewissens-

besänftigung dem Text gegenüber ist nichts geholfen. Jede Aus-
drucksschablone, die leichtfertig »imitiert«, komme sie auch von
einem noch so großen Komponisten, ist entwertet. Das künstlerische Erlebnis des Publikums lebt aus Vorgeformtem und Nach-
vollzogenem. Es gibt keine Gebraucht-Erlebnisse als Ware, keinen
Second-hand-Ausdruck. Jede menschliche Regung, aus der ein
Kunstwerk entstand, wird eine Form finden, die zum Ausdruck
drängt und, über die Rampe gehend, zum Eindruck wird.

Der Künstler macht – mit Hegel – eine Sprache der »Zerrissenheit«, der »Anbetung«, des »Rates und Dienstes« bewußt, um sich in
ihr zu bewegen und sich zugleich zu befreien. Aber Zerrissenheit
der Sprache ist immer nur vor dem imaginierten Hintergrund sichtbar, daß sie eine Einheit darstellt. Fehler oder Abweichungen werden nur erkannt, wenn insgesamt eine Normalität als Horizont vorhanden ist, vor dem sich das Zerrissene erst als solches erweist. Gesang kann sich zerklüften, naturalistisch, überdeklamierend zum
größten Exzeß steigern, aber eigentlich nur deshalb, weil Harmonie
den Horizont dahinter bereitstellt.

Alles geistige Tun scheint zugleich bewußt und unbewußt vor
sich zu gehen, also auch die Musik. Aus unbewußten Ursprüngen
muß gewählt und geplant werden. Der Passivität des Reifens gesellt
sich die Aktivität des Wiedergebens. Bedeutet stete Beschäftigung
mit dem Wesen einmal niedergelegter Werke, wie sie das Leben des
Interpreten füllt, nicht Aneignung? Hat der Interpret nicht sogar die
Hoffnung, sich bewußt zu machen, was der Entwerfende vielleicht
nicht wußte? Kann er nicht Schönheiten erschließen, Sinn und Sin-
nesgrenzen erfassen, gerade weil er nicht hervorbringt, sondern
wiedergibt? Hier kommen uns Aussagen schöpferischer Menschen
ins Gedächtnis wie die, daß sich ein Bild, eine Komposition »von
selber« zu Ende male, weiterschreibe. Unbewußte Form- und Stil-
kontrolle des Hervorbringenden haben hier nicht etwa ausgesetzt.
So beschäftigte Schuberts gelegentliche Tagesration von acht Liedern nachschaffende Generationen von Sängern mit einem Tau-
sendfachen an Arbeitsstunden. Das negiert keineswegs die absolute
Beherrschung der formenden Mittel durch den Meister, die er alsbald in musikalischen Ausdruck umzusetzen wußte. Im Vorgang des
»Nachschaffens« liegt Bewußtmachen und Erschließen von Quellen, die dem Komponisten nicht unbedingt erschlossen gewesen
sein müssen.

Neben aller berechtigten Skepsis ist der durchleuchtende, der die Selbst- und Werkanalyse förderliche Einfluß des Rundfunk-, Fernseh- und Schallplattenstudios nicht zu unterschätzen. Jener Begriff von der höheren Einheit, die sich erst beim Durchmusizieren von Anfang bis Ende herstellen kann, ist hier einmal zurückzustellen. Er gliche ja auch einem Mißverständnis des Mediums. Studio-Produktion unterscheidet sich vom Konzertsaal oder der Opernbühne wie der Film vom Theater. Es gibt immer eine »zweite Chance«, wie es Glenn Gould ausdrückte. Sie schließt auch die Möglichkeit ein, für jeden Takt der Musik die entsprechende emotionale Bereitschaft zu mobilisieren, vorausgesetzt natürlich, die Idee des Werks, seine ideelle Einheit hat sich im Interpreten vorher konstituiert.

Andererseits führt konservierte Musik als reines Sammelobjekt, als abrufbare Perfektion zum Abstumpfen der Erfahrungsfähigkeit, auch zur Beeinträchtigung des Beurteilens frischer Höreindrücke. Für den ausübenden Sänger (und nicht nur für ihn) ist es nachgerade zum Risiko geworden, von einander unterschiedene Interpretationen ein und desselben Stückes anzubieten und nicht lieber dem trügerischen Begriff der »Perfektion« im Sinne einer »fehlerfreien«, möglichst glatten, vor allem aber immer gleichlautenden Standardwiedergabe zu vertrauen. Ecken und Kanten, Frische des Aufnehmens durch sich erneuernde Notwendigkeiten des Nachvollziehens beim Hörer werden in Richtung auf den sicheren Hafen des Mechanischen gemieden. Empfindliche und ehrgeizige Künstler haben zwar schon immer über solche Tendenzen geklagt – hatten sie aber je so viel Veranlassung dazu wie heute? Mag auch die Zuhörerschaft etwa in Liederabenden gewachsen sein, sind ihr Verstehen und ihr wirkliches Aufnehmen mitgewachsen?

Der lebendige, sich stets erneuernde künstlerische Gesang kann überzeugen und durch Menschen, aus denen er spricht, glaubwürdig sein. Er ist fähig, die Denkungsart zu wandeln, wenn es auch schwerfällt, dies heute einzusehen, wo die Voraussetzungen für nachvollziehbare, verständliche Musik aus Traditionsverlust nicht gegeben erscheint. In Rock und Pop wird ja nicht zum Verstehen, sondern zu Verhaltensweisen aufgerufen. Materialien und Macharten kunstgewerblicher Produktion von Musik brauchen Interpretation nur im Sinne von After-Aktivität, sie kommen ohne Vermittlung durch Künstler aus.

Es kann angenommen werden, daß das Verhältnis von Künstler

und Aufnehmendem ehedem produktiver war, daß sich ein imaginärer oder realer Dialog spontaner herstellte. Da bilden Sololiederabende, also die lebendige Begegnung der Hörenden mit dem Sänger gerade auch durch das hinzutretende Wort, eine Möglichkeit, die starre, passive Hörgewohnheit, die Haltung bloßen Entgegennehmens zu modifizieren. Voraussetzung wäre, daß der Hörer die Bereitschaft, sich zu wandeln, mitbringt. Wie oft verschließt er sich gegen den Anspruch eines Kunstwerks, nicht nur, indem er die Augen zum Einschlafen schließt oder an anderes denkt. Gerade der totale Anspruch des Kunstwerkes an die Sinngebung kann Bewußtseinswandlung auslösen. Gesang muß insofern als besonders exponierter Repräsentant der Musikausübung gesehen werden, als er der Urform menschlicher Äußerung nahesteht und zusammen mit dem Instrument des menschlichen Körpers intensivst und direkt auf den Hörer einwirkt.

Gegen solche Anschauung wenden sich manche jungen Menschen augenscheinlich gerade deshalb, weil es sich um ein Ideal von früher handelt. Der Zweifel entspringt ziemlich exakt der Haltung jener, die ein wohlbegründetes Ressentiment gegen den Musikbetrieb hegen, die für die Kultivierung »alternativer« Musik (so der Meta-Musik) sind und neue Arten des Praktizierens anstreben. Sie bringen gegen das Herkömmliche vor, es sei zu oft gehört worden, Gefühlstendenzen, die sich in »konventioneller« Musik aussprechen, seien abzulehnen.

Besonders aufmerksame und interessante Charaktere gehören zu dieser kleinen Schar Aufsässiger. Es dürfte freilich auch ihnen kaum gelingen, begehbare Wege für das Weiterkommen zu finden. Nur muß auch gelten: Im angestrebten Verzicht auf das Künstlerische läge das Nichts. Wo auch immer wir scheitern, wir sollten uns ein – wenn auch nicht faßbares – Vertrauen in den Grund künstlerischen Tuns bewahren. Wir sollten uns klar darüber sein, daß Kunstmusik Bemühen um Entgegenkommen erfordert. In jedem Fall echter Kommunikation wird deutlich, wie sehr sich die Mühe lohnt. Es winkt jener Idealzustand, den Furtwängler eine »Liebesgemeinschaft« zwischen Künstler und Publikum genannt hat.

Sie bedeutet keine Ausnützung der Verehrungsbedürfnisse gewisser Teile des Publikums. Die Vergötterung einzelner Sänger hinterläßt ja bei diesem Spuren. Die Menschen zwingen den von ihnen seiner Stimme wegen Angehimmelten dazu, sich ihren Idealen entsprechend zu verhalten. Sie erwarten von ihm, daß er sich fügt, in Programmgestaltung, in Stimmeinsatz, gar in seinem Äußeren. In dieser Welt gibt es freilich niemanden, der Gegenstand eines solchen Kults sein dürfte. Der Drang, den Sänger (oder Schauspieler) mit dem zu identifizieren, was er hervorbringt, war als idealisierendes Moment immer vorhanden. Daher auch der Versuch, in Biographien zu »schönen« oder den Künstler auch als »Menschen« in seiner Alltäglichkeit vorzustellen. Der Interpret tritt nur im – zugegeben befohlenen – außerordentlichen Moment in sein Recht ein. Er stellt etwas vor sich, was nicht unbedingt mit ihm identisch oder gar ein Stück seiner eigenen Biographie ist. Dieses Bedürfnis mancher Hörer, den Interpreten in die eigene Sphäre hinüberzuzwingen, ist nur eine andere Form offenen Mißtrauens gegen den Künstler, einer nivellierenden Glaubenslosigkeit. Inhalte sind ihr hinfällig, Auslegungen will sie als Täuschung entlarven, der sinnliche Konsum bedeutet ihr mehr. Solche Art des Nihilismus verfährt im Grunde so, daß sie Kunst verwirft.

Ein enger, wenn auch ungewollter Zusammenhang mit dem andererseits geschmähten Konsumverhalten leuchtet ein. Alles hat in gleicher Qualität lieferbar zu sein, es wird nicht zur Kenntnis genommen, daß jedes Kunstwerk im Augenblick der Verlebendigung neu erschaffen wird, daß der Lesende, Hörende oder Schauende seinen Teil daran hat.

So gilt für die Musik der Romantik, die noch immer den Hauptanteil solistischen Singens ausmacht, daß nicht die Privatperson Träger des Ausdrucks sein kann, wie es die entstellte Meinung der Trivial-Ästhetik will, vielmehr »ein intelligibles, ästhetisches Subjekt, das in empfindsamer oder romantischer Musik ebenso gegenwärtig ist, wie das ›lyrische Ich‹ in einem Gedicht« (Dahlhaus, »Musikalischer Realismus«, München 1982).

Und doch wird es dem nachschaffenden Sänger immer wieder aufgegeben sein, gegen inneres Unbetroffensein anzugehen, das seit der Französischen Revolution die Formulierung des bereits Eingefahrenen, die Traditionsschlamperei begünstigt. Man könnte an Chopin denken, der lange auf die Erlösung aus der Vermengung mit nachfolgenden Zeitstilen warten mußte. Auch bei ihm stieß sinnvolle Darstellung auf gleichbleibenden Widerspruch. Trägheit wird nur mit der Zeit überwunden, denn sie wartet immer nur darauf, wieder einzutreten.

Wer sich nicht selbst immer wieder in Frage stellt und die eigene Unsicherheit als Stimulans in die künstlerische Arbeit einbringt, ist nicht nur gefährdet, er kann durchaus seiner künstlerischen Strahlkraft ganz verlustig gehen. Keine Erfahrung kommt je auf ihren Höhepunkt, und Sisyphos müht sich immer nur ein Stück mit seinem Stein die Felswand hinauf, nie aber gelangt er ganz nach oben.

Gesang ist wechselnden Schönheitsbegriffen unterworfen, kann zur Chiffre eines Stils werden. Großer Gesang – wie alle große Kunst – offenbart das Sein selbst. Verherrlichen wir Kunst ohne Sichtbarmachen, so begünstigen wir bloße Dekoration, Hervorbringung des sinnlich Reizvollen in isolierter Könnerschaft. Aber den Gesang durchzogen von der Wortmagie in der Opferhandlung über die Hymnen an die Götter, über das Gebet zur Darstellung des Menschenschicksals alle Äußerungen des Menschseins. Trat doch in seiner Form die Philosophie zuerst auf.

Dem Darstellungswillen des Interpreten steht entgegen, daß von großer Musik keine interpretatorisch bis auf den Grund zu durchschauen ist. Es kann sich immer nur um Linien der Interpretierbarkeit handeln. Wo aber klare Intentionen herausgearbeitet werden, steigert dies die Erfaßbarkeit aus der Tiefe eines ungedeuteten Erlebnisses.

Auch ist ja das Kunstwerk vieldeutig. Wäre es dies nicht, würde Interpretation unmöglich, die Darstellungen müßten einander gleichen. Der Gehalt eines Werks offenbart sich im Offenlassen nach der Tiefe zu, so daß jede Auseinandersetzung mit ihm danach verlangt, neuen Zugang zu finden. Wissenschaft rückt den Gehalt von Kunstwerken nicht näher, ja sie darf den Kern nicht erfassen, denn es ist das Numinosum von Kunst, daß sie in ihrem Zentrum vieldeutig bleibt. Schon die Andeutung der Dimension durch den Interpreten wird zu einem erlebnishaften Blick nicht nur ins Chaos oder die Leere, sondern in eine nicht erschlossene Fülle. Der nivellierenden Trägheit der Aufführungspraxis ist entgegenzuwirken und Dinge, die einmal im rechten Licht konzipiert waren, sind immer wieder an den ihnen zustehenden Platz zu rücken.

Prima la musica e poi le parole? Für den Sänger sollte dieses Fragezeichen überflüssig werden, was tatsächlich der Titel jener alten Oper des Abbate de Casti meint. Gesang lebt in Tönen und Worten. Und der fruchtbare dreihundertfünfzigjährige Wettstreit zwischen ihnen setzt sich hoffentlich fort.

Schlußbemerkung

Dieses Buch strebt keine Vollständigkeit an. Gleich seinem immer offen bleibenden Thema läßt es viele individuelle Problemstellungen unberührt. Es verzichtet auch auf Notenbeispiele, da die erwähnten Besonderheiten leicht erreichbar nachzulesen sind.

Unmöglich, alle die Anlässe aufzuzählen, bei denen ich gesprächsweise, lesend oder in interpretatorischer Praxis Anregungen empfing. Als besonders ergiebig erwies sich die Auseinandersetzung mit den Schülern. Aber auch unzählige Gespräche brachten die Arbeit voran, so mit Prof. Dr. Elmar Budde, Dr. Rudolf Elvers, Heinz Friedrich, Prof. Hartmut Höll, Prof. Dr. Reinhard Löw, Dr. Norbert Miller, auch der Erfahrungsaustausch mit meiner Frau. Editorischen Beistand verdanke ich Herrn Dr. Klaus Stadler. Umfassende Hilfe in jeder Phase des Entstehens leistete Frau Ulla Küster, ohne deren Rat und Kritik dieses Buch wohl nie hätte beendet werden können.

Erläuterungen zu musikalischen Begriffen im Text

a cappella Musik für Vokalchor oder Solostimmen, die sich keiner (oder höchstens unselbständig stützender) Instrumtalbegleitung bedienen

accelerando beschleunigend

acuto Spitzenton in der italienischen Oper

Air kleines, tanzartiges Vokalstück

Aleatorik im Gefolge der seriellen Musik entstandene Praxis des kalkulierten Zufalls (alea, lat.=Würfel). Die Einbeziehung von Zufallsstrukturen geht von unterschiedlichen Absichten auf verschiedene Ergebnisse zu. Der Dialog zwischen Notwendigkeit und Freiheit spielt sich zwischen Komponist und Interpret ab.

Allabreve-Takt ²⁄₂ Takt, der nicht die Viertel, sondern die Halben als Zählzeit fordert. Bezeichnung aus der Mensural-Notenschrift: ¢

alterierte Harmonik Akkorde, die durch zufällige Veränderungen (# ♭ ♮) aus dem tonalen Umkreis herausfallen. (Bei Riemann nur chromatische Veränderung der Prim, Terz und Quint)

Anthem Chorkomposition für die Kirche, später auch als vaterländische Hymne; oft mit Solopart. Ohne festen Platz in der Liturgie noch heute in protestantischen und englischen Ländern populär

Antiphon kirchlicher Wechselgesang, identisch mit Responsorialgesang, zwischen Priester und Chor gesungen

appoggiatura Vorschlag. Einschub von einem oder mehreren Tönen zwischen zwei Melodietöne; meist als von oben gesungene Ausdrucks-Unterstreichung

Ariette Satz, Gegensatz und Wiederholung in einer der Arie gegenüber verkürzten Gestalt *arioso* »arienhaft«. Form zwischen Rezitativ und Arie: liedmäßige Melodik in festem Takt, kürzer und in freierem Formverlauf als die Arie

Artikulation Bindung, Trennung und Betonung der Töne beim Vortrag von Musik

a tempo Wiederaufnahme des Hauptzeitmaßes

Atonalität verwendet die Töne ohne Beziehung auf einen Zentralton (Tonika)

Ballade von barca (die Barke). Gesang der venezianischen Gondoliere. Tritt namentlich in der Kunstmusik des 19. Jahrhunderts häufig auf (meist in ⁶/₈ notiert).

battuta (a battuta) strenges Zeitmaß

Cabaletta kurze, schlichte Arie, im 19. Jahrhundert auch Stretta-Schluß von Arien und Duetten in italienischen Opern

Caccia musikalische Jagdszene der Florentiner »Ars nova«, dann auch auf andere Texte. Der Form nach wechselnd vokal und instrumental vorgetragener Kanon

cantabile gesangvoll

Canticus Lobgesang auf alttestamentarische, poetische Textstellen

Cantus firmus die »feste«, zuerst entstandene oder den gedanklichen Schwerpunkt darstellende Stimme (»cantus prius factus«) und als solche Hauptbestandteil der polyphonen Schreibart

Canzonetta im Sologesang einfaches Sololied, liedartig

Chanson seit dem 16. Jahrhundert zuerst in Frankreich von der Polyphonie fortstrebend zu schärfer deklamiertem Satz als in Italien und Deutschland. Texte witzig pointiert, auch lasziver als in Madrigal und Lied

Chromatik Folge von Tönen derselben Stufe, die durch Versetzungszeichen verändert werden. Die chromatische Tonleiter wird in lauter Halbtonschritten durchmessen.

continuo Begleitbaß mit überschriebenen Ziffern, der improvisiert (heute ausgeschrieben) durch die ergänzenden Akkorde erklingt. Meist durch ein akkordisches (Cembalo, Orgel) und ein einstimmiges Instrument (Fagott, Cello) gemeinsam gespielt

Couplet 1. vom Mittelalter bis zum 17. Jahrhundert = Strophe

2. Reimpaar seit dem 16. Jahrhundert

3. ungereimte Refrainzeilen, die die Abschnitte im Rondeau gliedern

4. kurzes pointiertes Lied im Vaudeville, in der komischen Oper, Operette, Posse, Kabarett

da capo noch einmal von vorne

Diatonik (griech.) Halb- und Ganztonfortschreitungen im Rahmen der Grundskala

Dissonanz spannungsvolles Intervall oder Akkord, der einer Auflösung zustrebt. Der Dualismus Konsonanz/Dissonanz ist in der neuen Musik weitgehend aufgehoben.

Duole Folge von zwei Noten, die für drei Noten gleicher Gestalt bei gleicher Zeitdauer einsteht

Durchführung verarbeitet die Themengruppe der klassischen Sonate und leitet in die Reprise

Dynamik Abstufungen der Lautstärke in der Musik

Enharmonik die Identifikation zweier, akustisch verschiedener, aber nahe zusammenliegender Töne (h und ces). Meist benutzt zum Wechsel der Tonart. Indem der Akkord anders benannt wird, führt ihn der Komponist zu unerwartetem Zusammenklang oder neuer Tonart

espressivo ausdrucksvoll

flautato von den Streichern übernommener Ausdruck, der anweist, die Saiten nahe am Griffbrett zu streichen, was durch den Wegfall von Obertönen flötenartige Klangwirkung erzielt. Bei den Stimmen entspricht dies »gerade« gesungenen Kopftönen.

Fioritur Ausschmückung, Koloratur, Verzierung

Frottola im 15. Jahrhundert beliebte, halb volkstümliche, halb kunstvolle, balladenähnliche Liedgattung

Generalbaß seit den Florentiner Monodisten Spiel über der bezifferten Baßstimme (Orgel oder Cembalo). Wurde zu einer Kunstfertigkeit mit höchsten Anforderungen an das technische und geistige Können entwickelt

Gorgia im 16. Jahrhundert: improvisierte Gesangskoloratur

Gregorianik gregorianische Gesänge gründeten nicht auf Dur- und Moll-Tonarten, sondern auf diatonischen Kirchentonarten (von D zu D, E zu E, F zu F, G zu G, A zu A auf den weißen Klaviertasten). Ein Gesang umfaßt so viele musikalische Phrasen, wie es textliche gibt. Umfangreichste Sammlung unbegleiteter Melodien auf der Welt

Halbschluß harmonische Folge, die einen Akkord nach sich zieht, der einerseits zur Ruhe kommt, andererseits weiterstrebt

Harmonik alle musikalischen Verhältnisse, die aus dem Zusammenklang mehrerer Töne entstehen

Heterophonie (»Verschiedenstimmigkeit«) Musizierpraxis zwischen Ein- und Mehrstimmigkeit, die eine gesungene Melodie gleichzeitig von Instrumenten spielen läßt

Hexachord (griech.) Folge von sechs Tönen, wurde von Guido von Arezzo an die Stelle des Tetrachords (Skala von vier Tönen) gesetzt. Bei dem Übergang zur Oktave muß der nächste Hexachord (von entsprechender Intervallfolge) herangezogen werden.

homophon Tonsatz, bei dem die Oberstimme melodietragend hervortritt, die übrigen Stimmen sich dagegen begleitend bescheiden. Gegensatz: *polyphon*

Intermezzo Zwischenspiel, seit dem 18. Jahrhundert auch mehrere, zwischen den Akten der Opera seria aufzuführende, inhaltlich zusammengehörende Intermedien

Intervall Abstand zwischen zwei Tönen

Intonation das Angeben des Tones und sein Ausgleichen zu höchster Reinheit

Kadenz in der Interpretation: eingeschobene solistische Abschlußpassage als virtuose Improvisation über das Vorangegangene

Kantate mehrteiliges Sologesangsstück mit lyrischen oder dramatischen Texten in Rezitativ und Arie

Koloratur Läufe, Triller und schnelle Sprünge im Ziergesang

Kontrapunkt die Technik, zu einer feststehenden Stimme (cantus firmus) melodisch selbständige Stimmen zu erfinden, die aber zu ihr harmonisch verlaufen

legato gebunden, ohne abzusetzen

Liederspiel Reihung zusammenhängender Lieder in unterschiedlicher Stimm-Besetzung

Madrigal in der italienischen Dichtung und Musik allgemeine Bezeichnung für Kunstlied, zumeist für mehrere Stimmen

marcato markiert, betont

martellato gehämmert, mit viel Kraft

Melisma gesangliche Verzierung

Melodram gesprochenes Wort über instrumentaler Begleitung

Mensuralnotation bestimmt die verschiedene Geltung der Notenwerte je nach dem Taktzeichen

mezza voce mit halber, d.h. verhaltener Stimme

Modulation Übergang von einer Tonart in eine andere, gefördert durch Einbeziehung verwandter Dreiklänge, die als harmonische Bindeglieder auftreten

Modus 1. Kirchentonart (auch tonus genannt)
    2. in der Notenschrift des 12.Jahrhunderts rhythmische Grund-
    form
    3. Modus beschreibt in der Mensuralnotation das Mensurver-
    hältnis Maxime – Longa – Brevis.

Monodie Gesang einer Einzelstimme

Motette mehrstimmiger Satz über einen kirchlichen Text. Keine
    bestimmte Form, Satzart oder Besetzung

Motiv kleinste musikalische Formeinheit. Es kann aus nur zwei
    Tönen bestehen. Ein Grundelement, aus dem sich eine lange
    Komposition bilden kann. Das Motiv bekommt erst im größeren
    Rahmen Bedeutung.

Notation Schriftliche Fixierung von Musik

note radoppiate leichter Neuanstoß innerhalb einer gesungenen
    Note

Obertöne die Sinustöne, in die sich ein Ton physikalisch zerlegen
    läßt und deren Mitschwingen die Klangfarbe wesentlich beein-
    flußt

ostinato fortgesetzte Wiederkehr eines musikalischen Motivs

Päan (Paian, ursprünglich Heilgott) Gesang auf den heilenden
    Gott Apollon, später auch auf andere Götter

Pastorale heiter-idyllische Operngattung, an das Schäferspiel des
    Sprechtheaters anknüpfend

Pasticcio-Oper aus größeren oder kleineren Stücken verschiedener
    Meister zusammengestoppelte Oper des 18.Jahrhunderts, später
    auch als »im Stil von...« verwendet

Periode motivisch in sich abgeschlossenes, in Vorder- und Nach-
    satz zerfallendes Gebilde. Die achttaktige Periode häufig als
    Grundform einer jeden metrischen Bildung empfohlen

Phrasierung Gliederung nach Sinneinheiten, klanglich und im ana-
    lytischen Verständnis

pizzicato gezupft

polyphon mehrstimmige Kompositionsweise

portamento gleitende Verbindung zwischen zwei Tönen

Prosodie Elemente der Sprache, die die Versstruktur bestimmen

Psalter bis ins 16.Jahrhundert nachweisbares Saiteninstrument mit
    trapezförmigem Schallkasten; wurde gezupft

Quartsextakkord in der Generalbaßschrift durch 6/4 bezeichnet,
    entweder Umkehrungsbildungen des Dreiklanges oder Vorhalt-
    bildungen

Quodlibet scherzhafte vokale Musikform.   Gereihte oder auch
simultane Kombination von Text und Melodie

Récit instrumentalbegleiteter Sologesang (aus dem »Ballet de
cour« stammend)

Recitativo accompagnato orchesterbegleitetes Rezitativ

Register im Gesang Färbung der tieferen und höheren Töne durch
Brust-, Mittel- (als Ausgleichs-Register) oder Kopfresonanz

Reprise Wiederkehr der thematischen Exposition eines Satzes

ritardando langsamer werdend

Ritornell meist mehrfach wiederkehrender Rahmen- und Zwi-
schenteil als instrumentale Vorwegnahme des folgenden Vokal-
teils

Rondo als Instrumentalstück: refrainartig wiederkehrender Hauptteil mit im Wesen voneinander verschiedenen Einlagen (Episoden)

rubato ungleichmäßige, verzögerte oder beschleunigte Ausführung gleich geschriebener Werte

Secco-Rezitativ vom Cembalo begleitetes Rezitativ

senza misura ohne festes Zeitmaß

serielle Musik Weiterentwicklung der Zwölftonprinzipien. Nach
Schönbergs Höhenpositions-Ordnung nun auch als wiederkehrende Folge von Klang und Rhythmus

Sequenz im Mittelalter freie, hymnenartige Dichtung, die den
Melismen und Jubilationen des Gregorianischen Chorals unter-
legt wurde. Später kamen auch Sequenzen mit neuen, nicht dem
Gregorianischen Choral entnommenen Melodien hinzu.

sforzato verstärkt, hervorgehoben. Gilt nur für einen Ton oder
Akkord

siciliano alter sizilianischer Hirtentanz, in der Kunstmusik Tonsatz
in mäßig bewegtem ¹²⁄₈ oder ⁶⁄₈ Takt

Singspiel Komödie mit musikalischen Einlagen. In Deutschland
besonders mit gesprochenem Dialog

solfeggio virtuose Gesangsübung auf Silben, Vokale, Tonnamen

sprezzatura Tonverdickung durch Hereinnahme aller Nebenreso-
nanzen

staccato gestoßene, deutlich voneinander getrennte Töne

Stile narrativo erzählende Einschübe bei den Monodisten

Stile rappresentativo einstimmiger, wortbestimmter Gesang der
Florentiner Monodisten

Strophenlied gleiche Melodie zum Text neuer Strophen

Superius höchste Stimme des mehrstimmigen Satzes bis zum 17. Jahrhundert

Suspirationes Unterbrechungen der Melodielinie zu ausdrucksvollem Gebrauch des Atems

Synkope Bindung einer Note von einer leichten zu einer schweren Zählzeit. Dadurch Akzentrückung vom schweren auf den leichten Taktteil, die der Synkope eine Erregung suggeriert

Tabulatur Zusammenstellung mehrerer Stimmen zu übersichtlichen »Intravoleturen« unter Benutzung der Buchstaben oder Zifferntonschrift. Der Verlauf der Stücke ist durch Striche (ähnlich unserem Taktstrich) regelmäßig gegliedert

Talea Nachahmung einer Motivphrase auf verschiedenen Stufen

Tessitura Gesamtumfang einer menschlichen Stimme oder ihrer Anforderung in einem Gesangswerk

Tetrachord Anordnung von vier aufeinander folgenden Tönen im Rahmen einer Quarte

Timbre individuelle Klangfärbung der Stimme

Tonika Grundton einer Tonart und der darüber zu errichtende Dreiklang

Tremolo unerwünschtes, übertriebenes Vibrato einer Stimme

Triller 1. mehr oder weniger schnelle Tonwiederholung
2. schneller Wechsel zweier nebeneinander liegender Tonhöhen

Triole drei Noten, die für zwei (oder vier) Noten gleicher Gestalt eintreten

Trugschluß der den »Ganz«-Schluß verzögernde Eintritt der auf der sechsten Tonstufe stehenden Paralleltonart

unisono gleicher Verlauf (Einklang) mehrerer Stimmen, auch im Orchester, wenn Bässe und Diskant dieselben Töne in unterschiedlichen Oktaven erzeugen

Vaudeville Pariser Straßenlied, in die Komödie und das Singspiel eingegangen. Meist Rundgesang mit Chor-Refrain als Schlußstück, das die Moral enthält

Vibrato rasches Wiederholen gesungener Tonhöhenschwankungen auf einer Note. Schönes, lebendiges Pulsieren der Sprache

Villanella (norditalienisch villote), ital. Bauernliedchen, das sich im 16. Jahrhundert schnell von Neapel in ganz Italien verbreitete. Realistisch urwüchsig, zeigen sie alle klar gebaute Dreiteiligkeit.

Virelai identisch mit »Rondeau« in der mittelalterlichen Musik.
Volkstümliches Lied, in dessen Strophen Sologesangszeilen
(Couplet) mit Chorrefrain (Ritornelli) abwechseln

Vokalisen (Übungs-) Gesang nur auf Vokalen

Vorhalt verzögerter Eintritt eines dem Akkord leitereigenen
Tones. An seiner Stelle wird ein momentweise dissonierender
Ton »vorgehalten«

Zäsur Einschnitt, oft jähes Abbrechen

Register

3—492—02826—8
© 1985 Deutsche Verlags-Anstalt GmbH, Stuttgart,
und R. Piper GmbH & Co. KG, München
Typographie und Einbandgestaltung: H. P. Willberg
Satz: Nagel Fototype, Berlin
Druck und Bindearbeit:
Hieronymus Mühlberger, Augsburg
Printed in Germany

Musikliteratur bei Piper *(Auswahl)*

Kurt Blaukopf · Musik im Wandel der Gesellschaft
Grundzüge der Musiksoziologie. 1982. 383 Seiten und 4 Farbtafeln. Geb.

Ulrich Dibelius · Moderne Musik I
*1945–1965. 3. Aufl., 20. Tsd. 1984. 392 Seiten mit 31 Abbildungen
und 45 Notenbeispielen. Serie Piper 363*

Hans Heinrich Eggebrecht · Bachs Kunst der Fuge
*Erscheinung und Deutung. 1984. 131 Seiten mit zahlreichen Notenbeispielen.
Serie Piper 367*

Hans Heinrich Eggebrecht · Die Musik Gustav Mahlers
1982. 305 Seiten mit 73 Notenbeispielen. Leinen

Martin Gregor-Dellin · Heinrich Schütz
*Sein Leben, sein Werk, seine Zeit. 2. Aufl., 13. Tsd. 1984. 494 Seiten
mit 25 Abbildungen auf Tafeln und 4 Farbtafeln. Leinen*

Martin Gregor-Dellin · Richard Wagner
Sein Leben – Sein Werk – Sein Jahrhundert. 1980. 930 Seiten. Leinen

Joachim Kaiser · Große Pianisten in unserer Zeit
*6. Aufl., 29. Tsd. 1985. 292 Seiten mit 25 Notenbeispielen
und 27 Fotos. Kt.*

Joachim Kaiser · Mein Name ist Sarastro
*Die Gestalten in Mozarts Meisteropern von Alfonso bis Zerlina. 4. Aufl.,
32. Tsd. 1985. 299 Seiten mit 25 Abbildungen. Leinen*

Gustav Mahler/Richard Strauss · Briefwechsel 1888–1911
*Herausgegeben und mit einem musikhistorischen Essay versehen von Herta
Blaukopf. 1980. 232 Seiten und 14 Abbildungen auf Tafeln. Geb.*

Yehudi Menuhin · Unvollendete Reise
*Lebenserinnerungen. Aus dem Englischen von Isabella Nadolny und Albrecht
Roeseler. 6. Aufl., 79. Tsd. 1980. 462 Seiten und 63 Abbildungen auf Tafeln. Geb.*

Willi Reich · Alban Berg *Leben und Werk. 1985. 217 Seiten. Serie Piper 288*

Romain Rolland · Georg Friedrich Händel
*Mit einem Vorwort von Carl Dahlhaus. Aus dem Französischen von L. Langnese-
Hug. 1984. 288 Seiten mit Abbildungen und Notenbeispielen. Serie Piper 359*

Sigfried Schibli · Alexander Skrjabin und seine Musik
*Grenzüberschreitungen eines prometheischen Geistes. 1983. 421 Seiten mit
56 Notenbeispielen und 20 Abbildungen auf Tafeln. Geb.*

Paul Stefan · Gustav Mahler
*Eine Studie über Persönlichkeit und Werk. Mit zwei Bildnissen, einem Partitur-
und einem Brief-Faksimile und vielen Notenbeispielen. 1981. Faksimile der 1912
erschienenen 4. Auflage. 158 Seiten Text; 2 Seiten Beilage von Hans Heinrich
Eggebrecht. Geb.*

Richard Wagner · Briefe
Ausgewählt, eingeleitet und kommentiert von Hanjo Kesting. 1983. 679 Seiten. Ln.